弗洛伊德传

*Sigmund Freud
en son temps et dans le nôtre*

[法] 伊丽莎白·卢迪内斯库
（Élisabeth Roudinesco） 著
陈卉 罗琛岑 译

华东师范大学出版社

华东师范大学出版社六点分社　策划

人的奥秘
不是俄狄浦斯情结，
而是他的自由限度、
抵抗痛苦和死亡的能力。

——让-保罗·萨特

目　　录

引言 …………………………………………………………… 1

第一部　弗洛伊德的生活 ………………………………… 1

第一章　开端 ………………………………………………… 3
第二章　爱情、狂飙和雄心 ………………………………… 31
第三章　开创精神分析 ……………………………………… 65

第二部　弗洛伊德：踏上征程 …………………………… 97

第一章　如此美好的年代 …………………………………… 99
第二章　弟子和叛离者 ……………………………………… 113
第三章　探访美国 …………………………………………… 151
第四章　世界大战 …………………………………………… 177

第三部　家中的弗洛伊德 ………………………………… 215

第一章　暗光 ………………………………………………… 217
第二章　家、狗、藏品 ……………………………………… 235
第三章　长沙发的艺术 ……………………………………… 261
第四章　女性之间 …………………………………………… 293

第四部　弗洛伊德的最后岁月 ························ 319

第一章　在医学崇拜与宗教之间 ························ 321
第二章　直面希特勒 ·································· 345
第三章　事业之殇 ···································· 387

后记 ··· 421
致谢 ··· 435
参考文献 ··· 437
弗洛伊德的病人 ····································· 459
弗洛伊德家族族谱 ··································· 464
译名对照表 ··· 467
译后说明 ··· 492

引　言

豪尔赫·路易斯·博尔赫斯(Jorge Luis Borges)曾言:人只有在最后一个认识他的人离世时,才是真的死了。这正是弗洛伊德今日的写照。关于此公生平,历史学家面对的档案和诠释数不胜数:弗洛伊德一生笔耕不辍,极其热衷于留下记录、考古研究和身后声名;虽然他曾销毁某些工作文件和信函,为日后的传记作者带来不便,但是相比留存于世的资料,被毁掉的那部分简直微不足道。

在足足20来本书和300篇文章之外,弗洛伊德还在伦敦弗洛伊德博物馆大图书室内的著作中留下大量笔记、草稿、记事本、题献和批注。看起来他写过大约20000封信,如今只剩下一半。[1] 大部分存世的书信现在都有法文版本,没有出版的部分也正在接受德文校订。此外,还有从维也纳移居纽约的精神分析学家库尔特·艾斯勒[2](Kurt Eissler)于20世纪50年代出版的大量讲话和对话录,以及关于此后被查明身份的约160名病人——大部分都鲜为人知——的文献。

---

[1] 弗洛伊德著作的版本专家格哈德·菲希特纳(Gerhard Fichtner,1932—2012)穷毕生之力搜集弗洛伊德未曾发表的作品,收集他的信件。参见《作为历史原始资料的弗洛伊德书简》(Les lettres de Freud en tant que source historique)和《弗洛伊德信函目录》(Bibliographie des lettres de Freud),《精神分析历史国际期刊》(Revue internationale d'histoire de la psychanalyse),2,1989年,第51—81页。参见恩斯特·法尔泽德(Ernst Falzeder),《是否还有一个不为人知的弗洛伊德?》(Existe-t-il encore un Freud inconnu?),《心理疗法》(Psychothérapies,瑞士医学和卫生出版社[Editions Médecine&Hygiène]的法语期刊),3,27,2007年。译者补注:格哈德·菲希特纳,德国医学史学家,主要研究精神病学和精神分析历史。恩斯特·法尔泽德,奥地利当代心理学家。

[2] 库尔特·艾斯勒(1908—1999),奥地利-美国心理学家、精神病学家、精神分析学家,弗洛伊德档案馆的秘书和创始人之一。——译注

经过30年的论战和激烈争执,被译成50余种语言的弗洛伊德作品在2010年向公众开放。从此以后,弗洛伊德的档案基本上都可在华盛顿国会图书馆(bibliothèque du Congrès)原稿部查阅。① 维也纳弗洛伊德博物馆的各种资料也可供人查考。

从弗洛伊德入籍美国的弟子弗里茨·维特尔斯②(Fritz Wittels)执笔、在弗洛伊德生前1934年出版的第一部传记,到1988年彼得·盖伊③(Peter Gay)发表的传记,包括自1970年起遭到亨利·F.艾伦伯格④(Henri F. Ellenberger)质疑的埃内斯特·琼斯⑤(Ernest Jones)三卷本巨著、笔者参与的学术性历史编纂学(historiographie)研究,至今已有数十部弗洛伊德传记问世。这包括第一位拉美裔传记作者埃米利奥·罗德里格⑥(Emilio Rodrigué)的历史编纂学著作。该作者在1996年大胆构想出一个无理性的弗洛伊德,他更像加西亚·马尔克斯笔下的人物,而非昔日欧洲的学者。每个精神分析流派——弗洛伊德学派、后弗洛伊德学派、克莱因学派、拉康学派、文化学派、独立派——都有自己的弗洛伊德,每个国家都创造了自己的弗洛伊德。弗洛伊德生命的每一刻都有数十条评论,弗洛伊德作品的每一行都有许多种诠释,以致可按乔治·佩雷克⑦(Georges Perec)的方式,为所有已经问世的、以"弗洛伊德和××、××的弗洛伊德"为题的文章列一张清单:弗洛伊德和犹太教、弗洛伊德和宗教、弗洛伊德和女性、临床医生弗洛伊德、拿着雪茄同家人在一起的弗洛伊德、弗洛伊德和神经元、弗洛伊德和狗、弗洛伊德和共济会成员等等。此外,还有专门针对众多彻底反对弗洛伊德学说(或Freud bashing⑧)的斗士的清单:贪得无厌的弗洛伊德、设置临床古拉格的弗洛伊德、魔鬼附身的混蛋、

---

① 笔者在结语和附录中提供了证明本书信息来源的所有必要说明。在本书末尾,读者也将看到一篇历史编纂学评论和若干介绍围绕弗洛伊德档案产生的争论的系谱年代说明。大部分现有传记都在注释中提及。
② 弗里茨·维特尔斯(1880—1950),美国奥地利裔精神分析学家。——译注
③ 彼得·盖伊(1923—),美国德裔历史学家和精神分析历史专家。——译注
④ 亨利·F.艾伦伯格(1905—1993),加拿大瑞士裔精神病学家。——译注
⑤ 埃内斯特·琼斯(1879—1958),英国神经学家、精神分析学家,弗洛伊德的终身好友,第一个说英语的精神分析践行者。——译注
⑥ 埃米利奥·罗德里格(1923—2008),阿根廷精神分析学家。——译注
⑦ 乔治·佩雷克(1936—1982),法国先锋作家、电影导演。——译注
⑧ 英语,意为"严厉批判弗洛伊德"。——译注

乱伦的畜生、撒谎的骗子、歪曲事实的家伙、法西斯分子。弗洛伊德出现在所有的表达和叙事形式中：漫画、连环画、艺术书、肖像画、素描、摄影，古典、色情或侦探小说，故事片、纪录片以及电视连续剧。

经过数十年的传记美化、口诛笔伐、学术研究、索隐探新、不当声明，我们虽然反复阅读他那些使20世纪下半叶熠熠生辉的著作，但还是难以弄清谁是真正的弗洛伊德，因为太多的评论、幻想、传奇和谣言最终遮蔽了这位思想家在他的和我们的时代遭遇的两种矛盾命运。

正因为如此，笔者先在很长时间内频频借着授课或旅游、研究的机会阅读弗洛伊德的纪念文章，参观他的纪念场馆，而后才着手以批判方式讲述他的生活、作品起源、他在"美好年代"①(Belle Époque)初期倡导的象征革命、在"疯狂年代"②(Années folles)经历的悲观主义折磨、事业遭受独裁统治破坏的痛苦时期。弗洛伊德的档案对外开放，所有未被采用的资料都可查阅，这为笔者运用批判方式提供良机；而法国尚无一位历史学者冒险涉足这片长期以英语研究——质量均属上乘——为主的领域，这也为笔者的研究写作提供了方便。

在这方面，笔者要感谢已故的雅克·勒高夫③(Jacques Le Goff)，在漫长交谈中，在笔者犹豫时，他都极力鼓励笔者投入这项工作，并对适宜采用什么方式观察造就时代亦为时代造就的弗洛伊德，提供了宝贵的指导意见。

在这本分为四部的书中，读者将看到一个满怀雄心壮志的人的生命叙事。此人出身于历史悠久的加利西亚东部犹太商人家族，在整个动荡不安的时代——同盟国垮台、第一次世界大战爆发、经济危机袭来、纳粹主义肆虐——都大胆地既充当解放"性"以便更好地控制"性"的开明保守主义者、解谜人、动物观察家、女性的朋友，又充当信从古代文明的斯多葛主义者、"打破幻想的人"、德国浪漫主义的继承者、摧毁对意识的信心的人，或许还充当一边忠于希腊悲剧传统(俄狄浦斯)、承袭莎士比亚戏剧遗产(哈姆雷特)，一边破坏犹太教和集体身份的维也纳犹太人。

---

① 指从19世纪末到第一次世界大战爆发、欧洲社会史上的一段和平繁荣时期。——译注
② 指世界性经济大萧条之前、1920—1929年那段时期。——译注
③ 雅克·勒高夫(1924—2014)，法国第三代年鉴学派代表人物之一，欧洲中世纪史学家。——译注

在转习当时最严格的科学——生理学——时,他用可卡因治疗自己的神经衰弱,并在1884年相信自己发现了它的助消化功效。他冒险深入非理性和梦的世界,认为自己心中就有浮士德(Faust)与梅菲斯特①(Méphisto)、雅各②(Jacob)与天使的斗争,随后又带领一群执着追求意识革命的弟子,按照柏拉图哲学的共和国模式建立小团体。在企图将自己的理论用于所有知识领域的同时,他误解同时代人——后者反倒借用他的模型——的文学革新,无视当时的艺术和绘画,采取相当保守的意识形态和政治立场,但又迫使现代主体性接受一个令人惊愕的起源神话——因为有人极力推翻它,它的力量随之显得比任何时候都活跃。在"名人"(l'homme illustre)传记之外,笔者也对应地研究某些病人的经历——他们的"列传"③(vie parallèle)与其"案例"报告毫不相干。另有一些病人将其治疗经历编成故事,而其他更加默默无闻的则通过档案开放而最终为世人知晓。

弗洛伊德始终认为,他在无意识中发现的东西预示着人在现实中遭遇的事物。笔者却决意将这个命题反转过来,证明弗洛伊德所谓的发现其实不过是社会、家庭环境和政治形势作用的结果——他巧妙地诠释了三者的意义,将之说成无意识的产物。

这就是沉入历史长河、沉入漫长叙事的主人公及其事业。这部长篇著作融合了大小事件,公私生活,疯狂、爱情和友谊,长篇对话,衰竭和忧郁,战争与死亡的悲剧,最终朝着未来始终变化莫测、需要不断重新创造的王国的流亡。

---

① 梅菲斯特是德国诗人、作家歌德(Goethe,1749—1832)名作《浮士德》中的魔鬼。——译注
② 雅各是《圣经》中的一位族长,后改名以色列,是以色列人的祖先。——译注
③ 《名人列传》(Les Vies parallèles des hommes illustres)是古希腊传记作家普鲁塔克(Plutarque)的作品,将希腊、罗马的名人成对列出,予以对比。——译注

第一部

弗洛伊德的生活

第一章 开　　端

19世纪中叶,欧洲燃烧着民族自决的热望。各个地域,从东到西,在民主化的国度,在仍然古老的社会和被并入同盟国的少数派,新的解放理想在哲学信念中涌现,印证了圣-茹斯特①(Saint-Just)在1794年的伟大预言:"愿欧洲知晓,你们不要世间再有苦命人,不要法国再有压迫者;愿这个典范在大地上结出果实……幸福是欧洲的新理想。"

转折点始于1848年。这一年恰逢民族和革命之春、自由主义和社会主义之春、共产主义黎明。经过数年的战争、屠杀、奴役和叛乱,人们——尽管语言不同,习俗各异——都要求废除复辟的旧君主制。在复辟的国家,不久前拿破仑的一系列壮举推动1789年理想的普及,如马克思和恩格斯在1848年所述:"一个幽灵,共产主义的幽灵,在欧洲游荡。为了对这个幽灵进行神圣的围剿,旧欧洲的一切势力,都联合起来了②。"

虽然在欧洲各地遭到镇压,革命承载的思想却继续传播。思想的传播方式截然相反,视其参照物而定——它们参照的或是以寻求基于政治实践的普世文明为特色的法国启蒙运动,或是相反的以新教为哲学使命、起源于德国的"启蒙运动"③(Aufklärung)。

---

① 圣-茹斯特(1767—1794),法国大革命中的法国政治人物,雅各宾专政时期领袖。——译注
② 马克思和恩格斯,《共产党宣言》(Manifeste du parti communiste)(1848年),巴黎,社会出版社(Éditions sociales),1966年,第25页。译者补注:由于法文和原文略有出入,译文根据中共中央马克思恩格斯列宁斯大林著作编译局版本略作修改。
③ 参见温琴佐·费罗内(Vincenzo Ferrone)和丹尼尔·罗什(Daniel Roche)(编),《启蒙世界》(Le Monde des Lumières),巴黎,法亚尔出版社(Fayard),1999年。译者补注:温琴佐·费罗内,当代意大利现代史教授。丹尼尔·罗什(1935—　),法国著名历史学家,法兰西学院教授。

在19世纪中叶,这两种启蒙理念文明(Civilisation)和文明(Kultur)——前者是普适的,后者则更加关乎身份归属感——与一心用新形式恢复已因革命之春岌岌可危的旧世界秩序的政治体制背道而驰。民族独立运动由此而来。

为了顺应各个民族的热望,为了阻止启蒙理想的流传,蓬勃发展的工业资产阶级重新采用国家(nation)的概念,将之转向反面。它谋求的不是人的相互团结,而是等级分明的国家的合并统一——国家被当作彼此不同的实体,每一个都被视为其特性的总和。法国启蒙运动的准则是人应被定义成自由主体,德国的理想关乎身份归属文化,继之而来的理念则基于人归属某一群体或种族的义务——当时的说法是:人本身是不存在的,只存在从属于某块领土、某个民族国家的人员。每个人首先应是法国人、意大利人、德国人,然后才是脱离归属的权利主体。

在发生巨大变化的欧洲,犹太人也追求解放的理想。从1791年成为名副其实的公民后,法国的犹太人只要放下双重身份的负担,就可以取得与其他公民相同的权益。对他们有意义的大概只是获得权利主体的身份,摆脱宗教奴役和集体管束。他们被准许私下践行自行选择的宗教信仰。同时,对政教分离的国家而言,犹太教变得与其他宗教一样,不再是母教,不再是自中世纪以来遭人憎恶的宗教,不再是孕育基督教的上帝选民的宗教。人可以自认为是犹太人——从犹太身份的意义上说——这种观念有悖于法国政教分离的普世理想。

在马丁·路德推行改革的德国,哈斯卡拉(Haskala)——摩西·门德尔松①(Moses Mendelssohn)创立的犹太启蒙运动——追求的并不是将犹太人当作享有全部权益的公民纳入整体,而是允许他们兼做"犹太人和德国人"。哈斯卡拉的支持者反对哈西德主义②(hassidisme),即启蒙运动中重新推崇犹太虔修——尤其在东欧——的另一流派,肯定现代犹太人可以按照两种实在归属(appartenance positive)——一种属于信仰,另一种属于土地——生活,只要他们摆脱约束过多的沉重宗教传统。

在整个工业化过程中的德语世界——从北欧到中欧(Mitteleuro-

---

① 摩西·门德尔松(1729—1786),德国犹太哲学家。——译注
② 18世纪起源于波兰犹太人的犹太教神秘教派之一。——译注

pa)——阿什肯纳兹(ashkénaze)犹太人并未获得与法国犹太人同等的权益。他们分布在从前位于神圣罗马帝国中央、后来归入奥匈帝国的四大省份——加利西亚(Galicie)、摩拉维亚(Moravie)、波西米亚(Bohême)和西里西亚(Silésie)——实际上占据着一片更加广阔、疆界不定的领土,即举世闻名的"犹太人家园"(Yiddishland),组成各个运用相同语言的团体,散布在波兰、立陶宛、白俄罗斯、乌克兰、罗马尼亚、匈牙利之间一片游移不定的区域内。

这些在职业上受限制的犹太人,为了免于因自身的民族而遭受屈辱,注定要改换宗教,或嫌恶自己的犹太身份,或取得智力上的成就——按照威廉·约翰斯顿(William Johnston)的说法,这种成就通常以反击的形式出现:"犹太人之所以在学业上出类拔萃,是因为他们的家庭鼓励他们更加发奋学习,战胜成见[①]。"

因此,19 世纪获得解放的犹太人以为能够避开祖先遭受的迫害,办法是以不同方式——视其居住地而定——融入工业和知识资产阶级社会:譬如在法国成为享有全部权益的公民,在英国、继而在美国成为属于某一团体的个体,在德语世界成为德国犹太国民,在同盟国成为少数民族。他们当中的许多人借着各种迁居的机会改姓,造成这段时期的波兰、俄罗斯、罗马尼亚姓氏的德语化或法语化运动。很多人放弃了割礼或改信他教。

然而,随着民族独立运动与民族之春的旧时理想渐行渐远,犹太人日益受到排斥——这不再是出于宗教原因,而是出于"种族"原因,也就是说原因关乎无形的身份归属,它似乎不受改宗的影响,同时令犹太人不得不自认为源自同一国家。这便是继反犹太主义(antijudaïsme)之后的反闪米特主义[②](antisémitisme)的诞生悖论。犹太人不再因信奉异教——最早

[①] 威廉·约翰斯顿,《维也纳精神:1848—1938 年的思想和社会史》(*L'Esprit viennois. Une histoire intellectuelle et sociale*,1848—1938)(1972 年),巴黎,法国大学出版社(PUF),1985 年,第 27 页。亦可参见让·克莱尔(Jean Clair)(主编),《维也纳:欢乐启示录,展览目录》(*Vienne. L'apocalypse joyeuse, catalogue de l'exposition*),蓬皮杜中心出版社(Centre Georges-Pompidou),1986 年。译者补注:威廉·约翰斯顿(1936 年—),美国历史学家,擅长欧洲思想史。让·克莱尔(1940—),法国作家、法国艺术史学家,曾任巴黎毕加索博物馆馆长,2008 年 5 月成为法兰西学院院士。

[②] 闪米特人(Sémite)包括阿拉伯人和犹太人,法语词"Sémite"如今常被译作犹太人(系反犹主义者对犹太人的误用词)。法语词"antisémitisme"按字面意思可被译为"反闪米特主义",现常被译作"反犹太主义、排犹运动"。后文将"antisémitisme"译为反闪米特主义,以示与反犹主义(antijudaïsme)一词的区别。——译注

的一神教——而遭受排斥,却被视作一个寻找国家的种族。

如果欧洲人在几个世纪中接触的只是某些犹太人,也就是一个遭到轻视的民族——它意识到自己遭受排斥,并不参照疆界来理解它的统一或全体——那么他们旋即就得面对一个像他们一样不得不自认为是国家——犹太国——的民族。然而,没有疆界的国家是什么?没有领土的民族是什么?如果成员都是不断出自不同国家,因而不是任何地方的公民的主体或个体,那么这样的国家和民族又是什么①?

正是在这个以哈布斯堡犹太人的日益城市化和日耳曼化为显著特征的喧嚣时代,雅各布·卡拉蒙(卡尔曼)·弗洛伊德(Jacob Kallamon[Kalman]Freud)于 1815 年 12 月 18 日——拿破仑大军滑铁卢战败 6 个月后——在加利西亚东部的村镇(*shtetl*②)蒂斯门尼茨(Tysmenitz)出世③。他的父亲、原籍布恰奇④(Buczacz)的施洛莫·弗洛伊德(Schlomo Freud)以经商为业,就像许多定居在这一后被归入哈布斯堡帝国的东欧地域的犹太人一样。诞下长子之后,施洛莫的妻子佩琵·霍夫曼-弗洛伊德(Peppi Hofmann-Freud)——其父亚伯拉罕·西斯金德·霍夫曼(Abraham Siskind Hofmann)是布料及其他生活必需品的批发商——又相继生

---

① 笔者已在《回顾犹太问题》(*Retour sur la question juive*,巴黎,阿尔班·米歇尔出版社[Albin Michel],2009 年)中着手研究这一问题。
② 意第绪语,指从前有大量犹太人的东欧、中欧小镇。——译注
③ 有关弗洛伊德家族户籍的所有资料均由玛丽安娜·克吕尔(Marianne Krüll)出版:《西格蒙德:雅各布的儿子》(*Sigmund, fils de Jakob*)(1979 年),巴黎,伽利玛出版社(Gallimard),1983 年。亦可参见勒妮·吉克洪(Renée Gicklhorn),《弗莱贝格的弗洛伊德家族》(*La famille Freud à Freiberg*)(1969 年),《弗洛伊德研究》(*Études freudiennes*,创刊于 1969 年的法国精神分析期刊),n° 11—12,1976 年 1 月,第 231—238 页。埃内斯特·琼斯,《西格蒙德·弗洛伊德的生平和著作第一卷:1856—1900 年》(*La Vie et l'œuvre de Sigmund Freud*, t. I: *1856—1900*)(1953 年),巴黎,法国大学出版社,1958 年。艾伦伯格,《无意识探索史》(*Histoire de la découverte de l'inconscient*)(1970 年),巴黎,法亚尔出版社,1994 年,第 439—446 页。彼得·盖伊,《弗洛伊德传》(*Freud, une vie*)(1988 年),巴黎,阿歇特出版社(Hachette),1991 年。参见伊曼纽尔·赖斯(Emmanuel Rice),《弗洛伊德和摩西:漫漫回家路》(*Freud and Moses. The Long Journey Home*),纽约,纽约州立大学出版社(State University of New York),1990 年。-Kallamon(Salomon)有时被写成 Kalman、Kallmann 或 Kelemen。Tysmenitz 可被誊作 Tysmienica 或 Tismenitz。Freiberg 有时被写成 Freyberg,或是捷克语的 Pribor、Prbor。Jacob 亦作 Jakob,Peppi 亦作 Pepi。亦可参见 1931 年 10 月 25 日弗洛伊德致普日博尔(捷克市镇名,弗洛伊德出生地)市长的信函,美国国会图书馆(LoC),38 号箱,42 号文件夹。译者补注:玛丽安娜·克吕尔(1936—),德国作家、社会学家。勒妮·吉克洪(? —1980),奥地利历史学家。伊曼纽尔·赖斯(1928—2011),美国精神病学家。弗莱贝格是德国萨克森州的一个市镇。
④ 乌克兰城市名。——译注

下二子——阿贝(Abae)和约瑟夫(Josef)以及一女。弗洛伊德之名可能来自施洛莫曾祖母名字中的 *Freide*。

阿贝在布雷斯劳①(Breslau)做羊毛批发商,他的孩子都很不幸:一个儿子是智力低下的脑积水患者,另一个成了疯子。1886 年,弗洛伊德——当时已成为让-马丁·沙可②(Jean-Martin Charcot)的狂热崇拜者,确信神经症源自遗传——在巴黎之行中想起几位叔父和堂兄弟,毫不犹豫地认定自己家族有某种"神经病理性"缺陷:"因为我是神经科医生,所以我像水手怕大海一样怕所有这类事。"他还说:"这种事在犹太家族中是司空见惯的③。"

1832 年临近年中时,还不满 17 岁的雅各布在蒂斯门尼茨娶了批发商的女儿、年轻的萨莉·坎纳(Sally Kanner)为妻。按照当时的风俗,婚礼由双方家庭筹备。这对夫妇起初住在坎纳家,萨莉在家中诞下二子:1833 年降生的伊曼纽尔(Emanuel)和一年后出世的菲利普(Philipp)。她后来生的两个孩子都早夭。

西斯金德·霍夫曼和施洛莫·弗洛伊德相处得非常融洽。在奉行父权律法(loi du père)和近亲婚配的村镇大家庭中,三代人住在同一屋檐下或同一街区中是常见的事。女人留在家中,同母亲、姊妹、婆婆、仆佣或女家庭教师一起抚养孩子,男人——父亲、女婿和儿子——则在外面打理生意:一方面,女性的力量被局限在私人领域和家务中,另一方面,男性力量却始终流离在外。在这样的家庭秩序中,每个人从生到死的位置都被明确限定,因此翁婿关系就像父子、祖孙或叔侄关系那样重要。青年成婚、19 岁时已有二子的雅各布也遵循这一传统。他像父亲一样,习惯于伴随外祖父(西斯金德)到摩拉维亚处理事务。比起加利西亚,摩拉维亚的奥

---

① 波兰城市名。——译注
② 让-马丁·沙可(1825—1893),法国神经科医生、解剖病理学教授、法兰西科学院院士,被誉为"现代神经学奠基人"。——译注
③ 西格蒙德·弗洛伊德,《致玛尔塔·贝尔奈斯的信》,《1873—1939 年通信集》(*Correspondance, 1873—1939*)(1960 年),巴黎,伽利玛出版社,1967 年,第 223—224 页。"犹太神经症"(névrose juive)的错误观点在当时非常流行——尤其在沙可的教导下。参见伊丽莎白·卢迪内斯库,《法国精神分析史》,*Histoire de la psychanalyse en France*)(1982 - 1986)和《雅克·拉康》(*Jacques Lacan*)(1993 年),单卷本,巴黎,袖珍书,"袖珍本书店"(La Pochothèque)丛书,2009 年。缩写:HPF-JL。译者补注:玛尔塔·贝尔奈斯(1861—1951 年),西格蒙德·弗洛伊德的妻子。

地利同化政策更加严厉,更加趋向于推动犹太人日耳曼化,更加趋向于推动他们适应更为城市化的生活方式。

二人睡在犹太旅馆中,因遵守世代相传的宗教仪式而与歧视性的法律发生冲突。同时,他们发现了比他们村镇中更加现代的生活方式。西斯金德仍然忠于哈西德主义传统,而精通宗教语言的哈西德主义虔诚信徒雅各布却开始对哈斯卡拉的理念产生兴趣①。雅各布在20岁时成为外祖父的合伙人。

1844年7月,他们一起为被列入弗莱贝格(Freiberg)"被宽容"的犹太人名单而履行行政手续。西斯金德提醒当局:他在摩拉维亚购买呢绒,带回加利西亚染色,他做大麻、蜂蜜和油脂生意是一把好手。他又请求延长自己和外孙的护照期限。完成繁缛的行政手续后,他们得到了"宽容"。

4年之后,撼动欧洲的民族革命使奥匈帝国犹太人获得民事和政治上的权利。由于人口激增,加利西亚的犹太人纷纷向西部和南部迁移,城市化发展也随之推进②。雅各布顺势申请到弗莱贝格定居。随着时光的推移,他慢慢地松开与父亲的哈西德传统的连接纽带,以便更好地摆脱村镇的思维方式,融入新的资产阶级社会。

为了彰显自己的变化,他买来一册路德维希·菲利普森(Ludwig Philippson③)的《圣经》——此人是将希伯来语《圣经》译成德语的第一人。这一供经历变革的犹太人使用的译本在1838年和1854年之间出版,未做删节,并附有取材于古埃及的华美插图。雅各布把1848年11月1日的日期记在衬页上,以此庆贺民族之春。

他变成自由主义者,同时依然习惯于用许多取自悠久的犹太幽默传统的趣闻轶事加强话语效果;他最后不再注重宗教仪式,但仍坚持将普珥节(*Pourim*)和逾越节(*Pessa'h*)当作家庭节日庆祝。普珥节纪念波斯帝国犹太人的获救,逾越节则纪念出埃及人对人奴役的终结:这是两个获得自由的节日,寄托着他对民族反抗理想的眷恋之情。

---

① 好些评论家都误以为雅各布始终恪守正统习俗。
② 米歇尔·罗特弗尤斯(Michel Rotfus)转给笔者有关哈布斯堡帝国四大省犹太人演变的原始资料若干,特此致谢。
③ 路德维希·菲利普森(1811—1889),德国作家,犹太拉比(拉比是犹太人中一个特别阶层,指接受过正规犹太教育,系统学习过犹太教经典,担任精神领袖或传授犹太教教义的人,主要为有学问的学者,是老师和智者的象征)。——译注

从 1848 年到 1852 年,雅各布继续过着四处奔波的生活。萨莉死后,他又娶了一个叫丽贝卡(Rebekka)的女子,但这位批发商的女儿不曾为他生儿育女。在此期间,他的长子也在 19 岁上与一名全家来自俄罗斯的犹太少女玛丽亚·罗卡奇(Maria Rokach)成婚。1855 年,玛丽亚生下第一个孩子约翰·弗洛伊德(Johann[John]Freud),他成了一年后出世的叔叔西格蒙德(Sigmund)的玩伴。接着,玛丽亚在 1856 年 11 月 20 日又生下波利娜(Pauline)①。

这回轮到雅各布的长子伊曼纽尔来当父亲的合伙人,就像他的父亲以前做外祖父的合伙人一样。至于幼子菲利普,他一直单身,仅仅在曼彻斯特成过一次家——他在父亲离开弗莱贝格时(临近 1859 年)随同兄长移居此地。兄弟俩都靠衣料和珠宝生意成为富人。雅各布绝口不提第二次婚姻,历史学家却发现了它的蛛丝马迹。他是不是遗弃了丽贝卡?没有什么证据可以证明这一点。某些评论家为他的第二任妻子杜撰了一整篇传奇,但我们几乎对她一无所知,连西格蒙德·弗洛伊德都不知道有这么一个人②。

尽管如此,他在 1855 年 7 月 29 日又经人作媒与阿玛丽娅·纳坦森(Amalia Nathanson)结为连理。这位少女是来自敖德萨(Odessa)、定居维也纳的代理商雅各布·纳坦森(Jacob Nathanson)的女儿。阿玛丽娅于 1835 年在布罗德③(Brody)出生,是家中四个男孩以外唯一的女儿,与丈夫的两个儿子年龄相仿。大家依照经过伊萨克·诺亚·曼海默④(Isaac Noah Mannheimer)改革的仪式向婚礼祝福。婚礼主持人唱诵七首婚礼降福词,新郎在脚下打碎一个玻璃杯,以此纪念耶路撒冷圣殿被毁。

阿玛丽娅的性格霸道专断,个体自由的缺失——当时的女子除了做母亲之外别无选择——大概令她比她的母亲和外祖母痛苦得多。她不愿

---

① 《西格蒙德·弗洛伊德家庭和曼彻斯特的弗洛伊德们的书信,1911—1938 年》(*Lettres de famille de Sigmund Freud et des Freud de Manchester, 1911 - 1938*),巴黎,法国大学出版社,1996 年。
② 1979 年,玛丽·巴尔马里(Marie Balmary)在试图赋予弗洛伊德的命运基督教色彩时,发现雅各布生活中有一项所谓"被掩藏的过失",并毫无根据地断言丽贝卡从火车上跳车自杀。参见《雕塑上的人:弗洛伊德和其父被掩藏的过失》(*L'Homme aux statues. Freud et la faute cachée du père*),巴黎,格拉塞出版社(Grasset),1979 年。
③ 乌克兰城市名。——译注
④ 伊萨克·诺亚·曼海默(1793—1865),犹太牧师,维也纳犹太社团领袖和发言人。——译注

被禁锢在一种注定消亡的家庭模式中,却无法反抗成为家庭妇女的命运。这名女子窈窕秀丽、优雅活泼,身体、心理和精神上都有极强的耐受力,善于在变化多端的时代保持自主。她在十年中为简直能当她父亲的丈夫生下八个孩子(三男五女):西格蒙德、尤利乌斯(Julius)、安娜(Anna)、雷吉内·德博拉(Regine Debora,又称罗莎[Rosa])、玛丽亚(Maria,又称米琪[Mitzi])、埃丝特·阿道菲娜(Esther Adolfine,又称多尔菲[Dolfi])、波利娜·雷吉内(Pauline Regine,又称保拉[Paula])和亚历山大(Alexander)。可以说从结婚之日到最小的儿子1866年降生为止,她从未停止过怀孕。可不知何故,一个生育力如此旺盛的人此后居然再无所出。

1856年5月6日,她诞下长子西格蒙德(西格斯蒙德[Sigismund]),为他取名施洛莫-舍洛莫(Schlomo-Shelomoh),以纪念蒂斯门尼茨那位可敬的老人。雅各布在他那本著名的《圣经》——他已在书中用希伯来文记录了父亲猝然离世的日子:2月21日——中加入这个一周后"被纳入盟约"(受割礼①)的新施洛莫的出生日期②。1891年,他为这本书包了一层新封皮,将它当作生日礼物送给长子:"我亲爱的儿子舍洛莫……我把这本书题献给你,使它成为你的备忘录,使你记得父亲对你永恒的爱。犹太历565年尼散月(nissan)29日、公历1891年5月6日于首都维也纳③。"

从诞生之日起,西格蒙德就成为阿玛丽娅骄傲和自豪的来源。她叫他"我的宝贝西吉(Sigi)",常用意第绪语对他说话,在子女中始终偏爱他,坚信他将成为伟人。有一天,她在糕点铺遇到一位老妇,后者向她预言她

---

① 割礼是犹太传统宗教仪式,是加入上帝与犹太人之间盟约的标志。——译注
② 出生证用的是他的犹太名字:犹太历5616年依雅尔月(Iyar)第一天(Rosch Hodesch)星期二,即公历1856年5月6日,施洛莫(舍洛莫)生于弗莱贝格。他出生时的房屋位于塞吕里耶(Serruriers)路117号。玛丽·巴尔马里称阿玛丽娅未婚先孕,弗洛伊德生于1856年3月6日而非5月6日。这种说法毫无根据。原始档案今后可在互联网上查阅,弗洛伊德的出生日期毫无疑问是5月6日。
③ 由优素福·哈伊姆·耶路沙米(Yosef Hayim Yerushalmi)译自希伯来文,《弗洛伊德的"摩西":可终止的与不可终止的犹太教》(Le «Moïse» de Freud. Judaïsme terminable et interminable)(1991年),巴黎,伽利玛出版社,1993年,第139—140页。据耶路沙米推测,弗洛伊德——跟他一贯的声明相反——懂希伯来文。显然,他不是能说希伯来文,而是懂这种语言。罗巴克(Roback)在1930年寄给弗洛伊德一册自己的书(有他的亲笔题词),弗洛伊德对他写了这番话:"我受的犹太教育是如此之少,甚至连你明明白白用希伯来文写的题词都读不了。后来我为这样的缺陷感到遗憾。"(西格蒙德·弗洛伊德,《通信集》,前揭,第430页)译者补注:优素福·哈伊姆·耶路沙米(1932—2009),美国犹太裔历史学家。罗巴克(1890—1965),波兰裔心理学家、哲学家、民俗学家、教育家。

的儿子将是天才。此事更加坚定了她的信心,但弗洛伊德却一直斥之为荒谬:"这类预言一定不少见,因为有那么多的母亲满怀希望,有那么多的老农妇和老太婆因为在当下无所事事,转而向未来寻求补偿①。"

在阿玛丽娅的信心感染下,雅各布开始欣赏儿子,认为他有朝一日会超越自己。家中的男性要么靠女婿协助,要么靠岳父扶持,一贯把自己看作正派的羊毛和食品批发商;自此之后完全支持犹太启蒙运动的雅各布却很早就认为儿子可以获得不同于先辈的命运:钻研学问,而不再从事批发生意。他教儿子像看家族系谱传奇一样读圣经故事,使后者获得极大的乐趣。在整个求学期间,青年弗洛伊德继续接受圣经语言的熏陶,特别在接触希伯来文教师以及资助其学费的萨缪尔·哈默施拉格(Samuel Hammerschlag)后。1904 年,弗洛伊德在这位老师离世时写道:"他的灵魂中燃烧着犹太教伟大先知的精神炽火②。"

弗洛伊德就这样——无论他有过什么说法——早早地读起了《圣经》。在童年时代,最吸引他的莫过于摩西的埃及传奇、约瑟(Joseph)及其兄弟的遭遇、与妻妾侍女诞下满堂子孙的百岁族长的形形色色婚姻。他崇拜参孙(Samson)、扫罗(Saül)、大卫(David)和雅各。在犹太教的著作中,他看到自己家庭的某些结构特征,由此推断出大家庭始终既是恩宠,又是烦恼之源。他喜欢从幻想和白日梦中汲取快乐,常常想象与他住在一起的异母哥哥菲利普是母亲真正的丈夫,而他的父亲其实是祖父。反正他显得有点嫉妒这位单身汉,与另一位异母哥哥、娶同辈女子为妻的

---

① 西格蒙德·弗洛伊德,《梦的解析》(*L'Interprétation des rêves*)(1900 年),巴黎,法国大学出版社,1967 年,第 171 页。笔者选用伊尼亚斯·梅耶松(Ignace Meyerson)翻译、丹妮丝·贝尔热(Denise Berger)校订的版本。这个译本先用"梦的科学"(*La Science des rêves*)作书名,后以"梦的解析"为名用法文重新出版。事实上,*Die Traumdeutung* 应被译作"梦的解析"。2003 年法国大学出版社《弗洛伊德全集/精神分析》(*Œuvres complètes de Freud. Psychanalyse*[*OCF. P*])第四部和 2010 年瑟伊出版社的让-皮埃尔·勒菲弗(Jean-Pierre Lefebvre)版本保留的就是这一书名。译者补注:伊尼亚斯·梅耶松(1888—1983),法国波兰裔心理学家,历史心理学创始人。丹妮丝·贝尔热,法国当代心理学著作译者。让-皮埃尔·勒菲弗(1943—),法国小说家、翻译家和德语语言学家。
② 西格蒙德·弗洛伊德,《纪念萨穆埃尔·哈默施拉格老师》(En mémoire du professeur S. Hammerschlag)(1904年),见《弗洛伊德全集/精神分析》第四部,前揭,第 41 页。笔者重译了这一段落。参见奥·普弗里墨(Theo Pfrimmer),《弗洛伊德:圣经的读者》(*Freud, lecteur de la Bible*),巴黎,法国大学出版社,1984 年。亦可参见恩斯特·哈默施拉格(Ernst Hammerschlag,萨穆埃尔之孙),美国国会图书馆,113 号箱,20 号文件夹,未标注日期。

伊曼纽尔却感情深厚。有些历史学家猜想菲利普实为阿玛丽娅的情人，但提不出一点证据。

弗洛伊德依恋年轻娇美的母亲，她也自私地宠着他。年幼的弗洛伊德将她视作一名既具男子气概，又有性魅力的女人。在弗莱贝格和莱比锡之间的火车旅途中，他曾为她的裸体倾倒，日后还提到一个著名的焦虑梦：他看到熟睡的母亲被几个鸟嘴人抬到他的床上，他们令他想到父亲的《圣经》中翻印的埃及神。后来，他认为受母亲偏爱的孩子一旦长大，就会具备无可动摇的乐观精神。更有甚者，他还依据这种信念推导出下列观点：母子之情是最完美、最不掺杂矛盾的关系。事实上，他从未能弄清和母亲的关系的性质。对他而言，母爱——更多的是母亲对儿子的爱——就是显而易见、自然而然的事实。

他从"保姆"身上发现了母爱的另一面。受雇为保姆的蕾希·维特克（Resi Wittek，或莫妮卡·扎伊茨[Monika Zajic]）①又老又丑，几乎没有吸引力可言，与阿玛丽娅截然相反。但她给他带来了亲密的温情和感官的愉悦，总之就是他与母亲的关系中欠缺的某些身体方面的东西，如他后来所言："她是我的性导师。她用一种先给自己洗过的淡红水为我洗澡②。"狂热的天主教徒莫妮卡对他说捷克语，向他讲述魔鬼和圣徒的故事，还带他去供奉圣母玛丽亚的教堂。他因而发现了第二种一神教，一种有关肉体、罪恶（péché）、忏悔和罪疚（culpabilité）的宗教，它有自己的宗教图案、念珠、巴洛克风格肖像集和对地狱的描述。回到家后，西格蒙德就宣讲教义，赞美基督徒的上帝。然而，在安娜出世之际，"坏哥哥"菲利普以偷窃罪名将莫妮卡送入监狱。西格蒙德被迫离开母亲——她自分娩后便待在

---

① 这位保姆的名字笼罩着一层不确定性。蕾希·维特克是1857年6月5日官方文件中注明的名字。而莫妮卡·扎伊茨则作为锁匠扎伊茨——弗洛伊德一家在弗莱贝格时曾住此人家中——的亲属出现在另一文件中。肯定只有一名保姆，这两个女子肯定是同一人。参见玛丽安娜·克吕尔，《西格蒙德：雅各布的儿子》，前揭，第335页。

② 西格蒙德·弗洛伊德，《1887—1904年致威廉·弗利斯的信》（Lettres à Wilhelm Fliess, 1887—1904），完整版，巴黎，法国大学出版社，2006年，《1897年10月3日的信》，第341页。《精神分析的诞生》（La Naissance de la psychanalyse）（1950年），删节版，由玛丽·波拿巴（Marie Bonaparte）、安娜·弗洛伊德（Anna Freud）和恩斯特·克里斯（Ernst Kris）指导，巴黎，法国大学出版社，1956年。译者补注：玛丽·波拿巴（1882—1962），法国贵族、精神分析先驱和作家。安娜·弗洛伊德（1895—1982），奥地利心理学家，儿童精神分析学家，弗洛伊德最小的女儿。恩斯特·克里斯（1900—1957），奥地利精神分析学家和艺术史学家。

卧室里,闭门不出——又失去保姆,开始大喊大叫。他坚信阿玛丽娅被某个箱子吞吃了。

1905年,他在《性学三论》(*Trois essais sur la théorie sexuelle*)中肯定说,保姆在哄幼儿入睡时会近乎无意识地抚摸其生殖器①。看到这种说法,好几位评论家后来都猜想莫妮卡曾抚弄小弗洛伊德的阴茎,他研究人类的性的热情想必发端于此②。因此,认为有一个曾受保姆猥亵的弗洛伊德的传言逐渐被人接受,就像其他许多围绕这位精神分析创始人私生活的谣传一样。

西格蒙德儿时的玩伴是约翰和波利娜,他们一起组成一个三人小组。三十年后,他在一篇探讨"屏蔽性记忆"(Souvenirs-écrans)的文章中描述一名恐怖症已痊愈的三十八岁男子如何想起一段儿时记忆,而这段记忆又掩盖着另一段被压抑得深得多的记忆。

实际上,他在这篇文章中引用自身的记忆来阐明他的理论,而他所描述的那名男子正是他本人。他写道,堂兄弟二人和堂妹在草地上玩耍,每个孩子都采了一束花。因为小女孩采的花最多,所以两个心生嫉妒的小男孩抢走了她的花。她向一名农妇告状,后者给她一片面包作为安慰。于是,两个男孩丢掉花朵去吃面包:"我记得面包好吃极了,而场景就到这里结束。"弗洛伊德随后解释说"夺走少女的花表示使她失去童贞③"。

对某些将现实和无意识幻想混为一谈的评论家而言,这就足以证明弗洛伊德的确在童年与侄子合谋夺取侄女的童贞。

---

① 西格蒙德·弗洛伊德,《性学三论》(1905年),巴黎,伽利玛出版社,1987年。
② 玛丽安娜·克吕尔有此推断,继她之后还有很多人这么猜测……
③ 西格蒙德·弗洛伊德,《屏蔽性记忆》(Les souvenirs-écrans)(1899年),见《神经症、精神病和性倒错》(*Névrose, psychose et perversion*),巴黎,伽利玛出版社,1973年,第121—126页。西格弗里德·贝恩菲尔德(Siegfried Bernfeld),《一个不为人知的弗洛伊德自传片段》(An Unknown Autobiographical Fragment by Freud),《美国意象》(*American Imago*,由西格蒙德·弗洛伊德等1939年在美国创建的精神分析学术期刊),4,1,1946年;苏珊·贝恩菲尔德(*Suzanne Cassirer-Bernfeld*),《弗洛伊德的童年早期》(Freud's Early Childhood),《门宁格诊所公报》(*Bulletin of the Menninger Clinic*,创刊于1936年的美国心理治疗期刊),8,1944年,第107—115页。就像曾强调说明的那样,笔者有意不以重新解析弗洛伊德的梦的方式来重构他的生活。译者补注:西格弗里德·贝恩菲尔德(1892—1953),奥地利精神分析学家和教育学家。苏珊·卡西雷尔-贝恩菲尔德(1896—1963),德国精神分析师、西格弗里德·贝恩菲尔德之妻。

弗洛伊德曾遭乳母猥亵，又玷污过侄女，这种传闻像所有其他流言一样，可在弗洛伊德的著作——它们被人按照各种猜测或杜撰不断重新诠释——中找到源头。不过，弗洛伊德与比他年长的侄子保持着既有默契又有竞争的关系，这一点倒是毋庸置疑的。正如所有面对同龄女孩的男孩，约翰和西格蒙德有时会"相当野蛮地①"对待波利娜。他俩形影不离，相亲相爱，又互相指责或争吵。弗洛伊德把这份童年情谊比作布鲁图②(Brutus)和恺撒的友情，将之变成日后与身边的人——老师、弟子、朋友、对手、仇敌——的关系模型："亲密的友人和讨厌的仇敌始终是我情感生活的必要部分；对我而言，他们从来都是不可或缺的，生活也往往将我的童年理想实现得如此完满，致使同一个人可以既是朋友，又是仇敌③。"

1860年，弗洛伊德一家定居利奥波德城(Leopoldstadt)，这片维也纳的平民郊区住满贫穷的犹太人，他们的居所有时并不卫生。再度怀孕的阿玛丽娅染上结核病，不得不多次前往喀尔巴阡山区(les Carpates)疗养。那时，仍以羊毛批发商自居的雅各布已沦为纺织品机械化生产的牺牲品，生意永远兴旺不起来。在第一位妻子所生的儿子的帮助下，他还能保证众多子女过上体面的生活。

成为强大父权化身的雅各布自觉卑微无能。所以他比任何时候都更加起劲地孕育梦想：儿子将获得比自己更加辉煌的人生。同时，他也不忘为父亲的身份自豪："我的西格斯蒙德的小脚趾头都比我的脑袋智慧，可他从不来敢和我顶嘴④。"施洛莫-西吉斯蒙德是历史悠久的、来自东欧村镇的弗洛伊德世系中从事批发商以外职业的第一人⑤。

---

① 西格蒙德·弗洛伊德，《致威廉·弗利斯的信》，前揭，第340页。
② 布鲁图(前85—前42)，罗马共和国晚期的元老院议员、法学家、哲学家。——译注
③ 西格蒙德·弗洛伊德，《梦的解析》，前揭，第412页。
④ 弗里茨·维特尔斯，《弗洛伊德：其人、其学说、其学派》(*Freud, l'homme, la doctrine, l'école*)，巴黎，阿尔康出版社(Alcan)，1925年，第46—47页。爱德华·蒂姆斯(Edward Timms)编，《弗洛伊德和女性-儿童：弗里茨·维特尔斯回忆录》(*Freud et la femme-enfant. Mémoires de Fritz Wittels*)，巴黎，法国大学出版社，1999年。
⑤ 其他几个加利西亚人也有不同凡响的人生：父母于1899年移居美国的伊西多·艾萨克·拉比(Isidor Isaac Rabi)荣获1944年诺贝尔物理奖；同样，1937年出生、流亡美国的罗德·霍夫曼(Roald Hoffmann)获得诺贝尔化学奖，而移居法国的乔治·夏帕克(Georges Charpak)荣获诺贝尔物理奖。弗洛伊德向往诺贝尔奖，但从未得到它。

西格蒙德认同的是征服者和胜利者,继而是时刻准备为父亲报仇或超越父亲的失败者:汉尼拔①(Hannibal)、亚历山大②(Alexandre)、拿破仑。这种认同可以追溯到这段时期,证据便是他保留在记忆中的一幕童年场景——他听父亲讲一个旧日故事,向他证明眼下的日子比从前好过。雅各布告诉他,曾经"有一个基督徒把我的皮帽扔进烂泥,一边嚷着:'犹太佬,从人行道滚下去'"。儿子问他采取什么行动,他回答说:"我捡起了帽子。"

西格蒙德用另一幅更符合其愿望的景象来对抗这一令他不快的场面。那是一幕历史场景:哈米尔卡③(Hamilcar)让儿子汉尼拔发誓为他向罗马人复仇,终生保卫迦太基④。

这位年轻人关心的事就这样在他的想象中显示出来,那就是恢复对于在他眼前不断式微的父权的记忆。其实,皮帽故事不仅展现一位面对反闪米特主义怯懦无能的父亲的经历,而且说明一个很早就以通过象征重新推崇父权律法——通过汉尼拔的反抗行动——为使命的儿子的心路历程。他不仅需要超越父亲,而且必须在永远不背叛祖先犹太身份的前提下改变文化。怀此大志的弗洛伊德便与不得不摆脱犹太特性、变成知识分子或学者的奥匈帝国犹太资产阶级商人儿子的故事联系在一起。犹太人为了生存,就必须接受希腊、拉丁和德国文化。

原籍柏林的以色列哲学家恩斯特·西蒙⑤(Ernst Simon)在1980年断言,弗洛伊德参加过犹太男孩受戒礼⑥(bar-mitsva)的预备活动,并在十三岁时完成这一仪式。为了证明他的观点,他引用弗洛伊德本人吐露的一个秘密:弗洛伊德曾说他在十四岁时收到一份礼物——法国大革命的崇拜者和"启蒙运动"(Aufklärung)的承继者、德国犹太作家路德维希·伯尔内⑦的著作集,他将它们当作青年时代硕果仅存的书籍珍藏。西蒙由此

---

① 汉尼拔(前247—前183/182/181),古迦太基军事统帅,被视为历史上最伟大的军事统帅之一。——译注
② 应为亚历山大大帝(前356—前323),古希腊最著名的人物之一,一生征战从无败绩的马其顿国王。——译注
③ 哈米尔卡(前275—前228),古迦太基军事将领、政治家。——译注
④ 西格蒙德·弗洛伊德,《梦的解析》,前揭,第175页。
⑤ 恩斯特·西蒙(1899—1988年),以色列德裔教育家、宗教哲学家和历史学家。——译注
⑥ 意为"受诫命的约束",是犹太家庭的孩子在年满13岁时的成人典礼。——译注
⑦ 路德维希·伯尔内(1786—1837),德国作家、记者和文学、戏剧批评家。——译注

推断,这套书实际上是别人在他十三岁时送的礼物,因此是他的受戒礼礼物。这种解释也许引人注目,但没有什么能够证明他确实举行过这个仪式。不过可以肯定的是,弗洛伊德仰慕这位作家,牢牢记着他的这几句话:"我们所有人都可耻而怯懦地害怕思考。比政府审查更压迫人的是公众舆论对我们精神创造的审查①。"

1865年夏天,雅各布的弟弟约瑟夫·弗洛伊德(Josef Freud)因持银行假币被捕。数月之后,他被判入狱十年:"悲伤使父亲的头发在短短几天内变得灰白,他常说约瑟夫叔叔人并不坏,只是傻②。"没有什么可以说明——就像某些评论者认为的那样——这件事瞒着年轻的弗洛伊德,在他的成人主体性中造成一场成年的存在"灾难"③。事实上,弗洛伊德对父亲这一新的耻辱很敏感,并且在此时想起叔侄关系在其童年是爱恨的源头。

十三岁时,他与一个先在雅西④(Jassy)、后到多瑙河边的布勒伊拉⑤(Braïla)定居的罗马尼亚犹太银行家的儿子爱德华·西尔伯施泰因(Eduard Silberstein)结下深厚的友谊⑥。爱德华由遵守宗教正统、精神几近失常的父亲抚养长大,追求自由的思想。正因为如此,他成了雅各布的儿子在维也纳实科中学(Realgymnasium)、继而是高中(Obergymnasium)的同

---

① 西格蒙德·弗洛伊德,《关于分析技术的史前史》(Sur la préhistoire de la technique analytique) (1920年),见《弗洛伊德全集/精神分析》第十五部,前揭,第268页。恩斯特·西蒙,《弗洛伊德和摩西》(Freud and Moses),见《对犹太人的决定:文章和演讲》(Entscheidung zum Judentum. Essays and Vortrage),法兰克福,苏尔坎普出版社(Suhrkamp),1980年。琼斯强调说这是他十四岁生日的贺礼。

② 西格蒙德·弗洛伊德,《梦的解析》,前揭,第127页。

③ 阿兰·德·米乔拉(Alain de Mijolla),《我的叔叔约瑟夫上了头版》(Mein Onkel Josef à la une),《弗洛伊德研究》(Études freudiennes),15—16,1979年4月,第183—192页。尼古拉斯·兰德(Nicholas Rand)和玛丽亚·托罗克(Maria Torok),《向弗洛伊德提问》(Questions à Freud),巴黎,美文出版社(Les Belles Lettres),1995年。译者补注:阿兰·德·米乔拉(1933—   ),法国精神分析学家、神经精神病学者,曾任精神病院医生。尼古拉斯·兰德,美国当代法国文学学者。玛丽亚·托罗克(1925—1998),法国匈牙利裔精神分析学家。

④ 罗马尼亚城市名。——译注

⑤ 罗马尼亚城市名。——译注

⑥ 西格蒙德·弗洛伊德,《青少年时期的书信》(Lettres de jeunesse)(1989年),巴黎,伽利玛出版社,1990年。弗洛伊德收治他的太太、患上忧郁精神病的波利娜·西尔伯施泰因(Pauline Silberstein[1871—1891])。她后来从自家楼房最高层跳下自杀。参见J. W. 汉密尔顿(J. W. Hamilton),《弗洛伊德和波利娜·西尔伯施泰因的自杀》(Freud and the Suicide of Pauline),《精神分析评论》(Psychoanalytic Review,美国精神分析期刊),89,6,2002年,第889—909页。译者补注:J. W. 汉密尔顿,美国当代医生和作家。

窗好友。

于是，两个少年的家庭也建立了交情。安娜·西尔伯施泰因(Anna Silberstein)和阿玛丽娅·弗洛伊德时常在罗兹诺(Roznau①)的温泉疗养区见面，一起洗温泉浴、聊家庭问题，而两个痴迷文学的男孩则把自己当成小说主人公。为了给幻想提供更好的素材，他俩创立了一个卡斯蒂利亚②学会(Academia castellana)来纪念最喜爱的作家塞万提斯。在这个仅有两名成员的小团体中，他们的精神快乐来自对团体内部语言的自由运用：他们用德语和西班牙语通信，并在这两种语言中大量运用暗语。为了表达对流浪汉小说的崇敬，他们各自起了一个来自《训诫小说集》(Nouvelles exemplaires③)中名闻遐迩的《双狗对话录》(Colloque des chiens)的名字。

在这部作品中，塞万提斯让两只狗——有叙事癖的贝尔甘萨(Berganza)和尖刻的犬儒主义哲学家西皮翁(Scipion)——上演了一出好戏。它们是巫婆蒙蒂拉(Montiela)的两个儿子，从她那里获得谈论人类漂泊灵魂的非凡能力。通过它们的对话，作家激烈地批判堕落的人类和不公的世道。

弗洛伊德选的名字是西皮翁，这并不令人奇怪。他借此向自己表明这一信念：人控制不了自己的情感。他说，唯有"思考的人"才能左右情感："他是自己的法则制定者，自己的忏悔倾听者和审判者④。"

弗洛伊德很早就有这样的人类自由观，所以步入青少年时代后，他对自身的性欲秉持矛盾的态度。一方面，他苦于社会硬行造成的不满足，视之为最沉郁的主体痛苦的肇因；另一方面，他又把显露冲动当作破坏的源头。因此，他特别崇尚对自我放纵的控制。他宁愿欲望不满足，也不要肉体享乐。他直接想到的是一幕童年场景——他在父母房中当着父母的面撒尿，雅各布说："这孩子无可救药。"弗洛伊德受到父亲这句话的挑战，在好几年中都不停地计数自己获得的所有智力成就，以期证明自己决非一无是处⑤。作为没有上帝的犹太人，作为获得解放、有能力克制自身冲动

---

① 捷克城市名。——译注
② 卡斯蒂利亚是西班牙历史上的一个王国，其语言文化成为西班牙的主体语言文化。——译注
③ 塞万提斯的小说作品之一。——译注
④ 同上，第133—134页。
⑤ 西格蒙德·弗洛伊德，《梦的解析》，前揭，第191页。

和批判清教主义弊端的清教徒,弗洛伊德给人的印象是条理清楚的叛逆者,从小就热衷于人类神秘而怪诞的性。他一直自认为是"旧式自由主义者",他的精神食粮是奥匈帝国最重要的日报《新自由报》①(*Neue Freie Presse*)——这份报纸创办于1864年,其撰稿人均为维也纳的杰出知识分子:胡戈·冯·霍夫曼斯塔尔②(Hugo von Hofmannsthal)、斯蒂芬·茨威格(Stefan Zweig)、亚瑟·史尼兹勒③(Arthur Schnitzler)、特奥多尔·赫茨尔④(Theodor Herzl)。

1871年夏天,在爱德华的陪伴下,他暂住到雅各布·弗洛伊德在弗莱贝格的老友、纺织品批发商伊格纳茨·弗卢斯(Ignaz Fluss)家中。他对伊格纳茨的女儿、他的同学埃米尔·弗卢斯(Emil Fluss)的妹妹吉塞拉(Gisela)——那时年方十二岁——萌生情愫。他参照维克托·冯·舍弗尔(Viktor von Scheffel)⑤描述蜥蜴类动物时代终结的一首诗,称她为"蝾螈",为自己取名"里阿斯统⑥王子和白垩纪爵爷":这两种动物都在反抗自然法则,却无力阻止最终灾难的到来。

弗洛伊德在次年与吉塞拉重逢。他故作冷淡,让她返回寄宿学校,随后在童年流连的树林中一边游荡一边幻想:倘若父母不离开弗莱贝格,倘若他不是背负一份崭新的维也纳式命运,而是继承雅各布的批发生意,娶一位本阶层的同龄少女为妻,他将过上什么样的生活。

为了更好地结束两种蜥蜴类动物——白垩纪爵爷和蝾螈——无望之恋的史前时代,他向爱德华解释说,他真正钟情的不是吉塞拉,而是她的母亲埃莱奥诺拉(Eleonora):"我觉得,我转移到这个女孩身上的友情实为她的母亲在我心中唤起的敬意。我是个目光犀利的观察者,或者我自认为如此;我的眼光因呈现人情百态的大家庭生活而变得敏锐,我对这位女士充满仰慕之情,她的孩子没有一个能完全比得上她⑦。"

埃莱奥诺拉·弗卢斯有阿玛丽娅不具备的品质。她是名思想新潮、

---

① 《新自由报》的前身是《新闻报》(*Die Presse*),后者创办于1848年"三月革命"期间。
② 胡戈·冯·霍夫曼斯塔尔(1874—1929),奥地利作家。——译注
③ 亚瑟·史尼兹勒(1862—1931),奥地利犹太裔作家、医生。——译注
④ 特奥多尔·赫茨尔(1860—1904),奥匈帝国犹太裔作家、记者。——译注
⑤ 维克托·冯·舍弗尔(1826—1886),德国诗人和小说家。——译注
⑥ 表示一种蓝色或白色坚硬的泥质石灰岩,是欧洲下侏罗统的专名。——译注
⑦ 西格蒙德·弗洛伊德,《青少年时期的书信》,前揭,第46页。又见《屏蔽性记忆》,前揭。

教养良好的自由主义者,已经丢掉犹太人集居区(*ghetto*)的观念。她的丈夫也与雅各布·弗洛伊德截然不同,显得有能力克服侵袭纺织业的危机。他保全了自己的财产,没有离开弗莱贝格去维也纳。西格蒙德不喜欢维也纳这座城市,他热爱的是自然、鲜花、蘑菇、树林、动物和户外生活。借着这次回家乡的机会,这个年轻人为自己编出一篇双重的"家族传奇"(roman familial)。他想象若以纺织生意为业,他的生活将会如何;同时又憧憬拥有另一对父母:一个像伊格纳茨·弗卢斯那样的父亲和一个如埃莱奥诺拉这般的母亲。这自然使吉塞拉对他的性吸引力得以升华。这也是他与父亲保持距离的一种常用方式——后者在他这个年龄不曾被迫抑制性欲。

有一则轶事可以表明,年轻的弗洛伊德在何种程度上能够既按照自己的欲望杜撰家族传奇,又非常严厉地评判那些违犯资产阶级礼仪规则的家族。他显然认为,在这个系统中,犹太家族有义务比其他家族做出更多的表率。因此,1872 年 9 月,他在从弗莱贝格开往维也纳的火车中看到一对父母表现出普通的粗鲁言行时惊得目瞪口呆:"若是时机来临,他就是当无赖的料:偷奸耍滑,撒谎成性,被亲爱的家人深信不疑地当作天才养大,既不讲道德,又没有世界观。再加一个波希米亚女厨师,长着我所见过的最地道的斗牛犬脸,浑身都是挖花织物。我真烦这渣滓。在交谈中,我得悉这个犹太女人和她全家都来自梅济日奇(Meseritsch):那种混蛋正配这号货色[①]。"写了数行之后,他有感于那些患神经症的母亲的痛苦,又对埃米尔·弗卢斯讲述自己在同一列火车中遇到的"一名激动发抖的神经质妇女,有一个长着天使面孔的十二岁女孩陪着她"。他在整个旅程中一直注视这个女孩:"我就这样到了维也纳。我又看了一眼那位神经质的母亲和那个满头金发的孩子,要是在维也纳人群中与她们再度相遇,我发誓将记下相遇的地点。我的小故事就这样结束了[②]。"

弗洛伊德在实行同族通婚、仍受媒妁婚姻传统影响的家族系统中受到自由主义教育,在年龄简直能当祖父的父亲、简直能嫁给异母哥哥的母

[①] 同前,《致埃米尔·弗卢斯的信》,第 228 页。梅济日奇(或大梅济日奇)是位于弗莱贝格和维也纳之间的一座摩拉维亚城市。某些记者认为在这篇描述中发现了仇视犹太人的讽刺之语。
[②] 同上,第 230 页。

亲、与他同龄的侄子当中度过幸福的童年。五个妹妹虽然崇拜他,但也认为他相当霸道。他监管她们的阅读,在宝贵的学习时间不能容忍钢琴声音的干扰。她们被打发到一间靠蜡烛照明的共用卧室,而他却独占一个房间且享用油灯,并不觉得这样的安排有什么不妥。

正如大部分同辈女性,弗洛伊德的妹妹除了为人妻、为人母或操持家务以外别无其他人生选择。她们没有接受任何能使自己逃脱这种命运的智力教育。只有安娜继续学业,当上了小学教员。她在将近十六岁时受到纳坦森家一位老伯父的追求,后者在物色一位新太太,准备带她去敖德萨。弗洛伊德对老夫少妻近亲结合的念头表示愤慨,以最坚决的态度反对这门婚事①。安娜后来幸运地与玛尔塔(Martha)的哥哥埃利·贝尔奈斯(Eli Bernays)缔结良缘,移居美国——她的五个孩子都在那里过上了幸福的生活②。

弗洛伊德最疼爱的妹妹、与他一样患有神经衰弱的罗莎嫁给法学家海因里希·格拉夫(Heinrich Graf),此人不久便撒手人寰。她的儿子赫尔曼(Hermann)在一战中丧生,而她的女儿采齐莉(Cäcilie,毛茜[Mausi])则在1922年因怀着身孕被情人抛弃而自杀身亡③。玛丽亚嫁给布加勒斯特④(Bucarest)的远房表亲莫里茨·弗洛伊德(Moritz Freud),与他生下五个孩子⑤:其中一个是死产儿、两个死于非命(自杀和事故)。保拉与瓦伦丁·

---

① 安娜·弗洛伊德-贝尔奈斯,《纽约的维也纳女子:弗洛伊德妹妹的回忆》(*Eine Wienerin in New York:die Erinnerungen der Schwester Sigmund Freuds*),由克里斯特弗里德·特格尔(Christfried Tögel)编辑,柏林,奥夫堡出版社(Aufbau Verlag),2004年。译者补注:克里斯特弗里德·特格尔(1953—   ),德国心理学者,德国乌希特史平根[Uchtspringe]弗洛伊德中心主任。

② 尤迪特·黑勒-贝尔奈斯(Judith Heller-Bernays,1885—1977),露西·利娅-贝尔奈斯(Lucy Leah-Bernays,1886—1980),黑拉·贝尔奈斯(Hella Bernays,1893—1994),玛尔塔(1894—1979)。关于现代宣传理论家爱德华·贝尔奈斯(Edward Bernays,1891—1995)的不凡人生,参见后文。埃利的妹妹玛尔塔·贝尔奈斯后来嫁给西格蒙德·弗洛伊德。

③ 赫尔曼·格拉夫(1897—1917),采齐莉·格拉夫(1899—1922)。

④ 罗马尼亚首都。——译注

⑤ 玛格丽特·弗洛伊德-玛格努斯(Margarethe Freud-Magnus,又称格蕾特尔[Gretel],1887—1984),莉莉·弗洛伊德-马尔雷(Lilly Freud-Marlé,1888—1970),玛尔塔·格特鲁德(Martha Gertrud,又称汤姆·塞德曼-弗洛伊德[Tom Seidman-Freud],1892—1930),特奥多尔·弗洛伊德(Theodor Freud,1904—1927),格尔克·弗洛伊德(Georg Freud,1904年,双胞胎中的死产儿)。参见克里斯特弗里德·特格尔,《弗洛伊德在柏林的妹妹玛丽亚(米琪)及其家人》(Freuds Berliner Schwester Maria[Mitzi]und ihre Familie),《魔鬼-爱神》(*Luzifer-Amor*,创刊于1988年的德语精神分析历史期刊),33,2004年,第 33—50 页;以及莉莉·弗洛伊德-马尔雷,《我的舅舅西格蒙德·弗洛伊德》(*Mein Onkel Sigmund Freud*),柏林,奥夫堡出版社,2006年。

温特尼茨(Valentin Winternitz)成婚,后来守寡,膝下仅有一个女儿①。至于阿道菲娜,她终身未嫁,一直为母亲管理家务,屡屡受到后者的羞辱。

妇女仍被剥夺一切工作机会,堂表亲和近亲相互通婚,有时年龄差距导致妻子年纪轻轻就守寡——在这样的亲族结构中,弗洛伊德很早就开始敏锐地观察资产阶级家庭的演变,观察从以父亲和祖父为代表的旧模式到基于择偶自由的恋爱结合新模式的转变。

他一边观察几个与他家关系密切的家庭,一边怡然自乐地构想母亲、父亲和子女之间的关系,其实这些关系不过是他所面临的家庭秩序的转变的反映。正因为如此,他才如此在意父亲正在丧失最初的全能力量、往后不得不与母亲分享权力的思想观点。

弗洛伊德童年和青少年时期的家庭秩序有赖于三项基础:丈夫的权威、妻子的顺从和孩子的依附。削弱父权、赋予母亲中心地位的新秩序也在设法控制那些在19世纪下半叶社会想象中,可能放任女性欲望危险地涌现的东西,即所谓"歇斯底里"或"神经质"的性欲——因为它不再遵守母亲的职责,所以就被认为更具破坏力。

为了避免发生这场令人胆战心寒的"人类学灾难"——当时西方的出生率和生育力明显下降②——医生和人口统计学者肯定说:女人的首要任务应当是做母亲,这样全体社会成员才能抵制摆脱约束和可能——用他们的话来说——毁灭社会的所谓女性享乐的巨大压力。

情欲萌动的年轻弗洛伊德之所以更倾向于从每位少女身上看到其母的投影,到了为之坠入爱河的地步,是因为他被突然涌现的女性欲望迷住了。他根本不拒绝这种欲望或认为它对社会构成威胁,他想要理解它的意义,探索它,用语言把它表达出来。他同时采取两种表面看来自相矛盾的态度:一方面极力使所有家庭内部关系都蒙上性的色彩,甚至想出只在其幻想中存在的逆伦(transgression)和秽行;另一方面正好相反,趋向于合理解释和抑制被看作危险的性驱力——这是真正解放人类的性的条

---

① 罗丝·温特尼茨-瓦尔丁格(Rose Winternitz-Waldinger,1896—1969年)。关于弗洛伊德外甥女和外甥的命运及库尔特·艾斯勒为美国国会图书馆收集的证明,参见后文。

② 所有人口统计学者都发觉这一次下降,其原因不能被简单地归于开始在富裕阶层中传播的、使用避孕套或通过(射精前)中止性交节育的风气。笔者在《混乱的家庭》(*La Famille en désordre*,巴黎,法亚尔出版社,2002年)中探讨过这个问题。

件。这一始终在肯定性欲化(érotisation)的创造价值和控制它的必要性之间循环的辩证论成为他生活和著作的基调。

他很早就对古希腊神话产生兴趣,这使他后来能够把一部关于起源的伟大作品搬到19世纪末神经症和神经衰弱的临床医学中。这是一部建立在各种二元性(dualité)基础上的作品:原始神泰坦①(Titans)和征服远古大地力量的奥林匹亚诸神之间的二元性,快乐原则和现实原则、非理性和理性、破坏驱力(Thanatos)和生存驱力(Éros)等之间的二元性。

弗洛伊德信奉的辩证论已然证实其内心特有的友谊观:不可或缺的朋友注定要成为不可或缺的敌人。他总是倾向于使用不容置辩、唯我独专的表达方式,一直自认为——相对周围的人——敢于大胆驳辩,随时准备捍卫极端的立场,并为之付出代价。他认为,这股热情不仅来自他与侄子约翰的童年关系建构,而且源于祖先的遗传——他说,他感到自己能够像希伯来人保卫圣殿一样兴高采烈地献出生命。

高中期间,弗洛伊德遇到良师,成为名列全班第一的尖子生。他仍然毫不犹豫地充当反映同学意见的发言人,向不受欢迎或被认为无知的教员提起抗议。1869年6月,几名学生因出入不名誉的场所而遭受处分。弗洛伊德未被列入其中,因为他看起来只对知识文化感兴趣。他没有任何为人所知的重要婚前关系。一向对性事兴趣浓厚的玛丽·波拿巴曾经探问:他在青年时代是否有过肉体关系,是否像同辈的年轻人一样时常光顾维也纳妓院,可他拒绝作答②。弗洛伊德从不谈论他的婚前性生活,结果引出许多谣传和尖刻言论。

在他准备入读大学的时候,自由主义在奥匈帝国似有蓬勃发展的势头。可是几个月来,一场极其严重的财政危机渐露端倪。危机在1873年5月与霍乱同时爆发,造成一系列的倒闭破产,并蔓延到整个欧洲。自由党人被自己热烈拥护的经济制度弄得财产受损,渐渐丢掉幻想,而少数民族则以请愿的方式质疑二元君主制的相对稳定性。于是,城市化的维也纳犹太人遭到指责,被认为是造成市场不稳定的罪魁祸首。记者谴责他

---

① 希腊神话中的巨神族,共十二人,六男六女,为天穹之神和大地女神的子女。——译注
② 玛丽·波拿巴,未发表的日记。

们的所谓"伎俩",讽刺漫画家在报刊上以挖苦他们为乐。描绘鹰嘴鼻卷发经纪人的图画比比皆是。

在这样的背景下,犹太人复又被认为应当责无旁贷地挑起推动社会变革的重任,促成以新家庭结构为基础的风俗变化。有人说,犹太人历来不就是没有祖国和疆界的流浪民族,受到诅咒,唯利是图,总是为倒错的性关系牵线搭桥?他们生来不就是乱伦和鸡奸者?他们不是和同性恋、异装癖者或患癔症的女人一样危险?他们不是以其杜撰的"女性特质"破坏父权家庭的罪魁祸首?

那时,维也纳已成为所有原籍加利西亚、匈牙利、俄罗斯和摩尔多瓦(Moldavie)的东欧犹太人的避难所。他们跟雅各布·弗洛伊德相反,大部分人最终都融入新的自由主义社会——先是以批发商或银行家的身份(第一代人),后是作为编辑、记者、文艺赞助者、律师、作家、诗人、学者、哲学家、历史学家——但随着危机的加重,这一成功的群体同化在公众舆论那里变得可疑,他们遭到厌恨,受到歧视[1]。

1860年,一名博学多才、研究东方学的波希米亚犹太学者在德国首次用形容词"antisémite"[2]表达对这个族群——那时的称谓不再是犹太人,而是一个学术词"闪米特人"[3](Sémite)——充满敌意的偏见。面对这种以新面目出现的仇恨,源自启蒙运动的哈斯卡拉解放运动仿佛一段幕间插曲。直到那时,犹太人还因归属某个宗教受到检举,被斥为出自"劣

---

[1] 雅克·勒里德尔(Jacques Le Rider),《维也纳现代性和身份危机》(*Modernité viennoise et crise de l'identité*),巴黎,法国大学出版社,1994年。彼得·盖伊,《弗洛伊德传》,前揭,第22—27页。在一份论战报纸上,雅克·贝内斯托(Jacques Bénesteau)断定维也纳不存在任何反闪米特主义,因为有大量犹太人从事自由职业和脑力劳动工作;对犹太人的迫害是唱反调的弗洛伊德编造出来的说法:《弗洛伊德的谎言》(*Mensonges freudiens*),哈延(Hayen),马尔达加出版社(Mardaga),2002年,第190—191页。恰恰相反,正是因为有大量犹太人从事此类职业,所以反闪米特主义在维也纳气焰高涨。译者补注:雅克·勒里德尔(1954—),法国大学教师、日耳曼语言文学专家、历史学家。雅克·贝内斯托,法国当代临床心理学家。

[2] 这个法语词按照字面意思可被译为"反闪米特人的",现常被译作"仇视或排斥犹太人的"。——译注

[3] 关于犹太人和雅利安人这对天生冤家的诞生,参见莫里斯·欧隆岱尔(Maurice Olender),《天堂的语言——雅利安人和犹太人:天造地设的一对》(*Les Langues du paradis. Aryens et Sémites : un couple providentiel*),巴黎,伽利玛/瑟伊出版社,"高等学院"丛书(coll. «Hautes Études»),1989年。译者补注:莫里斯·欧隆岱尔(1946—),法国历史学家、社会科学高等学院教授。

等种族":闪米特族。1879年,"闪米特人"一词离开语文学家的学术争论领域,成为——在思想狭隘的记者威廉·马尔①(Wilhelm Marr)笔下——新世界观(反闪米特主义)的核心。

新结成的联盟发起请愿,最终掀起一场运动,企图把德国犹太人驱逐到巴勒斯坦,给他们打上烙印:对日耳曼种族——又称"雅利安人"——纯洁性"造成危险的阶层"。几年之中,反闪米特主义以多种变异形式——生物学的、卫生学的、种族主义的、国家主义的——蔓延到整个欧洲,直到第一次世界大战爆发。

大学时代的弗洛伊德正面临从反犹太主义向反闪米特主义的转变,越来越认同他的青少年时期的英雄:闪米特将军汉尼拔。在整个求学阶段,他都蔑视那些称他为"龌龊的犹太佬"或指望他承认自身"种族劣势"的人。他屡次毫不犹豫地高举手杖,把百般辱骂他的无赖打得落荒而逃。在这种环境中,弗洛伊德渐渐形成了这样一种想法:作为被排除在紧密团结的多数派之外的犹太人,他要学会保持独立的判断,这样才能更好地抵制偏见。他对"全体社会成员的礼拜仪式,众口一致的抗议,盲目呼喊、缺乏个性的口号②"几乎没有好感。

因为追求学识,渴望荣耀和征服,所以他起先打算从政,后来又决心做哲学家,接着是法学家,最后是博物学家……他常常憧憬按照达尔文的方式乘坐舰船跨洋越海。达尔文是他最钦佩的现代科学伟人,因为"他的学说使人类在理解世界方面取得不可思议的进步。③"他也自比为航海探险家、发现新大陆的哥伦布。他一心向往的是换一种身份,念念不忘的是如何凭借良师的恩宠学习学术知识,从而超越父亲;在授课教师弗朗茨·布伦塔诺④(Franz Brentano)的熏陶下,他学会了当时哲学辩论的基本方法。

---

① 威廉·马尔(1819—1904),德国记者。——译注
② 安德烈·博尔赞格尔(André Bolzinger),《西格蒙德·弗洛伊德的肖像——通信宝库》(Portrait de Sigmund Freud. Trésors d'une correspondance),巴黎,昔日田园出版社(Campagne Première),2012年,第132页。译者补注:安德烈·博尔赞格尔(1936—),法国医生、精神科医生、精神分析师。
③ 西格蒙德·弗洛伊德,《弗洛伊德自传》(Sigmund Freud présenté par lui-même)(1925年),巴黎,伽利玛出版社,1984年,第16页。
④ 弗朗兹·布伦塔诺(1838—1917),德国哲学家、心理学家、意动心理学派创始人。——译注

哲学家弗朗茨·布伦塔诺是克莱门斯·布伦塔诺①(Clemens Brentano)的侄子,深受德国浪漫主义的影响,后成为胡塞尔(Husserl)的老师。在1874—1894年维也纳授课期间,他阐述了以对不掺杂任何主观性的意识形态的分析为轴心的经验心理学原理。在这方面,弗朗兹·布伦塔诺自认为扬弃革新了现代心理科学奠基人之一、属于康德和费希特②(Fichte)派系的德国哲学家赫尔巴特③(Johann Friedrich Herbart)的主张。此外,他在德语学术界尤其在医生和非教会的教师都仰赖其教导的奥地利也拥有众多弟子。

赫尔巴特的研究方法的根基是以与相异性(altérité)——"非我"(non-moi)——关系为前提的自我观,促使主体身份(*identité subjective*)这一经典概念发生分裂。他明确表示,人类主体可被分成一系列被压抑在意识阈、为涌入意识而相互争斗的原子。换而言之,他在19世纪上半叶就提出一种所谓"动力学的"无意识理论,其三个核心为表象(représentation)、驱力(pulsion)、压抑④(refoulement)。

赫尔巴特信奉纪律和政治保守主义,率先在德国倡导推崇"专家"知识、牺牲创造精神的教学法。维也纳学术界极为欣赏他的著作,自然科学和医学教育的改革者把他的主张奉若圭臬。布伦塔诺仍旧是有神论者,宣扬经过变革的天主教价值观,借用赫尔巴特的观点,用与表象结合的意向性(intentionnalité)概念表示意识投向某一客体的活动。他将心理活动分为二类:肯定的判断、否定的判断和爱恨交织的态度。

弗洛伊德后来在创立精神分析学说时犹记得布伦塔诺的教诲。不过,

---

① 克莱门斯·布伦塔(1778—1842),德国诗人、小说家,德国浪漫主义重要人物。——译注
② 费希特(1762—1814),德国哲学家、德国唯心主义哲学奠基人之一。——译注
③ 赫尔巴特(1776—1841),德国哲学家、心理学家,科学教育学创始人。——译注
④ 继波兰心理学家路易丝·冯·卡尔平斯卡(Luise von Karpinska)之后,正是玛丽娅·多雷尔(Maria Dorer)让我们在1932年看到第一个关于赫尔巴特主张在弗洛伊德无意识理论形成过程中的重要作用的学术研究:《精神分析的历史基础》(*Les Bases historiques de la psychanalyse*),巴黎,哈麦丹风出版社(L'Harmattan),2012年。瑞典历史学家、精神分析学家奥拉·安德松(Ola Andersson)在1962年重提这个问题:《在弗洛伊德之前的弗洛伊德——精神分析的史前史》(*Freud avant Freud. La préhistoire de la psychanalyse*),巴黎,桑泰拉伯出版社(Synthélabo),"煞风景"文丛(coll. «Les Empêcheurs de penser en rond»),1997年,佩尔·马格努斯·约纳松(Per Magnus Johansson)和伊丽莎白·卢迪内斯库作序。附录中有安德松和艾伦伯格的通信。译者补注:玛丽娅·多雷尔(1898—1974),德国心理学家、教育家。佩尔·马格努斯·约纳松(1950—),瑞典精神分析师、心理学家、心理治疗师和历史学家。

那时他还有攻读哲学博士的念头。在同窗好友约瑟夫·帕内特①(Josef Paneth)的帮助下,他引用刚刚过世的德国哲学家费尔巴哈的——此公的训诲在19世纪70年代的维也纳文化中随处可见——唯物主义来质疑布伦塔诺的有神论。费尔巴哈批判黑格尔思想,认为对超验性的肯定导致了异化,要摆脱异化就必须回归具体的人。感觉论和宗教批判很早就给弗洛伊德带来了启发,而且事实上,在那段时期驱使他离开被认为太过抽象特别是过多涉及神学的哲学思辨。通过费尔巴哈的感觉论,他能够思考性别差异,承认相异性——我和你;通过对异化的批判,他吸取了宗教始终阻碍人类认识进步的观点。为此,年轻的弗洛伊德无限钦佩这位唯物主义哲学家——他通过卡尔·格林②(Karl Grün)书写的传记了解到此公的生平和思想。

在与布伦塔诺发生论战后——不过这位受人尊敬的教授还是同意指导他的论文——弗洛伊德放弃当哲学家的念头,但也未背弃他信奉的费尔巴哈唯物主义。1873年,十七岁的弗洛伊德进入维也纳大学学习解剖学、生物学、动物学、生理学、医学。因为他喜欢以禁绝享乐的方式鞭策自己研习在他看来重要的知识,所以还是受到思辨的吸引。此外,他的研究方法从来都离不开思辨,思辨在1923年后最终渗入他的全部作品中,如他对琼斯所言:"我在青少年时期深受(哲学)思辨吸引,但我勇敢地离开了它③。"

宏伟的维也纳大学具有卓越的组织结构,尽管陷入严重的财务困境,仍在突飞猛进地发展。在自然科学领域,它是欧洲最好的大学之一,因为它能够集中德语世界的优秀学者——他们往往在政治上赞同自由主义,而且不管怎样都精通舌战、熟悉最著名的辩论——其中包括比较解剖学和动物学教授、将达尔文思想引入奥地利的卡尔·克劳斯④(Carl Claus),以赫尔曼·冯·亥姆霍兹⑤(Hermann von Helmholtz)和埃米尔·迪布瓦-雷蒙⑥(Emil Du Bois-Reymond)为代表的实证论和反生机论流派、原籍

---

① 约瑟夫·帕内特也曾在财务上资助弗洛伊德。参见玛丽·帕内特(Marie Paneth,约瑟夫·帕内特之媳)的证词,1950年3月7日,由库尔特·艾斯勒记录。译者补注:约瑟夫·帕内特(1857—1890),奥地利心理学家。
② 卡尔·格林(1817—1887),德国记者、政治理论家、社会主义政治家。——译注
③ 埃内斯特·琼斯,《西格蒙德·弗洛伊德的生平和著作第一卷》,前揭,第32页。弗洛伊德并不像他认为的那样脱离哲学思辨,参见后文。
④ 卡尔·克劳斯(1835—1899),德国动物学家。——译注
⑤ 赫尔曼·冯·亥姆霍兹(1821—1894),德国医生和物理学家。——译注
⑥ 埃米尔·迪布瓦-雷蒙(1818—1896),德国医生和生理学家。——译注

柏林的医生和生理学家恩斯特·威廉·冯·布吕克①(Ernst Wilhelm von Brücke)。

要理解这种教育在弗洛伊德的心路历程,尤其对他创立的新精神现象(psyché)唯物主义动力学所起的作用,就必须想到一点:19世纪末,生理学支配着医学研究。生理学的研究法源自解剖-临床方法,认为疾病是器质性病变的表现,系某一器官功能变化所致②。它也把达尔文主义作为依据,借助后者的方法探究生命机体的起源、演变和构成人类活动基础的本能力量。因此,生理学的代表人物都由衷地想要发起反对旧浪漫派医学、主张人体只由物理和化学力量构成的运动。

三十年间,生理学家最终得到认可,被看作是某种德语医学先锋的代表,但未形成学派。他们将自己的模式应用于神经学和心理学,使它们融为一体并脱离哲学思辨。同时,他们不再考虑任何主体性(从哲学意义上说),而是围绕被置于首位的观察展开研究。从这样的角度出发,要解决灵魂和精神现象的问题,只能采用能使意识现象进入生理学和实验科学范畴的一元论方法。对年轻的弗洛伊德而言,研究生理学和进化论使他得以继续奉行以前的唯物主义哲学信念。

1875年夏天,他终于得偿夙愿,前往曼彻斯特,到异母兄长家中小住。他认真地为旅行做准备,诵诗写信,钻研英国历史,以狂热的"英国迷"自居。他已经憧憬成为英国公民:"*to become an Englishman*"③。他无视"雾气、降雨、保守主义和酗酒",深深地迷上了英国及其经济政治制度、文学、对实验科学的尊崇——在他看来,这种科学离德国的形而上学传统非常遥远,如他对爱德华·西尔伯施泰因所述:"如果我想影响一大群个体,而不是一小撮读者或同类,那么英国就是适合实现这一抱负的国家。在新闻界和富人的支持下,一个受敬重的人可以创造奇迹,减轻肉体痛

---

① 恩斯特·威廉·冯·布吕克(1819—1892),德国医生和生理学家。——译注
② 关于解剖-临床方法的研究(格扎维埃·比沙[Xavier Bichat]),参见米歇尔·福柯,《临床医学的诞生》(*Naissance de la clinique*),巴黎,法国大学出版社,1963年。关于生理学和实验方法,参见乔治·康吉扬(Georges Canguilhem),《克洛德·贝尔纳》(Claude Bernard),见《历史和科学哲学研究》(*Études d'histoire et de philosophie des sciences*),巴黎,弗汉哲学书店(Vrin),1968年。译者补注:格扎维埃·比沙(1771—1802),法国医生和病理解剖学家。乔治·康吉扬(1904—1995),法国哲学家、医生。克洛德·贝尔纳(1813—1878),法国生理学家。
③ 英语,意为"成为英国人"。——译注

苦,只要他的探索劲头足以走上新的治疗道路①。"

在此期间,他在的里雅斯特②(Trieste)——卡尔·克劳斯在此地创建了一所海洋动物研究院——进行他最早的动物学研究,探索地中海世界。对雌雄同体颇感兴趣的克劳斯委托他验证波兰研究者希蒙·瑟尔斯基③(Szymon Syrski)的最新观点:此人声称发现了鳗鱼的睾丸。弗洛伊德到此地小住过两次,检验了 400 个标本,力图证实"瑟尔斯基器官"说,并学着——勉勉强强地——适应实验科学的要求。借着研究的机会,他关心起被他视若天神的意大利女人的情欲。

作为生理学奥地利学派大师,布吕克成功地将实验室医学的德国传统与源自维也纳医疗的临床视角在教学中融为一体。这位来自柏林、研究眼睛、消化和嗓音的生理学家脸色红润,长着一头红棕色长发,带着魔鬼般的微笑;他喜好诗歌绘画,发明过"通用书写符号"(pasigraphie),认为它有朝一日能记录世界上所有的语言。他确实对学生具有吸引力,这既是因为他传授生物科学原理的能力,也是因为他注重培养精英甚至专制的大学教育观。他欣赏才华,在学生中孵化人才,帮助他们进步并丢掉所有投机攀高的心思。没有一个学生不信赖他。弗洛伊德旋即被他折服,奉他为导师,赞美他湛蓝深邃的眼眸,尤其敬佩那种在弗洛伊德看来防范过失的父亲权威——他与雅各布·弗洛伊德恰好形成对比。

正是在布吕克的实验室中,弗洛伊德结识了三位优秀的生理学家:西格蒙德·埃克斯纳④(Sigmund Exner)、恩斯特·冯·弗莱施尔-马克索夫⑤(Ernst von Fleischl-Marxow)和约瑟夫·布罗伊尔⑥(Josef Breuer)。布洛伊尔已对精神疗法产生兴趣,一方面关注精神病学研究的精神疾患,一方面又关注属于神经学范畴的神经症。

三人都加入了一个具有贵族风范的学术社团。这个社团依傍欧洲最顶尖的解剖-临床科学,融汇了家族内部关系、临床交流、友谊、恋慕、社会野心、审美趣味和改变生活的欲望,其大部分成员——不论贫富——都出

---

① 西格蒙德·弗洛伊德,《青少年时期的书信》,前揭,第 171 页。
② 意大利城市名。——译注
③ 希蒙·瑟尔斯基(1824—1882),波兰动物学家。——译注
④ 西格蒙德·埃克斯纳(1846—1926),奥地利生理学家。——译注
⑤ 恩斯特·冯·弗莱施尔-马克索夫(1846—1891),奥地利生理学家和医生。——译注
⑥ 约瑟夫·布罗伊尔(1842—1925),奥地利生理学家和医生。——译注

自自由主义资产阶级共和党温和派。他们经常出入文学沙龙和咖啡馆，结交艺术家、作家、语文学家、大学教师、记者。有些成员是犹太人，有些则不是，其他要么是自由思想者，要么是新教徒或天主教徒，不过，所有人都摆脱了被看作反科学和蒙昧主义的宗教理想的影响①。

完成鳗鱼的性研究之后，弗洛伊德打算到他神往的城市柏林去听亥姆霍兹和迪布瓦-雷蒙的课。但他最终放弃了这一计划，继续动物学研究。在布吕克的指导下，对进化论坚信不疑的弗洛伊德借助神奇的显微镜钻研螯虾的神经元，继而是一种最原始的鱼（八目鳗）的脊髓。这都为他探究人类的中枢神经系统奠定基础。接着，他学习古典医学，并在卡尔·路德维希②（Carl Ludwig）教授的化学实验室加修两个学期的课程，力图创立一种关于细胞和神经原纤维功能的理论。总之，弗洛伊德那时正在努力成为同辈中最好的解剖学、生物学和生理学研究者之一③。

1881年3月，他完成学业，通过博士论文答辩，被任命为研究助手（助教），在受人敬仰的导师的生理学院就职。在此期间，他服完兵役，而且为消磨无聊时光，他翻译了约翰·斯图尔特·密尔④（John Stuart Mill）全集中论述女性解放、柏拉图、劳工问题和社会主义的第十二卷本。这份工作的邀请来自特奥多尔·贡珀茨⑤（Theodor Gomperz）——他曾征询布伦塔诺的意见，后者将这位旧日学生的优异才能告诉了他。贡珀茨出身于原籍摩拉维亚的犹太银行家和工业家家庭，是通晓多门语言的杰出古希腊

---

① 读者可在阿尔布雷希特·希尔施米勒（Albrecht Hirschmüller）的作品中找到对于该社团生活的精彩描述：《约瑟夫·布罗伊尔》（*Josef Breuer*）（1978年），巴黎，法国大学出版社，1991年，第52—72页。译者补注：阿尔布雷希特·希尔施米勒，德国当代心理治疗师和医学历史学家。

② 卡尔·路德维希(1816—1895)，德国生理学家和医生。——译注

③ 读者可在弗兰克·J.萨洛韦（Frank J. Sulloway）的《弗洛伊德：精神生物学家》（*Freud, biologiste de l'esprit*，1979年，米歇尔·普隆作序，巴黎，法亚尔出版社，1998年）中找到关于弗洛伊德这段生活的出色分析。在这本书中，萨洛韦提出一个假设（有待讨论）：弗洛伊德可能终其一生都是一位隐蔽的生物学家，尽管他的专业方向是心理学。亦可参见菲利普·格拉阿迪（Filip Geerardyn）和赫特鲁迪斯·范·德·费韦（Gertrudis Van De Vijver）（主编），《在精神分析的源头》（*Aux sources de la psychanalyse*），巴黎，哈麦丹风出版社，2006年。译者补注：弗兰克·J.萨洛韦（1947— ），美国心理学家。米歇尔·普隆（1940— ），法国精神分析学家。菲利普·格拉阿迪，比利时当代精神分析学者。赫特鲁迪斯·范·德·费韦，比利时当代哲学学者。

④ 约翰·斯图尔特·密尔(1806—1873)，英国著名哲学家和政治经济学家。——译注

⑤ 特奥多尔·贡珀茨(1832—1912)，奥地利哲学家和古典学者。——译注

学者,却为间歇发作的躁狂和抑郁所苦。他只通过越来越精练的语言运用来理解文化(Bildung)和进步①。弗洛伊德后来与这位使他得窥语文学门径的维也纳知识分子保持着非常良好的关系,甚至成为其妻子的医生②。

弗洛伊德虽有研究才华,但在布吕克的建议下,还是在1882年夏天决定转行从医,并继续在维也纳综合医院接受培训。因为年纪尚轻,导师的两位助教——埃克斯纳和弗莱施尔——都比他资历深③,所以他绝无可能接替导师继任学院院长。他也没有任何个人财产,只能考虑报酬非常微薄的正式职位。此外,那时他已想到另一种前途。

就这样,他先是如饥似渴地探求那个时代最完善的自然科学,然后领悟到歌德《浮士德》中梅菲斯特的告诫不虚:"你不用为学问东奔西忙,每个人只能学习他所能学到的东西。④"

---

① 雅克·勒里德尔,《美好年代的维也纳犹太人》(Les Juifs viennois à la Belle Époque),巴黎,阿尔班·米歇尔出版社,2012年,第142页。
② 特奥多尔·贡珀茨的妻子埃莉泽·贡珀茨(Elise Gomperz,1848—1929年)患有神经障碍。她请沙可(Charcot)诊病,后者在1892年将她转给弗洛伊德,使她接受净化疗法(traitement cathartique)。弗洛伊德采用电疗和催眠。没有任何迹象可以表明这一治疗失败,如同米凯尔·博尔奇-雅各布森(Mikkel Borch-Jacobsen)暗示的那样,见《弗洛伊德的病人:种种遭际》(Les Patients de Freud. Destins),奥塞尔(Auxerre),人文科学出版社(Éditions Sciences humaines),2011年。埃莉泽一辈子都维持原状,是一个"神经质"和忧郁的女人,但她与弗洛伊德的关系自始至终都非常好。译者补注:米凯尔·博尔奇-雅各布森(1951—   ),美国丹麦裔学者,华盛顿大学法语和比较文学教授。
③ 弗莱施尔在1891年英年早逝,接替布吕克的是埃克斯纳。
④ 西格蒙德·弗洛伊德,《弗洛伊德自传》,前揭,第17页。译者补注:梅菲斯特的告诫见《浮士德》第一部第四场"书斋"。其译文摘自《弗洛伊德自传》,顾闻译,上海人民出版社,1987年,第7页。

第二章 爱情、狂飙和雄心

笔者曾言,弗洛伊德经常表示他的一生始终有个特点,那就是需要找到必不可少的朋友,而此人亦是不可或缺的对手。1899年,他特意引用《浮士德》,强调自己所有的男性友人都是一位童年人物——侄子约翰——的再现:"他'出现在我忧郁的眼前'。这都是归魂①(revenant)。"

弗洛伊德屡屡提到歌德的作品,很早就自认为堪比这位德国文学巨擘(亦是他最喜爱的作家)。他和歌德一样欣赏世界文学(Weltliteratur②)、希腊-拉丁文化、东方和原始民族的情欲。他喜欢讲银匠底米丢(Démétrius)的故事:公元54年,因为新一神教抨击旧神,指摘亚底米③(Artémis)女神的小雕像买卖,底米丢在以弗所(Éphèse)对抗犹太人、基督徒和使徒保罗,聚众高喊:"大哉以弗所人的狄安娜(Diane)。"像歌德一样,弗洛伊德把这位银匠变成艺术家反抗宗教斗争的象征,并使人注意到大母神④(Ur Mutter)形象——从古代乌庇斯⑤(Oupis)到圣母玛利亚——存在于一切宗教信仰之中⑥。

弗洛伊德自觉是歌德的继承人。他是母亲的宠儿,从娘胎里带出"黑发"⑦,注定拥有英雄的命运,这都与歌德如出一辙。他既认同浮士德,也

---

① 西格蒙德·弗洛伊德,《梦的解析》,前揭,第414页。这句话引自歌德的《浮士德》。
② 德语,意为"世界文学"。——译注
③ 月亮和狩猎女神,即罗马神话的狄安娜、希腊神话的阿耳忒弥斯,《圣经》中作亚底米(意为"发光者")。——译注
④ 德语,意为"母亲"。——译注
⑤ 希腊神话箭术三女神中的瞄准女神,狩猎女神的随从。——译注
⑥ 西格蒙德·弗洛伊德,《大哉以弗所人的狄安娜》(Grande est la Diane des Éphésiens)(1911年),见《弗洛伊德全集/精神分析》,第十一部,前揭,第51—53页。其依据是歌德的一首诗。
⑦ 意为出生时就长着浓密的黑发。

认同梅菲斯特,很早便确定自己的使命是彰显理性言语试图掩盖的那个部分的价值——那个部分便是人性的阴暗侧面、恶魔般的侧面,总之是被压抑之物、未知之物、被视为禁忌的性、不可思议之物、非理性之物、疗愈之物①。另外,弗洛伊德像歌德一样崇敬自然,厌恶教条主义,酷爱考古学和意大利,否定形而上学,具备与人长期交好,继而断然绝交的特别能力。

作为追求荣誉、砥砺奋进、擅于观察海洋动物的实证主义和达尔文主义理性学者,弗洛伊德遵循最纯粹的、以歌德和《少年维特的烦恼》②为代表的"狂飙突进运动"(Sturm und Drang③)传统,在二十六岁时爱上了玛尔塔·贝尔奈斯(MarthaBernays)。自从十年前对吉塞拉·弗卢斯萌生情愫后,他几乎不曾对少女动过心。他为抑制(inhibition)、焦虑、神经衰弱所苦,受到躯体疾病——难受、晕厥、心脏和肠胃功能障碍、偏头痛、炎症性神经痛、结肠炎——的周期性折磨。他的身体——他称之为"我们可怜的康拉德(Konrad)"——从不让他安宁。有一次,他甚至染上轻度伤寒,接着又患上一种程度较弱的天花。在躯体痛苦的折磨下,这位不知疲倦的工作狂很快成了尼古丁爱好者,对香烟、继而是雪茄上了瘾:一天要抽上二十来支④。他认为只有受苦的人才能做出一番成就,在安逸舒适的时候人就无法创造或思考。1897年,他宣称烟瘾只不过是自慰——来自动物界的人类的原始需求——的替代品⑤。此处怎么会不想到达尔文的名言:"化身狒狒的魔鬼是我们的祖父"? 用这话形容弗洛伊德事业的起源和演变相当贴切。

这又是一个家族和交叉联姻的故事。玛尔塔于1861年7月26日在

---

① 莫妮克·施奈德(Monique Schneider),《弗洛伊德:歌德的读者和诠释者》(Freud, lecteur et interprète de Goethe),《德语国际杂志》(Revue germanique internationale),《全世界的歌德》(Goethe cosmopolite),12,1999年,第243—256页。译者补注:莫妮克·施奈德(1935—),法国精神分析师和心理学家。
② 歌德于1774年发表的书信体小说。
③ 从18世纪60年代末到80年代初德国文学领域的变革运动,提倡自然、感情和个人主义,主张民族统一和创作具有民族风格的文学。——译注
④ 读者可在马克斯·舒尔(Max Schur)的著作中找到关于弗洛伊德"疾病"相当详尽的描述:《弗洛伊德生命中的死亡》(La Mort dans la vie de Freud)(1972年),巴黎,伽利玛出版社,1975年。此外,弗洛伊德乐于在信中用术语描述自己的"疾病",就像医生通常做的那样。译者补注:马克斯·舒尔(1897—1969),奥地利医生和精神分析师,弗洛伊德的朋友。
⑤ 参见马克斯·舒尔,《弗洛伊德生命中的死亡》,前揭,第86页。弗洛伊德有时在信中委婉提到他的自慰活动。

汉堡出生,是呢绒和刺绣品批发商贝尔曼·贝尔奈斯(Berman Bernays)的女儿。贝尔曼曾因生意萧条而破产入狱,后于1869年定居维也纳。虽然财产不多,但是贝尔奈斯一家的社会地位和学识教养还是高于弗洛伊德的家庭。贝尔曼的哥哥、玛尔塔的伯父雅各布·贝尔奈斯(Jacob Bernays)是声望卓著的忠于正统犹太教的德语语文学家,曾拒绝改宗,宁愿放弃普鲁士大学的教授职位也不背叛信仰。作为亚里士多德著作的注释家,他置经典解释于不顾,强调净化(catharsis)的医疗性质,认为它与其说是灵魂的涤清,不如说是一种出自希波克拉底[①](Hippocrate)文集、可以减少群体暴力的古老疗法。希腊悲剧作家继承了净化的手法。弗洛伊德仰慕这位严肃刻苦、热爱人类、曾是诗人保罗·海泽[②](Paul Heyse)粉丝和学生的学者[③],虽然他与后者并不相识。

玛尔塔在六个兄弟姐妹——其中两个早夭,一个在少年时代亡故——中排行第五,非常依恋在贝尔曼过世后成为一家之主的哥哥埃利和半点都不像她的妹妹明娜(Minna)。他们三人与母亲埃米琳(Emmeline)一起生活,商人家庭出身的埃米琳是恪守教规的犹太人,高傲自私,满脑子宗教偏见,婚后不久就按正统仪式献出头发,佩戴假发。

埃利是弗洛伊德妹妹安娜的未婚夫,经常同母亲和两位妹妹一起拜访弗洛伊德一家。1882年4月的一个傍晚,玛尔塔认识了这个将成为她丈夫的人。这位优雅的少女长着姣好面孔和深色头发,穿着紧领连衣裙和系带式精致短统皮靴,弗洛伊德一见到她就有异样的感觉,瞬间便认定这名与母亲完全不同的姑娘是终生伴侣。他任由自己坠入爱河,虽然这种状态的破坏性后果时时令他担心。在漫长的求学生涯中,他一心只想到科学和荣耀,不惜压抑自己的情感。

[①] 希波克拉底(约前460—前377),古希腊著名医生、西方医学奠基人。——译注
[②] 保罗·海泽(1830—1914),德国作家,1910年荣获诺贝尔文学奖。——译注
[③] 参见让·博拉克(Jean Bollack),《雅各布·贝尔奈斯(1821—1881年):两个世界之间的人》(*Jacob Bernays*[*1821—1881*]. *Un homme entre deux mondes*),北方大学出版社(Presses universitaires du Septentrion),阿斯克新城(Villeneuve-d'Ascq),1998年。弗洛伊德从雅各布·贝尔奈斯的净化理论中汲取灵感,并推荐阿诺德·茨威格(Arnold Zweig)阅读雅各布·贝尔奈斯的书信。西格蒙德·弗洛伊德和阿诺德·茨威格,《1927—1939通信集》(*Correspondance, 1927—1939*)(1968年),巴黎,伽利玛出版社,1973年,第84页。译者补注:让·博拉克(1923—2012),法国哲学家、语文学家和评论家。阿诺德·茨威格(1887—1968),德国作家。

尽管羞怯到病态的地步,他还是迫不及待地想赢得她的芳心,渴望拥有这位不乏追求者的淑女。他每天寄给她一朵玫瑰,并附上一首拉丁文诗。1882年6月27日,他俩悄悄订婚,一致决定遵守当时的维多利亚式习俗——未婚夫妇必须经历一段历时弥久的婚前守贞期。弗洛伊德那时尚未完成医学学业,还无法考虑马上建立家庭①。

19世纪末,良家少女在旷日持久的订婚期深受性不满足的折磨,时常陷入癔症,纷纷去看神经症专科医生。至于未婚男子,他们或是经常光顾妓院,或是与已婚妇女——她们本身也厌倦了通常单调的夫妻生活——保持暧昧关系。弗洛伊德选择的是禁欲、麻醉品、浪漫主义狂热和升华,这促使他写出大量优美的书信。

在数年间,他与玛尔塔——住在邻近汉堡的万德斯贝克(Wandsbek)——相互写了大量情意绵绵的信;他在信中时而霸道、激昂,时而嫉妒、忧郁,洋洋洒洒,无微不至地设计日常生活,甚至描述未来的家庭规

---

① 西格蒙德·弗洛伊德和玛尔塔·贝尔奈斯关于订婚的通信集(从1882年到1886年的1500封信)正在伊尔莎·格鲁布吕奇-西米蒂斯(Ilse Grubrich-Simitis)和阿尔布雷希特·希施米勒(Albrecht Hirschmüller)的指导下陆续出版。收录1882—1883年书信的前二卷本已经问世。其他三卷将于日后出版。参见西格蒙德·弗洛伊德和玛尔塔·贝尔奈斯,《就像我想的那样属于我——第一卷:婚礼信函》(Sein mein, wie ich mir's denke, t. I: Die Brautbriefe),法兰克福,费舍尔出版社(Fischer Verlag),2011年。另,同上,《第二卷:我们的故事续篇》(t. II: Unser Roman in Fortsetzungen),2013年。笔者还参考该通信集的伽利玛出版社法文版部分(前揭),其中包括93封弗洛伊德致玛尔塔的信。埃内斯特·琼斯和彼得·盖伊也大量采用该通信集——它存放于美国国会图书馆,他们可以查阅。亦可参见卡亚·贝林(Katja Behling),《玛尔塔·弗洛伊德》(Martha Freud)(2003年),安东·瓦尔特·弗洛伊德(Anton W. Freud)撰写前言,朱迪特·杜邦(Judith Dupont)作序,巴黎,阿尔班·米歇尔出版社,2006年;以及伊尔莎·格鲁布吕奇-西米蒂斯,《情感和理论——西格蒙德和玛尔塔·弗洛伊德学说的前奏,精神分析基本概念的萌芽》(L'affectif et la théorie. Sigmund et Martha: prélude freudien. Germes de concepts psychanalytiques fondamentaux),《法国精神分析杂志》(Revue Française de Psychanalyse,创刊于1926年、获西格蒙德·弗洛伊德资助的法国精神分析期刊),3,76,2012年,第779—795页。该通信集——有一部分尚未出版——是了解弗洛伊德成长的重要原始资料。除笔者提到的情书之外,它还包括许多关于其工作、晤谈、爱好、日常生活、焦虑、研究的见解,以及对其师长和同时代人若干令人难忘的形象描绘。亦可参见安德烈·博尔赞松尔的著作《西格蒙德·弗洛伊德的肖像》,前揭。汉斯·朗格(Hanns Lange)关于弗洛伊德家族的研究被列入伦敦弗洛伊德博物馆的目录,其中某些片断被伊曼纽尔·赖斯的著作《弗洛伊德和摩西》(前揭)引用。译者补注:伊尔莎·格鲁布吕奇-西米蒂斯,德国当代精神分析师和弗洛伊德研究者。阿尔布雷希特·希施米勒,德国当代心理治疗师和医学历史学家。卡亚·贝林(1963—),心理治疗师、医学记者,现居德国。安东·瓦尔特·弗洛伊德(1921—2004),西格蒙德·弗洛伊德之孙。朱迪特·杜邦(1925—),法国匈牙利裔精神分析师和发行人。汉斯·朗格,弗洛伊德家谱作者,西格蒙德·弗洛伊德之孙恩斯特·弗洛伊德(Ernest Freud,弗洛伊德孙辈中唯一成为精神分析师的人)的朋友。

划。他肯定玛尔塔应当是他温柔的公主,要献给她许多礼物和华服美饰。但她也有义务一心一意照管家务和家庭、教育子女,并忘掉所有解放的念头。弗洛伊德曾翻译斯图尔特·密尔论述女性解放的著作,却在每一页纸上都与此人的主张背道而驰。

他的思想也自相矛盾:他在私生活中秉持的观念和采取的掌控行为都是他在公开选择中批判的对象。玛尔塔总是相当坚定地回答:她不愿被人这样霸道地对待,但却从来阻止不了未婚夫对与她经常来往的人——特别是竟敢吻她一下、颇具魅力的艺术家弗里茨·瓦勒[①](Fritz Wahle)——表露嫉妒和敌意。弗洛伊德也禁止他亲爱的温柔公主对仰慕者表现出亲热的样子,或是在她喜欢常去的滑冰场抓着男士的手臂。有一次,她去看一位婚前与未婚夫发生肉体关系的童年女友,他就很不高兴。他希望她身体健康,关心她的体重和脸色的白净。总而言之,恋爱和禁欲把他变得讨厌、蛮横、不讲理。

他坚信自己爱玛尔塔多过玛尔塔爱他,甚至责怪她答应订婚却不真心爱他。更有甚者,他抱怨自己备受煎熬,因为发觉她百般努力却无法爱上他。1884年6月,他对他俩的关系做出总结:"我硬追求你,你接受了我,却没有强烈的爱意。我知道最后一切都发生了变化。这种成功是我比世上万物都更想得到的东西,它的迟来让我备受煎熬,它容许我憧憬我还想要的其他成功……当时我俩争执不休,你从来不做任何叫我高兴的事,我们就像两个在所有生活细节上都意见不一却试图相恋,而且不管怎样都相亲相爱的人。然后,我们在很长时间里不再相互说伤感情的话,我必须承认你就是我的爱人,可你却那么难得地赞同我的想法。看到你的所作所为,谁都不会认为你真的要与我共度一生[②]。"

他又在寻找不可或缺的敌人,所以开始讨厌玛尔塔的母亲埃米琳。她也不喜欢他,不认为——与女儿相反——未来女婿有什么了不起,不过还是承认他有一些优点:忠贞、坚韧和不顾一切的胆量。如果弗洛伊德从前爱上一位少女是因为她身上有他欣赏的母亲的影子,那么这一回他却要努力把母亲同女儿区分开来。他指责前者活像个男人,指责她从维也

[①] 弗里茨·瓦勒(1863—1927),德国画家。——译注
[②] 西格蒙德·弗洛伊德,《通信集》,前揭,第130—131页。

纳搬到万德斯贝克,弄得他与玛尔塔两地分离。除此之外,他还公开嘲笑贝尔奈斯家的宗教信仰活动。他把遵奉进食仪式、谨守安息日①(Shabbat)视为愚昧无聊的表现,要求玛尔塔摆脱这些陋习,她不听话就斥责她。他也说,离开父母、遵从夫权,这就是女孩的命运。

玛尔塔委托哥哥埃利管理一部分从伯父雅各布处继承得来的陪嫁财产,弗洛伊德由此找到了与未来内兄竞争的办法,甚至到了指责他从事可疑交易、要求未婚妻立即与他断绝关系的地步。事实上,埃利受到一个女人的敲诈——她可能是他以前的一位情妇,向他要钱抚养他们本来想要的孩子。于是他花掉了妹妹的嫁妆。气恼的玛尔塔依然支持被弗洛伊德看成恶棍的埃利。但要等到埃利与安娜②1883年成婚,弗洛伊德才对他消除恶感。

正如弗洛伊德需要一个敌人从周围的人那里夺得心爱的女人,为了俘获玛尔塔的芳心,他在爱情竞赛中同样求助于一位必不可少的女性朋友:玛尔塔的妹妹明娜·贝尔奈斯。在整个漫长的订婚期,明娜都是他的助手和精神盟友,有能力对抗埃米琳,尤其在宗教方面——有一次,他对玛尔塔说:"你并不非常爱你的母亲,但对她充满敬意。明娜深爱她,却不迁就她③。"这种情形也符合他对大家庭秩序的设想。从1882年起,因为明娜与他的维也纳朋友伊格纳茨·舍恩贝格(Ignaz Schönberg)订婚,对他的吸引力就更大了。未来妻妹的才智和犀利令他着迷到极点。他对她写了一些含有无限柔情的信,在信中称她为"我亲爱的妹妹"④,向她吐露了许多内心秘密。由于埃米琳不同意明娜与舍恩贝格订婚,弗洛伊德就悄悄地为明娜传递后者的信。有些评论者猜测西格蒙德和妻妹之间存有在档案中难以察觉的私情⑤,部分原因就是玛尔塔、明娜和两位朋友之间的这种微妙活动。

弗洛伊德坚信明娜像他,和他一样充满狂野的激情,虽然她在外表上与

---

① 犹太教主要节日之一,犹太历每周的第七日,是不许工作的圣日。——译注
② 弗洛伊德的妹妹。埃利偿还了全部钱款。
③ 《1883年12月27日致玛尔塔的信》(Lettre à Martha du 27 décembre 1883),未曾发表。曾被埃内斯特·琼斯引用:《弗洛伊德的生平和著作》第一卷,前揭,第130页。
④ 弗洛伊德和明娜·贝尔奈斯之间的通信集正在被译成法文。这部通信集将由瑟伊出版社出版。笔者对奥利维耶·曼诺尼(Olivier Mannoni)表示感谢,因为他曾让笔者接触这些资料。参见西格蒙德·弗洛伊德和明娜·贝尔奈斯,《1882—1938年的通信集》(Briefwechsel, 1882-1938),阿尔布雷希特·希尔施米勒编,图宾根,迪斯考德出版社(Diskord),2005年。译者补注:奥利维耶·曼诺尼(1960—   ),法国翻译、记者和传记作家。
⑤ 关于这一离奇谣言——如今依然是热门话题——的源头,请见下文。

玛尔塔宛若双胞胎。因此,他将明智稳重的伊格纳茨看成玛尔塔的翻版,确信后者宁愿要强悍霸道的女人而不喜欢柔顺娇弱的公主。他由此推断,两对爱侣日后会形成相反性格和谐交融的优秀的四人组合。他认为能够在未来生活中重建自幼执著的亲如手足又包含冲突的理想关系。然而,染上结核病的舍恩贝格与明娜1885年一别竟成永诀,随后与他在巴登重逢的弗洛伊德发觉他已病入膏肓。舍恩贝格的病故对弗洛伊德是一次打击,而且因为不久前他的同学、极有希望成为前途无量的神经学家的纳坦·魏斯(Nathan Weiss)于蜜月旅行归途中在公共浴室自缢身亡,这个打击就更为沉重。

弗洛伊德在这段时期写的信常常杂乱无章,但也证明他确有文学天赋。他信笔挥洒,能够在寥寥几行中表明自己的情感、探索自己的无意识和内驱力,用巧妙选择的朴素语词展露心绪、困惑、犹疑、矛盾。他在湍湍的内心激流中总是动辄自我怀疑、妙语解颐,善于在信中进行无比细腻的勾勒刻画,清晰地呈现自己和他人的苦难冒险经历。他描绘情境、转述趣闻、谈论梦想,从不滥用专业科学用语——尽管不乏拉丁文术语——也从不矫揉造作。这是真正的小说般的解剖学讲义。

不过,他屡屡表现的狂热爱情也是过量摄取麻醉品的结果。从1884年到1887年,弗洛伊德在综合医院担任助理,对名为古柯(*Erythroxylum coca*)的植物和从其叶中提取的生物碱,即可卡因的各种特性表现出巨大兴趣①。这种物质自19世纪中叶开始就以使人振奋舒适的功效而闻名于世,成为许多研究论文的主题。弗洛伊德为不得不放弃科学研究、转而从事医

---

① 此处最好的证明就是罗伯特·柏克(Robert Byck)编的书:《西格蒙德·弗洛伊德:论可卡因》(*Sigmund Freud. De la cocaïne*),布鲁塞尔,联合出版社(Complexe),1976年。这部书收录弗洛伊德探讨这一主题的五篇文章《论古柯》(De la coca)(1884年),《试论可卡因的知识》(Contribution à la connaissance de la cocaïne)(1885年),《关于可卡因的一般作用》(À propos de l'action générale de la cocaïne)(1885年),《"论古柯"补遗》(Addenda à "De la coca")(1885年),《可卡因癖和可卡因恐怖症》(Cocaïnomanie et cocaïnophobie)(1887年)。读者可在书中找到好几位研究者的评论。亦可参见雅克·米歇尔,《可卡因和弗洛伊德》(La cocaïne et Freud),见让-克洛德·博纳(Jean-Claude Beaune)(主编),《药物的哲学》(*La Philosophie du remède*),巴黎,谷田出版社(Champ Vallon),1993年,第1—14页。弗朗索瓦丝·科布朗斯(Françoise Coblence),《弗洛伊德和可卡因》(Freud et la cocaïne),《法国精神分析杂志》,2,66,2002年,第371—383页。以及弗兰克·J.萨洛韦,《弗洛伊德:精神生物学家》,前揭,第21—22页。译者补注:罗伯特·柏克(1933—1999),美国精神病和药理学教授。雅克·米歇尔,法国当代政治学学者。让-克洛德·博纳,法国当代哲学教授和作家。弗朗索瓦丝·科布朗斯,法国当代哲学(美学)学者和精神分析师。

职感到懊恼,希望通过努力取得重大发现,一举成名。所以,他大胆地投入可卡因对心脏病、抑郁和戒除吗啡后续状态的疗效的历史临床研究。

为此,他把可卡因当作一种神奇的药物在自己身上做试验,认为它能够帮他抵制神经衰弱和禁欲带来的破坏性后果。1884年6月,他在信中对玛尔塔写道:"我的公主,你要小心一点,我来时要吻得你满脸通红……你要是不听话,就会看到我俩当中最厉害的是谁:是不吃饱饭的温柔小女孩,还是激情澎湃、体内有可卡因的大先生①。"恩斯特·冯·弗莱施尔-马克索夫在一次病理解剖手术中因拇指切除失败而遭受重创。弗洛伊德给这位朋友服用可卡因,帮他减轻痛苦,认为这能让他戒除寸步难离的镇痛吗啡,却不知这种办法导致弗莱施尔用一种毒瘾取代另一种毒瘾。弗洛伊德本人并不依赖这种麻醉品,因此拒不承认几个成瘾的案例,但是当时的医学文献中都有它们的记录。

兴致勃勃的弗洛伊德还建议两位同事——眼科医生卡尔·科勒②(Carl Koller)和利奥波德·柯尼希施泰因③(Leopold Königstein)——将古柯的止痛功效用于眼部手术。就这样,科勒成为局部麻醉的第一位发明者。

这段引出许多评论家荒谬解释的可卡因插曲④应被视为青年弗洛伊德经历的一个重要阶段。有一次,他提到古柯研究对他而言是他者(*allotrion*):一段处在社会边缘、却又深刻而关键的时期。他企图避开它,却每每事与愿违。换而言之,有一点是必须被承认的,那就是弗洛伊德通过麻醉品触中自身的"魔鬼"、*hubris*⑤、无度,触中自身的非理性部分——它将促使他不断挑战理性秩序,无论出于他对神秘现象和心灵感应的兴趣,还是出

---

① 西格蒙德·弗洛伊德,《1884年6月2日的信》,罗伯特·柏克在《西格蒙德·弗洛伊德:论可卡因》(前揭)中引用。
② 卡尔·科勒(1857—1944),奥地利眼科专家。——译注
③ 利奥波德·柯尼希施泰因(1850—1924),奥地利眼科专家。——译注
④ 弗洛伊德特别受到指摘的一点是他为了除掉一名竞争对手而故意害死朋友弗莱施尔,还有一点是他推动了人类第三大毒品(继酒精和吗啡之后)的迅速发展,最后一点是他在可卡因的作用下写出其全部作品。事实上,他在1887年就停止定期服用可卡因,在1892年彻底停用可卡因,但从此以后烟瘾更大。关于那些没有根据的指责,参见 E. M. 桑顿(E. M. Thornton),《弗洛伊德和可卡因:关于弗洛伊德的谬论》(*Freud and Cocaine. The Freudian Fallacy*),伦敦,布朗德 & 布里格斯出版社(Blond&Briggs),1983年。在好几年中,传统的历史学家都极力降低这段可卡因经历的重要性。译者补注:E. M. 桑顿,英国当代医学历史学者。
⑤ 希腊悲剧用语,指人类不可容忍的、招致诸神残酷惩罚的傲慢,引申为脱离现实、可能导致致命错误的过度自信和骄傲。——译注

于他对怪诞绝顶的思辨的嗜好。在这段时期,他深感麻醉品既可致病又可治病,确是能够制造精神病态,继而消除精神病态的妙物。对他而言,持续数年的麻醉品经历是放弃生理学方法、转向心理现象研究的契机。

医院工作为弗洛伊德提供了接触医学权威、掌握所有专科的基本知识的机会:他向特奥多尔·比尔罗特①(Theodor Billroth)学习外科,跟赫尔曼·冯·蔡斯尔②(Hermann von Zeissl)学习皮肤病学,在特奥多尔·梅涅特③(Theodor Meynert)的部门学习眼科、神经症临床医学、精神病学,最后还在赫尔曼·诺特纳格尔④(Hermann Nothnagel)的指导下学习内科——他将这位专家比作一位来自日耳曼森林的条顿巨人:"此人不属于我们的种族。他头发金黄,脸上长满绒毛,脸颊上、鼻根处有两个大大的疣。"⑤

随着大量病患从德语世界的各个角落涌来,维也纳医院的影响变得越来越大;与此同时,院中的某些医生却仍然关注研究、尸体解剖和解剖病理学甚于治疗关系。在他们的心目中,死人的诱惑力胜过治好或医治受病痛折磨的躯体的愿望。当时最成熟的临床技术可以在临死之人的体内中辨认出只能借助尸检发现的疾病征候。年轻的弗洛伊德受过考验:他曾整晚守在一位被他怀疑有脑溢血的坏血病患者床边,按小时记录症状变化,观察人如何经历生死大变,亲眼看到死亡。

在医院中,知识分子对病人漠不关心,甚至相当倨傲。19世纪下半叶维也纳思想特有的医疗虚无主义(nihilisme thérapeutique)就这样越来越盛行。医疗虚无主义的信徒认为——不过也确有道理——疾病是生命的组成部分,他们力图理解、描述疾病而不是医治疾病⑥。

特奥多尔·梅涅特是维也纳精神病学领域的执牛耳者,秉承尤以卡尔·冯·罗基坦斯基⑦(Carl von Rokitansky)为代表的解剖病理学传统。这位红光满面的权威人物生性易怒,性情矛盾,具有一副"相当引人注目

---

① 特奥多尔·比尔罗特(1829—1894),奥地利外科专家。——译注
② 赫尔曼·冯·蔡斯尔(1817—1884),奥地利犹太皮肤科专家。——译注
③ 特奥多尔·梅涅特(1833—1892),奥地利神经病理学家、解剖学家和精神病学家。——译注
④ 赫尔曼·诺特纳格尔(1841—1905),德国内科医生。——译注
⑤ 西格蒙德·弗洛伊德和玛尔塔·贝尔奈斯,《就像我想的那样属于我》,第一卷,前揭,《1882年10月5日的信》,第367页。
⑥ 参见威廉·约翰斯顿,《维也纳精神》,前揭,第267—283页。
⑦ 卡尔·冯·罗基坦斯基(1804—1878),奥地利医生、病理学家、人文主义哲学家、自由主义政治家。——译注

的外表,矮小的身躯顶着一颗硕大的脑袋,蓬乱的发鬈总是不合时宜地盖住前额,弄得他不得不一次次往后撸头发"。① 这般为人想必与他对精神错乱(Amentia)的兴趣不无关系? 他从赫尔巴特的模型中得到启发,分出大脑上皮层(他称之为"社会化的审查机构")和大脑下皮层(他称之为"重要的古老部分")。按照这样的思路,他把原初自我(moi primaire)看作——按照遗传学观点——无意识的最初部分,将次级自我(moi secondaire)视为控制知觉的工具。弗洛伊德在《科学心理学概要》(*Esquisse d'une psychologie scientifique*)中部分地借用了梅涅特的思想②。

梅涅特还强调所有的心理现象都可被归结到某个器质基础上,这一观点对维也纳精神病学派产生了深刻影响。他一边创造名副其实的"大脑神话",一边在精神病学领域中采用医疗虚无主义的主张。他很少照管他的精神错乱病人,宁愿把时间花在大脑解剖学研究上,试图提出一种关于精神障碍的"生理"分类。

1883年,弗洛伊德跟从这位学者学习了五个月,对他留下了深刻印象。正是在梅涅特的科室中,他获得机会——生平仅此一次——观察数十位精神病人:医生逼着他们接受各种躯体治疗,对他们的言语置若罔闻。显然,弗洛伊德对这种精神错乱(精神病)疗法毫无兴趣,并不赞同梅涅特的大脑神话和虚无主义。他虽然放弃生理学研究从事医职,却仍重视治疗关系。因此,他决定先转攻神经病学,接着研究神经病症,也就是那些在西方社会中相当常见的、引起人格障碍的名闻遐迩的神经症③:焦虑、癔症、强迫症、神经衰弱。他本人就是一个十足的神经症患者。1885年,在梅涅特、诺特纳格尔、布吕克的支持下,他获得"兼课教师"(privat-docent)的职衔,得以在维也纳大学任教。

约瑟夫·布罗伊尔是拉比的儿子,属于关心同化的那一代维也纳犹

---

① 艾伦伯格,《无意识探索史》,前揭,第455页,依照特奥多尔·梅涅特的美国学生伯纳德·萨克斯(Bernard Sachs)的形象描写。阿尔布雷希特·希尔施米勒,《约瑟夫·布罗伊尔》,前揭,第122页。译者补注:伯纳德·萨克斯(1858—1944),美国犹太裔神经科医生。

② 西格蒙德·弗洛伊德,《科学心理学概要》,见《精神分析的诞生(1950年)》(*La Naissance de la psychanalyse*[1950]),巴黎,法国大学出版社,1956年。亦可参见克里斯蒂娜·莱维-弗里萨歇(Christine Lévy-Friesacher),《梅涅特-弗洛伊德:精神错乱》(*Meynert-Freud, l'amentia*),巴黎,法国大学出版社,1983年。

③ 神经症患者也在精神病科或私人精神病医生那里接受治疗。"精神神经症"(psychonévroses)一词屡屡被用来指称这类范围在各个时代都有变化的病症。

太人。他生于 1842 年，也打算日后从事生理学研究①。他在布吕克的竞争对手②埃瓦尔德·黑林(Ewald Hering)的实验室中开始研究呼吸问题，接着担任杰出的内科医生约翰·冯·奥波尔策③(Johann von Oppolzer)的助手，走上专职从医的道路，对神经病学，继而是心理学、神经症产生了兴趣。他是一名秉持人道主义的医生，与主张医疗虚无主义的医学院知识分子极为不同，在富裕的资产阶级中很有人缘，几位同事和维也纳许多知识分子都找他看病。他的病人包括布伦塔诺、比尔罗特、大名鼎鼎的产科医生④鲁道夫·赫罗巴克(Rudolf Chrobak)，最后还有与他有大量书信往来的玛丽·冯·埃布纳-埃申巴赫⑤(Marie von Ebner-Eschenbach)——如希尔施米勒所言:"在布罗伊尔身上，除了称职的医生以外，患者还找到了一位鼓舞人心的交谈对象和私密好友。他代表着在专科化发展中日益罕见的 19 世纪初家庭医师的典范⑥。"

弗洛伊德大概在 1877 年——可能更早一点——遇到布罗伊尔，一边听他的肾病课程，一边像他一样结交弗莱施尔和埃克斯纳。他从这位冷静沉稳的临床医生那里逐步获得连续不断的鼓励支持，又一次被一位不可或缺的朋友的魅力俘虏——他大概在弗洛伊德想象的家庭中居于长兄的位置。

布罗伊尔对朋友极为慷慨大方。他在经济上资助弗洛伊德，不吝向他提供高明的建议——例如鼓励他选择神经病学而非精神病学，鼓励他倾力结交维也纳资产阶级人士。最后，因为看出弗洛伊德对创造革新或不循常规的探索具有浓烈兴趣，所以布罗伊尔敦促他关注催眠术。当时虚无主义的信徒认为这种为治疗而使病人入睡的技术与他们的科学理想不相称，对它极为反感。但是布罗伊尔一直显得很看重这项源自从前动物磁气学(magnétisme)的新技术。布伦塔诺在布雷斯劳拜访生理学家鲁

---

① 关于约瑟夫·布罗伊尔的著作，最好的是由阿尔布雷希特·希尔施米勒执笔、被笔者大量引用的那部作品。要注意，埃内斯特·琼斯将布罗伊尔写成一个担惊受怕、理解不了任何与性有关的事物的治疗师，从他的角度对布罗伊尔作了一番不公正、不准确的糟糕描述。
② 埃瓦尔德·黑林(1834—1918)，德国生理学家。——译注
③ 约翰·冯·奥波尔策(1808—1871)，奥地利内科医生和大学教师。——译注
④ 鲁道夫·赫罗巴克(1843—1910)，奥地利产科医生和大学教师。——译注
⑤ 玛丽·冯·埃布纳-埃申巴赫(1830—1916)，奥地利作家。——译注
⑥ 阿尔布雷希特·希尔施米勒，《约瑟夫·布罗伊尔》，前揭，第 59 页。

道夫·海登海因①(Rudolf Heidenhain)后——后者很关注被改变的意识状态②,它们被认为有助于揭露埋藏在无意识中的致病秘密——也对布罗伊尔极力称赞催眠术。

1880年,布罗伊尔收治了一名出身于犹太正统家庭的维也纳少女、二十一岁的贝尔塔·帕彭海姆(Bertha Pappenheim):她表现出严重的癔症症状。四年后,业已了解贝尔塔病史的弗洛伊德接诊第一位有类似病症的女患者。

对于所有在那个年代打算以治疗神经症为业的人而言,法国学派显得比奥地利学派先进得多。在年轻的研究者心目中,巴黎是这个领域学术水平最高的代表。因此,弗洛伊德申请了一笔奖学金去听让-马丁·沙可的课——整个西方世界都把这个外号硝石库医院"恺撒"的人物奉为最伟大的癔症专家。

这位出身低微的医生当时处于事业巅峰。他性格专横,容貌俊美得令人吃惊,常戴一顶高筒大礼帽,有时将手滑入黑衣内,摆出王者的神态。这个阴郁沉默的雨果式人物患有轻度斜视——与他刮净胡子的端正面容形成鲜明对比——惧怕与人接触,却又喜欢社交活动。他酷爱动物,身边养着几只狗和一只小雌猴——后者正是他对马戏场和患神经症的异类的兴趣证明。这位博学爱美的目测型临床医生以捍卫巴斯德③(Pasteur)的主张、反对狩猎和活体解剖而著称于世,却仿佛与撕裂19世纪下半叶法国的政治斗争完全绝缘。

沙可承袭克洛德·贝尔纳④(Claude Bernard)——法兰西共和国医院治疗的成功象征——实验医学,选择研究神经病学,描述了以其名命名的可怕疾病:肌萎缩侧索硬化症(sclérose latérale amyotrophique)。1870年,在普鲁士军队围攻巴黎时,他决定对由他掌管的精神病院进行组织结构改革,将精神错乱的病人与癫痫病患者(非精神错乱者)、癔症患者分开。就这样,他奋力投入那个时代医学论文经常探讨的癔症的研究。

---

① 鲁道夫·海登海因(1834—1897),德国生理学家。——译注
② 同上,第129页。
③ 巴斯德(1822—1895),法国微生物学家、化学家、微生物学先驱,第一个创造狂犬病和炭疽疫苗的科学家。——译注
④ 克洛德·贝尔纳(1813—1878),法国医生和生理学家。——译注

这个一直为人熟知、后被称为"神经症"①的怪病在几个世纪中都被看作源于子宫、严格意义上的女性的性癫狂表现。折磨女性身心的抽搐和窒息被归咎于附体的恶魔。据说迷人心窍的魔鬼进入女性的子宫,诱使她们背离身体结构的使命,阻碍她们为人类繁衍生息。

事实上,正是因为弗朗茨·安东·麦斯麦②(Franz Anton Mesmer),癔症在法国大革命前夕从恶魔附体的迷信转变为学术研究的对象。通过动物磁气学的伪理论,麦斯麦肯定神经症系由"宇宙磁流"的不均衡分布造成。所以医生只需在病人——通常为女性——身上诱导出抽搐的危象(crise),就能恢复失掉的磁流平衡。这种观点衍生出推崇"磁气疗法"的第一种动力精神病学③。癔症当时未受到宗教的关注,被看成所谓"装病"(被性魔附身)的女人、无法无天的女巫——因为被看作传染恶疾梅毒的罪魁祸首,所以她们对社会的危害更大——所患的神经疾病。据说她们卖弄富有性意味的身体,违反生育规律,不愿为人妻为人母。

沙可谴责这些说法,并在其大名鼎鼎的周二、周五课上——常有持各种政治立场的医生和知识分子旁听——讲授其论述各种形态的催眠恍惚(transe)的理论:嗜眠(léthargie)、强直性昏厥(catalepsie)、怪动作(clownisme)、梦游(somnambulisme)。他特别把硝石库医院的女病人(即陷入出神[extase]和抽搐状态的平民女子)请到课堂上,示范说明她们之所以瘫痪或做各种淫亵手势,其根源并非魔鬼附体引起的装病或局部病变,而是创伤。他先让癔症症状消失,再令其重新出现,以此证明自己的观点。布朗什·维特曼④(Blanche Wittmann)、奥古斯蒂娜·格莱兹(Augustine Gleizes)、罗莎莉·迪布瓦(Rosalie Dubois)、朱斯蒂娜·埃切韦里(Justine Etchevery)和许多其他在生活中遭到虐待或在童年受到强暴或遇到逾矩

---

① 这个术语于1769年由苏格拉医生威廉·卡伦(William Cullen,1710—1790)提出,旨在定义引起人格障碍的神经症。参见伊丽莎白·卢迪内斯库和米歇尔·普隆,《精神分析词典》(*Dictionnaire de la psychanalyse*)(1997年),巴黎,袖珍书,"袖珍本书店"丛书,2011年。
② 弗朗兹·安东·麦斯麦(1734—1815),奥地利精神科医师,以其类似催眠术的动物磁气疗法而闻名。——译注
③ 按照艾伦伯格的措辞——艾伦伯格仍是最好的动力精神病学史学家,尤其在动物磁气学演变史和从动物磁气疗法向心理疗法的转变史研究上。亦可参见让·克莱尔(主编),《灵肉交融:艺术和科学,1793—1993年》(*L'Âme au corps. Arts et sciences, 1793—1993*),展览目录,法国国立博物馆联合会(Réunion des musées nationaux)/伽利玛出版社/厄勒克特拉公司,1993年。
④ 布朗什·维特曼(1859—1913),沙可一位著名的女患者,外号"癔症女王"。——译注

行为的女子都成了这位大师的实验主角。他深暗的目光在临床诊测中几近通神。安德烈·布鲁耶①(André Brouillet)的画作和德西雷-马格卢瓦尔·布尔纳维尔②(Désiré-Magloire Bourneville)、保罗·勒尼亚尔③(Paul Regnard)的《硝石库医院肖像影集》——纪念19世纪末癔症的直观呈现的真正的不朽丰碑——使她们的遭际永远被人铭记。

为了证实癔症并非世纪病,沙可将它说成一种源自遗传的功能性病症,肯定它的踪迹在以前的艺术作品中出现过。为了驳倒异端审讯官,他特别强调这些人在他们那个时代以巫术罪对癔症女患者判刑④。为了让癔症摆脱各种关于子宫的臆测,他指出这种病症也会侵袭男性——尤其在铁路事故中遭受创伤之后。他就这样将功能性障碍(传统的癔症)和创伤性(事故)障碍相提并论。

沙可和德国学派一样赞同定位(localisation)说,认为现代医疗的建设和精确分类的建立相辅相成。他不采用虚无主义的方针,很少探究神经症的治疗和康复。他运用催眠不是为了治疗,而是为了证明他的癔症概念正确。为此,他遭到南锡学派对手伊波利特·伯恩海姆⑤(Hippolyte Bernheim)的非难。

毫无疑问,沙可提出了新的癔症概念。但他之所以能做到这一点,

---

① 安德烈·布鲁耶(1857—1914),法国画家。——译注
② 德西雷-马格卢瓦尔·布尔纳维尔(1840—1909),法国神经科医生、精神病医生。——译注
③ 保罗·勒尼亚尔(1850—1927),法国医生、生理学家。——译注
④ 笔者详尽地展现了沙可的经历、癔症问题及约瑟夫·巴宾斯基(Joseph Babinski)对沙可的颠覆,莱昂·都德(Léon Daudet,沙可的学生)对沙可的批评。参见 HPF-JL,前揭。笔者在此处提出了不同的看法。亦可参见让-马丁·沙可,《硝石库医院的周二课》(Leçons du mardi à la Salpêtrière),巴黎,乐克罗尼耶 & 巴贝出版社(Lecrosnier&Babé),1892年,二卷本。保罗·里歇尔(Paul Richer),《艺术中的魔鬼附身者》(Les Démoniaques dans l'art)(1887年),巴黎,马库拉出版社(Macula),1984年。乔治·迪迪-于贝尔曼(Georges Didi-Huberman),《癔症的发明:沙可和萨硝石库医院的肖像影集》(L'Invention de l'hystérie. Charcot et l'iconographie photographique de la Salpêtrière),巴黎,马库拉出版社,1982年。亦可参见马塞尔·戈谢(Marcel Gauchet),格拉迪丝·斯温(Gladys Swain),《真正的沙可:出人意表的无意识之路》(Le Vrai Charcot. Les chemins imprévus de l'inconscient),巴黎,卡拉曼-莱维出版社(Calmann-Lévy),1997年。译者补注:约瑟夫·巴宾斯基(1857—1932),法国波兰裔神经科医生。莱昂·都德(1867—1942),法国作家、记者和政治人物,法国作家阿尔封斯·都德(Alphonse Daudet)之子。保罗·里歇尔(1849—1933),法国神经科医生、解剖学家、医学历史学家、画家和雕塑家。乔治·迪迪于贝尔曼(1953—   ),法国哲学家和艺术历史学家。马塞尔·戈谢(1946—   ),法国哲学家和历史学家。格拉迪丝·斯温(1945—1993),法国精神病学家。
⑤ 伊波利特·伯恩海姆(1840—1919),法国神经科医生和医学教授,以对癔症、催眠的研究而闻名。——译注

只是因为在整个欧洲,全体社会成员的潜在女性化趋势像幽灵一般缠绕着父权,癔症已成女性对父权的软弱反抗的表现。在维也纳,这样的反抗还只限于资产阶级家庭范围内。而在巴黎这座革命暴动的城市,因为公立医疗力求大众化、共和化,所以这种反抗就带有更多的政治色彩。

因此,硝石库医院展示的女性在不知不觉中承袭了得到儒勒·米什莱①(Jules Michelet)重新肯定、受到兰波极力赞美——后者在1872年称颂"让娜-玛丽之双手"(les mains de Jeanne-Marie),此人是被凡尔赛军队当作"患癔症的泼妇"的巴黎公社女英雄——的女巫形象。

1885年6月,在布吕克的举荐下,弗洛伊德获准离职六个月,赴巴黎进修②。10月13日,仍受可卡因影响的弗洛伊德入住位于拉丁区中心鲁瓦耶-科拉尔(Royer-Collard)大街、靠近索邦大学和先贤祠的和平酒店(hôtel de la Paix)。

想到自己徜徉在启蒙之城的街道上,他就欣喜若狂——欧洲的犹太人就在此地获得第一次解放。他探访拉雪兹神甫公墓③(cimetière du Père-Lachaise),凭吊海涅和伯尔内。不过他忠于王朝的理念,对共和思想并无多少好感。他将法国一系列革命壮举视为某种精神病态的表现,有如依波利特·丹纳(Hippolyte Taine)和摆脱不了巴黎公社的记忆、将它视同癔症发作的19世纪末反动分子④。

弗洛伊德听信反革命和反启蒙的言论——这类说法是旋即以爱德华·德吕蒙⑤(Édouard Drumont)为代表的现代反闪米特主义的源

---

① 儒勒·米什莱(1798—1874),法国历史学家。——译注
② 弗洛伊德在巴黎待了四个半月。
③ 拉雪兹神甫公墓位于巴黎第二十区,葬有多位名人,是世界上最著名的墓地之一,其名源于路易十四的忏悔神父。——译注
④ 依波利特·丹纳,《当代法国起源》(Les Origines de la France contemporaine),巴黎,拉丰出版社(Laffont),"旧籍"文丛(coll. «Bouquins»),1986年。这部著作在1875年开始出版。读者可在古斯塔夫·勒庞(Gustave Le Bon)的《乌合之众:大众心理研究》(Psychologie des foules [1895年],巴黎,法国大学出版社,1963年)中找到有关病态群众及其引起的恐惧的主题。众所周知,弗洛伊德依据这部作品创立了他的群体心理学,不过没有吸收不平等主义和"法国式"遗传性无意识的论点。译者补注:依波利特·丹纳(1828—1893),法国哲学家和史学家。古斯塔夫·勒庞(1841—1931),法国社会心理学家、社会学家、人类学家,以对群体心理的研究而闻名。
⑤ 爱德华·德吕蒙(1844—1917),法国记者、作家、政治人物。——译注

头之一①——几乎把他对雅各宾主义继承人波拿巴的爱戴之情完全抛诸脑后。他是个爱走极端的人,马上对巴黎人作出苛刻的评价,认为女人形貌丑陋,对法国美食几乎没有兴趣——他写信对玛尔塔说:"我对巴黎有个总体看法,我可以用非常巧妙的辞令,把它比作一个巨大宏伟又优雅迷人的斯芬克司(Sphinx),吞吃所有无法解开它谜语的外国人等等……我只需这么和你说,这座城市和它的居民真的没有什么可以让我安心的,我真以为巴黎人属于另一个截然不同的物种,我觉得他们全部被无数的魔鬼附身,我听到他们喊'把他吊到路灯杆上!'②和'打倒某某!',而不是'先生'和'这是《巴黎回声报》(*L'Écho de Paris*)'。我认为他们不懂什么是羞耻,不知什么是害怕:男男女女都聚集在裸体周围,仿佛围着停尸间的尸体或宣布某某报刊上登出一部新小说,同时提供内容样本的难看至极的街头广告。这是一群有心理传染病和群体暴乱历史记录的市民,自雨果的《巴黎圣母院》以来就没有发生过变化。"以及"在共和国广场(Place de la République),我看到一个巨大的共和国雕塑,上面刻着年份:1789、1792、1830、1848、1870。这让人对这个时而存在、时而消失的可怜共和国有所了解。"③

虽然共和国的文化令他感到不快,共和国的清教主义有时使他忘记自己的叛逆精神,但是弗洛伊德对形形色色的艺术活动的兴趣并未受到影响。在维也纳,他一直热衷于演出和歌剧,坚持不去咖啡馆和被认为过于喧闹的场所。在巴黎,一旦条件允许,他就跑到巴士底广场与玛德莱娜广场之间的林荫大道欣赏最喜爱的女演员莎拉·伯恩哈特④(Sarah Bernhardt)的表演,她的嗓音和眼神对令他非常厌恶的群众具有催眠效果。她时而扮演直面自身女性特质的男性角色,时而扮演身上流动着男性力比多(libido)的女性人物,像沙可一样将那个时代对人类的性的双重性质的疑问搬上舞台。在维克托里安·萨尔杜⑤(Victorien Sardou)的情节剧(mélodrame)中——弗洛伊德曾兴致盎然地向玛尔塔作过描述——她扮

---

① 《犹太人的法国》(*La France juive*,爱德华·德吕蒙的反犹作品)在1886年出版。
② 1789年法国大革命中群众要求把贵族吊到路灯杆上处死的呼喊。——译注
③ 西格蒙德·弗洛伊德,《通信集》,前揭,第186和300页。
④ 莎拉·伯恩哈特(1844—1923),法国著名舞台剧和电影女演员。——译注
⑤ 维克托里安·萨尔杜(1831—1908),法国戏剧作家。——译注

演受诅咒的皇后狄奥多拉(Théodora),身穿华贵的拜占庭服装,爱着不知她真实身份的贵族情人。

弗洛伊德经常出入这个国都的文化胜地。在巴黎圣母院,他一点都想不起幼年随保姆去过的教堂——他第一次在教堂中产生这样的感觉。他打算重读雨果的同名小说,并一口气登上钟楼,一边在大教堂的怪物和扮鬼脸的魔鬼之间漫步,一边想着热烈拥吻未婚妻。

他是如此崇拜导师沙可,在某次赴其圣日耳曼大道私邸参加晚会时,他竟被沙可的女儿吸引,不得不对她敬而远之,与"老先生们"待在一起。他注意到她长得不算好看,却因与父亲"戏剧般地相像"而变得富有魅力,又开始幻想假如自己拜倒在让娜·沙可(Jeanne Charcot)裙下,而不是爱上玛尔塔,他的生活将是什么样子:"一个长得像崇拜对象的女孩比什么都危险。大家嘲笑我,赶我走,我只是经历了一次愉快的冒险。还是这样更好。"① 那天晚上,他服食了少量可卡因,请人为自己修剪了胡须和头发,神气地换上簇新的衣装:一套黑色的西服、一件干净的衬衣、一条在汉堡买的领带和一双白手套。他自觉仪表非凡,自我感觉好到极点。

1886年2月28日,他从巴黎出发,通过万茨贝克②(Wandsbek),到柏林听阿道夫·阿龙·巴金斯基③(Adolf Aron Baginsky)的课——这位儿科教授与柏林的犹太群体关系非常密切,率先倡导儿科、精神和器质疾病的预防原则。毫无疑问,弗洛伊德在柏林有机会看到禁止儿童自慰的手段造成何等的折磨和毁伤④。

---

① 西格蒙德·弗洛伊德,《通信集》,前揭,第209页。他本人在1893年沙可逝世之际将《周二的课》(Leçons du mardi)译成德文,并写了一篇精彩的悼词,说明这位硝石库医院导师的教导对他多么重要。参见《沙可》(Charcot),见《结果、观念、问题,第1部:1890—1920年》(Résultats, idées, problèmes, t..I: 1890 - 1920),巴黎,法国大学出版社,1984年,第61—73页。
② 德国汉堡七个区域之一。——译注
③ 阿道夫·阿龙·巴金斯基(1843—1918),德国犹太裔儿科教授。——译注
④ 请见下文。参见卡洛·博诺米(Carlo Bonomi),《为什么我们不知道"儿科医生"弗洛伊德?弗洛伊德的儿科训练与精神分析起源的关系》(Pourquoi avons-nous ignoré Freud le "pédiatre"? Le rapport entre la formation pédiatrique de Freud et les origines de la psychanalyse),见安德烈·豪伊瑞尔(André Haynal)(主编),《精神分析:已有100年了……对20世纪思想史的贡献》(La Psychanalyse: 100 ans déjà… Contributions à l'histoire intellectuelle du XXᵉ siècle),日内瓦,格尔克出版社(Georg),1996年,第87—153页。译者补注:卡洛·博诺米,意大利当代心理学家和心理治疗师。安德烈·豪伊瑞尔(1930—),瑞士匈牙利裔精神分析学家、精神病学家和教授。

弗洛伊德虽对霍亨索伦①(Hohenzollern)帝国几无好感,却很喜欢柏林这座在他看来代表德语世界文化科学精粹的城市。这次进修想必使他能够做好准备,到维也纳第一所治疗儿科疾病的公立研究所、由马克斯·卡索维茨②(Max Kassowitz)主持的位于施泰因德街(Steindlgasse)神经科担任重要职务。4月,他以私人医生的身份暂住到市政厅街(Rathausstrasse),开始接诊一些由朋友介绍来的病人。他一边翻译沙可的著作,一边思念玛尔塔——尽管在经济上捉襟见肘,岳母对他存有戒心,他最终还是与玛尔塔结为连理。

由于长期禁欲和践行"狂飙突进"——时而为了从浪漫主义痛苦中获得愉悦满足,时而为了更好地展望未来——他不断地渴望一切和一切的反面。一方面,他觉得自己就是一名族长,与尽心操持家务、抚养满堂儿女的贤妻一起过日子;另一方面,他又担心订婚期一结束,就得面对令人生厌的困难,即诸如家务、保育、到咖啡馆与朋友聚会的丈夫、孤单的妻子之类的"危险敌人"。

1886年9月13日,他们在万茨贝克举行世俗婚礼(mariage civil)。弗洛伊德希望只办世俗婚礼,不愿向他厌恶的宗教仪式让步。结果却令他大失所望:在奥地利,不举行宗教婚礼的婚姻永远无效。翌日,他被迫在万茨贝克的犹太会堂接受一个由拉比达维德·汉诺威(David Hanover)主持的宗教婚礼。为此,他请玛尔塔的舅舅埃利亚斯·菲利普(Elias Philipp)帮他背诵希伯来语的祈祷文,教他从象征圣殿的华盖下走过时保持怎样的姿势。他在大婚之日极为俊雅,留着大人物般的胡子,仅穿一件男士礼服,戴一顶高筒大礼帽,避用传统服饰。

在维也纳特蕾西亚大街的新套房安家后,他就立即禁止玛尔塔遵守安息日仪式,不许她按教规准备饮食。他的儿子都不接受割礼③。对弗洛

---

① 霍亨索伦是勃兰登堡-普鲁士及德意志帝国的主要统治家族。——译注
② 马克斯·卡索维茨(1842—1913),奥地利儿科医生。——译注
③ 这一点已由阿尔布雷希特·希尔施米勒证实,他在维也纳查看过弗洛伊德三个儿子的犹太团体登记簿,其中并无行割礼的记录。参见伊曼纽尔·赖斯,《西格蒙德·弗洛伊德的犹太遗产》(The Jewish Heritage of Sigmund Freud),《精神分析评论》(Psychoanalytic Review,创刊于1913年的第一份精神分析英语期刊),2,1994年,第236—258页。卡洛·博诺米也查考过这本登记簿。关于抵制守旧势力,参见西格蒙德·弗洛伊德,《致孩子的信》(Lettres à ses enfants)(2010年),巴黎,奥比耶出版社(Aubier),2012年,第96页。

伊德而言,拒绝宗教仪式是把自己当作犹太人——从犹太性(judéité)的意义上讲——而不必通过改宗放弃身份的唯一方法。他像斯宾诺莎一样意识到自己是一个团结的民族的承继者,而且这个民族在历史上的团结既非选举中的崇高理念铸就,亦非其他民族的仇恨造成。他把身为犹太人的自豪感变成抵制所有守旧势力的最大力量源泉①。

玛尔塔从朝思暮想的未婚妻变为幸福满足、受人尊敬、褪去情欲色彩的妻子和母亲。从1887年1月到1895年12月,她接连生下六个孩子:玛蒂尔德(Mathilde)、马丁(Martin)、奥利弗(Oliver)、恩斯特(Ernst)、苏菲(Sophie)、安娜(Anna)。弗洛伊德给男孩取的都是他最喜爱的"英雄"名字——沙可、克伦威尔②(Cromwell)、布吕克——给女孩取的都是从严格限定的师友圈子中选出的女眷名字:玛蒂尔德(约瑟夫·布洛罗尔之妻)、索菲(约瑟夫·帕内特之妻)、安娜(萨缪尔·哈默施拉格之女)。弗洛伊德的女儿越是这样"加入"与父亲交情深厚的维也纳资产阶级犹太家族,他的儿子就越是回避这种命名——他们取的名字更具象征意义:一边是同族婚配和传宗接代,另一边则是科学、政治和跳出犹太人集居区③。

1891年,他们一家搬到贝尔加泽街(Berggasse)19号的一套颇为宽敞的套房中。次年,弗洛伊德就在底楼租下第二套房间来布置办公室。五年后,明娜搬来同住,帮姐姐照管孩子、料理家务。未婚或守寡的单身女子——女儿、姑姨、堂表姐妹、亲姐妹——受到严格约束,被当作第二位母亲、家庭主妇、寸步难离的女伴,这在当时屡见不鲜。

看到玛尔塔被一连串怀孕弄得精疲力尽,弗洛伊德决定从1893年起再度实行禁欲。在经历一次失败后——表现为最后一个孩子安娜的降生——他不愿再用中止性交法(coïtinterrompu)和19世纪80年代的各种避孕用具:避孕套、阴道隔膜、海绵。他——有时也受到阳痿的困扰——在还不满四十岁时就放弃了云雨之欢,使玛尔塔摆脱长期以来对生育的恐惧。她的焦虑减少了,而他则更有兴趣投入这样一项提升想象力的试

---

① 正是在1670年出版的《神学政治论》(*Traité théologico-politique*)第三章中,斯宾诺莎认为各非犹太民族的仇恨使犹太人生生不息。
② 克伦威尔(1599—1658),英国政治家、军事家、宗教领袖。——译注
③ 西格蒙德·弗洛伊德,《致孩子的信》,前揭。本书第三部将论述大家庭(cercle de famille)的问题。

验——事实上,他认为性驱力的升华乃是专属精英人物的生活艺术,而唯有精英才能进入文明的高级阶段。

因此,现代最伟大的性理论家的性生活持续了九年。不过到六十岁为止,即便不曾享有其学说倡导的性自由,弗洛伊德还是做了许多性梦——他特别喜欢分析这类梦,并不断探寻所有人类行为的"性"动机。为此,他屡屡被骂成贪淫好色之徒、非法堕胎者、妓院常客和自慰老手,肆无忌惮地隐瞒与妻妹的性关系。为了"证明"弗洛伊德一生始终掩藏自己的性生活——肯定是粗野蛮暴和违反伦常的——已有数十本书籍、小说和评论问世。事实上,弗洛伊德好几次试着与玛尔塔重新温存缱绻,却终因自觉衰老笨拙而不得不打退堂鼓:"当我完全克制自己的力比多(就其惯常意义而言)时,我就开始过一种'男人的爱情生活'。"以及:"可惜因为工作辛劳,我们在旅行中恢复的情欲消褪了。我能将就变老的事实,甚至不怎么想到老。"①

关于弗洛伊德性生活的所有传闻都依据一个经过无数次重新诠释的事实:他一方面遵循同族婚配制度,另一方面奉行替代者理论。弗洛伊德从小就热衷于乱伦欲望、近亲婚配、家族内部的逆伦关系和有缺陷的系谱,在每个女儿身上都看到母亲的正面、负面映像或妹妹的倒影,把每位女家庭教师都看作母亲、姑姨、姐妹或(外)祖母的替身。同样,他将每个儿子或女婿都视为父亲或祖父的继承人,抑或兄弟的助手②。正因为如此,他把明娜变成"第二夫人"、妹妹和永久的知己,不过前提是她永远不取代玛尔塔。

1897年9月,继皇帝弗朗茨-约瑟夫③不得不宣布卡尔·卢埃格尔④

---

① 《1907年9月19日和1910年2月2日致荣格的信》(在美国之行后),见西格蒙德·弗洛伊德和卡尔·古斯塔夫·荣格,《通信集》,第一部:1906—1909年和第二部:1910—1914年(*Correspondance*, t. I: *1906—1909*, et t. II: *1910—1914*),巴黎,伽利玛出版社,1975年,第142页(第一部)和第22页(第二部)。约翰·福里斯特(John Forrester)曾交给笔者其论述此事的《明娜事件:弗洛伊德的另一个女人?》(The Minna Affair: Freud's Other Women?)打字稿,特此致谢。弗洛伊德很早就觉得自己老了,原因正是"力比多"的衰竭。笔者将在下文对此再作论述。译者补注:约翰·福里斯特(1949—),英国科学、医学历史学家和哲学家。

② 正因为如此,他后来选择俄狄浦斯悲剧作为血缘关系的模型。

③ 弗朗茨-约瑟夫(1830—1916),奥地利皇帝,从1867年起兼任匈牙利国王,史称"弗朗茨-约瑟夫一世"。——译注

④ 卡尔·卢埃格尔(1844—1910),奥地利政治家,1897年当选为维也纳市长。——译注

(KarlLueger)——仰慕德吕蒙的基督教社会党反闪米特派领袖——在维也纳市政府的选举生效四个月后,弗洛伊德加入"圣约之子会"①——以慈善和文化为宗旨的犹太人道主义协会——打算随后给它举办二十来场讲座。他向联盟"兄弟"要求恢复与犹太教的伦理性关系,但它与任何一种"信仰"都毫无关系。弗洛伊德始终不信教,一边投自由党的票,一边与社会民主党成员频繁来往。

他与沙可的相遇具有决定意义。这不仅是因为沙可的癔症概念为他开启了解精神生活和现实中的人类性生活的新视界,而且是因为这位导师——水平大大高于布吕克——属于一个影响远远超出学院的学术派系。举世闻名的沙可首先是"通灵者"(voyant),具有完全符合弗洛伊德离奇幻想的想象力。他不是——尽管剔除了癔症中所有涉及解剖学基础的部分——居然带着对天赋的自信在坠入爱河的维也纳小伙耳边喃喃低语:这种伴有抽搐的病症的真正原因在于生殖器?他不是有一天对着惊讶的学生说:理论再贴切,在背离它的现实面前仍然软弱无力?"理论是好的,但不能妨碍事实的存在",这个绝对命令(impératif catégorique②)③一直被弗洛伊德记在心中。

对当时欧洲和大西洋彼岸④的所有学者而言,性研究已成为下一世纪的重大课题,而癔症看起来则是它的重要部分,远远超出专家的医学争论范畴。毋庸置疑,沙可对弗洛伊德而言不仅仅是导师。他是一块新大陆——性——的征服者。

诚然,诚实的布罗伊尔向弗洛伊德指明心理因素在癔症成因中的重要意义,将他引到阐释神经症现象的道路上。但是作为严谨的注重实验验证的医生,布罗伊尔又质疑一切,总是对自己的假设有保留意见,并劝弗洛伊德尽量谨慎行事。布罗伊尔爱护弗洛伊德,弗洛伊德也敬爱布罗伊尔。然而,弗洛伊德还不懂得谨慎,因为他被对沙可的仰慕冲昏了头脑。

所以,1886年10月15日,他在受邀对赫赫有名的维也纳皇家医生

---

① 世界上历史最悠久、规模最大的犹太人服务组织,1843年成立于纽约。——译注
② 德国哲学家康德用以表达普遍道德规律和最高行为原则的术语。——译注
③ 西格蒙德·弗洛伊德,《沙可》(1893年),见《结果、观念、问题,第1部》,前揭,第61—73页。
④ 对欧洲而言,大西洋彼岸指北美洲,特指美国。——译注

协会举行讲座时犯了错误:他没有按照传统提出原创性的研究成果,而是变成转述沙可关于男性癔症和催眠术主张的传话筒。弗洛伊德以为在场的权威人士不了解这位法国导师的主张,便给他们上了一堂中规中矩的课。他认为沙可是发现癔症既非装病,亦非子宫病症的第一人,全然不记得这一事实已在维也纳广为人知[1]。另外,他忘了指出,维也纳和巴黎之争针对的是不被沙可认可的功能性癔症和创伤性癔症的划分[2]。

总之,弗洛伊德遭到海因里希·冯·班贝格尔[3](Heinrich von Bamberger)、埃米尔·罗森塔尔[4](Emil Rosenthal),特别是强烈反对催眠术的狄奥多·梅涅特的严厉批评。他深感沮丧,认定——就像日后美化他的传记作者那样——自己是因天才创新而遭人忌恨的踽踽独行的学者。但事实并非如此[5]。

布罗伊尔和弗洛伊德常常谈论他们的病人,交流各自的经验。二人都采用当时流行的疗法:电疗、浴疗、水疗。布罗伊尔偏爱经过雅各布·贝尔奈斯重新诠释的净化法。它使病人得以吐露致病的情感,继而通过重新体验与之相关的创伤事件予以"宣泄"。弗洛伊德想必也用过这种方法。但到1887年秋天,他越来越倾向于用催眠暗示治疗病人——催眠暗示不仅在维也纳医生当中,而且在巴黎学派和南锡学派之间掀起了论战。

---

[1] 在1864年,莫里茨·贝内迪克特(Moriz Benedikt)就已肯定癔症的起因与子宫无关。他也确认存在男性癔症。关于这位不寻常的先驱的命运,参见艾伦伯格,《灵魂的医学:疯癫和心理治疗史评论集》(*Médecines de l'âme. Essais d'histoire de la folie et des guérisons psychiques*),巴黎,法亚尔出版社,1995年。译者补注:莫里茨·贝内迪克特(1835—1920),奥地利神经科医生。

[2] 西格蒙德·弗洛伊德,《关于男性癔症》(Über männliche Hysterie)(1886年)。这次讨论会不曾公开,11月26日举行的第二次讨论会亦是如此。我们通过会议记录了解到具体内容:*Anz. Ges. Ärzte Wien*,25(1886年),第149—152页;*Münch. Med. Wschr.*,33(1886年),第768—885页;*Wien. Med. Wschr.*,36(1886年),第1445—1447页。艾伦伯格是详述弗洛伊德与维也纳同事争论内容的第一人。参见《弗洛伊德关于男性癔症的讨论会,1886年10月15日于维也纳》(La conférence de Freud sur l'hystérie masculine. Vienne le 15 octobre 1886)(1968年),见《灵魂的医学》,前揭,第207—225页。亦可参见弗兰克·J.萨洛韦,《弗洛伊德:精神生物学家》,前揭,第31页。将被纳入《弗洛伊德全集/精神分析》出版,前揭。

[3] 海因里希·冯·班贝格尔(1822—1888),奥地利病理学家。——译注

[4] 埃米尔·罗森塔尔(1848—1898),奥地利医生。——译注

[5] 在自传中,弗洛伊德提到他的讨论会不怎么受欢迎,并强调有一参加者否认男性癔症的存在。参见《弗洛伊德自传》,前揭。他还披露一事:在离世前,梅涅特告知他自己是名癔症患者。那番吐露实情的话看起来漂亮得不像真的。

力图成为"催眠师"的弗洛伊德在动力关系中为医疗虚无主义寻找出路。面对批评他服用可卡因和推崇沙可的医学权威,他下定决心做个不循常规的叛逆——这个角色对他极为合适。同时,他与硝石库医院的教导也渐行渐远。

南锡的内科教授伯恩海姆采用奥古斯特·利埃博①(Auguste Liébault)的催眠法,但只医治能够进入催眠状态的病人。如果说阿尔芒·德·必斯奎②(Armand de Puységur)侯爵在1789年革命前夕就已使人认识到一事:某位权威——贵族、医生、学者——行使的权力会因某个有能力抵制他的主体而受到限制,那么伯恩海姆则证明了催眠在19世纪末不过是言语暗示的作用。那时,谈话型临床医学已取代目测型临床医学,而伯恩海姆又将催眠消融于暗示中,将必斯奎描述的关系倒转过来,使动物磁气学的最后一丝痕迹消失殆尽。

因此,他主要指责沙可人为地制造癔症症状和操纵病人。同时,将催眠与暗示融为一体的逻辑使伯恩海姆确信清醒状态下的暗示——旋即被人称为"心理治疗"——可以取得催眠效果。

1889年夏天,弗洛伊德在重赴巴黎参加两大国际会议之前拜访伯恩海姆,出身维也纳犹太贵族、受过沙可治疗的女病人安娜·冯·利本(Anna von Lieben)随同前往。弗洛伊德观看伯恩海姆的暗示试验,与他展开热烈的讨论,还着手翻译他的专著③。他既保留跟从沙可学到的知识,又从伯恩海姆那里汲取构成言语疗法基础的治疗原理。所以他并不参与两个学派的论战。可他很快就发觉暗示只有在某些场合,特别在医院环境中才起作用。他更愿意用净化法,不过也不摒弃催眠法——这导致他重视在治疗中出现的性欲元素,即移情④(transfert):"在我最听话的病人中,我对其中一位施行了催眠,不料在她身上竟发生了最不可思议的事。当时我正在对她的病痛追根寻源,设法解除她的痛苦。有一次她

---

① 奥古斯特·利埃博(1823—1904),法国医生,南锡学派创始人之一。——译注
② 阿尔芒·德·必斯奎(1751—1825),法国侯爵,弗朗兹·安东·麦斯麦的学生和追随者。——译注
③ 伊波利特·伯恩海姆,《催眠术、暗示、心理治疗》(*Hypnotisme, suggestion, psychothérapie*)(1891年),巴黎,法亚尔出版社,"法语哲学作品汇编"丛书(coll. «*Corpus des œuvres de philosophie en langue française*»),1995年。亦可参见《精神分析词典》(1997年),前揭。
④ "移情"后来成为弗洛伊德理论的一个重要概念。

醒来后，一把搂住我的脖子……对于这次意外事件，我保持相当的冷静，并不认为自己身上有什么难以抵挡的魅力，我倒觉得我已抓住在催眠状态后活动的某种神秘元素的实质，要排除这种元素，就必须放弃催眠。"①而后弗洛伊德不再实施催眠，只保留其中一个习惯，即要病人躺在长沙发上，他坐在病人身后看着病人，但不让病人看到他。至于安娜·冯·利本，这个象棋迷患有精神病和肥胖症，不知节制地吃鱼子酱、喝香槟、服麻醉品，夜晚从不睡觉；她是他当时的主要病人，他的"女主角"(*prima donna*)②。在她家中，大家称他为"魔法士"(*Der Zauberer*)。可是弗洛伊德后来受到冷落，因为他永远治不好安娜的吗啡瘾，无论用催眠法还是净化法③。

从成婚并作为神经症专家安家以后，弗洛伊德一直缺个能使他再度发挥无与伦比的写信才能的远方谈话对手。经过一年的等待，一位专攻鼻喉病理学的柏林医生威廉·弗利斯④(Wilhelm Fliess)在1887年秋天出现了：他按照布罗伊尔的建议，在维也纳综合医院培训结束之际前来听弗洛伊德的课。弗利斯与弗洛伊德是同辈人，像弗洛伊德一样仰赖达尔文主义和亥姆霍兹的实证主义；他的父亲是一位时运不济、郁郁寡欢的谷物批发商，来自从17世纪以来定居勃兰登堡省⑤(la marchede Brandebourg)的地中海沿岸犹太家族。

弗洛伊德又一次迸发出炽热的激情。已难考知弗利斯在这份友谊中的真实感受。与弗洛伊德、玛尔塔之间的通信不同，两位男士之间的往来

---

① 西格蒙德·弗洛伊德，《弗洛伊德自传》，前揭，第47页。译者补注：引文参照顾闻译的《弗洛伊德自传》[前揭]第34、35页文字译出。
② 约瑟夫·布罗伊尔和西格蒙德·弗洛伊德，《癔症研究》(*Études sur l'hystérie*)(1895年)，巴黎，法国大学出版社，1967年。安娜·冯·利本以"采齐莉(Cäcilie)夫人"之名出现。*prima donna*是意大利语，意为"歌剧中的主要女演员"。
③ 《库尔特·艾斯勒与亨丽埃特·莫泰希茨基·冯·克塞勒奥科奥的对话录》(Entretien de Kurt Eissler avec Henriette Motesiczky von Kesseleökeö，亨丽埃特·莫泰希茨基·冯·克塞勒奥科奥[1882—1978年]是安娜·冯·利本之女)，美国国会图书馆，116号箱，1973年；以及彼特·斯韦尔斯(Peter Swales)，《弗洛伊德、他的导师和精神分析的诞生》(*Freud, His Teacher, and the Birth of Psychoanalysis*)，见保罗·E. 斯捷潘斯基(Paul E. Stepansky)(主编)，《弗洛伊德：评价和再评价》(*Freud: Appraisals and Reappraisals*)，新泽西州，分析出版社(The Analytic Press)，1986年。译者补注：彼特·斯韦尔斯(1948—)，威尔士精神分析历史学家。保罗·E. 斯捷潘斯基，美国当代资深编辑和出版人。
④ 威廉·弗利斯(1858—1928)，德国犹太裔耳鼻喉科医生。——译注
⑤ 普鲁士省名。——译注

信件从来都没法收集完整。只有弗洛伊德的书信留存下来①。这是一场新的"狂飙突进运动"！弗洛伊德写信非常快，在信中大量使用缩写词和拉丁语词，他的笔下混杂着他从病人性生活中获悉的一切，从他本身的、一些维也纳家庭——父亲、母亲、妹妹、女儿、仆佣的家庭——的性生活中了解的一切。他大量采用临床表格，予以分类整理，对收到或寄出的每封信都显得异常热情。

总之，从第一次见面之后，弗洛伊德就迷上了这位不像他任何一位维也纳同辈朋友，甚至不像布罗伊尔的医生。布罗伊尔的谨慎是众所周知的，不过他还是和他的保护对象一样欣赏此人。

弗利斯受过扎实的医学和科学教育，却属于历史悠久的、受浪漫主义文学推崇的普罗米修斯主义②学派——可在托马斯·曼作品中找到它的残迹。这位唯器质的神秘主义性理论的信徒几乎可以说是弗洛伊德的翻版、弗洛伊德的"撒旦"、弗洛伊德"第二"。他在弗洛伊德身上引起最强烈的智力冲动。他们惺惺相惜又针锋相对，成为彼此最私密的日常生活的见证人，为对方讲述个案经历并提出最大胆的假设，趁着"开会"——听众和发言人只有他俩——在欧洲各个城市频频见面。二人最终亲如手足，特意留起同样的胡子、穿着同样的衣服、露出同样的眼神请人照相，还将合影分送朋友。

1892年，弗利斯娶布罗伊尔的病人伊达·邦迪(Ida Bondy)为妻，而她的妹妹梅拉妮(Melanie)在四年之后嫁给弗洛伊德的家庭医生兼塔罗牌友奥斯卡·里③(Oskar Rie)。弗利斯与伊达婚后诞下后来成为精神分析学家的罗伯特(Robert)，奥斯卡成为两个女儿——玛格丽特(Margarethe)和玛丽安娜(Marianne)——的父亲。玛格丽特嫁给赫尔曼·农贝格④(Hermann Nunberg)，玛丽安娜嫁给恩斯特·克里斯⑤(Ernst Kris)：两位丈夫都是弗洛伊德的弟子。显然，这是一段家族史(histoire de fa-

---

① 弗洛伊德寄给弗利斯287封信。二人的书信往来从1887年持续到1904年。西格蒙德·弗洛伊德，《致威廉·弗利斯的信》(Lettres à Wilhelm Fliess)，完整版，前揭，以及《精神分析的诞生》(删节版)，前揭。
② 一种宣扬人与人之间相互信赖的理想主义学说。——译注
③ 奥斯卡·里(1863—1931)，奥地利儿科医生。——译注
④ 赫尔曼·农贝格(1884—1970)，波兰精神分析学家、精神病学家。——译注
⑤ 恩斯特·克里斯(1900—1957)，奥地利精神分析学家、艺术历史学家。——译注

mille)！

　　患有不明原因的偏头痛的弗利斯继承了一套正在发生巨大变化的科学方法——其中混杂着对于身心关系的最理性、最新颖和最荒诞的解释——一旦凭直觉作出推论，就对之深信不疑。他痴迷艺术、数学、生物学、历史、文学和人类学，习惯于将人类生活中毫不相关的各种病理表现联系在一起。他的研究方式建立在一种不接受任何质疑的科学观和极度兴奋之际的臆测的基础上，所以更具迷惑力。

　　遇见弗洛伊德时，弗利斯正在构想一种理论，其核心为三个主轴：神经症的临床医学、周期性的生理学理论、人类双性状态(bisexualité)的生物医学和宇宙学表现。

　　弗利斯描述了一种名为"反射性鼻神经症"①的临床实体，认为其病因时而在于与各种疾病——包括偏头痛——有关的器质性紊乱，时而在于产生于生殖器官的失调。因此，他将鼻粘膜和生殖活动联系在一起，得出在鼻甲、女性月经、怀孕、分娩之间存有关联的结论。他由此认定，这种"神经症"的症状完全像偏头痛和其他月经后遗症一样，遵循二十八天的节律。弗利斯另外补充了一个二十三天的循环周期，将之说成相当于女性月经周期的男性周期。因为这两个循环周期分别表现在两性身上，所以他推测人类有一种基本的双性状态，表现为——在他看来——生理上的双边性(bilatéralité)：每个人既是男人(在右边)，又是女人(在左边)。他毫不怀疑周期性和人类双性状态的知识，认为能够据此准确地预测循环周期中涉及出生、死亡、生病的关键日期②。

　　弗洛伊德坚信"可怜的康拉德"的各种紊乱都能通过鼻腔治疗得到缓解或疗愈，把弗利斯比作"生物学的开普勒(Kepler)"，请他为自己做了两次手术。术后他经历了一段时间的出脓。弗利斯企图帮他戒除在停用可

---

① W. A. 哈克(W. A. Hack, 1851—1887)，弗莱堡的耳鼻喉科医生在他之前就致力于描述反射性鼻神经症。

② 威廉·弗利斯，《按生物学意义呈现的鼻子和女性生殖器官的关系》(*Les Relations entre le nez et les organes génitaux féminins, présentées selon leurs significations biologiques*)(1897年)，巴黎，瑟伊出版社，1977年，雅克·拉康主持的"弗洛伊德域"丛书(coll. «*Le Champ freudien*»)。在1895年的一篇论述保罗·尤利乌斯·莫比乌斯(Paul Julius Moebius, 1853—1907)偏头痛专题论文的文章中，弗洛伊德称赞了弗利斯这位优秀的柏林探索者。参见《莫比乌斯的偏头痛》(*La Migraine de Moebius*)(1895年)，见《弗洛伊德全集/精神分析》第三部，前揭，第97—103页。

卡因时期加深的尼古丁瘾,但也没能成功。两位年龄成熟的男士沉湎于深奥的测算,想要按照弗利斯的理论推断生死日期。

当时,弗洛伊德还担心在有生之年看不到他的应许之地[①](terre promise)罗马,或完不成从神经学转入心理学的使命。可罗马之行总是因为他那众所周知的推算而被推迟。在伊达和玛尔塔差不多同时怀孕之际,弗利斯预测自家生女、弗洛伊德家生男,还为这个男孩取名威廉(Wilhelm)。然而,命运却作了不同的安排:弗利斯得到一个儿子(罗伯特),弗洛伊德则得到一个女儿(安娜)。

在弗利斯宣扬危险的鼻腔手术、对人类双性状态的探索益发不理性时,弗洛伊德却对人类心理现象作出种种设想。1895年,在大约百页的《科学心理学纲要》(Esquisse d'une psychologie scientifique)手稿中——被写成供神经科医生使用的心理学论著——他为这位朋友阐述其关于记忆、知觉、意识的神经-心理学研究方法大纲。他在文中描述病理过程,试图揭示所谓"正常"的心理现象的特征。与弗利斯相反,他不断自我怀疑,力图将心理学建成一门自然科学,与将心理现象归结为器质性紊乱的计划渐行渐远。

此外,他企图将心理过程全都描述成由物质微粒或神经元定量的状态,在大脑结构和心理结构之间确定若干数量的关联。他把神经元分为三个不同的系统:知觉(神经元 w)、记忆(神经元 c)、意识(神经元 v)。在他看来,所传递的能量(量)受到两条定律——惯性和恒定——支配,它有时来自外部世界,通过感觉器官传送,有时来自内部世界,也就是身体。弗洛伊德的意图是将全部心理机能——无论正常的还是病态的,包括欲望、幻觉状态、自我功能、梦的机制等等——都归入这个神经生理学模型。

要将心理结构"神经学化",就得再造一个"大脑神话"。弗洛伊德旋即意识到这一点,放弃了这项计划,转而建构纯心理性的无意识理论[②]。自此之后,他将他以前的说法都视为荒诞妄想、懵懂摸索和胡诌乱道。

---

① "应许之地"典故出自《旧约·创世记》:犹太人祖先亚伯拉罕由于虔敬上帝,上帝应许赐给他的后裔"流奶与蜜之地"——迦南土地。——译注
② 西格蒙德·弗洛伊德,《科学心理学纲要》,第一次发表于《精神分析的诞生》,前揭。2006 年又以《一种心理学的提纲》(Projet d'une psychologie)为名重新翻译,见西格蒙德·弗洛伊德,《致威廉·弗利斯的信》,前揭,第 593—693 页。

依照这一启发他探索无意识现象的新观点,他认为神经症,尤其癔症的症状源于儿时遭受的性创伤。这个思路与沙可的教导是一脉相承的。他将自己听到的、女患者在童年遭遇的性逾矩(abus sexuel)称为"诱惑"(séduction)或"侵犯"(attentat)——她们经常在治疗中不厌其详地叙述此类事件,控诉父亲、叔伯或家人的朋友。

年轻美丽的埃玛·埃克施泰因(Emma Eckstein)成为弗利斯、弗洛伊德从1892年到1895年临床交流和异想天开的主要牺牲品①。

埃玛出身于进步的犹太资产阶级,与奥地利的女权运动关系非常密切,看起来在幼年受过防止自慰的所谓"治疗性"的阴蒂切除的折磨,一直有胃部不适和痛经。作为她家的朋友,弗洛伊德免费为她施行净化疗法,并上门诊治。他认为她的病症可能与鼻粘膜有关。因此,他请弗利斯从柏林过来为她的鼻子做手术。弗利斯切掉了埃玛左中鼻甲前部的三分之一。

手术治疗二周后,这位年轻的女子感染化脓,散发恶臭的分泌物弄得她痛苦不堪。有一块骨头碎裂了,导致她出血。焦急不安的弗洛伊德求助于朋友伊格纳茨·罗萨内斯②(Ignaz Rosanes)。在清理创口时,罗萨内斯发觉弗利斯将一块浸透碘酊的纱布遗忘在她的鼻腔内。大量的血泊泊流出。几乎昏倒的弗洛伊德躲入隔壁房间。他喝下一杯白兰地后才回到病人身边,她用这句话迎接他:"这就是强大的性。"③这次外科手术给她留下影响终生的后遗症:鼻骨不可逆转地坏死了。

弗洛伊德非常难过,觉得弗利斯和自己对埃玛不负责任,但埃玛从未因这项过失责怪他们。为了替朋友开脱,他在记录中写的是埃玛自幼就有鼻子大出血的问题。埃玛继续接受弗洛伊德的治疗。他听她讲述怕进商店的心理,推断这一恐惧源自她八岁时发生的一幕诱惑场景:有一位店

---

① 马克斯·舒尔在1966年率先发现埃玛——精神分析学家长期隐瞒她的身份——遭受的痛苦。她的经历在弗洛伊德致弗利斯的信中有详细描述,后又屡屡受到评论。参见米凯尔·博尔奇-雅各布森,《弗洛伊德的病人:种族遭际》,前揭,第66—73页。卡洛·博诺米认为,埃玛接受这次手术,犹如重温童年的割礼——弗洛伊德在与弗利斯的通信中提到这个说法。参见《经受创伤:埃玛·埃克施泰因的割礼对弗洛伊德的伊尔玛之梦的意义》(Withstanding Trauma: The Significance of Emma Eckstein's Circumcision to Freud's Irma Dream),《精神分析季刊》(The Psychoanalytic Quarterly),82,2013年7月,第689—740页。
② 伊格纳茨·罗萨内斯(1856—1922),奥地利外科医生。——译注
③ 西格蒙德·弗洛伊德,《致威廉·弗利斯的信》,前揭,第153页。

主试图抚摸她。这幕场景被压抑了,但它可能是埃玛所述症状的根源①。

弗洛伊德随之提出他的看法:癔症患者吐露的、儿时遭受的诱惑类似于从前异端审讯官用严刑拷打获得的性交易供词。他惊奇地看到埃玛证实了他的观点——她讲述了一幕场景:魔鬼将针插入她的手指,接着用一颗糖果擦拭每一滴血。他再度为弗利斯开脱,但弗利斯始终不承认错误②。

埃玛·埃克施泰因成为弗洛伊德学派第一位女精神分析师。从1905年到1910年,她写了好几篇文章,还与弗洛伊德通过几次信——可是弗洛伊德依然不知导致她身心紊乱的复杂原因为何。她在经历了一场不幸的恋爱后企图自杀。无论她的外甥阿尔贝特·希尔施特③(Albert Hirst)——他向库尔特·艾斯勒提供了令人心碎的证词——还是任何医生,都无法治愈她,甚至无法理解她④。

弗洛伊德意识到这将是永久的谜题,却不愿承认自己曾多次误入歧途,预测埃玛永远不能康复。这样的预言令人难以置信!不明原因的病痛令埃玛陷入瘫痪,她生命的最后几年都在床上,而非书中度过。

经过对这段插曲的考查,大家可能会思忖究竟是谁想出据说隐匿在名门望族中的所谓的性逾矩和其他性倒错行径的?是弗洛伊德本人,还是那些令他相信成人蓄谋诱惑幼童的女病人?在这个问题上,布罗伊尔——当时正与其保护对象一起准备研究癔症——对创伤病因说始终抱着非常慎重的态度。

弗洛伊德在好几年中都对弗利斯着迷,弗利斯使他执著于一种不接受错误、不容许试验和不探求真理——因为坚定的信念主宰着思辨——的科学观。随着通信的增加,我们却发觉弗洛伊德与弗利斯背道而驰。

---

① 参见《科学心理学纲要》,前揭,第657页。
② 同上,第286页。
③ 阿尔贝特·希尔施特(1887—1914),美国国会图书馆,115号箱,12号文件夹。阿尔贝特·希尔施特是真名,此人在移居美国时改姓。他受过弗洛伊德的分析,一开始就被告知自慰习惯无害。弗洛伊德不曾让他躺到长沙发上,而是令他坐在一把椅子上,并要求他摆出自慰时的姿势。希尔施特也有射精的问题。戴维·J.林恩(David J. Lynn),《西格蒙德·弗洛伊德对阿尔贝特·希尔施特的精神分析》(Sigmund Freud's Psychoanalysis of Albert Hirst),《医学史公报》(Bulletin of History of Medicine),1,7,1997年春,第69—93页。译者补注:戴维·J.林恩,美国当代精神病科医生。
④ 1952年与艾斯勒的对话记录保存在美国国会图书馆。

他一边有意识地不去质疑朋友的主张,一边在否定、矛盾和歪曲中与朋友产生越来越多的分歧——仿佛他的体内有一股作用力,在不知不觉中驱使他怀疑被他认定为真正的科学方法的东西。

事实上,正是在弗利斯的影响下,他脱离神经学,与布罗伊尔最终交恶,创立精神分析疗法,放弃诱惑理论,搜集希腊悲剧阐释无意识,并着手起草那部将令他跻身 20 世纪最重要思想家行列的伟大作品:《梦的解析》(*Interprétation du rêve*)。像埃玛·埃克施泰因一样,弗利斯成为弗洛伊德这场自我斗争的主要牺牲品。他生前因对医学生物学的贡献而受到称颂,死后却遭到严厉批判,被后人视为数字迷、疯狂的奇术师和日薄西山的浪漫主义医学的最后见证者。他的成就被人遗忘,历史学家只有在阐述精神分析起源时才认为他发挥过作用①。弗洛伊德本人也始终拒绝被纳入浪漫主义传统。

纵使经过那么多年的狂热交流,纵使在一个知识分子大家庭内的密友之间结成多重姻亲,两位好友还是在现代性在维也纳和柏林都获得充分发展的 20 世纪开端分道扬镳,此后再未相见。这段长约十五年、令弗洛伊德获益良多的友谊以弗利斯的惨败和精神分析的胜利告终②。

他们在非常激烈的争吵中决裂。1900 年 7 月,二人在亚琛湖畔见面。弗利斯责怪弗洛伊德与他作对,弗洛伊德指责他不承认自己发现的价值。

不久,接受弗洛伊德分析的奥地利法学家赫尔曼·斯沃博达(Hermann Swoboda)就听到弗洛伊德向他阐述双性状态理论。当晚,他对他的朋友、维也纳的著名犹太作家奥托·魏宁格③(Otto Weininger)谈论听到的内容;一年后,奥托·魏宁格发表了毕生唯一的作品《性与性格》(*Sexe et caractère*)——这是一部真正的肯定双性并存一体和贬抑女性、仇视犹太人的宣言书。

过了一段时间,魏宁格引决自裁:他在贝多芬旧居租下一间房,朝自

---

① 参见弗兰克·J. 萨洛韦,《弗洛伊德:精神生物学家》,前揭,第 132 页下(引用部分)。
② 阐述弗洛伊德和弗利斯关系的最佳资料是埃里克·波尔热(Erik Porge)汇编的《偷思想?威廉·弗利斯、剽窃和弗洛伊德》(*Vol d'idées ? Wilhelm Fliess, son plagiat et Freud*),后附威廉·弗利斯的《为了我的事业》(*Pour ma propre cause*),巴黎,德诺埃尔出版社(Denoël),1994 年。马克斯·舒尔,《弗洛伊德生命中的死亡》,前揭。当然还有弗兰克·J. 萨洛韦,《弗洛伊德:精神生物学家》,前揭。译者补注:埃里克·波尔热,法国当代精神分析师。
③ 奥托·魏宁格(1880—1903),奥地利哲学家、作家。——译注

己的心脏开了一枪①。

弗利斯在1904年看到这本书,正如斯沃博达、保罗·朱利叶斯·莫比乌斯②(Paul Julius Moebius)一样,他觉得自己的理论遭到抄袭,指责弗洛伊德在二人交好时窃取他的创意。这一"偷思想"事件招来流言蜚语。弗洛伊德承认自己得益于弗利斯的研究③。但他也知道没有"偷思想"——跟抄袭不一样——这回事,因为当时所有的学术研究都受到双性同体理论的影响。这个理论源于达尔文主义和胚胎学,是古希腊奠基神话的修改版。弗洛伊德确实为对斯沃博达说漏嘴而感到歉疚,但从未认同"偷思想"④的谬论。双性状态后来被他纳入精神分析学说,成为它的一个核心概念,不过这与弗利斯描述的双边性再也没有多大关联。

弗洛伊德对这段友谊念念不忘:它陪伴他度过了一段漫长的彷徨期,帮助他成为另外一个人。他销毁了弗利斯的来信,却不敢真正地承认此事。1936年,玛丽·波拿巴(Marie Bonaparte)从一位商人处买下他写给弗利斯的信,但他坚决不许她将信出版⑤。

1910年,弗洛伊德依据他的偏执狂(paranoïa)概念向桑多尔·费伦齐⑥(Sandor Ferenczi)解释说,他之所以想将偏执狂知识与同性恋投注(investissement)、理论知识与对该投注的拒斥联系在一起,是因为与弗利

---

① 奥托·魏宁格,《性和性格》(1903年),洛桑,人类时代出版社(L'Âge d'homme),1975年。这本书被译成十种语言,成为当时名符其实的畅销书,在被人遗忘之前,到1947年为止重印了二十八次。参见雅克·勒里德尔,《奥托·魏宁格的案例:反女权主义和反闪米特主义的根源》(Le Cas Otto Weininger. Racines de l'antiféminisme et de l'antisémitisme),巴黎,法国大学出版社,1982年。
② 保罗·尤利乌斯·莫比乌斯(1853—1907年):德国神经科医生,著有若干部疾病研究记录,坚信女性的精神机能逊于男性。他认为癔症系由心理表象在身体层面造成的症状。——译注
③ 读者可在埃里克·波尔热的著作《偷思想?》(巴黎,德诺埃尔出版社,1994年)中找到有关此事的所有资料。彼特·斯韦尔斯猜测——但提不出一点证据——在亚琛湖畔见面时,弗洛伊德企图谋害弗利斯:《弗洛伊德、弗利斯和杀害兄弟:弗利斯对弗洛伊德的偏执狂概念的作用》(Freud, Fliess and Fratricide. The Role of Fliess in Freud's Conception of Paranoïa),见劳伦斯·斯珀林(Laurence Spurling)(主编),《西格蒙德·弗洛伊德:关键评估》(Sigmund Freud. Critical Assessments),伦敦和纽约,劳特利奇出版社(Routledge),1982年,第一部。译者补注:劳伦斯·斯珀林,英国当代心理治疗师。
④ 西格蒙德·弗洛伊德,《致弗里茨·维特尔斯的信》,1924年8月15日,《精神分析历史国际期刊》,6,1993年,第98页。
⑤ 这件事被埃内斯特·琼斯、马克斯·舒尔、彼得·盖伊,当然还有玛丽·波拿巴本人多次提及。
⑥ 桑多尔·费伦齐(1873—1933),匈牙利著名精神分析学家。——译注

斯的决裂被痛苦地重新激活:"自弗利斯事件之后……一部分同性恋投注消失了,我用它来拓展自我。偏执狂在哪里失败,我就在哪里成功①。"这种说法至少是值得商榷的。

弗洛伊德以为能够摆脱这段重要经历。1897年8月,他声称正在"自我分析"。这是一种检视——不过未宣之于口——他到那时为止所建立的整个思想体系的方式。然而,自我分析也以彻底失败告终。弗洛伊德起先告诉弗利斯:他的主要病人就是自己。然后他分析自己的梦,接着又宣称他一点也不理解自己身上发生的事。他一度以为"自我分析"真的取得进展,最终还是承认它难以实现:"我的自我分析一直断断续续。我已明白原因为何。我只能用客观获得的认识(犹如旁人)分析自己。严格意义上的自我分析是做不到的,否则就不会有病症。因为我在个案中还碰到一些难解之谜,所以自我分析也不得不停止了②。"

自我分析是走到死胡同里想到的出路,这个踪迹难觅的概念在弗洛伊德的团体内广受欢迎——团体成员都认为唯有精神分析"开山祖师"弗洛伊德才真正地做过自我探索,这一探索可以作为未来整个派系的入门典范。他们说,宗师是"自我造就"的,要创造"伟人"神话,就不该接受任何有关精神分析起源的背景历史。

这便是琼斯在1953年秉持的观点。从这个角度出发,他将弗利斯说成有宗教幻象的伪学者,将弗洛伊德说成能够——从他的"光荣孤立"顶上——创造一切、丝毫不必仰赖时代的科学英雄。所以,他致力于用精神分析诠释历史,乐此不疲。这种做法被弗洛伊德的团体沿用了几十年,成为它最大的不幸:历史沦为名副其实的传奇,弗利斯成了患偏执狂的弗洛伊德诱惑者和父亲替身,而弗洛伊德最终凭其天才的力量摆脱了他。

众所周知,这样的传奇经不起历史考证。即使每门新学科都将其理

---

① 西格蒙德·弗洛伊德和桑多尔·费伦齐,《通信集,第一部:1908—1914年》(Correspondance, t. I: 1908—1914),巴黎,卡尔曼-莱维出版社(Calmann-Lévy),1992年,《1910年10月6日的信》,第231页。以及舒基·阿祖里(Chawki Azouri),《"偏执狂在哪里失败,我就在哪里成功"这种说法是否有个开山祖师?》(«J'ai réussi là où le paranoïaque échoue.» La théorie a-t-elle un père?),巴黎,德诺埃尔出版社,1990年。译者补注:舒基·阿祖里,黎巴嫩当代精神分析师、精神病学家。

② 西格蒙德·弗洛伊德,《致威廉·弗利斯的信》,前揭,第331、339、351和757页。弗洛伊德最终把他所谓的自我分析缩成一个片断,同上,第430页。

论建树归功于一位"开山鼻祖",后者也要建立不属于他的话语性(discursivité)——因为如果它是理性的,就会产生话语被重新诠释的无限可能性①。

对于此事,弗洛伊德在与弗利斯决裂之初提供了另一种有趣得多的解释。他在 1900 年 5 月 7 日——他四十四岁生日的翌日——的一封信中重申,为了思考研究,他需要一位能够发掘其"女性"特质的朋友。他强调没有一个学者能够预知后人的评价,又补充说:"我面临的问题和我提供的解决方法极不相称,任何考证都不能比我更清楚地看到这一点。没有一个未经探索的心灵领域——我是冒险涉足其中的第一人——会以我的名字命名或遵从我的法则,这是对我的公正处罚。当我在搏斗中几乎喘不过气来时,我恳求天使罢手。于是他停战了。我并未占据上风,现在明显腿瘸了。我已实足四十四岁,是个贫苦的犹太老头儿②。"

弗洛伊德在此处影射著名的《创世记》雅各夜搏天使片段。这个以撒(Isaac)的儿子、亚伯拉罕(Abraham)的孙子孤身一人与一名性别不明的神秘对手——既是上帝,又是上帝的使者(造物者与天使)——角力,从夜晚较量到天明。天使发觉赢不了此人,就弄伤了他的大腿窝,把他变成瘸子。当天使想逃走时,雅各向他要求祝福。天使对他预言,他将被称作以色列(Israël)。这位打败对手,却留下终身残疾的第三任族长体现了一种理念:人类最大的胜利就是战胜自己,战胜傲慢③。

弗洛伊德正是借着这个源自《圣经》的主题与弗利斯断交,并为自己构想出一种命运:受过伤害,却准备与人类、与自己进行永恒的斗争。这便是他在 1900 年的精神状态。那时,他像第三任族长一样确信自己发现了重要的东西,但它变化莫测,永远不受他控制。他认为自己年纪太大,

---

① 若想重新查考精神分析运动所特有的、关于一个自我造就的弗洛伊德的圣徒传奇,就必须等待历史编纂的学术研究成果。要注意,奥克塔夫·曼诺尼(Octave Mannoni)在 1967 年以"初始分析"(analyse originelle)一词取代"自我分析",说明弗利斯的理论在弗洛伊德学说中的作用体现出学问和谵妄的复杂交集。参见《幻想世界的线索》(Clefs pour l'imaginaire),巴黎,瑟伊出版社,1969 年,第 115—131 页。译者补注:奥克塔夫·曼诺尼(1899—1989),法国精神分析学家,作家。
② 西格蒙德·弗洛伊德,《致威廉·弗利斯的信》,前揭,第 521 页。笔者重译了这段话。亦可参见马克斯·舒尔,《弗洛伊德生命中的死亡》,前揭,第 253—254 页。
③ 《圣经·旧约》(La Bible, Ancien Testament),巴黎,伽利玛出版社,"七星文库"丛书(coll. «Bibliothèque de la Pléiade»),第一部,第 109—110 页。

"腿脚太瘸",无法将它发扬光大①。

  这段波折证明,在必要时,每种科学方法都要经历从谬误到真理的转变。从未有一种理论——纵令它再合乎理性,再合乎逻辑——不曾沾染它声称要避免的非理性主义。换而言之,弗洛伊德在日后的著作中从未消除彷徨——或与天使的永恒斗争——的痕迹,这类迹象在他与弗利斯的通信中就可见到。

---

① 在这一点上要注意,弗洛伊德极为欣赏维也纳作家里夏德·贝尔·霍夫曼(Richard Beer-Hofmann),特别喜欢他最著名的剧作之一、1918年出版的《雅各布之梦》(*Le Rêve de Jacob*)。他终其一生都在与天使搏斗。他也借此唤起内心深处的暴君,尤其是癌症。以色列亦是在1948年为特奥多尔·赫茨尔(Theodor Herzl)向往的犹太国所起的名称。一个国家被迫与人类,与自身进行永久的斗争——弗洛伊德在1930年、继而在《摩西和一神教》(*L'Homme Moïse et le monothéisme*)中沿用这一主题。译者补注:里夏德·贝尔·霍夫曼(1866—1945),奥地利剧作家和诗人。特奥多尔·赫茨尔(1860—1904),奥匈帝国犹太裔记者、作家,犹太复国主义政治运动创始人。

第三章 开创精神分析

1895年,患癔症的女性已成为许多科学家的观察对象,可她们的病症依然是不解之谜。多亏小说家及其笔下的女主人公——从福楼拜到托尔斯泰、从爱玛·包法利①到安娜·卡列尼娜——这些女性才被赋予具有人性的形象:以自杀或发疯收场的软弱反抗者。在巴黎和维也纳,无论怎么肯定有男性患癔症都没用,这种"病"看起来特别眷顾女性。

在20世纪被逐渐抛弃的"癔症女人"范式②依然与社会状态有关:女性除了展示躯体痛苦之外,别无其他方式表达对自由的诉求。如果在19世纪末巴黎郊区的发疯或半疯女子成为建立目测型临床医学——沙可的临床医学——的关键,那么私人诊所秘密接待的维也纳女士就是建构倾听型临床医学——这是探究内在而不再局限于外观的临床医学——的女主角。这些资产阶级女士与平民女子截然不同,享有体验私密生活和内心感受(sens intime)的权利。她们的存在困境使科学家得以创立新的主体性理论。她们以其无声无息的影响和经过改编的临床故事,成为精神分析的滥觞:这样的滥觞难以言表,但历史学家有义务使之再现。

不难理解弗洛伊德和布罗伊尔在1895年发表的《癔症研究》(*Études sur l'hystérie*)为何能够给作家留下如此深刻的印象——其原因就是女患

---

① 福楼拜代表作《包法利夫人》的女主人公。——译注
② 它被厌倦自己的"抑郁主体"范式取代。笔者在《为什么是精神分析?》(*Pourquoi la psychanalyse?*,巴黎,法亚尔出版社,1999年)中提到这个问题。女性在20世纪越获得解放,就越不会被视为癔症病人。相应地,人们对男性癔症的研究愈加关注。

者和医生一样开口说话,即使只有医生有权描述女患者的经历①。随着这类案例故事的不断出现,当时的读者亲眼看到目测型临床医学式微,移情关系型临床医学兴起——后者是源自旧日动物磁气治疗师的动力学疗法的革新产物。

不过,真正的新气象来自这一方面:两位作者在描述中一反同时代心理医生相当喜爱的、充斥着技术术语的冰冷风格,他们关心的是触动想象,注重的是用生花妙笔实现小说般的叙事——甚至不惜为此篡改案例报告——他们特意借助文学手法深入那个时代家族秽行的内在逻辑,将掩藏在最正常表象之下的日常生活中的秘密疯狂悲剧写得惟妙惟肖、恢诡谲怪——弗洛伊德写道:"她对我说,她的母亲曾有一段时间在精神病院中接受治疗。她们用过一名女仆,她的前女主人也在精神病院住过很长时间,后者习惯给她讲一些吓人的故事。"以及:"就这样,她终于谈到她的家庭,用各种迂回的方式提到堂兄弟的故事。他为人古怪、思想狭隘,他的父母曾请人在一次治疗中把他的牙齿全部拔掉……她还告诉我她如何照顾生病的兄弟,后者因为服用吗啡,容易产生骇人的危象,并在危象中抓住她,使她感到恐惧……她做了些可怕的梦,梦见椅子的脚和扶手椅的靠背都变成蛇,一个长着秃鹫头的怪物啄咬她的全身②……"

这些内心焦虑被弗洛伊德和布罗伊尔层层析出的女性大概永远想不到,她们的故事——无论真实的还是编造的——居然可以这样被公之于众,而原因则是医学代表人物仍然认为她们的"病症"可疑:麻痹、挛缩、怪癖、幻觉、怪相、形之于色的惊怖、焦虑、忧惧,特别是伴有创伤和童年逾矩故事的性强迫症(obsessions sexuelles)。

弗洛伊德一直想把他发现的东西明确具体地描述出来,也鼓励踌躇不决的布罗伊尔动笔,特别要他写下令人吃惊的贝尔塔·帕彭海姆故事:主人公是一位出身于犹太资产阶级的维也纳大家闺秀,从1880年到1882

---

① 历史学家马克·米卡勒(Mark Micale)猜测,弗洛伊德之所以未曾阐述男性癔症的案例(在《癔症研究》中),是因为他本人太像这类神经症患者。他猜测——不过没有一点证据——弗洛伊德的神经衰弱就是一种隐蔽的癔症,后者在将它"归纳为理论"的同时,将自身的案例隐藏在对各个女性癔症个案的描述后面。参见《患癔症的男人:男性神经症的隐蔽历史》(*Hysterical Men. The Hidden History of Male Nervous Illness*),剑桥,哈佛大学出版社,2008年。译者补注:马克·米卡勒,美国当代欧洲思想史、医学史专家。

② 《癔症研究》,前揭,第41—47页。

年接受布罗伊尔的治疗。但是布罗伊尔不肯写,因为他不大满意在这位女病人身上取得的疗效:她先被施以马拉松式的治疗,在治疗中呈现一连串的症状①:幻觉、麻痹、阵咳等,后被安置到克罗伊茨林根(Kreuzlingen)的美景(Bellevue)疗养院——一家由罗伯特·宾斯万格(Robert Binswanger)②主管、位于康斯坦斯③(Constance)湖畔的富丽堂皇的医疗机构。在这个风景如画的疗养胜地,她成为旧日欧洲各地家境富裕的精神病人精英群体的一员。由于染上吗啡瘾、一直受到相同焦虑的折磨,她接着被多家治疗机构收治,最后重返家庭的怀抱④。

1895 年,布罗伊尔停用净化疗法,不愿将女患者试图诱惑治疗师之事解释为移情现象。相反,弗洛伊德却认为贝尔塔的治疗不仅为性致病论提供佐证,而且因为它早于皮埃尔·雅内(Pierre Janet)⑤对有相同症状的女病人试用的方法,所以能够证明这位法国对手并非——像他自以为的那样——此类治疗的首创者。弗洛伊德最终取得决定权,他的热忱占了上风。他虽然完全了解贝尔塔——她也是玛尔塔·贝尔奈斯的女友——的经历,但是不能不与布罗伊尔合作,因为布罗伊尔比他更有名望,而且率先采用这一疗法。

在这部作品的介绍中,两位作者强调他们的选择并不取决于学术因素——他们说,"被研究的女患者都属于一个知书达理的阶层,都是我们的私人客户。这种研究往往使我们能够深入她们的内心,了解她们的私密生活。若将观察记录公之于世,却不考虑患者可能被人认出,不考虑她们只向医生吐露的隐私可能在其阶层中散布,那不啻于严重滥用她们的信任。所以我们不发表最有教益、最具说服力的观察记录⑥"。

为此,他们必须一边着重描绘生活片段,一边避免曝露那些可能挑战

---

① 布罗伊尔认为两个术语是会说英语的安娜·O.(Anna O.,即贝尔塔·帕彭海姆)发明的:*talking cure*(谈话疗法)和 *chimney sweeping*(让人回忆的扫烟囱法)。
② 罗伯特·宾斯万格(1850—1910),瑞士精神病学家。——译注
③ 欧洲第三大湖,位于瑞士、奥地利和德国三国交界处。——译注
④ 多亏阿尔布雷希特·希尔施米勒,贝尔塔·帕彭海姆的经历才能在传记中得到最大程度的还原。
⑤ 正如已明确指出的那样,笔者不——或者几乎不——讨论长期研究的精神分析在法国普及的问题。关于弗洛伊德和雅内的关系,可以参考 HPF-JL,前揭。译者补注:皮埃尔·雅内(1859—1947),法国哲学家、心理学家和医生,创立"下意识"(*subconscient*)一词。
⑥ 出处同上,《前言》。

医生和女患者共同遵守的社会伦理的事实。接受布罗伊尔和弗洛伊德治疗的女子来自同一个大家族：她们通常是他们妻子的女友、姐妹或堂表姐妹，被他们妻子视为潜在的情敌。而且，倘若她们出现这样的症状，那就意味着他们的妻子也可能在不知不觉中成为癔症毒菌的携带者。所有案例都必须被写成成功的治疗，而不是疗效旋即遭到质疑的"试验"。否则又何必出版这样一本书？

这就是弗洛伊德和布罗伊尔在合著出版前夕的想法。布罗伊尔怀疑一切，看重生理上的因果关系，不愿坚持单一的性致病论，还忌惮同事阿道夫·施特林佩尔[①](Adolf Strümpell)的尖锐抨击——后者和里夏德·冯·克拉夫特-埃宾[②](Richard von Krafft-Ebing)等人一样，断定这些女病人用症状将医生引入歧途。弗洛伊德则认为在癔症症状中遇到的精神解体(dissociation)系由心理防御、与幼年性创伤有关的模糊记忆造成。他相信自己的使命，坚信自己的诱惑理论正确无误，不理会虚无主义，决心证明心理治疗的疗愈价值："我在答应女患者用净化法帮助或改变她们时，经常听到她们质问：'可您自己说，我的病症与生活环境、命运有关系。那么，您怎么可能帮助我呢？'我会这么回答：'毫无疑问，命运比我更容易让您摆脱病痛，不过您可以确信一事，那就是倘若治疗成功，您将发现把癔症痛苦转化为平常烦恼的巨大好处。心灵重获健康后，您将更有能力抵抗后者。'"[③]

二位作者存在分歧，但也有见解一致的地方：一是关于模糊记忆的问题，二是关于一事的必要声明，那就是在他们阐述的案例中，即使八名女患者的病症未被治愈，至少她们的症状被消除了："安娜·O.(Anna O.)小姐""埃米·冯(Emmy von N.)夫人""露茜(Lucy)小姐""卡塔琳娜(Katharina)""伊丽莎白·冯(Elisabeth von R.)小姐""玛蒂尔德(Mathilde H.)小姐""罗莎莉(Rosalie H.)小姐""采齐莉(Cäcilie)夫人"。从1960年起，其中五位女士的真实身份已被历史学家逐一揭晓[④]。她们分别名为贝尔塔·帕彭海姆、范妮·莫泽(Fanny Moser)、奥雷利娅·奥姆(Aurelia Öhm)、安娜·冯·利

---

① 阿道夫·施特林佩尔(1853—1925)，德国内科和神经科医生。——译注
② 里夏德·冯·克拉夫特-埃宾(1840—1902)，奥匈帝国精神病学家。——译注
③ 出处同上，第247页。
④ 尤其是埃内斯特·琼斯、奥拉·安德森(Ola Andersson)、艾伦伯格、彼特·斯韦尔斯、阿尔布雷希特·希尔施米勒、米凯尔·博尔奇-雅各布森。译者补注：奥拉·安德森(1919—1990)，瑞典心理学家和精神分析学家。

本、伊洛娜·魏斯(Ilona Weiss)①。她们之中无一人被"治愈",但也没有什么可以表明她们的生活未因治疗而得到改善。

这些被看作精神分析诞生证明的研究仅仅叙述了催眠和净化治疗。为了诱导女病人说出脑海中浮现的一切,弗洛伊德还用一种按压头颅或大腿、令人集中注意的疗法(伊洛娜·魏斯、"露茜小姐")。

至于"奠基案例安娜",它不过是一个令弗洛伊德着迷,但由布罗伊尔操作的治疗试验。贝尔塔·帕彭海姆从不认为自己是安娜。《癔症研究》案例中的女病人从未在弗洛伊德依照札记为其绘制的肖像中认出自己。因此,后来面对女儿的询问,伊洛娜·魏斯回答说:她记得自己曾被送到一个著名的"维也纳大胡子医生"那里,他试图——此举违背她的意愿——说服她相信自己爱上了姐夫。在这个故事中,不能怀疑任何一名主角撒谎或舞弊。这些由学者撰写的案例报告通常与病人经历的现实并无多大关系。

简单地说,可以根据这种差异来衡量两种主体性机制(régimes de subjectivité)——医生的主体性机制和患者的主体性机制——之间的辩证对立,这两种机制显示出谵言疯语和精神病理学话语之间关系特有的对立。这是自我意识和评判意识的对立:一边是匿名存在、陷入困境的病人,另一边是为了洞悉症结而与其拉开距离的临床理性观察。

在这方面,我们发现案例研究总被写成证明学者观点的故事、小说或文学花边。由此产生的不可避免的修正往往令人发现病人多么不承认重新建构的话语的正当性——他们自觉是其牺牲品。

这就是贝尔塔·帕彭海姆的态度。在经历布罗伊尔的治疗和各种疗程后,她丢开了与治疗有关的一切,要求家人永远不要透露她这段生活的任何信息②。她多次对精神分析表示强烈反对,拒绝对安娜的传奇命运作出任何评论,尤其是在《癔症研究》出版之后。她的某些东西被治好了?当然是的。假如从未遇到布罗伊尔,她的人生还会是这个样子?没有人知道答案。

通过升华,贝尔塔将病态症状转化为人道主义活动,在几年之间成为

---

① 大部分女患者的真实姓名和经历都被列入《精神分析辞典》(1997年),再版,巴黎,"袖珍本书店"丛书,2011年。
② 参见多拉·埃丁格(Dora Edinger),《贝尔塔·帕彭海姆:生平和著作》(*Bertha Pappenheim. Leben und Schriften*),法兰克福,内德-塔米德出版社(Ned-Tamid Verlag),1963年。译者补注:多拉·埃丁格(1890—1977),德国-美国女权主义作家。

德国犹太女权运动的重要人物。她先在法兰克福担任孤儿院院长,后游访巴尔干半岛、近东和俄罗斯,调查贩卖白种女性的交易。1904年,她创立倡导通过工作解放妇女的组织"犹太妇女联盟"(Jüdischer Frauenbund)。在接触马丁·布伯①(Martin Buber)和格肖姆·舍勒姆②(Gershom Scholem)之前,她为儿童写了无数的文章、故事和剧本。她不支持犹太复国运动,像母亲一样虔诚专断,对犹太人迁出德国表示反对。她于1936年——比弗洛伊德早三年——逝世,险些没逃过纳粹的毒手。

在贝尔塔从事社会工作时,她那不受喜爱的复制品安娜却经历了一种迥然不同的命运。弗洛伊德确定布罗伊尔是被这位女病人对他的爱恋移情(transfert amoureux)的性意味吓到了,他在1915和1932年之间提供了——尤其对斯蒂芬·茨威格③——好几种关于这场治疗结局的说法,以他的方式重构与老友断交的经过。他力图证明导致二人关系破裂的关键是对癔症性神经症(névrose hystérique)的性致病论的意见分歧,肯定安娜曾显示出假性怀孕(grossesse nerveuse)的所有迹象。布罗伊尔担心名誉受损,在太太玛蒂尔德(Mathilde)妒忌到企图自杀之际退却。

这则由琼斯复述的假孕奇闻在1953年演变成一部名副其实的精神分析起源小说,绘声绘色地描述了"胆怯的"布罗伊尔和"勇敢的"弗洛伊德的正面交锋。根据这个版本,布罗伊尔确实携妻子"逃到"威尼斯重度蜜月,后者还怀上了女儿多拉(Dora)。琼斯补充说,十年之后,布罗伊尔请弗洛伊德诊断一个相似的病例。他说,当弗洛伊德告知这位新病人的症状表现出某种怀孕幻想时,布罗伊尔无法忍受自己重蹈覆辙:"他一言不发,拿起手杖和帽子,匆匆离去④。"

---

① 马丁·布伯(1878—1965),奥地利-以色列哲学家、作家、教育家。——译注
② 格肖姆·舍勒姆(1897—1982),德国-以色列历史学家、哲学家。——译注
③ 西格蒙德·弗洛伊德和斯蒂芬·茨威格,《通信集》(Correspondance)(1987年),巴黎,帕约和里瓦日出版社(Payot & Rivages),1995年,第88—89页。
④ 埃内斯特·琼斯,《西格蒙德·弗洛伊德的生平和著作第一卷》,前揭,第249页。关于这则奇闻的修正版本,除艾伦伯格和阿尔布雷希特·希尔施米勒的作品之外,还可以查阅约翰·福里斯特的文章《安娜的真实故事》(The True Story of Anna O.),《社会调查》(Social Research,美国社会科学学术季刊),53,2,1986年夏。笔者已向米凯尔·博尔奇-雅各布森透露玛丽·波拿巴未曾发表的、涉及弗洛伊德隐私的手稿中的一段非常说明问题的内容。参见《安娜的记忆:百年迷局》(Souvenirs d'Anna O. Une mystification centenaire),巴黎,奥比耶出版社,1995年。尽管已有这一切研究,精神分析学家还是喜爱安娜的传奇甚于贝尔塔·帕彭海姆的传记。参见《精神分析辞典》,前揭,第1127页。

不管怎样,弗洛伊德和布罗伊尔分手势在必行。这不仅因为他们对神经症研究方法的见解莫衷一是,而且因为弗洛伊德无法接受昔日恩人的批驳。他渴望在对弗利斯的激情与日俱增之际得到认可,却不能克服骄傲,结果又一次将挚友变成敌人。

1925年,在布罗伊尔去世时,他得悉这位昔日的保护者在二人关系破裂后的许多年中仍然关心他的研究,对自己的态度深感懊悔。在年届七十、声名鼎盛之际,他向布罗伊尔的儿子承认自己几十年来错得何等离谱:"关于令尊与我后期研究的关系,您说的事我是头一次听到,对一个永远无法愈合的疼痛伤口来说,它具有镇痛膏般的效力①。"

正是在龃龉不合的气氛中,弗洛伊德于1896年3月承认布罗伊尔创建了探索无意识的新方法:精神分析(*psychoanalyse*)②。事实上,他本人施行这种疗法已有六年之久:他令病人躺在一张饰有东方毡毯和靠垫——均由一位叫本韦尼斯蒂(Benvenisti)的女士赠送——的短床上做分析。随着时光的推移,他已习惯于坐在长沙发后面,以便更好地倾听病人的话语流③(flux des paroles)。那是一份不折不扣的反对沙可各位法国继承者的声明,文中首次出现"psychoanalyse"一词,包含弗洛伊德对神经症的第一次重要分类。

作者也在文中表示,神圣不可侵犯的遗传——受到精神病学家、心理学家和医疗虚无主义信徒的高度重视——无论怎样都解释不了神经症的起因。在他看来,真正的病因在于童年遭受的现实创伤。秉持这样一种心理障碍观念的弗洛伊德掀起了一场治疗革命。他认为,要借助由布罗伊尔创建、经他改进的新型谈话疗法,心理障碍才能得到理解、医治,有时还能被治愈。只需患者本人在治疗师的帮助下,依照旧时的告解(aveu)方式发掘出病源即可。就这样,他——在意想不到的情况下——不仅恢复了麦斯麦遗留的疗法,而且以间接得多的方式恢复了从反宗教改革运动④(Contre-Réforme),尤其特兰托公会议⑤(concile de Trente)——后者

---

① 西格蒙德·弗洛伊德,《1925年6月26日致罗伯特·布罗伊尔的信》,由阿尔布雷希特·希尔施米勒的《约瑟夫·布罗伊尔》(前揭,第268页)引述。
② 西格蒙德·弗洛伊德,《神经症的遗传和病因》(L'hérédité et l'étiologie des névroses)(1896年),见《弗洛伊德全集/精神分析》第三部,前揭,第105—120页。1896年3月30日以法文出版。译者补注:"psychoanalyse"系德语词。
③ 其依据是玛丽·波拿巴的证词,她从弗洛伊德那里获得这个信息。
④ 指16—17世纪罗马教廷为对抗新教改革的改革运动。
⑤ 指1545—1563年的天主教第十九次会议,其宗旨是反对新教改革,要求在天主教内部实行改革。

视告解为圣事,将之变成无需听忏悔的神甫和忏悔者之间目光或身体接触的内心练习①——沿袭下来的伟大忏悔原则。弗洛伊德也或多或少地承袭了某些天主教传统——无论他愿意与否——因为他亲爱的保姆在充当其"性导师"的同时,引导他初步接触过这一宗教。

有人认为癔症患者的告解不可信,有人指责他们受到医生的诱导。作为回应,弗洛伊德一边为陷入痛苦的病人展开有力辩护,一边将世纪末的家庭秩序无情地砸得粉碎。后来,他证明《癔症研究》所述的案例都经得起推敲。

弗洛伊德常说,女孩往往沦为哥哥逾矩行为的受害者,而哥哥往往通过某个保姆或女仆得到性启蒙。更糟糕的是,他断定每个家庭中都有始终由成年人向通常年为二至五岁的儿童实施的"早期侵犯"(attentat précoce)。

他的基于性别差异的神经症分类由此而来:一方面是强迫性神经症(névrose obsessionnelle),另一方面是癔症性神经症。据他看来,前者源自男孩对所受攻击的主动参与,后者导致女孩对逾矩的被动接受:"主动因素对强迫症起因的重要意义有如性被动性对癔症发病机理的重要意义,这似乎揭示了为何癔症与女性有更密切的联系,为何男性更易患强迫性神经症。我们有时会遇到结为伴侣的神经症病人:男方患强迫症,女方患癔症——他们在少年时代已然是一对小情侣;若是遇到兄妹俩,我们可能把实际上源自早期性经历的东西当成神经症遗传的结果②。"

1896年5月2日,不脱鲁莽习气的弗洛伊德对维也纳精神病学和神经病学协会(Association de psychiatrie et de neurologie de Vienne)阐述他的诱惑理论。结果,他遭到冷遇,性学和性倒错专家克拉夫特-埃宾对他尤其冷淡,把他的报告称为"科学童话"③,重申癔症患者的"告解"

---

① 中世纪的教会注重虔诚和朝圣,而出自特兰托公会议(1542年)的教会则针对新教徒的攻击开始实行忏悔。雅克·勒高夫确信——像米歇尔·福柯和米歇尔·德·塞尔托(Michel de Certeau)一样——忏悔与弗洛伊德的创举有关联。译者补注:米歇尔·德·塞尔托(1925—1986),法国哲学家、历史学家、耶稣会士。
② 西格蒙德·弗洛伊德,《神经症的遗传和病因》(1896年),见《弗洛伊德全集/精神分析》第三部,前揭,第120页。
③ 西格蒙德·弗洛伊德,《论癔症的病因》(Sur l'étiologie de l'hystérie)(1896年),见《弗洛伊德全集/精神分析》第三部,前揭,第147—180页。

极有可能受到医生暗示的影响。弗洛伊德又一次觉得自己受到医学院权威的迫害。但在十五个月后,他不得不承认自己的理论站不住脚。

在此期间,他依然彷徨不定。1896年10月23日,雅各布去世。这位日趋衰弱的父亲曾将最深邃的智慧与充满变化的生存方式结合在一起,对他的生命产生过非常重要的影响。他哀痛地追忆亡父:"他的生命在逝世前早已结束,但此刻我心底的往事似乎全被唤醒了①。"

三个月后,弗洛伊德认为可怜的雅各布也像其他成人一样对儿童有过逾矩的举动:"[他]曾是性倒错者中的一员,引发哥哥(其状态皆符合某种认同)和几个最年轻的妹妹的癔症。这种关系的重复出现率经常促使我认真思考②。"然而,因为不大倾向于认为自己对女儿怀有罪恶欲望,所以他开始怀疑他的理论。

众所周知,奉行禁欲的弗洛伊德沉迷于各种替代性嗜好。他对旅行的热情也应归入其中。从1895年起,他深切地希望探索希腊-拉丁文化和文艺复兴艺术的圣地,不顾自己对铁路事故的恐惧和萦绕心头的穿越边境焦虑,决心每年都赴意大利旅游③。1895年9月,他领略了威尼斯的瑰丽美景。一年后,在弟弟亚历山大和费利克斯·加泰尔④(Felix Gattel)的陪伴下,他在托斯卡纳⑤(Toscane)做了一次长途旅行;次年,他先重游威尼斯,接着南下锡耶纳⑥(Sienne)、奥尔维耶托⑦(Orvieto)、佩鲁贾⑧(Pérouse)、阿雷佐⑨(Arezzo)、佛罗伦萨。此后,他相继在明娜、亚历山大、桑多尔·费伦齐或女儿安娜的陪伴下出行,他的行程不断"伸向"南方:先

---

① 西格蒙德·弗洛伊德,《致威廉·弗利斯的信》,前揭,第258页。
② 同上,第294页。
③ 弗洛伊德是雅各布·布尔克哈特(Jacob Burckhardt)作品的优秀读者。布尔克哈特作品被放在他书房的恰当位置上,其空白处有时加有评注。译者补注:雅各布·布尔克哈特(1818—1897),瑞士艺术历史学家、历史和文化哲学家。
④ 费利克斯·加泰尔(1870—1904),美国-德国医学博士,弗洛伊德最早的学生和追随者之一。——译注
⑤ 意大利大区名,以美丽的风景和丰富的艺术遗产而著称。——译注
⑥ 意大利托斯卡纳大区的城市。——译注
⑦ 意大利翁布里亚(Umbria)大区城市。——译注
⑧ 意大利翁布里亚大区首府。——译注
⑨ 意大利托斯卡纳大区城市。——译注

是罗马,再是庞贝①(Pompéi)、那不勒斯、拉韦洛②(Ravello)、索伦托③(Sorrente)、卡普里岛④(Capri)、巴勒莫⑤(Palerme)、锡拉库萨⑥(Syracuse)、雅典⑦。他迷上了埃及学,是商博良⑧(Champollion)的仰慕者,时常憧憬到尼罗河畔参观古代法老的领地,但从未成行。

1897年9月,痴醉地探寻海涅诗中地下世界的弗洛伊德寄给弗利斯一封信,在信中表明自己在意大利寻找"忘川潘趣酒"⑨(punch au Léthé)——它是使人忘却往事的麻醉剂,新的麻醉药,也是创造力的源泉:"我不时喝上一口。有一种奇异的美和巨大的创造冲动,令人欣喜异常。同时,我对怪诞风格和性倒错心理的偏好也从中获得裨益⑩。"

这是他第一次沉醉于意大利旅行,亦是他长期思考的收尾阶段。返回维也纳后,他放弃了诱惑理论:"我不再相信我的神经机能病(neurotica)……我有理由感到非常不快。不朽的声名、可靠的财产、完全的独立、旅行、使孩子摆脱我青春时代的深重烦恼的信心,这些就是我的美好愿望⑪。"不过,为蒙受不白之冤的雅各布平反已为时太晚!

同时代人将诱惑理论视为对暗示诱发的捏造的认可,但弗洛伊德从不认同他们的批评,与复杂现实发生冲撞。诚然,不能将每位父亲都想成强暴犯;但也不能因为癔症女患者表示遇到过逾矩行径,就把她们一律看作诈病或撒谎成性的人。因此,他必须提出一套说法解释两种相互矛盾的事实:有时诱惑场景不曾发生,纯属癔症女患者的臆造;有时虽然有过此类场景,但是仅凭它们解释不了神经症的成因。

---

① 意大利城市名,古罗马城市之一。——译注
② 意大利坎帕尼亚(Campania)大区镇。——译注
③ 意大利坎帕尼亚大区的镇名。——译注
④ 意大利那不勒斯湾南部的岛名。——译注
⑤ 意大利西西里岛首府。——译注
⑥ 意大利西西里岛城市名。——译注
⑦ 西格蒙德·弗洛伊德,《我们的心伸向南方:1895—1923年旅行信札》(*«Notre cœur tend vers le sud». Correspondance de voyage*,1895—1923),巴黎,法亚尔出版社,2005年。
⑧ 商博良(1790—1832),法国埃及学家,第一位破译古埃及象形文字的学者,被誉为埃及学之父。——译注
⑨ 忘川是希腊神话中的地狱河流,堕入冥府的亡魂饮其水便可忘记一切人间往事。潘趣酒是一种用酒、果汁、香料等调制的饮料。——译注
⑩ 西格蒙德·弗洛伊德,《致威廉·弗利斯的信》,前揭,第333页。
⑪ 西格蒙德·弗洛伊德,《1897年9月21日的信》,又名《秋分的信》,见《精神分析的诞生》,前揭,第192页和《致威廉·弗利斯的信》,前揭,第334—336页。

弗洛伊德放弃他的神经机能病,渐渐脱离神经学、生理学和性学——这门学科与精神病学、生物学存有关联,旨在研究人类的性行为,从而规定正常状态和病态。

19世纪末的大性学家——克拉夫特-埃宾、阿尔贝特·默尔①(Albert Moll)或哈维洛克·艾利斯②(Havelock Ellis)——关心的是卫生学(hygiénisme)、疾病分类和对"畸变"的描述,注重的与其说是治疗,不如说是如何广征博引地研究形形色色的性活动和性别认同(identité sexuelle):同性恋、双性恋、异装癖、易性癖(transsexualisme)、恋童癖、恋动物癖等。总而言之,首先令他们感兴趣的是性倒错问题及其幼年起因。如果患癔症女性的范式占据了整个神经症研究的范畴,那么"非生育性别"两大代表——同性恋者和自慰的儿童——则属于性学家、卫生学家、儿科医生的专业领域。而这类专业人士又将疯癫(即精神病[psychose])留给精神病医生——其前身是疯人院医生(aliéniste)——研究。

弗洛伊德不再认为性倒错的父(母)亲和遇到逾矩行为的孩子的组合可以构成资产阶级家庭秩序的基础,把神经症的性成因问题转移到一个不再属于性学、精神病学或心理学的畛域。他离开行为描述的范畴,进入语言解析的领域,认为那些病人描述的、屡受议论的性场景可能出自幻想,也就是主观事实(subjectivité)或想象表象(représentation imaginaire)。他补充说,即使真的发生过诱惑,它也未必是神经症的肇因。他也承认幻想和创伤同时存在。他特别强调,借助精神分析疗法——无意识探索和谈话治疗——治疗师从此以后应该能够辨别常常混成一团的几种现实:真实的性逾矩、心理诱惑、幻想、移情。

不过,至少需要想一想现实中的儿童在这些被承认的或幻想的诱惑故事中处于何种位置。

多年来,儿童的身体已成最受卫生学家和医生青睐的主题。有数百本著作详细叙述幼童自慰对神经症和性倒错的形成所起的推波助澜的危害作用。1886年,弗洛伊德在柏林阿道夫·巴金斯基儿科室期间对这个问题产

---

① 阿尔贝特·默尔(1862—1939),德国精神病学家,性学的先驱和创始人之一。——译注
② 哈维洛克·艾利斯(1859—1939),英国医生、心理学家,性学的创始人之一。——译注

生了兴趣①。他是在大家族中长大的孩子,后又成为满堂儿女的慈父,一直力图审慎地观察在亲属关系中挑起纠纷的现实或想象中的肉体关系。

整个19世纪下半叶的争论都针对一个问题,那就是了解即使不疯,至少也是性倒错的儿童是否生来便是如此,这种"疯癫"是否表现为一种特定的、直到那时危害还不为人知的性活动:自慰。既然此后认可儿童是有性别的主体——而不只是装作成人、失去生气的客体——那就必须为他设定法律、社会、心理的界限。获得存在权的儿童理应受到保护,以免遭到来自其自身的伤害,以免受到危及其纯真的诱惑。

因此,依然从即将成为"正常"成人、融入家庭秩序的儿童的角度来看,必须也使他在内心深处认定一条准则:要适应生活,就得经受骇人的、助他提高的身心训练。这是一种扭曲的教育原理——在德国尤其盛行——其要旨便是让儿童相信成人施加的躯体虐待促使他们进步,克服缺点,达到或者——说得更恰当一点——向往"至善"(souverain bien)境界。

在倡导这种"黑色教学法"②(pédagogie noire)的理论家中,戈特利布·莫里茨·施雷伯③(Gottlieb Moritz Schreber)声称能凭其编写的教科书塑造新人——思想正派、身体健康的人——和挽救堕落的社会,名噪一时。这类主张先得到社会民主党人的支持,后被国家社会主义者采纳。发疯的法学家达尼埃尔·保罗·施雷伯(Daniel Paul Schreber)就受过这种荒唐的教育,读者可在其自传、经弗洛伊德评析的《回忆录》中找到相关记述④。

---

① 关于这个问题,参见卡洛·博诺米,《论精神分析的门槛:弗洛伊德和儿童精神病》(*Sulla soglia della psicoanalisi. Freud e la follia infantile*),都灵,博拉蒂·博林吉耶里出版社(Bollati Boringhieri),2007年。
② 1977年,这类教育方法被历史学家卡塔琳娜·鲁奇基(Katharina Rutschky)命名为"黑色教学法"。这个词被瑞士精神分析学家艾丽斯·米勒(Alice Miller)沿用。2009年,迈克尔·哈内克(Michael Haneke)在其影片《白丝带》(*Le Ruban blanc*)中展示了这类教育方法的危害。译者补注:卡塔琳娜·鲁奇基(1941—2010),德国教育学家和作家。艾丽斯·米勒(1923—2010),波兰犹太裔瑞士心理学家。迈克尔·哈内克(1942—   ),奥地利电影导演。
③ 戈特利布·莫里茨·施雷伯(1808—1861),德国医生和大学教师。——译注
④ 达尼埃尔·保罗·施雷伯,《一个神经症患者的回忆录》(*Mémoires d'un névropathe*)(1903年),巴黎,瑟伊出版社,1975年。西格蒙德·弗洛伊德,《对一例偏执狂患者自传的精神分析评注》(Remarques psychanalytiques sur l'autobiographie d'un cas de paranoïa)(1911年),见《五个精神分析案例》(*Cinq psychanalyses*),巴黎,法国大学出版社,1954年,第263—321页,以及《弗洛伊德全集/精神分析》第十部,前揭,第225—305页。译者补注:达尼埃尔·保罗·施雷伯(1842—1911),又译作"薛伯",戈特利布·莫里茨·施雷伯之子,德国法官,他的病例在精神分析史上具有重大影响。

如果说启蒙哲学是儿科的根基,那么在19世纪末,随着通过性学、犯罪学和心理学医疗化(médicalisation)人类行为的热潮兴起,精神病学话语成为与儿童相关的领域的统治者。精神病学动摇了当时认为儿童纯洁无邪的观念,引出了几种互相矛盾的主张。按照达尔文主义的观点,有人推测儿童生来并无人性,他的身体和生殖器内还保留了一点未被克服的动物性(animalité)。但也有人认为,儿童若有性倒错,这种行为方式也是来源于他的灵魂,来源于人性本身的缺陷。

正是在那段时期,自慰开始被看成某些谵妄的主要原因——谵妄的症状不仅见诸儿童,而且后来出现在全体所谓"癔症"患者的身上。两者都被归为"性的病人",因为前者无限度地沉湎于独自一人的性活动,而后者曾经历或表明曾经历童年的性创伤(逾矩、诱惑、强暴等),有如自慰造成的创伤。

让-雅克·卢梭(Jean-Jacques Rousseau)曾以权威的口吻提出自慰有害的说法,他不仅在1762年《爱弥儿》(*Émile*)的一个著名段落中说过"如果他知道这种有害的替代",而且在1780年出版的遗著《忏悔录》(*Les Confessions*)中也有这样的表述:"我觉得自己逐年长大了,我那不安的气质终于显露出来,其最初的迸发完全是无意识的,令我对自己的健康感到惊慌,这比其他任何事情都更好地表明我此前是多么纯洁。不久,我的惊慌消散了,我学会了欺骗本性的、有害的替代,这种法子拯救了像我这般性情的青年人,使他们免于淫佚放荡的生活,但也损害他们的健康、精力,有时甚至是生命①。"

一个世纪后,自慰根本不被看作"有害的替代",而是像同性恋一样被视为最严重的性倒错,可能引发疯癫和死亡的危险行为,总之是妄图"替代"本性、代之发挥作用②,将脱离生物界自然秩序的性文化强加于人的迷

---

① 让-雅克·卢梭,《忏悔录》(1780年),见《全集》,第一部,巴黎,伽利玛出版社,"七星文库",1959年,第108—109页。译者补注:这段引文参考商务印书馆的《忏悔录》第一部中译本(黎星译,1986年)第131页译文译出。
② 参见雅克·德里达(Jacques Derrida),《这危险的替补》(Ce dangereux supplément),见《论文字学》(*De la grammatologie*),巴黎,午夜出版社(Minuit),1967年。亦可参见托马斯·拉克尔(Thomas Laqueur),《性别制造工场:试论西方的类型和身体》(*La Fabrique du sexe. Essai sur le genre et le corps en Occident*)(1990年),巴黎,伽利玛出版社,1992年。译者补注:托马斯·拉克尔(1945—),美国历史学家、性学家和作家。

失本质之举。因此，唯有人类才被认为是其出于对自体性欲（auto-érotisme）的热衷而对自身施以诱惑的罪魁祸首。儿科医生信赖突飞猛进的外科手术技法，倡导针对自慰的预防疗法：对女孩实行阴蒂割除或灼烧，对男孩实行包皮环切除。他们还发明各种"治疗性措施"来克制四处蔓延的自慰：防止自慰的女紧身褡、阴茎勃起套、分开女童小腿的装置、禁令和阉割的恫吓、手铐，最后还有对被控"施行虐待"的保姆的诉讼。

不过，若要实施这样的"治疗"，发出这样的大声恫吓，至少应该能够证明有性兴奋存在。于是，人们开始在家族中系统地追查下流秽行的迹象，仔细地观察生殖部位的每个炎症、肿胀、水肿、疱疹或红斑。在已形成的观念中，自慰不仅被看作独自活动的产物，而且被当成有时必须以相异性——摩擦、无名的手、衣服、触觉或嗅觉——为前提的"无法名状的"乐趣。在巴斯德的主张取得成功后，人们还在很长时间里相信一种无稽之谈：自慰是各种传染性或病毒性疾病的源头。

那么自慰驱力到底源自何处？

在这方面有两种相互对立但都认为自体性欲和诱惑有关系的说法。如果自慰是"有害的替代法"，这就意味着它是文化和环境引起的。若是这样，那必须了解儿童一旦从自然转入文化、变成社会人，是否就成为自身的诱惑者？抑或诱惑是否是伤风败俗、对儿童逾矩的成人的行为？这两种说法一方面造成关于创伤问题的所有争论，另一方面引出幼儿的性理论。它们最终被弗洛伊德连同各种视自慰为"有害的替代法"的概念一起弃置一旁。

就这样，自慰的孩童和患癔症的女性受到从1850年到1890年席卷欧洲的外科手术热潮的冲击。难道二者不是——像性欲倒错者（同性恋者）一样——这种"有害的替代法"最耀目的践行者？从医学的视角来看，无论如何他们有个共同点，那就是对自体性欲的热衷程度超过生育性欲。

弗洛伊德一边抛弃他的神经机能病、说明告解疗法的独特条件，一边探索理解人类的性的新方法。他不致力于描述被过度关注（ad nauseam[①]）的强暴、性病态、色情活动或本能行为，不埋头于人体测量、各类计算或评估中制作解剖图板，也不颁布标准或编写性反常的资料目录，而是

---

① 拉丁文，意为"被过多地讨论，以致令人厌烦"。——译注

将性扩大为普遍的心理禀性，视之为人类行为的要义。所以，在他的学说中居于首要位置的与其说是性本身，不如说是一整套描绘性的概念：内驱力、无意识心理机能的源头、力比多、性能量的总称、依恋(étayage)，或者关系过程、双性恋、人类各种形式的性的特有禀性，最后还有欲望(désir)、倾向、满足(accomplissement)、无止境的探索、与他人的矛盾关系。

作为生理学和动物实验培养出来的实证主义学者，弗洛伊德在1897年决定效仿先前的西方哲学大师，构建一种关于爱情——或性爱(Éros)——的理论。但作为深受浮士德传奇及其与魔鬼的契约影响的不折不扣的达尔文主义者，他不仅断言基督教爱邻如己的原则违背人类的攻击本性，而且肯定要获得主体自由，就得接受无意识决定论："我是另一个人(Je est un autre)。"

弗洛伊德不再期望成为哲学家，坚信他的学说必须首先是一门关于心理现象的科学，基于生物学和自然科学，能够颠覆心理学。事实上，他付诸实践的却是截然不同的东西：一场出自暗光和黑色浪漫主义的心灵革命，一场既理性又要攻克时时涌动的暗流的革命。他如同尤利西斯①(Ulysse)一般寻找一块充斥着幽灵、幻景、诱惑的应许之地：这便是弗洛伊德的无意识之旅的应许，被定义成"另一幕场景"(autre scène)，必须具有能够阐释新家庭秩序——他力图成为其临床医生，但也是置身其中的当事人——各种形态的亲属结构组织。

弗洛伊德与所有同时代人一样受到演绎国王、王子和公主乱伦弑父的骇人故事的"命运悲剧"的熏陶，自认有幸见证了哈布斯堡王朝时代在维也纳炙手可热的那些家族的痛苦烦恼。在这类令他反感的戏剧中，"命运"以"机关中的神"(deus ex machina②)的形式介入，使饱受父权压迫的年轻爱侣得以摆脱虚构的家系重负。

正是因为想到其中一出戏，在又一次提及他的童年、他对犹太籍母亲和信奉基督教的保姆的眷恋之情后，他在1897年10月15日致弗利斯的一封信中萌生了将世纪末神经症患者遭遇比作希腊悲剧主人公命运的天

---

① 即希腊神话中的英雄奥德修斯（拉丁文名为尤利西斯）。——译注
② 拉丁文，意为"从机关出来的神"，指古希腊戏剧中突然以机关载送至舞台上解决难题、使剧情出现大逆转的神。——译注

才念头:"每位观众在生命之初的幻想里都是一个俄狄浦斯(Œdipe),面对变为现实的幻想惊恐不已,分隔其儿童状态与现实状态的压抑有多强大,他的战栗便有多剧烈①。"

不过,弗洛伊德随即为他的戏剧建构增加了哈姆雷特(Hamlet)一角:犹豫是否杀死已娶其母为妻的叔父、为父报仇的忧郁王子。他将这位丹麦王子描述成女性化的癔症患者,念念不忘想得到母亲的记忆:"如何理解他对杀死叔父、为父复仇的犹豫……? 想到某种模糊记忆——因为对母亲的爱慕,他亦想对父亲犯此大逆不道之罪——给他带来的折磨,一切都变得更加明白了②。"

俄狄浦斯是索福克勒斯③(Sophocle)的拉布达科斯(Labdacides)家族三部曲中最痛苦的人物形象:这是一位高尚骁勇、心高气傲的僭主④,在神谕的驱使下发现自己居然是另外一个人。弗洛伊德有意改写了他的故事,使他在自己笔下成为现代神经症患者的原型。索福克勒斯的俄狄浦斯确实弑父(拉伊俄斯[Laïos])娶母(伊娥卡斯忒[Jocaste]),但他并不知晓父亲的身份,也不想得到母亲——在他解开斯芬克斯(Sphinge)关于人生三个阶段(童年、壮年、老年)的谜语后——忒拜城邦把王后献给他。俄狄浦斯成了与生母所生儿女的父亲兼兄长,最终与受到诅咒、注定终身不育的女儿安提戈涅(Antigone)为伴,在流亡中了却残生。他与弗洛伊德重构的俄狄浦斯毫无关系:后者杀死父亲、占有母亲肉体的双重欲望是有罪的。

19世纪末,继发掘并确定特洛伊和迈锡尼遗址之后,希腊悲剧、古典神话和傲慢(hubris)主题的复兴被提上议事日程。通过这些将神人对立、从不认为受命运摆布的人的行为有罪的古代家族故事,具有现代性(modernité)的思想家认为看到了他们既依附又摒弃的父权体系——欧洲帝国统治集团——的当代衰亡史,它像集体宣泄一样层层展开。

吸引历史学家的是拉布达科斯家族特有的,亦为索福克勒斯推崇的

---

① 西格蒙德·弗洛伊德,《精神分析的诞生》,前揭,第 198 页;《致威廉·弗利斯的信》,前揭,第344 页。
② 出处同上,第 198—199 页和 344—345 页。
③ 索福克勒斯(公元前 495—前 406),古希腊三大悲剧作家之一。——译注
④ 僭主是古希腊时期不通过世袭、传统或是合法民主选举程序,凭借个人的声望与影响力获得权力、统治城邦的统治者。——译注

亲属结构,因为它们看起来既预示又阻碍令人畏惧的、可能抹煞性别差异的世界末日到来。在拉布达科斯家族的长篇故事中,男女人物及其后裔的命运其实注定永远只能笼罩在疯癫、凶杀和耻辱中,直至其基因最终灭绝。

在对应的亚特里德斯(Atrides)家族神话中,每一桩罪行都必须受到另一桩罪行的惩罚,每一代人都必须——在厄里倪俄斯①(Érinyes)的引导下——为上一代人复仇和赎罪。因此,迈锡尼国王阿伽门农(Agamemnon)才因献祭女儿伊菲革涅亚(Iphigénie)而被妻子克吕泰涅斯特拉(Clytemnestre)与其情夫,即堤厄斯忒斯(Thyeste)乱伦所生之子埃癸斯托斯(Égisthe)合谋杀死。母亲为女报仇,那么俄瑞斯忒斯②(Oreste)就不得不在姐姐厄勒克特拉(Électre)的协助下杀掉母亲和埃癸斯托斯为父报仇。在组诗的末尾③,阿波罗④(Apollon)和雅典娜⑤(Athéna)终止了这条犯罪定律,在城邦中建立公平和正义。发疯的俄瑞斯忒斯被赦免罪过,复仇女神厄里倪俄斯变成欧墨尼得斯(善心女神[Euménides]),文明法则战胜自然、野蛮、乱伦、破坏法则。

拉布达科斯家族故事越是表现每一代人中每个角色不可抗拒的、非历史性的主体性自我毁灭,亚特里德斯家族神话就越是显示文明终结人类和诸神傲慢(hubris)的能力。一方面是无意识、自我毁灭和残酷暴行的悲剧,另一方面是历史、政治和民主降临的悲剧。鉴于这种差别,不难理解弗洛伊德为何在1897年将拉布达科斯家族选为系谱的模型:它围绕忒拜的自我毁灭是有罪的,而忒拜则是一座差不多"维也纳式"的、实行同族婚配、自我封闭的城——意味着一场心灵内部的疯狂。

如果索福克勒斯的俄狄浦斯对弗洛伊德代表着被精神分析概念化的无意识,那么莎士比亚的哈姆雷特、17世纪初的基督徒王子则使"罪疚意识"有可能被归纳为理论。哥白尼式的主体哈姆雷特还不能以笛卡尔的方式质疑理性思维的基础。他忧虑不安、虚弱不堪,既不能继续做王子,

---

① 希腊神话中的复仇三女神。——译注
② 希腊神话人物,阿伽门农和克吕泰涅斯特拉之子。——译注
③ 有好几个版本。
④ 希腊神话中的太阳与医药之神,奥林匹斯十二主神之一。——译注
⑤ 希腊神话中的智慧和战争女神,奥林匹斯十二主神之一。——译注

也无法成为国王,因为他连"生存还是毁灭"的主意都拿不定。在弗洛伊德的体系中,哈姆雷特是一个被基督教化、有罪过、患神经症的俄瑞斯忒斯。

弗洛伊德一边创造介乎俄狄浦斯和哈姆雷特之间,兼具在不知不觉中起支配作用的无意识与约束其自由的罪疚意识的现代主体,一边把他的理论构想成一门悲剧现代性的人类学、一种"家族传奇"①:如他所言,乱伦和犯罪的无意识悲剧在罪疚意识的剧本中反复上演。这种主体观不再与任何医学心理学有任何关联。至于精神分析,它是离经叛道的行径,不过是倾听语词却不被语词觉察、收集语词却仿佛不倾听或不定义语词而已。这是一门怪异的学科,是灵魂和肉体、情感和理性、政治和动物性(弗洛伊德曾引亚里士多德之语说"我是政治动物[zoon politikon]")的脆弱组合。

当欧洲遍地涌现以事实和行为考察为基础的大规模研究计划时,弗洛伊德却转而研究文学和起源神话,为其心理理论寻找可靠的依据——在同时代人看来,这类依据无论如何都不能被纳入科学范畴:不是罗列行为、力求客观的心理学,不是力图描述人类社会的人类学,不是探究社会现实的社会学,也不是自比沙②(Bichat)、克洛德·贝尔纳和巴斯德以来,在器质和生理变化的基础上定义常态和病态的医学。然而,弗洛伊德却坚定地表明自己是一门真正的心灵科学的始创人。

不难理解这场与电影艺术——另一个制造梦想、神话和英雄的大工厂——发明同属一个时代的内在感受的奇异革命为何令作家、诗人和历史学家产生兴趣,为何使实证科学的信徒——就是弗洛伊德极力说服的那帮人——心生嫌恶。弗洛伊德在不知不觉中秉承黑色浪漫主义的传统,采用希腊悲剧的理念:人是自身的无意识毁灭者,因为他的根基是他无法主宰的系谱。从理性转向理性的反面,探索自我的阴暗面,寻找生命中的死亡:这便是精神分析创始人在20世纪初潜心钻研的本质。对此,托马斯·曼后来——不理会弗洛伊德的看法——合理地提出他的观点:

---

① "家族传奇":弗洛伊德和兰克在1909年创造的词,意指主体虚构另一个家族,以此改变其系谱关系的方式。参见奥托·兰克(Otto Rank),《英雄诞生的神话》(Le Mythe de la naissance du héros),巴黎,帕约出版社(Payot),1983年。译者补注:奥托·兰克(1884—1939),奥地利犹太裔心理学家、精神分析学家。

② 参见第27页注释2。——译注

他们跟随精神分析接触的是"变得科学的浪漫主义"。

弗洛伊德从小就一直钦佩反叛的英雄：征服者、王朝开创人、冒险家——他们既能够废除父权律法，又能够象征性地恢复遭受挫败或屈辱的父性至高权力。他将哈姆雷特的命运同俄狄浦斯的命运联系在一起，在后来被称为人文科学的领域中赋予精神分析帝王般的崇高地位——但这也是一种难以定义的地位：它介于理性知识和原始思维、精神医学和忏悔技术、神话和治疗之间。

实际上，弗洛伊德实现了一场象征革命：他改变了整个时代看待自己和自己思维方式的眼光。他创造了一部以现代主体为主角的"新创世记"：它不是单纯的病理学记录，而是悲剧故事。弗洛伊德这一创举深深地影响了一个世纪的人。不过，他在改写俄狄浦斯悲剧时也要承担风险：他的叙事有可能被困在某种"情结"（complexe）中，导致他的理论被贬为家族主义心理学。他花了十三年时间才使俄狄浦斯情结具备形象，但从未专门撰文论述这一概念；它在他的著作中随处可见，可最终还是非常不明确。事实上，他在1910年写完分析达·芬奇的文章之后才开始使用Ödipuskomplex一词①。

弗洛伊德将"多拉（Dora）案例"视为自己第一个精神分析治疗个案。但若细看，就会发觉被他称为"多拉"的女患者伊达·鲍尔（Ida Bauer）很像他在《癔症研究》中提到的那些犹太资产阶级家境富裕的维也纳年轻女士。他又一次面对家族遗传病——既作为医生，又作为神经症专家。他再度以才华横溢的文笔为伊达写了一篇故事，可被人当作斯蒂芬·茨威格或亚瑟·史尼兹勒的短篇小说来读。伊达·鲍尔是四名寡廉鲜耻的成年人——其中一人在她十三岁时企图引诱她——四角关系的受害者，被父亲逼着接受弗洛伊德的治疗。

一目失明、染过梅毒的大实业家菲利普·鲍尔（Philipp Bauer）在1888年患上结核病，因此带着妻子卡塔琳娜（Katharina）和家人移居蒂罗尔②

---

① 此词第一次出现在1910年的《论人的一种特殊类型的客体选择》（D'un type particulier de choix d'objet chez l'homme）(1910年)中，见《弗洛伊德全集/精神分析》第十部，前揭，第197页。注意弗洛伊德弄错了这个名闻遐迩的"情结"在其作品中第一次出现的地方。他认为它在《梦的解析》中第一次出现，前揭，第229页，注释1。译者补注：Ödipuskomplex是德语，意为"俄狄浦斯情结"。

② 历史上奥匈帝国的地区名，目前分属奥地利和意大利两国。——译注

(Tyrol)的梅拉诺①(Merano)。他在此地结识了财力逊于他的实业家汉斯·泽伦卡(Hans Zellenka)。汉斯的妻子是一个名叫朱塞平娜(Giuseppina)或佩皮娜(Peppina)的意大利美人,患有癔症,时常出入疗养院。她成为菲利普的情妇,在1892年他视网膜脱落期间一直陪伴在他身边。

当时,菲利普回到维也纳,向同住一条街的弗洛伊德求治麻痹和梅毒造成的短暂精神错乱。因为对疗效满意,他随后介绍姐姐马尔维娜·弗里德曼(Malvine Friedmann)去找弗洛伊德看病:她患有严重的神经症,在糟糕的婚姻生活中备受煎熬。不久之后,她死于一种发展迅猛的恶病质(cachexie)。

伊达的母亲卡塔琳娜与丈夫一样,出身于原籍波西米亚的犹太家庭。她受的教育不多,相当愚笨,长期受到腹痛折磨——她的女儿也遗传了这个毛病。她从不关心儿女,自丈夫患病和随之而来的夫妻失和之后就出现了"家庭主妇精神病"(psychose ménagère)的所有征候:毫不理解孩子的欲望,整天整天地——如果真的相信弗洛伊德的话——清洁和整理房间、家具和家庭用品,弄得家里几乎不能让人使用或享受。女儿一点也不尊重母亲,严厉地批评她,完全不受她的影响。有一位女家庭教师支持伊达。这位"被解放的"现代女性阅读性生活方面的书籍,并悄悄地把性事告诉学生。她尤其引导伊达看清了父亲和佩皮娜的暧昧关系。伊达起先喜欢她,听她的话,后来却跟她闹翻了。

至于她的哥哥奥托·鲍尔(Otto Bauer),他特别想逃避家中的争吵。从他不得不表明立场之时起,他就站在母亲一边。他九岁便是神童,已能写出一部关于拿破仑统治末期的戏剧。他违背父亲的政治主张,却赞同后者与人私通。他像父亲一样过着一种隐秘、矛盾的双重生活。他从1907年到1914年担任社会民主党书记,继而在1918年充当外交部长维克托·阿德勒②(Viktor Adler)的副手,成为两次世界大战之间奥地利知识分子中最重要的人物之一。

正是在1900年10月,十八岁的伊达·鲍尔在父亲的逼迫下向弗洛伊德求诊,接受了一场恰好为期十一周的治疗。她患有多种神经障

---

① 意大利镇名,以温泉浴场而闻名。——译注
② 维克托·阿德勒(1852—1918),奥地利犹太裔政治家和医生。——译注

碍——偏头痛、痉挛性咳嗽、失音、抑郁、有自杀倾向——还遭受了第二次侮辱。她早已意识到父亲的"过错"和维持家庭生活的谎言，再次拒绝汉斯·泽伦卡在加尔达湖①(lac de Garde)畔的求爱，并掴了他一耳光。当汉斯和父亲指责她彻头彻尾地捏造诱惑场景时，好戏拉开了帷幕。她受到佩皮娜·泽伦卡的斥责，后者怀疑她偷看诲淫书籍，尤其是保罗·曼泰加扎②(Paolo Mantegazza)在 1872 年出版、于五年之后被译成德语的《爱情生理学》(Physiologie de l'amour)。曼泰加扎是被里夏德·冯·克拉夫特-埃宾频繁引证的达尔文主义性学家，专门对人类重要的性活动——女同性恋、自慰、性倒错、口交等——进行人类学描述。

菲利普·鲍尔把女儿送到弗洛伊德处，希望他证明自己的看法正确，结束她所谓的性幻想。弗洛伊德根本不迎合这位父亲的期望，朝着截然不同的方向展开治疗。在十一周内，他通过两个梦——一个关于家中火灾，另一个关于父亲之死——恢复了这出戏的无意识真相。第一个梦显示多拉沉溺于自慰，而且其实爱上了汉斯·泽伦卡。但回忆也重新唤起被压抑的、对父亲的乱伦欲望。第二个梦使他能够更加深入地探索多拉的"性地理"，揭示她完全了解成人的性生活③。

弗洛伊德明白，女病人无法容忍他"揭露"她对被掴耳光的那个人的欲望。于是，对分娩幻想导致阑尾炎发作一事，他作出漫无根据的错误解

---

① 意大利湖名。——译注
② 保罗·曼泰加扎(1831—1910)，意大利医生、神经学家、人类学家、作家和政治家。——译注
③ 西格蒙德·弗洛伊德，《一个癔症案例(多拉)的分析片段》(Fragment d'une analyse d'hystérie [Dora])(1905 年)，见《五个精神分析案例》，巴黎，法国大学出版社，1954 年，第 1—91 页，以及《弗洛伊德全集/精神分析》第六部，前揭，第 183—291 页。多拉故事的最佳还原版是帕特里克·马奥尼(Patrick Mahony)的版本，《多拉走了：精神分析中的暴力》(Dora s'en va. Violence dans la psychanalyse)(1996 年)，巴黎，"煞风景"丛书，2001 年。亦可参见阿诺德·罗戈(Arnold Rogow)，《关于弗洛伊德"一个癔症案例的分析片段"更进一步的补充说明》(A Further Footnote to Freud's "Fragment of an Analysis of a Case of Hysteria")，《美国精神分析协会期刊》(Journal of the American Psychoanalytical Association)，26，1978 年，第 311—330 页。埃莱娜·西克苏(Hélène Cixous)，《多拉的肖像》(Portrait de Dora)，巴黎，女性出版社(Éditions Des femmes)，1986 年。汉娜·S. 德克尔(Hannah S. Decker)，《弗洛伊德、多拉和 1900 年维也纳》(Freud, Dora and Vienna 1900)，纽约，自由出版社(The Free Press)，1991 年。在这本书中可以找到对世纪末波西米亚犹太人的精彩描述。译者补注：帕特里克·马奥尼，加拿大当代精神分析学家。阿诺德·罗戈(1924—2006)，美国政治科学家、作家和心理治疗师。埃莱娜·西克苏(1937—)，法国随笔作家、剧作家、诗人和文学批评家。汉娜·S. 德克尔，美国当代精神病学、精神分析的文化历史学家。

析。她不愿被困在这样的空谈中,所以弗洛伊德在她决定中止治疗时让她抽身离去。

她的父亲起先支持治疗,但很快就发觉弗洛伊德不认为她的说法是无稽之谈,便对治疗失去了兴趣。从伊达这方面来说,她并未从弗洛伊德身上得到期待的慰藉,因为当时他还不懂得运用治疗中的移情。同样地,就像他在1923年的一条注释中强调的那样,他也不能理解伊达和佩皮娜的同性恋关系实质,如帕特里克·马奥尼(Patrick Mahony)所述:"即使弗洛伊德对多拉用一种冷冰冰的语言,他也不是在表达冷静:他被打动了,他的兴奋流露在讽刺、失望、严厉、报复和过度自信的音调中[1]。"

总而言之,弗洛伊德心存疑虑,克制住冲动,不把新理论用到这位患癔症的不幸少女的经历中,将它编成案例。伊达逃离了他。无论她后来对这场治疗有何说法,他还是帮她挣脱了一部分致病的家庭枷锁。

伊达·鲍尔永远没有摆脱对男性的抗拒,但她的症状缓和了。经过这次短期分析后,伊达设法使佩皮娜承认她的暧昧关系,使汉斯·泽伦卡承认他的诱惑企图,为遭受的羞辱进行报复。随后她将真相告知父亲,与这对夫妇断绝所有关系。1903年,她嫁给父亲工厂聘用的作曲家恩斯特·阿德勒(Ernst Adler)。两年后,她生下一个儿子,他后来在美国成为职业音乐家。

1923年,因为出现新的障碍——眩晕、耳鸣、失眠、偏头痛[2]——她将弗洛伊德的弟子费利克斯·多伊奇[3](Felix Deutsch)请到床边。她对他讲述自己的所有经历,谈论男人的自私、自己的挫折和性冷淡。多伊奇在倾听诉苦的过程中辨认出她就是大名鼎鼎的病人"多拉"。他肯定她已忘记过去的病症,并对成为精神病学文献中名作的主人公显得极为自豪。她还谈到弗洛伊德对她的两个梦境的解析。当多伊奇再次见到她时,症状已经消失[4]。

---

[1] 帕特里克·马奥尼,《多拉走了》,前揭,第201页。
[2] 美尼尔氏病。
[3] 费利克斯·多伊奇(1884—1964),奥地利内科医生、艺术家、钢琴家、动物学家,弗洛伊德的私人医生。——译注
[4] 和费利克斯·多伊奇一样,她移居美国,躲过纳粹迫害。她在1945年死于癌症。多伊奇在十年后得悉她的死讯,表示她是——按照一名信息提供者的说法——"他所遇见过的最讨厌的癔症女患者"之一。库尔特·艾斯勒在1952年8月10日致安娜·弗洛伊德的一封信中对这份证词提出异议。此外,她似乎也从未说过因为多伊奇在1923年将其说成是大名鼎鼎的病人而感到自豪的话。

"多拉"是整个精神分析史上受到评论最多——超过贝尔塔·帕彭海姆案例——的案例之一,引出数十篇文章、多个随笔、一部戏剧和几本小说。它其实集中了作家和心理医生津津乐道的世纪末性的全部要素:癔症性恼怒、同性恋、性病妄想、对妇女儿童身体的利用、私通之乐。

甚至在放弃神经机能病之前,弗洛伊德已花了很大一部分时间研究数年来最吸引他的东西:梦的分析。他长期摄取麻醉品,很容易沉湎于极端的梦境。他还记录梦的日记。他常常做梦,梦的内容杂乱无章,有时梦到未来旅行、同事、维也纳的日常生活,有时梦到无关紧要的小事,有时反而梦到涉及生活、食物、爱情、死亡、亲属关系的重大事件。

在夜中遨游时,他大肆攻击对手,进入危险境地,重温童年场景;他梦见自己在做一个梦,继而有另一个梦潜入前一个梦中,随他又置身于一座化为废墟的城中,到处是雕像、圆柱或被掩埋的房屋,他走遍城中小巷,却迷失在自己罪恶欲望的考古学迷宫中。他的梦有好几种语言,好几个层次;他的梦中有性事、政治时事、无政府主义者的谋杀、皇室、汉尼拔、罗马、反闪米特主义、无神论、母亲、父亲、叔伯、保姆。

他还梦见自己创造象形文字,化身文学人物,遍游江河,或在欧洲的博物馆流连徜徉,观赏最喜爱的画家的作品。在梦中,他检视西方文化的所有作品,罗列有名或无名的城市名、地名或学者名。就这样,他着手著述,在笔下创建新心理理论。他起先采用一种百科全书式的写法并屡加修改,后来更加明智地改成启蒙式的经过叙述,散布着对激奋、怀疑、焦虑和忧郁的重要时刻的描述。

在这一新的狂飙突进中,弗洛伊德习惯于参照《神曲》,结果将敌人和对手都送入地狱——其间,他从 1895 年到 1900 年与自己展开对话,不过向弗利斯(有如梅菲斯特的翻版)的请教也从未间断。他就这样收集了一百六十个梦——其中五十个源于他自身,六十六个由其亲友转述——打算写出一部充盈着各种梦的长篇自由诗巨著:俾斯麦的梦、灰马的梦、卡齐米尔·邦茹①(Casimir Bonjour)的梦、植物学专题著作的梦、《费德里奥》②(*Fidelio*)的梦、燃烧的死孩梦、屋顶上的猞猁梦、我的

---

① 卡齐米尔·邦茹(1795—1856),法国剧作家。——译注
② 贝多芬唯一的歌剧。——译注

近视儿子的梦、恺撒的梦、拿破仑的梦、乔装改扮的俄狄浦斯的梦、亡父的梦或塔蒂尼①(Tartini)奏鸣曲的梦。他在1908年补充说,这本书还有"另一种意义,一种主观上的、在本书完成后才被我领悟的意义。我察觉到它是自我分析的一部分,是对父亲离世的反应,即对人生中最令人心碎的悲剧的反应②"。这是种奇怪的说法,但无论如何它证实了一点,那就是在他心目中,父亲会死的,而母亲是不会死亡的。

弗洛伊德致力于但丁(Dante)及尤利西斯旅途中经历的那种心灵探索,意识到他正在创造——几乎在不知不觉中——一部把自己引入其沸腾不安的无意识幽暗森林的杰作。这一出自浪漫主义传统的"梦科学"借助古希腊诸神和英雄,把问题导向幼儿性欲和神经症起源。通过这场灵魂深处的旅行,弗洛伊德力图为遭到抗拒、否认、压抑的现实当信使,就像他后来对琼斯说的那样:"我相信,我注定只发现得了那些显而易见的事实:幼童是有性欲的——每个保姆都知道这事——我们的夜梦与白日梦一样,都是欲望的满足③。"

弗洛伊德明白他已触及自太古时代以来便为人所知、在19世纪下半叶特别受到投注的领域的边界,决心遍览与梦的问题最有关联的文献,因而把这部杰作第一章的前八十页都用来批判分析前人著述:从亚里士多德和达尔狄斯(Daldis)的阿尔特米多鲁斯④(Artémidore)到最近的同时代人——戈特希尔夫·海因里希·冯·舒伯特⑤(Gotthilf Heinrich von Schubert)、爱德华·冯·哈特曼⑥(Eduard von Hartmann)、约安内斯·福克尔特⑦(Johannes Volkelt)、阿道夫·施特林佩尔、哈维洛克·艾利斯、阿尔贝特·默尔、约瑟夫·德尔伯夫⑧(Joseph Delboeuf)、伊夫·德拉热⑨(Yves Delage)、威廉·葛利辛格⑩(Wilhelm Griesinger),还有其他很多人,

---

① 塔蒂尼(1692—1770),意大利作曲家兼小提琴家。——译注
② 西格蒙德·弗洛伊德,《梦的解析》,《第二版序言》,前揭,第4页。译者补注:引文参照孙名之译的《释梦》(北京,商务印书馆,2002年)第4页文字译出。
③ 埃内斯特·琼斯,《西格蒙德·弗洛伊德的生平和著作第一卷》,前揭,第384页。
④ 达尔狄斯的阿尔特米多鲁斯,公元2世纪的希腊作家。——译注
⑤ 戈特希尔夫·海因里希·冯·舒伯特(1780—1860),德国博物学家。——译注
⑥ 爱德华·冯·哈特曼(1842—1906),德国哲学家。——译注
⑦ 约安内斯·福克尔特(1848—1930),德国哲学家、心理学家和美学作家。——译注
⑧ 约瑟夫·德尔伯夫(1831—1896),比利时数学家、哲学家和心理学家。——译注
⑨ 伊夫·德拉热(1854—1920),法国动物学家。——译注
⑩ 威廉·葛利辛格(1817—1868),德国精神病学家和神经病学家。——译注

尤其是阿尔弗雷德·莫里(Alfred Maury)、卡尔·阿尔贝特·舍纳(Karl Albert Scherner)、德理文①(Hervey de Saint-Denys)——他们都不理会梦是预兆、"神谕的线索"或由感觉、身体刺激造成的生理活动表现的说法,将梦变成自我了解或自我认识的对象。

所有这些作者,(特别是最后三位)发明了一些技术,研究人类托庇于睡眠的这部分生活。他们觉察到梦都在变相地表达不可告人的心思、被压抑的欲望、童年的记忆或涉及基本禁忌的性幻想:乱伦、自慰、性倒错、疯狂、犯禁。其中已有几人提出假设:若对梦的结构所特有的修辞手法进行理性解读,神经症专家将能更好地治疗患者。有一些作者肯定梦的性质类似于精神病症候群,而另一些则强调梦中活动自发地治疗性倒错主体的障碍。他们认为,性倒错主体其实很可能在睡眠中照搬上演其反常的性活动,以便在清醒的状态下更好地摒弃它们。总之,当弗洛伊德走上分析梦的道路时,他必须继承一份遗产,同时与它划清界限。

因此,他根本没像前人那样提到"梦生活"或引导梦的方式,而是决心综括对普通梦和特殊梦的问题的所有可行的研究方式,决心将自己的"梦书"(*Traumbuch*)写成人类新主体观的声明。为此,他选择了一个引人注目的日期——1900年,而非1899年——和一个令人讶异的书名:《梦的解析》(*Die Traumdeutung*)。通过这一总体称谓(梦的解析),弗洛伊德在学术探索的彼岸恢复预言家的传统②。他不写"诸梦"(les rêves),而写"梦"(LE rêve),不用二个单词 *Deutung des Traums*(德语,意为"梦的解释"),

---

① 卡尔·阿尔贝特·舍纳,《梦生活》(*La Vie du rêve*)(1861年),巴黎,社会域出版社(Champ social),2003年。阿尔弗雷德·莫里,《睡眠和梦:此类现象的心理学研究》(*Le Sommeil et les rêves. Études psychologiques sur ces phénomènes*),巴黎,迪迪埃出版社(Didier),1861年。德理文,《梦和引导梦的方法:实用观察》(*Les Rêves et les moyens de les diriger. Observations pratiques*)(1867年),圣-德尼岛(Île Saint-Denis),梦神出版社(Oniros),1995年。约瑟夫·德尔伯夫,《睡眠和梦及其他文章》(*Le Sommeil et les rêves et autres textes*)(1885年),巴黎,法亚尔出版社,1993年。如果需要整体研究,参见雅克利娜·卡鲁瓦(Jacqueline Carroy),《学术暗夜:梦的历史(1800—1945年)》(*Nuits savantes. Une histoire des rêves*[1800-1945]),巴黎,法国高等社会科学研究院出版社(EHESS),2012年。弗洛伊德在书房中藏了数量惊人的梦的作品。译者补注:阿尔弗雷德·莫里(1817—1892),法国学者和医生。卡尔·阿尔贝特·舍纳(1825—1889),德国哲学家和心理学家。德理文(1822—1892),法国汉学家。雅克利娜·卡鲁瓦是法国当代学者、法国高等社会科学研究院院长。

② 参见弗兰克·J.萨洛韦(Frank J. Sulloway),《弗洛伊德:精神生物学家》,前揭,第309页。艾伦伯格用大量篇幅来论述有关梦的一般著作,尤其弗洛伊德的著作。亦可参见《精神分析词典》,前揭。

而用单一名称,这都意味着要献给读者一部盖棺定论的包罗万象的全书,它类似于《圣经》,同时也是神谕的论著和心灵科学的呈现。

弗洛伊德摘选《埃涅阿斯纪》①(*L'Énéide*)第七卷的一句诗作为扉页题词:"*Flectere si nequeo Superos, Acheronta movebo*(如果我不能影响神祇,那么我亦要搅动冥界)",这是朱诺②(Junon)替失势的特洛伊人、未来的罗马创始人埃涅阿斯(Énée)向迦太基女王蒂朵(Didon)辩解的说辞。因为未能说服朱庇特③(Jupiter)(天界诸神)让埃涅阿斯娶蒂朵,朱诺求助于从冥界中现身的复仇女神阿列克托(Alecto):一个类似于双性同体的戈耳工④(Gorgone)的怪物,能够激发埃涅阿斯同盟阵营的本能激情和战斗力量。被情人抛弃的蒂朵自尽身亡,当埃涅阿斯与她在冥府重逢——他对她的魂灵说话时,她坚决不肯原谅他。

弗洛伊德仅用一句题词,不但说明其性理论的要旨——被冥界隐秘力量重新激活的驱动力——而且表达自身经历中的某些重要能指(signifiant)。在这句诗中,大家首先看到他在表达对这座罗马帝国城市的愤慨之情:这是一座令人如此向往却无法抵达的城市,这是弗洛伊德的盖世英雄汉尼拔未能攻克——因此为哈米尔卡复仇失败——的城市。众所周知,认同汉尼拔的弗洛伊德对父亲始终怀有罪疚感,因为他未在父亲过世前放弃诱惑理论,无故怀疑父亲对女儿有过逾矩行为。

不过,朱诺在维吉尔诗中的诅咒也反映了弗洛伊德对奥地利君主制,特别对其最可怕的代表人物冯·图恩伯爵⑤的矛盾政治态度——据弗洛伊德所言,他曾挑战此人。1898年8月11日,他出发去度假,在维也纳西火车站的月台上发生了这幕挑战的场景。那天他与冯·图恩伯爵交错而过,后者正赶赴皇帝夏宫,准备与匈牙利签订经济协议。冯·图恩没有车票,却赶走检票员,坐入一节豪华车厢。于是,弗洛伊德开始用口哨吹莫

---

① 古罗马诗人维吉尔(Virgile)的十二卷史诗巨著,叙述埃涅阿斯在特洛伊陷落之后辗转来到意大利、最终成为罗马人祖先的故事,代表罗马文学的最高成就。——译注
② 罗马神话中的神后和婚姻之神。——译注
③ 罗马神话中的众神之王,朱诺之夫。——译注
④ 希腊神话中的蛇发女妖。——译注
⑤ 弗朗茨·冯·图恩伯爵(Franz von Thun und Hohenstein,1847—1916),贵族、地主和带有帝国君主制特征的官僚。他曾两度担任波西米亚总督,并从1898年3月到1899年10月短期出任奥地利首相一职。

扎特《费加罗的婚礼》中的仆人曲:"如果伯爵先生想跳舞,我就来弹吉他。"众所周知,费加罗就是这样嘲笑向其未婚妻大献殷勤的阿尔马维瓦(Almaviva)伯爵的。

翌日,弗洛伊德做了一个"革命梦",在梦中化身一名推动1848年革命爆发的学生。他看到另一名犹太医生维克托·阿德勒突然出现:这位昔日的同窗曾在一次决斗中受到他的挑战。逃离政治场景后,他在另一幕场景中重新置身于火车站月台上。不过,他没有挑衅冯·图恩,而是陪伴一个盲人,并递给后者一个小便池。在分析这个梦时,弗洛伊德解释说这位老人代表其亡父的形象,因为他曾挑战父亲:他在父亲的房内撒尿,对抗父亲。因此,他以垂死的雅各布代替冯·图恩的可憎形象。

在这个梦中怎么会看不到弗洛伊德的命运及其权力概念——据他看来,每个社会都起源于专横的父亲和不得不置父亲于死地的叛逆儿子之间的较量——的写照?弗洛伊德后来按照这一概念在《图腾与禁忌》(*Totem et tabou*)和《摩西和一神教》(*L'Homme Moïse et la religion monothéiste*)中建立理论。

1900年,弗洛伊德也以这句取自维吉尔的题词坚定地表明他的意图:推崇精神分析,主张它高于政治,将他的新理论变成革命工具——所谓革命,即是探索人的欲望的隐秘部分,改变人①。

在1927年致沃纳·阿基利斯②(Werner Achelis)的一封信中,弗洛伊德曾表示知道这句诗,因为他看过一本由费迪南·拉萨尔③(Ferdinand Lassalle)在1859年出版的、反对被认为蒙昧无知的哈布斯堡王朝的小册子。他对阿基利斯说:"您将 *Acheronta movebo* 译为'搅动地基',但这两个词更确切的意思是'搅动冥界'。对拉萨尔来说,这句被引用的诗确实具有个人意义,与社会阶层而非心理学有关。至于我,我从他那里借用这

---

① 卡尔·埃米尔·休斯克(Carl E. Schorske),《世纪末的维也纳:政治和文化》(*Vienne, fin de siècle. Politique et culture*)(1961年),巴黎,瑟伊出版社,1981年。尤其是《〈梦的解析〉中的政治与弑父》(Politique et parricide dans *L'Interprétation du rêve*)一章。亦可参见雅克·勒里德尔,《我将撼动冥界:维吉尔一句被引用的诗的命运和意义》(Je mettrai en branle l'Achéron. Fortune et signification d'une citation de Virgile),《欧罗巴》(*Europe*,创建于1923年的法国文学期刊),954,2008年10月,第113—122页。译者补注:卡尔·埃米尔·休斯克(1915—),美国文化历史学家。
② 沃纳·阿基利斯(1897—1982),德国哲学家、日耳曼语言文学专家。——译注
③ 费迪南·拉萨尔(1825—1864),德国犹太裔政治家、社会主义理论家和作家。——译注

句诗的目的只是为了强调梦的动力学的一个关键部分。欲望冲动被高级心理审查机构(instance psychique)压制(被压抑的梦的欲望),为了被觉察而搅动隐秘的心理世界(无意识)①。"

正如卡尔·休斯克着重指出的,年轻的弗洛伊德和拉萨尔在政治选择上有相似之处:二人都排斥罗马天主教和哈布斯堡王朝。弗洛伊德尤其认为拉萨尔期望的社会革命与他向往的革命殊途同归。

因为推崇内驱力、传奇、神话、大众传统,所以弗洛伊德必须抨击学术权威和传统科学代表。依托梦和梦的解析,这相当于宣告:由一位野心勃勃的学者破译出来的想象力量也能化为挑战政治权力的大规模运动。以兼具费加罗式幽默的汉尼拔形象示人的弗洛伊德在私下创造了一个神话:对抗敌视其天才的社会、陷入"光荣孤立"②的孤独英雄神话。

依照这一象征建构,弗洛伊德开始把自己当作在新科学——精神分析——指引下的性革命的导师。可是他不相信自己,甚至以为自己受到各种迫害:"我以下述方式想象这种命运:因为新疗法带来的成功,我或许得以坚持下来;但在有生之年,科学的纪念簿上不会记我一笔。数十年后,肯定有另一人会遇到这些目前还不合时宜的事,使它们获得认可,并把我当作必然遭遇坎坷的先驱来尊崇。在此期间,我就像鲁滨逊一样尽可能舒服地待在我的荒岛上③。"

然而,弗洛伊德在那段时期未受到孤立,也未遭到排斥,而是被视为前途无量的优秀医生。他把自己看成叛逆者,性学家把他看成保守主义者,医学权威则把他看成"文学家"。

即使被写成一首绝美的诗,《梦的解析》也未必能使人接受一种人类心灵的新研究方式。正因为如此,弗洛伊德一边在书中使用适宜描述梦中传奇生活的文体,一边尽量把书写成一部具有无与伦比的力量和现代

---

① 西格蒙德·弗洛伊德,《通信集》,前揭,第408页。弗洛伊德曾在1899年7月17日的一封信(前揭,第458页)中向弗利斯宣布了自己的选择。费迪南·拉萨尔,《意大利战争和普鲁士使命》(La Guerre d'Italie et la mission de la Prusse),见《政治演讲和著作》(Politische Reden und Schriften),柏林,1892年。
② "光荣孤立"一词原本常被用来说明19世纪末英国外交政策的特征。弗洛伊德按照试图安慰他的弗利斯的指令借用这个词。
③ 西格蒙德·弗洛伊德,《论精神分析运动史》(Sur l'histoire du mouvement psychanalytique)(1914年),巴黎,伽利玛出版社,1991年,第39页。

性的理论及临床声明。

他在这本书的两个基本部分中阐述他的释梦方法:解析的基础是自由联想(libre association),即倾听梦者讲述在无所顾忌地自由想象时脑海中浮现的内容。从这个角度看,梦不再是一成不变的陈述,而是叙事,不断变动的工作,是被压抑的欲望的真实表达——但这是变形走样的或经过审查删节的表达,因此必须解读它的意义。为了说明梦的形态,弗洛伊德区分出显梦(contenu manifeste)和隐梦(contenu latent):前者是梦者在清醒时叙述的梦境内容,后者则是在联想过程中被逐渐揭示的意蕴。

照他看来,梦的修辞由两大机制构成:置换(déplacement)和凝缩(condensation)——前者通过移置(glissement)改变隐梦的原始元素,后者融合隐梦的几种意义,在显梦中只创造出一个形象予以表现。在著名的、被反复评论的第七章中(这个几乎可以说被《梦的解析》巨大篇幅淹没的章节本身就能构成一本书),弗洛伊德根据寄给弗利斯的"手稿"建立他的心理结构(appareil psychique)或第一拓扑论的概念——写这些稿子时,他汲取了19世纪思想家阐述的所有心灵理论。他区分出意识(conscient)、前意识(préconscient)和无意识:意识(conscient)相当于 conscience①,前意识是通往意识的审查机构,无意识是"另一幕场景"、不被意识觉察的所在。不过,他之所以重新采用"意识"一词——它自太古时代以来就被人使用,在1751年首次被归纳成理论——是为了将它变成一种学说的重要概念,与以往定义彻底斩断关系。它不再是超意识(supraconscience)、下意识(subconscient)或无理性的储存库,而是通过压抑形成的部分。所谓压抑,即旨在于各种意识形式之外保持——如同"翻译缺失"——所有可能导致不快乐、打破主体意识平衡的内驱力表象的过程。在弗洛伊德的第一拓扑论体系中,压抑之于冥界如同无意识之于俄狄浦斯、前意识之于哈姆雷特。

弗洛伊德以此说明梦的解析是"通往无意识的康庄大道"。在这一切中,最令人惊讶的莫过于他写出了自己的——也被赋予普世意义的——"梦书"。他笔下遵循的是在同一代知识分子心目中变化的维也纳的模式:这座城市令人又爱又恨,它那受压抑的雅美使他们对无时间性

---

① 法语 conscient 和 conscience 都可表示"意识",但前者本为形容词,后者是名词。——译注

(atemporalité)，对在其中被体验的自我解构，对创造一种相当奇特的、力图回归古代的现代性产生真正的兴趣。按照罗伯特·穆齐尔①(Robert Musil)的说法，当时的维也纳在这一代人的想象世界中是"一位已经驾崩的君王和一个还在未来的神灵的巨宅②"。

在受到无数次解析的著名"伊尔玛(Irma)注射"梦③中，怎么会看不到将弗洛伊德与维也纳结合在一起的"家族传奇"的写照？

1895年夏天，一位名叫伊尔玛的女病人接受弗洛伊德的治疗。因为看到她无法被治愈，弗洛伊德建议她终止治疗；但她不同意。他和家人到维也纳高地的美景寓所住了几天，住在伊尔玛家中的奥斯卡·里来看望他。奥斯卡·里对他的治疗颇有微词。弗洛伊德写出伊尔玛的病史，打算交给布罗伊尔。在这几天中，玛尔塔既要庆祝生日，又要招待女友伊尔玛。

7月24日晚，弗洛伊德梦见自己在一个晚会上遇到伊尔玛，对她说她仍在为他的过错受苦。但在给她做检查时，他却发现她的嘴中有一些浅灰色斑点，如同鼻甲或白喉症状。他随之叫来跛脚的M医生，M医生说了一番安慰的话。接着他又找来两位朋友：利奥波德(Leopold)和奥托(Otto)。奥托给她注射了一针三甲胺，治疗因他本人使用不洁针头造成的感染。

弗洛伊德认为这个梦具有至关重要的意义，说他用了大约15页纸对它进行详细分析。在他看来，这个梦满足了他摆脱伊尔玛病症的承担任何责任的愿望。

弗洛伊德赋予此梦极其重大的意义，这与他在无可指摘的理性幌子

---

① 罗伯特·穆齐尔(1880—1942)，奥地利作家。——译注
② 弗洛伊德在维也纳度过一生，因为他讨厌这座城市，所以就更加离不开它。
③ 迪迪埃·安齐厄(Didier Anzieu)，《弗洛伊德的自我分析》(*L'Auto-Analyse de Freud*)(1959年)，巴黎，法国大学出版社，1988年。马克斯·舒尔，《弗洛伊德生命中的死亡》，前揭。拉康，《讲座，第二卷：弗洛伊德理论和精神分析技术中的自我》(*Le Séminaire, livre II : Le Moi dans la théorie de Freud et dans la technique de la psychanalyse*)(1954—1955)，雅克-阿兰·米勒(Jacques-Alain Miller)编订，巴黎，瑟伊出版社，1977年，第177—207页。玛尔特·罗贝尔(Marthe Robert)，《精神分析的革命：弗洛伊德的生平和著作》(*La Révolution psychanalytique. La vie et l'œuvre de Freud*)，巴黎，帕约出版社，1975年，两卷本，以及《精神分析词典》，前揭。译者补注：迪迪埃·安齐厄(1923—1999)，法国精神分析学家。雅克-阿兰·米勒(1944—)，法国精神分析学家，拉康之婿。玛尔特·罗贝尔(1914—1996)，法国文学评论家。

下所作的自我虚构(autofiction)之间存有关系。它像某个愿望的实现,或者像对完成某个分析的确认,它其实包含着精神分析维也纳起源的家族传奇。在梦中可以发现弗利斯的连襟奥斯卡·里(奥托)、恩斯特·冯·弗莱施尔-马克索夫(利奥波德)、约瑟夫·布罗伊尔(M医生),还有埃玛·埃克施泰因和萨缪尔·哈默施拉格之女安娜·利希泰恩(Anna Lichtheim,伊尔玛)的凝缩体——二者都是世纪末维也纳的犹太女性精英[①]。

弗洛伊德自认为创建了一种将使世界发生巨大变革的理论,却梦到埃玛·埃克施泰因的失败治疗。他把失败归咎于弗利斯——即化身奥托的奥斯卡·里——和埃玛本人。他对奥托的批评进行了报复,把朋友们变成对手。同时,他向布罗伊尔证明自己的选择正确,还联想到女儿玛蒂尔德险些因白喉丧命。随后,他摆脱了对弗莱施尔-马克索夫的罪疚,并最终向医学权威证明梦绝不可被简单地说成某种大脑活动的表现。

1900年6月12日,他写信对弗利斯说:"你真的相信,这幢房屋有朝一日会装一块大理石板,上面写着'梦的秘密于1895年7月24日在此地向西格蒙德·弗洛伊德医生公开'?[②]"7月10日,弗洛伊德感到精疲力竭、无力解决其他重大问题,觉得自己进入了一座精神地狱,在它最黑暗的中心分辨"魔鬼-爱神(*Luzifer-Amor*)的轮廓[③]"。

直到1929年,弗洛伊德都在不断修改这部开山之作,深化他的分析,增补参考书目,还附上朋友兼弟子奥托·兰克(Otto Rank)的两篇论文。

很长时间内,大家都认为,"梦书"不受欢迎。这是对精神分析创始人重要著作的偏激之见,它和"自我分析""光荣孤立"的神话一样经由弗洛

[①] 艾利森·罗斯(Alison Rose),《世纪末的维也纳犹太女性》(*Jewish Women in Fin de siècle Vienna*),奥斯汀(Austin),得克萨斯大学出版社(University of Texas Press),2008年。译者补注:艾利森·罗斯,美国当代历史学者。

[②] 西格蒙德·弗洛伊德,《致威廉·弗利斯的信》,前揭,第527页。要等到1977年5月6日,美景寓所的墙上装了一块板,弗洛伊德的这一愿望才得到满足。以及《致威廉·弗利斯的信》,前揭,第532页。

[③] 1988年,格尔德·基默勒(Gerd Kimmerle)和卢德格尔·M.赫尔曼斯(Ludger M. Hermanns)以 *Luzifer-Amor* 命名一本从2004年起由米夏埃尔·施罗特(Michael Schröter)担任主编的精神分析历史期刊。参见雷娜特·萨克塞(Renate Sachse),《*Luzifer-Amor* 51》,《蜂群》(*Essaim*),32,2014年,第103—113页。译者补注:格尔德·基默勒,德国当代研究弗洛伊德的学者。卢德格尔·M.赫尔曼斯,德国当代精神分析师。米夏埃尔·施罗特,德国当代研究弗洛伊德的学者、社会学博士。雷娜特·萨克塞,叙利亚当代精神分析师,该国第一位女性精神分析师。

伊德传播,后被琼斯和几代医生重复。1908年,弗洛伊德在第二版序言中提到,迎接其作品的是"死一般的沉寂"。一年后,他又抱怨他的书不受重视。事实却使人不得不对他的说法略作修正,尤其如果了解这段时期的精神和学术生活的话。

究其原因,是因为弗洛伊德希望这部作品成为畅销书,而且他特别期待被心理学家和医生尊为真正的科学天才。现实却不是这样。这部作品确实被几乎所有重要的欧洲医学和心理学刊物提到。它在八年中的平均年销量是七十五本,不过还是为弗洛伊德赢得了国际声望[①]。此外,他不得不面对的种种攻击辱骂,《梦的解析》掀起的激烈论战,这些不都是弗洛伊德学说进入了精神病学和精神病理学领域的证明?

至于文学、哲学和艺术界——特别是先锋派和超现实主义运动[②]——对《梦的解析》的接纳,这也保证弗洛伊德在西方思想史上逐步获得属于他的重要地位。

从1897年起,诺特纳格尔和克拉夫特-埃宾举荐弗洛伊德担任维也纳大学的客座教授。完成繁缛的行政手续后,在城市从事医职、只有无偿授课经历的弗洛伊德最终在1902年2月获得梦寐以求的客座教授任命[③]。这意味着他的研究开始得到认可。从此之后,他就是"教授先生"(*Herr Professor*)。

此时的弗洛伊德与从前判若两人。遵循命运安排的弗洛伊德既洞幽察微,雄心勃勃,又满心苦涩,既怀疑自己的能力,又相信自己的天赋,仿佛仍不愿意识到自己的伟大创举。

[①] 诺曼·基尔(Norman Kiell),《无后见之明的弗洛伊德:对其1893—1939年工作的回顾》(*Freud Without Hindsight. Reviews of His Work, 1893—1939*),麦迪逊(Madison),国际大学出版社(International Universities Press),1988年。以及艾伦伯格,《无意识探索史》,前揭。译者补注:诺曼·基尔,美国当代心理学者。

[②] 关于笔者未在本书中探讨的弗洛伊德与法国超现实主义者的关系,参见HPF-JL,前揭。

[③] 这份委任状由皇帝弗朗索瓦·约瑟夫于1902年3月5日签署。参见艾伦伯格,《无意识探索史》,前揭,第476—478页。

第二部

弗洛伊德:踏上征程

第一章　如此美好的年代

1926年1月4日,在与玛丽·波拿巴谈心时,弗洛伊德讲述《去斯万家那边》①(*Du côté de chez Swann*)读来是何等令人失望:"我不相信普鲁斯特的作品能够留传后世。这种文体!他总想朝深处走去,永远结束不了他的句子……②"

如果弗洛伊德是这样贬低普鲁斯特的作品,那么《追寻逝去的时光》的作者也以同样的态度回敬他:普鲁斯特从无片言只语提到弗洛伊德的著作,尽管后者在1910年至1925年期间受到巴黎文学界——从安德烈·纪德③(André Gide)到安德烈·布勒东④(André Breton)——的热烈欢迎。1924年,对二人的相互漠视感到困惑的《新法兰西杂志》(*La Nouvelle Revue française*)主编雅克·里维埃⑤(Jacques Rivière)在他给老鸽舍(Vieux-Colombier)剧院举办的听众云集的讲座中试图说明:弗洛伊德和普鲁斯特以平行却不同的方式对梦、无意识、记忆、性做过多少探索⑥。

弗洛伊德和普鲁斯特虽以各自的方式成为自我探索的现代叙事者,

---

① 法国著名作家普鲁斯特的代表作《追寻逝去的时光》(*A la recherche du temps perdu*)第一部。——译注
② 《未发表的谈话》(Entretien inédit),玛丽·波拿巴档案馆。
③ 安德烈·纪德(1869—1951),法国作家,1947年荣获贝尔文学奖。——译注
④ 安德烈·布勒东(1896—1966),法国作家、超现实主义诗人。——译注
⑤ 雅克·里维埃(1886—1925),法国作家,《新法兰西杂志》(法国文学评论期刊)主编。——译注
⑥ 参见让-伊夫·塔迪耶(Jean-Yves Tadié),《未知的湖:普鲁斯特与弗洛伊德之间的秘密》(*Le Lac inconnu. Entre Proust et Freud*),巴黎,伽利玛出版社,2012年。关于弗洛伊德与法国作家安德烈·纪德、罗曼·罗兰、安德烈·布勒东等的关系,参见伊丽莎白·卢迪内斯库,HPF-JL,前揭。译者补注:让-伊夫·塔迪耶(1936—),法国索邦大学名誉教授,伽利玛出版社"福利奥-古典"(*Folio classique*)和"福利奥-戏剧"(*Folio théâtre*)丛书主编。

但都主张母亲(或母亲的替代者)是人的第一个依恋对象。由此衍生出二人(一位是作家,一位是学者)爱的概念:每个人都希望有一人像母亲那样(倘若自幼无母,那么就像理想中的母亲那样)爱自己。对于同性恋,弗洛伊德和普鲁斯特——他们称之为"倒错"——都将它定义成一种人类文明和传宗接代所必需的双性恋的结果。因为如果没有同性恋,生殖力过于旺盛、很少趋向升华的人类将永远灭绝。

除了这些在20世纪初显得如此标新立异的相似之处,弗洛伊德和普鲁斯特都由衷地迷恋变身成资产阶级的没落贵族的魅力:他们不再行使政治权力,转而致力于自我探索,试图重新找回他们的时代——他们幻想过一种为自己而活的生活。作为不信奉犹太教的犹太人,弗洛伊德和普鲁斯特既游离于社会之外,又忠诚于犹太习俗和家庭传统。另外,二人都善于客观地描绘这个完全属于他们的世界的各种人物:大资产阶级、新贵、仆佣、边缘人。既然《追寻逝去的时光》在第一次世界大战后不久完稿,那么怎么能不认为它展现了一个社会阶层的历史——自民族主义和反闪米特主义上升以来,这个阶层的欧洲理想中始终包含着一个信念:只有将每一个体命运都转化为艺术作品,它才能在自身消逝后依然存留于世?

因此,弗洛伊德的病人和第一批弟子与普鲁斯特笔下的人物颇为相似,一边怀着成为自我的焦虑,一边在极其不平等的社会——工人、农民和贫民都生活在悲惨的条件下——追逐最终获得个体自由的幸福。

美好年代的学者潜心于自我探索,崇尚艺术和自由主义价值观,将一切希望都寄托在科学上。另一方面,在发生巨大变化的欧洲大陆,维也纳犹太人也成为一个动荡的、仿佛将永远持续下去的重要阶段的积极参与者。他们有超越犹太人集居区的追求,使自身复杂特性的各个侧面绽放出万道光芒。他们不断探寻一个向过去投射现实的未来:弗洛伊德的科学理性和神话复兴,纳坦·比恩鲍姆[①](NathanBirnbaum)和特奥多尔·赫茨尔的回归应许之地的梦想,维克托·阿德勒和奥托·鲍尔的"红色维也纳"的幻梦,卡尔·克劳斯[②](Karl Kraus)解构和以讽刺方式重构德语的理

---

① 纳坦·比恩鲍姆(1864—1937),奥地利作家、记者,犹太思想家和民族主义者。——译注
② 卡尔·克劳斯(1874—1936),奥地利作家、记者。——译注

想,斯蒂芬·茨威格将法国和德国启蒙运动融为一体的期望,亚瑟·史尼兹勒阐述的犹太和奥地利浪漫主义美学,古斯塔夫·马勒①(Gustav Mahler)和阿诺尔德·舍恩贝格②(Arnold Schönberg)开创的新音乐形式主义。所有这些不再是犹太人的犹太人试图展露可能接替一个行将就木的世界——他们自知是其中流砥柱——的乌托邦的隐秘侧面③。

弗洛伊德一边持抱着信奉斯宾诺莎哲学的犹太人的姿态,一边总是显露出19世纪末犹太性危机造成的所有矛盾迹象。他常说"犹太种族""种族归属"或犹太人与"雅利安人"——实指非犹太人——的"差异"。当最早的弟子惹恼他时,他往往把他们说成无法通过新理论赢得朋友的"犹太人"。不过,这些措辞从未导致他提倡种族差异的心理学,正如他在1913年6月8日信中向桑多尔·费伦齐说明的:"至于闪米特主义,它肯定与雅利安思想有巨大差异。我们每天都能得到这方面的证明。这里和那里肯定会产生不同的世界观和不同的艺术,但是应该不会出现特定的雅利安科学或犹太科学。结果理当相同,唯有表现形式各异……如果客体关系的科学观也包含这些差异,那么有些东西就要乱套了④。"

弗洛伊德苦于得不到足够的认可,似乎不知道他的"光荣孤立"只是幻觉,事实上人们对他释梦的著作毁誉参半。他几乎不曾意识到,在他所属的时代,心灵状态已成为执着于内倾(introversion)的一代人的痴迷对象。他疑虑重重,只能从他的时代中感知到那些使他能够保持神经衰弱和孤独天才身份的东西。他也觉察不到,在重塑哈姆雷特和俄狄浦斯的同时,他将躺在长沙发上的病人变成阿尔弗雷德·库宾(Alfred Kubin)1902年画中人物的真实写照:一个被砍掉脑袋的裸体男子凝视着地上的硕大人头——它表情忧郁,嘴巴半张,失明的双眼牢牢盯着他⑤。

那时,弗洛伊德每天都请理发师精心修剪胡须。他的衣服稍显宽大,朴素优雅,走路时背脊微驼,步伐轻快。他总是直视来访者,仿佛想显示

---

① 古斯塔夫·马勒(1860—1911),奥地利作曲家、指挥家。——译注
② 阿诺尔德·舍恩贝格(1874—1951),奥地利作曲家、画家和理论家。——译注
③ 雅克·勒里德尔,《美好年代的维也纳犹太人》,巴黎,阿尔班·米歇尔出版社,2013年。
④ 西格蒙德·弗洛伊德和桑多尔·费伦齐,《通信集,第一部:1908—1914年》,前揭,《1913年6月8日的信》,第519—520页。
⑤ 阿尔弗雷德·库宾,《沉思》(Réflexion),1902年。彼得·盖伊特别注意到这个细节……译者补注:阿尔弗雷德·库宾(1877—1959),奥地利作家、画家。

没有什么东西能逃过他的眼睛。他带着维也纳口音说德语,声音清晰低沉,而且爱用故事讲述日常生活中发生的事。当他发现某个疏忽或失误动作,而对话者试图据理解释时,他显得毫不妥协,斥责像铡刀一样落下①。弗洛伊德每天工作十六至十八个小时,必要时坐敞篷四轮马车出门拜访病人。他要求全家恪守进餐时间。至于玛尔塔,她成了严谨持家的主妇,精心料理家务,生活一成不变。

学识渊博、智慧超群的弗洛伊德能够熟练地读和说英语、法语、意大利语、西班牙语,用哥特字体写德语,通晓希腊文、拉丁文、希伯来文和意第绪语;面对凯尔特人、日耳曼人、普鲁士人、斯堪的纳维亚人、美洲人、瑞士人,他一边自称是地中海人,一边说"*Mare nostrum*②"。他是纯粹的维也纳文化产物,真正的欧洲优美语音混合体。他不讲究吃喝,也不拒绝餐桌上的某些享受。他讨厌家禽、花菜,不喜欢过分考究的法式美食,但显然嗜吃意大利小菜蓟、清煮牛肉、洋葱烤肉。他不姑息任何粗率马虎,却具备极佳的幽默感;他不算有魅力,但不容许自己言语失检、衣着寒酸,而且相当鄙视过胖的大块头。他不爱在城中看戏聚餐,不跳华尔兹舞,在不得不出入上流贵族社会时甚为拘谨。

不过,他很乐意出门看他最喜欢的作曲家——莫扎特的歌剧演出。他是彬彬有礼的绅士,常向女士送花:他喜欢送兰科植物,尤其爱送栀子花。他有时下棋,但最热衷的莫过于塔罗牌:每个周六晚上,他都同奥斯卡·里、利奥波德·柯尼希施泰因和路德维希·罗森贝格③(Ludwig Rosenberg)这三位优秀的医生一起打牌。1895年,他请人装了电话——在他看来,电话是令人讨厌却必不可少的工具——但仍坚持每日写信。他留下了享有盛名的通信集。

弗洛伊德像20世纪初所有的维也纳医生一样雇有四名女工:一名厨娘、一名女清扫工、一名女管家和一名专为病人开门的女佣。他通常从7月中到9月底休两个多月的假。他在这段时期,8月被特别用来照管孩子,9月则被他用来旅行。他喜欢在亚得里亚海(Adriatique)的海滩游泳,

---

① 尤迪特·黑勒-贝尔奈斯的见证,1953年3月,美国国会图书馆,120号箱,36号文件夹。
② 拉丁文,意为"我们的海",指地中海。
③ 路德维希·罗森贝格(1862—1928),奥地利儿科医生。——译注

洗海水浴。如马丁·弗洛伊德所述:"亚历山大叔叔与我们一起游玩。他和父亲很少离开水。在泳衣——上一世纪的泳衣非常合身——容许的范围内,他们的身体被晒成黑色。泳衣包住男士的肩膀,甚至一部分手臂。女士的情况更加麻烦:她们不得不用长长的黑筒袜裹住小腿。在记忆中,无论在亚得里亚海滨还是随后抵达的湖畔,我都未见过母亲和姨妈穿泳衣。她们要么太端庄,要么太骄傲,这种 19 世纪的泳衣对她们来说是穿不出去的。估计她们也不会游泳①。"

这是弗洛伊德一生中最惬意的时光。他在几年之间征服西方世界;他发狂地四处旅游,全力以赴地绘制自幼向往的无意识图形;他发起一场国际运动,身边弟子云集——他的弟子在兴奋地读完《梦的解析》之后,纷纷传播他的理论,将之锤炼成形:这是任何学者——皮埃尔·雅内也好,泰奥多尔·弗卢努瓦②(Théodore Flournoy)也罢——都不能,也不愿在同时代人中做的事。精神分析与社会主义、女权主义和先锋派文学、哲学思潮一样,成为一场惊天动地的思想革命的象征。

这段快乐生活的痕迹可在《日常生活的精神病理学》(*La Psychopathologie de la vie quotidienne*)中找到——这部作品先于 1901 年作为专栏文章、分作两部分在一份刊物上发表,后被改编成书③,数年内被不断地修订增补。梦的解析越是揭示思想的幽暗部分,这部在某些方面更加现代的新作就越是表明一点:无意识一直显示在所有清醒健康的人的正常心理现象中。这部著作④为作家、诗人、语言学家、结构主义者、侦探小说家乃至雅克·拉康(Jacques Lacan)带来乐趣。弗洛伊德怀着无穷的兴致从字词、句法、言语、叙事中捕捉遗忘、口笔误、疏忽、失误动作、偶然行为、屏蔽性记忆。他说,所有这些语言材料都只不过泄露不被病人察觉、在其不知不觉中组成条理清晰的知识和形成无意识的真相。

---

① 马丁·弗洛伊德,《我的父亲弗洛伊德》(*Freud, mon père*)(1958 年),巴黎,德诺埃尔出版社,1975 年,第 54—55 页。
② 泰奥多尔·弗卢努瓦(1854—1920),瑞士心理医生、教授,以研究超自然力量和通灵论而闻名。——译注
③ 西格蒙德·弗洛伊德,《日常生活的精神病理学》(1905 年),巴黎,伽利玛出版社,1997 年,附有劳伦丝·卡恩(Laurence Kahn)的精彩序言。译者补注:劳伦丝·卡恩,法国当代历史学家、古希腊语学者、心理学家、精神分析师。
④ 这是笔者在母亲建议下读的第一本弗洛伊德的书,随后笔者才开始看那部关于达·芬奇的经典著作。

在弗洛伊德关注这个问题之前,许多人都思考过"自由联想"的意义,强调它能够使人破译病人不自知的内心部分。举例而言,奥地利法官、犯罪学鼻祖汉斯·格罗斯(Hans Gross)就对口笔误及其揭发伪证的价值颇感兴趣。他的学生还制定了用于侦讯和预审的调查方法"联想测验"①。

相比之下,弗洛伊德的研究则深刻得多:他肯定这些误解和其他失误表露被压抑的、与意识意愿完全相悖的欲望(往往是性欲)。他一如既往地从自己和周围人的私生活中撷取各种小故事作为依据。他用德语制订了一张逻辑严密的以前缀 ver - 为重心的语误表:*versprechen*(误说)、*verhören*(误听)、*verlesen*(误读)、*verschreiben*(误写)、*vergriffen*(失误动作)、*vergessen*(遗忘字或名词)。此外,他还附加了一篇关于信仰、命运和迷信的专论。

这本关于真相泄露及如何发现真相踪迹的书呈现了弗洛伊德和弗利斯在失误动作和相互指责中关系破裂的情形,这有什么可好奇的?不管怎样,弗洛伊德在写完第一部分时——他在其中加入一句弗利斯找到的、出自《浮士德》的题词②——还愿相信此书不受欢迎:"我非常不喜欢这部作品,我希望别人更不喜欢它。这种工作极不得体,涉及许多犯忌的事③。"除了这些话——或"犯忌的事"——以外,他还贴了三个基督教的驱邪十字架,因为按照传统,它们被认为具有治愈疾病或驱除魔法的力量。

可他又弄错了:这本闪耀着真知之光的著作受到读者大众热烈欢迎,不仅为他赢得极大的声誉,而且将无意识的概念传播开来。

弗洛伊德重新陷入自我怀疑中,觉得自己遭到前所未有的迫害。他在凝视收藏品时萌发再次离开维也纳的念头:"一片刻有半人马和农牧神的庞贝墙碎片把我送到令人心驰神往的意大利。"因为想到巴黎之行,他又补充了一句:"*Fluctuat nec mergitur*④。"

1900年9月,他在南方蒂罗尔的小城拉瓦罗内⑤(Lavarone)给玛尔塔

---

① 关于汉斯之子奥托·格罗斯(Otto Gross),参见下文。
② "空气中现在充斥着这么多的幽灵/弄得无人知道怎样避开它们。"
③ 西格蒙德·弗洛伊德,《1901年5月8日的信》,见《精神分析的诞生》,前揭,第293—294页,以及《致威廉·弗利斯的信》,前揭,第556页。
④ 出处同上,第556页。这是刻在巴黎纹章上的铭言:"浪击而不沉。"
⑤ 意大利市镇名。——译注

写了一封信,在信中用一句话概括他对旅行的喜爱和对前往罗马、继而避往南方的渴望:"我们为何离开这片盛产蘑菇的静谧仙境？仅仅因为只剩下一周不到,因为我们的心——正如我们看到的——伸向南方,伸向无花果、栗子、月桂、万年青、饰有阳台的房屋、古董商,等等①。"

1901年9月2日,也就是一年之后,他终于在亚历山大的陪伴下抵达无数次向往、绕开和放弃的罗马:"我在两点后到达罗马,先洗澡,然后在三点时分换衣服变作罗马人。我们几年前居然不到这里来,真是令人难以置信……正午在万神殿对面,这便是我在好几年里望而却步的地方:天气差不多热到让人舒服的程度,美妙的阳光四处照耀,连西斯廷教堂都照到了。至于其他,要是不必费尽心思地存钱,那就尽善尽美了。水、咖啡、食物、面包都棒极了……今天,我一面把手伸进"真理之口"②(*Bocca de la verità*)(原文如此),一面发誓将重游此地③。"

罗马之行不只是为了完成梦寐以求的反攻。这座城市也是考古胜地,让人重新找回女性的远古特质。对弗洛伊德而言,罗马是弗洛伊德摆脱维也纳的灵丹妙药。它是应许之地、荣耀之城,是教皇和天主教的王国,它使弗洛伊德回到对"别处"的探索中。罗马是一座双性化的城市,因为兼具男性力量和女性魅力,所以备受尊崇。卡尔·休斯克④(Carl Schorske)强调指出:"直到抵达英国或巴黎为止,他还抱着犹太人的罗马观,这是一种外国人的观念,但这种观念也有双重性。一方面,罗马是男性,是天主教势力的发祥地,征服罗马是作为自由主义者和犹太人的弗洛伊德念念不忘的心愿。另一方面,他又把它想象成女人、教堂的圣母,是被人怀着恋慕之情拜访的奖励⑤。"

在罗马的中心和废墟,弗洛伊德初步领略了一门禁忌之学的美妙和暴烈。他在他的地形图中发现了极乐——口乐、眼乐、耳乐、心灵之乐——的奥秘。正如在他之前的歌德,他自觉是罗马时代意大利的化身。

---

① 西格蒙德·弗洛伊德,《我们的心伸向南方》,前揭,第132页。
② 指罗马希腊圣母堂门廊上类似人面的大理石雕刻,相传说谎的人若将手放进"真理之口",手就会被咬断。——译注
③ 出处同上,第15页。
④ 卡尔·休斯克(1915—2015),美国文化历史学者、教授。——译注
⑤ 卡尔·休斯克,《论维也纳和别处》(*De Vienne et d'ailleurs*)(1998年),巴黎,法亚尔出版社,2000年,第264页。

三年后,继一次从的里雅斯特①(Trieste)到克基拉岛②(Corfou)的长途航行之后,他在雅典待了五天——他终于借此机会游览了雅典卫城:"我穿着最漂亮的衬衫游览卫城……超过我们至今为止见过的和能够想象的一切③。"

　　到达帕特农神庙④(Parthéon)脚下时,他又想到父亲。但在奥林匹亚的国度,这与其说像在罗马那样为父复仇,不如说又在表达希腊文化多么能够让他超越父亲。弗洛伊德在雨中对亚历山大低语:"假若父亲在世,他会说什么?⑤"这是拿破仑在加冕之日对哥哥约瑟夫(Joseph)说的话。在认同拿破仑的同时,他如同在普鲁斯特的叙事中一般,心中充满强烈的罪疚感。难道他不曾因热忱信奉这种古典文化而放弃自己的一部分犹太特性?而且他觉得看到的一切都是真实存在,而不只是书中的内容。他一面认为"我配不上这样一种幸福",一面有似曾见过或经历过的感觉:这是双重意识,是分裂(clivage)。某种奇怪的东西——就像一段亲身经历过的生活——与他的意识齐平,仿佛他在那里看到的都不是真的。

　　他在一部被当作消遣的作品中重拾这个主题。这本书名为《玩笑话及其与无意识的关系》⑥(Le mot d'esprit dans sa relation avec l'inconscient),是关于梦、口笔误和失误动作的成熟期三部曲的收官之作。

　　弗洛伊德在书中又一次以家族问题专家自居,尤其像絮叨乞丐(Schnorrer)故事的"犹太媒人"(Schaden),在欢笑中展现面临反闪米特主义的中欧犹太群体的大小问题。他天生就有一种尖刻的幽默感,喜欢搜集

---

① 意大利城市名。——译注
② 希腊岛名。——译注
③ 《1904年9月4日致玛尔塔的信》,见《我们的心伸向南方》,前揭。
④ 帕特农神庙是古希腊奉祀雅典娜女神的神庙,是雅典卫城最重要的主体建筑。——译注
⑤ 在一封1936年的信中,弗洛伊德向罗曼·罗兰描述了那天他在雅典卫城的混乱。参见西格蒙德·弗洛伊德,《雅典卫城的记忆混乱》(Un trouble de mémoire sur l'Acropole)(1936年),见《关于记忆及其混乱的八个研究》(Huit études sur la mémoire et ses troubles),巴黎,伽利玛出版社,2010年,第41—61页。这篇文章已被评论数十次。亨利·雷伊-弗洛(Henri Rey-Flaud)把这种奇怪现象理解为弗洛伊德心灵世界的一种"精神病"状态。参见《我不明白您对我说什么》(Je ne comprends pas de quoi vous me parlez),巴黎,奥比耶出版社,2014年。笔者认为,它也应被解读成对于"约瑟夫"(既是圣经人物又是拿破仑的哥哥)、犹太性地位和托马斯·曼(Thomas Mann)所说的曾经经历的生活的反思。译者补注:亨利·雷伊-弗洛是法国当代心理分析师、文学名誉教授。托马斯·曼(1875—1955),德国作家,1929年荣获诺贝尔文学奖。
⑥ 西格蒙德·弗洛伊德,《玩笑话及其与无意识的关系》(1905年),巴黎,伽利玛出版社,1988年。弗洛伊德对这本书几乎未加修改,就像对同一系列的其他两本书一样。

趣闻轶事,一边讥讽最黑暗的现实,一边嘲笑自己或身边的人。这不过是对犹太人家园——他再也回不去的油布商先祖的领地——的问候罢了。

正是在读完一部主张共情(empathie)说的哲学家立普斯(Theodor Lipps)的名作①后,弗洛伊德决心关注玩笑话和无意识的关系。不过,这并不妨碍他从柏格森②(Bergson)或利希滕贝格③(Lichtenberg)格言、海涅或塞万提斯的喜剧故事中汲取灵感。

在这本书中,他首先从容许在社会和心理层面呈现快乐机制的角度探讨玩笑(Witz)技巧,认为至少有三名主角在场:说玩笑话的人、听玩笑话的人和旁观者。不过,他指出这还不足以达到终极目标:怀疑。作为无意识的产物,玩笑话应该攻击第四个抽象得多的配合者:假定的准确判断。况且,照弗洛伊德看来,玩笑话始终是"胡闹"。人在说实话的时候往往撒谎,又通过谎言吐露真情,这一点在一个著名的犹太故事中显露无遗:"两个犹太人在加利西亚车站的一列火车上相遇。'你去哪里?'其中一人问道。'去克拉科夫④(Cracovie),'另一人回答。'看看这个撒谎的家伙!'前一个人怒气冲冲地嚷道,'你之所以说去克拉科夫,是因为你要我相信你去朗贝尔⑤(Lemberg)。只有我知道你其实去的是克拉科夫。你为什么撒谎?'"

如果弗洛伊德将梦看成使人退行到图像思维的愿望满足,那么他就把玩笑话变成容许语言行使游戏功能的快乐制造者。他强调,它的第一阶段是儿童游戏,第二阶段是俏皮话:"我们渴望通过这些途径达到的欣快(euphorie)只不过是我们童年的……情绪——在那个年纪,我们不懂得滑稽,没有诙谐的能力,也不需要幽默使我们在生活中感到快乐⑥。"

---

① 立普斯,《喜剧和幽默:心理-美学研究》(Komik und Humor. Eine psychologisch-ästhetische Untersuchung)(1898年),再版。信条出版社(Dogma),2013年。译者补注:立普斯(1851—1914),德国心理学家、美学家。
② 柏格森(1859—1941),法国哲学家,1927年荣获诺贝尔文学奖。——译注
③ 利希滕贝格(1742—1799),德国哲学家、作家和物理学家。——译注
④ 波兰城市名,曾为波兰首都。——译注
⑤ 法国市镇名。——译注
⑥ 西格蒙德·弗洛伊德,《玩笑话及其与无意识的关系》,前揭,第411页。雅克·拉康将玩笑(Witz)形成概念,并把此书称为"标准文本"。他在定义他的能指概念时从中获得深刻启发,甚至提议用"俏皮话"(trait d'esprit)一词来翻译这个术语。詹姆斯·斯特雷奇(James Strachey)使用英语"joke"一词。译者补注:詹姆斯·斯特雷奇(1887—1967),英国精神分析学家,弗洛伊德著作的译者,《弗洛伊德全集》英语标准版的编辑。英语"joke"意为"玩笑、笑话"。

儿童和童年在弗洛伊德的生命中占据重要地位。他认为成人的所有情感问题都可以从中找到根源，于是着手写一本小书，阐明他的儿童——更广泛地说，人类——性理论。这便是《性学三论》。

继世纪转折点的宏伟三部曲、自传故事和对各种无意识形成物的探索之后，弗洛伊德打算攻克一个数年来由教育学家、医生、法学家、性学家专攻的领域。然而，他并非大规模拆除"儿童爱情的绿色伊甸园"的主导者，这与深入人心的传闻完全不同。1905年，当他着手进行新研究时，同时代的学者其实已在这个领域作过大量探索——正如我们暗示过的，他们确信儿童是多态性欲倒错者（pervers et polymorphe）。相比之下，弗洛伊德把儿童的性欲描述为"多态性欲倒错倾向"（disposition perverse polymorphe），对解构儿童世界作出更大的贡献。*Sexualtheorie*（德语：性理论）一词的运用蓄意标明先前研究方法的终结，因为弗洛伊德用它表示学者的推想和儿童——有时是成人——为解开交媾、生育、生殖和性别差异之谜虚构的"理论"或幻觉表象。

弗洛伊德玩弄双关语的文字游戏，动用在童年时代或接触自己的孩子时积累的一切相关知识，幽默地描述——完全不用精神病学术语——儿童的性活动。他提到吸吮、玩粪便的游戏、排便、各种撒尿或爆粗口的方式，既无尴尬之情，也无淫亵之意。总而言之，四岁以下的孩子在他笔下成了残忍野蛮的享乐者，能够尝试在成年时不得不放弃的各种探索。他借由进化论提出各个发展期（肛欲期、口欲期、生殖器期以及后来的阳具期）的概念，旨在依据被选的客体（粪便、乳房、生殖器官）定义主体生命的不同阶段。

弗洛伊德补充道：儿童的性不懂法则，不知禁忌，追求所有可能的目标，渴望所有可能的客体。正因为如此，儿童杜撰的"理论"形成了一种名副其实的魔幻思维：婴儿经由直肠来到世上，人——无论男女——通过肚脐分娩，等等。

弗洛伊德以清晰直率的文笔使原先的性欲（*libido sexualis*）脱离医学话语，成为一个重要的心理决定因素：人类的性的目标不是生殖，而是体验快乐——这种快乐本身就完美无缺，不受自然秩序约束。性的基础是内驱力（推动力[poussée]），后者表现在固着于某一客体、追求自我满足的愿望中。性确实必须被控制，但绝无必要通过体罚被消除。

弗洛伊德用术语内驱力①、力比多、发展期、愿望或寻找客体构建性理论,使儿童——和成人——免受指责:当时的指责正是助长压抑性活动——尤其源于"黑色教学法"——的19世纪末医疗风气的温床。依照他的看法,自慰的儿童不再被看作恶本能需被驯服的野蛮人,而是处于变化中的人的原型。弗洛伊德使"性反常"标准化,并摆脱从病理学观点或类似于"遗传异常""变质变性"的先天禀赋观点出发的各种研究方法。

他自然而然地分析起成人的性倒错——当时的性学家热火朝天地治疗恋童癖、恋物癖、恋动物癖、施受虐狂、同性恋等性行为。弗洛伊德并未编制性倒错的目录,而是试图把它们和主体某个发展阶段的结构联系起来。在这个方面,他不仅将同性恋说成所有人身上都存在的双性恋的结果,而且认为它是人类的性的习得成分之一:一种普遍的无意识倾向。由此产生了那句著名的箴言:"神经症可谓是性倒错的反面。"他在1896年就想这么说。

通过这部不断被修订的著作,弗洛伊德推动儿童精神分析的发展,使人对性教育产生大量思考。他为各种形式的性行为——尤其同性恋——进行辩护,希望它们获得社会宽容,坚持要求成人不要在出生问题上对儿童说假话。

就这样,一种新颖的性的理解方式开始被人接受。随着时间的推移,它既造成性学——它的最初源头——的消亡,又推动了20世纪下半叶历史学家和哲学家——从米歇尔·福柯(Michel Foucault)到托马斯·拉克尔(Thomas Laqueur),包括约翰·博斯威尔②(John Boswell)——的西方性史研究蓬勃发展。

弗洛伊德又一次认定他的新书在出版之后会引起公愤,让作者"人见人厌"。每逢重版,他都抱怨它不受欢迎。事实上,虽然这本书发行量不大,但在1905年,大多数评论文章都对它表示赞赏。然而,数年后,随着精神分析理论在西方社会的传播——通过一场法定的运动和新出版的作品——这部作品又在人们的回忆中变得有害、下流、诲淫、令人愤慨……

正是弗洛伊德学说开始在国际上获得认可时,针对泛性论(pansexu-

---

① 此处第一次使用该术语。
② 约翰·博斯威尔(1947—1994),美国历史学家。——译注

alisme)的指责纷纷出现在他面前。《性学三论》阐述的新型性理论遭到抵制,这是他取得有效进展的显著征兆①。

1909年,猛烈抨击精神分析的德国精神病学家阿道夫·阿尔布雷希特·弗里德伦德尔(Adolf Albrecht Friedländer)断定②,精神分析的成功全赖高度重视性的所谓"维也纳思维方式"。他重新采用自反闪米特主义和群众心理学诞生以来非常流行的民族主义,即 *genius loci*(地方精神)的主张:每个民族不仅可以不同于另一民族,而且可以高于另一民族。正是在这一基础上,对泛性论的指责才能成为方兴未艾的反弗洛伊德主义乐于说道的论据。事实上, *genius loci* 一词使人认定精神分析理论不过是力求高人一等的文化的体现。

在特别敌视德国的法国,弗洛伊德的性理论被当成所谓的日耳曼人、"条顿人"或"德国鬼子"的未开化的性观念。法国人以所谓法国"文明"的笛卡尔式理性光辉对抗这种德国文明③(*Kultur*),而在斯堪的纳维亚国家和德国北部,人们却反而批评弗洛伊德学说偏重令北欧"思维方式"难以接受的"拉丁"性观念。

弗洛伊德便是在这段时期为渴望见他的艺术界人士做短期咨询,他们留下的原始证录和形象写照展示了一个相信自己能力的解谜人的满腔热忱。

1905年,在维也纳学过印度教课程的年轻瑞士诗人布鲁诺·格茨(*Bruno Goetz*)患上了剧烈的面部神经痛。弗洛伊德读过他的几首诗。格茨花了一个小时讲述他的远洋轮船长父亲、与若干少女的爱情悲剧、某个被他贪婪吻过的水手。弗洛伊德要求他先回想一段关于海神波塞冬(Poséidon)的童年记忆,接着告知他不适合做分析。最后,弗洛伊德以父亲的口吻嘱咐他好好进餐、吃肉食,并交给他一张处方和一个装有二百克

---

① 笔者在 HPF-JL(前揭)中探讨过这个问题。亦可参见《精神分析词典》,前揭。
② 阿道夫·阿尔布雷希特·弗里德伦德尔,《癔症与现代精神分析》(Hysterie und moderne Psychoanalyse),见第十六次国际医学会议议事录《精神病学》(*Psychiatrie*),布达佩斯,1909年,第十二节,第146—172页。译者补注:阿道夫·阿尔布雷希特·弗里德伦德尔(1870—1949),德国精神病学家、顺势疗法医师。
③ 皮埃尔·雅内在著名的伦敦大会上重拾 *genius loci* 和泛性论的主张,这令他站到琼斯和荣格的对立面,《精神分析》(La psychoanalyse),第十七届伦敦医学大会报告,《心理学日志》(*Journal de psychologie*),XI,1914年3—4月,第97—130页,以及 HPF-JL,前揭。

朗的信封:"您的诗歌和年青时代的故事给我带来过欢乐,这是一点微薄的酬劳。"

一段时间后,弗洛伊德与他重逢,敦促他对《薄伽梵歌》①(Bhagavad-Gita)保持警惕,因为读这本书会令他陷入颓丧消沉的状态。神经痛消失了。"我是医生,希望尽自己的力量帮助那么多如今活在内心地狱中的人。大多数人不是在某个来世,而是此生此世就身处地狱。这正是叔本华非常准确地看到的东西。我的知识、理论和方法将使他们意识到身处地狱,使他们摆脱地狱。只有在能够自由呼吸的时候,人才会重新领悟艺术能够是什么。现在,人滥用艺术——就像滥用麻醉药一样——为的是至少在几个小时内摆脱痛苦。对他们而言,艺术是一种类似烧酒的东西②。"弗洛伊德如是说。

一年后,御廷歌剧院乐队指挥布努诺·沃尔特③(Bruno Walter)因患臂部神经痛、无法弹钢琴和指挥乐队而向弗洛伊德求治。弗洛伊德并未开展治疗,而是建议他去西西里岛游玩一次。这趟旅行使他惊奇地发现古希腊神殿之美,但未治好他的痉挛。回来后,弗洛伊德试图用暗示让他承担疼痛的"责任",并说服他不再想它。沃尔特终于忘记了痛苦。后来,他又求助于一种受浪漫主义医生恩斯特·冯·福伊希特斯莱本④(Ernst von Feuchtersleben)精神营养学作品影响的自我疗愈法(autothérapie),克服了痉挛。他始终崇拜弗洛伊德,还建议陷入忧郁的朋友古斯塔夫·马勒⑤(Gustav Mahler)前去求医⑥。

经过几次预约后,二人最终于1910年8月26日在莱顿(Leyde)见面,谈了四个小时——相当于在莱顿的马路上作一次长途步行的时间。

---

① 《薄伽梵歌》是印度教重要经典,字面意思是"主之歌"或"神之歌"。——译注
② 布鲁诺·格茨,《对西格蒙德·弗洛伊德的回忆》(Souvenirs sur Sigmund Freud),见《弗洛伊德:判断和证明》(Freud:jugements et témoignages),巴黎,法国大学出版社,1978年,第221—222页。
③ 布努诺·瓦尔特(1876—1962),德国著名指挥家、钢琴家和作曲家。——译注
④ 恩斯特·冯·福伊希特斯莱本(1806—1849),奥地利医生、哲学家。——译注
⑤ 古斯塔夫·马勒(1860—1911),奥地利著名作曲家、指挥家、钢琴家。——译注
⑥ 布努诺·瓦尔特,《主旋律和变奏曲》(Thème et variations),洛桑,佛蒂施出版社(Foetisch),1952年。安德烈·豪伊瑙,《心理治疗师弗洛伊德:历史评论》(Freud psychothérapeute. Essai historique),《心理疗法》,4,2007年,第239—242页。对古斯塔夫·马勒的"治疗"屡被提及。

弗洛伊德对马勒说:"我猜您的母亲名叫玛丽娅(Maria),您在面谈中说的某些话让我这么认为。既然您的母亲明显在您的生活中起主导作用,您娶的妻子怎么会有另一个名字'阿尔玛(Alma)'?"马勒回答,他习惯称妻子为玛丽娅(而不是阿尔玛)。通过这次面谈,马勒终于明白自己的乐曲为何反复被一段平庸无味的旋律"打乱"。在他的童年,因为有一次父母吵得特别厉害,他逃到马路上,听见有人用手摇风琴演奏一支维也纳民歌——这支歌固着在他的记忆中,化为令人腻烦的旋律频频出现[1]。

弗洛伊德还不曾看到,在这个如此美好、如此憧憬欧洲启蒙主义发扬光大的年代,在工业化和民主进程的尾涡中,民族之间的仇恨如同不祥的预兆涌现出来,并将通过第一次世界大战把这个时代引向毁灭。

因为总是对镜自怜、沉湎于自身烦恼,西方世界最有文化教养的资产阶级忽视了处于水深火热中的人民大众。由一名哈斯卡拉犹太人创立的精神分析——某些人眼中的条顿科学、另一些人所谓的拉丁科学——已然承受了这样的后果:"我们没有看到墙上着火的信号,而是像古时的伯沙撒[2](Balthazar)国王一样,麻木地拼命吃各种美味的艺术佳肴,没有警惕地朝前方看几眼。直到几十年后,当屋顶和墙垣倒塌到头顶上时,我们才认识到墙基早已被挖空,才认识到个体自由随着新世纪的到来在欧洲开始没落[3]。"这便是斯蒂芬·茨威格笔下"昨日的世界"。

---

[1] 出处同前。以及《精神分析词典》,前揭。
[2] 新巴比伦王国的最后一位统治者。——译注
[3] 斯蒂芬·茨威格,《昨日的世界》(*Le Monde d'hier*)(1944 年),巴黎,贝尔丰出版社(Belfond),1993 年,第 91 页。译者补注:这段引文参照舒昌善、孙龙生、刘春华、戴奎生翻译,生活·读书·新知三联书店 2010 年出版的《昨日的世界:一个欧洲人的回忆》第 73 页译文译出。

第二章 弟子和叛离者

精神分析是一门介于考古学、医学、文学分析、人类学和最深度的心理学——超越内心的心理学——之间的怪异学科,但从未被其创始人当成某种心理临床研究方法。弗洛伊德一开始就打算建立一套名副其实、能被传播——通过不由他领导但受他教导的运动传播——的思想体系。他的教导秉承古希腊重要哲学流派的特点,并融入某种业已世俗化的犹太基督教救世主传统。在那个女权主义、社会主义和犹太复国主义日渐兴盛的时代,弗洛伊德也渴望成为现代的苏格拉底,征服一块新的应许之地。若要实现抱负,他不能一味埋头大学教育。他必须发起一场政治运动。

从19世纪末开始,不信教和质疑宗教幻象的趋势在暗中扩大,整个欧洲兴起一场心理学和动力精神病学的大规模革新运动。四十四岁的弗洛伊德在这场运动中声名远扬,开始——先以非正式的方式——在身边聚集起一群弟子,形成一个很自然以非维也纳学术界成员为主的小团体。出自信奉天主教的资产阶级家庭的温泉治疗医生鲁道夫·莱特勒①(Rudolf Reitler)是这个小团体中践行精神分析的第一人。说法语的罗马裔忧郁症医生马克斯·卡哈纳(Max Kahane)是弗洛伊德青年时代的朋友,热衷于催眠和各类疗法,在运动初期追随弗洛伊德,但不赞同他的性概念②。

1902年秋天,莱特勒、卡哈纳与阿尔弗雷德·阿德勒③(AlfredA-

---

① 鲁道夫·莱特勒(1865—1917),奥地利医生和精神分析学家。——译注
② 1923年,他因同盟国失败而崩溃,割开桡动脉自杀。译者补注:马克斯·卡哈纳(1866—1923),奥地利医生。
③ 阿尔弗雷德·阿德勒(1870—1937),奥地利医生、心理治疗师,个体心理学创始人。——译注

dler)、威廉·斯泰克尔①(Wilhelm Stekel)一起创立精神分析运动史上第一个团体：星期三心理学会(Psychologische Mittwochs-Gesellschaft, PMG)②。保罗·费德恩③(Paul Federn)旋即加入他们的队伍，而且很乐意自比为使徒保罗或精神分析大军的一名下级军官。接着，发行人兼书商胡戈·黑勒(Hugo Heller④)、音乐学家马克斯·格拉夫⑤(Max Graf)、勤奋的心理传记作家爱德华·希尔施曼⑥(Eduard Hirschmann)先后加入星期三心理学会。最后，伊西多尔·萨杰⑦(Isidor Sadger)及其外甥弗里茨·维特尔斯——二者都狂热地信奉弗洛伊德理论、厌恶女性——也成为该学会成员⑧。

---

① 威廉·斯泰克尔(1868—1450)，奥地利医生、心理学家、精神分析学家。——译注
② PMG 的聚会从 1902 年 10 月持续到 1907 年 9 月。我们没有 1902—1906 年 PMG 讨论的照片或记录。关于后来的讨论，可查阅《最早的精神分析师：维也纳精神分析协会会议记录，第一卷：1906—1908 年》(Les Premiers Psychanalystes. Minutes de la Société psychanalytique de Vienne, t. I:1906—1908)(纽约，1962 年)，巴黎，伽利玛出版社，1976 年，附有赫尔曼·农贝格(Herman Nunberg)的"前序"；出处同上，《第二卷：1908—1910 年》(t. II : 1908—1910)(1967 年)，巴黎，伽利玛出版社，1978 年；出处同上，《第三卷：1910—1911 年》(t. III : 1910—1911)(1967 年)，巴黎，伽利玛出版社，1978 年；出处同上，《第四卷：1912—1918 年》(t. IV: 1912—1918)(1975 年)，巴黎，伽利玛出版社，1983 年。在这几卷中，可以发现二百五十次会议的记录。亦可参见埃尔珂·米莱特纳(Elke Mühlleitner)，《精神分析传记：星期三心理学会和维也纳精神分析学会成员，1902—1938 年》(Biographisches Lexikon der Psychoanalyse: die Mitglieder der Psychologischen Mittwoch-Gesellschaft und der Wiener Psychoanalytischen Vereinigung, 1902—1938)，图宾根，迪斯考德出版社，1992 年，以及恩斯特·法尔泽德和贝尔纳德·汉德尔鲍尔(Bernhard Handlbauer)，《弗洛伊德、阿德勒和其他精神分析学家：国际精神分析学会成立之际组织的精神分析的开端》(Freud, Adler et d'autres psychanalystes. Des débuts de la psychanalyse organisée à la fondation de l'Association psychanalytique internationale)，《心理疗法》，12, 4, 1992 年，第 219—232 页。本章的依据是笔者于 1998 年为这一主题在巴黎第七大学举行的研讨会。译者补注：赫尔曼·农贝格(1884—1970)，美国波兰裔精神病学家、精神分析学家。埃尔珂·米莱特纳，德国当代心理学家和社会学家。贝尔纳德·汉德尔鲍尔，奥地利当代临床心理学家和心理治疗师。
③ 保罗·费德恩(1871—1950)，奥地利-美国医生、精神分析学家。——译注
④ 胡戈·黑勒(1870—1923)，奥地利发行人、书店老板。——译注
⑤ 马克斯·格拉夫(1873—1958)，奥地利记者、作曲家、音乐评论家和音乐学家。——译注
⑥ 爱德华·希尔施曼(1871—1957)，奥地利医生、精神分析学家。——译注
⑦ 伊西多尔·萨杰(1867—1942)，奥地利医生、精神分析学家。——译注
⑧ 从 1902 年到 1907 年，星期三心理学会拥有二十三个来自多个国家的成员，其中包括九名土生土长的维也纳人(除弗洛伊德以外)、六名奥地利人、三名罗马尼亚人(布科维纳，历史上摩尔达维亚公国的一个地区，现位于乌克兰和罗马尼亚两国境内)、一名波兰人(加利西亚)、一名捷克人(布拉格)、两名匈牙利人。十七位犹太成员中有五人被纳粹杀害(阿尔弗雷德·巴斯[Alfred Bass]、阿道夫·多伊奇[Adolf Deutsch]、阿尔弗雷德·迈斯尔[Alfred Meisl]、伊西多尔·伊萨克·萨杰、吉多·布雷歇尔[Guido Brecher])。到 1938 年还活着的十一人纷纷移居英国或美国。在这个最早的团体中，大部分成员是医生(十七人)，自杀率——二十（**转下页注**）

这群深受维也纳精神熏陶的三十来岁男士——皆于1865—1880年出生——几乎都是犹太人,习惯于每周三晚饭后到弗洛伊德家聚会。每次聚会,他们都围着一张椭圆形的桌子落座,依照相同的仪式行事:大家把下一轮发言者的名字放到一个瓮中,然后默默聆听名字已被抽中的人的报告。在短暂的休息时间,他们喝清咖啡、吃可口的糕饼,一边大肆抽雪茄和烟,一边开始无休无止的讨论:任何成员都不许看预先拟订的稿子,没有女人来扰乱这场让弗洛伊德无意中成为俗世先知的宴会。在这个时期,以及随后的一段短暂时光内,他一直都是争论中的赢家,每个人看起来都对他崇敬不已。弗洛伊德依照每个人提供的素材不断修订自己的著作:假如没有与第一批弟子的对话,他永远写不出那些作品。

这些尚未践行精神分析治疗的人常常自比为查理曼大帝的圣骑士[①](paladin)。他们是知识分子兼战士,是中欧文化的典范。通过这个团体,他们力图减缓自己的焦虑,将改良世界的梦想锤炼成形。在谈论各自的临床案例时,他们的参照往往是自身、自己的私生活(经常乱成一团)、自己的复杂家族系谱、自己的神经症、自己的犹太特性、自己的精神障碍和性障碍、对父亲的反抗以及——常常如此——对自己深度忧郁的反抗。

总之,他们可以说组成了一个大家庭,本身就像那些与他们同属一个社会阶层的病人。他们当中的许多人都接受过弗洛伊德的治疗,好几个人都习惯于为亲友施行治疗或介绍他们去导师、同事的诊所。他们的妻子、情人和姊妹就这样先成为病人,后变成治疗师。至于这个团体成员的孩子,他们成了第一批体验弗洛伊德治疗的人——不过要从1904年才开始见效。

维也纳音乐学家马克斯·格拉夫通过奥尔嘉·赫尼希[②](Olga

(接上页注)三人中有两人自尽身亡——略高于其他阶层。从PMG变成维也纳精神分析协会(WienerPsychoanalytische Vereinigung[WPV])的1910年开始,这个团体出现女性代表。维也纳女士玛格丽特·希尔弗丁(Margarethe Hilferding)与丈夫鲁道夫·尔弗丁(Rudolf Hilferding)均被纳粹杀害。译者补注:阿尔弗雷德·巴斯(1867—1942),奥地利医生。阿道夫·多伊奇(1897—194?),英国作曲家。阿尔弗雷德·迈斯尔(1868—1942),奥地利医生。吉多·布雷歇尔(1877—1942),奥地利医生。玛格丽特·希尔弗丁(1871—1942),奥地利教师、医生,精神分析团体第一名女性成员。鲁道夫·希尔弗丁(1877—1941),德国奥地利裔社会主义理论家、政治家、马克思主义经济学家。

① 据《武功歌》,查理曼大帝麾下有十二位圣骑士侍卫,他们均被视为文武全才的典范。——译注
② 奥尔嘉·赫尼希(1877—1961)曾受她的两个兄弟猥亵。她拒绝向库尔特·艾斯勒提供证词。

Hönig)结识弗洛伊德。弗洛伊德曾在1897年放弃诱惑理论时为奥尔嘉作过治疗。奥尔嘉的两位兄弟都自杀身亡,她本人患有顽固的神经症。在拜访弗洛伊德时,格拉夫询问这位少女的精神状态对二人成婚有无妨碍。弗洛伊德送上了祝福。1902年,他也加入星期三学会。六年后,在弗洛伊德的督导下,格拉夫为儿子赫伯特(Herbert)实施治疗。他开始记录儿童谈论性的方式:儿童会直接问性的问题,在触摸"嘘嘘"时谈起性。赫伯特·格拉夫(化名为"小汉斯")成为著名的案例人物,为弗洛伊德提供其儿童性理论的例证,使儿童精神分析产生一次关键的飞跃。弗洛伊德治疗过赫伯特的母亲,接着当赫伯特的父亲成为其弟子时,他同意后者在自己的督导下做儿子的分析师。精神分析史的开端不过是一个经过重组的家庭的故事[①]。

行文冗长的作家兼医生斯泰克尔将弗洛伊德视为基督,而他则是使徒。他在采纳导师的性理论时秉持的宗派态度使他回到自己的神经症问题上。他因病态的强迫性自慰接受过"教授先生"八次治疗,但未摆脱症状。弗洛伊德欣赏他的天分和创造力,借用他的某些主题——关于压抑,尤其关于梦的主题——使他们自己的笔下结出硕果。然而,弗洛伊德很快就对他十分恼火,甚至认为他是"十足的猪猡",要与他分道扬镳[②]。

1911年与弗洛伊德决裂的阿尔弗雷德·阿德勒之所以成为精神分析史上第一个重要的叛逆者,是因为他与斯泰克尔迥然不同,从未赞同过

[①] 西格蒙德·弗洛伊德,《一个五岁小男孩(小汉斯)的恐怖症分析》(Analyse d'une phobie chez un petit garçon de cinq ans[le petit Hans])(1909年),见《五个精神分析案例》,巴黎,法国大学出版社,1954年,第93—198页,以及《弗洛伊德全集/精神分析》,第九部,前揭,第1—131页。马克斯·格拉夫,《对弗洛伊德教授的模糊回忆》(Réminiscences sur le professeur Freud)(1942年),《原样》(Tel Quel),1988年,第52—101页;《库尔特·艾斯勒访谈》(Entretien avec Kurt Eissler)(1952年),《精神分析便条簿》(Bloc-notes de la psychanalyse),14,1995年,第123—159页。库尔特·艾斯勒也在1959年对赫伯特·格拉夫作了一次访谈,访谈记录存于美国国会图书馆。

[②] 威廉·斯泰克尔,《自传:一位精神分析先驱的生平传记》(Autobiography. The Life Story of a Pioneer Psychoanalyst),埃米尔·A. 古特海尔(Emil A. Gutheil)编纂,纽约,利夫莱特出版社(Liveright),1950年。文森特·布罗姆(Vincent Brome),《弗洛伊德的第一批弟子》(Les Premiers Disciples de Freud)(伦敦,1967年),巴黎,法国大学出版社,1978年。保罗·罗森(Paul Roazen),《弗洛伊德学派的故事》(La Saga freudienne)(纽约,1976年),巴黎,法国大学出版社,1986年。1940年6月25日,在伦敦流亡的斯泰克尔自杀。译者补注:埃米尔·A. 古特海尔(1889—1959),波兰-美国精神病学家。文森特·布罗姆(1910—2004),英国作家。保罗·罗森(1936—2005),美国政治学家、杰出的精神分析史学家。

弗洛伊德的主张。在这个星期三学会中，他已围绕自我超越建立了一套具有独创性的思想体系——个体心理学——它完全不仰赖在九年中亦敌亦友的那个人。阿德勒出身于布尔根兰州①（Burgenland）——比加利西亚东部繁荣得多——德语社圈的犹太商人家庭，重视集体之谊、同胞之情远甚于心理内部和家族谱系的关系。弗洛伊德以家为理论基点，试图把他的俄狄浦斯情结应用于一切社会，而阿德勒却把家视作一个变化不定的共同体，认为它的地位应由社会学、历史学和人类学来研究。在阿德勒看来，神经症是男性特征和女性特征对抗的结果，源自从儿童和性的最初关系开始被压抑的自卑感。阿德勒对马克思主义感兴趣，与频频出入俄罗斯知识界的拉伊萨·爱泼斯坦②（Raïssa Epstein）结为连理，婚后常同列夫·托洛茨基③（Léon Trotski）来往。另外，他无法将大他十四岁的弗洛伊德视为必须无条件服从的父亲。

阿德勒不仅从来不是弗洛伊德理论的信徒，从来不能接受拉布达科斯家族的神话，而且与犹太性的关系也不同于弗洛伊德。他虽然不像卡尔·克劳斯或奥托·魏宁格那样"厌憎犹太自我"，却在1904年皈依新教，企图逃避自己的处境——但这不妨碍他过起信奉改良社会主义的自由思想家生活④。从那时起，他意识到自己不可能像其他成员那样做一名弟子。他开始怀疑，在以家族的准本体论和女儿对父亲、儿子对母亲的乱伦固着的准本体论为中心的心理理论中，性肇因能否成为枢轴。二人不可避免地发生冲突，接着关系破裂——一位是风度优雅、卓有学识的资产阶级人士，拥有大学教衔，坚信自己的天赋，想要组建一支传教士军队；另一位稍逊一筹，还苦于不被学术界认可，正在寻找讨论交流的平台："阿德

---

① 奥地利州名。——译注
② 拉伊萨·爱泼斯坦(1872—1962)，奥地利俄裔女权主义者。——译注
③ 列夫·托洛茨基(1879—1940)，俄罗斯-苏联革命家、军事家、政治理论家和作家。——译注
④ 作家马内斯·施佩贝尔(Manès Sperber)为阿尔弗雷德·阿德勒写了一部令人称赏的传记：《阿尔弗雷德·阿德勒和个体心理学》(Alfred Adler et la psychologie individuelle)（1970年），巴黎，伽利玛出版社，1972年。亦可参见保罗·E.斯捷潘斯基(Paul E. Stepansky)，《在弗洛伊德卵翼下的阿德勒》(Adler dans l'ombre de Freud)（1983年），巴黎，法国大学出版社，1992年。阿德勒的作品被帕约出版社译成法语。弗洛伊德和阿德勒在极端激烈的争执中走向决裂。在动力精神病学史和心理治疗史上，艾伦伯格合理地赋予阿德勒及其教导重要的地位。阿德勒在星期三心理学会发言十次。译者补注：马内斯·施佩贝尔(1905—1984)，奥地利-法国作家、心理学家。保罗·E.斯捷潘斯基，美国当代精神病学史和心理分析史学家、编辑和出版商。

勒的理论太偏离正道。现在是该抵制它们的时候了。他忘了使徒保罗的话：'如果你们没有爱……'你们比我更熟悉这话。一套无爱的普世体系产生了，我正要为受到冒犯的力比多女神向他复仇①。"

1906年5月，几名弟子送给弗洛伊德一份五十岁生日贺礼：一枚由卡尔·玛丽亚·施韦尔特纳②（Karl Maria Schwerdtner）雕刻、受贝特霍尔德·勒夫勒③（Bertold Löffler）一幅绝妙新艺术④（Jugendstil）画作启发的青铜章，它成为"教授先生"的藏书章⑤。章的正面是他的侧面半身像，反面则是以单线条勾勒的、俄狄浦斯面对斯芬克斯的场景。这个维也纳式的俄狄浦斯赤身裸体，拄着棍子，肌肉发达，若有所思，不像任何已知的索福克勒斯笔下的人物形象。斯芬克斯亦是如此：它被刻成一个略带巫味的现代女人，其狮身明显比人面小。由费德恩选定的希腊文题词说的决不是俄狄浦斯情结，而是索福克勒斯的 hubris 真正涵义："那个解开著名谜语、掌握极大权力的人"。

看到这几个字时，弗洛伊德似乎在一瞬间忘了他对这出索福克勒斯悲剧的曲解原意的诠释，心潮澎湃地回想起大学时代：那时他习惯于一边观看诸位名教授的半身像，一边憧憬自己的雕像有朝一日能被配上名人名言置于其中⑥。

这一年，出版商胡戈·黑勒寄给弗洛伊德及其他几位知识分子一份调查表，请他们写出十本爱不释手的好书。弗洛伊德在诸圣瞻礼节回复，并向这位出版商强调：对他而言，这并不是挑选世界文学中的杰作，而是选择"伴侣""书友"——"读者靠它们获得一部分生活知识，形成世界表

---

① 《西格蒙德·弗洛伊德与普菲斯特牧师1909—1939年通信集》（Correspondance de Sigmund Freud avec le pasteur Pfister, 1909—1939）（1963年），巴黎，伽利玛出版社，1966年，第86页。译者补注：普菲斯特牧师（奥斯卡·普菲斯特，1873—1956），瑞士牧师和教育学家。
② 卡尔·玛丽亚·施韦尔特纳(1874—1916)，奥地利雕塑家。——译注
③ 贝特霍尔德·勒夫勒(1874—1960)，奥地利历史学家、画家和设计师。——译注
④ 指19世纪末的国际现代主义艺术运动。——译注
⑤ 《弗洛伊德的藏书：目录大全》（Freud's Library. A Comprehensive Catalogue），德英双语，J. 基思·戴维斯(J. Keith Davies)和格哈德·菲希特纳(Gerhard Fichtner)编订，伦敦，弗洛伊德博物馆，以及图宾根，迪斯考德出版社，2006年，第20页。该书附一张CD，内有弗洛伊德藏书的全部书名。译者补注：J. 基思·戴维斯，当代英国摄影家。格哈德·菲希特纳(1932—2012)，德国医学史学家。
⑥ 西格蒙德·弗洛伊德和卡尔·古斯塔夫·荣格，《通信集，第一部：1906—1909年》，前揭，《1907年9月19日的信》，第141—142页。

象"。他杂乱无章地写了十个人名和十个书名：穆尔塔图里（Multatuli，爱德华·道维斯·德克尔①[Eduard Douwes Dekker]笔名）的《书信和作品集》（Lettres et oeuvres）、拉迪亚德·吉卜林（Rudyard Kipling）的《丛林之书》（Le Livre de la jungle）、阿纳托尔·法朗士②（Anatole France）的《在白石上》（Sur la pierre blanche）、埃米尔·左拉（Émile Zola）的《繁殖》（Fécondité）、德米特里·谢尔盖耶维奇·梅列日科夫斯基③（Dimitri Merejkowski）的《列奥纳多·达·芬奇》（Le Roman de Léonard de Vinci）、戈特弗里德·凯勒④（GottfriedKeller）的《塞尔特维拉的人们》（Les Gens de Seldwyla）、康拉德·费迪南德·迈尔⑤（Conrad Ferdinand Meyer）的《胡滕的最后几天》（Les Derniers Jours de Hutten）、托马斯·巴宾顿·麦考利⑥（Thomas Babington Macaulay）的《散文集》（Essais）、特奥多尔·贡珀茨⑦（Theodor Gomperz）的《希腊思想家》（Les Penseurs grecs）、马克·吐温（Mark Twain）的《见闻杂记》（Esquisses）⑧。作者包括两位法国人、一位荷兰人、两位瑞士人、两位英国人、一位俄罗斯人、一位奥地利人、一位美国人，全部忠于启蒙主义传统。一部作品描绘完全不同于现代生活人为之道的丛林之美，一部作品反对殖民主义，一部作品阐述奴隶制的废除，一部作品探讨考古学，一部作品表达对希腊的热爱，一部作品歌颂生育（作者是一位伟大的德雷福斯派⑨人士），一部作品颂扬普鲁士改革，一部

---

① 爱德华·道维斯·德克尔(1820—1887)，荷兰小说家、散文家。——译注
② 阿纳托尔·法朗士(1844—1924)，法国作家，1921年荣获诺贝尔文学奖。——译注
③ 德米特里·谢尔盖耶维奇·梅列日科夫斯基(1865—1941)，俄罗斯作家、文学批评家。——译注
④ 戈特弗里德·凯勒(1819—1890)，瑞士德语作家、诗人。——译注
⑤ 康拉德·费迪南德·迈尔(1825—1898)，瑞士作家、诗人。——译注
⑥ 托马斯·巴宾顿·麦考利(1800—1859)，英国历史学家、政治家、作家。——译注
⑦ 特奥多尔·贡珀茨(1832—1912)，奥地利哲学家。——译注
⑧ 参见亚历山大·格林斯坦(Alexander Grinstein)，《十字路口的弗洛伊德》(Freud à la croisée des chemins)(1990年)，巴黎，法国大学出版社，1998年。弗洛伊德对书籍的选择可能有什么意义？读者可在这本书中看到一个长篇分析。亦可参见塞尔吉奥·保罗·鲁阿内(Sergio Paulo Rouanet)，《弗洛伊德的十个朋友》(Os dez amigos de Freud)，里约热内卢，文学出版社(Companhia das Letras)，2003年。译者补注：亚历山大·格林斯坦(1918—2007)，美国精神分析师。塞尔吉奥·保罗·鲁阿内(1934—)，巴西哲学家、外交家、散文家、翻译家。
⑨ 1894年，法国犹太籍上尉德雷福斯(Dreyfus)被诬为德国间谍，被判终身流放。这一事件令法国舆论分裂为德雷福斯派和反德雷福斯派两个阵营。1898年，左拉发表《我控诉》一文声援德雷福斯。1906年，德雷福斯终获无罪。——译注

作品谈论酒神狄俄尼索斯式的享乐,一部作品描述文艺复兴时代最伟大的画家的生平,还有一部作品以幽默笔调叙述令人毛骨悚然的故事(作者是犹太人的维护者)。弗洛伊德曾勉强接受一种联想测验,令他的读者和后来的评注家对他的生平和著作作出诸多诠释。这些解谜人如俄狄浦斯一般乐此不疲。

在那段时期,他让一位自学成才的年轻人进入他的专业团体:这名二十六岁的车工学徒便是奥托·兰克。他是一位酗酒的珠宝匠的儿子,同阿德勒一样来自布尔根兰州①,害怕自己的关节风湿病和丑陋外貌。他在童年遭受过猥亵,患有恐怖症,不戴手套就什么东西都不敢碰。

弗洛伊德非常喜欢他,很快就把他当作养子,帮助他进入大学学习并取得哲学博士学位。他特别任命兰克为星期三学会的秘书,委托他记录会议内容。这个团体成为记忆中的圣地,而兰克则是它的第一位档案保管员。他在会议记录中变身团体创建的辩证思想的传递者,详细记述了一场运动的发端。这些记录都被认真保管,留传后世。

在弗洛伊德1907年宣布解散时,星期三学会尚有二十一名正式会员。因为担心自己的威望有限,因为试图边缘化某些在他看来过于狂热、过于执迷或反调唱过头的维也纳人,他创立了维也纳精神分析协会(Wiener Psychoanalytische Vereinigung[WPV]):这是个真正的协会,是弗洛伊德学派历史上第一个精神分析机构。他取消了每个人必须在某些条件下发言的规定,建立了一套实际上(de facto)以一位导师和他的一群学生,甚至若干导师和若干学生之间的等级体系为基础的规则。他尤其支持"外部②"弟子加入这个新机构——特别是马克斯·艾廷贡③(MaxEitin-

---

① 真名为奥托·罗森菲尔德(Otto Rosenfeld)。参见 E. 詹姆斯·利伯曼(E. James Lieberman),《现实态的意志:奥托·兰克的生平和著作》(La Volonté en acte. La vie et l'œuvre d'Otto Rank)(1985年),巴黎,法国大学出版社,1991年。译者补注:E. 詹姆斯·利伯曼(1934—),美国精神病学家。
② 意为在原来团体之外。维也纳人汉斯·萨克斯(Hanns Sachs)也根本不是第一个团体的成员。他在1909年加入WPV,接着在1920年定居柏林,为柏林精神分析学院(Berliner Psychoanalytisches Institut[BPI])的飞速发展作出贡献。特奥多尔·赖克(Theodor Reik)——也是维也纳人——在1911年加入WPV。荣格的朋友奥斯卡·普菲斯特牧师在1909年拜访弗洛伊德,与他结下友谊。弗洛伊德和他有大量书信往来:《西格蒙德·弗洛伊德与普菲斯特牧师通信集》,前揭。参见《精神分析词典》,前揭。译者补注:汉斯·萨克斯(1881—1947),奥地利精神分析学家。特奥多尔·赖克(1881—1947),奥地利精神分析学家。
③ 马克斯·艾廷贡(1881—1943),白俄罗斯-德国医生、精神分析学家。——译注

gon)、桑多尔·费伦齐、卡尔·亚伯拉罕①(Karl Abraham)、卡尔·古斯塔夫·荣格(Carl Gustav Jung)、埃内斯特·琼斯。

就这样,弗洛伊德的第一代大弟子核心集团——皆为男士——在1907—1910年形成了,逐步推动着精神分析运动的国际化发展。这些人往往先在某个核心集团成员或弗洛伊德、费德恩、费伦齐那里接受治疗,然后从事精神分析工作。接替苏格拉底式宴会的是一个充满论争的学术协会,其职能是实施精神分析不再以维也纳为中心、转而面向欧洲、旋即又转向美洲大陆的策略。为了传播精神分析知识,弗洛伊德及其弟子在胡戈·黑勒的帮助下创立了三份期刊:1909年创刊的《精神病理学与精神分析研究年鉴》(*Jahrbuch für Psychoanalytische und Psychopathologische Forschungen*)、1910年创刊的《精神分析中心杂志·医学心理学月刊》(*Zentralblatt für Psychoanalyse, Medizinische Monatsschrift für Seelenkunde*),以及两年之后创刊的《意象》(*Imago*)。第一份期刊是全科刊物,第二份期刊是精神分析国际运动的喉舌,第三份期刊更有美学倾向②。

在新团体成员的影响下,弗洛伊德恢复了自与弗利斯绝交之后中断的写大量书信的习惯。他每天要用哥特字体写十来封信,信中既探讨理论、临床、政治问题,又谈论日常困惑。在通信中,他对弟子(无论男女)不用青年时代的朋友和家庭成员之间的称呼"你",而用亲爱的同事(*Lieber Herr Kollege*)、医生先生(*Herr Doktor*)、亲爱的朋友(*Lieber Freund*)、亲爱的琼斯(*Dear Jones*)、亲爱的玛丽、亲爱的公主、亲爱的露、尊敬的朋友,最好的人(*Verehrter Freund und liebster alle Männer*)③。

对所有的通信者,"教授先生"都会询问其妻儿的近况,关心他们的健康,而且从不忘记他们的生日。每个弟子都在这种交流中占有独特的位置,他对每个人都谈论其他人,为的是通过自己在他们之中建立一条纽带。他有时在同一天说出自相矛盾的话,常常以告诉某人关于另一人的

---

① 卡尔·亚伯拉罕(1877—1925),德国医生、精神病学家、精神分析学家。——译注
② 这三份刊物最终合并为《国际精神分析杂志和意象》(*Internationale Zeitschrift für Psychoanalyse und Imago*)(*IZP-Imago*)。后者在1941年停止刊行,被琼斯于1920年创建的《国际精神分析期刊》(*International Journal of Psychoanalysis*)(*IJP*)取代。参见《精神分析词典》,前揭。
③ 参见安德烈·博尔赞格尔,《西格蒙德·弗洛伊德的肖像》,前揭。

知心话为由泄露私密。因此每个人都觉得自己是导师最喜爱的弟子。这些人都是忠于精神分析事业——他们心目中 20 世纪最伟大的革命——的战士,往后都以在身边建立学派和团体、传播精神分析学说作为己任。没有一人卑躬屈膝,没有一人怀疑他们选择的导师的天才。弗洛伊德是他们家庭、私生活、人生经历的一部分①。

精神分析运动迈向国际化的这一步不仅导致各种理论或移情冲突,而且造成一部以"英雄传奇"为基础的正史。随着岁月的流逝,弗洛伊德被亲友视为孤独的思想家,受到不公正的抨击,但荣耀地战胜了外部和内部的敌人。1914 年,他本人也成为这个传奇的推手,因为他发表了一篇关于精神分析运动史的论文,在文中肯定精神分析是他的"东西"(*die Sache*):"精神分析事实上是我一手创立的;在十年中,我是唯一照管它的人,这个新理论在同辈人中引起的所有不快都化作批评倾注到我的头上②。"十一年后,应一名出版商的要求,他秉承同一思路写了一部自传(*Selbstdarstellung*),阐述了他的自我(*ego*)历程及促使他发现新事物的主体成因③。

这两部杰作把精神分析的混乱起源融成一个逼真的神话故事,故事围绕弗洛伊德的二元结构展开:受辱的父亲和奋起反抗、上升为英雄的儿子。弗洛伊德为这个建构注入一种理念,那就是精神分析——作为学科——意味着主体必须放弃自我中心的观念,因为它令自恋遭到三重打击④:人不再是宇宙的中心,不再置身于动物界之外,不再是自身的主宰。向汉尼拔和拿破仑认同的弗洛伊德不仅使他的理论富有俄狄浦斯的命运色彩,而且从此以后以哥白尼的继承人自居。这无异于一项新证明,证实他始终关注的是使他的运动能够参照起源史诗——一首配有他的寓言、

---

① 参见阿兰·德·米乔拉,《弗洛伊德在通信中的形象》(Images de Freud, au travers de sa correspondance),以及格哈德·菲希特纳,《作为历史资料的弗洛伊德书信》(Les lettres de Freud en tant que source historique)(附弗洛伊德书信目录),《精神分析史国际期刊》(*Revue internationale d'histoire de la psychanalyse*),2,1989 年,第 9—108 页。伊丽莎白·卢迪内斯库,未发表的弗洛伊德通信研讨会(Séminaire inédit sur la correspondance de Freud),1999 年。
② 西格蒙德·弗洛伊德,《论精神分析运动史》(*Sur l'histoire du mouvement psychanalytique*)(1914 年),巴黎,伽利玛出版社,1991 年,第 13 页。
③ 西格蒙德·弗洛伊德,《弗洛伊德自传》,前揭。
④ 西格蒙德·弗洛伊德,《精神分析的一个难题》(Une difficulté de la psychanalyse)(1917 年),见《弗洛伊德全集/精神分析》,第十五部,前揭,第 41—51 页。

神话、宗教故事(histoire pieuse)和意象的武功歌。

1908年,新"弗洛伊德学派心理学家"第一次大会在萨尔茨堡(Salzbourg)举行。来自六个国家的四十二人参加该会,并计划两年之后在纽伦堡(Nuremberg)重新聚首。因为决心剔除"维也纳犹太人聚集区"精神分析,弗洛伊德在1910年联合费伦齐创立被他称为"协会"(Verein)的国际精神分析协会①(IPV)。他委任荣格为协会主席。熟知内幕的费伦齐在致辞中出色发挥历史学家的作用,把精神分析运动分为三大阶段:弗洛伊德建立小团体的"英雄"时期(1896—1907年),使他得以将精神分析植入精神病学土壤的"荣格"时期(1907—1909年),因其大西洋彼岸之行而形成的"美国"时期(1909—1910年)。

继这次激昂的演说之后,费伦齐表明精神分析运动必须服从理性纪律的约束,必须洞悉各个组织的未来:"我了解协会的毛病,我知道政治、社会和科学集团中何等流行幼稚狂妄、虚荣自负、空洞教条、盲目服从,何等流行以私人利益取代谋求集体福祉的认真工作②。"从萨尔茨堡和纽伦堡大会之后到1918年,"协会"每两年在德语国家、即同盟国举办一次大会:魏玛(Weimar)(1911年)、慕尼黑(1913年)、布达佩斯(1918年)。在第一次世界大战后,从1920年到1936年,会议地点的选择范围不断扩大:海牙、柏林、萨尔茨堡、巴特洪堡(Bad-Homburg)③、因斯布鲁克(Innsbruck)、牛津(Oxford)、威斯巴登④(Wiesbaden)、卢塞恩⑤(Lucerne)、玛丽安巴德⑥(Marienbad)——荷兰、瑞士、英国都被纳入其中。

桑多尔·费伦齐是布达佩斯知识分子的典型代表。他的父亲是一名波兰籍犹太书商,支持自由主义事业,拥护民族之春。他被受人崇敬的父亲按照启蒙主义理念抚养成人,热忱地研读医学,像同辈知识分子一样怀有一种信念:必须抛弃旧匈牙利的嗜古梦,使它转变为类似于西方民主国

---

① 它在1936年变成国际精神分析协会(IPA,全称"International Psychoanalytical Association")。从1910年起,所有法定团体(包括 WPV)都被并入这个集权化组织——"国际精神分析协会"(Internationale Psychoanalytische Vereinigung)。

② 桑多尔·费伦齐,《全集:精神分析,第一部:1908—1912年》(*Œuvres complètes. Psychanalyse*, t. I: *1908—1912*),巴黎,帕约出版社,1968年,第166页。

③ 德国市镇名。——译注

④ 德国城市名。——译注

⑤ 瑞士城市名。——译注

⑥ 捷克镇名,又称"玛丽亚温泉市",以温泉而闻名。——译注

家的现代国度。

他和弗洛伊德截然相反,马上就受到由先锋派杂志主导的关于新艺术、妇女解放、性自由和人类新科学发展之争的影响。1905年,时年三十二岁、曾在圣罗赫(Saint-Roch)医院工作的费伦齐一边到私人诊所开业做全科、神经科和精神病科医生,一边以专家身份为法院工作。他沉迷于达尔文主义,热衷催眠、通灵论、传心术、神秘学和神话,深为麻醉品和心身现象的研究所吸引,兼具哲学和文学修养,在一篇提交布达佩斯医学协会的文章中为男同性恋者大胆辩护。

费伦齐以马格努斯·赫希菲尔德①(Magnus Hirschfeld)的研究为依据,驳斥一切谴责,反对退化论,推崇人类特有的双性恋概念。他杂乱地举出柏拉图、达·芬奇、米开朗基罗、奥斯卡·王尔德的例子:"没有人会惩罚与同性相爱的人。同样,只要不对社会造成任何损害,同性恋不应受到处置。法学家有权保护我们社会的利益,但无权为后果不严重的行为处罚某些人。因为如果连这样的行为都不放过,他们必然抛弃一些具有巨大价值的人——这些人会因不受欢迎的本能而受鬼鬼祟祟的庸俗之徒折磨。这对社会并无好处②。"

富有女性气质的费伦齐耽于声色之乐,对父母的痛苦很敏感,在1908

---

① 马格努斯·赫希菲尔德(1868—1935):德国精神病学家。他努力使人更好地理解"性的中间状态"(同性恋、异装癖、两性同体、异性癖),从1908年到1911年参与创建柏林精神分析协会。1897年,他建立第一个支持平等权利的组织:科学人道主义委员会(Wissenschaftlich-humanitäres Komitee),该组织后来变成赫希菲尔德研究所。参见萝尔·缪拉(Laure Murat),《类型的法则:第三性的文化史》(*La Loi du genre. Une histoire culturelle du troisième sexe*),巴黎,法亚尔出版社,2006年。译者补注:萝尔·缪拉[1967—],法国历史学家、作家。——译注)
② 桑多尔·费伦齐,《性的中间状态》(États sexuels intermédiaires),见《布达佩斯文集》(*Les écrits de Budapest*),巴黎,埃佩尔出版社(EPEL),1994年,第255页。以及桑多尔·费伦齐,《全集:精神分析,第一部:1908—1912年》,巴黎,帕约出版社,1968年;《全集:精神分析,第二部:1913—1919年》,巴黎,帕约出版社,1970年;《全集:精神分析,第三部:1919—1926年》,巴黎,帕约出版社,1974年;《全集:精神分析,第四部:1927—1933年》,巴黎,帕约出版社,1982年;《临床日志:1932年1—10月》(*Journal clinique, janvier-octobre* 1932),巴黎,帕约出版社,1985年。以及奥托·兰克,《精神分析前景》(*Perspectives de la psychanalyse*)(维也纳,1924年),巴黎,帕约出版社,1994年;格尔克·格罗德克(Georg Groddeck),《通信集》(*Correspondance*),巴黎,帕约出版社,1982年。以及西格蒙德·弗洛伊德,《通信集第一卷:1908—1914年》(*Correspondance*, t. I: *1908—1914*),巴黎,卡拉曼-莱维出版社,1992年;《通信集第二卷:1914—1919年》(*Correspondance*, t. II: *1914—1919*),巴黎,卡拉曼-莱维出版社,1996年;《通信集第三卷:1920—1933年》(*Correspondance*, t. III: *1920—1933*),巴黎,卡拉曼-莱维出版社,2000年。译者补注:格尔克·格罗德克(1866—1934),德国医生、心理治疗师。

年遇到弗洛伊德后成为其最亲密的弟子:他不是王储或继承人,而是深受导师宠爱的养子——弗洛伊德喜欢他到一心想把女儿玛蒂尔德许配给他的地步。费伦齐自诩为"查理大帝的侍卫""隐秘首相"或"宫廷占星师",喜欢拜访布达佩斯的女通灵师。他拒不接受弗洛伊德的专断作风,在讨论时无所顾忌地表达异议,但从未想过离开弗洛伊德。在二十五年中,二人的通信达一千二百封——它们形成一个临床和理论的创意宝库,散布着知心话,夹杂着美好年代的风俗习惯和弗洛伊德学说信徒的日常生活的宝贵记录。远比弗洛伊德更像治疗师的费伦齐提出**反移情**(contre-transfert)的概念,一生都在修正治疗原理,不断将共情引入他与病人、学生的关系中。

如同第一个团体的大多数弟子,他把治疗和私生活、家事搅在一起。1908年,他给尚未与第一任丈夫离婚的情妇吉泽拉·帕洛什(Gizella Palos)作分析——她的大女儿玛格达(Magda)嫁给其弟拉约什·费伦齐(Lajos Ferenczi)。三年后,他又决定为吉泽拉的小女儿、受抑郁症折磨的埃尔玛(Elma)作分析,旋即爱上了她。他在信中向弗洛伊德吐露自己的困境,弗洛伊德又一次兴味盎然地当起了"犹太媒人"和家庭内部恋情的专家。弗洛伊德也过类似的经历:或是爱上一位少女,却又被其母吸引;或是极力帮助未婚妻摆脱母亲的影响,同时成为后者另一个女儿的伙伴。此外,他一直在研究人类的乱伦欲望①,思考爱情和移情之间的关系。

将欲望、爱情和移情混为一谈的费伦齐决心娶埃尔玛,同时逼着弗洛伊德为她作分析。在导师的长沙发上分析自己的反移情后,他又改变主意,放弃结婚的念头。他以为自己钟情于这位少女,实际上爱的却是她的母亲,最终在发觉后者也依恋他时娶其为妻。1919年,在重读他们之间记录整个"精神分析最新发展史"的通信时,费伦齐对弗洛伊德的关怀深表感谢:"此时,我仿佛在灵性之光的启迪下悟觉一事:从您劝我别娶埃尔玛之时起,我就对您本人产生了阻抗,这种连精神分析治疗都无法克服的阻抗造成我所有的敏感反应。虽然心中怀有无意识的怨恨,但作为忠实

---

① 读者可在1912年问世的《图腾与禁忌》(*Totem et tabou*,巴黎,伽利玛出版社,1993年)中再度见到这个主题。

的'儿子',我还是听从您的一切建议,离开了埃尔玛,重新转向现在的妻子(吉泽拉)。尽管无数次受到重复的诱惑,我仍然坚守在她的身边①。"

弗洛伊德越是对费伦齐亲切慈爱,就越是与卡尔·亚伯拉罕保持距离。和蔼认真、能言善辩、知书达理的亚伯拉罕终其一生——他在1925年过早离世——都是一名理智的精神分析正统派人士,一块"青铜岩"——按照弗洛伊德的说法——竭尽全力向柏林精神病学界灌输常识,组建一个稳固的临床医生协会。他是唯一不为感情问题或与女病人的风流韵事向弗洛伊德求教的弟子。他给六岁的女儿、后来成为精神分析学家的希尔达·亚伯拉罕(Hilda Abraham)施行分析,并在1913年的一篇文章中介绍他的"个案"②。1907年12月,他赴维也纳与弗洛伊德晤面。弗洛伊德已在数月之前接待了来自苏黎世的访客马克斯·艾廷贡,并在日后"黄昏散步"时为他进行分析。

马克斯·艾廷贡是一个源于白俄罗斯的正统犹太家庭的次子,坚定地信奉犹太复国主义,从小就习惯于频繁搬迁的生活。富有的皮货商父亲在他十二岁时定居莱比锡,他便在当地入学,后以旁听生的身份先后在马尔堡③(Marbourg)、海德堡(Heidelberg)修习大学课程。1902年,决心成为精神病科医生的艾廷贡在苏黎世的伯格霍茨里④(Burghölzli)医院担任尤金·布鲁勒⑤(Eugen Bleuler)的助手。他就在这家医院中结识卡尔·古斯塔夫·荣格和亚伯拉罕,1909年又在柏林——他一直住在柏林,直到1934年移居巴勒斯坦为止——与他们重逢⑥。同盟国垮台之后,

---

① 西格蒙德·弗洛伊德和桑多尔·费伦齐,《通信集,第二卷:1914—1919年》,前揭,《费伦齐1919年5月23日的信》,第393—394页。
② 卡尔·亚伯拉罕,《全集》(*Œuvres complètes*)(1965年),巴黎,帕约出版社,二卷本,1989年。西格蒙德·弗洛伊德和卡尔·亚伯拉罕,《1907—1925年通信集》(*Correspondance, 1907—1925*)(法兰克福,1965年),巴黎,伽利玛出版社,2006年。
③ 德国城市名。——译注
④ 即苏黎世大学精神病医院。——译注
⑤ 尤金·布鲁勒(1857—1939),瑞士精神病学家,以提出"精神分裂症"一词而闻名。——译注
⑥ 弗洛伊德和艾廷贡的通信达八百二十一封:《1906—1939年通信集》(*Correspondance, 1906—1939*)(2004年),巴黎,阿歇特文学出版公司(Hachette Littératures),2009年。吉多·利伯曼(Guido Liebermann),《1918—1948年巴勒斯坦的精神分析:以色列分析运动起源》(*La Psychanalyse en Palestine, 1918—1948. Aux origines du mouvement analytique israélien*),巴黎,昔日田园出版社,2012年。译者补注:吉多·利伯曼(1961—),以色列精神分析师、历史学家、临床心理学家。

为精神分析着想的艾廷贡在1920年2月创建了第一个精神分析培训机构柏林精神分析学院(Berliner Psychoanalytisches Institut[BPI])——这是他的毕生心血的结晶,被后来在世界各地建立的所有类似机构奉为楷模①。在动荡不安的生活中,他将财产献给这个机构,倡议在城市中的诊所(policlinique②)内为穷人提供免费治疗,而对其他病人提供付费治疗。1930年,唯有他——用埃内斯特·琼斯的话来说——成为"整个国际精神分析运动的核心"。

宏伟的伯格霍茨里医院座落在苏黎世的东南面,位于里斯巴赫(Riesbach)区树木繁茂的山冈上,从1870年成立之时开始收治患有精神障碍的病人。建筑师特意修建背向湖泊的房屋,以免有自杀倾向的住院病人看到水。在奥古斯特·福雷尔③(August Forel)、继而是尤金·布鲁勒的管理下,这座享有盛誉的堡垒在20世纪初采用新的精神病研究方法,并逐渐成为所有精神疾病专家的必经之地。在这样的背景下,弗洛伊德理解梦和无意识世界的方法受到狂热崇拜:年轻的精神病治疗师都将维也纳的成果视为可使精神病学走出医疗虚无主义的创举。

1898年,在布鲁勒开始掌管这家医院时,影响遍及欧洲和全世界的德语精神病学仍以埃米尔·克雷珀林④(Emil Kraepelin)的疾病分类体系为主导。这位弗洛伊德的同辈人建立了一套严格的精神疾病分类系统,热衷于几乎不谋求改善精神病人境况、遏制精神病的观念。克雷珀林的体系虽然影响巨大,但因以聆听病人心声为基础的研究方式取得进展,它已在解体。倾听病人的痛苦,解读他们的语言,理解他们谵妄的意义,与他们建立移情关系:这便是伯格霍茨里医院宣扬的治疗方法⑤。

正是通过对早发性痴呆(*Dementia praecox*)的长期研究,布鲁勒在1911年总结出这套疗法,并将一种以思想的支离破碎和谵妄活动为特征的精神病称为精神分裂症(schizophrénie)。他将该病纳入心理疾病的范畴,认为其

---

① 关于精神分析在柏林的发展,参见下文。
② 勿与"治疗各科疾病的综合诊所"(polyclinique)一词混淆。
③ 奥古斯特·福雷尔(1848—1931),瑞士昆虫学家、神经解剖学家、精神病学家、优生学家。——译注
④ 埃米尔·克雷珀林(1856—1926),德国精神病学家。——译注
⑤ 读者可在艾伦伯格的作品《无意识探索史》(前揭)中找到对该医院工作极其精彩的描述。以及《精神分析词典》,前揭。

特征是人格分裂（Spaltung）和自闭（autisme）[①]，但未放弃器质病因论。

虽然不赞同弗洛伊德的性概念，布鲁勒还是建议将精神分析归入精神病疗法。二人有一点相似之处：正如弗洛伊德将癔症变为神经症的现代范式，布鲁勒同样创造了精神分裂症一词，并把它变成20世纪的精神病结构模型。

当荣格——布鲁勒彼时的助手——在1905年10月初遇弗洛伊德时，后者已知此次会面将对精神分析运动史具有关键意义。到那时为止，精神分析似乎只被用于治疗神经症，而如今在维也纳以外、远离柏林的地方，精神病领域向它开放了：这是一块新的"应许之地"。精神分析越是一种伴随传统家庭转变产生的、必须以病人直面自身为前提的城市现象，精神病学——作为医学科目——就越是依赖集体的心理治疗观。此外，从19世纪中叶起，精神病院迁到城外的自然环境中。这意味着创建临时或固定的生活场所，代替无力支撑的家庭照料亲人。就这样，大型公立或私立医院按照寄宿学校和疗养院的模式——医生和病人、护士和看护一起住在医院中——发展起来。湖泊众多、群山环绕的瑞士凭借联邦体制和得天独厚的地理优势，加上受加尔文派影响的强大教育传统，在数十年中成为医院最发达的欧洲国家之一。荣格像布鲁勒和整个伯格霍茨里团队一样滴酒不沾。他对精神病有深刻的了解，对精神病人有真正的兴趣。他从不担心精神病人的威胁——因为他知道自己能够用拳头反击——还与他们举办跳舞晚会和化妆舞会。

弗洛伊德第一次与布鲁勒的高足正面交锋。这是一位智力卓绝的年轻弟子，完全不依附他，已经因研究自由联想和精神疾病的心理起因而闻名于世[②]。

[①] 尤金·布鲁勒，《早发性痴呆或精神分裂症组》（*Dementia praecox ou groupe des schizophrénies*）（莱比锡，1911年），巴黎，埃佩尔-格莱克出版社（EPEL-GREC），1993年。

[②] 荣格的著作没有标准的法语版本。他的部分作品由阿尔班·米歇尔出版社译出。特别参见《精神疾病的心理起源》（*Psychogenèse des maladies mentales*），巴黎，阿尔班·米歇尔出版社，2001年。在1906年和1914年之间，弗洛伊德和荣格通信三百五十九封，伽利玛出版社于1975年将它们分成两卷出版。关于荣格的私生活，最佳资料是迪尔德丽·贝尔（Deirdre Bair）的传记《荣格》（*Jung*），巴黎，弗拉马里翁出版社（Flammarion），2007年。这位作者曾特别查阅《记录》（*Protocoles*），这些经过整理的面谈文字是荣格自传（Ma vie）的雏形。各种传记为弗洛伊德与荣格的关系提供了多个版本。在艾伦伯格的《无意识探索史》（前揭）中，读者可看到一篇对荣格命运的精彩分析。亦可参见卡尔·古斯塔夫·荣格，《自传：回忆·梦·思考》（*Ma vie. Souvenirs, rêves et pensées*），阿妮艾拉·嘉菲（Aniéla Jaffé）汇编（苏黎世，1962年），巴黎，伽利玛出版社，1966年。荣格全集有英语和德语版本。荣格在1953年8月29日与库尔特·艾斯勒对话，美国国会图书馆，114号箱，4号文件夹。译者补注：迪尔德丽·贝尔（1935— ），美国传记作家。阿妮艾拉·嘉菲（1903—1991），瑞士心理分析师，荣格的主要合作者之一。

他打算把这位一有机会便犯谎语癖(mythomane)的牧师天才儿子迅速培养成"王储"——在他看来,荣格既非犹太人,也非维也纳人,因此对他更有帮助。他把这位像他一样向往辉煌人生的三十岁青年放到这样一个位置上,打算使精神分析摆脱令人生畏的、伴随"泛性论①"指责产生的"犹太科学"称号。所以,他在这段时期不愿正视这一事实:他亲爱的王储——他将后者自然地比作约书亚②(Josué)——与"犹太问题"有一种至少是暧昧的关系③。这并未逃过卡尔·亚伯拉罕的眼睛,如他在1908年对弗洛伊德所言:"恕我直言,您比荣格更容易理解我的想法,因为……我们的种族关系,您更接近我的精神构造,而他——作为基督徒和牧师的儿子——只能怀着强烈的内心阻抗找到理解我的途径。他的加入只会更有价值。我几乎要说,只有他入局,精神分析才能摆脱成为犹太民族职业的危险④。"

弗洛伊德越是秉承唯理主义科学观,越是秉承容不得任何相对主义的普世说,荣格就越是承袭一种截然不同的传统,融秘术、反唯物论、通灵论、神秘学、灵性冲动、对阈下无意识(inconscient subliminal)和多重人格现象的喜好⑤、对民族心理学的认同为一体。弗洛伊德是神经科医生和生理学家,一边禁欲,一边建立性驱力至上的理论。相反,荣格则是嗜读哲学著作,尤其是康德、尼采和黑格尔的作品的精神病学家,力图成为广义力比多——被理解为"生命能量"——的信徒。他既赞成一夫多妻制,又信奉加尔文教义,与多名女病人——后都成为他的学生——发生恋情。

---

① 西格蒙德·弗洛伊德和卡尔·亚伯拉罕,《1907—1925年通信全集》(1965年),巴黎,伽利玛出版社,2006年,《1908年5月3日的信》,第71页。
② "您将是那个——像约书亚一样,如果我是摩西的话——获得精神病学应许之地的人,而我只能远远地看着它",西格蒙德·弗洛伊德和卡尔·古斯塔夫·荣格,《通信集第一卷:1906—1909年》,前揭,《弗洛伊德1909年1月17日的信》,第271页。译者补注:约书亚,《旧约圣经》中的希伯来领袖,摩西助手嫩的儿子。
③ 参见伊丽莎白·卢迪内斯库,《卡尔·古斯塔夫·荣格:从原型到纳粹主义——差异心理学的种种变体》(Carl Gustav Jung. De l'archétype au nazisme. Dérives d'une psychologie de la différence),《无止境》(L'Infini,法国文学期刊名),63,1998年秋季刊。
④ 西格蒙德·弗洛伊德和卡尔·亚伯拉罕,《1907—1925年通信全集》,前揭,《1908年5月3日的信》,第71页。正如笔者曾经强调的,弗洛伊德像所有同时代人一样使用"种族"一词和19世纪语文学家创造的术语"闪米特""雅利安"。参见伊丽莎白·卢迪内斯库,《回顾犹太问题》,前揭。
⑤ 荣格深受特奥多尔·弗卢努瓦著作《从印度到火星》(Des Indes à la planète Mars)(日内瓦,1900年,巴黎,瑟伊出版社,1983年)的影响。参见伊丽莎白·卢迪内斯库,HPF-JL,前揭。

二人起先相知恨晚,接着发生冲突,继而争执不休。在1913年决裂之后,弗洛伊德指责荣格陷入"神秘学的泥潭",荣格则仿佛重获自由,虽然他随后爆发一场忧郁症危机①。他终其一生都意识到弗洛伊德学说相较其理论的优势②,但他自觉社会地位高于弗洛伊德——在他眼里,后者不过是一个出身普通阶层、娶了个穷老婆的犹太商人儿子③。至于坚信自己思想体系的弗洛伊德,他又一次喜欢上一个人,与之先亲如父子,后反目成仇。

荣格有个紊乱的童年,以致成年之后,恐怖的回忆总是萦绕心头,令他厌恶耶稣会教团和天主教教堂,使他记得幻想的耻辱感是多么频繁地出现在整个求学生涯中。事实上不断有人提醒他,他的祖父是另一个卡尔·古斯塔夫——这位又称"大卡尔·古斯塔夫"的医生兼巴塞尔大学校长被一条深入人心的传闻说成歌德的私生子。

年轻的荣格容易发脾气,反抗父权秩序,屡屡陷入昏厥状态。在决心学医之前,他早早地遁入沉思冥想,埋头研究西方文明的重要著作,以期忘却烦恼。他从自己的家庭,尤其是母亲那边获得对精神病的直观觉认识——他的母亲艾米莉·普雷斯沃克(Emilie Preiswerk)时常当着他的面,同他的父亲(一位有宗教幻象的牧师)、弟弟、侄女们一起施展招魂术。在开始与弗洛伊德频繁通信时,他觉得遇到一位能够把他从性侵犯造成的耻辱感中解救出来的救世主:"事实上——我必须向您坦白承认——作为人,作为探索者,我无限地钦佩您,而且在意识层面不妒忌您。我之所以产生自我保护情结,并不是为了这个原因,而是因为我对您的崇敬之情具有狂热的宗教痴迷特点。虽然这种特点不会使我产生任何其他不快,但它无可辩驳的性协调还是令我有厌恶荒唐之感。这种糟糕的感觉源自一事:我幼时曾遭一同性恋者的侵犯,而此人原为我的崇拜对象④。"

---

① 即艾伦伯格所谓的"创造性神经症"(névrose créatrice)。
② 荣格后来开创分析心理学,但未避开宗派主义的暗礁。从20世纪30年代起,他的反闪米特主义倾向越来越明显。有许多著作记述弗洛伊德和荣格的决裂。迪尔德丽·贝尔和彼得·盖伊提供了截然不同的版本,但都比琼斯的版本更加客观。最有意思的是琳达·唐(Linda Donn)的版本:《弗洛伊德和荣格:从友爱到绝交》(*Freud et Jung. De l'amitié à la rupture*)(1988年),巴黎,法国大学出版社,1995年。译者补注:琳达·唐,美国当代作家,临床心理学硕士。
③ 迪尔德丽·贝尔,《荣格》,前揭,第257页。
④ 西格蒙德·弗洛伊德和卡尔·古斯塔夫·荣格,《通信集,第一部:1906—1909年》,前揭,《1907年10月28日的信》,第149页。弗洛伊德是提出"自我保护情结"说的第一人。对荣格实行性侵的人是其父亲的朋友,一位天主教神甫。参见迪尔德丽·贝尔,《荣格》,前揭,第115页。

在 1895 年成为布鲁勒助手的荣格以一位患梦游症的年轻女灵媒案例进行论文答辩,后来人们发现案主就是他的表妹海伦·普雷斯沃克(Helene Preiswerk)。在这个研究——实乃隐蔽的自传——中,他用骇人的笔调描绘女患者的家庭环境,把她变成观察对象,强调她的父母是精神病人,以倨傲的态度对她施行治疗。这篇颇受弗卢努瓦好评的文章惹怒了很多人[1]。

荣格与艾玛·劳申巴赫(Emma Rauschenbach)结婚,摆脱了他的家庭。艾玛是一名美丽、聪颖、富有、高雅的女性,她的财产不仅使他得以专心写作,无需担心收入,而且能够享有优越的生活,时常出入瑞士德语区最好的上流金融资产阶级圈子。她尽管受到母亲和妻子身份的束缚,屡屡被怀孕弄得疲惫不堪,多次因丈夫的不忠伤心欲绝,还是在接受他的分析后变成他的学生。

1907 年 3 月 3 日星期日,像往常一样仪态万方的艾玛陪丈夫到维也纳初访弗洛伊德。弗洛伊德手持一束鲜花在私宅迎接。紧张不安的荣格请路德维希·宾斯万格(Ludwig Binswanger)一起参加这场梦寐以求的晤面。年轻的路德维希·宾斯万格是奥图·宾斯万格[2](Otto Binswanger)的侄子、著名的克罗伊茨林根疗养院——贝尔塔·帕彭海姆住过的地方——的大老板,极想认识这位令他钦佩至极的大师[3]。

弗洛伊德对不像其身边的女性、出自另一社会阶层的艾玛印象深刻,显得极为客气。访客受邀与弗洛伊德全家一起进餐,大家很快就看出二人急于单独交谈——这场面谈一直持续到半夜[4]。荣格滔滔不绝地讲了

---

[1] 海伦的侄女斯特凡妮·楚姆施泰因-普雷斯沃克(Stephanie Zumstein-Preiswerk)在 1975 年披露此事,艾伦伯格对此作过研究。参见《灵魂的医学》,前揭。

[2] 奥图·宾斯万格(1881—1966),瑞士精神病学家和神经学家。

[3] 路德维希·宾斯万格(1881—1966)是精神病学家,受到源自胡塞尔和海德格尔的现象学潮流的影响,终生仰慕弗洛伊德并推崇其理论。参见西格蒙德·弗洛伊德和路德维希·宾斯万格,《1908—1914 年通信集》(*Correspondance, 1908—1914*)(1992 年),巴黎,卡拉曼-莱维出版社,1995 年。

[4] 关于这次晤面有好几个版本,但弗洛伊德既未在精神分析运动史论文,也未在自传中提及这场面谈。因此,笔者翻阅了各种原始资料。参见荣格,《自传》,前揭,以及《卡尔·古斯塔夫·荣格和库尔特·艾斯勒对话的打字稿》(*Entretien dactylographié de Carl Gustav Jung avec Kurt Eissler*)(1953 年),美国国会图书馆。迪尔德丽·贝尔在《荣格》(前揭,第 182—189 页)中提供了一段相当可靠的描述。亦可参见路德维希·宾斯万格部分记述这一事件的《谈话、历程和弗洛伊德》(*Discours, parcours et Freud*),巴黎,伽利玛出版社,1970 年,第 267—277 页。马丁·弗洛伊德,《我的父亲弗洛伊德》(*Freud, mon père*)(伦敦,1957 年),巴黎,德诺埃尔出版社,1975 年。亦可参见琳达·唐,《弗洛伊德和荣格:从友爱到绝交》,前揭。

三个小时,弗洛伊德最后不得不打断他,建议他用有条理的方式谈话。接着,他们又谈了十个小时,觉得彼此的看法有一致之处。令荣格震惊的是,弗洛伊德"完全"缺乏"哲学意识",秉持"实证主义",而且过度推崇自己的性理论。

在谈话时,书架突然发出一声巨响,吓了他们一跳。荣格坚信这是"蜡屈症外化①"(extériorisation cataleptique)现象,密切注意另一世界的声音,宣称马上会听到第二次响声。弗洛伊德认为客人的迷信"纯属无稽之谈",但在第二次爆裂声响起时,荣格相信在他的脸上看到一丝惊骇的表情。

荣格虽然确信弗洛伊德具有极高的天赋,但也当即认定前者的神经症将成为他们关系中难以克服的障碍。弗洛伊德尽管担心荣格达不到他的期望,还是建议他加入自己的团体。不料充满优越感的荣格很快就把他们视为一帮"艺术家、颓废派作家和平庸之徒②"。其实从第一次见面开始,弗洛伊德和荣格就在一种难以为继的境地中面对彼此。弗洛伊德以为找到一个能够支持其学说的继承人,荣格却觉得遇见一位可以爱护他的父亲。就在双方都极力让自己相信彼此能够结成强有力的联盟时,儿子已在反抗父亲,而弗洛伊德也在担忧这位想象中的约书亚会变成他的头号劲敌。

此外,二位主角在这个时候都不愿正视一事,那就是弗洛伊德的创举从严格意义上说(stricto sensu)不大适合精神病医院。"教授先生"的大部分学生——以荣格为首——都是精神病学家,都认为——却也不无道理——承袭动力学的精神分析法将彻底转变西方社会看待精神病的眼光。如果弗洛伊德将这门学科视作有待征服的应许之地,那么精神病学家则把精神分析当成使他们能够征服它的武器。

不管怎样,精神分析概念体系其实是以真正摒弃精神病学和医学心理学的通用概念为基础的。欣赏菲利普·皮内尔③(Philippe Pinel)的弗

---

① 通灵论的信徒认为,蜡屈症病人散发出一种流体,可引起家具的爆裂声,使独脚小圆桌被略微抬起,造成物品的移动。
② 埃内斯特·琼斯,《西格蒙德·弗洛伊德的生平和著作第二卷:1901—1919年》,前揭,第36页。众所周知,弗洛伊德本人对星期三学会第一批弟子几乎没有好感,如他后来对宾斯万格所言:"您现在看到这帮人了?",参见路德维希·宾斯万格,《谈话、历程和弗洛伊德》,前揭,第271页。因此他希望在身边建一个新团体。
③ 菲利普·皮内尔(1745—1826),法国医生,率先以人道主义态度对待精神病患者。

洛伊德从来不用精神病学家的词汇:精神状态、人格、性格、双重人格、临床心理学、精神错乱、行为等。他不开药方,不想整顿精神病院,也不关心如何管理精神病人的集体生活。他只注重言说(parole)、语言(langage)、性、神经症、生命、死亡。在他看来,人的命运围绕审查机构(instance)、能量法则、拓扑论展开。总之,弗洛伊德认为精神病是对谵妄现实的无意识重构,把它纳入一个它据以区分神经症、倒错的三方结构中。

弗洛伊德既非精神病学家,也非性学家,不接受任何形式的专业术语。他并不当真认为疯子可以分析,因为他们的无意识是裸露的。所以,在接触患精神病的个体时,他一直试图把精神病"神经症化"。弗洛伊德首先是心理医生,研究语词、梦和神话学的人文主义者,治疗孤独之苦的临床大夫,受过神经学和生理学训练的科学家。精神病学领域具有自己的标准分类、精神病院体系和对人体、行为的观察。这是个被巧妙设成国中国的世界,是个与世隔绝的世界,是布鲁勒、荣格、宾斯万格和其他许多人的天地,但它不属于弗洛伊德。

在值得纪念的贝尔加泽街晤面翌日,弗洛伊德就请荣格和宾斯万格讲述他们的梦——这是他最喜欢的练习。宾斯万格后来提到此事:"我再也想不起荣格的梦了,但我记得弗洛伊德的解析。他的分析倾向于表明,荣格想把他赶下宝座,取而代之。我梦见贝尔加泽街19号屋的入口,这个地方正在翻修,因此匆忙地挂着一盏暗旧的分枝吊灯。弗洛伊德的解释在我看来不完全令人信服……这个梦含有娶他女儿(长女)的愿望,同时也有拒不接受这个愿望的意思,因为他宣称……'我不会娶家里挂的灯这么寒酸的人。'①"

弗洛伊德和荣格在很长时间里继续沉湎于解梦的狂热中。像第一个团体的所有弟子一样,二人都满怀信心地认为,通过他们共同的理论,无意识从此之后以惊天动地之势进入欧洲社会的日常生活。一切发生得仿佛在很长时间里无法再想象把梦沉入睡眠、把梦藏到夜生活的最深处,因为通过弗洛伊德神奇的解释,人已变成梦的化身。这就是新时代的格言,诗人若埃·布斯凯②(Joë Bousquet)把它总结成一句激动人心的话:"我从

---

① 路德维希·宾斯万格,《谈话、历程和弗洛伊德》,前揭,第268—269页。
② 若埃·布斯凯(1897—1950),法国诗人、作家。

此以后属于这样一个时代:大家不再做梦,因为人已变成梦。"

这一代弗洛伊德主义者都相信,以他们为代表的象征革命必将蔓延到所有思想领域。精神分析理当被"运用"于文学、神话宗教研究、历史学、人类学、艺术和人类所有的创造活动。为了区别应用精神分析学与"病迹学"(pathographie)——随着医学话语严密管制精神病人生活的企图发展起来的学科——以及星期三学会,接着是维也纳精神分析协会接连展开激烈的讨论。

正是在这样的背景下,荣格极为欣喜地收到弗洛伊德关于威廉·延森[1](Wilhelm Jensen)小说《格拉蒂娃:庞贝的幻象》(*Gradiva*[2], *fantaisie pompéienne*)的论文[3]。这个年轻的苏黎世人也喜欢讲述梦境,比较文学文本和临床报告。他已对著名的世界神话和东方学产生兴趣。他知道弗洛伊德迷上了一个有名的浅浮雕:一位年轻的希腊少女正在步行,稍稍提起衣服露出穿便鞋的脚,一脚平放在地上,另一脚抬起,仿佛只有脚趾尖触及地面。这就是模塑石像神秘女郎格拉蒂娃,她披着乱褶的古希腊内长衣(tunique),像战士一样向前迈步,走向未知的目的地:她想投入战斗还是献出生命?

这部延森的作品在 1903 年问世,集 20 世纪初爱情文学的所有主题于一体:梦幻与现实的混淆,在过去和当下、妄想和欲望之间的穿梭,随处可见的古代废墟、死女人、哀悼和渐渐消退的激情。弗洛伊德被格拉蒂娃深深吸引,最后买下这个浅浮雕的模塑品,把它挂在书房的墙上。

在延森的这部中篇小说中,浅浮雕女像吸引了年轻的考古学家诺贝特·哈诺尔德(Norbert Hanold)的目光,令他坠入爱河。在一场噩梦中,他看到庞贝在公元 1 世纪的火山爆发中毁灭,她也葬身于这场灾难。他醒来时认定梦到的都是真实场景,又在路上瞥见一个酷似格拉蒂娃的身影,便动身前往庞贝。他在庞贝参观废墟时看到一位少女,觉得遇上了死而复生的格拉蒂娃。这位少女名叫佐艾·博特刚(Zoé Bertgang),意为

---

[1] 威廉·延森(1837—1911),德国诗人、作家。
[2] 拉丁文"Gradiva"意为"行走者"。——译注
[3] 西格蒙德·弗洛伊德,《威廉·延森〈格拉蒂娃〉中的谵妄和梦》(*Le Délire et les rêves dans la «Gradiva» de W. Jensen*)(1907 年),巴黎,伽利玛出版社,1986 年。以及同名作品,巴黎,瑟伊出版社,"观点"(*Points Essais*)丛书,2013 年,附亨利·雷伊-弗洛的精彩序言。

"走路熠熠生辉的女子"。她理解哈诺尔德的精神状态,帮他从被压抑的记忆中走出来,成功地治愈了他。实际上,她与他同住一个城市,是他儿时的亲密玩伴。

这篇小说能够迷住"教授先生",还引起荣格的注意,这都不难理解。它看起来演绎了无意识和梦的机制:小说人物分别扮演病人和治疗师的角色。它使弗洛伊德更加坚信作家编造的梦可被理解为病人的梦。更重要的是,这篇小说完美地诠释了他对亚瑟·史尼兹勒说过的话:"我常常纳闷您从何处获知这个或那个秘密,而我只能通过艰苦的研究了解它们。我开始佩服作家了——他们已经令我羡慕不已[1]。"

弗洛伊德希望了解更多,却遇到很大困难。事实上,他寄给延森一本自己的论文,随后收到一封表示理解其作品的客气回信。根据荣格的建议,他推测延森——荣格告诉他,这位作家还有另外两部作品——对一足畸形的幼妹曾有强烈的乱伦欲望。可他又弄错了,还吃了闭门羹。被他的问题惹火的延森最后解释说,他没有妹妹,但在童年对一位早故的女性友人有过恋慕之情。就这样,因为弗洛伊德,格拉蒂娃对后世,尤其对超现实主义者产生了难以置信的影响。根据弗洛伊德的神经症概念,哈诺尔德具备癔病患者的一切特点。但对荣格而言,这部小说展现了一种真正的、精神病学意义上的谵妄。

弗洛伊德在病人和弟子当中不断碰见疯子,儿子反抗父亲的俄狄浦斯悲剧对他们的叛逆有所反映。

正是在这样的背景下,奥托·格罗斯与冒险探索的弗洛伊德相遇。奥托·格罗斯是独生子[2],被视他为神童的父母当王子一般养大。他的父亲汉斯·格罗斯是克拉夫特-埃宾的朋友,欣赏弗洛伊德的早期著作。汉斯一心想把天才儿子和自己的研究结合起来,所以对他实行不责备、不约束的特殊教育——这与他一力维护的、被用于犯罪侦查学的主张形成鲜明对比。这位著名的刑法专家热衷于打击所谓的社会堕落,试图通过警察镇压和禁止出版"不道德"小说的方式遏制卖淫、同性恋、倒错、色情作

---

[1] 西格蒙德·弗洛伊德,《通信集》,前揭,第 270 页。
[2] 奥托·格罗斯,《精神分析和革命:随笔集》(Psychanalyse et révolution. Essais),巴黎,梭鲈出版社(Éd. du Sandre),2011 年,附雅克·勒里德尔的精彩长篇介绍。迪尔德丽·贝尔有一部有意思的作品讲述荣格和奥托·格罗斯的关系:《荣格》,前揭,第 209—223 页。

品。他批评"男性化的"女人、无政府主义者、流浪汉和被视同"骗子和小偷"的茨冈人。

这位父亲的疯狂理论看起来绝顶严格,特别符合19世纪末的种族主义意识形态①。做了几年听话儿子的奥托·格罗斯成为杰出的精神病学家,但在获得博士学位的第二天,他就以随船医生的身份登上汉堡-南美洲航线的客轮,沉湎于各种麻醉品:可卡因、鸦片、吗啡。

回来后,他先在慕尼黑、格拉茨②的神经科诊所实习,后到伯格霍茨里医院接受第一次戒毒治疗。1903年,他娶弗丽达·施洛弗(Frieda Schloffer)为妻,并通过她结识社会学家马克斯·韦伯(Max Weber)的太太玛丽亚娜·韦伯③(Marianne Weber)和冯·里希特霍芬(von Richthofen)姐妹——后者与他关系暧昧。格罗斯被任命为大学编外教师(privat-docent),获得精神病理学的教师学衔,在慕尼黑成为埃米尔·克雷珀林的助手。他一边醉心于研读弗洛伊德著作,一边要求别人把他当作先知。遇到弗洛伊德后,他转而践行精神分析——有这样一位名人的儿子做弟子,弗洛伊德不是不高兴的——时常出入慕尼黑施瓦宾格(Schwabing)区的知识界——20世纪初,斯特凡·乔治④(Stefan George)和路德维希·克拉格斯⑤(Ludwig Klages)的学生都是其成员。正如雅克·勒里德尔着重指出的,这个圈子的"宇宙起源论性爱"的形而上学脱胎于尼采哲学,显示出对古代酒神崇拜——受巴霍芬⑥(Bachofen)"母权制"神话研究影响——的怀念。

格罗斯正是通过酒神崇拜、通过宣扬性的非道德主义和出神(extase)实验极力捍卫精神分析,目的是与父亲唱反调,推崇父亲反对的一切:生

---

① 有必要对汉斯·格罗斯的主张与"黑色教学法"进行比较。
② 奥地利城市名。——译注
③ 关于格罗斯生活的这一侧面,读者可参阅马丁·格林(Martin Green)的著作,《冯·里希特霍芬姐妹:两位面对奥托·格罗斯、马克斯·韦伯和D. H. 劳伦斯的俾斯麦德国女权主义鼻祖》(Les Sœurs von Richthofen: deux ancêtres du féminisme dans l'Allemagne de Bismarck, face à Otto Gross, Max Weber et D. H. Lawrence)(1974年),巴黎,瑟伊出版社,1979年。译者补注:马丁·格林(1927——   ),英国作家。D. H. 劳伦斯(1885—1930),英国著名作家、诗人、文学批评家、画家。玛丽亚娜·韦伯(1870—1954),德国社会学家、女权主义者。
④ 斯特凡·乔治(1868—1933),德国诗人、翻译家。
⑤ 路德维希·克拉格斯(1872—1956),德国哲学家、心理学家和笔迹分析理论家。
⑥ 巴霍芬(1815—1887),瑞士古文物学家、语文学家、人类学家。

命的脆弱、享乐主义、愉悦、母权制、精神失常者、女权主义、女性的反抗。如他所言:"堕落者是大地的盐","对神经症患者而言,性的非道德主义就是最健康的状态"。总之,他糅合弗洛伊德学说和尼采哲学制定了一套性解放"纲领",它后来被威廉·赖希①(Wilhelm Reich)和弗洛伊德-马克思主义者以另一种方式沿用。

1908年5月,在父亲的逼迫下,他再次被关入伯格霍茨里医院,由事事迁就他的妻子弗丽达陪着接受第二次戒毒治疗。曾写过维护他的证明的弗洛伊德请荣格为他戒毒,希望荣格接着给他做分析,但事与愿违。荣格一边夸奖他作为理论家的成就,一边提出两种诊断:先是强迫性神经症,后是早发性痴呆。就这样,格罗斯既是患者,又是弟子,在导师和另一位后来叛离师门的弟子之间接受治疗。可以说因为他,荣格才得以在弗洛伊德面前坚持说明后者抵制的早发性痴呆概念的合理性。荣格起先打算把格罗斯当成彻头彻尾的疯子,后来却同他惺惺相惜,甚至视他为同胞手足。然而,荣格也没能帮上他。

格罗斯只吃按自己方式做的蔬菜,衣冠不整,从不沐浴剃须,还把鸦片混入戒毒药品服食。天热的时候,他会穿上多层衣服,并要求打开所有的灯。他常常一边在医院走廊里闲逛,一边在墙壁和地板上乱画。睡觉时,他总把枕头紧扣在头上。

治疗以失败告终。格罗斯经历了一段时期的躁狂后逃离医院。接着,他向威廉·斯泰克尔求治,但未见好转。荣格在伯格霍茨里医院也照顾弗丽达。她向荣格陈述他们共同性解放的种种好处,但面对埃内斯特·琼斯时,她谈论的却是她的处境和丈夫的荒唐使她何等痛苦②。

不久之后,大多数弟子就把格罗斯看成一个可能妨碍精神分析运动的危险极端分子。他放浪形骸、伤风败俗、目无纪纲,极其热衷于通过性推行革命的主题。弗洛伊德忽然认为他会损害精神分析事业,毫不留情地将他抛弃。但这不妨碍他继续打着弗洛伊德的旗号践行弗洛伊德的理论。他先在治疗一位反抗父母权威的少女时闹出丑闻,后与一位无政府

---

① 威廉·赖希(1897—1957),美国奥地利裔精神分析学家。
② 埃内斯特·琼斯当时也在这家医院工作。参见西格蒙德·弗洛伊德和埃内斯特·琼斯,《1908—1939年通信全集》(*Correspondance complète, 1908—1939*)(1993年),巴黎,法国大学出版社,1998年,《1908年5月13日的信》,第47页。

主义的女画家同居——后者在1911年自杀。他被指控为自杀教唆犯,数次被关入精神病院,最后因"颠覆活动"遭到警察的连续追捕。1920年,在父亲离世、同盟国垮台之后,饥寒交迫的格罗斯在柏林街头结束了漂泊的一生。

显然,弗洛伊德并不懂得如何引导这些既疯疯癫癫、离经叛道,又富有创造力和天分的弟子[①]——从某些方面看,他们"按照字面意义"理解他的理论,从他的著作中读出子虚乌有的含义,为的是实现自我革命,实现比弗洛伊德的主张极端得多的社会革命。"教授先生"不是高明的精神病临床医生,他关心的是发起一场能使人理解其主张的运动,必须在公众舆论面前证明他的军队士兵都是值得尊敬的治疗师。因此,他一直以非常不公平的态度对待那些因自身极端倾向而赋予其理论另一完全不同的面目的人。这副面目使他想起弗利斯的狂热妄想和自己的彷徨。

在这一方面,弗洛伊德并不享有作家和诗人那样回旋的余地,因为他发起的是一场必须被科学认可的运动。这是肯定无法完成的使命。但如何在这样的条件下看待这一现实:对正统的膜拜最终总是助长贫瘠的思想,造成对正统的偏离和违反?

更具洞察力的弗朗茨·卡夫卡(Franz Kafka)对格罗斯作了令人印象深刻的如实描绘:"他令我想起匍匐于被钉在十字架上的基督脚下的惶恐门徒[②]。"通过格罗斯的怪诞言行了解精神分析的马克斯·韦伯严厉谴责弗洛伊德及其弟子,认为精神分析未对人类提出任何新的伦理要求,却有可能导致"精神领袖"取代学者。

1908年,有能耐打开局面的埃内斯特·琼斯出现了,他能给弗洛伊德带来荣格无法提供的东西,那就是帮助其作品广为传播、促进精神分析标准化和推动"协会"在全世界发展的必要政治手腕。

出身于威尔士外省小资产阶级家庭的琼斯有个黯淡的童年,因为他

[①] 他还有许多这样的弟子,其中最有名、最具创造力的当属维克托·陶斯克(Viktor Tausk)、格尔克·格罗代克(Georg Groddeck)、威廉·赖希三人。译者补注:维克托·陶斯克(1879—1919),美国德裔神经学家和精神分析学家。格尔克·格罗代克(1866—1934),德国医生和心理治疗师。

[②] 奥托·格罗斯,《精神分析和革命》,前揭,第78页。

的父亲认定儿童不该有任何不顺从的行为。他在成为著名神经学家约翰·休林斯·杰克逊①(John Hughlings Jackson)的学生后转习精神病学。在看到弗洛伊德的早期著作时,他坚信精神分析为世界带来了新的理性。为了读《梦的解析》原著,他发奋学习德语。他所受的教育使他像许多人一样反抗英国——仍有十足的维多利亚女王时代的风味——的既定秩序和通用习俗。他很早就对性活动有敏锐的认识,谈性的坦率程度与周围人格格不入——这也是他质疑父权律法的方式。另外,作为熟谙各种暧昧关系的情场老手,他无法对弗洛伊德关于性的新理论无动于衷。他在1906年开始自发从事精神分析。一年后,他在阿姆斯特丹的神经学大会上遇到荣格,后者邀请他到伯格霍茨里医院为自己工作。在那里,他一边学习新精神病学基本知识,一边协助矫治奥托·格罗斯和弗丽达②。

1908年4月30日,继萨尔茨堡大会之后,他同精神病学家亚伯拉罕·阿登·布里尔③(Abraham Arden Brill)一起拜访弗洛伊德。布里尔来自加利西亚,因与父亲——一位帝国军官——发生剧烈冲突,在1890年左右移居美国。琼斯希望与弗洛伊德晤面,而布里尔则想成为弗洛伊德的分析者④(analysant)和美国宣传员。

这次拜访的结果对琼斯是糟糕的,对布里尔却是有益的——弗洛伊德委托他翻译自己的作品,却未发觉这名异想天开的弟子并不精通英语,尤其未觉察他一心想使这门维也纳学说适应所谓的"美国精神"。

弗洛伊德起初不喜欢琼斯。他在信中对荣格写道:"琼斯肯定是个非常有意思、非常有价值的人,可我对他有一种感觉,几乎要说他是外族人。这是个狂热的家伙,吃得太少……他使我想到皮包骨的瘦子卡西乌斯⑤

---

① 约翰·休林斯·杰克逊(1835—1911),英国神经学家。
② 埃内斯特·琼斯,《自由联想:一位精神分析学家的回忆录》(*Free Associations. Memories of a Psychoanalyst*),纽约,基本书籍出版社(Basic Books),1959年。除了弗洛伊德的传记之外,琼斯还写了数篇文章,被多部文集收录:《哈姆雷特和俄狄浦斯》(*Hamlet et Œdipe*)(1949年),巴黎,伽利玛出版社,1967年;《精神分析应用文集第一卷:其他文集,第二卷:精神分析、民俗、宗教(1923—1964年)》(*Essais de psychanalyse appliquée, t. I; Essais divers, et t. II: Psychanalyse, folklore, religion [1923 -1964]*),巴黎,帕约出版社,1973年。从1908年到1939年,弗洛伊德和琼斯相互写了六百七十一封信。
③ 亚伯拉罕·阿登·布里尔(1874—1948),美国奥地利裔精神病学家。——译注
④ 精神分析中的病人原先被称为"被分析者"(*analysé*),拉康改为分析者,强调是病人在分析自己。——译注
⑤ 卡西乌斯(?—公元前42),罗马元老院议员,谋杀恺撒的主谋。——译注

(Cassius)。他不承认任何遗传特性。我对他而言已然是反动派。"以及"我们队伍中的种族混合在我看来是件非常有趣的事。他是凯尔特人(Celte),因此我们日耳曼人和地中海人不能完全理解他①。"

因此,弗洛伊德起初对这名来自迥然不同的世界的"凯尔特人"毫无好感。琼斯对中欧没有表现出任何兴趣,不懂得维也纳帝国的巴洛克式疯狂,也不理解这位导师最早的弟子团体念念不忘的、忧郁的非时间性的梦想。他不是像他们这样的犹太人,也不是像荣格那样的招魂术和转台②爱好者。他虽然尊重费伦齐——他未来的分析师——的临床天赋,但对心灵感应和布达佩斯的通灵者毫无兴致。讲求实际的保守主义者琼斯与其说是精神病学家,不如说是神经学家,在女权主义成为各种斗争焦点的国家极力支持女性解放,拒不承认精神分析可能孕育一场社会或哲学革命。他想把精神分析归入医学,同时鼓动它与其他学科——尤其是当时在英语世界蓬勃发展的人类学——展开论争。总而言之,无论从历史、政治还是地理的角度来看,来自欧洲另一端、作为西方最强大民主国家之一的纯粹自由主义代表的琼斯都是引领精神分析未来的人物。

他从不力图吸引一名像父亲般支持他的导师,他的目标只是为"事业"服务。为了捍卫事业,他在必要的情况下不惜反对其创始人,不再效忠于他。面对弗洛伊德,他一上来就自称是忠诚性远高于个人依恋的继承人。弗洛伊德不得不承认,这位丝毫不想"超越父亲"的勤奋工作者不仅带来了他在组织运动、著名的摆脱"维也纳犹太人集居区"行动中所需的效率,而且提供了接触他所向往的新大陆——莎士比亚、克伦威尔的王国和大洋彼岸的新英格兰③——的途径。由于琼斯无法辨识他的哥特字体,他同意此后或用拉丁字体,或用"蹩脚英文"写信。

这名新弟子在伦敦的处境不怎么令人羡慕。他有一位女病人想离婚,她的兄弟当众检举他。接着他被指控曾对两名受他测试的儿童露骨

---

① 西格蒙德·弗洛伊德和卡尔·古斯塔夫·荣格,《通信集,第一部:1906—1909年》,前揭,第210和233页。
② 招魂术中与神灵对话的一种方式:参与者围着一张桌台(往往配有一块占卜板)落座,把手放在台上,转动桌台,桌台会倾向某个字母。由此得来的不同字母可拼出单词和句子,提供信息,使人与神灵对话。——译注
③ 美国大陆东北角,濒临大西洋,毗邻加拿大的区域。——译注

地谈性。尽管在坐了一夜牢后被证明无罪,他还是决定离开英国,与伴侣洛·卡恩①(Loe Kann)在加拿大安家。他在加拿大住了四年,在多伦多开始给弗洛伊德写信。与布里尔相反,他很快——特别随着1911年美国精神分析协会(APsaA)的成立②——被公认为向大西洋彼岸引介弗洛伊德学说的最佳人选。

弗洛伊德明白——尽管最初有所犹豫——把他的精神分析运动的命运系于这位威尔士人身上,这是何等明智之举。他不喜欢琼斯,但无论如何,此人都将在弗洛伊德学说的历史上扮演重要角色。无论对他的看法怎样,"教授先生"在琼斯身上找到了一位不可或缺的朋友,而且这位朋友想必永远不会成为敌人。

从抵达多伦多开始,琼斯就面临棘手的局面。一方面,他遇到拒绝任何心理现象的理性研究方式、鼓吹圣迹疗愈种种好处的宗教运动;另一方面,他得面对整个动力精神病学潮流的拥护者——这股潮流深受皮埃尔·雅内和著名的多重人格专家、心理治疗波士顿学派的先驱莫顿·普林斯③(Morton Prince)研究的影响,二人毫不留情地抨击弗洛伊德的理论。他们以另一种被认为更加"科学"的临床研究方式为名义,将弗洛伊德学说的支持者看作一种新宗教的信徒。至于多伦多的资产阶级,琼斯认为他们讨厌、狭隘、蒙昧无知。

新大陆④各清教徒联盟把弗洛伊德学说视为乱性的邪魔,把精神分析当成荒淫纵欲的活动,琼斯旋即在其中一个联盟组织的运动中吃了苦头。他成了名副其实的替罪羊,因为各种假想的罪行受到控诉:有人说他唆使年轻人自慰,向周围的人散发淫秽的明信片或将良家出身的青少年送去嫖妓。特别因为与长老会⑤牧师、大学校长罗伯特·亚历山大·福尔克纳爵士⑥(Sir Robert Alexander Falconer)为敌,他还遭到大名鼎鼎的爱玛·

---

① 真名为露易丝·多罗西娅·卡恩(Louise Dorothea Kann)。
② 在二次世界大战之间,APsaA集中了美国组建的所有精神分析协会,成为IPA最强大的精神分析组织,接着又成为几乎所有从1933年纳粹上台后逃离欧洲的德语移民中最强大的精神分析力量。琼斯在伦敦保持着对它的实际控制。
③ 莫顿·普林斯(1854—1929),美国医生,擅长神经学和变态心理学。——译注
④ 指美洲、大洋洲(特别是澳大利亚)。——译注
⑤ 新教主要宗派之一,属加尔文宗。——译注
⑥ 罗伯特·亚历山大·福尔克纳爵士(1867—1943),加拿大圣经学者。——译注

利拉·戈登(Emma Leila Gordon)起诉——这位起诉者是加拿大第一位女医生,严格奉行清教主义的基督教妇女禁酒联合会(Women's Christian Temperance Union)的成员。她指控他猥亵一位患有癔症、染上吗啡瘾的谵妄女患者:后者原是他的治疗对象,为了让她停止敲诈,他愚蠢地付钱给她。当这名女患者企图杀死他、然后自杀时,事情演变成悲剧。她是在某个道德联盟(ligue de vertu)的操纵下萌生了这种念头,后来被驱逐出安大略省(Ontario)。

琼斯在这种驱巫似的氛围中无法继续工作,所以考虑移居波士顿。事实上,热心的詹姆斯·杰克逊·帕特南①(James Jackson Putnam)——虽为清教徒,但他接受维也纳的学说——在1910年打算为他在哈佛大学谋一个职位。可是琼斯太喜欢在秉持保留态度的公众面前谈性,所以帕特南犹豫不决。这个想法最终没有落实,琼斯在1912年夏天离开加拿大,定居伦敦②。

一年后,在弗洛伊德的建议下,他在布达佩斯花了两个月的时间接受费伦齐的分析。同时,他请导师为洛·卡恩治疗,因为她在多伦多受到惊吓,并为缓解肾盂肾炎引起的疼痛服用吗啡。出身于荷兰犹太富裕家庭的洛美丽、聪慧、善良,不喜欢有人把关于她本人的、在她看来不符合实情的解析强加于她。不过,她还是同意见弗洛伊德。弗洛伊德觉得她妩媚迷人,试图治疗她的性冷淡和腹痛——他认为这些都是癔症症状。就在那个时期,早期精神分析治疗非常典型的移情纠葛形成了。

琼斯即使未察觉洛正在离他而去,也有理由担心弗洛伊德和费伦齐泄露他的隐私。事实上,弗洛伊德很乐意告诉弟子这位少妇的治疗进程,而这个匈牙利人也向他透露琼斯的私生活。1912年9月,洛与贴身女佣莉娜(Lina)在维也纳安顿下来,弗洛伊德按照他相当欣赏的著名禁欲规则,请琼斯"在性方面"疏远他的女病人。四个月后,琼斯成为莉娜的情

---

① 詹姆斯·杰克逊·帕特南与弗洛伊德有书信往来。参见《美国精神分析引论:关于詹姆斯·杰克逊·帕特南》(*L'Introduction de la psychanalyse aux États-Unis. Autour de James Jackson Putnam*)(1958年),内森·G.黑尔(Nathan G. Hale)编辑,巴黎,伽利玛出版社,1978年。译者补注:内森·G.黑尔(1922—2013),美国历史学者。詹姆斯·杰克逊·帕特南(1846—1918),美国神经学家。

② 关于精神分析被引入加拿大的历史,参见《精神分析词典》,前揭。

人,而洛则与一位在威斯康星拥有家族锌矿的美国富翁赫伯特·"戴维"·琼斯(Herbert «Davy» Jones,又称"第二位琼斯"[Jones II])坠入情网。出于忠诚,她陪第一位琼斯到伦敦,资助他重新找到客户。

在大战前夕,她在布达佩斯嫁给赫伯特·戴维,结婚时有兰克和费伦齐在场。她对精神分析抱怀疑态度,但还是成为安娜·弗洛伊德的朋友,并与"教授先生"保持良好的关系。她的吗啡瘾和性冷淡从未被治好。不过,治疗使她能够离开琼斯①。

总喜欢介入弟子恋情的弗洛伊德运用精神分析解释各种冲突的含义——除了弟子生活中涌现的冲突之外,还包括他的运动每个组织阶段涌现的冲突——因此,他把最亲近的支持者全看作病人,而他们也适应他的需要。所有的人都有兴趣探索自己的无意识、大家的梦和各自的私生活。他们一边不断地相互分析,一边在开会或通信时阐述各自的临床案例。总之,这位导师的弟子在这段时期发展出一种真正的解析癖②,却忘了一件重要的事:解析永远不应陷入狂热,充当麻醉品,助长享乐,否则势必损害精神分析事业。

弗洛伊德还盲目地用神圣不可侵犯的俄狄浦斯情结——被效仿者逐渐转化成家族主义心理学——系统地诠释政治或学说上的冲突。就这样,他将他的概念不仅应用于文学文本,而且应用于十分平凡的冲突情境。他不愿正视事实:这样的演变快要把精神分析变成一门中和各种矛盾或斗争的新神学。

显然,这样的走火入魔为弗洛伊德学说的反对者提供了部分依据——反对者把精神分析视为"危险方法",乐于看到叛离场景。在生活中,这门优秀学说的伟大先驱把时间花在像无法控制自身激情的人那样行事上,怎么不能这么认为呢?他们就是在玩火。

荣格在1906年为一个案例向弗洛伊德征询意见。案主是一位名叫

---

① 丽莎·阿琵妮亚内西(Lisa Appignanesi)和约翰·福里斯特(John Forrester),《弗洛伊德的女人们》(*Freud's Women*),纽约,基本书籍出版社,1992年。译者补注:丽莎·阿琵妮亚内西(1946—),英国作家。约翰·福里斯特(1949—2015),英国历史学家和科学、医学哲学家。
② 1910年,弗洛伊德意识到这种狂热的不良后果,把某位医生曾犯的技术错误,即将从第一次分析起猜到的秘密强加给病人称为"野精神分析"。西格蒙德·弗洛伊德,《论野精神分析》(*De la psychanalyse sauvage*)(1910年),见《弗洛伊德全集/精神分析》第十部,前揭,第118—125页。

萨宾娜·施皮尔莱因(Sabina Spielrein)的俄罗斯少女[1],来自罗斯托夫[2](Rostov)的犹太商人阶层。她在医院和疯人院之间辗转漂泊,但她的状态从未好转。1904年8月17日,她因精神病急性发作被送入伯格霍茨里医院。她的人生经历成为第一代女精神分析师的命运和写照。

根据荣格在1905年9月写的报告,萨宾娜的父母均为神经症患者,在各自父母的包办下结婚。她的母亲因"性事"受到惊吓,在游览欧洲豪华酒店、购买珠宝和奢华服装中消磨时光。她的父亲脾气反复无常,具有自杀倾向,经常揍孩子,尤其是几个儿子,并辱骂女儿。她在七岁时已能说几种语言。进入青春期后,一见到父亲在她的面前用手揍兄弟的光屁股,她会体验到性兴奋[3]。患上强迫性自慰——伴有与肛门性欲有关的仪式——的萨宾娜习惯于把脚折拢,往肛门处挤压,为的是在每次要排便时屏住粪便,体验快感。这位少女在十九岁时来到伯格霍茨里医院,一边抽搐着对整个世界吼叫,一边仿佛享受着她的仪式和自慰。

1906年,荣格向弗洛伊德报告这个案例,强调他把这名少女当作"有精神病的癔症患者"治疗。弗洛伊德却提出自己的见解:据他看来,萨宾娜受肛门自体性欲的折磨,她的力比多固着在父亲身上,她的倒错被压抑了[4]。

---

[1] 萨宾娜·施皮尔莱因的经历被写成多部小说,拍成多部影片,特别是戴维·柯能堡(David Cronenberg)的杰作《危险方法》(*A Dangerous Method*,2011年)。她屡屡被人提及。参见《弗洛伊德和荣格之间的萨宾娜·施皮尔莱因》(*Sabina Spielrein entre Freud et Jung*),其档案资料的发掘者是阿尔多·卡伦特努多(Aldo Carotenuto)和卡洛·特龙贝塔(Carlo Trombetta)(罗马,1980年),这个法文版本的编著者是米歇尔·吉巴尔(Michel Guibal)和雅克·诺贝古(Jacques Nobécourt),巴黎,奥比耶-蒙泰涅出版社(Aubier-Montaigne),1981年。这本书收集了萨宾娜·施皮尔莱因的主要文章。亦可参见《萨宾娜·施皮尔莱因:不被精神分析重视的经典案例(集体资料)》(*Sabina Spielrein, un classique méconnu de la psychanalyse* [dossier collectif]),见《雄鸡-苍鹭》(*Le Coq-Héron*,法国精神分析期刊),图卢兹(Toulouse),埃雷斯出版社(Érès),2009年。以及《精神分析词典》,前揭。迪尔德丽·贝尔详细描述萨宾娜的治疗及其与荣格、布鲁勒的关系,并提供新素材。译者补注:大卫·柯能堡(1943—),加拿大导演、编剧、演员和作家。阿尔多·卡伦特努多(1933—2005),意大利精神分析师、作家。卡洛·特龙贝塔,意大利当代心理学者。米歇尔·吉巴尔,法国当代拉康学派精神分析师。雅克·诺贝古(1923—2011),法国记者和历史学者,原巴黎弗洛伊德学院成员。

[2] 俄罗斯城市名。——译注

[3] 迪尔德丽·贝尔曾根据布格霍尔茨利医院的档案引用C. G. 荣格的报告,见《荣格》,前揭,第139页。

[4] 西格蒙德·弗洛伊德和卡尔·古斯塔夫·荣格,《通信集,第一部:1906—1909年》,前揭,《1906年10月27日的信》,第47页。

只是到 1908 年和 1909 年之间,荣格才告诉弗洛伊德萨宾娜爱上了他,到了闹出"不光彩丑闻"的地步。事实完全不是这样。实际上,荣格在治疗过程中成了这位女病人的情人,他俩的关系持续数年——在此期间,她还修读医学。妒忌绝望的艾玛公开了他俩的私情,并将之告诉萨宾娜父母。惊惶失措的荣格最终向弗洛伊德吐露实情,弗洛伊德支持他亲爱的王储。

既是因为治疗,也是出于对治疗师的爱,摆脱症状的萨宾娜变成了另一个人:这是移情和反移情关系专有的常规路线。因此,她打算日后投身于伟大的精神分析事业。她始终爱着荣格——他也对她怀着掺杂罪疚的眷恋之情——渴望有一个他的孩子。她向弗洛伊德求教,他建议她放弃一段没有前途的关系,向另一客体投注(investir)。

1911 年,她举行论文答辩,论文主题是一个在伯格霍茨里医院接受治疗的女精神病患者案例①。然后,她在 WPV 举办了一场讲座,阐述她的破坏驱力(pulsion de destruction)概念②,强调它贯穿在性驱力中。弗洛伊德从她的观点中获得启发,加以修改后建立了新的双重驱力概念。

同年,她嫁给俄国犹太医生帕维尔·纳乌莫维奇·舍夫特尔(Pavel Naoumovitch Scheftel)。弗洛伊德对此事极为高兴,那时他不想再听人谈论荣格,谈论他对赫茨尔和犹太复国主义的批评,谈论精神分析被视为"犹太科学"的危险。他对她写道:"至于我,就像您知道的那样,我已摆脱偏爱雅利安人的各种后遗症。我想假设——如果您的孩子是男孩——他将成为坚定不移的犹太复国主义者。他必须有一头棕发,或者不管怎样,他必须长出一头棕发;不再是金发……我们是,并且始终是犹太人③。"

在弗洛伊德和荣格的纠葛中,萨宾娜·施皮尔莱因对二人——她爱

---

① 《论一例精神分裂症的心理内容》(Sur le contenu psychologique d'un cas de schizophrénie)。这篇论文先发表于《年鉴》(Jahrbuch, III,1911 年 8 月),被荣格在《力比多的变形和象征》(Métamorphoses et symboles de la libido)中借用和评论,后以《灵魂的变形和象征》(Métamorphoses de l'âme et ses symboles,日内瓦,格尔克出版社[Georg],1973 年)为名再版。
② 萨宾娜·施皮尔莱因,《作为变化起因的破坏》(La destruction comme cause du devenir)(1912 年),见《弗洛伊德和荣格之间的萨宾娜·施皮尔莱因》,前揭,第 212—262 页。
③ 《弗洛伊德和荣格之间的萨宾娜·施皮尔莱因》,前揭,第 273 页。她希望给被理想化为"日耳曼骑士"的荣格生个孩子,以便更好地表达对父亲的反抗——其实她想要的是后者的孩子。弗洛伊德后来不断责备萨宾娜依恋荣格,竟致对此事作出野分析。

其中一人,却支持另一人的事业——关系的演变扮演着关键角色。她极力避免二人决裂,使双方都看到——按照可怕的"历史计谋"——某种形势的衰退。它标志着精神分析某个时期、某个狂热阶段结束了,标志着唯男性(弟子或叛离者)得以展开智力较量,而且有权自认为是唯一掌握以父权没落和儿子反抗为基础的心理知识的人。从此之后,人们将接触另一种格局,女性的地位和对女性性欲的分析——不再只是围绕受模糊记忆折磨的维也纳少女的癔症临床医学——成为精神分析史上一场至关重要的斗争的焦点。

女性从1910年开始进入精神分析运动史。第一代女精神分析师包括赫米内·冯·胡格-赫尔穆特①(Hermine von Hug-Hellmuth)、塔季扬娜·罗森塔尔②(Tatiana Rosenthal)、欧仁妮·索科利尼科③(Eugénie Sokolnicka)、玛格丽特·希尔弗丁④(Margarethe Hilferding)和名闻遐迩的露·安德烈亚斯-莎乐美⑤(Lou Andreas-Salomé)⑥。

1911年9月,在魏玛——歌德的故乡——"协会"大会上,弗洛伊德的身边围绕着来自多个国家的五十余名弟子。在大酒店台阶前拍摄的照片上,可见他高高地站在凳子上。他接受摄影师的建议,决定掩饰自己矮小的身材,在荣格(左)、费伦齐(右)旁边显出导师的气派。远处散乱地站着亚伯拉罕、琼斯、布里尔、艾廷贡、萨克斯(Sachs)。到场人士除了全体维也纳成员以外,还有布鲁勒和许多其他人:奥斯卡·普菲斯特、瑞士人阿尔方斯·梅德⑦(Alfons Maeder)、卡尔·兰道尔⑧(Karl Landauer)、瑞典

---

① 赫米内·冯·胡格-赫尔穆特(1871—1924),奥地利儿童精神分析学家。——译注
② 塔季扬娜·罗森塔尔(1885—1921),俄罗斯精神分析学家、医生、神经学家。——译注
③ 欧仁妮·索科利尼科(1884—1934),法国精神分析学家,巴黎精神分析协会创立人之一。——译注
④ 玛格丽特·希尔弗丁(1871—1942),奥地利教师、医生,维也纳精神分析学会第一位女候选人和女会员。——译注
⑤ 露·安德烈亚斯-莎乐美(1861—1937),德国俄裔精神分析学家、作家。——译注
⑥ 伊丽莎白·卢迪内斯库《第一代女精神分析学家》(Les premières femmes psychanalystes),《一九〇〇年——思想史杂志》(Mil neuf cent. Revue d'histoire intellectuelle,法国历史学期刊),16,1998年。该文又被《拓扑论》(Topique,法国精神分析期刊,71,2000年)采用,以及未发表的研讨会,1998年。亦可参见《精神分析词典》,前揭。在1938年WPV的四十二名女性会员中,自杀、精神错乱和非正常死亡的比率略高于男性会员。未发表的研讨会,以及《精神分析词典》,前揭。
⑦ 阿尔方斯·梅德(1882—1971),瑞士精神病学家、心理治疗师、精神分析学家。——译注
⑧ 卡尔·兰道尔(1887—1945),德国精神分析学家、医生。——译注

人波尔·比耶勒①(Poul Bjerre)、路德维希·耶克尔②(Ludwig Jekels)。八名女士优雅地端坐在第一排椅子上,都穿着短统皮靴和紧身胸衣,只有一人戴帽子。她们分别是亭亭玉立的大美人艾玛·荣格夫人、古怪得令人不安的托妮·沃尔夫③(Toni Wolff)小姐、光彩照人的亲爱的露。萨宾娜未赴约。

在这个非常幸福的时刻,荣格仍是最受钟爱的储君,费伦齐还是养子。对着共聚一堂的男女会员——他们都同意在"暗箱"(camera oscura)前摆姿势拍照——弗洛伊德就发疯的法学家、原萨克森(Saxe)上诉法院院长达尼埃尔·保罗·施雷伯的《一个神经病患者的回忆录》(*Mémoires d'un névropathe*)发表了出色的评论。这部怪异自传的作者是信奉"黑色教学法"的达尼埃尔·戈特利布·施雷伯医生的儿子,其父凭借矫形体操塑造新人类——思想正派、身体健康的人——力图挽救堕落的社会而闻名于德国④。

达尼埃尔·保罗先在莱比锡精神病院接受保罗·弗莱克西希⑤(Paul Flechsig)教授的治疗,后被关入德累斯顿(Dresde)附近的皮尔纳(Pirna)医院。通过自传,他证明他的精神病不能被当成禁闭他的理由,成功地走出了疯人院。他肯定上帝——他的迫害者——交给他一项赎罪的使命:变成女人,孕育新的人种。弗洛伊德把他说成一名反抗父亲权威的偏执狂,将他的谵妄当作同性恋被压抑、试图与化为神性力量的亡父意象和解的结果来分析。

他以鹰和太阳的神话——这个灵感来自荣格——结束他的研究。依据施雷伯对他与阳光的关系、对他无法生育和整合谱系秩序的说法,弗洛伊德强调古代神话将在大气高层中翱翔的鹰视为唯一与太阳——父性力量的象征——保持亲密关系的动物。因此,它们强迫幼鹰接受直视太阳不眨眼的考验,违者即被扔出鹰巢。弗洛伊德生动地再现这种神话,因为

---

① 波尔·比耶勒(1876—1964),瑞典精神病学家、作家。——译注
② 路德维希·耶克尔(1867—1954),奥地利医生。——译注
③ 安东尼娅·安娜·沃尔夫(Antonia Anna Wolff,1888—1953):C. G. 荣格的病人,后成其情妇和学生。
④ 达尼埃尔·保罗·施雷伯,《一个神经病患者的回忆录》(莱比锡,1903年),巴黎,瑟伊出版社,1975年。西格蒙德·弗洛伊德,《对一个偏执狂个案自传的精神分析评注》(Remarques psych-analytiques sur l'autobiographie d'un cas de paranoïa)(1911年),见《五个精神分析案例》,前揭,第263—321页,以及《弗洛伊德全集/精神分析》第十部,前揭,第225—305页。
⑤ 保罗·弗莱克西希(1847—1929),德国神经解剖学家、精神病学家和神经病理学家。——译注

他肯定现代神经症患者保留着原始人的特点①:为了证明自己的正统地位,每个儿子都必须冒死对抗父亲。

他再一次拒绝承认这是儿子反抗父亲的故事:信奉疯狂教育理论——但在那时却有最正常的表象——的父亲精神错乱,致使儿子也精神错乱,所以这是一场"心灵谋杀"。达尼埃尔·保罗·施雷伯的经历与奥托·格罗斯的经历有许多类似特征,但弗洛伊德对此未置一词。也许他不曾意识到这一点。不过,在他之前,格罗斯已于1904年评论过这部作品②。

施雷伯案例后来成为经典,受到数十位精神分析师的评论和修正——这些精神分析师跟弗洛伊德相反,把父亲的"教育理论"当作施雷伯的发病因素之一来研究③。1960年,埃利亚斯·卡内蒂(Elias Canetti)在《群众与权力》④(*Masse et puissance*)中从迥然不同的角度探讨施雷伯的命运,把他的思想体系变成20世纪权力阴谋论的概念范式之一。他还提议重新阐释这位大名鼎鼎的偏执狂的隐秘谵妄,以便更好地将之与最终打败民主、同时推翻与其对立的法定君主制的阴暗推动力等量齐观:这便是废弃相异性、理智和思想的独一自我的丑恶面目。

1909年,弗洛伊德同意分析——应其父母的要求——以荒诞的言行和狂热妄想闻名的二十五岁维也纳作家维克托·冯·迪斯泰(Viktor von Dirsztay)男爵。维克托的父亲是匈牙利犹太人,在银行业务和贸易中发迹,被封为贵族。维克托是卡尔·克劳斯和奥斯卡·柯克西卡⑤(Oskar Kokoschka)的朋友,患有严重的精神病,还染上一种皮肤病——他认为皮

---

① 《图腾与禁忌》(前揭)重拾这个主题。
② 马丁·施廷格林(Martin Stingelin),《施雷伯自传中的自我合理化策略》(Les stratégies d'autolégitimation dans l'autobiographie de Schreber),见《重访施雷伯》(*Schreber revisité*),瑟里西研讨会(colloque de Cerisy),鲁汶大学出版社(Presses universitaires de Louvain),1998年,第115—127页。译者补注:马丁·施廷格林(1963—   ),瑞士籍德语文学教授。
③ 《施雷伯案例:英语精神分析的贡献》(*Le Cas Schreber. Contributions psychanalytiques de langue anglaise*),该文集由路易斯·爱德华多·普拉多·德·奥利维耶拉(Luiz Eduardo Prado de Oliveira)组编、翻译和说明,巴黎,法国大学出版社,1979年。舒基·阿祖里(Chawki Azouri),《偏执狂在哪里失败,我就在哪里成功了》(*J'ai réussi où le paranoïaque échoue*),前揭。译者补注:路易斯·爱德华多·普拉多·德·奥利维耶拉,当代法国巴西籍精神分析师、心理治疗师,曾习经济学。舒基·阿祖里,当代黎巴嫩精神科医生、精神分析师。
④ 埃利亚斯·卡内蒂,《群众与权力》(1960年),巴黎,伽利玛出版社,1966年。
⑤ 奥斯卡·柯克西卡(1886—1980),奥地利画家、诗人兼剧作家。——译注

肤病的起因是他对家庭的蔑视和对出身的羞愧。在十多年中,他先后分三个阶段到贝尔加泽街倾吐他的精神痛苦。

他和施雷伯一样自觉是"心灵谋杀"的受害者。他被困在时而反对克劳斯、时而反对弗洛伊德的纠葛中,最后感到遭受精神分析的迫害,被多家精神病人疗养院收治——其中包括星期三学会创始人之一鲁道夫·冯·乌尔班契奇①(Rudolf von Urbantschitsch)的疗养院。随后,他以自身"病例"为题材写了一部小说,描述把他拖入死亡的恶魔分身。随着时光的流逝,精神错乱、自以为中魔的男爵最后指责弗洛伊德和赖克毁了他。1935年,他与妻子双双自杀——后者也患有严重的精神病,在斯泰因霍夫(Steinhof)精神病医院接受治疗②。这就是放荡不羁、唯美主义的维也纳施雷伯的人生经历。有人说他是弗洛伊德的弟子,他的案例从未被公布,仅在某些书信和出版物被提及。

1912年,对施雷伯回忆录发表评论后的弗洛伊德与这类新的"心灵谋杀"展开斗争,而荣格也对太阳的主题发生兴趣——不过,他的方式与弗洛伊德大相径庭。事实上,他治疗过一位在1901年被关入伯格霍茨里医院的精神病人埃米尔·施韦泽(Emil Schwyzer):这家伙在看太阳时见到竖起的阴茎(membrum erectum)。施韦泽坚信他能使勃起的阴茎随自己的头部动作摆动,从而"影响气候"。荣格根本不把阴茎延伸部分看作父性力量的替代品,而是把这种妄想与印欧语系神灵密特拉(Mithra)的宗教仪式联系起来③。弗洛伊德用精神分析重新诠释神话,荣格则在神话

---

① 鲁道夫·冯·乌尔班契奇(1879—1964):精神病学家和精神分析师,1936年移居加利福尼亚。
② 这个悲剧故事的再现应归功于乌尔丽克·迈(Ulrike May)。参见雷娜特·萨克塞,《关于乌尔丽克·迈的研究:论受弗洛伊德分析的十九名患者(1910—1920)》(À propos de la recherche d'Ulrike May. Sur dix-neuf patients en analyse chez Freud(1910-1920)),《蜂群》,2,2008年,第187—194页。乌尔丽克·迈,《弗洛伊德的病人日志:受弗洛伊德分析的十七名分析师(1910—1920年)》(Freuds Patientenkalender: Siebzehn Analytiker in Analyse bei Freud[1910—1920]),《魔鬼-爱神》,19,37,2006年,第43—97页。亦可参见米凯尔·博尔奇-雅各布森,《弗洛伊德的病人》,前揭。译者补注:乌尔丽克·迈,德国当代精神分析师。
③ C.G.荣格在《力比多的变形和象征》(Métamorphoses et symboles de la libido[1912年],巴黎,比谢-沙泰尔出版社[Buchet-Chastel],1953年)中提及"太阳阴茎人"案例。荣格曾将对这个病人的治疗透露给学生约翰·洪内格(Johann Honneger),后者患有躁狂症,在1911年3月服用大量吗啡自杀。译者补注:密特拉是古波斯的太阳神。约翰·洪内格(1885—1911),瑞士精神病学家。

中看到作为心理类型起源的各个民族的远古无意识。二人的观点互不相容。荣格认为现代人是先祖的直接继承人,主张回归通灵者和占星家的古老下意识,弗洛伊德却从起源神话中获取以语言隐喻现代人境况的工具。

1913年是王储和君王关系破裂的年份,亦是一场即将改变精神分析命运和欧洲、女性命运的大规模杀戮的前夕。1913年以后,弗洛伊德再也不对弟子怀有这样的热情,荣格再也不被他如此渴望爱他的父亲吸引。

至于身份从病人变为临床医生的萨宾娜·施皮尔莱因,她成为精神分析运动中第一位真正走上职业道路的女性,率先迈入排斥女性——除非只是将其作为女病人或妻子——的历史。她积极推动俄罗斯精神分析运动的蓬勃发展,可是她的命运相当悲惨:1942年7月,她被纳粹分子在顿河畔罗斯托夫(Rostov-sur-le-Don)杀害。她的两个女儿同时遇害。

第三章 探访美国

美国深受蓬勃发展的动力精神病学影响,其东海岸的学者也像整个欧洲的专家一样力图解决神经症问题。这个国家的缔造者是弗洛伊德相当欣赏的清教徒的后裔,其民主制度的蓝本是1776年的《独立宣言》,基础则是人类自由的个体主义观和颇受宗教影响的联邦制。通过诸位"国父",美国人自认为是《圣经》的新阐释者、神与以色列古代盟约的承继人。在整个19世纪上半叶,精神病学的繁荣与州立精神病医院(State mental hospitals)、负担穷精神病患者费用的保险体系的发展齐头并进,许多私立的基金会和机构也致力于精神病治疗①。

在弗洛伊德受邀探访这块新大陆之际,精神疾病的研究方法有两大对立的潮流:一方面,身体学家(somaticien)将心理障碍归因于神经基质,宣扬教育疗法(educational treatment);另一方面,心理治疗师批判身体学(somatisme)过激,拒绝被看成江湖郎中,谋求正统地位。美国重要的精神病学家——莫顿·普林斯②(Morton Prince)、阿道夫·迈耶尔③(Adolf Meyer)、威廉·詹姆斯④(William James)、詹姆斯·杰克逊·帕特南、斯坦利·霍尔⑤(Stanley Hall)——都对欧洲的主张了如指掌。他们都说几种

---

① 关于精神分析传入美国的介绍,最好的作品是内森·黑尔(Nathan Hale)的《弗洛伊德和美国人(1971年,1995年)》(Freud et les Américains [1971,1995]),巴黎,"煞风景"丛书,2001年。亦可参见叶利·扎列茨基(Eli Zaretsky),《弗洛伊德的时代》(Le Siècle de Freud)(2004年),巴黎,阿尔班·米歇尔出版社,2008年。译者补注:内森·黑尔(1922—2013),美国历史学者。叶利·扎列茨基,美国当代历史学者。
② 莫顿·普林斯(1854—1929),美国神经学和变态心理学医生。——译注
③ 阿道夫·迈尔(1866—1950),美国精神病学家。——译注
④ 威廉·詹姆斯(1842—1910),美国哲学家、心理学家。——译注
⑤ 斯坦利·霍尔(1846—1924),美国心理学和教育学先驱。——译注

语言,有过旅行经历,饶有兴趣地关注雅内、弗卢努瓦、布鲁勒、荣格和弗洛伊德的出版作品。

如果神经学、精神病学和心理学在心理治疗的飞跃发展中扮演着最重要的角色,那么"文明伦理"始终是各种治疗方式的基本构成部分。在这个深具宗教色彩的国度,新工业社会意识形态的拥护者坚信文明的发展取决于一夫一妻制家庭的稳定和对性的控制①。完全推崇恋爱结合,贬斥包办婚姻,彻底否定所有"奸淫"活动——自慰、鸡奸、口交等——和各类婚外性关系(男女),这一切在这种背景下都是建设文明伦理的必由之路。新教伦理者被性能量(或力比多)的威力吓坏了——它的种种害处都可在癔症女患者痉挛的躯体内找到——,他们在1900年前后发起一场运动,以抵制新教伦理可能出现的"式微"。为了对殷实家庭产生用处,力比多必须被疏导、计量、剥夺性特征,或被引向所谓有成效的活动(譬如教育或经济),并在资产阶级夫妻关系中得到控制。面对道德联盟宣布的、导致强制性禁欲的婚外享乐禁令,抵制婚姻中女方性冷淡和男方性无能的意愿对应地涌现出来。良好的"文明结合"意味着约束基于交媾和性高潮、生殖的"标准化"的性。但在婚姻关系之外,任何"标准"的性都得不到认可。

弗洛伊德的立场截然相反,他认定性压抑是神经症的肇因,而解除对性驱力的控制并不能解决问题。换而言之,在他看来,"文明伦理"理想的基础不是一夫一妻制家庭的稳定或夫妻之间的忠诚,而是驱力向创造活动的必要的升华。弗洛伊德确实主张精神重于肉欲,但他也知道——因为他有过自愿的实践——不能以受宗教影响的卫生学伦理为名将任何禁欲强加于主体②。

正是在这样的背景下,热心的心理学家斯坦利·霍尔邀请他到伍斯特(Worcester)的克拉克大学(Clark University)——借着建校二十周年的机会——举办几场讲座。这位以"怪癖"——他光脚走路——闻名的研究童年和青春期的杰出专家信奉卫生学,深信弗洛伊德的性理论具有价值。

---

① 内森·黑尔,《弗洛伊德和美国人》,前揭,第43页。
② 西格蒙德·弗洛伊德,《"文明的"性伦理和现代神经症》(La morale sexuelle "civilisée" et la maladie nerveuse des temps modernes)(1908年),见《性生活》(La Vie sexuelle),巴黎,法国大学出版社,1973年,第28—46页,以及《弗洛伊德全集/精神分析》,第八部,前揭,第196—219页。

霍尔并未意识到,"教授先生"——尽管支吾其词——对美国是何等向往。他觉得在欧洲受到轻视,所以这种向往之情愈加强烈。而且他喜爱旅行,仰慕亚伯拉罕·林肯(Abraham Lincoln),想看豪猪,渴望征服新的应许之地。

当得知荣格也受邀参加这场庆典时,弗洛依德自掏腰包请费伦齐——继童年专家恩斯特·梅伊曼①(Ernst Meumann)缺席之后——与他同行。在整整几周中,他主要操心的是坐头等舱穿越大西洋必须携带的衬衫西服——他将乘坐豪华定期邮轮"乔治-华盛顿"号,这艘北德意志劳埃德-丹普费(Norddeutscher Lloyd-Dampfer)公司②最好的轮船设有雅致的客舱、吸烟室、经过装饰的会客室、马可尼③(Marconi)无线电、配有披巾和花格旅行毛毯的长椅和多层交错的甲板。会不会有必须穿晚礼服的舞会?会供应什么样的食物?要担心什么样的消化障碍?剃须匠怎么样?浴室呢?费伦齐一边备好《贝德克尔旅行指南》④(Baedeker),把书和衣服塞进一只大箱子,仔细地为旅行准备,一边建议弗洛伊德读几本关于美国的学术著作⑤。但弗洛伊德谢绝了他的提议。

---

① 埃内斯特·梅伊曼(1862—1915),德国实验心理学家,德国教育心理学和实验教育学的创始人。——译注
② 1856 年创立于德国不来梅(Brême)的公司,主要为移民至新大陆的乘客提供往来于不来梅及纽约之间的客运及货运服务。——译注
③ 马可尼(1874—1937),意大利工程师,专门从事无线电设备的研制和改进,1909 年荣获诺贝尔物理学奖。——译注
④ 著名国际旅行指南,最早由 19 世纪德国出版商贝德克尔推出。——译注
⑤ 有许多版本描述三人的美国之行。可见到的有埃内斯特·琼斯、彼得·盖伊、琳达·唐、迪尔德丽·贝尔、内森·黑尔的版本,最后还有文森特·布罗姆的版本:《弗洛伊德的第一批弟子》(1967 年),巴黎,法国大学出版社,1978 年;以及《荣格:人和神话》(*Jung : Man and Myth*),纽约,雅典娜神殿出版社(Atheneum),1981 年。再加上当事人的证词:荣格在《自传》(前揭),在他与库尔特·艾斯勒的对话(美国国会图书馆)中提及这次航海旅行。弗洛伊德也在其旅行札记中说到此事,见《我们的心伸向南方》,前揭。还应浏览费伦齐、荣格、弗洛伊德、帕特南和斯坦利·霍尔之间的各种通信。关于这一点,笔者亦曾查阅绍尔·罗森茨维希(Saul Rosenzweig)的著作《弗洛伊德、荣格和造王者霍尔:具有历史意义的美国之行》(*Freud, Jung, and Hall the King-Maker. The Historic Expedition to America*)(1909 年),西雅图、多伦多和伯尔尼,霍格雷夫 & 休伯出版社(Hogrefe& Huber,美国心理学、医学书刊出版机构),1992 年;以及安东尼·巴列纳托(Anthony Ballenato),《弗洛伊德和美国的现代性:精神分析传入纽约(1909—1917 年)》(*Freud et la modernité américaine. L'introduction de la psychanalyse à New York* [1909 - 1917]),硕士二年级,巴黎第七大学,2007—2008 年,伊丽莎白·卢迪内斯库指导。安东尼·巴列纳托采用了未公布的档案。译者补注:绍尔·罗森茨维希(1907—2004),美国心理学家和治疗师。安东尼·巴列纳托,法国当代心理学史研究者。

三人于1909年8月20日,即登船前夕在不来梅(Brême)重逢,在一家高档餐厅愉快地共进午餐。在弗洛伊德和费伦齐的鼓动下,荣格决心破戒,饮下九年来的第一杯酒。弗洛伊德把这个举动解析为向他效忠的宣誓,在丝毫不想参与不正规的分析游戏的费伦齐面前,二人的解析癖旋即更加激烈地发作。

　　当晚,荣格邀请两位朋友到他下榻的酒店吃晚饭,一上来就大谈在德国泥炭沼中发现的死因不明的史前人木乃伊——沼泽中的尸体(*Moorleichen*)——传说。深感焦虑的弗洛伊德昏倒了。苏醒后,他解释说这篇说词反映出儿子弑父的愿望。荣格怒气冲冲地作出否认,历数自己对"精神分析事业"的种种贡献,指责弗洛伊德沉湎于投射性谵妄①(délire projectif)。

　　在穿越大西洋的航行中,二人一边观察波动的海浪,一边打算继续相互分析。荣格想起不来梅大教堂"铅灰色地窖"中的玻璃棺,讲述了岩洞地面上横陈两颗头颅的梦。弗洛伊德急不可耐地重申:这位好友在无意识中希望他死掉。

　　君王指责王储企图"弑父",荣格则悄悄地意识到自己的转变。事实上,他对岩洞、木乃伊、古代遗迹的着迷符合他的无意识概念。弗洛伊德通过本我、自我和超我的人格结构理解无意识,认为无意识由被压抑的、通过普通用语表现的内容构成,荣格从不同意这种观点。他从未接受对弗洛伊德相当重要的"另一场景"(autre scène)——与任何先前存在都无联系的另一主观内在场景——的结构理念。希腊悲剧的模型也从不曾给他带来什么启发。

　　荣格已经想到可能存在某个无意识彼界,可能存在某种存于每一个体心中、作为整个人类遗产的原始表像形式。岩洞、地窖、古代、祖先系谱、鬼魂、教堂地下墓室或被隐瞒的秘密,这些主题都使他萌生这样的信念,即所有被弗洛伊德认为非理性、不科学的想法。二人之所以决裂,不是因为荣格有"弑父"愿望,而是因为他们无法赞同彼此的临床、心理和性的概念。如荣格所述:"我猜想存在一种个体心理的集体先验(*a priori*),我首先把先验看作从前功能模式的残余……""若是为解梦而告诉弗洛伊

---

① 弗洛伊德忘了把这段插曲写入旅行札记,只是强调自己昏厥了一次,系疲劳所致。

德我的联想内容,我无法不遭到他的误解和强烈阻抗。我觉得我的能力不足以抵抗它们。我也担心,如果坚持己见,我将失去他的友谊①。"

当时,荣格解释说那两颗是妻子和妻妹的头颅。弗洛伊德一个字都不信。他后来还大发雷霆,因为发觉荣格与精神分析的反对者、信奉"智商"测量的柏林心理学家威廉·斯特恩(William Stern)——他被弗洛伊德称作"极为平庸的犹太人②"——志趣相投。不过,他欣喜地沉浸在航海旅行和始终将他与弟子联合在一起的深厚友情中,所以当发现自己以"Freund"之名出现在乘客名单上时,他还表现得很幽默。在遇到一名非常喜欢《日常生活的精神病理学》的服务员时,他更是喜不自胜。

在夏末抵达新大陆时,大家在靠岸前夕举行了一场告别舞会——弗洛伊德格外激动。他向往美国,通过这次奇妙的邀请,他踏上美国的土地,这个国度向他保证精神分析不久将真正地走出"维也纳怀抱"。8月29日晚,在哈德逊河(Hudson)河口静静滑行的邮轮驶到霍博肯(Hoboken)港口(新泽西州 New Jersey)抛锚时,他望见挥动火炬的自由女神巨像。于是,他转向荣格说了这番话:"他们要是知道我们带来什么就好了③……"1月,他在信中对费伦齐写道:"一旦他们偶然发现我们心理学的性基础,我们肯定立刻在那里被列为危险人物。④"

---

① 卡尔·古斯塔夫·荣格,《自传》,前揭,第 187—189 页。古代性(archaïcité)主题在精神分析史上反复出现,并在后来的弗洛伊德和兰齐之争、弗洛伊德主义者和克莱因(指英国精神分析学家梅兰妮·克莱因[Melanie Klein,1882—1960])主义者之争、弗洛伊德主义者与拉康主义者之争中以其他形式被提到。笔者在 HPF-JL(前揭)中探讨过这个主题。亦可参见尼古拉·亚伯拉罕(Nicolas Abraham)和玛丽亚·托罗克对教堂地下墓室的见解。以及亨利·雷弗-弗洛,《我不知道您在说什么》(*Je ne sais pas de quoi vous parlez*),前揭。译者补注:尼古拉·亚伯拉罕(1919—1975),法国匈牙利裔精神分析学家。安东尼·巴列纳托,法国当代心理学史研究者。

② 这再一次使弗洛伊德学说的反对者得以肯定弗洛伊德仇视犹太人,亦使荣格学派确定荣格不排斥犹太人,因为荣格与一名犹太人投合,他的许多学生也是犹太人。威廉·施特恩(1871—1938)以与其他许多心理学家相同的资格受邀到伍斯特。

③ 这便是弗洛伊德的原话,由荣格在与库尔特·艾斯勒的对话(美国国会图书馆)中转述。亦可参见文森特·布罗姆,《荣格:人和神话》,前揭,第 117 页。关于拉康在 1955 年构想的、被认为是弗洛伊德说的——即他本人与荣格晤面后——那句话的起源,参见伊丽莎白·卢迪内斯库,HPF-JL,前揭,以及《拉康:瘟疫》(Lacan, the Plague),《精神分析和历史》(*Psychoanalysis and History*),泰丁敦(Teddington),自流出版社(Artesian Books),2008 年。拉康认为弗洛伊德说的是:"他们不知道,我们带来了瘟疫。"大家现在知道弗洛伊德从未说过那句话,但这条传闻深入人心。

④ 西格蒙德·弗洛伊德和桑多尔·费伦齐,《通信集第一卷:1908—1914 年》,前揭,《1909 年 1 月 10 日的信》,第 40 页。

为了应对随后的讲座,"教授先生"作出明智的决定:不写任何报告,不听琼斯的意见,决心在完全讲德语的听众面前说德语,直截了当地谈论性问题。

布里尔同埃利岛①(*Ellis Island*)首席医生布罗尼斯瓦夫·奥努夫②(Bronislaw Onuf)一起在码头等候三人。手续一办好,布里尔就送他们到位于麦迪逊(*Madison Avenue*)和第四十二街拐角处的曼哈顿酒店。他无视他们的肠胃毛病和疲劳,用五天时间带他们游览纽约:大都会艺术博物馆及其古希腊、古埃及艺术品,自然史博物馆,哥伦比亚大学精神病学系,各种街区——唐人街、哈莱姆区③(Harlem)——和引人注目的康尼岛④(*Coney Island*)游乐园。弗洛伊德第一次看电影,乘出租车,还打算拜访老同学西格蒙德·卢斯特加尔滕⑤(Sigmund Lustgarten)和埃利·贝尔奈斯夫妇。可他们都外出度假了。他观察以德语、意大利语或意第绪语写的布告,非常惊讶地发现它们有时包含希伯来语的特征。最后,他对玛尔塔讲述在几家餐厅游荡的经历,提到咖啡、水果、面包、蘑菇和肉的味道。总之,他习惯于与一群新的城市居民,即美国熔炉(*melting-pot*)人民——黑人、亚洲人、白人、犹太人、混血儿——时常打交道。他有时感到这种融合不过是中欧融合的另一形态。

他和荣格在中央公园花了几个小时讨论民族和"种族",尤其犹太人和"雅利安人"之间的差异。谈话又转向梦的主题。弗洛伊德有泌尿问题,荣格按照弗洛伊德的方式把它解释为使人关注自己的儿童愿望。接着,荣格把他带回酒店,让他接受更具"荣格风格"的"深度分析"。

弗洛伊德越是要在荣格的梦中看到弑父故事,荣格就越是要在弗洛伊德的无意识中寻找埋在古代洞穴中的女性奥秘。因为只对与他的一夫多妻制有关的表象感兴趣,所以他确信弗洛伊德用禁欲的幌子掩藏罪恶的行径:"某种棘手的素材",即与其妻妹明娜的肉体关系。为了让弗洛伊

---

① 英语,意为"埃利斯岛",美国纽约州纽约港内的一个岛屿。——译注
② 布罗尼斯瓦夫·奥努夫(1863—1928),美国俄罗斯裔神经学家。——译注
③ 美国纽约市曼哈顿的一个社区,自20世纪20年代起成为美国非裔生活、文化与商业中心。——译注
④ 英语,意为"康尼岛",位于美国纽约市布鲁克林区的半岛。——译注
⑤ 西格蒙德·卢斯特加尔滕(1857—1911),奥地利皮肤科医生。——译注

德放松,他决定使其吐露致病的秘密缘由①。弗洛伊德以维护威信为由拒绝了这项练习,荣格由此推断弗洛伊德冷待自己,并相信自己暂时解除了他的症状②。

二位受邀在新英格兰学术界最高权威面前展示自己临床和学术研究的新心理研究方法欧洲代表人物,他们私下就展开了这样的疯狂争论。二人都以各自方式调动探索心灵的工具,使另一方感到痛苦。

琼斯与荣格、弗洛伊德、费伦齐在动身赴伍斯特的前夕重聚。在汉默斯坦的屋顶花园(*Hammerstein's Roof Garden*)共进晚餐时,他再次建议弗洛伊德不要在性领域过于冒进,但还是白费唇舌。9月5日,他们在斯坦迪什酒店(*Standish Hotel*)下榻。次日,荣格、弗洛伊德与著名心理学家威廉·詹姆斯同时获得入住斯坦利·霍尔宅邸的特权。詹姆斯认为弗洛伊德的理论相当危险——"*a dangerous method*"(危险方法)——弗洛伊德对梦的解析不可理解。因为对超自然现象研究、通灵论和信念疗愈的兴趣,他觉得同荣格更加亲近。弗洛伊德一心想说服他相信自己的理论有理有据,詹姆斯则希望不惜一切代价见到这个搅乱心理学世界的维也纳怪人。他们在伍斯特一起步行,病入膏肓却平静面对死亡的詹姆斯给弗洛伊德留下了激动的回忆。

9月9日,弗洛伊德到东道主家中吃晚餐,生平第一次被穿制服、戴白手套的黑肤色仆人伺候。斯坦利·霍尔尽管仰赖来宾的性理论,却仍旧保持旧式清教徒农家后人的本色。荣格似乎对招待颇为满意,但在信中

---

① 后经荣格宣扬,弗洛伊德乱伦的传闻逐年成为英语世界精神分析历史编纂学的重大主题之一,尤其是从1947年海伦·沃克·普纳(Helen Walker Puner)的著作《西格蒙德·弗洛伊德:他的生活和思想》(*Sigmund Freud: His Life and Mind*)出版以后。该书在1992年重版,附保罗·罗森的介绍和埃里希·弗罗姆(Erich Fromm)的序言,新泽西,学报出版公司(Transaction Publishers)。从来没有任何历史学家能为这一引出大量文章和数本书籍的"关系"提供半点证明。参见伊丽莎白·卢迪内斯库,《为何如此憎恨》(*Mais pourquoi tant de haine*),巴黎,瑟伊出版社,2010年。译者补注:海伦·沃克·普纳(19?—1989),美国编辑、作家。埃里希·弗罗姆(1900—1980),美国德裔心理学家、精神分析学家、人本主义哲学家、民主社会主义者。

② 这个故事有好几个版本。参见《C. G. 荣格与库尔特·艾斯勒的对话》,美国国会图书馆,114号箱,429号文件夹,1953年8月,被迪尔德丽·贝尔借用。C. G. 荣格,《自传》,前揭,第185页。以下就是荣格原话的译文:"最小的妹妹对弗洛伊德有强烈的移情,他对此并非无动于衷。"以及:"哦,一种关系!?我不知道到了什么程度,但上帝啊,大家知道这是怎么回事,不是吗!?"笔者将在后文(第238页)复述这份宣示的德语原始版本。

却对艾玛说自己不大喜欢这个"刻板"家庭的"庄重德行"。为了跟它保持距离,他用各种玩笑逗乐仆人。信奉"种族"等级制的荣格觉得比起东海岸的白种文明人,他更加接近"非洲兄弟"——在他看来,他们扎根于原始系谱。而超越各种差异、在每个人身上都看到普遍主体——某种单一性(singularité)——的弗洛伊德,他未对主人的仆佣发表任何意见[①]。

9月7日,弗洛伊德先花了很长时间与费伦齐讨论要讲的话,然后面对满堂声名显赫的学者——其中有人类学者弗朗茨·博厄斯[②](Franz Boas)、物理学家阿尔伯特·迈克耳逊[③](Albert Michelson)和埃内斯特·卢瑟福[④](Ernest Rutherford)(二人均为诺贝尔奖得主)、威廉·詹姆斯,还有许多其他人——开始做他的五个系列讲座[⑤]。他完全适应美国听众需要的实用主义,不看一点笔记,把自己的临床和理论研究说得令人目瞪口呆。为了不显得像理论的所有者,他热情地赞扬创造"*psycho-analyse*"一词的布罗伊尔,兴奋地把"安娜"案例描述成神奇的治疗故事——他不知道,贝尔塔·帕彭海姆与他同时来到大西洋彼岸,以卖淫为题举行演讲——接着,他陈述他的释梦方法、压抑概念、治疗技术和对癔症的看法。最后,他提到"小汉斯"案例,对照荣格的"阿娜案例[⑥]"报告,直截了当地讨论儿童性问题。

在报告的每一阶段,弗洛伊德都提供具体的例子。为解释"欲望冲

---

① 参见迪尔德丽·贝尔,《荣格》,前揭,第254页。
② 弗朗茨·博厄斯(1858—1942),德国-美国人类学家,现代人类学先驱,被称为"美国人类学之父"。——译注
③ 阿尔伯特·迈克耳逊(1852—1931),美国波兰裔物理学家,以测量光速而闻名,1907年荣获诺贝尔物理学奖。——译注
④ 埃内斯特·卢瑟福(1871—1937),新西兰物理学家,被称为"原子核物理学之父",1908年荣获诺贝尔化学奖。——译注
⑤ 最好的记述当属威廉·W. 凯尔奇(William W. Koelsch)的作品,《不可思议的幻梦:弗洛伊德和荣格在克拉克大学》(Une incroyable rêverie:Freud et Jung à la Clark University),1909年,保罗·S. 克拉克森(Paul S. Clarkson)第五次年度讨论会,《戈达德图书馆之友》(Les Amis de la Bibliothèque Goddard),伍斯特,克拉克大学,1984年。弗洛伊德和荣格诞辰七十五周年庆典。在网站"从一张长沙发到另一张长沙发"(D'un divan l'autre)上(该文)被译成法语。凯尔奇细读了这所大学的档案,提供了许多关于在1909年受到邀请并参加弗洛伊德9月6—10日讲课的报告人的细节。迪尔德丽·贝尔提供了关于荣格反应的细节,应将她的评论作为这类原始资料的补充。注意,弗洛伊德深信有朝一日美国大多数国民都将是黑人。译者补注:威廉·W. 凯尔奇,美国心理学家。
⑥ 在一次讲座中,荣格阐述了一个小女孩的案例——案主就是他的女儿。

动"(motion de désir),他提到可能有"碍事的家伙"来扰乱他的讲座。他说,如果发生这样的事,在场人士(阻抗)即刻会抗议,将这个家伙赶出阶梯教室:这就是压抑,它使讲座得以安稳进行。但一旦到外面,捣乱者很可能弄出更多的噪声,换一种同样令人讨厌的方式影响报告人和听众:这便是弗洛伊德所谓的症状——被压抑的无意识冲动的置换表现。

于是,他把精神分析比作"调解者",能够出面与捣乱者谈判,使其在保证不再打扰听众后返回阶梯教室。精神分析的任务就是把症状送回原来的地方,也就是导向被压抑的念头。

早期的弗洛伊德属于美好年代,乐观地相信自己推动着世界实现的内在革命,这些讲座为他那时的理论作出某种综括。那时尚未涉及自恋(narcissisme)、超心理学(métapsychologie)、错综复杂的拓扑论或死亡驱力。弗洛伊德谈论的是力比多、疗愈和无意识在日常生活中的表现。此外,关于性的主题,他熟练地举出克拉克大学研究员、收集了2500个儿童案例样本的斯坦福·贝尔(Stanford Bell)的实证主义研究:"正如我们说的,贝尔的研究遵循'美国风格'……你们相信你们的——而不是我的——同胞和同行之一的意见,我并不讶异[①]。"

他在伍斯特的五个讲座得到一致好评,在当地和全国的新闻界中受到热烈隆重的欢迎。斯坦利·霍尔在一篇精彩的文章中将弗洛伊德的理论称为革命性的新理论,但这不妨碍他随后对阿德勒的主张产生兴趣——弗洛伊德对此大为恼火——9月10日,在一场正式的会议上,弗洛伊德和荣格获得了克拉克大学荣誉法学博士的头衔。这是弗洛伊德唯一的大学荣誉称号,但对荣格而言,它不过是一长串头衔的开始:他踌躇满志,回到苏黎世后就定制了印有笺头"医学博士C. G. 荣格,法学博士"的新信纸。

弗洛伊德觉得在美国的时光表明他不再受到孤立,如他在1925年所言:"那时我不过五十三岁,我觉得自己是容光焕发的青年人,总的说来,这段短暂的新大陆之行对我的自尊心是有好处的;在欧洲,可以说我感到

[①] 这五个讲座随后由弗洛伊德编集成文,很快被译成多种语言。参见《精神分析五讲》(*Sur la psychanalyse. Cinq conférences*)(1910年),巴黎,伽利玛出版社,1991年。引用贝尔的内容,第92—93页。

遭人摒弃,在这里,我觉得被第一流人物当作第一流人物来接待。我登上伍斯特的讲台讲授了五堂精神分析课,这就像实现了一个难以置信的白日梦。精神分析不再是妄想的产物,而是现实的一个宝贵部分①。"

在举行典礼当天的集体合影中,我们看到穿黑色礼服的弗洛伊德和荣格站在第一排,他们身边是斯坦利·霍尔、阿道夫·迈耶尔、弗朗茨·博厄斯、威廉·詹姆斯,身后是琼斯、布里尔、费伦齐、迈克耳逊、卢瑟福。这些男士留着络腮胡或小胡子,有的人手里还拿着手杖和帽子。最后一排右侧是出生于利比里亚、被送返非洲的美国黑奴的孙子所罗门·卡特·富勒(Solomon Carter Fuller)。他是波士顿大学医学院学者中第一名黑肤色的精神病科医生,非常了解欧洲和德国,因为这位研究可怕的阿兹海默病的美国先驱之一曾在慕尼黑师从爱罗斯·阿兹海默②(Alois Alzheimer)。他也做心理治疗,所以兴致勃勃地参加弗洛伊德的讲座。

照片上没有女人,但对这次美国之行作出最生动评论的却是一名女性:著名的无政府主义者、激情昂扬的埃玛·戈尔德曼(Emma Goldman)。她也了解欧洲,并且说德语。1896年,在维也纳继续助产士课程的戈尔德曼有机会听到弗洛伊德的课。在伍斯特,她本想在室内发表演讲,但被"当局"拒绝。他们的说法是"太有爆炸性、太危险、太歇斯底里"。她在自传中写道:"我的伍斯特之行最重要的事就是弗洛伊德的演讲……他的清晰头脑和直率言辞给我留下了深刻的印象。在所有这些穿长靴长袍笔直挺立、摆出了不起样子的教授中,衣着朴素、谦逊低调、几乎不露圭角的弗洛伊德仿佛侏儒群中的巨人③。"

如琳达·唐(Linda Donn)所述:"在不到一年多的时间内,弗洛伊德从萨尔茨堡的简陋集会转到心理学领域佼佼者(*primus inter pares*)的位置上④。"琼斯重返多伦多,荣格、弗洛伊德和费伦齐则继续旅行。他们游览尼亚加拉瀑布,接着穿过普莱西德(Placid)湖,抵达阿第伦达克(Adirondacks)山脉的基恩谷(Keene Valley)。

---

① 西格蒙德·弗洛伊德,《弗洛伊德自传》,前揭,第88页。
② 爱罗斯·阿兹海默(1864—1915),德国精神病学家、神经病理学家,率先发表老年痴呆症(后被命名为阿兹海默病)的病例。——译注
③ 埃玛·戈尔德曼,《过我自己的生活》(*Living My Life*),第一卷,纽约,克诺夫出版集团(Knopf),第173页。以及安东尼·巴列纳托,最初引用,第30页。
④ 琳达·唐,《弗洛伊德和荣格》,前揭,第138页。

就像东海岸许多地道的贵族,帕特南在槭树、云杉、枞树丛中买下一块地。他把原先的农庄改造成带有客厅、书房、浴缸、壁炉,雪茄随处可见的乡间宅邸。此处的华美景象和主人的生活方式令喜爱树林和原始自然的弗洛伊德大为惊讶。为了招待他们,帕特南一家将来宾的话匣子(Chatterbox)装饰成黑、红和金色——德意志帝国的颜色,却忘了他们都不是德国人。但这没什么要紧。荣格哼唱日耳曼的老歌,费伦齐帮助弗洛伊德从一场"神经性阑尾炎"——不过是他的老毛病肠胃功能障碍(Magenkatarrh)的表现——中康复。"教授先生"显然觉得美国的食物"糟透了",拒绝饮用别人端来的冰水,一直要找有莱茵酒的地方①。

经过百般努力和多次长程散步,他终于遇到梦寐以求的豪猪——可惜是死的。为了安慰他,帕特南一家送给他一个豪猪雕像。他把它放在书桌上。他早就为叔本华——他最喜爱的哲学家——对社会交往的比喻所吸引:"在一个寒冷的冬日,一群豪猪紧紧抱团取暖,抵御严寒。然而,它们很快就被彼此的刺扎痛了,不得不分开。当取暖的需要使它们再度相互靠近时,它们又遇到同样的麻烦。豪猪在这两种痛苦中左右为难,直到终于找到使它们的处境可以忍受的折中距离为止。所以,由于空虚和内心生活的单调而产生的社交需要把人们赶到一块;但是互不相容的生活方式和难以容忍的缺点又把他们分开。"叔本华得出结论:社交性与人的精神价值成反比,人的智慧在于保持内心的热量,置身于社会之外②。

即使征服了新大陆,弗洛伊德还是继续将美国视为"疯狂的机器"。不久之后,他对芭芭拉·洛(Barbara Low)吐露心声:"我的成功不会持续很久,美国人对我的态度就像玩新娃娃、很快又换别的玩具的小孩③。"

几年后,精神分析成为美国大陆最流行的"心理疗法"。它赶走原来的身体学说,取代精神病学,使文明伦理的重大准则显得荒唐可笑,让中产阶级欣喜若狂。我们能够理解后来对这个不大赞同性的善恶基点的悲

---

① 尤迪特·贝尔奈斯·黑勒的证词,美国国会图书馆,引用,以及玛丽昂·罗斯(Marion Ross),《记录簿,杂项,1914—1975年》(*Carnets, Miscellaneous, 1914—1975*),美国国会图书馆,121号箱,7号文件夹。
② 弗洛伊德在《群体心理学和自我分析》(*Psychologie des masses et analyse du moi*)(1921年)中重新采用这个观点,见《弗洛伊德全集/精神分析》,第十六部,前揭,第1—85页。
③ 芭芭拉·洛(1877—1955,英国精神分析学家)的证词,被引用,美国国会图书馆,121号箱,5号文件夹。

观欧洲人迸发的怒火。难道不是他在 1909 年把混乱的种子植入清教徒备受烦扰的信仰中？事实上，美国人热烈隆重地迎接精神分析，为的却是它不具备的东西——使人成功的疗法——他们在六十年后抛弃它，原因也是它未曾履行它无法履行的承诺。

荣格和弗洛伊德仿佛两只豪猪，对彼此都是危险的存在，犹如精神分析之于美国、美国之于精神分析。弗洛伊德对这个问题相当清楚，不过他还不知道，继血流成河的一战和主要弟子的流亡后，随着纳粹在欧洲的肆虐，他的学说将变得越来越"美国化"。

在 1912 年夏天弗洛伊德赶去克罗伊茨林根探望长出恶性肿瘤的宾斯万格时①，他和荣格的裂痕已见诸形迹，表现为争执中出现的晕厥、对野分析和躯体疾病的争论。弗洛伊德把行程告诉荣格，希望在二人共同朋友的床边看到他。他忘了绕到荣格刚整修好的居住地、苏黎世湖畔的屈斯纳赫特(Küsnacht)：这又造成隔阂。接着是在慕尼黑举行的第五次协会大会，随后是数次对于卡尔·亚伯拉罕的法老之子阿蒙霍特普四世②(Amenhotep IV)论文的气氛沉闷的讨论，最后荣格发表《力比多的变形和象征》(Métamorphoses et symboles de la libido)，提出完全去除力比多的性特征。

在整个这段时期，弗洛伊德继续将他的理论扩展到对艺术和文学之谜的诠释中。他像福尔摩斯一样热衷于破译"伟人"的无意识活动。达·芬奇历来是他选出的无限仰慕的大师群体的一员。

1909 年 10 月，刚从美国回来的弗洛伊德决定写文章分析达·芬奇：此人喜欢"奇形怪状的脑袋"，以留下未完成的作品闻名，生前是所有同时代人推崇的 16 世纪的意大利(Cinquecento)博学多识的天才、左撇子、同性恋、素食者、工程师、雕塑家、解剖学家、漫画家、建筑师。他是有钱有势的皮耶罗·达·芬奇(Piero da Vinci)和卑贱农妇的私生子，却受到国王公爵——从卢多维科·斯福尔扎③(Ludovic Sforza)到弗朗索瓦一世④(François Ier)，包括洛伦佐·德·美第奇⑤(Laurent de Médicis)——的推

---

① 他后来康复了。
② 阿蒙霍特普四世(? —前 1336)，古埃及第十八王朝法老。——译注
③ 卢多维科·斯福尔扎(1452—1508)，米兰公爵。——译注
④ 弗朗索瓦一世(1494—1547)，法国国王。——译注
⑤ 洛伦佐·德·美第奇(1449—1492)，意大利政治家，文艺复兴时期佛罗伦萨的实际统治者。——译注

崇和庇护。

弗洛伊德对荣格宣布自己的计划,仿佛准备征服一块新大陆:"传记也该成为我们的领域。回来后,我便只想一件事。突然间,我豁然开朗,解开了达·芬奇性格之谜。这是传记的第一步。但若要用明白易懂的方式向他人阐述我深信不疑、极有把握的内容,我对此并不抱希望,因为关于达·芬奇的材料是如此匮乏①。"

弗洛伊德坚信,伟大的达·芬奇的性生活是其儿童性理论主张之一的绝佳例证,并推断达·芬奇是"性冷淡或同性恋者","把性欲转化为求知驱力",始终迷恋"未完成之作的典范性"。他还补充说,他最近在一个神经症患者(并非天才)身上看到相同的症状。换而言之,他再次提出假设,希望能通过事实得到验证。

为了写这篇文章,他采用确凿无疑的原始资料——它们几乎都被译成德文——埃德蒙多·索尔米②(Edmondo Solmi)的传记、斯米拉利亚·斯科尼亚米利奥(Smiraglia Scognamiglio)对达·芬奇童年和青年时期的研究、乔尔乔·瓦萨里③(Giorgio Vasari)的经典研究、法国艺术史学家欧仁·明茨④(Eugène Müntz)的研究、达·芬奇本人的《绘画论》(*Traité de la peinture*)和《手稿》(*Carnets*)⑤。不过,他把很大一部分分析结果归功

---

① 《1909年10月17日弗洛伊德致荣格的信》,《通信集》,第一部,前揭,第336页。西格蒙德·弗洛伊德,《达·芬奇的童年回忆》(*Un souvenir d'enfance de Léonard de Vinci*)(1910年),巴黎,伽利玛出版社,1987年。这个版本有尚-贝特朗·彭大历斯(Jean-Bertrand Pontalis)的精彩序言和弗洛伊德所用原始资料的目录。以及《弗洛伊德全集/精神分析》,第十部,巴黎,法国大学出版社,1993年,第79—164页。这部作品写于1910年1—3月,并于5月发表。译者补注:尚-贝特朗·彭大历斯(1924—2013),法国哲学家、精神分析学家、编辑和作家。
② 埃德蒙多·索尔米(1874—1912),意大利教师、历史学家。——译注
③ 乔尔乔·瓦萨里(1511—1574),意大利文艺复兴时期画家和建筑师。——译注
④ 欧仁·明茨(1845—1902),法国艺术史学家、文艺复兴专家。——译注
⑤ 读者可在弗洛伊德的书房查到这些资料,资料上都有他的旁批。他在文中有时引用意大利语作品原文,虽然他的书房中有德译本。法语版,欧仁·明茨,《达·芬奇:艺术家、思想家、学者》(*Léonard de Vinci, l'artiste, le penseur, le savant*),巴黎,阿歇特出版社,1899年。乔尔乔·瓦萨里,《艺苑名人传》(*La Vie des meilleurs peintres, sculpteurs et architectes*),安德烈·沙泰尔(André Chastel)主编,巴黎,贝尔热-莱夫罗尔出版社(Berger-Levrault),1983年。梅列日科夫斯基,《诸神的复活——列奥纳多·达·芬奇》(*La Résurrection des dieux. Le roman de Léonard de Vinci*)(1902年),巴黎,伽利玛出版社,1934年;这是基督与反基督三部曲的第二部。斯米拉利亚·斯科尼亚米利奥,《青年达·芬奇的研究和资料》(*Ricerche e documenti sulla giovinezza di Leonardo da Vinci*),那不勒斯,1900年。译者补注:安德烈·沙泰尔(1912—1990),法国艺术史学家、文艺复兴专家。

于他爱读的梅列日科夫斯基①(Merejkovski)的传记小说。在这部依据可靠资料写就的历史小说中,俄罗斯作家想象达·芬奇的学生乔瓦尼·贝特拉菲奥(Giovanni Boltraffio)为老师记了一部隐秘的日记,借此勾勒出一幅达·芬奇的画像。这种写法使他得以把画家变成符合其异教和基督教——如他所言,这两股世界潮流不可调和:一个求助上帝,另一个则远离上帝——二元观的人物,能够用反基督的、异端的、亵渎宗教和女性的语言描绘因为恐惧肉体占有而从不接近女性的达·芬奇。在他的笔下,达·芬奇是不信教的分裂者,迷恋亦男亦女的天使的微笑和怪物的面容,试图用艺术摧毁《圣经》。对相当熟悉这位作家其他作品的弗洛伊德而言,这种诠释是很合心意的。

像几乎所有的达·芬奇传记作者一样,梅列日科夫斯基闭口不谈这位画家的同性爱欲,仅仅提到他与老师安德烈·德尔·委罗基奥②(Andrea del Verrocchio)和两名学生贝特拉菲奥、弗朗切斯科·梅尔齐③(Francesco Melzi)的暧昧关系。毫不隐晦地谈论达·芬奇的性生活,这在20世纪初仍属伤风败俗之举,可能造成大丑闻④。同性恋在当时已为人知,但未被命名。只要查阅档案就可以知道一件事:1476年4月9日,有人向佛罗伦萨的"值夜官"检举这位画家"主动鸡奸"金银匠学徒、有名的男妓雅各布·萨尔塔雷利(Jacopo Saltarelli),令他差点被送到柴堆上烧死。他被囚禁了两个月,后因证据不足被释放。此事并不妨碍他继续拥有年轻的同性情人。他还在1505年说自己曾在青年时代被定罪判刑,为的是他在成年时的惯行——那段时期它可能更受谴责。

他在家中收留外号"*Salai*"(魔鬼)的吉安·贾可蒙·卡坡蒂(Gian Giacomo Caprotti),这个长着卷发、面带神秘微笑、年轻俊美的扒手后来成为他的学生,画出裸体版的蒙娜丽莎。达·芬奇与男性之间并无"暧昧关系",有的不如说是终其一生不得不掩藏、否则即被处死的爱情。他也不大可能——像弗洛伊德认为的那样——是以升华力量将性欲转为求知驱

---

① 梅列日科夫斯基(1865—1941),俄罗斯作家、哲学家。——译注
② 安德烈·德尔·委罗基奥(1435—1488),意大利画家和雕塑家。——译注
③ 弗朗切斯科·梅尔齐(1491—1568/1570),意大利画家。——译注
④ 玛丽·波拿巴在出版该作法译版时遇到一桩阴谋。

力的"性冷淡"者。他到死都与梅尔齐为伴,并以后者为继承人。

显然,弗洛伊德向这位极受敬仰的天才投射了他的禁欲崇拜。将性驱力转化为创造驱力的人是他,而非达·芬奇。不管怎样,这种同性恋的成因有待解释。弗洛伊德明白,这位伟人的生活中还有许多谜题要破解,尤其是一段被认真记录在其手稿中的童年回忆。达·芬奇非常喜欢鸟,甚至想发明机械把人变成能飞的天使。他的解释如下:"似乎我已注定如此由衷地喜欢秃鹫,因为我的脑海里浮现出一幕场景——如同所有的最初记忆——当我还在摇篮里的时候,一只秃鹫落到我身上,它的尾巴分开我的嘴,还多次撞我的嘴唇[①]。"在弗洛伊德引用的德语版本中,出现的词是"秃鹫"(Geier),但在他补充在注解中的意大利语原文中,达·芬奇说的却是另一种名为"nibbio"(鸢)的食肉鸟,它在德语中应该被译为 *Hühnergeier* 或 *Gabelweihe*。在斯科尼亚米利奥引用的、出自《大西古抄本》(*Codex atlanticus*)的版本中,达·芬奇说的是鸟尾进入"唇间",而不是"撞开嘴唇[②]"。

这段令人难以置信的童年回忆仿佛直接出自《梦的解析》,弗洛伊德理所当然地被它吸引,不曾察觉翻译的错误。也许他忘了一点:词不是神话?他力图解开达·芬奇的同性恋与其童年回忆的关系谜题,推测这位画家受到以表示秃鹫——这种动物的头代表名字读作 *Mout* 的母神——的象形符号书写"母亲"一词的埃及神话的影响。他还把这种表现方式与基督教传说联系在一起:按照后者的说法,秃鹫是打开阴道让风授精的雌鸟,代表纯洁的处女。

弗洛伊德比较这两种神话,推想尾巴口淫不过是重复更早时期的、婴儿将母亲乳头含在嘴中的情景。秃鹫的模糊记忆、相关的消极意义应与画家的童年有联系:达·芬奇由母亲卡塔丽娜(Catarina)一手养大,是她唯一爱的客体,并在性欲萌发时缺乏父亲认同。可以说弗洛伊德认为达·芬奇的母婴关系与其同性恋的形成具有因果关联。接着,他把达·芬奇的同性恋理解为向自体性欲期的倒退,导致后者只爱自己的替身。

[①] 西格蒙德·弗洛伊德,《达·芬奇的童年回忆》,前揭,第 89 页。
[②] 大西洋古抄本:达·芬奇的绘画和笔记汇编,存于米兰的盎博罗削图书馆。参见《达·芬奇的童年回忆研究版》(*Eine Kindheitserinnerung des Leonardo da Vinci, Studienausgabe*),第十部,第 109 页,注释 1。

他解释说,就这样,男同性恋者先被固着在母亲身上,后压抑对母亲的爱,继而在沿着自恋①的途径找到爱的客体。

到此时为止,弗洛伊德在男性的性倒错方面只发表过一些自相矛盾的说法。据他看来,它并非源自遗传,而是来自双性状态、先天秉性或自体性欲。不过,在分析达·芬奇时,他第一次谈到对母亲的固着,谈到缺少父亲认同的自恋选择。显然他力图解开著名的蒙娜丽莎微笑之谜——它向观画者提出挑战,使四个世纪以来所有看到她的专家都迷惑不解。歌德把她描述成最纯粹的女性永恒特质代表,认为她体现了希腊理想对古代雕塑艺术的影响。对弗洛伊德而言,达·芬奇画的不过是他的母亲——在孩子的眼中被美化的母亲——的微笑。达·芬奇赞赏的天使和青少年的美丽脸庞都是其童年模样的翻版,微笑的女子全是卡塔丽娜的化身——卡塔丽娜曾露出这种笑容,但他已将它淡忘了。

一贯非常大胆的弗洛伊德又着手比较《蒙娜丽莎》和《圣母子与圣安妮》②(Anna Metterza),肯定第二幅画是第一幅画的续作。达·芬奇画圣安妮抓着女儿玛利亚,玛利亚则企图抓住欲与将被献祭的羊羔嬉耍的耶稣。安妮代表教会,玛利亚则知道儿子将面临死亡。安妮抓玛利亚,玛利亚抓耶稣,每个角色都被看作知道耶稣的受难救赎必然来临。

《圣母子与圣安妮》的主题在 15 世纪③(Quattrocento)绘画中经常出现,达·芬奇在遇到蒙娜丽莎之前就为它画过多张草图④。弗洛伊德忘了

---

① 弗洛伊德第一次用"自恋"一词。
② 第一幅画作于 1503—1506 年,第二幅画作于 1508—1516 年。
③ 即欧洲文艺复兴的初期。——译注
④ 1956 年,迈尔·沙皮诺(Meyer Schapiro)指责弗洛伊德不仅混淆秃鹫和鸢,而且不懂艺术史。第一种错误越是在笔者看来无关紧要,第二种就越应该得到重视。它显示出分析本身的危险,即使大家知道弗洛伊德对这些草图有所了解。他在 1919 年和 1923 年添加的评注中对它们作过评论。参见迈尔·沙皮诺,《达·芬奇和弗洛伊德》(Léonard et Freud),见《风格、艺术家和社会》(Style, artiste et société),巴黎,伽利玛出版社,1982 年。库尔特·艾斯勒对沙皮诺的回复见《达·芬奇:精神分析研究》(Léonard de Vinci. Étude psychanalytique)(1961 年),巴黎,伽利玛出版社,1982 年。以及雅克·拉康,《讲座》,第四卷:《客体关系和弗洛伊德的结构(1956—1957 年)》(La Relation d'objet et les structures freudiennes [1956 - 1957]),巴黎,瑟伊出版社,1994 年,雅克-阿兰·米勒(Jacques-Alain Miller)编订,第 411—435 页。弗洛伊德的反对者把他说成骗子和捏造者。参见哈恩·伊斯拉埃尔斯(Han Israëls),《秃鹫人:弗洛伊德和达·芬奇》(L'homme au vautour: Freud et Léonard de Vinci),见《精神分析黑皮书》(Le Livre noir de la psychanalyse),巴黎,角斗场出版社(Les Arènes),2005 年。译者补注:迈尔·沙皮诺(1904—1996),美国艺术史学家。雅克-阿兰·米勒(1944—2016),法国精神分析学家,拉康之婿。哈恩·伊斯拉埃尔斯(1951—   ),荷兰社会学家、心理学家、历史学家。

这一点,居然声称在画中发现两位母亲:一位是卡塔丽娜,另一位是其父的法定妻子唐娜·阿尔比拉(Donna Albiera)。弗洛伊德说,二人具有相同的年龄和笑容:"当不满五岁的列奥纳多被接到祖父家中时,年轻的继母阿尔比拉必然在他的心中取代生母,而他也卷入应被称为正常的、与父亲的竞争关系中。众所周知,选择同性恋的决定只发生在青春期临近的阶段。当列奥纳多作出这样的选择时,父亲认同对他的性生活不再具有任何重要的意义,但在性活动以外的领域继续发挥作用[1]。"

弗洛伊德不仅给了达·芬奇两位母亲,还解释说父亲认同对他有害,因为他把自己看作其作品的父亲,对它们漠不关心,就像他的父亲不关心他一样。所以他经常留下未完成的作品。最后,在弗洛伊德看来,对鸟的喜好和空中飞翔的梦源自进行激烈性活动的童年愿望,这个愿望后来转化成创造稀奇古怪之物——犹如儿童的玩具——的奇异能力。瓦萨里也讲过,列奥纳多做出空心轻薄的动物,朝它们内部吹气,使它们飞起来,或把翅膀固定在大蜥蜴的背上,为它加上眼睛、触角、胡须,拿它吓唬朋友。

弗洛伊德创造的新世纪达·芬奇被理所当然地视为真正了不起的成就。这部作品写得像启蒙小说——风格介于巴尔扎克和柯南道尔(Conan Doyle)之间——将读者带入一个神秘世界,像高深莫测的女神一般统治这个世界的就是带着难以捉摸的微笑、亦男亦女、不可思议的蒙娜丽莎。如他在1919年所述:"这是我写过的唯一美的东西。"弗洛伊德曾不顾同时代心理学家的反对,将现代神经症患者的故事与哈姆雷特、俄狄浦斯的名字联系在一起。如今面对性学家,他又把昔日"被诅咒的种族"的每个代表都命名为达·芬奇。随后,他不断改变对男同性恋临床研究方式的看法[2]。

在1919年添加的注解中,他评论了那些草图,指出达·芬奇在其中一幅图中将玛利亚和安妮的形体融为一体——犹如凝缩过程中发生的情况——要不是看到脸容,观画者无法将二人区别开来。他还分析达·芬奇一幅描绘交媾的名画,推断画家相当马虎地处理了女性生殖器。

他的弟子和朋友在好几年中都以"无意识画谜"游戏为乐。1923年,

---

[1] 西格蒙德·弗洛伊德,《达·芬奇的童年回忆》,前揭,第152页。
[2] 尤其像我们在把偏执狂当成防御同类恋的表现时看到的那样。

奥斯卡·普菲斯特(Oskar Pfister)认为在《圣母子与圣安妮》两位女性的衣褶中发现了一只秃鹫的轮廓。事实上,通过非常理性的解析游戏,弗洛伊德在不知不觉中延续了符号学的和描述神祇结合的文学传统。他的作品以达·芬奇的生活、创作之谜为主题,把这位博学多才的画家写成一种蒙上性爱色彩的圣经观的象征[①]。

在这篇论文中,他也反驳了同样嗜好此类文学的荣格。他不再提及弑父,却说起与母亲的早熟关系,仿佛为了表明母亲在儿童的成长过程中与父亲一样具有决定性的象征意义。在文中,母亲不再属于明显自然的事实,而是属于某个结构位置。就这样,弗洛伊德冒着把伟大的起源故事——正是他杜撰的故事——变成庸俗心理学的风险,通过这份研究成功地构建了他的西方家庭概念。

其实,正是在写出这篇以达·芬奇为主题的杰作之后,他第一次使用 *Ödipuskomplex* 或 Complexe d'Œdipe(俄狄浦斯情结)[②]。他打算在原始场景[③](scène primitive)或想象性交的背景下,在临床上表现觊觎母亲、与父亲竞争的故事。他解释小男孩为何蔑视妓女——在发现与父亲睡觉的母亲像妓女的时候——然后强调说:"他开始想得到(désirer)——从这个词新取得的意义上讲——母亲,并再度仇视如同情敌、阻碍他实现愿望的父亲。就像我们说的,他落入俄狄浦斯情结的掌控中。他不原谅母亲,认为她不忠,因为她愿意与父亲,而不是与他做性交易[④]。"

正是借着涉足他想探索的新领域——人类学——的机会,弗洛伊德重拾弑父的主题,从 1911 年到 1913 年发表了四篇小论文,后以《图腾与禁忌》为名将它们结集出版——这本书成为他最精彩的作品之一[⑤]。图腾

---

① 丹·布朗(Dan Brown)充分利用这种无穷无尽的解谜游戏,写出《达·芬奇密码》(*Da Vinci Code*)。此外,某位匿名的漫画家有一天画出弗洛伊德的脸,但在其鼻子和额头部位画了一个精神恍惚的裸体女人形体,并加上按语:男人的脑子里装着什么(What's on a man's mind)。这幅销量达到数千份的漫画随后被复制到衣服和小玩意儿上,差不多和蒙娜丽莎一样。
② 该表达第一次出现在 1910 年的《论人的一种特殊类型的客体选择》(前揭,第 197 页)中。笔者重复一遍:弗洛伊德弄错了该表达在其作品中出现的时间。他追溯到《梦的解析》。
③ 指儿童最初看到的父母性交情景。——译注
④ 出处同上,第 197 页。
⑤ 西格蒙德·弗洛伊德,《图腾与禁忌——原始人和神经症患者心灵生活的若干相似之处》(*Totem et tabou. Quelques concordances entre la vie psychique des sauvages et celledes névrosés*)(1913 年),巴黎,伽利玛出版社,1993 年,以及《弗洛伊德全集/精神分析》,第十一部,前揭,第 189—385 页。

制度同癔症一样吸引19世纪末的学者。它在自然物种(动物)和实行异族通婚的部落之间建立关系,旨在阐释一种推导出来的各类人种志学现象的原初共同性[①]。

这本书显得像一部论述人类起源、思想全能和人神关系的达尔文主义寓言。当时,人类学不再探索起源神话,转而通过考察和旅行研究原始民族的习俗、语言与历史,但这本书却与现代人类学的发展趋势相悖。这位只有西方旅行经历的维也纳学者企图只靠书本知识探索未知的领域。总之,在现代科学知识——从弗朗茨·博厄斯到布罗尼斯拉夫·马林诺夫斯基[②](Bronislaw Malinowski)——与所有认为原始人和文明人、动物和人形成对比的旧主张,与殖民者的种族等级主题彻底断绝关系的时候,他想重新发扬神话和王朝的作用。

不过,弗洛伊德不愿放弃刚被他归纳成理论的俄狄浦斯情结,无论如何都要把它变成适用于所有人类社会、所有宗教起源的普遍情结。以下就是他兴奋地向维也纳精神分析协会全体弟子阐述的书中内容:在原始时代,人类都生活在小型部落中,而每个部落都由一名占有全体女性的男独裁者统治。有一天,部落首领的儿子们群起反抗父亲,结束了野蛮部落的独裁统治。在一场集体的暴力行动中,他们杀死父亲,吃掉他的尸体。但他们在杀人后感到懊悔,不愿承认自己犯下重罪,接着设立异族通婚制(或不再占有同一图腾氏族的女性)和图腾制,建立以禁止弑杀父亲替代物(图腾)的禁忌为基础的新社会秩序。

图腾崇拜、异族通婚、乱伦禁忌:这便是所有宗教尤其一神教的共同模式。从这个角度,弗洛伊德认为俄狄浦斯情结无非展现了图腾制度的

---

① 笔者曾在1995年的研讨会上专门探讨精神分析和人类学的关系。此处,笔者借用此次讲课的若干材料。亦可参见笔者为乔治·德弗罗(Georges Devereux)的书《一位平原上的印第安人的心理治疗》(*Psychothérapie d'un Indien des Plaines*,巴黎,法亚尔出版社,1998年再版)所作的序言,以及《精神分析词典》,前揭。亦可参见克劳德·列维-斯特劳斯(Claude Lévi-Strauss),《今日图腾制度》(*Le Totémisme aujourd'hui*),巴黎,法国大学出版社,1962年。弗洛伊德大量引用法国历史学家萨洛蒙·赖那克(Salomon Reinach)的著作《崇拜、神话和宗教》(*Cultes, mythes et religions*),巴黎,拉鲁斯出版社(Ernest Leroux),1905年。译者补注:乔治·德弗罗(1908—1985),法国-美国匈牙利裔精神分析学家、人类学家。萨洛蒙·赖那克(1858—1932),法国考古学家、宗教历史学家。
② 布罗尼斯拉夫·马林诺夫斯基(1884—1942),波兰人类学家,现代人类学奠基人之一。——译注

两大禁忌——乱伦的禁忌、弑杀父亲-图腾的禁忌——所含的两种被压抑的欲望——乱伦欲望和弑父欲望——它应被视为普遍的范式,因为它体现了奠定人类所有社会基础的两大禁忌。

为了写这部寓言,弗洛伊德从进化论文献中寻找依据。从达尔文那里,他先后借用了《人类的由来》(*La Descendance de l'homme*)记载的著名的原始部落故事,认为个体重复物种进化主要阶段(个体重演生物发展史)的重演律,经让-巴蒂斯特·拉马克①(Jean-Baptiste Lamarck)广泛传播、被达尔文和海克尔②(Haeckel)再度采用的后天获得性状遗传。从詹姆斯·乔治·弗雷泽③(James George Frazer)——讲述杀死前任掌握权力,又被继任者杀死的古拉丁暴君故事的名作《金枝》的作者——那里,弗洛伊德汲取了图腾崇拜的概念,即所谓"原始"社会的古老思维模式。从威廉·罗伯逊·史密斯④(William Robertson Smith)那里,他吸收了图腾餐和部落氏族替代物的观点。在詹姆斯·贾斯珀·阿特金森⑤(James Jasper Atkinson)那里,他得到诸子反抗和吞食父亲、终止父系制度的灵感。最后,他还借鉴爱德华·韦斯特马克⑥(Edward Westermarck)著作中关于乱伦恐惧和近亲婚配危害的思想⑦。

弗洛伊德虽然把原始人视同儿童,保留发展阶段的概念,却拒绝接受一切认为原始状态"低级"的理论。因此,他未把图腾崇拜说成不及唯灵

---

① 让-巴蒂斯特·拉马克(1744—1828),法国博物学家、进化理论家。——译注
② 海克尔(1834—1919),德国生物学家、博物学家、哲学家、艺术家、医生、教授。——译注
③ 詹姆斯·乔治·弗雷泽(1854—1941),英国社会人类学家、神话学和比较宗教学先驱,代表作《金枝》。——译注
④ 威廉·罗伯逊·史密斯(1846—1894),英国人类学家、东方学和旧约学者。——译注
⑤ 詹姆斯·贾斯珀·阿特金森(?—1899),苏格兰人类学家。——译注
⑥ 爱德华·韦斯特马克(1862—1939),芬兰哲学家、社会学家。——译注
⑦ 爱德华·伯内特·泰勒(Edward Burnett Tylor),《原始文化》(*La Civilisation primitive*)(1871年),二卷本,巴黎,赖因瓦尔德出版社(Reinwald),1876—1878年。威廉·罗伯逊·史密斯,《论闪米特人宗教的演讲:基本制度》(*Lectures on the Religion of the Semites: The Fundamental Institutions*)(1889年),纽约,麦克米伦出版公司(Macmillan),1927年。爱德华·韦斯特马克,《人类婚姻史》(*Histoire du mariage humain*)(1891年),巴黎,法兰西信使出版社(Mercure de France),1934—1938年。詹姆斯·贾斯珀·阿特金森,《原始法则》(*Primal law*),见安德鲁·朗格(A. Lang,编辑),《社会起源》(*Social Origins*),伦敦,1903年。詹姆斯·乔治·弗雷泽,《金枝》(*Le Cycle du rameau d'or*)(1911—1915),巴黎,拉丰出版社(Laffont),"旧籍"文丛,1981—1984年。弗洛伊德书房中收藏的是弗雷泽这部著作的英文版。译者补注:爱德华·伯内特·泰勒(1832—1917),英国人类学家,文化人类学奠基人。安德鲁·朗格(1844—1912),英国诗人、作家、文学批评家,为人类学作出贡献。

论或一神论完善的魔幻思维模式,而是视之为残留在一切宗教内部的东西。也正因为如此,他主张原始人相当于儿童,只为证明幼儿神经症(névrose infantile)符合人类普遍的遭遇,由此把俄狄浦斯情结上升为普遍模型。最后,弗洛伊德对乱伦禁忌和社会起源提出新观点。一方面,他放弃起源的想法,肯定任何地方都不存在众所周知的部落:对每个主体(个体发育[ontogenèse])而言,原始状态其实是代代相传的集体历史(种系发生[phylogenèse])内化形式;另一方面,他强调乱伦禁律并非——如韦斯特马克认为的——源自人类对乱伦的天然反感,强调乱伦欲望是存在的,因此必然通过法律或绝对命令设置的禁忌。那么为何禁止一项令集体如此恐惧的行为? 换而言之,弗洛伊德学说为人类学提供了两大主题:道德戒律和罪疚感。代替起源的是现实行为:不可避免的杀戮;代替乱伦恐惧的是象征行为:禁忌的内化。按照这种观点,每个社会都建立在弑君的基础上,但在弑君之后,只有实施制裁并与唯一能够形成意识的父亲意象和解,社会才能结束杀戮造成的混乱状态。

《图腾与禁忌》首先是一本具有康德风格的政治书,亦是一份反对深受荣格重视的民族心理学的声明。另外,笔者推测它也是美国之行的成果,因为他和荣格在旅途中,尤其在纽约如此频繁地探讨"种族"(races)和"人种"(ethnies)的融合问题。二人对这个问题的意见完全不同,《图腾与禁忌》就是明证。弗洛伊德已通过达·芬奇研究反驳荣格,说明与母亲的关系具有重要意义,现在他又回到反抗父亲的主题上,表明与荣格的相对主义、任何形式的殖民主义彻底切断关系。

他的著作最后提出一种民主权力理论,其核心是三种需要:奠基契约的需要、法律的需要、放弃专制统治的需要。然而,《图腾与禁忌》未被当作政治书籍,而是被看成精神分析对人类学的重大贡献。它并未引起预期的公愤,却招来严厉的——而且往往有理有据的——批评。事实上,弗洛伊德不仅始终依附于20世纪初人种学正在摆脱的进化论框架,而且企图支配一块他不参考同时代著作就一无所知的领域。这便是美国人类学家、北美印第安人研究专家阿尔弗雷德·克鲁伯[①](Alfred Kroeber)在1920年提出的批评,后被许多人类学代表人物反复提及。

---

① 阿尔弗雷德·克鲁伯(1876—1960),美国文化人类学家。——译注

《图腾与禁忌》之所以引发持续六十年、至今仍未终止的各种论战,从根本上来说,是因为它激起了层层阻抗。琼斯积极参与论战——尤其是与马林诺夫斯基的论战——而后盖佐·罗海姆①(Geza Roheim)、乔治·德弗罗(Georges Devereux)又带来了新的争论和疑问②。

《图腾与禁忌》是弗洛伊德在美好年代的最后一部重要著作。从临床角度看,这种从自然向文化转变的卢梭式梦想会令人想起施雷伯的故事。它还具有非常鲜明的救世主思想,影响了最早一批信奉弗洛伊德学说的人。在读这本书时,我们真会觉得看到弗洛伊德在一片有人居住的原始自然中散步——就像他儿时爱不释手的冒险作品中叙述的那样——他带着赴意大利度假、痴迷达·芬奇或南行寻找踪迹难觅的格拉蒂娃的劲头,通过以往的书籍浏览神话和信仰的地理。

在美国之行的数年后,荣格与弗洛伊德交恶,随后立刻幻觉缠身,生恐迷失在无知的无底深渊中,连自己住在屈斯纳赫特、已有妻儿的事实都不记得。他失去了一位导师、一个朋友、一名同伴。尽管艾玛做出种种努力,像萨宾娜·施皮尔莱因一样极力避免二人决裂,他们还是在极端激烈的争执中分道扬镳。继续担任精神病医生的荣格经历了某些他熟悉的、在病人身上描述过的状态。后来,他走出心理危机,身边情妇和弟子云集。他与险些离婚的艾玛创立了一个心理治疗流派——分析心理学——先后致力于探索意象(imago)和原型(archétype)。他再也没有见过弗洛伊德,但在有生之年,他像后者一样不断反思:导致他俩聚散离合的究竟是什么。

1913年9月,满怀忧伤的弗洛伊德再度前往罗马,坚信这座优美无比的城市对他而言越来越不可或缺。他绕道博洛尼亚(Bologne)与明娜

---

① 盖佐·罗海姆(1891—1953),美国匈牙利裔人种学家、精神分析学家。——译注
② 笔者在此处参考《精神分析词典》(前揭)的词目,以及阿尔弗雷德·L. 克鲁伯,《图腾和禁忌:人种学的精神分析》(Totem and Taboo: An Ethnologic Psychoanalysis)(1920年),《美国人类学家》(American Anthropologist,美国人类学期刊),22,1920年,第48—55页。布罗尼斯拉夫·马林诺夫斯基,《西太平洋的航海者》(Les Argonautes du Pacifique occidental)(1922年),巴黎,伽利玛出版社,1963年;《原始社会的性与压抑》(La Sexualité et sa répression dans les socétés primitives)(1927年),巴黎,帕约出版社,1932年。埃内斯特·琼斯,《应用精神分析文集》(Essais de psychanalyse appliquée),第二部(1951年),巴黎,帕约出版社,1973年。欧仁·昂里凯(Eugène Enriquez),《从部落到国家》(De la horde a l'État),巴黎,伽利玛出版社,1983年。译者补注:欧仁·昂里凯(1931—   ),法国社会学家。

重聚,后者陪他同行。他对女儿索菲和女婿马克斯写了这番话:"当然,有朝一日你们必须到这里来。但这真的不急;在罗马度过的时光一年比一年充实,大概你们还太年轻。目前,你们对家的迷恋和兴趣大概远甚于最美、最永恒的城市。"弗洛伊德也对安娜写道:"爸爸致他未来的旅伴①。"明娜跟着健步如飞的姐夫四处游览,累得筋疲力尽。他已考虑让小女儿代替她。他坐在桌边喝咖啡,一边憧憬安娜伴他旅行,一边将巧克力分给一名游客的孩子——这位游客不大意外地观察到这对兄妹——明娜和西格蒙德——何其相似②。

每天,他都像去年一样参观圣彼得锁链教堂③(église Saint-Pierre-aux-Liens),凝望米开朗基罗为教皇儒略二世(Jules II)陵墓而雕刻的威严的摩西像。正是在此处,他发觉这位对人民大发雷霆的先知倒拿着《十诫》,处于恢复镇静之前任其滑落的状态:雷霆过后是平静。因为与这座雕塑长期保持着"如对私生子般的关系",他认同把摩西塑造成人类自制力典范的米开朗基罗④。继希腊悲剧、美国之行和与荣格的痛苦决裂之后,通过对意大利文艺复兴的热爱关注新弑父故事的阶段来临了:这样的故事使他重新思考自己的犹太性——他已在对于社会起源的达尔文式美妙幻想中开始这种思考。1914年3月,他在《意象》上匿名发表文章评论米开朗基罗的摩西。他对自己先前的主张产生怀疑⑤。

在这段时期,琼斯取代荣格,创建"圈子"(Ring)(或称秘密委员会),以期把最忠诚的弟子——卡尔·亚伯拉罕、汉斯·萨克斯(Hanns Sachs)、奥托·兰克、桑多尔·费伦齐——重新聚集起来。匈牙利实业家安东·冯·弗洛因德⑥(Anton von Freund)直到1920年离世都是其成员,马

---

① 西格蒙德·弗洛伊德,《我们的心伸向南方》,前揭,第331页。
② 杰尔姆·亚历山大(Jerome Alexander)的证词,1951年10月21日,美国国会图书馆,120号箱,2号文件夹。
③ 意大利罗马教堂名。——译注
④ 西格蒙德·弗洛伊德,《米开朗基罗的摩西》(Le Moïse de Michel-Ange)(1914年),见《令人不安的疏离感及其他文章》(*L'Inquiétante étrangeté et autres textes*),巴黎,伽利玛出版社,1985年,第83—125页。
⑤ 参见埃内斯特·琼斯,《西格蒙德·弗洛伊德的生平和著作》,前揭,第二卷,第386—390页,以及伊尔莎·格鲁布吕奇-西米蒂斯,《弗洛伊德:回顾手稿》(*Freud: retour aux manuscrits*)(1993年),巴黎,法国大学出版社,1997年,第217—218页。
⑥ 安东·冯·弗洛因德(1880—1920),匈牙利富有的实业家,精神分析的支持者。——译注

克斯·艾廷贡也于1919年加入该团体。对身边围绕着六名中选弟子和出版社(Verlag)——精神分析运动的出版社——资助者的弗洛伊德而言,关键在于制定防止其理论退化的理性计划,内容包括摒弃蒙昧主义的神话、通灵论和魔幻思维,坚持在性问题上的立场,培养不再有病态障碍的临床医生,抵制庸医,等等。琼斯希望在弗洛伊德周围聚集一批有能力反击外部敌人的战士,使弗洛伊德能够一门心思著书立说,卸除各种领袖的负担。

"圈子"受到19世纪秘密团体模式的影响,被设计得如同圆桌骑士会:会员相互平等,与领袖共同行使权力,领袖无法独自做出任何决定。这项创举也是一种恢复希波克拉底医学原理的方式:以师生关系为基础发展学派。这是一方面,另一方面,1921年,弗洛伊德在《群众心理学和自我分析》中将这样的权力重新归纳成理论。为了巩固与新一批圣骑士的联盟,他将收藏的一颗希腊凹雕宝石交给他们,他们将它镶到一枚金指环上。这枚指环被执著于奥林匹斯理想的弗洛伊德当作宙斯(Zeus)的象征佩戴[1]。

战争一结束——反荣格的神圣联盟不再有现实意义——新的冲突就在圣骑士之间爆发了。他们互相写了数量惊人的通函:*Rundbriefe*[2]。最后,冲突以这次美好冒险的结束收场。

1914年7月,在卡尔斯巴德[3](Karlsbad)度假的弗洛伊德一刻都没想到将面临一场旷日持久的大战,将有数百万人死于战争,他所熟悉的作为精神分析摇篮的欧洲将永远消失。他向妹妹玛丽亚(米琪)诉说自觉多么苍老、多么疲惫:"玛尔塔和我都有心脏问题……我们成了老一代人[4]。"在写给费伦齐的一封信中,他提到出乎意料的"萨拉热窝事件[5]",却未想到它可能对蓬勃发展的精神分析运动产生什么影响。

---

[1] 菲丽丝·格罗斯库特(Phyllis Grosskurth),《弗洛伊德:秘密指环》(*Freud, l'anneau secret*)(1991年),巴黎,法国大学出版社,1995年。
[2] 《"秘密委员会"通函》(*Die Rundbriefe des «Geheimen Komitees»*),四卷本,格哈德·维滕贝格(Gerhard Wittenberger)和克里斯特弗里德·特格尔编辑,图宾根,迪斯考德出版社,1995—2003年。
[3] 捷克西部的温泉城市,又称"卡罗维发利"。——译注
[4] 《1914年7月13日致米琪的信》,《家族文件》(*Papiers de famille*),美国国会图书馆。
[5] 1914年6月28日,奥匈帝国王储弗朗茨·斐迪南大公及妻子在波斯尼亚首都萨拉热窝遇刺,该事件成为一战的导火线。——译注

在柏林,亚伯拉罕一心只想摆脱荣格的支持者,同时专心筹备拟在德累斯顿(Dresde)举办的第五届协会大会。在伦敦,头脑清醒得多的琼斯预见到德国和奥地利将是这场新式战争的输家。因为安娜·弗洛伊德暂住他家,他感到她在英国比在维也纳更安全。尽管如此,他还是安排她回国。委员会的所有成员一刻都没把琼斯当成敌方人员,弗洛伊德还给他寄去几封英语信,虽然知道它们将被人拆阅。

1914年11月9日,弗洛伊德对费伦齐宣布:自从大炮的轰隆声响起,世界就再也听不见精神分析的声音了。同托尔斯泰小说中描述的一样,和平年代结束了,战争接踵而至,话语消失了,随之出现的是伤痕累累的身体,对话停止了,继之而来的是憎恶仇恨。各地的大学教授纷纷将名誉(honoris causa)证书退给变成敌人的昔日朋友①。

1914年,弗洛伊德一边发表一篇关于自恋的论文②,一边依据精神病临床医生卡尔·亚伯拉罕的研究成果修改自己的学说,提出取代荣格"没有性特征的力比多"的概念。他不再满足于将力比多说成性驱力的表现,而是要证明它能转移到自我。他由此推断,心理结构中同时存在着形成对比的自我力比多和客体力比多,形成对比的原发性自恋(narcissisme primaire)、生命原初状态、趋向收回客体投注的继发性自恋(narcissisme secondaire)。就这样,他用完全超越到彼时为止理解神经质冲突起源的方式,研究主体性障碍。从此以后,主体不再只是转化为哈姆雷特的俄狄浦斯,而是罪在凝视自己的影像、直至因此身亡的纳西瑟斯③(Narcisse)——他以这种方式强调新世纪的人何等执著于一种深邃持久的欲望:毁灭他人,同时毁灭自己。

战争似乎证明弗洛伊德的说法有理。

---

① 参见彼得·盖伊,《弗洛伊德传》(*Freud*),前揭,第401页。菲丽丝·格罗斯库特出色地描述了委员会在战争期间和从1920年到1927年的活动。要弄清楚战前情况,当然得查阅弗洛伊德与弟子的通信。
② 西格蒙德·弗洛伊德,《论自恋:引论》(Pour introduire le narcissisme)(1914年),见《性生活》(*La Vie sexuelle*),巴黎,法国大学出版社,1969年,以及《弗洛伊德全集/精神分析》,第十二部,前揭,第213—247页。
③ 希腊神话中的美少年,因迷恋自己的水中倒影而投水身亡。——译注

第四章 世界大战

面对触目惊心的战争,声称讨厌维也纳和二元帝国、讨厌普鲁士精神的弗洛伊德还是坚定地支持三国同盟①,期盼奥地利获胜,怒斥法国、塞尔维亚和俄罗斯。他一刻都不信英法能取得胜利,不信美国会提供援助,也不信同盟国将土崩瓦解。

他不曾看到反对濒临末日的王朝的民族主义势头在各民族中的涌现,也不曾看到民族之春慢慢地被六十年间积累的仇恨取代。他还不曾意识到美好年代的资产阶级贵族渐趋没落——他们沉湎于自身的烦恼,已经无视贫苦大众的痛苦。到彼时为止,他对战争的了解仅限于阅读(亚历山大、恺撒、拿破仑、荷马)和兵役留下的记忆——在服兵役时,他曾为克服神经衰弱而扮作军医与女护士戏耍。如今,面对现实中势如潮涌的军队,他无论怎样都不愿批评英国,但又遗憾它不在三大帝国——普鲁士帝国、奥匈帝国、奥斯曼土耳其帝国——的阵营中。

因此,他与协会的发展趋势完全相悖:协会的医生是来自欧洲所有——或几乎所有——国家和美国的新一代人,他们追求不再奉维也纳为精神分析的中心,因而偏离弗洛伊德把圣骑士团结在"圈子"中的设想。战争破坏精神分析运动的发展进程,在知识分子、研究人员、医生、作家、心理学家之间设置人为的界限。

20世纪第一场战争在空中、海底、海上、陆上和毒气肆虐、遍布残缺尸体的泥沟中展开了。它与从前五颜六色的兵器在光天化日之下交锋的战争不再有任何共同之处,与喇叭、白刃相接的浴血战斗和胜利、死亡的

---

① 指德国、奥匈帝国、意大利在第一次世界大战时期结成的国家联盟。——译注

歌曲不再有任何关联。

战争突然把精神分析的内部冲突转移到另一舞台上,一下子逼得弗洛伊德学说的信徒放弃会议、停止活动、中断通信和创作出版。总之,战争迫使他们不再只关注科学研究和针对"这个极端粗野的荣格[1]"或那些未沾染他国怒气的"苏黎世人"的微末争斗。瑞士、西班牙、荷兰和斯堪的纳维亚国家都未参加任何联盟。

除因近视退役的汉斯·萨克斯以外,委员会的所有成员都先后被征召入伍。1915年,艾廷贡率先作为穿奥地利制服的外科医生开赴布拉格,后又赴匈牙利北部,而亚伯拉罕也被调入普鲁士东部的一家大医院担任外科医生。兰克被派到克拉科夫的重型炮兵部队。费伦齐则先作为军医被编入匈牙利骑兵团,后作为精神病医生被调至布达佩斯的一家部队医院,得以重操旧业。他从未放弃对精神分析的信仰,曾为兵团内一名因被弹片击中而留下创伤的军官施行骑马治疗。同时,他试图解决与吉泽拉的问题。

弗洛伊德独自留在维也纳,与萨克斯、玛尔塔、安娜和明娜为伴。进入战争时期后,弗洛伊德天天担惊受怕,深恐三个儿子——被召集或招募到炮兵部队、工兵部队或不同阵线的马丁、奥利弗、恩斯特——和女婿马克斯·哈尔贝施塔特[2](Max Halberstadt)成为这场大屠杀的牺牲品[3]。事实上,只有他的外甥、罗莎的独子赫尔曼·格拉夫(Hermann Graf)一去不返。1917年7月,他在意大利前线阵亡。马克斯的哥哥鲁道夫·哈尔贝施塔特(Rudolf Halberstadt)也遭遇同样的命运。

实际上,从战争爆发的头几个月开始,他——尽管生性好战、坚信德国必胜——就意识到这将是一场伤亡惨重的持久战,将彻底改变他所生活的世界,如他在1914年11月致莎乐美的信中所述:"我不怀疑人类能够平复战争的创痛,但我肯定我和我的同时代人再也无法用美好的眼光看世界。它太丑陋了。它正像我们本该按照精神分析唤醒的体验想象出

---

[1] 西格蒙德·弗洛伊德和卡尔·亚伯拉罕,《通信集》,前揭,第234页。
[2] 马克斯·哈尔贝施塔特(1882—1940),德国摄影师,弗洛伊德之女苏菲是其第一任妻子。——译注
[3] 弗洛伊德的长女玛蒂尔德嫁给罗伯特·霍利切尔(Robert Hollitscher),苏菲则嫁给马克斯·哈尔贝施塔特,她们二人都住在汉堡。

的人及其行为的样子,这是在所有这一切中最可悲的事。正是因为这样的人性观,我从来都不能赞同您的幸福乐观主义。我们之所以看到当代最高级的文化沾上如此可怕的伪善污点,是因为从器官机能的角度讲,我们生来就不适合这种文化,这便是我在心中隐秘得出的结论。①"

弗洛伊德又一次表明他的理论暴露人性最阴暗的侧面,又一次在时局中——如同在文学文本、神话传奇中——寻找证明其推论的证据。所以他未发觉自己的思考,尤其近期对于自恋的研究并未避开这个世界——他已对它生出怀念——的杀戮。弗洛伊德自认为一手创立了一门学说,却未想到这门学说也可能是一段他无法掌控的历史的产物。精神分析是他的"东西"(*die Sache*),在他的眼里,精神分析的影响无处不在。

赴美国游览观光、与荣格倾心相交、对分析治疗的好处满怀信心的好时光过去了。从此之后,弗洛伊德研究的是一种迥然不同的精神分析概念结构。正是在战争时期,他开始修改自己的思想体系。无论他愿意与否,战争还是从四面八方影响他:他暴躁易怒,语误增多,讲犹太故事克制焦虑。他不当真地说,他的力比多被奥匈帝国强力征用了②。至于他的理论,他并不确定那时自己能否对它作出概括。

弗洛伊德的梦境和幻想旋即出现新的趋势。他梦到儿子和弟子纷纷死去,梦到他的运动烟消云散,梦到难以忍受的伤害,梦到遍布无名死尸的战场。总而言之,有一种想法日日夜夜在他脑中盘旋:无意识驱力的杀戮力量威胁着最高级的人类文明形态③。

正是因为思索这个问题,他在1915年4月写出一篇关于战争和死亡的论文,与他最初的好战劲头南辕北辙。在这篇论调绝望的文章中,他开始大力赞扬源自希腊-拉丁文化、深受科学知识影响的欧洲社会,说明新的战争怎样导致文明程度最高的人群不仅走向道德堕落,陷入危险的幻灭,而且在他们心中重新激发出被认为已在民主政体和文明统治中消声

---

① 露·安德烈亚斯·莎乐美,《与弗洛伊德的通信集》(*Correspondance avec Sigmund Freud*),后附《一年的日记:1912—1913年》(*Journal d'une année*,1912—1913)(1966年),巴黎,伽利玛出版社,1970年,第29页,《1914年11月25日的信》。
② 西格蒙德·弗洛伊德和桑多尔·费伦齐,《通信集第一卷:1908—1914年》,前揭,《1914年8月23日弗洛伊德的信》。
③ 彼得·盖伊用了很多篇幅描述战争时期的弗洛伊德。参见《弗洛伊德传》,前揭,第395—411页。亦可参见菲丽丝·格罗斯库特,《弗洛伊德:秘密指环》,前揭,第56—86页。

灭迹的残忍、奸诈、背信弃义。他说,"伟大祖国已成废墟,公共财产惨遭破坏,同胞四分五裂,忍辱偷生——面对变得陌生的世界,人类公民再度陷入极度的恐慌①"。

换而言之,弗洛伊德记录了一项事实:这场由民族主义和民族仇恨酿成的战争体现了人类死亡欲望的本质。它提醒现代主体自己不过是杀人凶手的后裔,唤醒弗洛伊德在《图腾与禁忌》中描述过的、致使现代主体违反杀人禁律的古老冲动。更糟糕的是,"教授先生"发现无人再能承认伤员和医生的特权,因为战争取消军人与平民的区别。

他用戏剧化的语气强调:这场战争以前所未有的方式扰乱人与死亡的关系。他说,作为"自然"现象,死亡是所有生命的必然结局,人人都有义务为它做准备。因为我们的无意识无法企及死亡表象,所以为了接受死亡,仍须否定它的存在,将它驱逐出局,甚至在与理想化的英雄认同中把它改编为戏剧。然而具有大规模杀伤力的现代战争摧毁了人类赖以抵御死亡现实的这类想象构建。

弗洛伊德提到阿喀琉斯(Achille)答复奥德修斯(Ulysse)的话②,借用古人"壮烈牺牲"和自然死亡的对比:前者指青年战士英勇献身,后者指常人平静地活到高龄寿终正寝。他暗示当代战争抹煞两种死亡的界限,因为它把士兵——无名个体——投入有限的日常生活,他们还来不及实现任何认同。他说这场战争也暴露人类身上更古老的部分:在英勇牺牲和自然死亡以外的普遍杀戮快感。残忍野蛮之所以在这个动荡时期卷土重来,是因为它从未被文明彻底铲除。尽管变得人道、开化,人类仍然不是他自认为的那个样子。他的内心深处藏着一名随时准备醒来的野蛮人。

弗洛伊德在文中得出结论——仿佛最终的信仰声明——"我们记得有句古谚语:*Si vis pacem*, *para bellum*。若要守住和平,你就得做好打仗

---

① 西格蒙德·弗洛伊德,《当前对战争和死亡的思考》(Considérations actuelles sur la guerre et la mort)(1915 年),见《弗洛伊德全集/精神分析》,第十三部,前揭,第 125—157 页,标题为"当前对战争和死亡的思考"(Actuelles sur la guerre et la mort)。笔者选用马克·克雷蓬(Marc Crépon)和马克·B.·洛奈(Marc B. de Launay)的精彩译文,见西格蒙德·弗洛伊德,《战争人类学》(*Anthropologie de la guerre*),巴黎,法亚尔出版社,2010 年,双语版,第 267 页。附阿兰·巴迪欧(Alain Badiou)的跋文。
② 荷马,《奥德修斯》,维克多·贝拉尔(Victor Bérard)译本,巴黎,美文出版社(Les Belles Lettres),1925 年,第二部,第 178—179 页。译者补注:维克多·贝拉尔(1864—1931),法国古希腊学者、外交官和政治家。

的准备。这话稍加修改便符合当前情形:*Si vis vitam , para mortem*。若要保住生命,你就得做好死亡的准备①。"

五十九岁的弗洛伊德迎着死亡的王国走去。他想到自己和亲友面临死亡,又想到战士纷纷消失在战争的"寒夜"中——对这场被他比作"令人作呕的手工作业"的战争,他看不到出路。明娜和玛尔塔已称他为"亲爱的老头"。在1914年3月10日到11日的夜晚——开战前的四个月——他做了外祖父:索菲生下儿子小恩斯特·哈尔贝施塔特(Ernst Halberstadt,别名"恩施泰尔"[Ernstl]),他就是未来的"线圈孩"——弗洛伊德将在几年后描述他的线圈游戏。"有一种垂垂老矣的感觉,一种面对性奇迹肃然起敬的感觉,极为奇特②。"

1914年秋天,他得悉亲爱的异母哥哥、八十一岁的伊曼纽尔撒手人寰,说后者受不了战争。1916年5月,他在六十岁生日时写道:他已步入暮年,没有什么再要推迟的了,他的心脏和动脉都已老化,不像父亲在这个年龄的样子③。

他几次离开维也纳,先后探望女儿、亚伯拉罕的妻子和知心好友费伦齐。他的客户变得寥寥可数,积蓄耗尽,全家陷入穷困,没有食物和暖气。结核病威胁着最贫穷或最衰弱的人。苦涩的康拉德虚弱不堪:它有喉痛、前列腺肿胀和其他疾病。1917年,六十一岁的弗洛伊德试图再次戒烟。但他又不顾一切理性逻辑,成功地使自己相信上颚的疼痛水肿是戒烟的后果。为使头脑敏锐,他开始更猛地吸烟④。

面对残酷的战争形势、生活和身体中的客观死亡迹象,弗洛伊德陷入他相当着迷的创造性孤独中,伴有烟瘾、一定程度的受虐狂和禁欲崇拜。他认为只有痛苦的人才能做出成就,同时不断表示嗜烟不属于精神分析的管辖范畴。尽管作过几年自我分析,弗洛伊德还是那么神经质。

1896年,他已在写给弗利斯的一封信中用"超心理学"(métapsychologie)一词描述他所有的心理概念,使之区别于传统心理学。提出这个词

---

① 西格蒙德·弗洛伊德,《当前对战争和死亡的思考》,前揭,第313页。
② 西格蒙德·弗洛伊德和桑多尔·费伦齐,《通信集第一卷:1908—1914年》,前揭,第583页。
③ 安德烈·博尔赞格尔,《西格蒙德·弗洛伊德的肖像》,前揭,第80页。
④ 西格蒙德·弗洛伊德和桑多尔·费伦齐,《通信集第二卷:1914—1919年》,前揭,《1917年11月6日的信》。

后,他打算完成潜心研究哲学,更确切地说这是挑战哲学的夙愿。后来,在《日常生活的精神病理学》中,他更加明确地肯定一点:超感觉(suprasensible)现实——被科学改造为无意识心理学——的构建反映出对无意识心理因素的认识。因此,他认为自己的使命是在超心理学中表现形而上学,解析有关善恶、永生和人类起源的神话。

换而言之,如果形而上学是对于存在体和存在——因而也是区别于物质和经历的现实——首要成因的哲学研究,那么相应地,超心理学应该是对于心理现实,即所有不被划归为意识和物理现实的事物的研究。弗洛伊德打算依靠这种思辨方式把精神分析建成一门脱离心理学的新学科。其实到彼时为止,他的理论始终扎根于心理学,他从未在理论上说明它能够颠覆心理学。

就这样,弗洛伊德一边与被他视为偏执狂体系的哲学并驱争先,一边向心理学——他当初借以脱离神经学的学科——提出挑战。这个计划的野心太大了,因为他企图把精神分析变成介于心理学、哲学和生物学之间的名副其实的"科学",甚至不愿将它看作如同人类学或社会学的"人文科学"。

从1915年开始,他参照动力学、拓扑学和经济学的观点创建一整套名为"超心理学"的模型。他借助动力学方法把心理过程与其无意识起源和内驱力联系起来,依照拓扑学主张定义意识、前意识、无意识[①]的区间。最后,他从经济学的角度分出不同的心理能量域。

正是从这个角度出发,他在1915年和1917年之间将五篇质朴晦涩、与先前作品形成对照的论文集成《超心理学》一书:《内驱力和内驱力的命运》(Pulsions et destin des pulsions)、《压抑》(Le refoulement)、《无意识》(L'inconscient)、《对梦理论的超心理学补充》(Complément métapsychologique à la doctrine du rêve)、《哀悼和忧郁》(Deuil et mélancolie)[②]。他提议将内驱力分成自我保护驱力和性驱力两类,用客体、目标、人、对立的两面(couple opposé)——施虐狂和受虐狂、窥淫癖和裸露癖、消极和积

---

① 从1920年开始变为自我、本我和超我。
② 这些论文被编入《弗洛伊德全集/精神分析》第十二部,前揭。亦可参见《超心理学》(Métapsychologie),巴黎,伽利玛出版社,1986年。桑多尔·费伦齐,《弗洛伊德的超心理学》(La métapsychologie de Freud),见《精神分析》,第十四部,前揭,第253—265页。弗洛伊德的超心理学文章是国际精神分析团体评论最多的对象之一,但很少有研究人员对它们作出评论。参见《精神分析词典》,前揭。

极——阐明内驱力的种种反转(retournement)。他还制作了一张格调阴郁的表格,列出人类乐于据以吸引他人、炫耀自己、一边折磨自己一边折磨别人、一边恨一边自称爱的各个侧面。

关于主要概念"压抑",弗洛伊德绘制图形描摹它如何施计、迂回、扭曲、撤退以及纠缠主体,区分出普通压抑(refoulement originaire)、固着、严格意义上的压抑(refoulement proprement dit)和被压抑内容的再现(retour du refoulé),说明压抑在主要神经症——恐怖症、焦虑、癔症、强迫症——中的表现形式和被表现内容、"情感配额"(quantums d'affects)、替代机制。

按照新思路,弗洛伊德再也不认为无意识与《梦的解析》有多大关联。诚然,只有通过梦境、语误、失误动作或躯体转换(conversion)的改编或翻译才能接近无意识,但无意识也是他者(autre chose):它是推测,是"自在"过程,是人类旧日的动物性经过康德哲学原理校正的派生形式。弗洛伊德也指出,永远不应以无意识的心理现象取代意识的知觉,即使前者比外界更可知。在这方面,他把精神分析变成一门深度心理学,其核心是凌驾于意识和前意识(二者始终处于变化中)之上的无意识——由被压抑的内容构成的人格成分。

弗洛伊德开始涉足广袤的忧郁领域。在人类历史的每个时期,诗人、哲学家、精神病学家都对忧郁作过相当出色的描述。因为曾将17世纪初的忧郁王子典范哈姆雷特描述成癔症患者,所以弗洛伊德更加不想与这类作者一争高低。他只是把忧郁归入他的超心理学范畴,使之脱离精神病类别和哲学传统,把它重新定义为一种自恋性谵妄①。这种构想在那个时代应时对景。浑身黑衣的女人掌控国家经济,取代陷入战争的男人。弗洛伊德根本不把忧郁视为人类境遇的重要组成部分之一,他把它定义为病态形式的哀悼:一种自我惩罚的病症。在发表文章之前,他把手稿寄给对哀悼和忧郁作过比较的亚伯拉罕,后者提了许多意见。弗洛伊德向他致谢,并在文中提到他的名字。就这样,他把忧郁的痛苦纳入力比多退行和放弃无意识投注的过程②。

---

① 1914年12月30日,维克托·陶斯克以此为题在维也纳精神分析协会上作了一个报告。接着,弗洛伊德在1915年写出初稿。
② 西格蒙德·弗洛伊德和卡尔·亚伯拉罕,《通信全集》,前揭,第376—383页。

弗洛伊德强调,主体在哀悼工作中逐渐脱离丧失的客体,而在忧郁中,他却对突如其来的死亡感到罪疚,否认死亡,或认为自己被死者附身或染上夺去死者生命的疾病。面对无法挽回的丧失,他有种自卑感,觉得他的道德意识在审判他、追逼他。弗洛伊德后来称这种道德意识为"超我"。

"教授先生"计划写十二篇论文,编成名为《超心理学要素》(*Éléments pour une métapsychologie*)的文集。但自我怀疑,最终舍弃了七篇文章——后人只找到其中一篇:《移情性神经症整体观》(*Vue d'ensemble des névroses de transfert*)①。他打算把这部文集写成与费伦齐的交流集录②和"幻想的生物发展史",以之为《图腾与禁忌》的续篇。弗洛伊德用神经症和弑父的理论解释人类的起源:它是"生物分析"思辨的产物。换而言之,弗洛伊德企图通过个体发育史概括种系发生史③。他肯定人类发展阶段与神经症发展阶段存在相似之处。如果像年代顺序显示的那样,在个体发展过程中最早出现的是焦虑性癔症(hystérie d'angoisse),接着是转换性癔症(hystérie de conversion),随后是强迫性神经症,这就意味着三种神经症在人类发展史上——介于冰河时代的起点和终点之间——也有各自的对应阶段④。所以,在每个人身上都可以找到与种系发生史上业已存在的某个阶段对应的神经症退行痕迹。在冰河时代初期,人类因为将卷入自我保护和生殖欲望的冲突而变得焦虑不安,由此产生焦虑性神经症。到下一阶段,人类过于看重思维和语言的作用,这种现象与强迫性神经症即宗教世界观契合。在弗洛伊德笔下,随之而来的是一个新版本的"生存斗争"故事,它转化为心理-生物发展的寓言:原始部落、弑父、因同性恋而结合的儿子、陷入未知大陆——暗黑大陆(*dark continent*)——的女性、在

---

① 西格蒙德·弗洛伊德,《移情性神经症整体观》(1985年),巴黎,伽利玛出版社,1986年。1983年,这篇文章被人在费伦齐的档案中找到,伊尔莎·格鲁布吕奇-西米蒂斯对它作过评论。
② 桑多尔·费伦齐,《现实感的发展和阶段》(Le développement du sens de réalité et ses stades)(1913年),见《精神分析》,第二部,前揭,第51—65页。
③ 这种概括理论表明生物的个体发展历程再现其祖先的进化阶段。
④ 参见露西尔·B. 里特沃(Lucille B. Ritvo),《达尔文对弗洛伊德的影响》(*L'Ascendant de Darwin sur Freud*)(1990年),巴黎,伽利玛出版社,1992年。在这部作品中,读者可看到弗洛伊德这一借自达尔文和拉马克的概括理论的最佳分析。她有理有据地驳斥弗兰克·J. 萨洛韦认为弗洛伊德是潜在的生物学家的说法。弗洛伊德更确切地说是心灵的生物学家、浪漫主义的承继者和主体哲学的接班人。译者补注:露西尔·B. 里特沃(1920—2014),美国历史学者。

偏执狂中再现的父亲形象、在哀悼和忧郁之间的亡父认同。

弗洛伊德又一次重构其亲属系统的成分,把它变成理解心理的模型。他犹豫着是否公开自己的思考内容,销毁了多份手稿,这都不难理解。他的雄心勃勃的超心理学在最低限度上也是不好懂、有缺陷的。至于赋予精神分析某种与生物学基础对称一致的基础,这种想法意味着相当于——像费伦齐希望的那样——把生物学变成"超生物学"。事实上,那时弗洛伊德承认他想把精神分析的"名片"放入生物学家的篮中①。

他意识到自己的想法不可靠,弃而不用,但未放弃将进化机制搬入精神分析领域的念头。他开始读拉马克的《动物学哲学》(*Philosophie zoologique*)②,不仅为了用拉马克理论对抗达尔文学说③,而且为了证明拉马克的观点"需要产生器官"无非是考虑到"无意识表象对自己身体的影响"——他在癔症中见过这种影响的痕迹。他说,总之是"思想的全能力量"。他还说,这种目标的一致会"在精神分析上得到解释,并完善精神分析。由此产生两大改变(进化)原理:通过身体适应的改变和以后通过改造外界的改变(自体适应性[autoplastique]和异体适应性[hétéroplastique]),等等。④"

1920年,弗洛伊德在思辨味愈来愈浓的著作中重拾这一观点,却从未给超心理学注入更翔实的内容。超心理学的用处从来只是为精神分析的某些心理学化举措充当防御堡垒,此外并无别的用处。它是聊胜于无的慰藉。

在观点开始出现转变的时候,弗洛伊德仍在维也纳综合医院继续讲课。他课堂上聚集了一百多名听众,包括学生、医生、亲属、朋友或未来的弟子:马克斯·舒尔、爱德华多·魏斯⑤(Edoardo Weiss)、安娜·弗洛伊德

---

① 西格蒙德·弗洛伊德,《移情性神经症整体观》,前揭,第132页。西格蒙德·弗洛伊德和桑多尔·费伦齐,《通信集第二卷:1914—1919年》,前揭,《费伦齐1915年10月26日的信》,第97页。
② 拉马克,《动物学哲学》(1809年),巴黎,文化和文明出版社(Culture et Civilisation),1969年。
③ 与广为流传的说法相反,大家知道这两种人类进化论不相互抵触。同拉马克一样,达尔文重视后天获得性状遗传。这个得到弗洛伊德和费伦齐支持、却遭到琼斯反对的主张已被奥古斯特·魏斯曼(August Weismann)推翻。译者补注:奥古斯特·魏斯曼(1834—1914),德国进化派生物学家。
④ 西格蒙德·弗洛伊德和卡尔·亚伯拉罕,《通信集》,前揭,《1917年11月11日的信》,第449页。
⑤ 爱德华多·魏斯(1891—1970),意大利最早的精神分析学家,意大利精神分析创始人。——译注

等。新一代人崭露头角。弗洛伊德讲课照例不看任何笔记。在教课的最后一年，他决定用二十八堂课阐述他所谓的"年轻科学"的主要研究成果：从《梦的解析》到《日常生活的精神病理学》再到《性学三论》综括的内容。

他还补充了一系列关于精神分析技术、移情、神经症定义的报告。在新编的精神分析引论中，他竭力重申人类的最初客体选择必然具有乱伦性质，男性的选择指向母亲和姊妹，女性的选择先指向母亲，后指向父亲和兄弟，唯有严格的禁律才能使人与这种永远存在于成人性欲中的驱力倾向保持距离。

这篇论文问世后不久便在世界各地取得惊人的成功[1]。不过，它也为贝尔加泽街19号所谓"乱伦"的家庭生活的流言提供了素材。有一种趋势比以往任何时候都要明显：热情的拥护者——作家、哲学家或诗人——把精神分析当作可以改变人类命运的自由革命，反对者把它当作损害家庭秩序、宗教美德和爱国情感的伪科学，出自退化大脑和垂死帝国的淫亵思想[2]。

那时，弗洛伊德满心向往诺贝尔奖。他的年轻朋友和旧日弟子、匈牙利医生罗伯特·巴拉尼（Robert Barany）因对于耳朵前庭器的生理学研究在1914年获此殊荣，并提名他为候选人。但他又以何种身份、何种学科的名义候选？"教授先生"尽管举世闻名，却既不被看作科学家，也不被当成作家。至于精神分析，它不属于任何大学学问的范畴。弗洛伊德从未得到过这个梦寐以求的奖项。

虽然不是马克思主义信徒，弗洛伊德却怀着善意欢迎使俄罗斯退出大战的十月革命。同样，虽然毫不支持犹太复国主义，弗洛伊德却赞同支持犹太人在巴勒斯坦建国的鲍尔弗爵士[3]（Lord Balfour）的宣言[4]。1917年11月，他悲观到要怀念好日子的地步。

在战争接近尾声时，委员会的成员展开斗争。决心主宰精神分析运动命运、将它转到战胜方阵营的琼斯一面抨击亚伯拉罕，一面支持费伦

---

[1] 西格蒙德·弗洛伊德，《精神分析引论讲座（1916—1917年）》（*Conférences d'introduction à la psychanalyse [1916-1917]*），巴黎，伽利玛出版社，1999年，以及《弗洛伊德全集/精神分析》，第十四部，前揭，题为《精神分析引论课》（*Leçons d'introduction à la psychanalyse*）。
[2] 参见 HPF-JL，前揭。
[3] 鲍尔弗爵士（1848—1930），英国首相、保守党领袖。——译注
[4] 西格蒙德·弗洛伊德和卡尔·亚伯拉罕，《通信集》，前揭，第452—453页。

齐。他反对亚伯拉罕在柏林举办第五届协会大会的提议,强调此举可能使精神分析被看作"德国科学"。取得费伦齐同意后,他将布达佩斯选为聚会地点。弗洛伊德赞成这个选择。每位"圣骑士"都知道,匈牙利即将与奥地利分离:布达佩斯是中欧特有的某种费伦齐式精神分析理念的发源地,此刻放射出最后的光芒。

大会于1918年9月28—29日在匈牙利科学院举行,有匈牙利、德国、奥地利政府代表和四十二名精神分析学家出席,其中包括未来的美国人类学家盖佐·罗海姆①(Geza Roheim)和许多谨慎地戴着帽子、穿着线条流动的衣裙的女士。除了弗洛伊德,所有的男士都神气地穿着制服。费伦齐的高足梅兰妮·克莱因(Melanie Klein)第一次见到宗师,并参加他关于"精神分析治疗新途径"②(Les voies nouvelles de la thérapeutique psychanalytique)的讲座。

弗洛伊德没有像往常一样即兴发挥,而是以宣读方式发言。他的发言在最低限度上也令人目瞪口呆。他宣布应该尽量在"不满足和禁欲的状态下"施行心理治疗,这与他本人的情况、本人的实践和费伦齐的情况完全相反。弗洛伊德还不至于要病人应停止一切性活动,但主张必须禁止病人滥用初期疗效带来的好处。他说,若不这么严格,病人就会重新陷入无法挽救的失败状态。

弗洛伊德不只是反对治疗的共情。他不赞同朋友帕特南的清教徒倾向,宣布精神分析将成为大众疗法——如同在美国一样——必须在各地建立可以免费旅行治疗的机构。这样才能最终帮助最穷苦的人摆脱困境。弗洛伊德宣扬这样一套社会卫生方案,呼吁现代民主政府承认精神分析的保健价值,借此与从前的世界断绝关系。在游荡过超心理学迷宫后,他愿意相信治疗不再属于已随战争消逝、执着于某种自我形象的普鲁士大资产阶级。

他呼吁新的几代人构想未来:"我们可能会发现,穷人比富人更不想

---

① 盖佐·罗海姆(1891—1953),美国匈牙利裔人类学家、精神分析学家。——译注
② 菲丽丝·格罗斯库特,《梅兰妮·克莱因:她的世界和著作》(*Melanie Klein, son monde et son œuvre*)(1986年),巴黎,法国大学出版社,1990年,第101页。西格蒙德·弗洛伊德,《精神分析治疗新途径》(1918年),见《精神分析技术》(*La Technique psychanalytique*),巴黎,法国大学出版社,1975年,第131—141页,以及《弗洛伊德全集/精神分析》,第十五部,前揭,第97—109页,题为《精神分析治疗的途径》(*Les voies de la thérapie psychanalytique*)。

放弃神经症,因为等待他们的困苦生活对他们几乎没有吸引力,而且病症使他们获得享受社会援助的权利。也许我们常常遇到这类情况:只有效法约瑟夫二世①(Joseph II),把物质援助与心理援助结合起来,才能有效地实施治疗。一切也都使人相信,因为我们的疗法被大量应用,所以我们将不得不把分析的纯金和许多直接暗示的铅料混在一起。所有的迹象看起来都是如此。我们有时还必须借助催眠的影响,就像在战争神经症的治疗中那样。不过,无论这种大众心理治疗及其要素采取何种形式,最重要、最有效的始终是取自严格的、不抱成见的精神分析的那一部分②。"

在整个布达佩斯大会期间,他们都在讨论战争神经症的问题,亚伯拉罕、弗洛伊德、费伦齐、恩斯特·西梅尔(Ernst Simmel)、维克托·陶斯克(Viktor Tausk)都作了报告③。这个问题的实质是如何在战争及和平时期将精神分析治疗纳入社会生活。弗洛伊德及其弟子感兴趣的是阐明创伤性神经症和普通神经症之间的差异,阐明神经症患者和"健康"主体——二者均被卷入战争风暴——之间的差异。

弗洛伊德学说的信徒早就在神经症的阐释中放弃了创伤因果论,而今却又面临一套迥然不同的因果论体系。在这样的情况下,如果出现诸如强迫性颤抖、记忆缺失、恐怖症、噩梦、失眠症之类的障碍,无法否认战争恐惧是重要的诱因。面对各自的政府,这些曾被动员入伍的精神分析学家力图说明兵员对战斗的反应方式不同,视其在不当兵的时候是否为神经症患者而定。因此,某兵员可能因严酷的战斗出现严重的震荡(commotion)征候,但并不抑郁或焦虑,而另一未曾经历战火的兵员却可能一想到重新面对敌人就完全陷入休克。怎么治疗患上这类神经症的兵员?

---

① 约瑟夫二世(1741—1790),神圣罗马帝国皇帝,匈牙利国王和波希米亚国王。——译注
② 出处同上,第141页。众所周知,随着第一所精神分析学院在柏林建立,这个计划开始付诸实施。其模式被全世界采用。
③ 西格蒙德·弗洛伊德、桑多尔·费伦齐和卡尔·亚伯拉罕,《论战争神经症》(*Sur les névroses de guerre*),巴黎,帕约出版社,2010年,附纪尧姆·皮凯迪(Guillaume Piketti)的精彩序言。恩斯特·西梅尔(1882—1947):德国精神病学家和精神分析师,仿照美景疗养院和布格赫尔茨利医院的模式在1925年创立施洛斯·泰格尔(Schloss Tegel)疗养院。他在1933年被盖世太保逮捕。幸亏露丝·麦克-布伦丝维克(Ruth Mack-Brunswick)向纳粹支付赎金,他才得以移居美国。他定居洛杉矶,终其一生都怀念昔日的欧洲世界。关于维克托·陶斯克的人生经历,参见下文。译者补注:纪尧姆·皮凯迪,法国当代历史学者。露丝·麦克-布伦丝维克(1897—1946),美国精神分析学家、精神病专家。

在任何情况下,话语疗法都胜过电疗——对病人名副其实的折磨——或被认为非常有效的催眠。

这些讨论的内容由精神分析运动最宝贵的成果、安东·冯·弗洛因德资助的国际精神分析出版社(Internationaler Psychoanalytischer Verlag)①出版。弗洛伊德日后的著作都经由这家出版社面世。

赫尔曼·农贝格在大会上第一次提出,本人受过分析是成为精神分析师的条件之一。兰克和费伦齐不同意就这项提案举行投票。二人反对无效。从有名的柏林试验开始,分析师接受分析——治疗培训和督导分析——的理念逐年被人接受。在闭幕会上,每个人都意识到精神分析运动在恢复活力。弗洛伊德认为应该宣布精神分析的中心在匈牙利,但他的判断错了。

两个月后,奥匈帝国代表签署基屋斯蒂别墅(Villa Giusti)停战协定,德国全权代表与协约国在雷东德②(Rethondes)林中空地晤面,威廉二世③逊位,匈牙利成为共和国。按照民族自决权的名义,根据托马斯·伍德罗·威尔逊④(Thomas Woodrow Wilson)总统拟订的十四点和平原则,昔日中欧和巴尔干半岛的各类居民在几个月后被划入《凡尔赛和约》《圣日耳曼和约》及《特里亚农和约》设定的新国界。奥地利只剩下一缕"微弱的暮光,一个模糊的、失去生气的旧日帝国的影子⑤"。

匈牙利依照布尔什维克革命模式,在1920年3月20日建立了一个议会共和国(république des Conseils)。在匈牙利第一共和国成立之际,有关部门试探与进步人士、刊物《西方》⑥(Nyugat)关系密切的费伦齐是否愿意出任大学教授、讲授精神分析。尽管起先出过一份否决报告,库恩·贝拉⑦(Béla Kun)新政府主管国民教育和文化的人民委员格奥尔格·卢卡奇⑧

---

① 创建于1919年1月。
② 法国地名,协约国与德国于1918年在此地签订一战停战协定。——译注
③ 威廉二世(1859—1941),德意志帝国末代皇帝、普鲁士末代国王。——译注
④ 托马斯·伍德罗·威尔逊(1856—1924),美国第28任总统。——译注
⑤ 斯蒂芬·茨威格,《昨日的世界》,前揭。
⑥ 匈牙利左派文学杂志。——译注
⑦ 库恩·贝拉(1886—1939),匈牙利共产主义革命家、政治家,匈牙利苏维埃共和国主要领导者。——译注
⑧ 格尔克·卢卡奇(1885—1971),匈牙利马克思主义哲学家、文学批评家,西方马克思主义奠基人之一。——译注

(Georg Lukacs)还是签署了决议。6月10日,费伦齐在阶梯大教室开课,室内挤满激动兴奋的学生。

借此机会,弗洛伊德直接用匈牙利语发表了一篇文章《要不要在大学教授精神分析?》[①](*Faut-il enseigner la psychanalyse à l'Université?*)。他在文中列出精神分析专业大学课程的所有必修科目。他不仅强调必须通晓心理治疗史,以便了解精神分析法更胜一筹的客观原因,而且提出一套涉及文学、哲学、艺术、神话、宗教史和文明史的大纲。他极力强调在任何情况下都不应只把精神分析用于治疗疾病。这一套大纲从未被付诸实施,无论在布达佩斯、维也纳,还是在世界上任何一所大学。弗洛伊德走入歧途,因为他企图使精神分析被当作一门名副其实的学科。事实上,它全靠私立机构立足。在高等教育的圣地,精神分析只能栖身于其他学科中:一类是精神病学和心理学,另一类是人文科学。因此它被分出两个分支:一个是与医学治疗理想有关的临床分支,另一个是与哲学、历史、文学、人类学相联的文化分支。

布达佩斯公社瓦解,海军上将米克洛什·霍尔蒂[②](Miklos Horthy)宣布自己为"摄政",派军队施行血腥镇压,结束了这场试验。费伦齐失去教席。如威廉·约翰斯顿所述:"在霍尔蒂统治的头十年,最令人反感的肯定是1920年的白色恐怖。出于报复的意图……在政治暗杀受到遏制、从1914年开始来避难的犹太人遭到驱逐时,酷刑被人滥用,当众鞭打卷土重来[③]。"

弗洛伊德既反对公社,又谴责霍尔蒂的白色恐怖——他对此又判断失误。至于琼斯,他利用局势掌握国际精神分析协会的领导权,把精神分析的中心移向西方,即英语世界。

1919年,弗洛伊德只剩下几名奥地利和匈牙利的病人。在德国,他的孩子们被战争弄得一贫如洗,他不得不暂时负担他们的生活费用。同时,他还接济几位朋友,尤其是莎乐美——他付给她年金,直到她去世。

---

① 西格蒙德·弗洛伊德,《要不要在大学教授精神分析?》(1920年),见《弗洛伊德全集/精神分析》,第十五部,前揭,第109—115页。
② 米克洛什·霍尔蒂(1868—1957),匈牙利军人和政治家,1920—1944年为匈牙利实际统治者。——译注
③ 威廉·约翰斯顿,《维也纳精神》,前揭,第398页。

因为期盼收到想在他身边学习的新弟子,他学着更好地说英语。他又一次考虑到维也纳、柏林或伦敦以外的地方定居:"我们在这里都变成了饥饿的乞丐。但您听不到抱怨。我还活着,绝不是要为这个世界的荒谬承担责任的人。"他还补充说:"我很高兴从各处听到精神分析蓬勃发展的消息,我希望科学对您也是一种慰藉①。"9月,在维也纳受到热烈欢迎的琼斯邀请弗洛伊德和费伦齐共进午餐——二人都饥肠辘辘。

在公社瓦解后,意志消沉的费伦齐为移居美国四处活动。弗洛伊德执意不让费伦齐离开,尽管他忽视后者,在组织国际运动方面越来越倚重琼斯。自知属于战胜方阵营的琼斯关心的是从已成废墟的欧洲大陆夺得事务管理权,开始实施职业标准化的务实策略。他反对弗洛伊德的做法,支持只有医生才可施行精神分析——像在美国那样——的观点。

按照这一思路,他强迫委员会接受一项对未来具有灾难性影响的决定:男同性恋者既不得成为协会会员,也不得成为精神分析师,因为"在大多数情况下,他们都不正常"。这条令人惊愕的方针与弗洛伊德学说背道而驰。它无异于嘲弄大名鼎鼎的达·芬奇。柏林人都反对它,兰克指责琼斯不考虑同性恋的类型差异,提醒友人保持警惕②。

就这样,男同性恋者又被那些已摒弃19世纪末种族主义观的人当作性倒错者对待。这条方针当然无法阻止男同性恋者成为精神分析师,却迫使他们隐藏自己的性取向。直到20世纪末,它都是可怕的同性恋恐惧症在全世界精神分析团体中散播的帮凶③。因为弗洛伊德曾支持马格努斯·赫希菲尔德废除德国刑法一百七十五节(该节对同性之间的性交易——男性之间的更甚——判处入狱和撤销公民权)的

---

① 西格蒙德·弗洛伊德和埃内斯特·琼斯,《通信全集:1908—1939年》,前揭,《1919年4月18日的信》,第409页。
② 菲丽丝·格罗斯库特,《弗洛伊德:秘密指环》,前揭,第101页,以及《1921年12月1日和11日,1922年1月11日的通函》(*Rundbriefe* des 1er et 11 décembre 1921, et 11 janvier 1922)。琼斯曾拒绝某位荷兰精神分析师加入国际精神分析协会,因为后者曾因同性恋受过监禁。他还举出自己的案例捍卫这一主张。
③ 关于这个问题,已有许多著作问世,被笔者多次引证。参见《精神分析和同性恋:关于倒错欲望、侮辱和父亲职责的思考》(Psychanalyse et homosexualité: réflexions sur le désir pervers, l'injure et la fonction paternelle),与弗朗斯瓦·波米耶的访谈(entretien avec François Pommier),《地中海临床教学》(*Cliniques méditerranéennes*,法国弗洛伊德学派精神分析和精神病理学期刊),65,2002年春季刊。译者补注:弗朗斯瓦·波米耶,法国当代精神分析师、精神病学家、心理治疗教授。

倡议①,委员会的这一立场就更加荒唐。

参战国的精神病科医生已被军事系统请去协助检查"装病的人",后者被当作开小差的兵、不爱国的人或胆怯的懦夫②。在这场争论中,有关癔症本质的老问题仍然显示出强大的生命力:癔症是真的心理疾病还是伪装的病症?

正是在这样的背景下,维也纳著名的唯器质论精神病学家、对精神病院实行改革的朱利叶斯·瓦格纳-尧雷格③(*Julius Wagner-Jauregg*)被人以渎职罪起诉,原因是他把患有创伤性神经症的兵员看作装病的人,对他们施行电疗④。1920 年,优秀的爱国军官、奥地利军队的犹太裔中尉沃尔特·考德斯(Walter Kauders)在对他及助手——尤其是米夏埃尔·科兹洛夫斯基(Michael Kozlowski)——提出指控,一场官司拉开了帷幕⑤。弗洛伊德作为专家被调查委员会传唤——委员会主席是亚历山大·勒夫勒⑥(Alexander Löffler),委员会成员中包括尤利乌斯·坦德勒⑦(Julius Tandler)。他写了一份报告,协助陪审团、被告和原告交流。

1915 年,炮弹爆炸造成考德斯的颅骨轻微骨折。在几家部队医院接受住院治疗后,他仍然处于半痴呆状态,要驻拐杖走路,患有偏头痛。从

---

① 随着时光的流逝,马格努斯·赫希菲尔德发起的请愿获得六万个签名,其中包括爱因斯坦和斯蒂芬·茨威格的签名。那条遭到指责的条款规定:"男性之间或人兽之间违反自然的通奸应被判处监禁。"
② 关于法国的这类检查和沙可弟子约瑟夫·巴宾斯基的作用,参见 HPF-JL,前揭。
③ 1927 年,他因采用疟原虫疗法而荣获诺贝尔奖。他崇拜德国的民族主义,在生命的最后阶段对纳粹主义抱有好感。参见克莱尔·查普曼(Clare Chapman),《诺贝尔奖得主的纳粹意识形态震惊奥地利人》(Austrians Stunned by Nobel Prize-Winner's Nazi Ideology),《苏格兰周日报》(*Scotland on Sunday*),2004 年 1 月 25 日。
④ 这类休克疗法被称为"电疗"或"感应电疗法"。
⑤ 此案的档案包括文件、证词和调查,是由库尔特·艾斯勒发掘出来,在 1979 年以德语出版,接着被译成法语,名为《在战争神经症问题上的弗洛伊德》(*Freud sur le front des névroses de guerre*,巴黎,法国大学出版社,1992 年),附埃里克·波尔热的精彩序言。读者可在其中发现《战争神经症电疗鉴定书》(L'expertise sur le traitement électrique des névroses de guerre)、证人与弗洛伊德被听取的陈述(《弗洛伊德全集/精神分析》,第十五部,前揭,第 217—225 页)和许多资料。亦可参见艾伦伯格的作品,《无意识探索史》,前揭,第 860—862 页。因为未看到全部档案,他提供的版本与艾斯勒的有所不同,不过好处是纠正了琼斯的错误。艾斯勒所用的资料存于美国国会图书馆。
⑥ 亚历山大·勒夫勒(1866—1929),维也纳大学法医教授。——译注
⑦ 尤利乌斯·坦德勒(1869—1936),奥地利医生和社会民主党政治家,为奥地利和全世界建立了社会福利保障体系。——译注

1917年11月到1918年3月,他一直被看作精神病人,被关在瓦格纳-尧雷格的医院与世隔离,挨了两次科兹洛夫斯基操控的、专门对付装病者的"感应电疗法"(faradisations)金属钳①:"这些折磨经过专门的心理设计。他们让病人听到,他们将对他施行一种以残酷闻名的疗法……钳式感应电疗法造成的痛苦是无法形容的。仿佛有无数的钻孔器以令人眩晕的速度打入骨头中②。"

弗洛伊德首先想到的是用这个讲台捍卫自己受到四面八方抨击的理论。他绕开瓦格纳-尧雷格责任的问题,为精神分析疗法辩护。他先强调医生应为病人服务,而不是服从军事系统的命令,后否认电疗的作用。他就这样帮瓦格纳-尧雷格开脱了在这个案件中的一切责任,但很遗憾后者不是精神分析的热烈拥护者。他特别表明自己不折磨病人,不曾因相信这样一种疗法能纠正装病而犯下任何渎职罪。在弗洛伊德看来,不存在什么装病,因为"所有的神经症患者都是装病的人",反之亦然,神经症患者"在不知不觉中装病,这就是他们的病"。换而言之,弗洛伊德又一次消解了装病的概念:人是什么样子,才装的出什么样子。

从瓦格纳-尧雷格这方面来说,他无法同意这样的辩护——他尊重辩护人,但拒绝接受后者的推理论证。他既不接受装病是神经症的说法,也不同意精神病科医生在战争时期只为病人服务的原则。尽管如此,他还是被宣告无罪。

弗洛伊德错在提出神经症的诊断,却不关注考德斯本人。考德斯与弗洛伊德的许多近亲颇为相似:他有个专横的父亲、自杀身亡的哥哥和患有精神障碍的异母姊妹,身为犹太人的屈辱感深深影响了他的童年。他可能患有神经症,但也确实遭受了战争创伤,如艾斯勒在1979年强调的那样:"我要说,考德斯案例尽管有悲剧性的一面,却暗藏着一个真正的奥地利式喜剧。这是一个怀着热情出征的年轻人。他在当军官的时候受了伤,而且不管出于什么原因,他无法继续参战……不知在法庭辩论室里是否有人注意到,通过瓦格纳-尧雷格和弗洛伊德,两个不同世界的代表不

---

① 出处同前,第29页。
② 库尔特·艾斯勒收集的证词,出处同上,第143页。

期而遇:一个是讲求效率的世界,另一个是看到命运和痛苦在人的身上盘互交错的的人道主义世界①。"

第一次世界大战的伤亡人数将近四千万:其中死亡人数——包括平民和军人——略微超过一半,余下的是各类伤员。协约国失去五百万士兵,同盟国失去四百万士兵,其中包括恩斯特·兰策②(Ernst Lanzer)。

1907年10月,二十九岁的兰策遇到弗洛伊德。他的童年与许多出身于维也纳犹太资产阶级的人很相似,简直可以说他是直接脱胎于史尼兹勒或茨威格小说的人物。他的父亲海因里希·兰策(Heinrich Lanzer)娶了更有钱的表妹罗莎·赫林格(Rosa Herlinger)为妻,靠这重关系成为绍博尔斯基(Saborsky)③企业的职员。

恩斯特在七个兄弟姊妹中排行第四,眼见母亲被连续不断的怀孕弄得筋疲力尽,觉得父亲在经济上受挫后变得脾气暴烈。他在童年挨过父亲的打,被父亲当作"日后必然犯罪的崽子"对待,因为他胆敢与其对骂④。

他曾在五岁时躲到家庭女教师的裙下,触摸她的生殖器。此事造成他的性早熟,使他常因仆佣的话而保持坚挺的勃起。他养成同弟弟一样的"性习惯"和很不文雅的说话方式,不害羞地要母亲"为他洗屁股"。1897年,一名为他父母制衣的女裁缝试图取悦他,他拒绝她的追求,她随后自杀,他对此内疚不已。后来,他爱上家境贫穷、瘦弱不孕的表姐(妹)吉赛拉·阿德勒(Gisela Adler),但他的父亲不喜欢她。因此,他想到只有海因里希离开人世,这桩梦寐以求的婚事才能结成。

在海因里希突然辞世时,兰策还在受性仪式的折磨,尽管他已被编入

---

① 出处同前,第169页。
② 恩斯特·兰策(1878—1914),奥地利法学家。——译注
③ 收养罗莎的富裕实业家家庭。
④ 1986年,帕特里克·马奥尼首次在一部杰作中揭示了恩斯特·兰策的身份:《弗洛伊德和鼠人》(*Freud et l'Homme aux rats*),巴黎,法国大学出版社,1991年。除了一篇严密的历史调查,马奥尼还比较了弗洛伊德在"鼠人"案例中提供的版本和弗洛伊德本人写的、未被纳入案例报告的预备笔记。这些笔记后来被录入《鼠人:一个分析的日志(埃尔莎·雷贝罗·哈韦尔卡整理的弗洛伊德笔记)》(*L'Homme aux rats. Journal d'une analyse* [notes de Freud transcrites par Elsa Ribeiro Hawelka]),巴黎,法国大学出版社,1974年。参见西格蒙德·弗洛伊德,《对一个强迫性神经症案例"鼠人"的评注》(Remarques sur un cas de névrose obsessionnelle: "l'Homme aux rats")(1909年),见《五个精神分析案例》,巴黎,法国大学出版社,1954年,第199—261页,以及《弗洛伊德全集/精神分析》,第九部,前揭,第131—215页,题为《对一个强制性神经症案例的评注》(Remarques sur un cas de névrose de contrainte)。

奥地利军队,拥有下士长军衔。亡父的幽灵老是搅扰他的夜梦。他习惯于在双腿之间放一面镜子,在镜中凝视自己勃起的阴茎。他满脑子都是自杀和割喉的念头,在二十六岁第一次性交时意识到自己患上心理疾病。于是他前往慕尼黑接受水疗,借机与一名女服务员发生关系,并想象自己能够杀死父亲来获取这样的满足。他定期自慰或做宗教仪式,经常拜访几名医生,其中包括未给他提供任何支持的瓦格纳-尧雷格。

1907年,成为预备役军官的兰策到加利西亚做军事演习,结识一名异常冷酷的船长——酷爱体罚的奈迈采克(Nemeczek)。此人向他讲述了一种东方酷刑:囚犯被逼着脱光衣服,弓背跪在地上,臀上绑住一个穿孔的大坛,坛内有只饿鼠在窜动。施刑者将在火里烧红的铁条从孔中伸入坛内,竭力避免灼伤的鼠便钻入受刑人的肛门,抓出一道道血淋淋的伤口。半小时后,窒息的鼠便与受刑的犯人双双毙命①。那一天,兰策在演习中丢了夹鼻眼镜,拍电报给他的维也纳眼镜商,请后者给他再寄一副眼镜。第三天,他从船长那里拿到眼镜,后者通知他将垫付的邮费还给邮政监督员大卫中尉。

面对这个强制命令,兰策的反应是出现了一种谵妄行为:酷刑故事与还钱的事混在一起,令他突然想起另一桩与钱有关的事——兰策的父亲曾欠下一笔赌债,幸亏有个朋友借钱给他还债,才免于陷入不光彩耻辱的境地。海因里希在服完兵役后无法再找到这位朋友,因此从未能偿还这笔钱。

这就是1907年10月1日出现在贝尔加泽街的那个人。他立即回忆童年往事,弗洛伊德每晚都写治疗日志,力图如实地还原对话。只有这一次,他遇到一个理想的病人,真的患有他描述过的强迫性神经症,其源头是以力比多固着肛欲期为特征的心理冲突。仇父、驱魔仪式、反刍、怀疑、顾虑、抑制、近亲婚配、家庭秽行、兄弟姊妹和叔伯姑姨:面对一个如此"弗洛伊德式"的故事,"教授先生"用不着杜撰一部病人认不出自己是主人公的小说。因为兰策在寻找能使自己理解神经症意义的权威父亲,所以二

---

① 伦纳德·申戈尔德(Leonard Shengold)在1965年首次证明这个故事出自奥克塔夫·米尔博(Octave Mirbeau)的名作《秘密花园》(*Le Jardin des supplices*)(1899年),巴黎,伽利玛出版社,1988年。译者补注:伦纳德·申戈尔德,美国当代精神分析师和临床精神病学教授。奥克塔夫·米尔博(1848—1917),法国作家、艺术评论家和记者。

人之间形成积极移情,弗洛伊德能够强行要求他说出可怕的酷刑场景,同时想象这位病人在回忆时体验到"对自己未曾察觉的快感的厌恶"。

弗洛伊德任由他侮辱,为的是使兰策通过移情这一痛苦的方式吐露对父亲的无意识仇恨。弗洛伊德解开了谜团:正是兰策概括讲述的鼠刑故事唤起了他的肛门性欲。在他的心目中,为鼠刑开脱的船长取代父亲,引起他的憎恶——类似于从前海因里希的冷酷引起的恶感。在弗洛伊德看来,鼠在此处有钱和欠款的含义,通过语词联想在治疗中表现出来:"弗罗林①(florin)/鼠(rat)"或"份额(Rate)/鼠(Ratte)"。让我们回想一下,从治疗开始,这个病人就习惯于这样计算费用:"有多少弗罗林,就有多少老鼠。"

1908年,弗洛伊德在萨尔茨堡的第一届协会大会上花了5个小时阐述这个鼠人(Rattenmann)案例,听众都对它的逻辑建构感到讶异。为了发表这个案例,他修改了病人说的话,把自己的诠释写成病人的想法,漏述了几件事。此外,他把父亲描述成一个模范人物,对母亲几乎未置一词。它并不是——像某些人声称的那样——阐明其理论的纯粹"思辨建构"②。不管怎样,恩斯特·兰策认为这个为时四月的治疗对他有好处,认为弗洛伊德的解析解除了他的痛苦,尤其是强迫症。他同意出版他的案例③。弗洛伊德也表示读者看到的将是一个完全康复的案例。

1910年,兰策娶亲爱的吉赛拉为妻。1913年,他成为律师。他在1914年8月被征入皇家军队,11月被俄军俘虏,随后被处决。他的母亲在两个月后离世。要是活下来,他会变成什么样子?

通过兰策,弗洛伊德再次面对家庭悲剧和近亲婚姻,但这肯定不涉及俄狄浦斯情结。这位皇家军队的军官读过弗洛伊德的某些作品,把他当成解谜人、代表斯芬克斯的俄狄浦斯,向他求助。但在治疗过程中,他从未在任何地方提及任何想得到母亲的无意识欲望④。兰策有过杀死日趋

---

① 古代佛罗伦萨金币名。——译注
② 在这一点上,笔者不同意米凯尔·博尔奇-雅各布森的观点:《弗洛伊德的病人》,前揭,第111页。相反,帕特里克·马奥尼揭示案例故事相对笔记存在变形失真,这说明弗洛伊德遇到一个模范病人,体验到真正的共情。
③ 以"摘录"形式发表。
④ 相反,帕特里克·马奥尼却认为读者在此处面对一出俄狄浦斯式的悲剧,兰策在剧中扮演"维也纳斯芬克斯"的角色。他还给这个案例提供了一种克莱因式的解释:兰策认同母亲,内投射(introjecter)父亲的阴茎。这个故事已有数十种评论,以至"鼠人案例"令病人的经历黯然失色。

衰弱、态度粗暴的父亲的罪恶欲望①,但未曾想过占有母亲,即使在想起到她身边寻求保护、免遭可怕的父亲伤害的时候,他也没有这种念头。母亲始终是被他憎恶的客体,她因肠功能障碍发出的恶臭气味令他十分反感。他只把她看作一个刻板、受挫的女人,企图阻扰他娶意中人,为他另找一位绍博尔斯基家族的妻子。

精神分析学家从这个案例发表以来提出诸多解释,与其再加一种诠释予以反驳或补充,不如强调兰策的故事在弗洛伊德早期治疗中是何等地具有代表性——某种受父权解体影响的西方家庭状况与被认为至关重要、可据以搜集肺腑之言的个体话语相互错杂,构成弗洛伊德最初治疗的特征——这或许更加有用。弗洛伊德本人便是这个故事的当事人,他从中汲取养料,完善自己的理论——他的理论始终面临在最荒诞不经或力图最准确地理解命运含义的解析迷宫中漂泊的危险。

兰策以恋爱结合的好处为由反对包办婚姻的指令——这会使他重复父母的婚姻生活——却未追究表亲之间的血缘关系问题。他从未像其他维也纳犹太人一样力图超越父亲,军旅生活也不容许他解决与家庭之间的冲突。与弗洛伊德的相遇使他成为自己生活的主人公,而他所受的其他躯体治疗却属于医疗虚无主义范畴。像同时代的许多年轻人一样,他没有时间了解他故事的下文,因为他注定死于战场,如弗洛伊德在 1923 年所述:"这位靠分析康复的病人死于第一次世界大战,同那么多有价值的、被寄予厚望的年轻人一样②。"

1914 年 6 月 28 日,谢尔久斯(或谢尔格伊)·康斯坦丁诺维奇·潘克耶夫(Sergius[或 Serguëi]Constantinovitch Pankejeff)一边在普拉特游乐场(Prater)散步,一边回想在他获悉斐迪南大公被一名波斯尼亚民族主义者刺杀的惊人消息时弗洛伊德为他做的分析。他的治疗始于 1910 年 1 月,距兰策的治疗结束已有两年。此后,他在不知不觉中加入这位曾与他一样频频出入贝尔加泽街 19 号诊所的奥地利军队军官的敌对阵营中。潘克耶夫出身富裕的俄罗斯贵族家庭,与姐姐安娜(Anna)一起在敖德萨由三名仆人(格鲁莎[Grouscha]、纳尼娅[Nania]、欧文小姐[Miss Owen])

---

① 即使他偶尔对此也有过怀疑,如弗洛伊德在《一个分析的日志》(前揭,第 77 和 85 页)中所述。
② 西格蒙德·弗洛伊德,《五个精神分析案例》,前揭,第 261 页。

和几位家庭教师抚养成人。在豪华府邸中,他的父亲、抑郁酗酒的康斯坦丁(Konstantin)过着活跃的、有教养的自由主义政治人士生活,不时举行谢尔格伊非常喜欢的猎狼活动。夜晚围猎后,他那总是患有各种躯体疾病的母亲常常与两个孩子在一堆变成战利品的动物前跳舞[1]。

从男女双方的血统来说,这个病态家庭的成员让人想到《卡拉马佐夫兄弟》[2]中的人物。谢尔久斯的祖父死于酒精中毒,祖母深陷抑郁之中。父亲的长弟皮埃尔叔叔患有偏执狂,曾接受精神病专家谢尔格伊·科尔萨科夫[3](Sergueï Korsakov)的治疗。他回避与人接触,像野人一样生活在动物群中,在精神病院中走向生命的终点。父亲的二弟尼古拉(Nicolas)叔叔曾想带一个儿子的未婚妻私奔,并强行娶她。他有个表兄弟——母亲姊妹的儿子——被关在布拉格精神病院,也有某种形式的被迫害妄想。至于康斯坦丁,他一度接受弗洛伊德最早的俄罗斯弟子中的摩西·武尔夫(Moshe Wulff)的治疗,后者也为他两位患精神分裂症的表兄弟施行治疗。康斯坦丁曾赴慕尼黑向克雷珀林求治,克雷珀林诊断他患有躁郁精神病,却未向他提供任何支持。

谢尔久斯(或谢尔格伊)很早就见过狼和怪尾巴。有一天,令他厌恶的欧文小姐在他面前挥舞淡焦糖制成的长糖果,把它们比作断成几段的

---

[1] 在美国国会图书馆中可找到几张照片,照上可见潘克耶夫和他的姐姐、母亲在一堆动物前。各类评论者很少考虑她们,潘克耶夫却在生平自述中谈到她们。这位外号"狼人"的病人的真实身份在1973年被揭露。若要还原他的故事,必须翻阅截然不同的原始资料。米莉埃尔·加尔迪内(Muriel Gardiner),《精神分析学家和狼人笔下的狼人》(*L'Homme aux loups par ses psychanalystes et par lui-même*)(1971年),巴黎,伽利玛出版社,1981年。卡琳·欧布霍尔策(Karin Obholzer),《与狼人的对话》(*Entretiens avec l'Homme aux loups*)(1980年),巴黎,伽利玛出版社,1981年。在这两部均晚于其离世之际完成的著作中,潘克耶夫经常搞混,对弗洛伊德的分析提供了截然不同的版本:一个是对米莉埃尔·加尔迪内吐露的、面向精神分析学家的版本;另一个是对奥地利记者卡琳·欧布霍尔策吐露的面向"大众"的版本。另外,参见帕特里克·马奥尼,《狼人的嗥叫》(*Les Hurlements de l'Homme aux loups*)(1984年),巴黎,法国大学出版社,1995年。他的还原非常可靠。亦可参见米凯尔·博尔奇-雅各布森,《弗洛伊德的病人》,前揭;米凯尔·博尔奇-雅各布森和索努·尚达萨尼(Sonu Shamdasani),《弗洛伊德的档案:精神分析史的调查》(*Le Dossier Freud. Enquête sur l'histoire de la psychanalyse*),巴黎,"煞风景"丛书,2006年。这两部作品对弗洛伊德批判过了头,即使它们引用的资料确凿无疑。此外,还有库尔特·艾斯勒的访谈,它们被存放在美国国会图书馆,五卷档案,1954—1955年,116箱。译者补注:米莉埃尔·加尔迪内(1901—1985),美国精神分析学家和精神病专家。索努·尚达萨尼(1962—),定居英国的信德族(印度和巴基斯坦其最古老的族群之一)作家、编辑、教授。

[2] 19世纪俄罗斯著名作家陀思妥耶夫斯基的代表作之一。

[3] 谢尔格伊·科尔萨科夫(1854—1900),俄罗斯神经精神病医生。——译注

蛇。另一天,她从背后松开连衣裙,一边到处摆动,一边大声说:"看看我的小尾巴!"至于他亲爱的姐姐、有男子气概的大胆的安娜,她一边嘲笑弟弟,一边模仿欧文小姐的样子。还有一天,为了激发他的好奇心,她在他面前展示一张美少女图片,但在纸后藏了一幅正在吞吃小红帽、直立的狼的骇人画像。他爱慕这个最受父亲宠爱的姐姐,和她一起画树、马、狼、醉鬼、守财奴。他害怕时会躲到他的纳尼娅臂下;这位受他喜爱、非常虔诚的保姆常对他讲述圣人、殉教者和迫害的故事。

1896年,十岁的谢尔格伊出现动物恐怖症的迹象。1905年,他的姐姐安娜自杀;两年后,他的父亲也走上绝路。那时候谢尔格伊还在上中学。他遇到平民女子玛特罗娜(Matrona),从她那里染上性病。于是他陷入频繁发作的抑郁症,从疗养院到精神病院、从小型私人诊所到温泉疗养所——辗转求治,旋即像家庭成员一样变成世纪末精神病学信徒眼中的理想病人:一个饱受躁狂和抑郁发作之苦、总在寻找难以觅得的身份的慢性忧郁患者。关于自己的"症状",他对每个医生讲述的版本都不相同,这既是为了博得医生的喜爱,也是为了做出稳当的样子。

他首先由施行催眠的弗拉基米尔·别赫捷列夫①(Vladimir Bekhterev)治疗,接着在柏林由特奥多尔·齐恩②(Theodor Ziehen)医治,最后在法兰克福接受弗里德伦德尔的诊治。他又到慕尼黑向埃米尔·克雷珀林求治,克雷珀林想到父体遗传,再度作出躁郁精神病的诊断。在威特尔斯巴奇(Neuwittelsbach)疗养院接受形形色色的无效治疗——按摩、沐浴等——时总被保姆和平民女子吸引,爱上了比他略为年长、已有一女(埃尔泽[Else])的护士特雷莎·凯勒(Teresa Keller)。这段恋情不仅受到其家人阻扰,而且遭到他的精神病科医生反对,因为后者确信与"下层"女子的不正当关系将加重他的精神病。

回到敖德萨后,潘克耶夫向一位年轻的医生列昂尼德·德罗纳(Leonid Drosnes)求诊,这位医生决定将他送往维也纳,到贝尔加泽街接受治疗。弗洛伊德用尖刻的语言斥责精神病科医生同僚的医疗虚无主义:"迄今为止,您都在一个便壶里寻找病因。"他对潘克耶夫这么说。

---

① 弗拉基米尔·别赫捷列夫(1857—1927),俄罗斯神经学家,反射学创始人。——译注
② 特奥多尔·齐恩(1862—1950),俄罗斯神经学家和精神病专家。——译注

这句话一语双关。弗洛伊德说的既是先前的无效治疗,也是谢尔格伊的病症——他患有长期肠功能障碍,尤其有慢性便秘。"教授先生"误认为他的障碍有心理成因。为此,他嘱咐这位病人停掉由一名学生施行的浣肠,因为它具有"同性恋意味"。

在弗洛伊德的建议下,潘克耶夫在维也纳安顿下来。在德罗纳进修维也纳精神分析协会课程、学习精神分析基础知识的时候,他练习击剑、研读法律。晚上,他要么去剧院,要么玩牌。他喜欢维也纳、普拉特游乐场、咖啡馆。他喜欢城市生活,它令他忘却充斥着狼和令人生畏的祖先的乡村童年。

弗洛伊德不禁止他见特雷莎,只要求他等到治疗结束后再去找她。他不反对二人结婚。他说:"特雷莎代表指向女性的本能压力(poussée)。"在1910年2月致费伦齐的一封信中,他写下这位病人的强烈移情表现:"这名年轻的俄罗斯富翁因强迫性恋情成为我的病人,他在第一次分析后向我承认下述移情:只要我是犹太骗子,他就喜欢从背后抓住我,在我头上拉屎。6岁时,第一个明显的症状就是用亵渎神明的话(猪、狗等)辱骂上帝。他在街上看到三堆粪便时会感到局促不安,因为这让他想到圣三位一体,他焦虑地寻找第四位,以便打破这种联想[①]。"

潘克耶夫第一次觉得有人倾听自己的心声,第一次觉得不再被当作病人。这次治疗帮他找到存在的目的,帮他摆脱在辗转各大医院、向各类医生求治中维持的毫无价值的生活。他与弗洛伊德建立友好关系,最后变成弗洛伊德的崇拜者。在治疗结束之际,弗洛伊德对他展现了深度共情。弗洛伊德最终见了特雷莎,并同意这桩婚事。1914年,婚礼在敖德萨举行。潘克耶夫觉得自己痊愈了,肯定是分析使他能够迎娶心爱的女人。

通过潘克耶夫,弗洛伊德再次面对一个完美体现其家族性神经症(névrose familiale)概念的故事:性早熟,姐弟之间的暧昧关系,家庭女教师和坏保姆的影响,诱惑场景(scènes de séduction),病态的父亲、叔叔、表兄,对女性的奴役等。他忘了他的病人患有无法治愈的慢性忧郁症,将后者描述成一个有动物恐怖症、继而变成患强迫性神经症或幼儿神经症的

[①] 西格蒙德·弗洛伊德和桑多尔·费伦齐,《通信集第一卷:1908—1914年》,前揭,《1910年2月13日的信》,第149页。潘克耶夫未提到这幕场景。

焦虑性癔症(hystérie d'angoisse)病例。

弗洛伊德就是在这种精神状态下,在战乱中用两个月时间——1914年10—11月——写出这个忧郁矛盾的俄罗斯人的故事,但未使用"狼人"的名称。在谢尔格伊本人的要求下,这个故事在1918年以《一个幼儿神经症故事摘录》①(Extrait de l'histoire d'une névrose infantile)为名出版。弗洛伊德未在文中提到任何他刚写的关于忧郁症的内容。不过,他不得不在原稿中多次添加注解。

与治疗逻辑严密的"鼠人案例"相反,弗洛伊德写的潘克耶夫故事是名副其实的传记重构,甚至用分析"杜撰出"某些可能从未发生的事②。整篇故事围绕病人的童年和性展开。

弗洛伊德笔下的家庭画面由母亲、父亲、姐姐和三名被雇佣的女子——乳母(纳尼娅)、英国女家庭教师(欧文小姐)、女仆(格鲁莎)——组成。依据谢尔格伊在治疗中的回忆,弗洛伊德认为,在他三岁半时,姐姐安娜向他露出她的"屁屁",企图诱惑他;随后他给纳尼娅看他的屁股,遭到她的斥责。如弗洛伊德所述,在将近十岁时,这位俄罗斯病人又试图引诱姐姐,结果遭到拒绝。所以,他后来宁愿选择地位比他低的女性。谢尔格伊在治疗中讲述和画出他四岁时做的一场梦,弗洛伊德就在分析这个梦时重新构建幼儿神经症的起因:"他说,我梦到天黑了,我躺在自己的床上……我知道时值冬季。窗突然自动打开,我惊恐万分地看到窗前大胡桃树上坐着几只白狼。有六七只。这些狼通体白色,看起来更像狐狸或牧羊犬,因为它们长着和狐狸一样的大尾巴,耳朵竖着,样子像注意什么东西的狗。我显然非常焦虑,怕被狼吃掉,大叫着醒来③。"

弗洛伊德比较这个白狼梦和病人幼时关于性的几个回忆,虚构出一幕离奇的"原始场景"(Urszene)④,并提供了精确得难以置信的细节:"一

---

① 西格蒙德·弗洛伊德,《一个幼儿神经症故事摘录》(1918年),见《精神分析学家和狼人笔下的狼人》,前揭,第172—268页,以及《弗洛伊德全集/精神分析》,第十三部,前揭,第1—119页,题为《依据一个幼儿神经症故事》(A partir de l'histoire d'une névrose infantile);《五个精神分析案例》,前揭,题为《一个幼儿神经症故事摘录:狼人》(Extrait de l'histoire d'une névrose infantile: l'Homme aux loups),第371—477页。
② 由此产生了潘克耶夫的证词和弗洛伊德听到的或在治疗报告中重构的私密内容之间的差异。
③ 《精神分析学家和狼人笔下的狼人》,前揭,第190页。
④ 他曾在1897年5月2日致弗利斯的一封有关诱惑行为的信中使用这个词。

个炎热的夏日,十八个月大的小谢尔格伊得了疟疾,在父母的卧室内睡觉。父母返回卧室午睡,衣衫半褪;下午五点时,谢尔格伊很可能因为高热醒来,一直注视着父母。他们穿着白色内衣,身体半裸,跪在白色床单上,后入(a tergo)性交三次:看到父母的性器官和母亲脸上的愉悦,一贯被动的婴儿忽然发生肠蠕动,开始啼哭,打断了这对年轻夫妇的云雨之乐。①"这幕场景在精神分析史上相当有名,被反复评论。据弗洛伊德看来,狼梦是早年一段交欢场景的反向表象(représentation inversée)。谢尔格伊·潘克耶夫从未承认有过这幕场景,但一直觉得它颇具吸引力,强调它为他的生命带来某种意义。他时而肯定弗洛伊德如此重构他的无意识心灵生活确有道理,时而怀疑这种分析是否有依据。

谢尔格伊的另外两段生活插曲也成为一系列分析的对象。其中一段涉及格鲁莎:她的臀部被比作蝴蝶翅膀,继而是罗马数字 V,对应梦中的五只狼和那场著名性交的时间。另一段则与某种视幻觉有关:在童年,谢尔格伊看到他的小手指被折叠式小刀割开,接着又发觉没有伤口。弗洛伊德由此推断,他的病人曾在这件事中表现出拒斥(Verwerfung)的态度,只是凭着儿童的想象把性看作通过肛门交合的通奸关系。

经过这番对谢尔格伊童年的深入探索,弗洛伊德确信治好了他的病。直到 1918 年春天,谢尔格伊都留在敖德萨,夹在关系不睦的母亲和特雷莎之间生活。接着他重拾学业,不久后通过司法考试。至于特雷莎,她不得不离开俄罗斯再去寻找女儿,后者死在维也纳。谢尔格伊到维也纳与她重聚。十月革命弄得他倾家荡产,沦为流亡国外、毫无收入的穷光蛋,与昔日家产万贯的贵族判若两人。他不得不到一家保险公司做职员,一直工作到退休。

突如其来的变故令他再度陷入抑郁,不得不重返弗洛伊德的诊所。弗洛伊德高兴地接待他,立即把刚出版的、关于他的案例故事送给他,接着重新为他施行分析。分析从 1919 年 11 月持续到 1920 年 2 月。按照弗洛伊德的说法,这场"后分析"容许他清理未被分析的残余移情,最终治愈病人。

事实上,谢尔格伊继续呈现同样的症状,而且窘困的财务状况加重了

---

① 《精神分析学家和狼人笔下的狼人》,前揭,第 197 页。

他的病情。弗洛伊德在维也纳弟子当中筹钱资助他。正是在那段时期，谢尔格伊·潘克耶夫开始认同他的案例故事，开始真的把自己看作狼人，称自己为 $Wolfsmann$（德语：狼人）。

1926 年，依然受相同症状折磨的谢尔格伊又向弗洛伊德求治。弗洛伊德拒绝为他施行第三次治疗，把他送到有吗啡瘾、病得和他差不多一样重的露丝·麦克-布伦丝维克那里。他发现自己又成为某种不可思议的混乱移情的俘虏。弗洛伊德不仅同时为露丝、露丝的丈夫和后者的兄弟做分析，还在同一年把美国女子米莉埃尔·加尔迪内（Muriel Gardiner）送到露丝的长沙发上。随着各自分析的展开，米莉埃尔成为潘克耶夫的朋友和知己。

经过六个月的治疗，信奉梅兰妮·克莱因理论的露丝·麦克-布伦丝维克在这位病人身上看出来的不是神经症，而是偏执狂。1928 年，她出版这个案例的第二版[1]。她第一次给病人取了他想用的、此后成为其代称的名字："狼人"。她把他描述成一个令人反感、贪婪卑鄙的人，有疑病和被迫害妄想，深受意象和侵蚀鼻子的脓包的困扰。围绕这一新诊断，精神分析运动分裂成两个阵营：一个赞同精神病说，另一个支持神经症说。潘克耶夫认为他的第二位治疗师是个疯子，对特雷莎冷淡得不可思议，但对他有帮助。

还是在 1926 年——在弗洛伊德和兰克之间出现巨大裂痕时——兰克批判弗洛伊德对狼梦的解析。在兰克看来，四岁的孩子不可能做这样的梦，他们接触的其实是病人的移情愿望。他大致是这么说的：孩子的床代表长沙发，树是从诊所看到的树，狼不过是代表委员会成员——他们的照片缀饰着弗洛伊德的书房——或弗洛伊德孩子的形象。兰克还说，这个梦可以证明他本人对母亲移情和出生创伤的理论。他认为病人梦到"系谱树"（arbre généalogique），唤起后者作为幼儿的嫉妒之情，而弗洛伊德在嫉妒中代表装有阴茎的母亲[2]。

---

[1] 《一个幼儿神经症故事摘录的补遗》(Supplément à l'Extrait d'une névrose infantile)，见《精神分析学家和狼人笔下的狼人》，前揭，第 268—317 页。

[2] 奥托·兰克，《出生创伤》(Le Traumatisme de la naissance)（1924 年），巴黎，帕约出版社，1928 年；同一作者，《精神分析技术》(Technik der Psychoanalyse)，第一部，维也纳，多伊蒂克出版社（Deutike），1926 年。菲丽丝·格罗斯库特，《弗洛伊德：秘密指环》，前揭，第 173—174 页。

恼火的弗洛伊德把爱徒的说法贬得一文不值，同时提出证据证明在叙梦的时候，病人不可能看到委员会成员的照片，因为在《沙可教授在硝石库医院的临床课》(Leçon clinique du Pr. Charcot à la Salpêtrière)上方的墙上，只挂着二三幅人物相片。为了证明自己言之有据，他要求潘克耶夫寄给他一份书面证词："我没有任何理由怀疑这段记忆的准确性……此外，据我所知，这个关于儿时梦境的记忆从未发生变化……在我看来，狼梦始终是我幼年各种梦的核心……我在开始治疗的时候就对您讲了这个狼梦①。"在发生这件事之后，弗洛伊德委托费伦齐抨击兰克的观点。这是一场悲哀的论战，以弗洛伊德失去最优秀弟子中的二人收场②。

对几代精神分析学家、历史学家和哲学家而言，潘克耶夫在精神分析史上一直是个被湮没的名字。在几十年中，人们只知道弗洛伊德讲述的那个狼人故事，声名显赫的评论者用一个比一个荒诞的理论无休无止地予以重新诠释③。

这一切都持续到两部间隔十年、相互矛盾的作品问世④，最终揭示谢尔格伊·潘克耶夫的真实生活为止——他的生平难以清晰地勾勒，因为他始终让人称自己为"狼人"。随着时光的流逝，昔日的病人化为档案卷宗，变成从另一个世纪冒出来的小说人物——此人被两次世界大战弄得家道败落，到维也纳避难，无休止地描画他那坐着狼群的树，写出多篇献词献给全世界愿在诊所内悬挂对一个被湮没的时代的回忆的精神分析学家。由维也纳精神分析团体照管的潘克耶夫——既作为病人，又作为传

---

① 西格蒙德·弗洛伊德和桑多尔·费伦齐，《通信集第三卷：1920—1933年》，前揭，第289—293页。
② 参见本书第三部。
③ 关于雅克·拉康、塞尔日·勒克莱尔(Serge Leclaire)、尼古拉·亚伯拉罕、玛丽亚·托罗克、雅克·德里达、吉尔·德勒兹的评论，参见 HPF-JL，前揭。卡洛·金斯伯格(Carlo Ginzburg)注意到，这个梦可能受到狼人传说(loups-garous)的影响：潘克耶夫没有变成狼人——若在三个世纪之前，他可能走上这条路——而是成了一名接近精神病的神经症患者。卡洛·金斯伯格，《弗洛伊德、狼人案例和狼人》(Freud, l'Homme aux loups, et les loups-garous)，见《神话、象征和迹象：形态学和历史学》(Mythes, emblèmes et traces. Morphologie et histoire)，巴黎，弗拉马里翁出版社，1989年。译者补注：塞尔日·勒克莱尔(1924—1994)，法国精神分析学家和精神病专家。卡洛·金斯伯格(1939—)，意大利著名历史学家、艺术史学家，"微观史学"代表人物。
④ 米莉埃尔·加尔迪内，《精神分析学家和狼人笔下的狼人》，前揭，卡琳·欧布霍尔策，《与狼人的对话》，前揭。

奇——孜孜不倦地对每一位交谈者讲述他的故事——有几个不同版本——直到1979年离世。

因为已对忧郁的现实获得强大的胜任能力,他学会与其"案例"的所有评论者竞争。他说,难道他不能优先成为弗洛伊德成就中永恒不变的一部分,优先成为"天才思想家"的"朋友"?弗洛伊德的反对者断定这个可怜的俄罗斯人是一桩罪行的牺牲品,弗洛伊德则是操纵病人的骗子,诳人相信精神分析治愈他们的病症①。

在第一次世界大战——兰策在这场战争中殒命,潘克耶夫却活了下来——爆发前两年,弗洛伊德主张所有的社会都起源于弑父罪行。不过,他真正感兴趣的只是涉及乱伦的罪行,并把它变成所有杀戮行为的范式。坚信这一社会起源论的弗洛伊德表示所有社会都在发展过程中重复杀戮行为——它就像"残留物"或"后遗症"一样,既出现在人类集体中,又存在于个体生活中。这种残留物不应被否定,而应被重新解释为某种属于禁忌范畴的东西。这就是弗洛伊德反对死刑的原因。他不是单单作为公民反对死刑,而是——如他所言——因为死刑与精神分析的教导不相容:"人类之所以仍然否认死刑的实质是受法律准许的杀戮,是因为他们至今都不愿正视现实,不愿承认无意识情感活动的存在。我对死刑的态度不取决于人道主义的理由,而是取决于对普世禁忌的心理需求——你不会杀人……我肯定自己是杀戮的坚决反对者,无论它表现为个体犯罪还是国家实施的报复②。"

弗洛伊德认为他的理论是一门科学,其宗旨是以神话的语言展现人类及其起源的心灵史诗。他确信,在他的世界里,一切都发生得如同在他构建的神话中一般。他力图在临床实践中,在日常生活中——与兰策、潘克耶夫等人在一起时——再现他的学术建构。战争确实扑灭了他昔日的乐观主义劲头,而且在1920年,他的身边触目皆是死亡。但与此同时,他的理论在各地都被当作生活保健学、新的文明伦理受到热烈隆重的欢迎。欢迎它的不仅有新动力精神病学的信奉者,还有从中发现探索深层无意

---

① 米凯尔·博尔奇-雅各布森和其他许多人都持这样的说法。
② 特奥多尔·赖克在1926年记录的证词,《告解的需要》(*Le Besoin d'avouer*),巴黎,帕约出版社,1973年,第400—401页。

识的绝妙方式的作家。

接替美好年代和战争的是长达十年的疯狂年代——至少对社会统治阶级而言是疯狂的——其特点是经济复苏,人们渴望各种革命,包括文学、艺术、政治、性、音乐的革命。好莱坞电影艺术极力以前所未有的方式向民众展现现实。在社会主义、女权主义和精神分析的推动下,人人都愿意相信阶级和性别之间的等级必将在不久后消失。家庭在发生转变,离婚的人愈来愈多,出生率却在下降。双性恋和违禁体验在都市中风靡:巴黎、柏林、伦敦、纽约都是如此。至于女性,她们摆脱家庭约束,穿起线条流动、凸显身材的连衣裙,要求参政的权利。总而言之,她们不愿像从前那样沦为傻里傻气的未婚妻,沦为被接二连三情非得已的怀孕弄得疲惫不堪的母亲,沦为埋头家务的妻子。

在法国这个集各种反差于一体的国度,精神分析激发作家更多的灵感,因为它被当作"德国科学"或"科学的诲淫言论",遭到许多医学机构排斥。超现实主义者推崇"弗洛伊德革命",弗洛伊德却不愿倾听他们的声音,也不大理解安德烈·布勒东及其朋友对他的钦佩之情。他一边继续欣赏阿纳托尔·法朗士,拒不承认文学先锋派的重要性,一边与斯蒂芬·茨威格的密友、行文冗长的作家罗曼·罗兰(Romain Rolland)保持通信——后者在1915年荣获诺贝尔文学奖,反对一切民族主义①。总之,弗洛伊德依然执著于"昨日的世界"。甚至,他一边执著于从前理解这个世界的方式,一边对它实行彻底的变革——他也许还估量不到这一变革的意义。这真是一种不可思议的、特别弗洛伊德式的矛盾。

战争结束了,新的生活方式出现了,一场致命的流感却突然侵袭世界。病毒源自中国,蔓延到美国,在经过西班牙和发生突变后,在欧洲传播开来。流感在几个月内造成大量死亡,比战争更具杀伤力。

1920年1月,弗洛伊德并未对几代年轻人的追求表露多少好感。他对现代化浪潮几乎无动于衷,他想的是他的死亡、亲友的死亡、身体和容貌的衰老、他的老毛病——膀胱和肠的功能障碍、鼻子化脓。他担心先于母亲离世,更担心倘若发生这样的情况,大家将不得不对她隐瞒真相。当

---

① 笔者不在此处讨论法国的精神分析史。

琼斯告诉他自己父亲的死讯时,他着意安慰琼斯,认为癌症会让人受尽煎熬,老人家不必长期忍受病痛,反倒是幸事。

他的朋友兼恩人安东·冯·弗洛因德的情况就不一样了。弗洛伊德对他的神经症施行治疗,以为已杜绝复发的可能,结果却令他灰心丧气。1月20日,时年四十的朋友托尼①(Toni)离开人世:"托尼·弗洛因德昨天走了,从绝症中获得平静的解脱。这于我们事业是重大的损失,于我个人是巨大的创痛,但在近几个月,我已对此做好准备。他以英雄般的清醒神志承受希望的破灭,未让精神分析蒙羞。②"

五天后,因意外怀孕变得虚弱的索菲·哈尔贝施塔特死于流感肺炎。由于铁路停止运营,没有一个维也纳人能到汉堡参加葬礼:"这个时代赤裸裸的冷酷压得我们透不过气来。我们可怜的、蒙受神灵恩宠的孩子,明天她将被火葬……索菲留下两个男孩——一个六岁大,一个十三个月大——和悲痛欲绝的丈夫,现在他要为七年的幸福生活付出昂贵代价。这份幸福只存在于他们之间,与外界无关。虽然有战争、占领、伤害、破产,但是他们依然勇敢快乐③。"以及:"我的书写是为了什么?我只是认为我们不在一起,在这个可悲的时代,我们身陷囹圄,无法上门探望彼此……夺走我们索菲的是荒诞冷酷的命运,是某种我们既无法指责,也无法反复思索的东西——我们只能对它低头哈腰,可怜的人类,无依无靠,受着高等力量的戏耍。④"

死亡越是触动他,他就越是漠视在维也纳知识分子和精神分析学家当中频繁发生的自杀事件。弗洛伊德热衷于死亡的英雄观,深受希腊-拉丁文化和黑色浪漫主义的影响,不愿从精神病学的角度解释这一被他视为理所当然的权利的行为。他对自杀感兴趣,为的只是时而将它与他的性别差异观联系在一起,时而说明自杀欲望属于转向(renversement)的杀人欲望范畴。他认为男女的自杀方式不同。他说,男性倾向于用武器(即阴茎的替代物)自杀,而女性更愿选择投水、跳窗、服毒——在他看来,这

---

① 对安东·冯·弗洛因德的昵称。——译注
② 西格蒙德·弗洛伊德和马克斯·艾廷贡,《通信集》,前揭,第208页。
③ 《西格蒙德·弗洛伊德与普菲斯特牧师1909—1939年通信集》(Correspondance de Sigmund Freud avec le pasteur Pfister, 1909—1939)(1963年),巴黎,伽利玛出版社,1966年,第119页。关于这一死亡细节,参见第301页,n°2。
④ 西格蒙德·弗洛伊德,《致儿女的信》(Lettres à ses enfants),前揭。

是生产、分娩或渴望怀孕的三种方式①。

可以说弗洛伊德虽然执迷于原始杀戮、战争、壮烈牺牲和生命的生物限度,却不怎么理解自杀的实质:它是对具有多重侧面的自我的犯罪,存在于所有的人类社会中,持续不变地挑战各种形式的权威。当有人宣布他自杀时,他视之为乐事,很自然地引用马克·吐温的电报②。他确实认为自杀不是疯狂的举动,他把自杀和忧郁症联系在一起,有时甚至说这是对过度心理痛苦的"解脱",但是他并不了解自杀在何种程度上也能体现最高的自由。总而言之,他倾向于将自杀"心理学化"。

正因为如此,他对第一代最杰出的弟子中的维克托·陶斯克相当冷酷无情。陶斯克被霸道的父亲和有受迫害妄想的母亲在克罗地亚(Croatie)抚养成人。他像情人莎乐美——她称他为"动物、我的弟弟、你"——一样感到自身有一股原始力量。陶斯克念念不忘对父亲的恨意,对弗洛伊德抱着融反抗、崇敬、顺从于一体的矛盾态度。在战争时期,他重返塞尔维亚前线,接着又回到随着帝国垮台而败落的维也纳。弗洛伊德把陶斯克送到海伦娜·朵伊契③(Helene Deutsch)那里分析,而后者当时正在他的长沙发上接受分析。他以为能够通过她控制治疗的进展。然而,陶斯克却在1919年7月自杀身亡:他用一根窗帘绳自缢,并对自己的太阳穴开了一枪。弗洛伊德了解这一移情三角关系(triangulation)的内幕,但是除了任由陶斯克陷入其中,他也找不到任何更好的解决办法。

弗洛伊德为陶斯克写了一篇充满赞誉之词的讣告。但在给莎乐美的一封私信中,他却说了这番话:"被您的友谊在一段时间内选中的可怜的陶斯克用最激进的方式自杀了。他回来了,但被战争恐惧折磨得精力衰竭、情绪低落,不得不到维也纳,在最不利的情况下竭力重建被入侵军队破坏的生活;他企图让另一个女人进入生活,打算在八天后成婚——但后来又改变了主意。他给未婚妻、他的第一个女人和我的诀别信也都

---

① 西格蒙德·弗洛伊德,《关于自杀的讨论》(Contribution à la discussion sur le suicide)(1910年),见《弗洛伊德全集/精神分析》,第十部,前揭,第75—79页。
② 西格蒙德·弗洛伊德和桑多尔·费伦齐,《通信集第三卷:1920—1933年》,前揭,第22页。马克·吐温曾对宣布其死亡的报纸拍了一份电报:"我的极为夸张的讣告。"
③ 海伦娜·朵伊契(1884—1982),波兰-美国精神分析学家,第一位研究女性的精神分析学家。——译注

柔情款款，表明他的神志极其清晰。除了自己的无能和失败的生活，他未责怪任何人，因而也未对他的极端行为提供任何解释。"他还写道："我承认确实不想他。很久之前我就认为他没用，甚至认为他对未来构成威胁①。"

和平一恢复，委员会成员便展开激烈的内部斗争。伦敦和柏林的精神分析团体获得比维也纳精神分析协会更重要的地位，纽约精神分析协会（NYPS）形成巨大的规模。费伦齐和兰克像从前的荣格一样，不再只关注弒父问题，而是对神经症和精神病"有关女性的"和"有关母亲的"起因越来越感兴趣。弗洛伊德一直表示母亲是人类第一个爱的客体，但在用心理学阐释俄狄浦斯悲剧时，他却把它变成一种无法解释心灵所有侧面的"情结"。新一代精神分析学家力图摆脱被升格为图腾的父亲的守护形象。所以他们抛开最初的杀人罪行，转而研究幼年对母亲的依恋。费伦齐提倡通过"主动技术"（technique active）对治疗实行彻底变革。在布达佩斯大会上，他已在"新途径"问题上与弗洛伊德唱反调。如今他走得更远②。

在他看来，现代分析师不应局限于从无意识中硬拽出原始场景故事进行解析，而应通过指令（injonction）和禁令（interdiction）介入分析。他主张治疗师应亲切宽厚，善于共情，兼具女性、感性、母性的特质，注重减轻病人的痛苦，与掌握秘密和谜语的斯芬克斯形象恰成对比。依照这样的变革，弗洛伊德显得像一位受人尊敬的古国君王。

支持亚伯拉罕的琼斯极力推动这门职业的专业化发展，为使精神分析运动更偏向英语世界而与兰克和费伦齐展开斗争。协约国的胜利似乎证明他是对的。他不顾亚伯拉罕的反对，不顾战败国的财政困难，指定在

---

① 西格蒙德·弗洛伊德，《维克托·陶斯克》（Victor Tausk），见《弗洛伊德全集/精神分析》，第十五部，前揭，第203—209页，以及露·安德烈亚斯-莎乐美，《与弗洛伊德的通信集》，前揭。此事在历史编纂学上引发了一场巨大的论战。参见维克托·陶斯克，《精神分析著作集》（Œuvres psychanalytiques），巴黎，帕约出版社，1975年。保罗·罗森，《动物、我的弟弟、你：陶斯克和弗洛伊德的故事》（Animal, mon frère, toi. L'histoire de Tausk et Freud）（1969年），巴黎，帕约出版社，1971年。库尔特·艾斯勒，《维克托·陶斯克的自杀》（Le Suicide de Victor Tausk），附马里乌斯·陶斯克（Marius Tausk）教授的注释（1983年），巴黎，法国大学出版社，1988年。译者补注：马里乌斯·陶斯克（1902—1990），维克托·陶斯克之子，内分泌学家。
② 桑多尔·费伦齐，《精神分析技术》（La technique psychanalytique）（1919年），见《精神分析》，第二部，前揭，第327—338页。

海牙举行国际精神分析协会第六届大会。此后他一直担任大会主席,直到1925年卸任。弗洛伊德向他提供了支持①。

1920年9月,亚伯拉罕对六十二位与会者——其中包括多名女性——用拉丁语致开幕词,以免刺激战胜国的敏感神经。尽管如此,会上讨论还是以德语为主。因为建立了声名远播的精神分析学院,柏林在十多年中仍是向东西方世界传播精神分析的中枢。弗洛伊德又做了一次关于梦的讲座,并借机再度修改了他亲爱的"梦书"。费伦齐阐述主动技术的主张,宾斯万格谈论精神病诊所,盖佐·罗海姆则用英语探讨澳大利亚的图腾崇拜。荷兰人乐于和英国人、波兰人打成一片,在乘车、坐船或骑马长途兜风时交流旅行感受和思想观点。在这段重新聚首的欢乐时光结束之际,战胜方的参会者举办了一场友好的宴会,使来自原同盟国的战败方参会人员在新欧洲不再感到低人一等。

就这样,从此之后名扬天下的弗洛伊德亲眼看到他的运动在全世界取得成功。然而,他却感到特别惆怅,怀念那段自视为孤独探索者的岁月。因为事实上他不接受很多弟子和仰慕者对其理论的诠释方式——他们按照疯狂年代的兴奋节奏践行他的理论——他觉得"他和其他人"之间出现了一道无法修复的裂痕,如他对费伦齐所述:"在您最近的通函中,您在一个段落中说我们所有人都挺糟糕,但我们的事业非常好,我觉得这话棒极了。情况的确如此:这项事业把我们吞噬了,我们可以说都溶解在其中。大概就是这样;我只希望第二代分析师——最年轻的一代——能够在一定时间里抵制这样的溶解②。"

在海牙,弗洛伊德非常高兴地看到格奥尔格·格罗德克(Georg Groddeck)——一位不大寻常的医生——在情妇的陪伴下从莱茵河沿岸的巴登③赶来。在这场试图哀悼战争岁月、推动医生培训标准化发展的学术大会上,此人以相当激昂的语调和洪亮的嗓音表明自己是一名"野

---

① 琼斯在其传记最后一卷《西格蒙德·弗洛伊德的生平和著作第三卷:1919—1939年》(1957年,巴黎,法国大学出版社,第48—87页)中写了他眼中的委员会内部纷争。必须查阅《通函》(*Rundbriefe*),比较琼斯的版本与委员会其他成员的说法。亦可参见菲丽丝·格罗斯库特,《弗洛伊德:秘密指环》,前揭。
② 西格蒙德·弗洛伊德和桑多尔·费伦齐,《通信集第三卷:1920—1933年》,前揭,《1920年12月25日的信》,第44页。
③ 德国城市名。——译注

分析师",想用经过改良的心理疗法医治器质疾病。他于1900年在巴登-巴登①(Baden-Baden)创建了一所疗养院践行他的理论主张:一套集水疗、按摩、饮食控制、病人和治疗师面谈于一体的"主体"疗法。费伦齐特别喜欢他,弗洛伊德狂热地称赞他:"您是一流的分析师。承认阻抗和移情的医生是治疗的主心骨,他无疑属于我们的行列。我时刻准备张开双臂欢迎您。"他还说:"您为何猛然投向神秘学,为何将哲学理论作为依托?您探索的意义在于使人看到心理因素对躯体疾病的形成具有不容置疑的影响②。"

与弗洛伊德的许多弟子和病人相反,格罗德克怕的不是什么父亲的暴虐,而是母亲的冷漠——在他看来,母亲使受崇拜的父亲形象黯然失色。她怀着对专横父亲的崇敬之情长大,却不懂得将这种成长所必需的感情传递给孩子。因为器质疾病,她的孩子有四个早夭,唯有格罗德克活了下来。他的父亲卡尔·特奥多尔(Carl Theodor)是名医,管理一家公共浴室,以对社会问题的极端保守倾向而著称。在民族之春后,他出版过一部作品,把民主说成灾祸,说成可能"传染"欧洲、消除个体自我意识的流行病。这种观点可以在群体社会学家,尤其古斯塔夫·勒庞③(Gustave Le Bon)的著作中再度见到,它使卡尔·特奥多尔成为俾斯麦首相的支持者④。

父亲促使格罗德克成为特立独行的医生恩斯特·希威宁格⑤(Ernst Schweninger)的助手——后者曾强制实行严格的饮食控制,治好俾斯麦首相的各种"疾病"(烟草中毒、毒瘾、肥胖症),并因此声名大噪——走上

---

① 德国城市名。——译注
② 弗洛伊德1917年6月5日的信,安德烈·博尔赞格尔援引和翻译,见《西格蒙德·弗洛伊德的肖像》,前揭,第202—203页,以及《本我和自我:格奥尔格·格罗德克-弗洛伊德通信集及其他书信》(*Ça et Moi. Correspondance Groddeck-Freud et autres lettres*),巴黎,伽利玛出版社,1977年。幸亏罗歇·勒万特(Roger Lewinter)的研究,法国才接受格罗德克的作品。也要归功于卡特琳娜·克莱芒(Catherine Clément),《弓》(*L'Arc*,法国人文期刊),78,1980年。译者补注:罗歇·勒万特(1941—   ),法国作家、诗人、导演、翻译家。卡特琳娜·克莱芒(1939—   ),法国哲学家、文学家。
③ 古斯塔夫·勒庞(1841—1931),法国人类学家、医生、社会心理学家、社会学家。——译注
④ 雅基·舍穆尼(Jacquy Chemouni),《民主的精神病理学》(*Psychopathologie de la démocratie*),《癫狂》(*Frénésie*,法国精神分析、精神病学和历史期刊),10,1992年春季刊,第265—282页。译者补注:雅基·舍穆尼,法国当代心理学教授、精神分析师。
⑤ 恩斯特·希威宁格(1850—1924),德国医生。——译注

从医的道路。他也是个极端保守的人,在医疗中搬用普鲁士的独裁原则,倡导建议和绝对服从的医患关系,并以之为自然疗愈的决定因素。他的座右铭"*Natura sanat , medicus curat*"①被格罗德克在1913年出版的第一部著作援用②。

同导师和父亲一样,格罗德克强调"种族的纯洁性",提议剥夺所有与外族通婚的德国公民的公民权。1929年,在《回忆录》③(*Lebenserinnerungen*)中,他对过去的态度表示后悔,但从未放弃构成其思想基础、为众多热衷于"改良人种④"的德国医生和性学家称许的卫生学乌托邦。他在书中猛烈地抨击精神分析,提醒读者警惕常被不称职医生滥用的技术带来的危险。

格罗德克的观点很快就出现一百八十度大转变。这位医生深深地吸引着弗洛伊德,令他想起弗利斯和过去的奇思妙想。在格罗德克的影响下,他再度挑战当时的医学,渴望征服身体的领地,想象与荣格的女性分身建立友谊,挑战琼斯令人生厌的实用主义,热衷于对人类双性恋本性的思辨。总之,他在格罗德克身上看到自己青年时代的激情。格罗德克重视被科学忽略的主体痛苦,所以就算他的某些主张与医学背道而驰,那又有什么关系?

在巴登-巴登疗养院,格罗德克收治患各种器质疾病、令当时的医学束手无策的病人。为使病人参与治疗,他从1916年起为他们开设讲座,接着创办能让病人和治疗师一样发表意见的杂志《疗养院》(*Satanarium*)。格罗德克治疗癌症、溃疡、风湿、糖尿病,宣称在疾病征象中发现器

---

① 医生施治,自然疗愈。
② 《〈Nasamecu〉:自然疗愈》(*«Nasamecu»: la nature guérit*),附卡特琳娜·克莱芒的序言,巴黎,奥比耶·蒙泰涅出版社,1992年。
③ 格尔克·格罗德克,《回忆录》(*Lebenserinnerungen*)(1929年),见《人与其时代》(*Der Mensch und sein Es*),威斯巴登,罗马界墙出版社(Limes Verlag),1970年。
④ 让我们回想一下,1911年,弗洛伊德与艾恩斯、赫希菲尔德和爱德华·伯恩斯坦(Eduard Bernstein)签署过一份面向所有文明国家男性和女性的公告,旨在推行一项改善人"种"身心健康的卫生政策。参见保罗·维恩德林(Paul Weindling),《种族卫生学》(*L'Hygiène de la race*),第一卷:《德国的种族卫生学和医学优生学,1870—1933年》(*Hygiène raciale et eugénisme médical en Allemagne, 1870—1933*)(1989年),巴黎,发现出版社(La Découverte),1998年,第53页。关于优生学思想的演变,参见 HPF-JL,前揭。译者补注:爱德华·伯恩斯坦(1850—1932),德国政治家和社会主义理论家。保罗·维恩德林(1953—),英国医学史学家。

官表达的愿望:他在甲状腺肿中看到儿童的愿望,在糖尿病中看到增加糖分的身体愿望。按照这样的思路,他将性征赋予身体器官,把视神经归入男性行列,把心腔归入女性行列①。

这种器官愿望来自被他称为本我(Es)的东西。格罗德克用这个出自尼采的中性名称表示一个早于语言的古老部分,一种企图收复领土、淹没主体心理审查结构的原始本性:某种如同荣格的"岩洞"的东西。所谓疗愈,即让涌现的本我——真相的源头——在主体中发挥作用。

在与弗洛伊德相遇一年后,他出版了"精神分析小说"《灵魂探索者》②(Le Chercheur d'âme),讲述一个人在无意识的启示下改换形貌、通过臭虫和"灵魂影象"世界进行探索的冒险经历。弗洛伊德欣赏小说的冒险幻想风格,这令他想起拉伯雷(Rabelais)和塞万提斯的《堂吉诃德》。1923年,格罗德克发表著名的《本我之书》③(Le Livre du ça),通过叙事者帕特里克·特罗尔(Patrick Troll)所有虚构的、寄给女友的书信,展现他与弗洛伊德在通信中的关系。他想用这种方式推广精神分析概念和他的理论。弗洛伊德将本我概念据为己有,但彻底改变了它的定义。正是在那段时期,他开始失望,开始被这位曾相当喜爱的医生惹动肝火,指责这个异想天开的家伙在弟子当中播下不和的种子:"您试图在自己和动物园的其他狮子之间竖起一道墙,这让人受不了。精神分析不是单个人的事业,而是团体的活动。我们不是各自在角落里低声抱怨,而是齐声有节奏地高喊,这样更令人愉快④。"弗洛伊德拒绝前往巴登-巴登,费伦齐却到那里接受治疗,而琼斯和亚伯拉罕则一味揭露丑闻。最后,弗洛伊德表示格罗德克的想法不错,但对科学研究并无用处。

对格罗德克作出最佳描绘的是托马斯·曼。在《魔山》(La Montagne magique)中,格罗德克以贝格霍夫(Berghof)疗养院主任医生埃丁·克罗

---

① 格尔克·格罗德克,《为病人提供的精神分析讲座(1915—1916年)》(Conférences psychanalytiques à l'usage des malades[1915-1916]),3卷本,巴黎,自由发言出版社(Champ libre),罗歇·勒万特翻译,1982年。
② 格尔克·格罗德克,《灵魂探索者:一部精神分析小说》(Le Chercheur d'âme. Un roman psychanalytique)(1921年),巴黎,伽利玛出版社,1982年。
③ 格奥尔克·格罗德克,《本我之书》(Le Livre du ça)(1923年),巴黎,伽利玛出版社,1973年。
④ 《1924年12月21日弗洛伊德致格罗德克的信》,安德烈·博尔赞格尔翻译,见《西格蒙德·弗洛伊德的肖像》,前揭,第203页,以及《本我和自我》,前揭。

科夫斯基(Edhin Krokovski)博士的形象出现,被写成一名对性着迷,却未得到理性启蒙的旧式催眠师:"那个经过的人,他知道我们女士们的所有秘密。请注意看他衣服的象征意义。他穿着黑衣,表明他研究的是黑夜。"克罗科夫斯基对人类健康抱着基本悲观的态度,甚至只把人看作疾病缠身的主体。他从唯物主义者变成神秘主义者,致力于心灵感应的探索,结果陷入混乱下意识(subconscient)的浮士德世界[①]。这就是弗洛伊德一度迷恋,但从未真正赞同其荒诞主张的治疗高手。

卡尔·克劳斯和奥托·魏宁格将犹太性看成造成父权文明式微的女性特质,格罗德克却反过来主张必须在每个人身上看到犹太教中被割礼压抑的原始双性状态。在他看来,割礼促使人肯定单性状态,在面对双性和全能的上帝时摒弃自己的女性特质。格罗德克摒弃犹太教,所用的方式是反对父亲崇拜,所用的名义是追寻唯一能够拯救人类的、像救世主般的女性特质,所用的理由则与魏宁格的完全相反[②]。不过,他俩面对的是同一问题:一方面,犹太人在整个文明弊端来自女性特质时被看作女人,另一方面,犹太人因为压抑女性特质的有益部分而成为这种弊端的化身[③]。

1920年,弗洛伊德重视其发现的价值远远甚于友谊。他决心将余生都献给事业,容许精神分析运动转向英语世界。因此,他在事务管理方面越发信任琼斯。从此之后,他专注于三种研究:与第一拓扑论的修订并行不悖的、对生死的思考研究,对社会权力群体机制的分析,对心灵感应现象的解释——以启蒙和理性思想家自居的弗洛伊德一直受到非理性世界的困扰,第三种研究对他而言是一种再度潜入非理性世界的方式。

[①] 参见《精神分析词典》,前揭。
[②] 格奥尔格·格罗德克,《一个女人的问题》(*Un problème de femme*)(1903年),巴黎,马扎力纳出版社(Mazarine),1979年;《人的双重性别》(*Le double sexe de l'être humain*)(1931年),《新精神分析杂志》(*Nouvelle Revue de psychanalyse*,法国精神分析期刊),7,春季刊,1973年,第193—199页。以及雅克·勒里德尔,《维也纳的现代性和身份危机》,前揭。
[③] 1965年,格奥尔格的两位传记作者杜撰了他与希特勒的通信。罗歇·勒万特在1980年9月7日的《世界报》中宣布有关传闻不实。

第三部

家中的弗洛伊德

第一章 暗 光

启蒙思想家弗洛伊德承袭康德的理念,秉承人类应避开各种异化、进入理性和知性(entendement)世界的理念。他欣然接受这句充满勇气和求知欲的名言——"敢于自己思考"——相信本能可受自制力的约束。因此,他坚信精英应该引导大众,而不只是扮演人民代表的角色。在这方面,他仍然执着于父亲的权威形象,即使后者已经被动摇。同时,他又显得像进步理想的破坏者,因为他总是打着"狂飙和突进"、歌德、浮士德、与梅菲斯特的"约定"、支配理性的危险激情的旗号。他属于"暗光①"传统,因为他能够被魔鬼附身的人、神秘学、**药物**(*pharmakon*)或"令人不安的疏离感"②(*Unheimliche*)吸引,旋即又援用科学理想与之保持距离。正是在暗影和光明之间的辩证变化中,弗洛伊德可被列为尼采的传人,只要他的抱负意味着把浪漫主义变成一门科学。

弗洛伊德一边要求被看作狄德罗的嫡系传人,一边自认为是某种性观念的创始人,一边力求理性,一边续继沉浸在对狂悖放诞的萨德(Sade)作品的回忆中。如他本人所言,他希望当"魔鬼的辩护人,但不把自己交

---

① 特奥多尔·阿多诺(Theodor Adorno)所用的词。法语"lumière"意为光,"Lumières"又表示启蒙运动,因此"Lumières sombres"有"暗光"之意,又有"黑暗的启蒙运动"之意。——译注
② 弗洛伊德以 *Unheimliche*("又陌生又熟悉")一词表示一种来自早已识得、一贯熟悉的事物的惊悚感:阉割恐惧、分身和自动木偶。参见《令人不安的陌生感》(*L'inquiétante étrangeté*)(1919年),见《令人不安的疏离感及其他文章》,前揭,第209—263页。亦可参见让·克莱尔,《愁绪》(*Malinconia*),巴黎,伽利玛出版社,1996年,尤其是《从形而上学到令人不安的疏离感》(*De la métaphysique à l'inquiétante étrangeté*)一章,第59—85页。

给魔鬼①"。然而,他却拒绝任何哲学传承。他甚至不想从哲学中得到任何益处,甚至视之为"丢脸的祖宗②"。1925年,他说:"我很晚才读叔本华的作品。至于另一位哲学家尼采,他的预感和见解往往以最惊人的方式与精神分析的艰苦研究结果相吻合,我正是为了这个原因长期回避他;比起发现的优先权,不抱先入之见对我更为重要③。"

对死与爱、性与欲着迷的弗洛伊德关心的是如何用明白易懂的方式解释人类心灵最残酷和最矛盾的侧面。他使现代主体直面自己的命运,也就是在不知不觉中支配他、但不剥夺其自由的无意识的命运。他指出"自我不是家中的主人",想方设法想使精神分析成为以改变人为第一要务的象征革命。他通过此举——就像笔者强调的那样——彰显他与同时代的心理学家和性学家的差别,并借助神话和梦境让远离所谓行为科学的人类夜生活变得清晰可辨。他就这样将实在的内容赋予这个领域,而不是企图用实证科学的工具描述它。他从达尔文那里汲取的不过是他从索福克勒斯那里借来的东西:一个人以神灵自居,继而发觉自己不是原本以为的那个样子,而是杀人凶手,甚或是动物的后裔,从而演绎出一个悲剧故事。

此外,弗洛伊德认可的不是精神分析的犹太属性,而是这样的观点:从被摩西带到沙漠开始,犹太人就从不抛弃任何东西;面对丧失的东西,他们不断地想出替代品④——替代领土、母亲、父亲、祖先、神灵、物品。换而言之,他依据犹太传统理解继承、系谱、传播、忠诚、流亡的普世问题。

---

① 《超越快乐原则》(*Au-delà du principe de plaisir*)(1920年),见《精神分析文集》(*Essais de psychanalyse*),"帕约"小丛书(*Petite Bibliothèque Payot*),巴黎,1981年,第117—205页。亦可参见《弗洛伊德全集/精神分析》,第十五部,前揭,第273—339页。关于这部作品的起源及其不同版本,参见伊尔莎·格鲁布吕奇-西米蒂斯,《弗洛伊德:回顾手稿》,前揭,第228—239页。对于《超越快乐原则》的起源,伊尔莎·格鲁布吕奇-西米蒂斯和米夏埃尔·施罗特、乌尔丽克·迈展开了一场大论战。我们可在《魔鬼-爱神》2013年第51期《超越快乐原则》专刊和《心理》(*Psyche*,德国精神分析杂志)2013年第67期第679—688页、第794—798页中看到论战的蛛丝马迹。

② 这是雅克·德里达的评注,他是《超越快乐原则》最出色的评论者之一,见《明信片:从苏格拉底到弗洛伊德和彼界》(*La Carte postale. De Socrate à Freud et au-delà*),巴黎,奥比耶-弗拉马里翁出版社(Aubier-Flammarion),1980年。

③ 西格蒙德·弗洛伊德,《弗洛伊德自传》,前揭,第100页。

④ 西格蒙德·弗洛伊德,《致儿女的信》,前揭,《1938年1月17日致恩斯特·弗洛伊德的信》,第389页。

他肯定每次丧失都使人能够超越自我,触及某种不朽——不朽的生存驱力——即使在他的内心深处,始终存有对虚无、死亡和自我毁灭的兴趣。在他看来,人的命运与对自我的"彼界"的追求、对死亡和爱的彼界的追求浑然一体。此后,被他一直用来反驳荣格和所有反对者的严格意义上的性因果论再也无法解释疾病和其他神经症,无论它们是否与创伤有关。

从这个角度来看,我们可以把执着于世界自然秩序的无神论自由思想家拉封丹对人的定义赋予弗洛伊德:"对于我们这些人,我使我们的命运强大得多。我们有两份宝藏:一份是我们所有被冠以动物之名的宇宙之主——无论贤士、疯子、幼童还是傻瓜——的相同灵魂,另一份是另一个灵魂,介于我们和天使之间①。"

弗洛伊德就这样创建了一门"学科",它不仅无法被归入科学领域,也不能被纳入从 19 世纪末开始蓬勃发展的人文科学领域。对科学家来说,精神分析属于文学范畴;对人类学家和社会学家而言,精神分析是古代神话重新涌现的证明,在哲学家眼里,精神分析像一门源自浪漫主义和进化论的怪异心理学;在心理学家看来,精神分析危及心理学的基本方针。因此,精神分析遭到所有学科的排斥,显得如同一位志在恢复苏格拉底会饮(banquet),而非推动现代知识迅速发展的大师的私有物。总之,"圈子"(Ring)和它的神圣指环、通函(*Rundbriefe*)、誓约似乎证明这样的看法合理。至于精神分析的治疗目标,它既不涉及医学领域,也不属于心理学领域,即使有人认为它——作为精神医学——属于动物磁气学的范畴,可以"影响"精神病学。事实上,弗洛伊德的临床医学是一门分析的艺术,能够从病人那里得到关于被移情和治疗引出的某种建构的证明。在这方面,它颠覆了对心理病症实行分类、却从不倾听病人心声的医疗虚无主义。

作为家庭系谱学批判论的革新者,弗洛伊德既是探索非理性的思想家,又是倡导精英主义民主制的理论家。因此,他肯定唯有文明——即法则对威力无穷的杀戮驱力的束缚——才能使社会避开这一人类本身渴望的残忍暴行。弗洛伊德从未好好读过萨德的作品②,却与后者持有相同观

---

① 拉封丹(Jean de La Fontaine),《寓言集》,《两只老鼠、狐狸和蛋》。
② 参见《弗洛伊德的藏书》,前揭。弗洛伊德感兴趣的是萨德的生活,而非其作品。参见伊丽莎白·卢迪内斯库,《我们本身的阴暗部分:倒错者的历史》(*La Part obscure de nous-mêmes. Une histoire des pervers*),巴黎,阿尔班·米歇尔出版社,2007 年。

点,那就是人类生活的特点与其说是向往美德善行,不如说是追求苦恶带来的持久享受:死亡驱力、施暴欲望、对仇恨的嗜好、对不幸和痛苦的渴求。正因为如此,他重新肯定一个美好的理念:作为受社会排斥的部分,性倒错对文明是必不可少的。不过,他没有把恶植根于世界的自然秩序,没有把人的动物性说成低等种族的标记,而是宁愿相信只有文化艺术才能使人类摆脱自身的毁灭欲望。

在一部引人入胜的作品中[①],吉尔-加斯东·格朗吉耶(Gilles-Gaston Grangier)阐述了科学史特有的三大非理性形态。第一种形态出现在主导某一时期思想的全部学说已成教条、束缚或废物成为学者不得不面对这一障碍的时候。对他而言,此时的关键在于革新和质疑主流模式:需要征集不合常规之物或使获得不同解释之物进入科学的视野。例如无意识、疯癫、无理性、女性、神圣之物。总之就是所有被乔治·巴塔耶[②](Georges Bataille)称为异质(hétérogène)的东西。对非理性的运用使人能够再现某个理性形象,继续探索*另一种*理性。

第二种非理性形态出现在某种正在僵化的思想沦为教条或束缚过多的唯理主义的时候。为了得到有说服力的结果,为它注入新的活力,学者不得不使它本身产生矛盾,以期延长孕育它的创造活动。

第三种非理性出现在这样的情况中:学者或创造者抛开理智、采用完全非理性的思维模式,信奉伪科学或支持系统地抛弃主流知识的态度。由此产生的是对魔法和修士的推崇,以及与之相联的、对彼界或不受控制的自我力量的信仰。第三种形态通常伴有对旧系统的激烈否定。走向极端的修正主义势头在对曾被过度尊崇的东西表达憎恶时,很容易被归入这一类。

笔者已多次说过,完全可以在精神分析史上辨认出这三种非理性形态。不过,弗洛伊德一直处于前两种形态中——它们都是理论革新过程的必然产物。在第一阶段,他通过与弗利斯的关系面对某种生物的非理

[①] 吉尔-加斯东·格朗吉耶,《非理性》(*L'Irrationnel*),巴黎,奥迪勒·雅各布出版社(Odile Jacob),1998年。笔者已在《为什么是精神分析?》(*Pourquoi la psychanalyse?* 巴黎,法亚尔出版社,1999年)中援用该书作为论据。译者补注:吉尔-加斯东·格朗吉耶(1920—2016),法国认识论专家、理性主义哲学家。

[②] 乔治·巴塔耶(1897—1962),法国思想家、评论家、作家。——译注

性,因此到1915年为止,他都能通过辩证颠覆创建某种新理性的原理。随之而来的战争时期就是孕育新象征革命的时机。

在第二阶段,即从1920年到1935年,理论一形成,弗洛伊德就把怀疑引入精神分析理性。他打算用这种方式克制从内部威胁它的实证主义,同时转向非理性思辨。他提出死亡驱力的概念,把它用于分析"群众"。接着,他一边投身于反对宗教、支持非宗教精神分析的斗争,一边就心灵感应问题展开旷日持久的争论。

"死亡是爱的伴侣。它们一起引导世界。这正是拙作《超越快乐原则》中的话①。"这就是弗洛伊德本人在1926年对这部不可思议的作品的评价。在1919年3—5月拟定初稿的《超越快乐原则》贯穿着令人不安的疏离感(Unheimliche)的体验,似乎否定了1915年前的精神分析理论。事实上,弗洛伊德离死亡越来越近②。他构想出新的驱力二元论,力图使他的超心理学更加具体明确。为此,他搜集了不少例子,包括几位科学、文学和哲学大家——费希纳③(Fechner)、奥古斯特·魏斯曼④(August Weismann)、托尔夸托·塔索⑤(Torquato Tasso)、叔本华、歌德、贡珀茨、柏拉图——和亲友中的重要人物:萨宾娜·施皮尔莱因、桑多尔·费伦齐和外孙恩施泰尔·沃尔夫冈·哈尔贝施塔特(Ernstl Wolfgang Halberstadt)。此外,他还援用《奥义书》⑥(*Upanishad*)和涅槃(nirvana)作为证明。

---

① 西格蒙德·弗洛伊德,《与乔治·西尔维斯特·菲尔埃克的谈话》(Entretien avec George Sylvester Viereck)(1926年),珂洛德-诺埃尔·皮克曼(Claude-Noëlle Pickman)翻译和引介,《弗洛伊德分析协会会刊》(*Revue de l'association Analyse freudienne*,法国当代精神分析期刊),13,1996年秋季刊,第115—127页。亦可参见埃米利奥·罗德里格(Emilio Rodrigué),《精神分析的世纪》(*Le Siècle de la psychanalyse*)(1996年),二卷本,巴黎,帕约出版社,2000年。译者补注:乔治·西尔维斯特·菲尔埃克(1884—1962),德国-美国亲纳粹诗人、作家。珂洛德-诺埃尔·皮克曼,法国当代女精神分析师,国家废料独立信息中心主席。埃米利奥·罗德里格(1923—2008),阿根廷精神分析学家。
② 在1919年1月31日写的一篇文章中,他表达了死后火化的愿望。与格德斯绿地火葬场负责人埃里克·威利斯的谈话(Entretien avec Eric Willis, responsable du crématorium de Golders Green),2014年4月24日。亦可参见海伦·弗里(Helen Fry),《弗洛伊德的战争》(*Freuds' War*),格洛斯特郡,历史出版社(The History Press),2009年。
③ 费希纳(1801—1887),德国哲学家、物理学家、实验心理学家。——译注
④ 奥古斯特·魏斯曼(1834—1914),德国进化生物学家。——译注
⑤ 托尔夸托·塔索(1544—1595),意大利诗人,文艺复兴时期最伟大的诗人之一。——译注
⑥ 阐述印度教核心哲学概念的文集。——译注

从1911年起,他肯定有两个原则支配着心理活动。一个原则的目标是获得快乐,另一原则迫使快乐原则接受适应现实所需的束缚,从而对它进行调控。现在,仿佛为了跟随自恋的概念,他想用新的生死二元论替代这两个原则。除了思辨内容,弗洛伊德还拿出临床事实作为依据。经过多年的诊治实践和未取得预期结果的治疗后,他发觉他的神经症理论无法解释一种所有心理疾病专家都知道的现象:无论采取什么疗法,有些病人始终对治疗无动于衷。更糟糕的是,他们在求治时退行,变得越来越差。一切发生得就像他们无意识地——无论治疗师的天赋如何——想方设法顺应可能使他们走向自我毁灭的强迫性重复(compulsion de répétition)。

弗洛伊德强调说:"某些人看起来命运多舛,似乎他们遇到的一切事物中都有某种恶魔般的东西……在这种情况下表现出来的强迫症,它和促使神经症患者再现童年事件和情感场景的强迫症几无不同……因此,我们知道的某些人与身边人的所有关系都以同样的方式结束:有的是施恩的善人,但在若干时日之后,他们却被那些得到自己很多恩惠的人抛弃,后者根本不感激他们,还显得满腹怨恨,薄情寡义,仿佛善于使恩人饮尽苦酒;有的是每份友谊都以朋友的背叛收场;还有的或是为了自己,或是为了全世界,用一生时间将这个或那个人捧上宝座,旋即又否认他的权威,把他从塔皮安山①(roche Tarpéienne)上猛推下去,再用新的偶像取代他②。"

弗洛伊德用几句话毫不姑息地描绘了主体力图毁灭自己的——在这种情况下,受虐狂(masochisme)比施虐狂(sadisme)的力量大得多③——所有无意识态度。他将这种致命的重复称为"轮回"。

他远不止于写这样一份总结报告,而是据此推断死亡是每个生命的终点,在这场斗争中,生存驱力只能延长通向死亡的路程。因此,他认为存在"超越快乐原则"的心理力量。他将在当时十八个月大的外孙恩施泰尔·哈尔贝施塔特身上观察到的线圈游戏(Fort-Da)作为这一"超越"完形(prégnance)的例子。

---

① 古罗马山名,古罗马人将判处死刑的犯人从这座山上推下。——译注
② 《超越快乐原则》,前揭,第26页。
③ 西格蒙德·弗洛伊德,《驱力和驱力的命运》(Pulsion et destin des pulsions)(1915年),见《弗洛伊德全集/精神分析》,第十三部,前揭,第161—185页。关于施受虐狂(sadomasochisme)的成因,参见《精神分析词典》,前揭。

在母亲离开时,恩施泰尔喜欢把小物件抛到离床很远的地方,并发出拉长音调的"喔喔喔喔喔"声表示满足,其中可听出德语词 *fort*,意为"去"。一天,这个孩子又用一个缠着线的木线轴玩这个游戏:他一边把线轴扔出去,一边发出"喔喔喔喔喔"的叫声,然后他拉住线把线轴拖回来,并高兴地喊着"*da*"(来了)表示欢迎。

就这样,恩施泰尔把被动的状态或因母亲离开导致的不快乐状态变成受控制的情境。在弗洛伊德看来,他通过这个游戏找到办法表达在母亲面前隐藏的敌意,并对她的离开实行报复。换而言之,他重复使他获得快乐的分离,以此忍受不快。这就是在治疗中也能看到的"强迫性重复",它与现实中真正的丧失并无多大关联①。

不过,弗洛伊德并不打算在这个案例的基础上进行归纳,而是专注于另一个例子。他关心的是把现代人的境遇重新引向古代神话或文学史诗,把强迫性神经症患者的命运比作塔索《被解放的耶路撒冷》(*La Jérusalem délivrée*)主人公的遭际②。这首分为二十章的叙事诗承袭荷马和维吉尔的伟大传统,讲述第一次十字军东征和征服耶路撒冷的故事。骁勇的模范骑士唐克雷德(Tancrède)是和塔索一样忧郁的人。他迎战异教徒,爱上一名叫克洛琳德(Clorinde)的撒拉逊③(Sarrasin)金发女战士,经历了一场痛苦万分的单恋。在故事中,我们得知她出生时是名基督徒④。唐克雷德不知她的身份,向她挑战,以为对手是敌方骑士。他对她说,这将是一场"生死决斗",她回答:"你将得到决斗和死亡,既然这是你自找的。"他们打了整整一晚,毫不退让,浴血肉搏,竭力置对方于死地。黎明时分,这场漫长的生死之战结束了,克洛琳德遍体鳞伤地倒下。她拒

---

① 在后来的一条注释中,弗洛伊德补充道:"这孩子在五岁零九个月时失去母亲。这一回母亲真的离他远去,可他却显得毫不伤心。因为在此期间,另一个孩子出生了,导致他非常妒忌"(《超越快乐原则》,前揭,第 18 页)。另一个孩子是苏菲的第二个儿子海因茨(海纳勒)·哈尔贝施塔特(Heinz[Heinerle]Halberstadt,1918—1923 年),他在四岁时夭折。

② 弗洛伊德引用意大利语旧版:托尔夸托·塔索,《被解放的耶路撒冷》(*La Gerusalemme liberata*),1581 年,第十三篇。笔者采用的是 1845 年法语版(巴黎,夏庞蒂埃出版社[Charpentier]),奥古斯特·德普拉斯(Auguste Desplaces)翻译,前附一篇塔索生平和著作简介;第十三篇,第 292 页。

③ 撒拉逊人原指从今天的叙利亚到沙特阿拉伯之间的沙漠牧民,广义上指中古时代所有的阿拉伯人。——译注

④ 阉人阿尔塞特(Arsète)在第十二章中告诉她此事,因为担心她换了盔甲,就会被当成杀死唐克雷德伙伴阿里蒙(Arimon)的骑士。

绝告诉他名字,但请求唐克雷德为她取教名,并向他伸出手表示宽恕。他回答:"我将在痛苦和悔恨中……像疯子一样四处漂泊。恐惧将在黑暗中折磨我……我将害怕和憎恶揭露我罪行的这一侧太阳。我将惧怕自己,一直逃避自己,又不断重新见到自己①。"

在心上人的葬礼过后,唐克雷德走进令十字军胆颤心惊的阴暗森林。这是一片"令人不安的诡异"森林,布满幽灵鬼魂:"*in den unheimlichen Zauberwald*②"。他在林中把一棵柏树劈成两半。就在这时,他听到克洛琳德的声音——这棵树是她灵魂的藏身之所。她哭诉他让她蒙受的痛苦。唐克雷德被另一名热恋他的撒拉逊女子艾尔米妮(Herminie)救出,随后被送到已被基督徒解放的耶路撒冷。

弗洛伊德借用这首诗中主人公命中注定不断为自己制造不幸的主题③。他也接受死亡驱力铭刻在无意识中,主体永远摆脱不了它的观点。但奇怪的是,他并不重视唐克雷德和克洛琳德的夜间决斗,它本该让他想到天使和雅各的夜搏。他对主人公显而易见的忧郁也未置一词。事实上,他在这部作品中同自己展开了斗争。他肯定一个东西,又肯定它的对立面:他一方面说死亡驱力支配人类的生命,另一方面表示难以想象生命只不过是为死亡做准备。他得出结论,死亡驱力再强大,也有局限之处,超越死亡复现的生命就是证明。心灵是两大基本力量——生存驱力和破坏驱力——交锋的战场和夜间舞台,它们使人注定要永无止境地相爱相恨④。

在这种情况下,不难理解弗洛伊德何以能够通过德国生物学家奥古斯特·魏斯曼的最新研究证明自己的设想⑤,尽管魏斯曼拒绝接受新拉马克主义关于后天获得性状遗传的主张,提出一种遗传模型。魏斯曼区分

---

① 第十二章,第 198—199 页。
② 这是弗洛伊德的措辞。德语,意为"在阴森恐怖的魔森林中"。
③ 《超越快乐原则》,前揭,第 27 页。
④ 这并不是一个新主题,尤其在浪漫派作家的作品中。参见艾伦伯格,《无意识探索史》,前揭,第 549—552 页。
⑤ 奥古斯特·魏斯曼,《关于遗传和自然淘汰的论文集》(*Essais sur l'hérédité et la sélection naturelle*),巴黎,赖因瓦尔德出版社(Reinwald),1892 年。弗洛伊德主要引用这本书中的三篇文章。参见夏尔·勒奈(Charles Lenay),《寿命的自然限度和后天获得性状遗传的问题》(*Les limites naturelles de la durée de vie et la question de l'hérédité de l'acquis*),《死亡研究》(*Études sur la mort*,法国死亡学协会期刊),勒布斯卡(Le Bouscat),时代精神出版社(L'Esprit du temps),2003 年。译者补注:夏尔·勒奈,法国当代哲学和认知科学教授。

出必死部分(体质[soma])的生命物质和不死部分——即保存和繁衍物种的种质(plasma germinatif)——的生命物质。魏斯曼的理论和弗洛伊德的主张出人意料地相似,这使弗洛伊德能把自己的想法植入科学,而不再局限于神话或文学的土壤。

然而,他的态度又突然出现转变,试图依据这种相似用某种超心理学模式表达遗传模式。因此,他肯定生殖细胞表现出"绝对自恋",以致也成为死亡驱力的载体。他甚至说:连对躯体破坏性那么强的恶性肿瘤细胞也可以是"自恋的——从自恋一词的同一意义上讲[①]"。他就这样把内驱力变成神话实体,乃至女神或半女神半人。

显然,弗洛伊德借用魏斯曼的遗传模型重新阐述他的心理整体概念。他以新的二元论取代旧的驱力二元论,在以前第一拓扑论的人格成分——意识、前意识、无意识——之外增加第二拓扑论的人格成分:自我、超我、本我[②]。弗洛伊德确实未发现心理运作的机制,但是通过这番改造,他使人能对心理运作产生不同的理解。被视为混乱储藏库的本我成为死亡驱力的绝佳活动区域、"无视道德的"实体和撒旦,而更为"道德"的自我部分地——只是部分地——融入其中,如同忧郁的英雄、某个类似唐克雷德的人、俄狄浦斯的继承者。至于超我,弗洛伊德把它说成稽察官,冷酷无情地审查灵魂的放纵任性,审查本我和自我。后来,他又说"本我所在之处,自我必当随之而行"(wo Es war, soll Ich werden),并把这个指令变成文化中与须德海[③](Zuiderzee)干涸同等重要的新任务[④]。

[①] 《超越快乐原则》,前揭,第 64 页。弗兰克·J.萨洛韦把弗洛伊德的死亡驱力概念称为"生物遗传寓言"(fable biogénétique):《弗洛伊德:精神生物学家》,前揭,第 390 页。

[②] 他在两年后归纳出这一拓扑论,参见西格蒙德·弗洛伊德,《自我和本我》(Le Moi et le ça)(1923 年),见《弗洛伊德全集/精神分析》,第十六部,前揭,第 255—303 页。

[③] 荷兰语"Zuiderzee"意为南海,原指荷兰西北部的海湾。1932 年荷兰政府建堤将它一分为二。——译注

[④] 西格蒙德·弗洛伊德,《人格解构》(La décomposition de la personnalité psychique),见《精神分析引论新讲座》(Nouvelles conférences d'introduction à la psychanalyse)(1933 年),巴黎,伽利玛出版社,1984 年,第 110 页。以及《弗洛伊德全集/精神分析》,第十九部,前揭,题为《精神分析引论课新续篇》(Nouvelle suite des leçons d'introduction à la psychanalyse),巴黎,法国大学出版社,1995 年。对于这句话的不同译法,尤其是拉康的译法,参见雅克·拉康,《弗洛伊德事务或在精神分析学中回归弗洛伊德的意义》(La chose freudienne ou le sens d'un retour à Freud en psychanalyse),见《文集》(Écrits),巴黎,瑟伊出版社,1966 年,以及伊丽莎白·卢迪内斯库,HPF-JL,前揭。

在拒绝一切哲学传承后,如今弗洛伊德又设法把德国最重要哲学家中的两人——康德和尼采——引入自己的心理理论改造中。他从康德那里借来绝对命令,把它变超我;他从尼采那里借来被格奥尔格采用并改为本我的"顺应生存需要的非个人(impersonnel)"①。

弗洛伊德未给生物-遗传模型下定论,而是用柏拉图《会饮篇》(*Banquet*)中阿里斯托芬(Aristophane)讲述的双性或完整的人的神话来结束《超越快乐原则》。阿里斯托芬大体上是这么说的:人类本来分为三种——男人、女人和两性人。每种人都像个球体,有四只手、四条腿、两个生殖器,脑袋上都长着两张脸、四个耳朵。最初的人又会朝前或朝后行走。男性由太阳生出,女性由大地生出,两性人由月亮生出。一天,人类登上天界,企图取代诸神。于是,宙斯决定把他们劈成两半,以示惩罚,但也不使他们灭绝。结果每个半人都怀念另一半,竭力抱住它合在一起,哪怕不吃饭、不做事、丢掉性命也在所不惜。为了终止这种自我毁灭,宙斯把人的性器官移到其身体前面,使女人和男人能够交配,使人类得以繁衍生息。喜爱同性的男子分娩的与其说是生命,不如说是思想。在阿里斯托芬看来,完全的男人才是最完善的人。按照这个神话,爱欲(Éros)源自分裂。所以,对于始终相互分离又不断向往最初融合状态的人而言,爱既是痛苦,又是治疗痛苦的良药。

弗洛伊德只把阿里斯托芬话中的一小部分用作依据②。他表示想用生理学和化学的术语重新阐述生存驱力和死亡驱力关系的故事。他的思路又突然发生转变,又从神话回到生物学。在最后一章中,他用诗作为结语,反对狂妄自大、力图成为"教理"(catéchisme)的科学。他反对唯科学主义,也反对自己,反对本身的学者 *hubris*,引用译过 11 世纪阿拉伯语法学家哈里里③(Al-Harîrî)所作"木卡玛"(*maqâmât*)④的德国东方学者弗里德里希·吕克特⑤(Friedrich Rückert)的诗句,要求恢复怀疑、思辨

---

① 弗朗斯瓦·勒凯(François Requet),《尼采和弗洛伊德:残暴、犯罪和文明的关系》(*Nietzsche et Freud. Le rapport entre cruauté, culpabilité et civilisation*),弗朗什-孔泰大学硕士,哲学系,2005—2006 年。
② 他还写道,他采用的信息得益于海因里希·贡珀茨(Heinrich Gomperz),即特奥多尔和埃莉泽(他以前的女病人)的儿子。他认为阿里斯托芬的话让人想到《奥义书》中一个类似的神话。弗洛伊德书房中的《会饮篇》德译版可追溯到 1932 年。
③ 哈里里(1054—1122),阿拉伯学者、作家。——译注
④ 阿拉伯文学类型:无预定仪程的主题式谈话。——译注
⑤ 弗里德里希·吕克特(1788—1866),德国诗人。——译注

和模糊不定的权利:"彼飞行不达之处,跛行而至。如《圣经》所言,跛行非罪①。"

在这部仿照 *work in progress*② 风格的怪作的末尾,弗洛伊德又变回被两性同体的斯芬克斯考问的跛足王子俄狄浦斯——斯芬克斯既代表绝对知识,又代表对所有知识的质疑。也许我们可以把这部作品理解为一个真切怀念往昔世界——神话、梦的世界和在维也纳的青年时代——的人的预言,他不愿哀悼消逝的旧日辉煌,不愿对所谓的未来灾祸采取世界没落论。他遁入思辨,由此怀疑一切,并打开认识人类心灵的新途径,参悟生命,也了解生命的自我毁灭。换而言之,这部在战火中酝酿形成的作品就算留有战争年代的明显痕迹,也仍然是思考带来的进步成果。

弗洛伊德既然把死亡驱力说成一股折磨身心的无声力量,就只能靠从文学、社会现实或个体行为取得的解释来辨识它的踪迹。从生物学的角度看,照此定义的死亡驱力难以寻觅的实体,实为异想天开。评论家趁机表示弗洛伊德的思辨见解不属于理性推导的范畴,只能归于外部决定论。

在好几年中,这部作品在英语世界都受到冷遇。威廉·麦独孤③(William McDougall)在 1936 年称它为"弗洛伊德的怪物陈列廊中最谲异的怪物④"。然而,最激烈的反对意见却在委员会内部和弟子之中。艾廷贡和费伦齐接受弗洛伊德的观点,琼斯却持保留态度,并强调弗洛伊德始终对死亡——他本人的和亲友的死亡——感到焦虑,为此不断进行测算,惧怕衰老,一想到身体老化就唉声叹气⑤。至于维特尔斯,他毫不犹豫地进一步从心理学角度诠释弗洛伊德的创见,企图证明死亡驱力的理论是哀痛索菲病故的结果⑥。

在面对这样的批评之前,弗洛伊德特意写信给艾廷贡:"《超越快乐原

---

① 《超越快乐原则》,前揭,第 81 页。
② 英语,意为"正在进行中的工作,未完成的工作"。——译注
③ 威廉·麦独孤(1871—1938),英国心理学家,策动心理学创建人,社会心理学先驱。——译注
④ 威廉·麦独孤,《精神分析和社会心理学》(*Psycho-analysis and Social Psychology*),伦敦,梅图恩出版社(Methuen),1936 年,第 96 页。
⑤ 埃内斯特·琼斯,《西格蒙德·弗洛伊德的生平和著作第三卷:1919—1939 年》,前揭,第 304—326 页。亦可参见弗兰兹·J. 萨尔韦,《弗洛伊德:精神生物学家》,前揭,第 377 页。
⑥ 1923 年 12 月 18 日西格蒙德·弗洛伊德致弗里茨·维特尔斯的信,埃内斯特·琼斯引述,《西格蒙德·弗洛伊德的生平和著作》第三卷,前揭,第 45 页。

则》终于写完了。您可以确信,在索菲活着并且身体非常健康的时候,有一半已经写好了①。"

"有一半已经写好了"! 这一句话引出各种各样的解释,包括认为弗洛伊德沉湎于纯粹否定(dénégation)的指责。雅克·德里达在1980年指出,弗洛伊德曾希望弟弟尤利乌斯死去,但在尤利乌斯死时,他又产生罪疚感,而且一直都摆脱不了它。他由此推断,弗洛伊德把这部作品当作"线圈游戏"对待,"为的是把他的死亡讯息发给他本人②"。

关于《超越快乐原则》的争论从未停止。美国学派的支持者无法接受它的思辨部分,在他们看来,这一部分把弗洛伊德变成"本我心理学家",而不是"自我治疗师"。梅兰妮·克莱因及其追随者按照严格的临床方式吸收了新的驱力二元论,同时强调死亡驱力促使主体陷入由焦虑和毁灭构成的抑郁状态。这部作品——完全是暗黑的启蒙运动(Aufklärung)的产物——在法国最受好评③,无论在临床方面还是作为哲学思想史的关键时刻④。

1921年5月6日,弗洛伊德收到六十五岁的生日礼物——达维德·保罗·柯尼希斯贝格尔⑤(David Paul Königsberger)制作的半身像原件:"一个幽灵般的吓人的青铜像……我突然向真正的衰老迈近了一步。从此以后,死亡的念头一直萦绕在我心头,有时我感到七个器官在争夺我生命的结束权……不过,我不曾被疑病压垮,我极端冷静地把它看作有点像

---

① 西格蒙德·弗洛伊德和马克斯·艾廷贡,《通信集》,前揭,《弗洛伊德1920年7月18日的信》,第230页。
② 雅克·德里达,《明信片》,前揭,第378页。
③ 参见伊尔米亚胡·约维尔(Yirmiyahu Yovel),《斯宾诺莎和其他异教徒》(Spinoza et autres hérétiques),巴黎,瑟伊出版社,"自由考查"(Libre examen)丛书,1991年。
④ 尤其受到拉康的好评,《讲座》(Le Séminaire),第十一卷:《精神分析的四个基本概念(1963—1964)》(Les Quatre Concepts fondamentaux de la psychanalyse[1963-1964]),巴黎,瑟伊出版社,1973年。亦可参见尚·拉普朗什(Jean Laplanche),《精神分析中的生与死》(Vie et mort en psychanalyse),巴黎,弗拉马里翁出版社,1970年,以及《精神分析词典》,前揭。1928年,东京创立第一个精神分析学院,死亡驱力的概念很快为日本接受。心理学家矢部八重吉(Yaekichi Yabe)在1930年途经维也纳时告诉弗洛伊德,"死亡是生命目的地"的思想对日本人而言是传统佛学教育的一部分。参见《精神分析词典》,前揭。译者补注:尚·拉普朗什(1924—2012),法国精神分析学家。矢部八重吉,日本精神分析先驱。
⑤ 达维德·保罗·柯尼希斯贝格尔(1890—?),奥地利雕塑家。——译注

《超越快乐原则》中思辨的东西①。"弗洛伊德分裂成两个部分：他本人和他的著作。他通过《超越快乐原则》发给自己一条讯息，而且无意掌管它以后的命运。他又一次引来猥声猜语。

很久以来，他一直希望拓展对人类社会的分析，不是像在《图腾与禁忌》中那样，而是打算更加明智地描绘从集体通向个体的途径。面对飞速发展的社会心理学的支持者，他想建立关于自我和群体关系的超心理学。他站到与胡戈·冯·霍夫曼斯塔尔和亚瑟·史尼兹勒——这二人曾有同样的计划——相同的立场，又一次试图对荣格——更确切地说是荣格的威胁——进行反击。为此，他毫不迟疑地参考亚里士多德视人为政治动物的概念。不过，他在 1921 年的新研究——其思辨性远逊于《超越快乐原则》——核心部分却来自涉足多个领域的医生古斯塔夫·勒庞②。

遭到学术界排斥的反革命意识形态学者勒庞念念不忘巴黎公社，力图为渴望摆脱对人民的恐惧的专制君主创建一门人民社会学。在勒庞看来，大众是一群歇斯底里的野蛮人，如同某种女性的有机基质，使得个体消失，融入可怕的群体。他说，大众像"水母"一样行动，充满无理性的本能，容易受到种种"感染"(contagion)。一旦成为人类心灵中最阴暗的力量的化身——精神疾病、无理性、死亡、堕落——它就会服从嗜血成性的暴君。在描述大众心理之后，勒庞设想新建一门科学，帮助政治人物变成能用暗示掌控大众的心理学家③。

---

① 西格蒙德·弗洛伊德和桑多尔·费伦齐，《通信集第三卷：1920—1933 年》，前揭，《1921 年 5 月 8 日的信》，第 61 页。
② 西格蒙德·弗洛伊德，《群体心理学和自我分析》(*Psychologie des foules et analyse du moi*)(1921 年)，见《精神分析文集》(*Essais de psychanalyse*)，巴黎，"帕约"小丛书，1981 年，第 117—205 页。笔者在此处选用尚·拉普朗什和尚-贝特朗·彭大历斯的译本，同《超越快乐原则》一样。不过，亦须参阅《弗洛伊德全集/精神分析》第十六部(前揭)的译文，第 1—85 页，题为：《群众心理学和自我分析》(*Psychologie des masses et analyse du moi*)。弗洛伊德在鲁道夫·艾斯勒(Rudolf Eisler)的德译本中——"大众"(foule)被译成"群众"(*Masse*)——评论这部勒庞的著作。在《弗洛伊德全集/精神分析》的版本中，译者在注释中引用勒庞原文的法语段落，并将弗洛伊德采用的部分从德语译为法语。古斯塔夫·勒庞，《乌合之众：大众心理研究》(*Psychologie des foules*)(1895 年)，巴黎，阿尔康出版社，1905 年。1931 年作者以九十岁高龄辞世后，这部作品在数十年中一直是书店最畅销的书之一，欣赏它的既有反对 1789 年法国大革命的反启蒙运动斗士，又有独裁者墨索里尼和希特勒。译者补注：鲁道夫·艾斯勒(1873—1926)，奥地利哲学家。
③ 关于古斯塔夫·勒庞在法国精神分析史上的影响，参见 HPF-JL，前揭，第 277—278 页。玛丽·波拿巴对他满怀钦佩之情，到了把他和弗洛伊德同等看待的程度。

这就是得到弗洛伊德赞赏的那部作品①,它在某些方面加深他对法国大革命理想的反感:人民一被赋予过大的权力,变成"群众",就危险起来。在引用威廉·麦独孤——那个将《超越快乐原则》说成"怪物"的人——的著作作为依据时,弗洛伊德说的也是同样的话:他倾向于将人民和群众混为一谈……

原籍苏格兰、移居美国的心理学家麦独孤信奉优生学和新拉马克主义关于后天获得性状遗传的主张,反对行为主义,认为人类保留着促使其"紧贴"同类的危险群居"本能"。1920年,接受荣格分析、热衷于心灵感应和特异功能学的麦独孤刚刚出版《群体心智》②(*The Group Mind*),在书中发表当时属于正统的"种族"不平等言论:"我认为,少数所谓出色的美国黑人不论怎样都是黑白混血儿,或有一定比例的白人血统。例如道格拉斯(Douglass)、布克·华盛顿(Booker Washington)、杜波依斯(Du Bois)。我们倒不如说,黑人种族没法建立一个民族,原因是缺乏具备伟大领袖素质的人,即使他们的能力平均值高于最低水平③。"

弗洛伊德同意恐惧大众的意识形态学者的主张:群众社会若是随着工业化浪潮来临,精英和人民的关系将岌岌可危,专制暴政更加气焰喧嚣。不过与他们相反的是,弗洛伊德认为大众危险的集体态度代表个人主体性的古老部分,从一个层面转入另一层面——从古老的层面转入更高级的层面——是人类心理向前发展的规律。他用勒庞和麦独孤的说法作为依据,却未曾质疑他们的大众概念或认为黑人比白人低等的观念。就这样,他绕过当时社会科学创建人考虑的问题——某些创建人具有现代思想,倾向于对大众现象作出合乎逻辑的解释,另一些则信奉国民心理的本能或种族主义观。

弗洛伊德区分出有领导者的大众和没有领导者的大众。被他奉为典

---

① 指古斯塔夫·勒庞的《乌合之众》。——译注
② 威廉·麦独孤,《群体心智》(*The Group Mind*)(1920年),伦敦,艾尔出版公司(Ayer Co Pub),1973年。弗洛伊德引用该作的英语原版。"*Group mind*"意为"群体心智"。
③ 麦独孤在此处提到三名美国作家兼争取黑人权利的斗士:弗雷德里克·道格拉斯(Frederick Douglass, 1818—1895),布克·T. 华盛顿(Booker T. Washington, 1856—1915)和杜波依斯(W. E. B. Du Bois, 1868—1963)。译者补注:弗雷德里克·道格拉斯,第一位在美国政府担任外交使节的黑人,美国废奴运动的领袖,演说家、作家、社会改革家和政治家。布克·华盛顿,美国政治家、教育家、作家和演说家。杜波依斯,美国社会学家、历史学家、民权运动者、泛非主义者、作家和编辑。

范的是当时两大有组织的稳定群体——教会和军队——在他看来,二者均围绕两根轴线组成:纵轴为大众和首领的关系,横轴则是同一群体中个体之间的关系。在纵轴上,主体认同一个被置于其自我理想(首领)位置上的客体;在横轴上,主体互相认同。当然,弗洛伊德也想到,占据首领之位的可能不是真正的人,而是某种思想或抽象概念:例如上帝。

按照他的认同理论,弗洛伊德认为纵轴起主要作用,横轴依附于纵轴。依他之见,较之同一群体成员之间的关系,最重要的是向父亲、首领或某种"思想"的认同。他就用这种方式与群体心理学保持着一定的距离:暗示或催眠——而非认同——是现实中群众和首领之间吸引关系的源头,这仍是群体心理学的基本理念。

在好几年中,弗洛伊德的这一新主张都被用来解释法西斯主义的政治运作模式①。其实,弗洛伊德在发表这篇文章时想到的是苏联共产主义试验——他从1917年起就对之深恶痛绝,虽然一开始他热烈欢迎它,把它当作战争即将结束的征兆。米歇尔·普隆(Michel Plon)强调说:"弗洛伊德提出一个概念框架,使人能够开始思考本世纪社会学、历史学和政治哲学——它们已将马基雅维利(Machiavel)和拉博埃西②(La Boétie)抛诸脑后——还远远无法着手表述的问题③。"

就这样,弗洛伊德断然摆脱了各种以民族仇恨、排斥民主、重新推崇酋长制意识形态为基础的思想。然而,对20世纪革命运动的无知导致他犯下许多错误,尤其在对待俄罗斯精神分析运动和弗洛伊德-马克思主义弟子威廉·赖希和奥托·芬尼切尔(Otto Fenichel)的问题上④。在这方面,可以说他的一部分方法——最无意识的和最受压抑的部分——仍然

---

① 特别在法国,乔治·巴塔耶在与勒内·阿伦迪(René Allendy)、阿德里安·博雷尔(Adrien Borel)、保罗·席夫(Paul Schiff)等建立集体心理学协会时,大量援用这一观点。参见 HPF-JL,前揭,第 615—647 和 1653—1677 页。关于拉康的修改,参见 HPF-JL,前揭,第 1718—1719 页。我们要注意,埃利亚斯·卡内蒂也研究过在群体现象中突然出现非理性的问题,但从未引用这些他熟谙于心的弗洛伊德作品。参见《群众与权力》,前揭。译者补注:勒内·阿伦迪(1889—1942),法国顺势疗法医生和精神分析学家。阿德里安·博雷尔(1886—1966),法国精神病学家。保罗·席夫(1891—1947),法国医生、精神病学家、精神分析学家。
② 拉博埃西(1530—1563),法国法官、作家,法国现代政治哲学奠基人。——译注
③ 米歇尔·普隆,《在暗示之内和之外》(Au-delà et en de ça de la suggestion),《癫狂》,8,1989年,第96页。
④ 参见下文。译者补注:奥托·芬尼切尔(1897—1946),奥地利精神分析学家。

脱胎于他想揭露的东西。他没有天真地将勒庞和麦独孤奉为典范。通过他们,他回想起荣格著名的岩洞、地窖、教堂地下墓室故事——这番追忆不过是为了更好地摆脱它——那是一个混沌和泰坦神的地下世界。

弗洛伊德肯定料不到,他在美国的外甥爱德华·贝尔奈斯(Edward Bernays)将以不可思议的方式承袭他的大众心理学和烟瘾。作为公众舆论管理新艺术的创造者,爱德华其实在20世纪20年代就用弗洛伊德的概念体系为烟草业,尤其是面向女性的好彩(Lucky Strike)香烟作了一场大规模的广告宣传。他根据女权运动的解放方针制作广告片,证明女性应该拥有与男性相同的吸烟权利,证明对女性而言,在公开场合抽的烟——仿佛"自由火炬"——无异于欢畅的阴茎,她们能够毫无禁忌地炫示它,目的是摆脱男性的控制[①]。

弗洛伊德一边试图理性地解释非理性现象,一边却开始兴致勃勃地潜入多瑙河神话的深处。1921年,美国灵学专家赫里沃德·卡林顿[②](Hereward Carrington)询问他对神秘现象的看法,弗洛伊德在一封信中答复:"假如我处在科学生涯的开端而非末尾,也许我不会选择别的研究领域。"接着他请收信人不要提及他的名字,因为他不相信"人格(personnalité)死后不灭",因为他一心想在作为科学的精神分析和"这个未经探索的认知领域[③]"之间划出极为明确的界线,以免造成任何误解。

我们记得,这类"神秘"事件始于荣格到维也纳贝尔加泽街的第一次拜访。1910年,它突然又出现了:费伦齐到布达佩斯郊区搜寻通灵者和女预言师,想向受崇敬的导师证明思想传输的存在。弗洛伊德随后中断争论,毫不留情地以科学名义斥责由费伦齐引入维也纳精神分析协会的某位罗特(Roth)教授的心灵感应实验。

然而,从1920年到1933年,随着分析培训的重要标准规则在伦敦、柏林和纽约之间确立——它们把协会变成一场按照实证理性主义组织的

[①] 我们可在互联网上找到这些广告片的片段和爱德华·贝尔奈斯在1995年离世前不久作的一个相关访谈。在1922年和1931年之间,弗洛伊德数次写信给这位掌管自己美国版税的外甥,美国国会图书馆,1号箱,1—5号文件夹。

[②] 关于作为精神分析源头的灵学的历史,参见艾伦伯格,《无意识探索史》,前揭。还有亚瑟·柯南·道尔(Arthur Conan Doyle)的杰作,《灵学史》(Histoire du spiritisme)(1927年),巴黎,杜诺出版社(Dunod),2013年。以及《精神分析词典》,前揭。

[③] 西格蒙德·弗洛伊德,《通信集》,前揭,第364页。

运动——神秘问题回到舞台中央。把精神分析变成科学的理想与使治疗原则逐步形成制度的行动齐头并进。在这种背景下,弗洛伊德再次为心灵感应辩解。他同女儿安娜和费伦齐一起"进行通灵实验",尝试思想传输,一边扮演灵媒,一边分析自己的语词联想。

琼斯和艾廷贡极力向他泼冷水,理由是精神分析若转向心灵感应,盎格鲁-撒克逊世界会更加抵制弗洛伊德的理论,把它说成歪门邪道。为了使精神分析进入科学时代,为了表明它最终摆脱充斥着茨冈人和魔法师的旧奥匈世界,琼斯提议从国际大会中取缔神秘学研究。弗洛伊德同意了。

1921年,弗洛伊德就打算在1922年柏林大会上提出的问题写了一篇文章(无题)。艾廷贡和琼斯反对他将之发表。他撤回这篇文章,但它最终在1941年以其遗作的名义问世。经过这次碰壁后,他坚持在同一年发表另一篇文章《梦和心灵感应》(*Rêve et télépathie*),并把它刊登到《意象》上。十年后,他以"梦和神秘学"为题举办了一场讲座,在讲座中重新采用1921年搜集的素材,尤其是后来出现在《精神分析和心灵感应》①(*Psychanalyse et télépathie*)中的戴维·福赛思(David Forsyth)案例②。

按照他的看法,神秘学和精神分析都在"官方所谓的"科学那里遭到轻视。但科学发展会产生双重效应,使从前被抛入神秘学的东西变得可以理解。弗洛伊德补充说,在试图重新研究这种问题时,确实有可能引出新的蒙昧力量,产生"教授先生"刚对他的大众心理学指出的危险:有些不负责任的人会为了一己之利用某些神秘学技术蒙骗轻信盲从之人。

弗洛伊德恢复了对数字、谜语和测算的爱好,尽情享受它们带来的乐趣。他饶有兴味地转述戴维的故事。这个年轻人把姐夫的出生日期给了一名女预言师,请她推算。她立即断定他的姐夫会死于牡蛎和螯虾中毒。

---

① 西格蒙德·弗洛伊德,《精神分析和心灵感应》(1921年),见《弗洛伊德全集/精神分析》,第十六部,前揭,第99—119页;《梦和心灵感应》(1922年),见《弗洛伊德全集/精神分析》,第十六部,前揭,第119—145页;《梦和神秘学》(*Rêve et occultisme*),《精神分析引论新讲座》,前揭,和《弗洛伊德全集/精神分析》,第十九部,前揭,第83—269页,题为《精神分析引论课新续篇》。

② 弗拉迪米尔·格拉诺夫(Wladimir Granoff)和让-米歇尔·雷伊(Jean-Michel Rey),《神秘事件:弗洛伊德思想的主题》(*L'Occulte, objet de la pensée freudienne*),巴黎,法国大学出版社,1983年。译者补注:弗拉迪米尔·格拉诺夫(1924—2000),法国俄裔精神病学家、精神分析学家。让-米歇尔·雷伊,法国巴黎第八大学法国文学系名誉教授。

这位年轻人震惊地确认她预见的事情业已发生：事实上，这位嗜吃海鲜的姐夫险些死于去年的一次牡蛎中毒。弗洛伊德由此得出结论，这一预测源于这位年轻人和女通灵者之间的心灵感应，讯息经由未知的渠道，而非我们熟悉的沟通方式转移给她。他认定存在某种"思想转移"（transfert de pensée）。因此，他离开神秘和心灵感应的领域，寻求精神分析的解释。他又一边与魔鬼戏耍，一边充当魔鬼的辩护人。

对琼斯而言，所有这些预言故事都纯属胡言乱语，危及协会的规则，如他在1926年对弗洛伊德所言："您可以是布尔什维克，但您若宣布此事，这对大家接受精神分析并无好处。"弗洛伊德答复："确实很难不触犯英国人的敏感神经。我一点都看不到英国公众舆论有平息的迹象，但我希望至少向您说明，为何我对于心灵感应的态度前后明显不一致……如果有人在您面前说我陷入罪恶的渊薮，请您这么平静地回答：接受心灵感应是我个人的事，和我是犹太人、我爱好抽烟这样的事以及许多其他事一样，心灵感应的主题本来就与精神分析无关[1]。"

弗洛伊德在所有这些年采用的策略都证明一点：对他而言，重要的是撇开过于理性的科学至上观，寻求避开既定秩序束缚的神秘知识[2]。弗洛伊德坚持要当旧奥匈帝国的预言家，以装作相信心灵感应为乐事，而心灵感应却被他简单地说成无意识和移情的表现。这都显示出精神分析在与科学的暧昧关系中的特殊地位会是什么，精神分析对自身起源反复提出的问题会是什么。正如雅克德里达在1981年特别强调的："精神分析……犹如现代理性的一场冒险，为的是既吞下又排斥这个被称为心灵感应的异物，既消化又吐出它，却又在二者之间举棋不定……'接受'不是消除矛盾，也不是解决问题，它是异物的一道意味深长的疤痕[3]。"

---

[1] 埃内斯特·琼斯，《西格蒙德·弗洛伊德的生平和著作》，第三卷，前揭，第447页。
[2] 笔者已在HPF-JL中说明，这也是精神分析史上反复出现的征象。
[3] 雅克·德里达，《心灵感应》（Télépathie）（1981年），见《心灵：他者的发明》（*Psyché. Invention de l'autre*），巴黎，伽利略出版社（Galilée），1987年，第237—271页。

第二章　家、狗、藏品

弗洛伊德说,成家是天大的乐事,也是无穷烦恼的开端。"教授先生"确实显得非常热衷于家庭观念、一般意义上的家庭和家庭秽行。正因为如此,他把这一理念贯穿到他的学说中:家庭熔炉是表现精神分析概念体系的本体论工具。他的社交界和精神领域充斥着相互替代的病态父亲、母亲、姐妹、兄弟、甥侄、堂表亲。人人都可能求助于精神分析治疗,因为性和性器官的问题成为19世纪末和20世纪初西方世界的完形。在弗洛伊德看来,家庭是各种社会组织的绝佳模型。生命和传承的力量就在家庭中。

弗洛伊德既是自由主义者,又是保守主义者。他依据一个丝毫不仰赖国家及其机构的团体模型建构他的思想和运动,结果却面临一个重大矛盾:他的运动越是不分国家不分边界地国际化发展,他所依托的团体模型就越是被废弃不用。琼斯意识到这个矛盾,弗洛伊德则左右为难。在痛苦中,弗洛伊德回到他在学说中发扬的"家庭团结"价值观上,一边在私生活中继续恪守这样的准则,一边毫不迟疑地在理论上颠覆它们。就这样,他在身边聚集起一切使他能够最大程度地抵御现时代暴力的东西:家人、动物、藏品和通过长沙发上的探索对人类灵魂的考古发掘。

虽然弗洛伊德的父母按照媒妁婚姻的规则结合,阿玛丽娅在十年中生下八个孩子,但是弗洛伊德反而通过恋爱娶了自主选择的女人。玛尔塔在八年中生了六个孩子。此后两位丈夫都自愿停止生育。在弗洛伊德的五个妹妹中,只有四人生儿育女。安娜·贝尔奈斯有五个孩子——尤迪特(Judith)、露西亚(Lucia)、爱德华(Edward)、赫拉(Hella)、玛尔塔(Martha)——其中三个生于维也纳,两个生于纽约;罗莎·格拉夫有两个孩子——赫尔曼(Hermann)和采齐莉(Cäcilie)——都在维也纳出生;玛丽亚·弗洛伊德有五个孩子——玛格丽特(Margarethe)、莉莉(Lilly)、玛尔塔(Martha)、特奥多尔(Theodor)、格奥尔格(Georg)——其中一个生于罗兹诺,两个生于维也纳,两个生于柏林;保拉·温特尼茨有一个孩子——罗丝·比阿特丽斯(Rose Béatrice)——她出生在纽约,嫁给诗人恩斯特·瓦尔丁格①(Ernst Waldinger)。至于很晚才与索菲·施赖伯(Sophie Schreiber)成婚的亚历山大,他只有一个孩子哈里(Harry),出生在维也纳②。

阿玛丽娅、雅各布和儿女的处境几乎没有明显不同。相隔一代人,单身或居孀的女性一样多,而且都不曾节育或堕胎。她们之中无人能够继续学业。只有安娜·贝尔奈斯一人定居外国,因为她嫁给玛尔塔的哥哥埃利·贝尔奈斯。在西格蒙德·弗洛伊德的侄甥中,只有一人——赫尔曼·格拉夫——在一战中丧生③,两人——采齐莉·格拉夫和汤姆(玛尔塔)·塞德曼-弗洛伊德——自杀身亡,一人——特奥多尔·弗洛伊德——因溺水而意外身亡。这个维也纳大家庭的所有成员都与犹太人成婚,可他们并不忠于正统犹太教,虽然有些人很注意遵守宗教仪式。

与玛尔塔相反,弗洛伊德赞成与其他教派通婚。但这种通婚不大为他所处的社会所容。因为看到孩子们都在丝毫不受强迫的情况下自发选择犹太配偶,弗洛伊德得出结论:犹太人的家庭生活更加亲密,更加热情,更加团结④。他本人就在禁止异教通婚的大家庭中长大。

弗洛伊德的六名子女——他们都经历过两次伤亡惨重的世界大战——中,只有四人生儿育女,一人终身未婚(安娜),另一人因病离世(索菲)。弗洛伊德的子女都自由择偶(选的配偶都是犹太人),这一点和他们的祖父母不同,却与他们的父母一致。不过,因为得益于节育措施,他们

---

① 1952年10月28日,在致库尔特·艾斯勒的一篇四十页文章中,恩斯特·瓦尔丁格提到弗洛伊德在两次世界大战之间的维也纳日常生活,美国国会图书馆,121号箱,33号文件夹。译者补注:恩斯特·瓦尔丁格(1896—1970),奥地利诗人和散文家。
② 关于弗洛伊德各位侄甥的命运,参见下文,以及本书末的弗洛伊德家族族谱。
③ 如同马克斯的哥哥鲁道夫·哈尔贝施塔特。
④ 参见约瑟夫·沃提斯(Joseph Wortis),《1934年的维也纳精神分析:弗洛伊德对我的分析的记录》(Psychanalyse à Vienne,1934. Notes sur mon analyse avec Freud),1954年,巴黎,德诺埃尔出版社,1974年,第159页。译者补注:约瑟夫·沃提斯(1906—1995),美国精神病学家、编辑。

生养的孩子显然更少,而且大部分都在逃离纳粹后成为英国公民。马丁有两个孩子:安东·沃尔特(Anton Walter)和索菲(Sophie),奥利弗只有一个女儿埃娃(Eva),恩斯特有三个孩子:斯特凡(Stefan)、卢西安(Lucian)和克莱门斯(Clemens),索菲·哈尔贝施塔特有两个孩子:恩施泰尔和海因茨①。同母亲和姨妈相反,弗洛伊德的三个女儿都受过少量教育,虽然维也纳没有面向年轻女孩的国民义务教育,也没有真正的职业前途②。弗洛伊德重视她们的婚姻幸福,反复向她们灌输这种观念:她们生来就是做母亲和管家务的人。但他并不遵从犹太人的媒妁婚姻规则:父亲监护女儿,为的只是把她交给一个男人。弗洛伊德同女儿亲密无间,明白她们决不会成为像母亲和祖母那样的人,但也不愿她们——安娜除外——像他的女弟子那样开放。她们也不想要另一种不同的人生。

弗洛伊德不仅对妻子、弟弟和妻妹感情深厚,而且对儿女孙辈舐犊情深。与儿女在一起时,他总显得极为宽厚仁慈;与侄甥在一起(如有可能)时,他也是如此。全体家庭成员都对他无限崇拜,人人都清楚地知道他是天才。

弗洛伊德的孩子都经历过两次世界大战,虽然冲突不断,但是在逆境中仍然保持团结。像叔叔亚历山大一样,他们都真正地了解父亲的理论。此外,弗洛伊德的三个儿子都在精神分析运动中发挥作用,小女儿则成为

---

① 线圈孩恩施泰尔·哈尔贝施塔特是弗洛伊德唯一重返德国生活的外孙,也是唯一成为精神分析学家的外孙。安娜和玛蒂尔德没有孩子。埃娃·弗洛伊德(1924—1944)死后无嗣。弗洛伊德的孙辈中有六人活下来:五个是男孩——安东·瓦尔特、斯特凡、吕西安、克莱门斯、恩施泰尔,一个是女孩——苏菲。关于弗洛伊德的孙辈和侄甥的命运,参见下文。

② 关于弗洛伊德儿女的生活,参见《致儿女的信》,前揭。伊丽莎白·杨-布鲁尔(Elisabeth Young-Bruehl),《安娜·弗洛伊德》(*Anna Freud*)(1988年),巴黎,帕约出版社,1991年。京特·格德(Günter Gödde),《玛蒂尔德·弗洛伊德:书信和传记中的西格蒙德·弗洛伊德长女》(*Mathilde Freud. Die älteste Tochter Sigmund Freuds in Briefen und Selbstzeugnissen*),心理社会出版社/哥中出版社(Psychosozial Verlag / Edition Kore),柏林,2002年。亦可参见艾娃·维斯维勒(Eva Weissweiler)那部资料翔实的著作——尽管其诠释存有争议——《弗洛伊德一家:一个维也纳家庭》(*Les Freud. Une famille viennoise*)(2006年),巴黎,普隆出版社(Plon),2006年。保罗·费瑞斯(Paul Ferris),《弗洛伊德博士:传记》(*Dr. Freud. A Life*),科尼莉亚和迈克尔·贝西系列(Cornelia and Michael Bessie),华盛顿,复调出版社(Counterpoint),1998年。亦可参见汉斯·兰普尔(Hans Lampl),与库尔特·艾斯勒的访谈(entretien avec Kurt Eissler),1953年,美国国会图书馆,114号箱,13号文件夹。译者补注:伊丽莎白·杨-布鲁尔(1946—2011),美国学者和心理治疗专家。京特·格德,德国当代心理学家、心理治疗师、作家。艾娃·维斯维勒(1951—),德国作家、音乐学家和散文家。保罗·费瑞斯(1963—),苏格兰作家,曾为罪犯。汉斯·兰普尔(1889—1958),奥地利医生。

他的弟子。

在租住的贝尔加泽街的两层套房中,弗洛伊德过着旧式家长的生活。他曾想"培养"玛尔塔,使她绝对符合理想妻子的形象,结果枉费心力。她不听他的话,从不放弃和平主义的态度。他要是寻衅争吵,她就把自己封闭起来。他总是怀着爱意责怪她压抑的攻击性。

玛尔塔抚养孩子,管着一家人和两个、有时是三个仆佣,但不参与时常在家中召集弟子聚会的丈夫的精神事务。住在贝尔加泽街套房里的人要调换卧室或更改室内布置,都得找她。

弗洛伊德负责儿女教育,不舍得孩子离开身边,在他们离家成婚时尤其难过。他很早就要求他们通过阅读,而不是他来了解真实的性生活。

有"第二夫人"之称的明娜——甚至在荣格散布弗洛伊德和她有肉体关系的谣言之前就有人这么称呼她[1]——住在姐姐、姐夫卧房的隔壁房间。她乐意在九月陪着亲爱的"西吉"旅行。1898年8月,她特别陪他到恩加丁[2](Engadine)的马洛亚[3](Maloja)小住。因为被人看到有个不是妻子的女人陪伴左右,他几度感到"局促不安"。1900年,他在另一次旅行时卖掉许多收藏的古籍,使明娜能够前往梅拉诺[4](Merano)治疗支气管疾病[5]。这就足以让某些人想出一段暗中打胎的阴暗故事。因为明娜后来小腹疼痛,所以人人都认为肺部问题是个好借口。谣言就这样传播开来,特别在《性学三论》出版之后。弗洛伊德逝世四十年后,这条广为人知的

---

[1] 以下便是荣格在1953年8月29日库尔特·艾斯勒的德语访谈中的原话:"Die jüngere Schwester hatte eine grosse Übertragung, und Freud, und Freud was not insensible."对艾斯勒另一个关于"私情"的问题,他回答:"Och, Bindung? Ich weiss nicht wieviel!? Ja! aber, Gott, man weiss ja, wie die Sachen sind, nicht war!?"翻译如下:"最小的妹妹对弗洛伊德有强烈的移情,他对此并非无动于衷。"于是,艾斯勒请他说明二人是否有肉体关系,荣格回答:"哦,关系!? 我不知道到了什么程度,但是上帝啊,我们知道这是怎样的,不是吗!?"美国国会图书馆,114号箱,4号文件夹。1957年,他仿佛对好友约翰·比林斯基(John Billinsky)提供了另一份说词,荣格离世后,后者在1969年予以公开。迪尔德丽·贝尔肯定比林斯基把荣格没说过的话说成是荣格的,参见《荣格》,前揭,第1057页。我们记得,荣格在美国之行中曾试图引导弗洛伊德谈论自己的性。译者补注:约翰·比林斯基(1916—1984),美国心理学家。
[2] 瑞士东南部格劳宾登州境内的一条因河河谷。——译注
[3] 瑞士旅游胜地。——译注
[4] 意大利镇名,以温泉浴场闻名。——译注
[5] 克里斯特弗里德·特格尔,《弗洛伊德日记》(Freud Diarium),可在互联网上查看。

传闻成为众多历史学家和评论家的研究主题①。

明娜像玛尔塔——她一切事务的同伴——一样发福了。随着时光的流逝,她不再关注自己的女性魅力。她在接电话时总是很自然地说"*Frau Professor Freud*"②,一点也不在乎流言蜚语。她的表现不像真的"第二夫人",倒像姐姐和姐夫的孩子的伙伴:因为她不大喜欢在任何人身边充当母亲或妻子的角色,所以这样的态度更加合乎情理。

在第一次世界大战后不久,世界各地都以各种形式的"泛性论"名义诋毁已成名的弗洛伊德。在维也纳,有人指责他的种种卑劣行径:淫猥,乱伦,破坏家庭伦理③。在法国,弗洛伊德被说成"德国学者",也就是被所谓的条顿本能吞噬的好色之徒④。在一个叫夏尔·布隆代尔(Charles Blondel)的人的笔下,他的学说甚至被称为"被提升到科学行列的淫秽言论"。

这些攻击塑造的弗洛伊德形象与他的品行、主张截然相反。攻击者忘了,"教授先生"本人是禁欲的信徒、升华的神经症患者。因为他没有任何为人所知的婚外关系,所以必须为他构想出"逼真的"——"违禁的"更好的——性生活,从而证明他的性观念令人恶心。

---

① 有数十篇小说、文章和评论专门探讨这段或许从未有过的"私情"。无论如何,它已成为20世纪末反对弗洛伊德学说的陈词滥调之一,尤其在彼特·斯韦尔斯、弗朗茨·马切耶夫斯基(Franz Maciejewski)和米歇尔·翁福雷(Michel Onfray)的笔下。米歇尔·翁福雷甚至断言,弗洛伊德在1923年逼着明娜打掉一个他的孩子,却忘了那时她已有58岁。参见《偶像的黄昏:关于弗洛伊德的虚词诡说》(*Le Crépuscule d'une idole. L'affabulation freudienne*),巴黎,格拉塞出版社,2010年。关于弗洛伊德的私生活,参见罗纳德·沃·克拉克(Ronald W. Clark),《弗洛伊德传记:其人及其事业》(*Freud, the Man and the Cause. A Biography*),纽约,兰登书屋(Random House),1980年。关于弗洛伊德的旅行,参见《我们的心伸向南方》,前揭。在该书的序言中,笔者列出关于这个谣言的所有原始资料,以及艾娃·维维勒,《弗洛伊德一家:一个维也纳家庭》,前揭,第124—125页。在这部作品中,作者吸收了"私情"和"打胎"的说法,同时强调这是一种解释,而非既成事实。继彼得·盖伊和约翰·福里斯特之后,笔者也为这条离奇传闻写过一篇长文,见《为何如此憎恨》,前揭。译者补注:弗朗茨·马切耶夫斯基(1946—),德国社会学家、文化学家和作家。米歇尔·翁福雷(1959—),法国哲学家、作家。罗纳德·沃·克拉克(1916—1987),英国传记作家。
② 德语,意为"弗洛伊德教授夫人"。——译注
③ 在弗洛伊德过世后,尤其在琼斯的传记,继而是(从艾伦伯格到萨洛韦的)学术性或批判性的历史编纂学著作问世后,所有这些叫骂声都在各种评论、小说或虚构的传记中有所反映。
④ 这场反德国运动发生在反爱因斯坦的运动之后。参见 HPF-JL,前揭。夏尔·布隆代尔(Charles Blondel),《精神分析》(*La Psychanalyse*),巴黎,阿尔康出版社,1924年。1910年,信奉优生学的德国精神病学家阿尔弗雷德·霍赫(Alfred Hoche,1865—1943)曾把精神分析称为"传染病",把精神分析的支持者称为"邪教"教徒,参见《医生中的心灵传染病》(Eine psychische Epidemie unter Ärzten),《医学临床》(*Medizinische Klinik*,德国医学期刊),6,26,1910年。译者补注:夏尔·布隆代尔(1876—1939),法国哲学家、心理学家、医生。

他的同族婚配生活方式、被他过度运用、在各类出版物中广泛传播的著名的俄狄浦斯情结，这些都为各种夸张讽刺的歪曲版本提供口实。卡尔·克劳斯高调地表示——他也引以为乐——精神分析就是精神疾病，却自以为是治疗精神疾病的灵丹妙药。在维特尔斯宣称布劳斯的俄狄浦斯情结受过挫折时，这位气焰炽盛的论战者在那时委实成了弗洛伊德第一个小团体狂热崇拜的牺牲品①。

埃利亚斯·卡内蒂写过一部出色的自传，在自传中讲述俄狄浦斯情结崇拜如何在20世纪20年代的维也纳产生危害，致使弗洛伊德学说中最具原创性的部分信誉扫地。卡内蒂越是赞同解释文字游戏和失误动作的主张，就越是拒绝把索福克勒斯的悲剧简单说成在他看来是"满世界瞎说乱讲"的心理学的东西。如他在1980年所述："每个人——哪怕是遗腹子——都会遇到自己的俄狄浦斯，最后，整个社会都感到罪疚，我们都可能恋母弑父，我们周围都可能围绕着模糊不清的神话人物、隐藏身份的底比斯国王……我知道谁是俄狄浦斯，我读过索福克勒斯的著作，我不愿剥夺这一残酷的命运。在我到达维也纳时，它已成为满世界瞎说乱讲的乏味主题，无一人例外，连最执拗的轻视平民的人都不认为俄狄浦斯配不上自己②。"

在这段时期，弗洛伊德供养的家庭日趋庞大：阿玛丽娅、安娜、明娜，经常身无分文的儿女及其配偶，四个断断续续需要接济的妹妹，全体仆役和某些几乎没有病人的弟子。他多次想象着把这个或那个女儿许配给一位弟子。事实上，他希望把他们纳入家庭的怀抱。所以，他把女婿和儿媳都视为己出。

身体虚弱的长女玛蒂尔德数度与死神擦肩而过，曾为埃玛·埃克施泰因开刀的外科医生给她做过一次阑尾炎手术，留下的后遗症使她终生不育。弗洛伊德本打算将她嫁给费伦齐，但玛蒂尔德选择了罗伯特·霍

---

① 《卡尔·克劳斯》(Karl Kraus)，《莱尔纳专刊系列》(Cahiers de l'Herne)，1975年。卡尔·克劳斯，《格言集：正话和反话》(Aphorismes. Dires et contre-dires)，巴黎，帕约出版社，2011年；以及弗里茨·维特尔斯，《火炬的神经症》(La névrose de Fackel，德语"Fackel"意为火炬，系卡尔·克劳斯主编的杂志名)，《最早的精神分析师》，第二卷，前揭，第373—378页。在1910年1月的会议上，弗洛伊德声明维特尔斯有错。
② 埃利亚斯·卡内蒂，《耳中火炬：生平经历》(Le Flambeau dans l'oreille. Histoire d'une vie)，1980年，巴黎，阿尔班·米歇尔出版社，1982年，第134页。

利切尔(Robert Hollitscher)。1909年,两人在犹太教堂成婚。罗伯特是个毫无商业头脑的纺织商人,生性悲观。弗洛伊德评价他"温和而勇敢"。夫妻俩住在邻近贝尔加泽街的一栋公寓内,玛蒂尔德每天都去看望父母。她优雅却冷淡,对父母忠诚,经常与母亲及姨妈做些编织。她热衷于此,加之出众的天赋,用这门手艺赚些小钱,不完全依赖父母的经济资助。

次女索菲容貌最为秀丽,甚至引起妹妹安娜疯狂的嫉妒。索菲和姐姐玛蒂尔德及妹妹安娜完全不同,她对知识不感兴趣,喜欢外出跳舞,剧院晚会,世俗的生活和年轻的同伴,自然不适应严厉的家庭。索菲曾与汉斯·兰普尔[①](Hans Lampl)相恋,因父母反对而分手。汉斯是索菲兄长的同学,后来成为她父亲的学生。弗洛伊德夫妇认为他过于年轻,且家境不好。之后索菲离家前往汉堡,在那里认识了摄影师马克斯·哈尔贝施塔特——贝尔奈斯家的远房亲戚,两人在维也纳的犹太教堂举办婚礼。弗洛伊德将马克斯视若己出,将个人肖像的独家商业使用权交给他打理。第一次世界大战爆发,马克斯与兄弟鲁道夫被征召入伍,鲁道夫丧生,马克斯幸运地活了下来,但是他因此饱受创伤性神经症、头痛及抑郁症的折磨,退伍后又遭遇金融危机。尽管马克斯才华横溢,他在生活上仍然不得不依靠岳父的资助,弗洛伊德对他细心关爱,劝他要对未来充满希望。

索菲不愿重复母亲和祖母的命运,生育多个孩子。在两个儿子出生后,怀疑自己再度有孕时,她询问父亲的意见,弗洛伊德建议女儿装子宫托[②]避孕。教授本人不愿意使用避孕套,也不赞成堕胎,却支持那个年代女权主义运动提倡的控制出生。当时欧洲各国的法律仍然严禁任何中断妊娠的行为。[③] 当索菲意外怀上第三胎时,弗洛伊德鼓励她接受新生儿。他误以为女儿顾虑马克斯在经济上有困难才不愿生育。

1920年,索菲身体虚弱,感染流感,尽管汉堡综合医院的住院医师亚瑟·李普曼(Arthur Lippmann)全力救治,她仍然在几天后离开人世。弗洛伊德非常愧疚,悲恸不已,他承认没能料到这次意外怀孕如此强烈地影

---

① 汉斯·兰普尔(1919—2013),精神分析师,出生于维也纳后移居美国。——译注
② 节育环或"阴道隔膜"。
③ 从19世纪末起,堕胎被视为反人类、反种族和反国家的罪行。让-伊夫·勒纳乌尔(Jean-Yves Le Naour)和卡特琳·瓦朗蒂(Catherine Valenti),《不存在的孩子:19—20世纪堕胎史》(*Histoire de l'avortement*, *XIXe—XXe siècle*),巴黎,瑟伊出版社,2003。

响女儿的身心状态,在信中他写道"爱女不幸的命运对我而言如同警告,而我们这个行业至今未能给予足够的重视。这些不人道的法律,毫无同情心,强迫不愿生育的母亲,医生有责任教导已婚妇女采取合适且无害的方法中止妊娠"。①

为了减轻马克斯的负担,玛蒂尔德照料海纳勒(Heinerle),安娜抚养恩施泰尔(Ernstl)——他成为安娜的第一个养子,后来的分析对象。姐妹俩分别变成孩子们的第二位母亲。1923年6月19日,海因茨因粟粒性肺结核病逝,玛蒂尔德再度失去视若珍宝的孩子。后来她陆续抚养其他侄子侄女。至于弗洛伊德,在诊出罹患癌症3个月后又失去外孙,②内心极度绝望。尽管如此,他仍然关爱马克斯,即使女婿后来另娶他人,他仍继续在经济上资助他。弗洛伊德认为"无论谁,一旦在婚姻中获得幸福,再次得到幸福不过是轻而易举之事"。③

弗洛伊德深信,在非病态的重复强制下,家庭幸福表现为生命与死亡的大循环,受期待的物体被另一物体替代的周期。他认为,当一个生命逝去,另一个生命取而代之,只有当前者被爱着,后者取代前者的位置,才会得到爱。这就是弗洛伊德哲学观念中的幸福。

弗洛伊德的三个儿子均不像父亲,各自不同,他们都参与精神分析运动,与父亲的弟子常有往来。长子马丁不是传统意义上的好学生,他自视甚高,年轻时曾习剑术,好决斗,写诗歌,有多名情人。1914年,马丁结束法律专业的学习,志愿从军,将战争经历视为一生中最幸福的时光。在战斗中,他的表现既傲慢又幽默,乐于冒险,按照家里人的说法,马丁既没有超我,也没有无意识。妻子埃内斯蒂娜·德鲁克(Ernestine Drucker)(埃斯蒂[Esti])出身富裕,美丽优雅,弗洛伊德认为她太漂亮,与整个家族格

---

① 西格蒙德·弗洛伊德,《1920年2月15日的信》,《致儿女的信》,前揭,第569页。弗洛伊德并未对婚外节育及堕胎行为发表看法。我们知道在20世纪初的生理卫生书籍中已经开始提倡使用子宫托,尤其是著名作者安娜·费舍尔-迪凯尔曼(Anna Fischer-Dückelmann,1856—1917),出生于维也纳,后移居瑞士,创作了相关主题的畅销书。1920年1月26日,弗洛伊德写信告知母亲苏菲去世的消息,美国国会图书馆,3号箱,1号文件夹。

② 1923年2月末,在下颌右侧首次检查出,弗洛伊德称之为"黏膜白斑",实际上是下颚癌,1923年4月7日证实。参见马克斯·舒尔,《弗洛伊德生命中的死亡》,前揭,第415—436页。

③ 1923年11月20日,马克斯与贝尔塔·卡岑施泰因(Bertha Katzenstein,1897—1982)结婚,两人育有一女:埃娃·斯潘根塔尔(Eva Spangenthal),是恩施泰尔的继妹,参见《致儿女的信》,前揭,第533—534页。

格不入。事实上,他认定埃内斯蒂娜"精神极度失常",难以忍受马丁放荡的行为。弗洛伊德要求两人的长子取名安东,以纪念冯·弗洛因德博士,长女则取名索菲。① 埃斯蒂外出工作,不愿意频繁怀孕,但在经济上她仍然依靠丈夫,在情感上却遭到背叛。尽管马丁得到父亲及岳父的资助,他仍很快在金融危机中折戟沉沙。他与妻子争吵不断,最后分手。此后多年,直至 1938 年流亡英国,他一直负责经营国际精神分析出版社。

次子奥利弗最受母亲宠爱,由于经济危机及随后的世界大战,他从未真正从事过一份职业。与妻子离婚后,奥利弗定居柏林。他曾请求马克斯·艾廷贡对他进行分析,但后者顾虑与弗洛伊德一家关系密切,婉拒了他的请求。最后弗朗茨·亚历山大②(Franz Alexander)接下这个艰巨的任务,他来自匈牙利,后来移民美国。弗洛伊德坚持支付次子的治疗费用。奥利弗后来娶了艺术家兼画家埃尼·富克斯(Henny Fuchs),两人有一个女儿埃娃(Eva)。弗洛伊德十分疼爱这个敏感脆弱,性格古怪的儿子。而奥利弗却对聪明的弟弟恩斯特充满敌意。

幼子恩斯特在慕尼黑获得建筑学学位后,与露西·布拉斯克(Lucie Brasch)坠入爱河。布拉斯克是位迷人的女子,气质忧郁,金发碧眼,出身富有的银行家家庭。1920 年 5 月 18 日,两人的婚礼在柏林举行,亚伯拉罕和艾廷贡到场祝贺,他们都支持犹太复国主义。露西竭力讨好弗洛伊德,在两人的一致要求下,恩斯特前往阿罗萨③(Arosa)疗养院休养 3 个月,治疗在战争中感染的结核病。

恩斯特深爱妻子,他在名字中加上字母 L,自称恩斯特·L. 弗洛伊德,表达夫妻两人共生共存的感情。露西也曾写道"我的生命中不仅仅是对自己的爱"。1921 年至 1924 年,她生了三个儿子,分别以大天使长的名字命名:斯特凡·加布里尔(Stefan Gabriel)、卢西安·米夏埃尔④ (Lucian Michael)和克莱门斯·拉斐尔(Clemens Raphaël)。露西专心襄

---

① 安东·瓦尔特·弗洛伊德(1921—2004)和苏菲·弗洛伊德-洛温施泰因(Sophie Freud-Lowenstein,1924—),参见苏菲·弗洛伊德,《生活在弗洛伊德家族阴影下,我的母亲如何度过 20 世纪》(*A l'ombre de la famille Freud. Comment ma mère a vécu le XXe siècle*[2006]),巴黎,女性出版社(Éditions Des femmes),2008 年。
② 弗朗茨·亚历山大,(1891—1964),美国国内科及精神分析学家。——译注
③ 阿罗萨,瑞士地名。——译注
④ 加布里尔即大天使长加百列,米夏埃尔即大天使长米迦勒。——译注

助丈夫,全心全意照料家庭。恩斯特的事业随着精神分析运动蓬勃发展,他担任设计师,为艾廷贡、亚伯拉罕、卡伦·霍妮①(Karen Horney)、勒内·史毕兹②(René Spitz)、桑德尔·拉多、汉斯·兰普尔、梅兰妮·克莱因设计房屋。他还布置了著名的"教学诊疗所",改造恩斯特·西梅尔创办的泰戈尔疗养院。恩斯特偏好现代主义的设计,而弗洛伊德却中意繁复的维也纳风格内部装饰,两人的审美完全不同。弗洛伊德喜欢层层叠叠的地毯,厚实沉重的挂毯,橱窗中塞满陈设,墙壁上挂满画作,家具里摆满物品。显然,他对儿子的设计才能毫无兴趣。弗洛伊德流亡伦敦后,恩斯特将父亲最后的寓所布置成从前的维也纳风格,尽管他本人毫不怀念。比起奥地利人,恩斯特更像德国人,比起德国人,更像英国人,他几乎答应哈伊姆·魏茨曼③(Chaim Weizmann)的请求,移居巴勒斯坦,为他建造住所。④

弗洛伊德总是告诉小女儿安娜,她与精神分析运动同年诞生。"教授先生"始终将自己的理论比作一部家族传奇,主人公是许多忧郁的王子和无所事事的公主。1915年,安娜告诉弗洛伊德,"最近我梦见你是国王,而我是公主,很多人为了分开我们,发动政治阴谋。"这个梦显然指向两人的共同经历。

弗洛伊德十分宠爱安娜,为她领养小狗,视若家族新成员。一天,他说道"我们家最近加入了新成员,就是我们的两只小狗,沃尔夫(Wolf)和温柔的论语(Lün-yu)"。⑤ 1914年,弗洛伊德从布里俄尼⑥(Brioni)寄明信片给安娜,上面画着一只穿着衣服、对镜梳妆的大猩猩。他写道,"小姐,一只非常聪明的猴子正在梳洗"。⑦ 安娜喜欢公狗,而弗洛伊德尤其

---

① 卡伦·霍妮,(1885—1952),20世纪最重要的精神分析思想家之一。——译注
② 勒内·史毕兹,(1887—1974),精神分析家,出生于维也纳,后移民美国。——译注
③ 哈伊姆·魏茨曼,(1874—1952),化学家,犹太复国组织政治家。——译注
④ 英国建筑图书馆(RIBA)档案,在线阅览目录,项目未能落实。
⑤ 西格蒙德·弗洛伊德和路德维希·宾斯万格,《通信集,1908—1938》,前揭,第278—279页。
⑥ 布里俄尼,克罗地亚风景名胜。——译注
⑦ 精神分析师让-皮埃尔·卡缅尼亚克(Jean-Pierre Kamieniak)提出小狗成为弗洛伊德过世的女儿和外孙的替代。这种观点并不正确,弗洛伊德确实希望借助小狗的陪伴,冲淡这份悲伤,一只狗的死亡也会令他联想起亲人的离世。事实上,弗洛伊德认为小狗和女性均不可或缺,但是他从未将狗看作任何一种的替代。参见皮埃尔·卡缅尼亚克,《犬公民,弗洛伊德和狗》(Citizen Canis, Freud et les chiens),见《雄鸡-苍鹭》,215,2013年,第6—108页。弗洛伊德的观点可参见他与玛丽·波拿巴的通信。

喜欢雌性松狮的陪伴，一种长毛迷你狮子般的小狗。从 1920 年起，弗洛伊德彻底迷上小狗，他的分析对象希尔达·杜丽特尔[①]（Hilda Doolittle）和好友玛丽·波拿巴，这两位爱狗人士都是见证者。弗洛伊德喜欢棕毛小狗，不太喜欢黑毛的。在他眼中，狗是一种例外的生物，没有受到文明（*Kultur*）的压抑。他认为，人们可以毫无保留地喜欢小狗，因为他们体现了"人类本身完美的存在"。狗不像人类，永远都是爱恨交织，狗令人类回想起以往的状态。它们不是时时刻刻都爱主人，咬敌人吗？弗洛伊德甚至选用莫扎特《唐·乔瓦尼》（*Don Giovanni*）中的咏叹调表达对爱犬的痴迷。[②]

然而，弗洛伊德从未质疑过只有人类才具备象征功能这一观点。相反，作为忠实的达尔文主义者，他将自己的发现定义为继哥白尼将人类从世界中心移开，达尔文强迫人类承认与动物的直接联系后，强加于人类身上的第三次自恋伤害。他认为在人类和动物之间存在语言和文化的断层。因此动物没有受到文明的压抑，动物与人类不同，他们是美好的，只有纯粹的爱，没有仇恨。同样，我们也可以认为在动物的世界中不存在倒错和痛苦。[③]

事实上，弗洛伊德家大多数的狗都是雌性，他称之为"女士"。在他心里，家人和爱犬地位相同。杜丽特尔曾这样描述，"约菲（Yofi）像往常一样坐在地上，如同一种象征……"教授先生"似乎只顾着欣赏约菲，对我的故事不太在意……他曾告诉我，"约菲之前生过一只黑色的小狗，刚出生就夭折了，那只小狗黑得如同魔鬼，因为当时约菲的丈夫是只黑毛。她现在生下两只小狗，如果不是黑毛，那么我会把其中一只送给公狗的主人，但如果只生下一只，那只能是'弗洛伊德家的'。"[④]

约菲过世时，阿诺德·茨威格[⑤]（Arnold Zweig）深知弗洛伊德对它的

[①] 希尔达·杜丽特尔，(1886—1961)，美国诗人、小说家。——译注
[②] 玛丽·波拿巴，未公开的档案。
[③] 笔者在之前的作品中提出的观点，参见《我们自身的阴暗部分，倒错者的历史》，巴黎，阿尔班·米歇尔出版社，2007 年。我不同意伊丽莎白·德·丰特奈（Elisabeth de Fontenay）的观点，她未接触玛丽·波拿巴未曾公开的档案，错误地以为弗洛伊德认为动物具有与人类相似的象征功能。她提出所谓的"第四自恋创伤"的原始父亲观点，弗洛伊德从未谈及。参见，《人类和其他动物：前言》(*L'homme et les autres animaux. Préface*)，《雄鸡-苍鹭》，215，前揭，第 12 页。
[④] 希尔达·杜丽特尔，《为弗洛伊德着想》(*Pour l'amour de Freud*)（1956 年），巴黎，法国女性出版社，2010 年，第 113 页。
[⑤] 阿诺德·茨威格(1887—1968)，德国作家、反战人士。——译注

喜爱,写下这段话:"约菲就像一个从远方而来的孩子,在我们看来,她就像真正的孩子,比一般的孩子还要乖巧。"①

弗洛伊德年轻时就十分欣赏塞万提斯的《双狗对话录》,也一直喜欢大自然和动物,尤其是那些在贝尔加泽公寓花园里的古代雕塑和石柱之间来回穿梭的孔雀、小羚羊和野鸡。动物性不断地出现在"教授先生"的诊疗案例中,出现在他本人的梦里,也出现在病人的梦中,出现在他对原始社会的阐述,对达·芬奇的分析以及《图腾与禁忌》的创作中,如鼠、狼、鸟、马、秃鹫、狮头羊身龙尾的吐火怪物、恶魔、埃及的神祇等。弗洛伊德痴迷狗,尤其是母狗,但他厌恶猫,在他看来猫太女性化,太自恋,没有任何相异性。他非常厌恶米拉(Mirra),忠诚的弟子艾廷贡的妻子,有一天他给出这样一个十分过分的恶毒评价,"我不喜欢她,她就像一只猫,我也不喜欢猫,她有猫的魅力和优雅,但已不是一只可爱的小猫"。②

然而,1913年,弗洛伊德却喜欢上一只"自恋的小母猫"。这只猫从敞开的窗户走进办公室,毫无惧意,径直坐在沙发上,愉悦地和"教授先生"的收藏品融为一体。他不得不承认这只小猫没有损坏任何物品,他开始观察它,喜欢上它,饲养它。"教授先生"愉快地盯着那双绿色、歪斜、冰冷的双眼,认为小猫的呼噜声表达真正的自恋。事实上,他必须持之以恒地努力方能使小猫注意到他。这种关系持续了一段时间直至有一天,小猫得了肺炎,浑身滚烫地躺在沙发上,最后离开人世。它给弗洛伊德留下"自私的女性魅力"的印象,这正是他在《论自恋》中的叙述。③

安娜的出生并非在父母的期盼之中,整个青春期她都试图证明自己的存在,后来为了继承父亲的事业与阿姨明娜相竞争。1913年1月,她对姐姐索菲的嫉妒彻底爆发,"我不会再为索菲绣被子,当我欺骗自己说很乐意完成时,我感到非常不舒服。当然,我经常想到这是为了索菲的婚礼,但事实上马克斯对我也很冷淡"。④

---

① 西格蒙德·弗洛伊德和阿诺德·茨威格,《1927—1939通信集》,前揭,第176页。
② 西格蒙德·弗洛伊德和马克斯·艾廷贡《通信集》,前揭,弗洛伊德,《致阿诺德·茨威格的信》,1937年2月10日,第909页。
③ 莎乐美,《一年的日记》(Journal d'une année),见《弗洛伊德与莎乐美的通信集》,前揭,第324页。
④ 西格蒙德·弗洛伊德,《弗洛伊德与女儿安娜的通信集》,前揭,第89页。

这就是弗洛伊德不理解女儿真正性倾向的根源所在。安娜在信中隐晦地提到她的"坏习惯"(手淫)。1月7日她写道:"我不愿意因此受到指责。"弗洛伊德称安娜为"我的独生爱女",认为她把往昔对索菲的敌意转化为对索菲丈夫的嫉妒,他鼓励女儿,如果有男孩子追求,千万不要害怕。弗洛伊德不曾怀疑安娜真正嫉妒的是索菲,而非马克斯,然而安娜喜欢的是女子。

1914年7月,安娜动身前往英国拜访琼斯,弗洛伊德担心女儿会有危险。他对安娜说:"据可靠消息,琼斯医生打算追求你……我知道他完全不适合像你这样的高雅女性。"他又对琼斯解释道,安娜还没有自觉是个女人,"她没有性的渴望,甚至对男人抱着相当拒绝的态度"。①

弗洛伊德阻止弟子琼斯追求安娜,他没有意识到真正吸引安娜的是琼斯的情妇洛(Loe),她真正想要的是洛而不是琼斯。琼斯反而意识到这一点,在给"教授先生"的信中他写道:"安娜具有美好的个性,(如果她的性压抑不会对她造成伤害),日后一定会成长为杰出的女性。当然,她极度依赖您,很少有像您这样实际的父亲形象与潜意象的父亲形象完全相符的父亲。"

这种依恋是相互的。弗洛伊德在维也纳的弟子,如奥古斯特·艾克霍恩②(August Aichhorn)、西格弗里德·贝恩菲尔德③(Siegfried Bernfeld)、汉斯·兰普尔等都倾心于安娜,弗洛伊德毫不犹豫地将他们打发走。至于安娜,她与父亲的关系日益亲密,尤其在一战期间,她努力学习,想要成为小学教师。

弗洛伊德担心安娜会一直单身,他意识到在频繁的阻止和抑制后,安娜一方面排斥男性,一方面期待成为母亲。为了"唤醒女儿的力比多",1918年10月他决定亲自分析治疗女儿。

弗洛伊德对安娜的分析治疗共分为两个时期:从1918年至1920年,接着从1922年至1924年。治疗过程中,两人之间的相互依恋愈发明显,进一步加强。莎乐美与弗洛伊德父女经常通信,是这段经历的主要见证

---

① 同上,第114页。
② 奥古斯特·艾克霍恩,(1878—1949),奥地利精神分析师。——译注
③ 西格弗里德·贝恩菲尔德,(1892—1953),奥地利教育学家、精神分析师。——译注

人。"教授先生"承认,如果说通过治疗,安娜的力比多被唤醒,她的对象选择却仍然没有指向男性。

在此期间,弗洛伊德同时治疗一位名叫玛格丽特·琼卡(Margarethe Csonka)的年轻女子,其父母来自奥地利一个改信天主教的犹太裔大资产阶级家族。玛格丽特出身上流社会,家境殷实,从小衣食无忧,崇尚奢华和自由,这位优雅的女子总是受到女性的吸引,却不渴望与之发生肉体关系。好友克里斯特尔·昆克(Christl Kmunke)的接近,使她十分排斥,因为后者公开支持女同性恋。1917年,玛格丽特疯狂地爱上了男爵夫人莱奥妮·冯·普特卡默(Leonie von Puttkamer),这是一位普鲁士贵族女子,半个上流社会人士,耀眼夺目,与多名男子保持情人关系,同时与一些女子来往密切。她经常身穿豪华的服饰,头戴夸张的帽子,牵着一条硕大的狼狗,在维也纳最漂亮的大街上散步。她喜欢在咖啡馆里悠闲地坐着或者在集市上闲逛,寻找中意的水果。当时帝国逐步瓦解,在最后的荣耀光辉下,维也纳的百姓生活艰辛,男爵夫人却对此毫不在意。

她的乐趣是看着玛格丽特尾随自己,四处乱撞,如同骑士文学中的游吟诗人,殷勤地恭维。一天,玛格丽特惊讶地看到父亲手挽男爵夫人,在她注视下落荒而逃。莱奥妮告辞后,玛格丽特试图自杀,其父阿帕德·琼卡(Arpad Csonka)难以接受同性恋的丑闻,强制女儿接受弗洛伊德的治疗,希望尽快让女儿出嫁。①

玛格丽特不愿意接受治疗,但她屈从于父亲的命令。弗洛伊德清楚不可能改变她的性取向,但他接受了这项工作。因此,他从未将她视作病

---

① 西格蒙德·弗洛伊德,《论女性:一起女同性恋病例的心理成因》(Sur la psychogenèse d'un cas d'homosexualité féminie),1920年,见《神经症、精神病和性倒错》,前揭,第245—270页,《弗洛伊德全集/精神分析》,第十五部,前揭,第233—263页。玛格丽特·琼卡(1900—1999)的生平经历产生了不少文学作品,尤其是两位研究女同性恋的历史学家伊内斯·里德(Ines Rieder)和戴安娜·沃伊特(Diana Voigt),曾在玛格丽特去世前拜访过本人。参见《西多妮·奇洛格的故事》(Die Geschichte der Sidone C.),法文版《西多妮·奇洛格,弗洛伊德的同性恋病例,本世纪的女同性恋》(Sidonie Csillag, homosexuelle chez Freud, lesbienne dans le siècle),2000年,巴黎,埃佩尔出版社,2003年。玛格丽特在这本著作中化名为西多妮·奇洛格,阐述了各种见闻;在法文版中,有待商榷,让·阿卢什(Jean Allouche)以拉康的方法重新阐述这起病例。米凯尔·博尔奇-雅各布森以比较严肃的态度阐述这段经历,认为弗洛伊德被玛格丽特愚弄。这一观点从始至终都是错误的。参见《弗洛伊德的病人》,前揭,第180—186页。我们注意到,库尔特·艾斯勒收集了玛格丽特·琼卡冯·特劳滕内格的证词,后者承认自己一点也不喜欢弗洛伊德,也没有什么可对他说的,美国国会图书馆,2号箱。

人。治疗期间,弗洛伊德要求玛格丽特禁欲,并禁止她与男爵夫人来往。

于是玛格丽特过起阳奉阴违的生活。每次治疗时,她杜撰些符合弗洛伊德原理的梦境及家庭故事,转头她又向男爵夫人抱怨"教授先生"的解释。"你知道,他最近一直询问我的父母亲和兄弟们,他想知道他们的一切,上次治疗时对我最小的弟弟非常感兴趣。他今天与我的谈话,你绝对想不到,他说,我想为父亲生个孩子,显而易见,实现这个愿望的是我母亲。因此我仇恨母亲,也恨父亲。这就是我完全回避男人的原因。真是令人作呕。"①

弗洛伊德觉察到这个双重把戏,于是中止治疗。女儿经过分析,顺从听话,不再闹着要自杀,玛格丽特的父亲感到非常满意。离别时,弗洛伊德对她说:"你的眼神如此狡黠,如果我是你的敌人,我绝不愿意在街上遇到你。"②

事实上,弗洛伊德利用这段经历,重新修改同性恋的定义。他认为同性恋起源于双性恋,如果必须在两性之间作出选择,同性恋源于婴儿时期对母亲的心理固着。他说,这种排他性选择对于男孩而言,就是排斥女性,对于女孩,则是对父亲的失望。在这起病例中,父亲的断然拒绝,使她在生活中选择另一个女人替代母亲,在治疗中表现出对分析师的负向移情。弗洛伊德还说:"精神分析的目的并非解决同性恋问题。精神分析只能揭开对象作出选择及决策时心理机制的面纱,明白这些心理机制通向冲动装置的路径。精神分析止步于此,剩下的都是生物研究。当前,施泰纳赫(Steinach)的研究结论证明了我们所说的系列③中的第二项和第三项如何受到第一项的影响。精神分析与生物学拥有相同的土壤,精神分析的假设是人类和动物个体的双性恋起源。"④

弗洛伊德一方面肯定同性恋的精神起源,另一方面他的最终解释却

---

① 伊内斯·里德和戴安娜·沃伊特,《西多妮·奇洛格,弗洛伊德的同性恋病例,本世纪的女同性恋》,前揭,第 66 页。
② 同上,第 77 页。
③ 性格的三个系列:1)身体层面的性 2)心理层面的性 3)对象选择模式。
④ 西格蒙德·弗洛伊德,《论女性:一起女同性恋病例的心理成因》,前揭,第 270 页。欧根·施泰纳赫(Eugen Steinach,1861—1944),奥地利医生,内分泌学和性细胞分化原则的先驱。他因发明输精管结扎而闻名。他认为这项手术能够促使荷尔蒙细胞重生,从而获得年轻。弗洛伊德 1923 年曾求助于这项手术。癌症是一种伴随着衰老而产生的疾病,当时的人们认为刺激荷尔蒙细胞能够延缓癌症的复发。

是生物缘由。这个全新且大胆的阐述，似乎和之前的立场相悖。此外，他还区分了先天同性恋和后天同性恋。

显然，除了同性恋性取向外，另一件事也令玛格丽特痛苦万分。她重拾女同性恋的生活，不断爱上女子，但与女性在一起却感受不到任何肉体欢愉。她与爱德华·冯·特劳滕内格（Eduard von Trautenegg）男爵结婚前，曾多次试图自杀。两人并非因爱结合，相比妻子本人，爱德华更看重琼卡家族的财富。为了这段婚姻，两人改信新教。爱德华曾有一段婚史，天主教教规禁止离婚者另娶他人。

德奥合并后，爱德华投靠纳粹，借机解除与犹太妻子的婚姻，掠夺她的财产。玛格丽特失去了一切，她既不是天主教徒也不是新教徒了。她改信犹太教，而在这之前她从来不是犹太教徒，对犹太人也没有好感。她没有伴侣，在旁人眼里，她成了众所周知的同性恋。于是她离开奥地利，进行长途旅行，周游世界，寻找自我。最终她决定与女子相恋，只信赖爱犬。在厌倦居无定所的生活后，玛格丽特重新回到维也纳，以百岁高龄过世。她曾经叙述不同版本的治疗过程，告诉精神分析师或那些对一去不返时代的冒险经历赞叹不已的询问者。

通过对玛格丽特的分析治疗，弗洛伊德重新认识了女同性恋，然而这一切并未能帮助他弄清楚安娜的分析治疗过程中究竟发生了什么。玛格丽特的病例是婴儿无意识中对母亲的固着以及对父亲的失望和排斥。而在安娜的病例中，弗洛伊德禁止女儿受到男士的吸引，尤其是弟子们的追求。至于安娜，她崇拜父亲，试图成为父亲的弟子，拒绝母亲的命运。换而言之，弗洛伊德陷入了现实生活与理论的矛盾。

如果说这次甚至称不上治疗的治疗是彻底的失败，那么根据病人的叙述，弗洛伊德对安娜·古根包尔（Anna Guggenbühl）的治疗则比较成功。病人是名年轻的瑞士精神科医生，毕业于伯格尔兹尼[①]（Burghölzli）。二十七岁时，安娜·古根包尔定期来到弗洛伊德的诊所，自愿接受分析治疗，产生正向移情。[②] 在此期间，弗洛伊德中断了女儿的分析治疗。古根包尔曾有多段感情经历，与同学订婚多年，但她不确定是否愿意嫁给他。

[①] 苏黎世大学精神疾病诊所别称。——译注
[②] 安娜·古根包尔的分析发生于1921年4月1日至7月14日，每天持续一个小时。

她本人结婚的念头日渐淡去,但家里人却已经开始着手准备婚礼。为了弄清楚犹豫不决的潜在原因,她决定离开父母,辞去工作,去觐见心目中这个时代最伟大的倾听者。弗洛伊德向来擅长骇人的解释,听完安娜的叙述,他解释道:她在生活的"较高层面"表现出与未婚夫的冲突。他还说,为了更好地理解这个定义,必须探索"中间层面",即安娜与兄弟的神经症的联系,接着探索无意识的"较低层面",与父母的关系。

换而言之,他认为古根包尔爱上了父亲,期盼母亲死亡。而她对兄弟的依恋,是将兄弟视作父亲的替代者,这就是她始终犹豫不决的原因。"你的情人都是兄弟的替代,这就是为什么他们与你的家人年龄相近,但都没有你的男性家人成熟。"弗洛伊德指出她目前的状态是被试图挑战父母的欲望所支配,至此治疗完毕。我们可以假设,被抑制的挑战欲望重新抬头,在欲望的支配下,她想取消订婚,想违背父亲,想自己选择命运。①

1922年,安娜·弗洛伊德准备在国际精神分析大会上做首次报告,她感到自己确实受女子吸引,再次接受父亲的分析治疗。安娜将困扰告诉莎乐美:"第一次,我做了白日梦,梦中的主角是一名女性。我不停想起这个爱情故事。我希望马上探索这个故事,将它写下来,但是父亲认为我最好别管它,专心论文。于是它离我而去,如果到7月我仍然能够记得,我将把它写下来。但这个梦中只出现了熟人。"②

安娜的报告其实与这个梦有关联。她的报告主题是儿童的受虐幻想,可以说是父亲的著名论文《一个正挨打的小孩》的续篇,弗洛伊德在文中描述一个有婴儿幻想的小女孩病例,似乎就是女儿安娜的经历。但是安娜的分析与父亲不同,她的解释是幻想者成功地用"美丽的故事"替代对这些场景的回忆。③

---

① 安娜·古根包尔,《弗洛伊德教授对我的分析》(Mon analyse avec le professeur Freud),安娜·克尔罗伊特(Anna Koellreuter)主编,巴黎,奥比耶出版社,2010年。德语版更加准确:《弗洛伊德教授的态度究竟是怎样的?》(Wie benimmt sich der prof. Freud eigentlich?),吉森(Giessen),心理社会出版社,2009年。
② 莎乐美和安娜·弗洛伊德,《1919—1937年通信集》,巴黎,阿歇特文学出版社,2006年,第43页。笔者做了重新阐述。
③ 西格蒙德·弗洛伊德,《一个正挨打的小孩:一份关于性倒错起源研究的文献》,1919年,见《神经症、精神病和性倒错》,前揭。《击败幻想和白日梦》(Fantasme d'«être battu» et «rêverie»),1922年,见《女性面具:精神分析研究》(Féminité mascarade. Études Psychanalytiques),玛丽-克里斯蒂娜·哈蒙(Marie-Christine Hamon)汇编,巴黎,瑟伊出版社,2004年,第57—75页。

1923年,安娜正式决定放弃婚姻。弗洛伊德立即称她为"安提戈涅",并送她一条德国牧羊犬沃尔夫,后者很快成为家庭一员。然而,他的内心非常慌乱,只能向莎乐美倾诉。他担心安娜压抑情欲,日后会令她感到不适,同时承认自己无法放手,也无法与她分离。①

如果说经过父亲的分析治疗,安娜逐渐成长为儿童心理学派(Kinderseminar)的领袖,与弗洛伊德最优秀的弟子合作研究,但她却憎恨自己是同性恋。安娜一生都反对同性恋从事精神分析,与父亲的观点相反,她认为同性恋是一种疾病。在这一点上,琼斯和她的观点出奇地一致。

第二次治疗结束后不久,安娜遇到了终身伴侣——多罗西·蒂芙尼·伯林厄姆②(Dorothy Tiffany Burlingham)。她是蒂芙尼珠宝创始人的孙女,出生于纽约,丈夫是外科医生罗伯特·伯林厄姆(Robert Burlingham)。多罗西患上了躁郁症,害怕最终会发疯,于是来到维也纳,决心治疗恐惧症。同时她将四个孩子,鲍勃(Bob)、玛丽(Mary)、卡特琳娜(Katrina)和迈克(Michael)的命运交给了弗洛伊德一家。初步谈话后,安娜决定治疗鲍勃和玛丽,同时建议多罗西接受特奥多尔·赖克③(Theodor Reik)的分析。

安娜和多罗西一见如故,好似孪生姐妹。闲暇时间,两人开着多罗西的福特T型小汽车,去维也纳郊外散步。弗洛伊德很喜欢两人的陪伴。两位女士习惯穿同样的衣服,她们之间的亲密关系甚至比同性恋更加强烈。但是安娜断然否认与这位新朋友之间存在性关系,她始终只忠于一名男子,她只爱一个男人,那就是她的父亲弗洛伊德。

经过父亲的分析治疗,安娜和艾廷贡成为知己,后来结交了新朋友埃娃·罗森菲尔德④(Eva Rosenfeld)。她是犹太裔柏林人,家境富裕,姑姑是弗洛伊德极为喜爱的法国女歌手伊韦特·吉伯特⑤(Yvette Gilbert)。安娜帮助伊娃摆脱了两个孩子过世带来的痛苦以及战胜痢疾后遗症。

---

① 莎乐美,《弗洛伊德与莎乐美通信集》,前揭,这份信件被删改,无法找到分析相关的任何线索。
② 多罗西·蒂芙尼·伯林厄姆(1891—1979),美国精神分析师。——译注
③ 特奥多尔·赖克(1888—1969),出生于维也纳,弗洛伊德最早的学生之一。——译注
④ 伊娃·罗森菲尔德(1892—1977),德国精神分析师,后移居英国。——译注
⑤ 伊韦特·吉伯特(1865—1944),法国歌手。——译注

1927年,安娜与伊娃·罗森菲尔德及多罗西·伯林厄姆一起在维也纳建立了一所儿童私立学校,主要由安娜以及与弗洛伊德的一些弟子开展儿童心理治疗,这些孩子的父母也必须来到维也纳接受分析。其中包括彼得·黑勒(Peter Heller),他后来娶了多罗西的女儿卡特琳娜。他曾写道:"对我而言,在伯林厄姆-罗森菲尔德学校度过的岁月是一段无与伦比、充满希望的经历,这里充满纯净的人文主义理想,在这里我获得灵感,恢复活力,这里比我去过的任何机构都更真诚。这个明亮,充满阳光和热情的地方,散布着群体的真正含义。"①

同年,安娜敦促多罗西接受弗洛伊德的分析,更好地理解两人关系的实质。这一年,弗洛伊德家又迎来一位新成员,一只叫"论语"的雌性松狮,它与沃尔夫相处得极好。

安娜和多罗西两人的生活非常幸福,自由自在,很快她们买下一个小农庄,开辟出菜园,还养了些小动物。两家人经常去农庄度假。1929年秋天,正当全世界受到美国经济危机的威胁,多罗西和四个孩子搬入贝尔加泽街19号,住在弗洛伊德家的楼下。每次治疗,她只需要爬一层楼就可以见到"教授先生",在她眼里,弗洛伊德就像圣父。多罗西还安装了直线电话,晚上可以用电话和安娜聊天,避免打扰家里其他人——在那个动荡的年代,这简直是座令人惊异的乌托邦,弗洛伊德和费伦齐的梦想之所。

安娜通过精神分析意识到自己想要成为母亲的愿望转变为意图成为多罗西孩子们的"共同父母"和治疗师,同时,她仍是侄子恩斯特的养母及分析师。弗洛伊德感到非常幸福,他视自己为这个重组家庭的大家长,就像古代充满权威的族长,而大家族的成果就是精神分析。1929年他写道:"我们家和一个美国家庭(丈夫不在)之间共生的联系愈加紧密坚固,我女儿亲自负责她家孩子们的分析,夏天我们一起去度假。我们家最近加入了新的成员,就是我们的两只小狗,沃尔夫和温柔的论语。"②

---

① 彼特·黑勒,《安娜·弗洛伊德的一个儿童分析》(*Une analyse d'enfant avec Anna Freud*),巴黎,法国大学出版社,1996年,第31页。
② 西格蒙德·弗洛伊德和路德维希·宾斯万格,《1908—1938年通信集》,前揭,第278—279页。安娜·弗洛伊德与多罗西·伯林厄姆的通信集收藏于伦敦弗洛伊德博物馆,还未对研究人员开放。

从 20 世纪初，弗洛伊德就热衷于收藏古董，①这个爱好如同雪茄一般在他的日常生活中必不可少，好似著作中的古希腊悲剧人物一般不可或缺，就像要前往罗马、雅典或者埃及一般志在必行。弗洛伊德阅读的考古著作不比心理学著作少，他将贝尔加泽街的房子改成了一座真正的博物馆。彼得·盖伊说："我们只有通过回想起十九世纪末的各种概念和科学假设才能抓住弗洛伊德革命的全部维度。而这个革命却诞生于一个完全相反的地点，它的旗帜和口号都不可见。"②

弗洛伊德公寓的各个房间堆满各种希腊、中国、埃及以及美洲的雕塑。这些古代文明的遗物，像一部无声的电影，产生阴影和折射，与小狗以及家人的日常生活交织在一起。年复一年，这些雕塑堆积成山，彩色地毯和挂毯层层叠叠，一些盖住了地面、扶手椅和长沙发，另一些则遮住了墙面。在这些最动人心弦和最不协调的雕塑中，二十多个小雕塑放在"教授先生"的书房中，俯视着他的手稿。每个小雕塑都被赋予了不同的个性，维持着书房主人创造性的思想。当弗洛伊德在松狮的陪伴下步入书房、接待病人时，他先和放置在书桌边的中国智者打招呼，智者左边是埃及的知识和医药之神伊姆霍特普雕像，右边是埃及一个小神的雕像。这些雕像如同教授身体与思想的守护者，默默地注视着每一次分析治疗的发生，每一部作品的创作。

橱窗、家具、书架以及东方的陶瓷填满房间的所有空间，整个书房如同迷宫，没有空隙。每一件藏品，阿布辛比勒神庙的彩色壁画，雅努斯、荷鲁斯、阿努比斯、奈芙蒂斯、奥西里斯和伊希斯雕像，格拉蒂娃模型，帕特洛克罗斯之死(*La Mort de Patrocle*)的浮雕，唐三彩，各种菩萨雕像，似乎都体现了精神生活的三个区域，浮现出那从远古传承下来的冲动，突然涌现，却立刻被抑制。在大量的图像、象形文字、墓葬符号以及人类和牲畜的祭祀雕像间，在半明半暗中，可以发现犹太人记忆的痕迹：伦勃朗的铜版画《教堂里的犹太人》(*Les Juifs dans la synagogue*)，克鲁格的

---

① 大约收藏 3000 件古董，其中 2000 件被带到英国。同样参见，理查德·阿姆斯特朗(Richard H. Armstrong)，《古董强迫症》(*A Compulsion for Antiquity*)，伊萨卡，康奈尔大学出版社(Cornnell University Press)，2005 年。

② 彼得·盖伊，《传记说明》(Notice Biographique)，《弗洛伊德的住宅，贝尔加泽街 19 号，维也纳》(*La Maison de Freud , Berggasse 19 , Vienne*)，埃德蒙·恩格尔曼(Edumund Engleman)，1976 年，巴黎，瑟伊出版社(Seuil)，1979 年，第 124 页。

一块展现摩西托起十诫碑的雕刻,犹太烛光节(*Hannukah*)的一个蜡烛台,最后是陈列在埃及雕像前的安息日晚餐祝祷(*Kiddush*)用的两个杯子。①

弗洛伊德同时收集照片和画作,如硝石库医院布卢莱(Brouillet)的著名画作《沙可医生的临床课程》的复制品,安格尔的《俄狄浦斯与斯芬克斯》,菲斯利的《梦魇》,丢勒的《犹大之吻》,等等。还有几十张照片,包括嵌在圆形颈饰中母亲、姐妹和孩子们的照片,弟子们的肖像,以及最爱的三位女性的照片,她们是玛丽·波拿巴、露·安德烈亚斯-莎乐美和伊韦特·吉伯特。②

1922年8月,罗莎·格拉夫之女采齐莉·弗洛伊德(Cäcilie Freud)未婚先孕,吞服过量佛罗那自杀,没有留下孩子。服药后,她写下遗书给母亲,没有把死亡归罪任何人,包括情人,反而解释说死亡如此轻松,甚至包含某种愉悦。这个事件深深地震撼着弗洛伊德,他联想到奥地利暧昧不明的前途,意识到这个新成立的共和国面临和涌动的政治斗争。当时人们把这里称作"红色维也纳",这座城市主要由社会民主党和基督教社会党轮番执政,两党都受到奥地利马克思主义的影响。左派雄心勃勃的计划被废除,弗洛伊德感受到反犹太人和泛日耳曼主义民粹力量的抬头。他很清楚这些人一边排斥外国人,尤其是来自波兰、罗马尼亚和乌克兰的犹太人,一边寻找新的替罪羊。

当时,弗洛伊德一直指责美国总统威尔逊,以及他那不可原谅的十四

---

① 烛光节:犹太节日。祝祷仪式(*Kiddush*):安息日开始时的仪式。关于这些物品以及相关讨论,参见约塞福·哈伊姆·耶路沙米,《弗洛伊德的"摩西"》,前揭,第201—203页,以及埃里克·戴维斯(Erica Davies),《如在梦中的世界:弗洛伊德的股东收藏》(*Eine Welt wie im Traum, Freuds Antikensammlung*),见莉迪亚·马里内利(Lydia Marinelli)所编的《我古老而肮脏的神灵:弗洛伊德的收藏品》(*Mein alten und dreckigen Götter, aus Sigmund Freud's Sammlung*),法兰克福,斯托姆菲尔德出版社(Stroemfeld)。关于弗洛伊德的南美收藏品,参见吕邦·加洛(Ruben Gallo),《弗洛伊德在墨西哥》(*Freud au Mexique*),2010年,巴黎,昔日田园出版社,2013年。

② 几十本插图书记录了弗洛伊德在贝尔加泽街令人惊异的日常生活:恩斯特·弗洛伊德、露西·弗洛伊德和艾尔斯·格鲁布里希-西米蒂斯(Ilse Grubrich-Simities)主编的《西格蒙德·弗洛伊德,场所,脸庞,物品》(*Sigmund Freud, lieux, visage, objets*),库尔特·艾斯勒主编的部分自传的内容(1976),布鲁塞尔,联合出版社(Complexe),1979年。西格蒙德·弗洛伊德,《私人纪事,1929—1939年》(*Chronique la plus brève. Carnets intimes*),迈克尔·莫尔纳(Michael Molnar)注解出版,巴黎,阿尔班·米歇尔出版社,1992年。

点计划。他不相信威尔逊为帝国设计的民族自治自决权,认为这项计划企图将中欧巴尔干化。总而言之,在他眼里,这位辉煌的总统企图解放一些人,脱离原主人的桎梏,那么他必须为这些人的不幸负责。他说威尔逊不仅不尊重胜利者,还看不起他们。此外,弗洛伊德刚拜读完美国记者威廉·贝亚德·黑尔(William Bayard Hale)的著作[1],黑尔借用精神分析的方法,揭露威尔逊浮夸的风格,令弗洛伊德更加坚信自己的观点。教授不顾琼斯的建议,始终沉浸于某种反美文化,与记者通过几回信。然而,无论弗洛伊德还是身边的人都不曾想到,有一天阿道夫·希特勒会对精神分析运动产生如此巨大的影响。

弗洛伊德一直担心自己的健康状态。他好几次感到上颚右侧有增生物,但未予以重视。比起戒烟,他更倾向于患了黏膜白斑。[2] 1923年4月20日,弗洛伊德通过手术摘除了所谓的"良性"肿瘤,但他怀疑患了上皮癌。于是,他决定咨询老朋友,"星期三心理学会"的共同创始人斯坦纳。后者再度建议他戒烟,并对他隐瞒肿瘤的癌症特征。

同年4月7日,弗洛伊德的弟子兼私人医生费利克斯·朵伊契已经发现病变。他担心教授害怕,不敢将真实病情告诉敬爱的老师,只建议再进行一次手术。弗洛伊德认识维也纳最著名的医学教授,可以轻而易举地找到最顶尖的医生。于是,他向耳鼻喉科医生马库斯·海耶克(Marcus Hajek)求助,相信他一定会彻底消除自己的疑虑。他的怀疑完全正确。海耶克医生与弗利斯医生非常相似,他再次对肿瘤实施了切除,手术发生大出血,完全是一场灾难。[3] 手术后弗洛伊德接受的放射治疗,毫无成效,唯有使他感到更加疼痛而已。当时他最珍视的外孙小海纳勒离开人世,转移了他对病情的关注,因此没有继续寻求病情真相。6月末,他和明娜一起出发前往加斯泰因河谷[4](Gastein),然后转往蒂罗尔[5](Tyrol),最后在拉瓦罗尼[6](La-

---

[1] 威廉·黑尔,《一种风格的故事》(The Story of a Style),纽约,休博什出版社(B. W. Huebsch),1920年。
[2] 出现白色斑点状的黏液疾病。
[3] 关于弗洛伊德的癌症病情,许多著作进行了叙述,尤其参见马克斯·舒尔,《弗洛伊德生命中的死亡》,前揭。埃内斯特·琼斯和彼得·盖伊的描述非常贴合事实。
[4] 加斯泰因河谷,位于奥地利萨尔斯堡州境内。——译注
[5] 蒂罗尔,位于奥地利西南部。——译注
[6] 拉瓦罗尼,位于意大利境内。——译注

varone)和家人汇合。

1923年8月末,委员会成员来到圣克里斯托福罗①(San Cristoforo),弗洛伊德住在山下。大家激烈地争论着"主动技术"。兰克和费伦奇感到被柏林派的亚伯拉罕和艾廷贡边缘化,琼斯则始终努力在日耳曼语世界以外推广精神分析。弗洛伊德拒绝发表观点,继续留在酒店里,只有费利克斯·朵伊契与安娜和其他成员一起在圣克里斯托福罗共进晚餐。当天晚上,这些弟子们得知了弗洛伊德病情严重。②"教授先生"必须再次手术,但弟子们却陷入混乱无序的讨论,直至最后仍未能下定决心向他坦承病情真相。③他们决定让弗洛伊德在手术前再度游历意大利。1913年,"教授先生"曾告诉安娜自己对罗马的喜爱和向往,因此没有任何人、任何事情可以阻止这个行程。弗洛伊德和安娜在罗马的街头行走数小时,按照之前严格制定的行程安排,他们参观了古罗马广场、万神殿、蒂沃利小镇和西斯廷教堂。弗洛伊德向其他孩子写道,"最后几天吹起了非洲热风,我下颚的反应比之前任何时候都强烈,这促使我离开。安娜快乐得像只小燕雀。她今天还尝试唱了段轻歌剧"④。

此后弗洛伊德和朵伊契失和,甚至称后者是"可悲的懦夫"。不过后来两人又重归于好。1927年,弗洛伊德选择马克斯·舒尔担任私人医生,后者在1916年曾参加弗洛伊德在维也纳大学医学院的精神分析讲座,他负责弗洛伊德的治疗,照顾"教授先生"直至临终。舒尔医生是波兰裔犹太人,曾接受露丝·麦克·布伦斯维克的分析,接手了照料这位最有威望的病人的任务。他比弗洛伊德早期的弟子年轻不少,也非常崇拜他,但不至于向他隐瞒病情。

此次会面前,大约在最后一次前往罗马的旅途中,弗洛伊德已经决定咨询汉斯·皮希勒(Hans Pichler),奥地利著名的口腔科医生,当时欧洲

---

① 圣克里斯托福罗,位于意大利境内。——译注
② 疣状肿瘤,这一疾病1948年才由美国医生劳伦·V.阿克曼(Lauren V. Ackerman,1905—1993)首次进行描述。1923年,人们称作"恶化快速的颌癌",参见马克斯·舒尔,《弗洛伊德生命中的死亡》,前揭。
③ 几年后,琼斯在伦敦将这次讨论告诉了弗洛伊德,后者大发雷霆:他们有什么权利决定向他隐瞒病情?弗洛伊德不能忍受这种"被监护"。参见菲丽丝·格罗斯库特,《弗洛伊德:秘密指环》,前揭,第124页。埃内斯特·琼斯和彼得·盖伊两个版本的传记中对此的说法一致。
④ 西格蒙德·弗洛伊德,《我们的心伸向南方》,前揭,第338页。

数一数二的颌面外科手术专家。此人曾求学于芝加哥西北大学,在战争期间修复了多名伤者的面部,手术技巧极为高超。

1923年9月26日,皮希勒接待了弗洛伊德。10月4日,他对弗洛伊德实施简单的手术,切除上颌和右上颚的健康组织。11月13日再次手术。从这天起,他对弗洛伊德共进行二十五次手术。1931年,他向美国同事瓦拉齐泰德·卡桑基安(Varaztad Kazanjian)求助,后者曾是英国军队荣誉军医,极大地改进了颌面创伤治疗使用的牙齿赝复体校正技术。弗洛伊德受益于第一次世界大战参战国在脸部外科方面取得的连续进步,① 但他也因此在生命剩余的十六年中饱受折磨。

于是这个"赝复体"如同收藏品、书籍、雪茄、爱犬及病人一般,成为弗洛伊德和身边人日常生活中不可缺少的一部分。赝复体严重影响了"教授先生"本已虚弱的身体,他将这个难以命名的物品称做可恶的赝复体、可怕的怪物、折磨人的玩意儿、没调准的东西。每次与朋友通信时,他都会将这个闯入生活的赝复体描述一番,却坚决不肯戒烟,"亲爱的马克斯,这个赝复体使我时时刻刻都处于十分紧张的状态,吃东西,喝东西,与人说话,这一切都令我感到万分恐惧"。"亲爱的露,我身体中一个替代品造反了,有什么比这更令人恼火的? 它只不过是与眼镜、假牙或者假发别无二致的人造品而已。……这个外来的东西现在却成了救星,要为它做各种小安排,令我产生能够不用嘴巴就可以讨论的幻觉。……最近所有的手术看上去均不可避免,结果都毫无用处。"1931年,他提到卡桑基安,写道,"他有着卓别林般的笑容。这位魔术师下令做出比目前的赝复体小一半、轻一半的临时赝复体,我终于能够像以前一样咀嚼。

---

① 莎伦·罗姆(Sharon Romm)和爱德华·卢斯(Edward Luce),《汉斯·皮希勒:西格蒙德·弗洛伊德的口腔手术》(Hans Pichler: Oral Surgeon to Sigmund Freud),见《口腔外科手术、口腔医学和病理》(*Oral Surgery, Oral Medicine and Pathology*),1984年1月,第31—32页。泽维尔·里奥(Xavier Riaud),《颌面外科手术的先驱(1914—1918)》(*Pionniers de la chirurgie maxillo-faciale (1914-1918)*),巴黎,哈麦丹风出版社(l'Harmattan),2010年。根据许多医学史家的描述以及相关档案的证实,一些评论家认为弗洛伊德的颌面癌根本不严重,或者是出于想象。病情的恶化主要是由于海耶克的延误治疗、放射疗法以及舒尔错误的治疗手段,此外最初的病因是尼古丁。参见雅克·贝内斯托(Jacques Bénesteau),《弗洛伊德的谎言》,前揭,第162—163页。这本著作中充满了各种谣言,皮希勒和卡桑基安的名字甚至都没有出现。此外,作者还混淆了"乳头状瘤病"和"皮癌",他认为弗洛伊德患的癌症由弟子们杜撰,目的是将他塑造为一位殉道者。所谓的"弗洛伊德的癌症不存在",与他和明娜的乱伦关系的假设,都是修正主义流派偏好的主题。

说话和抽烟了"。①

弗洛伊德不得不接受各式各样的手术:一些手术使用局部麻醉和镇静药物,另一些需要全身麻醉。每次手术后,他都难以开口说话。年复一年,进食越来越艰辛,伴随着右耳彻底失聪,分析治疗病人时,他不得不挪动沙发,以便听清病人的阐述。赝复体需要不断地清洁,调整,重新装入,令他苦不堪言。每当无法将它安放到位时,弗洛伊德便呼唤安娜帮忙。为了安装赝复体,安娜有时需要花上一个小时。彼得·盖伊写道:"没有任何的不耐烦或者厌恶,这样的身体接近使父女两人的联系更加紧密。弗洛伊德对女儿而言是不可替代的,而安娜对于弗洛伊德来说亦是如此。"②

---

① 安德烈·博尔赞格尔,《西格蒙德·弗洛伊德的肖像》,前揭,第71—72页。所有的引文都出自弗洛伊德的通信集,由笔者翻译。
② 彼得·盖伊,《弗洛伊德传》,前揭,第508页。

第三章 长沙发的艺术

弗洛伊德职业生涯的开端是一名治疗神经疾病的专家,继而成为精神分析师,最后成为分析师的导师。已有无数的论文或者书籍对他在此期间的病人和财富加以描述。我们参考美国国会图书馆的档案,研究痊愈病例口述以及出版的案例描述,可以确定弗洛伊德在职业生涯中大约治疗了160名病人,这些人各不相同,但大部分都出身富裕的大资产阶级或中资产阶级。也许人们将来会发现其他的治疗叙述,然而历史学家对弗洛伊德复杂的诊疗实践的看法不会产生大幅度改变。[1]

1895年至1914年期间,弗洛伊德的病人主要来自奥匈帝国、西欧、北欧及南欧,1920年后,陆续有来自北美,法国和英国的病人,这些病人

---

[1] 本书结尾附有经弗洛伊德治疗的病人不完整名单,由理查德·G.克莱因(Richard G. Klein)和恩斯特·法尔泽德建立,笔者增添了部分。参见乌尔丽克·迈,《被弗洛伊德分析的十九个病人(1910—1920)》(Neunzehn Patienten in Analyse bei Freud [1910‑1920]),第一部分,《论弗洛伊德分析的持续》(Zur Dauer von Freuds Analysen),第二部分,《论弗洛伊德分析的频率》(Zur Frequenz von Freuds Analysen),《精神:精神分析及应用期刊》(*Psyche, Zeischrift fur Psychoanalyse und ihre Anwendungen*),6和7,斯图加特,科莱特‑科塔出版社(Klett-Cotta),2007年6月及7月,第590—625页。戴维·J.林恩和乔治·E.瓦利恩特(George E. Vaillant)分析评估了弗洛伊德治疗的四十三个病例,《西格蒙德·弗洛伊德方法中的匿名、中立和保密:对四十三个病例的回顾,1907—1939年》(Anonymity, Neutrallity and Confidentiality in the Actual Methods of Sigmund Freud: A Reviez of 43 Cases, 1907‑1939),见《美国精神分析报》(*American Journal of Psychiatry*),1998年2月,第163—170页。米凯尔·博尔奇-雅各布森曾对三十一位病人做了非常有趣的描述,但作者的预设立场是反对弗洛伊德。参见《弗洛伊德的病人》,前揭。亦可参见保罗·罗森较早时期的作品《弗洛伊德学派的故事》(1971),巴黎,法国大学出版社(PUF),1986。曼弗雷德·波轮(Manfred Pohlen),《与弗洛伊德的分析(2006)》(*En analyse avec Freud*(2006)),巴黎,达朗迪耶出版社(Tallandier),2010年。参见《精神分析词典》,前揭。陈列于美国国会图书馆的部分文献档案尚未归类,但仍然可以查阅。笔者查阅到一百二十多名病人,名单见附录。

基本都来自第一次世界大战的战胜国。在此期间，弗洛伊德成为分析师的分析师，当时他仍然认为分析治疗是家庭事务。他不仅负责女儿安娜的治疗，还分析病人的朋友、他的弟子、弟子的伴侣及亲友们。我们很清楚，弗洛伊德从不遵守精神分析协会的技术规定。要知道这些规定自1918年起才开始逐步制订，精神分析运动完全不可能迫使弗洛伊德遵守。如果治疗病人时，"教授先生"必须接受监督才能成为精神分析师，这会令他多么不自在？既然协会首批会员直至1920年才着手制订这些规定，况且这些规定伴随着精神分析师这一行业逐渐职业化才在精神分析协会内真正地执行，[①]它们又如何能够禁止弗洛伊德分析治疗亲人及亲人的伴侣呢？事实上，这些规定是由最早的分析师们为后来的分析师制订的。

从1920年起，对病例的认识发生了重大变化。此前，主要由弗洛伊德本人复述，他撰写过许多临床治疗叙述，而在两次世界大战之间发生的治疗，则由分析对象陈述，记录或者根据分析对象的记录，由历史学家或者持有人整理出版。换而言之，此时的治疗从分析对象的角度进行叙述，人们从他们的角度评估、理解和回顾弗洛伊德以往的诊疗工作，而不再以弗洛伊德本人的叙述为依据。其中差异巨大。

我们还知道，弗洛伊德在1914年前后接待的所谓的"病人"，或多或少局限于身边那些需要治疗的人。在《癔症研究》一书中出现的所有女性病例皆如此，如伊达·鲍尔、玛格丽特·琼卡，等等。因此，这些治疗很少真正获得成功，尤其这些年轻的女子发自内心地想要叛离家庭，在她们眼里，弗洛伊德是淫秽的医生、父母的帮凶。相反，如果病人出于自愿来到贝尔加泽街接受弗洛伊德的治疗，他们一般会对治疗的结果感到满意。这就产生了悖论：主体越能自由选择，治疗越是成功。事实上，弗洛伊德曾做出这样的总结，任何精神分析，若没有病人的完全投入皆不可能实现。而且，当分析对象越希望成为分析师，越希望投身这项事业，治疗可能越有效，接着分析治疗成为一种教学。结果，这些治疗最为成功，无一例外。也就是说，最成功的治疗，即分析主体认为最满意的治疗，主要来

[①] 笔者在 HPF-JL 中探讨了这个问题，前揭。亦可参见《精神分析词典》，前揭，列出了这个问题相关的参考文献。

自两方面:自觉的意愿和积极的投入。①

弗洛伊德大部分的病人均是患有神经症的犹太人。20世纪上半叶,"神经症"的词义非常广泛,可以是轻度,但大部分情况下都是重度,后来称为"边缘状态"(borderline),甚至精神变态。这些病人中很多是知识分子,甚至是著名的知识分子、音乐家、作家、设计师、医生,等等,②他们不仅仅想得到治疗,还希望与精神分析之父面对面交流,亲身体验分析治疗。一般他们慕名远道而来,在抵达贝尔加泽街前,已经经过欧洲医疗界所有顶尖医生、各种神经疾病的精神科医生或专家的检查。无论如何,尤其是在1914年前,他们都会面临著名的"医疗虚无主义",这是那个时代精神病医学的特征。

在这一点上,精神分析获得的巨大成就应归功于弗洛伊德发明了宏大的史诗般叙述、谜题的破译,以及精神疾病分类相融合的心理疾病阐述体系。这位极具创造性的智者本人饱受疾病的折磨。每当病人坐在长沙发上,身边放着奢华的收藏品,坐着几只漂亮的小狗,他都能感到自己如同戏剧舞台上的主角,是王子,是公主,是智慧的先知,或是堕落的国王、忧伤的王后。弗洛伊德经常讲述童话故事,或简略地叙述小说,或朗读诗歌,或引用神话。在他的眼里,犹太人的历史,诙谐(Witz),对埋藏在灵魂最深处的性欲描述,这些都可以赋予现代主体一种神话,这种神话使之回溯人类起源之伟大。在技术层面,弗洛伊德曾说过,正确实施的分析即成功的分析,目的在于使病人相信并接受结构深奥的真相,仅此而已,因为这产生好处远远多于简单的寻找记忆。换而言之,成功的治疗能够使分析主体明白折磨和失败的深层次原因,进而克服,更好地实现自我欲望。

弗洛伊德每天接待八位病人,每次治疗时间为四十五分钟,每位病人每

---

① 这完全是因为精神分析师们不愿意面对弗洛伊德未曾叙述过的治疗,他们从未能够对弗洛伊德的实践做出真正的评估。各种流派,克莱因派、拉康派、后拉康派、费伦齐派等,他们把安娜·O.的经历、《癔症研究》以及著名的《五个精神分析案例》中涉及的病例奉为"圣经",只满足于对此进行评论,事实上,五大病例中只有三个称得上治疗。这就为弗洛伊德的反对派留下了批评的空间,他们将弗洛伊德描述成一个庸医,即使面对最轻的病情也束手无策。我们知道,事实远比这复杂得多。
② 恩斯特·布卢姆(Ernst Blum),玛丽·波拿巴,玛丽斯·舒瓦西(Maryse Choisy),雅各布·尤里乌斯·戴维(Jakob Julius David),维克托·冯·迪斯泰,希尔达·杜丽特尔,亨利·弗卢努瓦(Henri Flournoy),贺拉斯·弗林克(Horace W. Frink),布鲁诺·格茨,艾布拉姆·卡迪纳(Abram Kardiner),卡尔·利布曼(Carl Liebman),古斯塔夫·马勒,雷蒙·德·索绪尔(Raymond de Saussure),詹姆斯·斯特雷奇和阿利克斯·斯特雷奇(James et Alix Strachey),玛格丽特·维特根斯坦(Margaret Wittgenstein),约瑟夫·沃提斯等。

周进行六次治疗,疗程一般为数周,有时长达几个月。有些治疗可能永无止境,不停中断,重整旗鼓,又再度失败。还有些人前来做简单的咨询,或询用药,或仅做几场心理治疗。一般弗洛伊德在治疗时从不记录,沙发治疗的全部艺术在于他如同但丁《神曲》中的维吉尔般充当引路者。弗洛伊德会建议病人禁欲,但他从不遵守所谓的"中性"原则,反而更喜欢自由滑翔式注意(attention flottante),令无意识的活动起作用。治疗时,他与病人交流,干预,解释并阐述,有时他也犯错。他当着病人抽雪茄,但从不提供雪茄给病人,对此,后者反应不一。最后,他会联系生活中的特定细节,阐述自己的爱好、政治立场和信仰。总而言之,他介入治疗,相信克服最顽固的阻抗后会抵达成功。如果未能成功,他会试图弄明白其中的原因,直至确认绝无成功的可能性才放弃。另外,他有时不够谨慎,将治疗内容写信告诉朋友,或者将收到的信件读给病人听,事实上,这些都应该保密。

弗洛伊德每天都在特殊的记事本(*Kassa-Protokoll*)[①]上记账,和朋友家人通信时也经常提到金钱。1900年至1914年间,他的社会地位可与私下接待病人的医学教授比肩。[②] 因此,那个年代,他的收入与执业医生差不多,而且他们的生活方式也非常相似。

战争期间,随着奥地利经济的崩溃,弗洛伊德的收入大幅锐减。然而1920年后,他的收入逐步增加,病人不仅来自经历经济危机和货币贬值的前奥匈帝国,还有来自美国及其他国家富有且希望学习精神分析的分析师及知识分子。于是,弗洛伊德逐渐成为了分析师们的分析师。

弗洛伊德要求病人尽可能支付外汇。几年后,他便能够在国外置办

[①] 可在美国国会图书馆查阅。
[②] 亨利·卢迪耶(Henrie Roudier),数学家,为我计算了弗洛伊德一生各个时期的财富,第一次世界大战前以弗罗林和奥匈帝国克朗计价,1924年后货币单位是先令和美元。要知道这些换算都是为了评估弗洛伊德每次治疗的价格,将这些价格全部转化为当下的欧元或者美元是没有科学依据的。另外,许多作者之间的观点相互矛盾,有些人提出450欧元,另一些人说1000欧元,还有些人认为是1300欧元。这些换算根本无法采纳,显然这些数字是为了将弗洛伊德塑造成贪婪的诈骗犯。我们必须通过将弗洛伊德的财富与同时代的执业精神分析师或者医生,以及和社会地位相同的人比较才能够正确进行评估。显然,与其父在他这个年龄相比,弗洛伊德还算富裕。亨利·卢迪耶,《弗洛伊德和金钱》(*Freud et l'agent*),未发表。参见克里斯特弗里德·特格尔,《西格蒙德·弗洛伊德的实践:拜访和咨询,心理分析,报酬》(Sigmund Freud's Practice: Visits and Consultation, Psychoanalyses, Remueration),见《精神分析季刊》(*The Psychoanalytic Quarterly*),78,4,2009年,第1033—1058。亦可参见托马斯·皮凯蒂(Thomas Piketty)的估算,第328页,n°2。

产业,作为作者的版税收入也非常可观。虽然他的收入不及在纽约、伦敦执业的精神分析师,但比他那些德国、匈牙利和奥地利的弟子富裕得多,当时,由于这些国家灾难般的经济状况,精神分析师几乎难以生存。1921年10月,弗洛伊德希望莎乐美前来维也纳,她之前曾表露这一想法。"教授先生"在信中写道:"当下的世况可能切断了您与故国的联系,您可能无法前来,请允许我从汉堡给您寄些旅费。我的女婿在那里打理我在德国的产业以及其他外汇收益(美元,英镑,瑞士法郎),我现在相对还算富裕。但我希望能够从这些新获得的财富中获得快乐。"①

我们可以比较一下,1896年弗洛伊德每小时赚10个弗罗林,1910年每次分析治疗的费用是10—20个奥匈帝国克朗。1919年时收费达到200克朗,美国病人的收费是5美元(相当于750克朗),不太富裕的英国病人收费一个几尼,大约比1英镑贵些(600克朗)。最后,1921年,他计划收费为500—1000克朗,最后将费用定为每小时25美元,②对于某些病人的收费会略微便宜一些。

当时弗洛伊德仍然抱有一种不公平且过分的反美情绪,比如,他曾表示那些美国弟子的唯一用处就是带来美金。某天,他说,我们可以用"一只挥舞着《圣经》的猴子"代替自由女神,对方听后惊愕至极。另一次,他对一位正在接受分析的学生说,美国人非常愚笨,他们的思想方式可以简化为可笑的三段论:"你们,美国人,你们就像这样,大蒜是好的,巧克力也是好的,于是在巧克力上放一些蒜,然后就这么吃着。"③

---

① 莎乐美,《与弗洛伊德的通信集》,前揭,第138页。信中弗洛伊德暗示莎乐美的家族受到俄国布尔什维克革命的冲击。
② 同时期,在纽约每次的治疗费用是45美元。在我的请求下,托马斯·皮凯蒂估算了弗洛伊德的收入。"弗洛伊德是个富有的医生,考虑到当时社会贫富悬殊,这一点并不过分。"当时人均年收入为1200—1300法郎。2013—2014年,人均税前年收入约为25000欧元。为了更好地进行比对,将1900—1910年间的法郎收入乘以系数20。克里斯特布里德·特格尔认为弗洛伊德的收入大约为25 000弗罗林,换算至当前大约为年收入500000欧元。当然,这是非常高的收入,在当时的上层人士中很有代表性。乘以恒定均差,这个数值换算到今日,大约为年收入250000欧元。
③ 西格蒙德·弗洛伊德和桑多尔·费伦齐,《通信集,第三卷:1920—1933》,前揭,第252页。斯迈利·布兰顿(Smiley Blanton),《我接受弗洛伊德分析的日记》(*Journal de mon analyse avec Freud*),巴黎,法国大学出版社(PUF),1973年,第72页。笔者不同意帕特里克·马奥尼的观点,他以克莱因的方法解释弗洛伊德的反美主义,假设这是弗洛伊德保护母亲理想化形象的防卫机制。对他而言,美洲是"远古的母亲",必须压抑魔鬼般的力量。参见路易斯·格雷尼尔(Louise Grenier)和伊莎贝尔·拉斯韦涅斯(Isabelle Lasvergnas),《和帕特里克·马奥尼一起想象弗洛伊德》(*Penser Freud avec Patrick Mahony*),魁北克,利伯出版社(Liber),2004年,第39页。

弗洛伊德从内心深处认为奥匈帝国的战败以及美国精神分析师在国际精神分析运动中占据愈发明显的优势地位都是极大的耻辱。对于要求所有病人必须支付诊费，他深感不安，支持将来设立一些能够为最无助的人提供免费治疗的机构。美国式民主、个人自由和民族自治权利的设想令他十分恐惧。有一天，他对桑德尔·拉多说，"美国人将政治领域的民主原则搬到了科学领域。所有人轮流做主席。因此无人能得到任何成就。"①

弗洛伊德认为精神分析治疗不适合愚笨的人、没有文化的人、上了年纪的人，不适合忧郁者、躁狂者、患有厌食症或患有断断续续的癔症狂乱者。此外，他认为精神病患者和"不愿意接受自我的"倒错者也不适合精神分析。1915年起，他在无法进行精神分析的对象范畴中加入长期有死亡和毁灭冲动且难以转化的严重自恋癖者。后来，当费伦齐请求弗洛伊德对分析自己时，"教授先生"已经年过七旬，长年抽烟患了上颌癌，他幽默地回答，无一治疗建议可行。相反，弗洛伊德认为精神分析尤其适用于治疗癔症、强迫症、恐怖、焦虑、抑制和性障碍。他还认为，只有面对聪明的、有道德感、接受且希望介入的人，精神分析治疗才能够成功。

1928年，弗洛伊德明确地告诉匈牙利籍弟子，避难的改革手工艺者伊什特万·霍洛斯②(Istvan Hollos)自己不喜欢精神病患者，"最后我必须承认我不喜欢这些病人，我讨厌他们和我如此不同，和正常人的一切都不同。这种无法容忍如此奇怪，令我难以进行精神分析……我是否变得像之前面对癔病患者的那些医生一样，在更明显更确切的智力下，最终表现出对本我的敌意？"③

根据这些信件的观点，我们可以相信，弗洛伊德认为精神分析只适合受过良好教育，有梦想或者能够产生幻想，能够意识到自己的状态，想要提升幸福，比起各种怀疑更希望提高道德状态，并且根据移情或者积极的反移情，在几个星期或者几个月内能够治愈的病人。然而，我们也知道，大部分来到贝尔加泽街治疗的病人都不符合以上描述。

---

① 《弗洛伊德致拉多的信》，1925年9月30日，美国国会图书馆。
② 伊什特万·霍洛斯(1872—1957)，精神分析师。——译注
③ 《西格蒙德·弗洛伊德致伊什特万·霍洛斯的信》，1928年10月4日，见伊什特万·霍洛斯，《永别了，黄色的房子》(Mes adieux à la maison jaune)，巴黎，雄鸡-苍鹭出版社，1986年。

换而言之,从 20 世纪初起,弗洛伊德在著作中推崇的治疗规定与病人的治疗实践之间存在巨大的矛盾。他也逐渐地意识到这一点,并不断修改理论。在《论自恋》和《超越快乐原则》中描写病例时,他甚至怀疑各种成功治疗的方式。然而,弗洛伊德也会分析一些所谓的"不可分析的对象",出于反对虚无主义,迫于财政压力,同时也试图不断接受挑战的原因,他希望即使不能彻底治愈病人,至少能够减轻他们的痛苦,或者改变他们的生活境遇。

这些患躁狂症、精神病、忧郁症、自杀、倒错、受虐狂、施虐狂、自我毁灭、自恋的患者,他们也曾咨询其他专家,这些专家的治疗亦不比弗洛伊德成功。① 但只有弗洛伊德,无论在身前还是在死后,不断受到各种卑劣的指控:人们指控他是江湖郎中,贪婪的诈骗犯,等等。

这也是为什么我们需要研究这些最灾难和最成功的治疗病例的细节。首先必须强调,在弗洛伊德接待的患各种倾向的一百二十个病人中,二十几人从未在治疗中获得任何益处,十几人拒绝治疗,甚至憎恨治疗。他们中大部分人都求助其他疗法,在相同的经济条件下,亦没有任何改善。时至今日,没有一位研究者能说清,如果这些人对自我的痛苦置之不理,不采取任何治疗,他们的命运将是如何。

弗洛伊德最独特的经历发生在上个世纪之初的的里雅斯特,一个巴洛克风格的港口城市,当时受奥地利控制,是中欧通往意大利半岛的要道。1908 年,一位年轻的医学生爱德华多·魏斯来到贝尔加泽街,拜读完《梦的解析》后,非常崇拜弗洛伊德。年轻人的父亲是来自波希米亚的犹太工业家,靠着食用油贸易赚取大量财富。魏斯告知库尔特·艾斯勒,"当我准备离开时,弗洛伊德问我为什么如此匆忙。我认为他很高兴认识一个从的里雅斯特来的人。正如大家所知道的,他曾经在这个城市逗留过。他喜欢意大利,知道有一个来自的里雅斯特的年轻人对他的研究感兴趣,他从内心感到愉悦。我当时只有十九岁。谈话结束后,我询问该为

---

① 比如,维也纳建筑师卡尔·迈尔德(Karl Mayreder,1856—1935),患有长期抑郁症,在 1915 年时经过弗洛伊德十个星期的分析,一共咨询过四十九位医生,各种处方和疗法都不见成效。但是只有弗洛伊德被指控未能将他治愈。米凯尔·博尔奇-雅各布森在书中提出弗洛伊德须为此承担责任,《弗洛伊德的病人》,前揭。弗兰克·乔菲(Frank Cioffi),《弗洛伊德与伪科学问题》(*Freud and the Question of Pseudoscience*),芝加哥,开放式庭院出版社(Open Court),1999 年。雅克·贝内斯托,《弗洛伊德的谎言》,前揭。

这次咨询支付多少费用,他非常有魅力地回答我,不接受同行的任何东西。"①

弗洛伊德拒绝分析魏斯,建议他接受保罗·费德恩的培训。魏斯后来将弗洛伊德的理论引入意大利,成为"教授先生"最优秀的弟子之一。他与费德恩保持着亦师亦友的关系,直至流亡美国。

的里雅斯特人与那个年代的维也纳人非常相似,希望收复领土。他们的感情极其复杂,不仅要求意大利身份,而且深深地眷恋着欧洲文化,对所有前卫文学艺术的大型运动都非常敏感。至于那些不信犹太教的犹太人,以及商人出身的有钱或没钱的资产阶级,他们一边希望获得维也纳人一般的自由身份,一边猛烈又伤感地批判哈布斯堡王朝。简而言之,他们认为自己尽管是奥地利人,但更像意大利人,比起意大利人更像是犹太人,他们对研究自我主体有着浓厚的兴趣,不少人患有家族遗传的神经症。

魏斯投身于精神分析事业之际,本名为埃托雷·施米茨的(Ettore Schmitz)伊塔洛·斯韦沃②(Italo Svevo)对弗洛伊德的著作也产生了浓厚的兴趣。当时的里雅斯特的知识分子热情地谈论弗洛伊德的作品,乔治·沃盖拉③(Giorgio Voghera)曾说道,"这是一场真正的飓风"。斯韦沃出身犹太商人家庭,与表妹利维亚·韦内齐亚尼(Livia Veneziani)结婚,双方父母均十分富有,且改信了天主教。利维亚的兄弟布鲁诺·韦内齐亚尼(Bruno Veneziani)是同性恋,烟瘾和毒瘾都极大,年轻时与魏斯是好友。斯韦沃与翁贝尔托·萨巴④(Umberto Saba)以及詹姆斯·乔伊斯(James Joyce)私交甚笃,前者是出生于的里雅斯特的诗人,后来接受魏斯的分析;而当时乔伊斯则在当地的贝立兹学校(Berlitz School)教授英语。

---

① 爱德华多·魏斯和库尔特·艾斯勒的访谈,1953年12月13日,美国国会图书馆,121号箱,34号文件夹,档案中还包含其他不同的评价和回忆。参见安娜·玛利亚·阿切尔博尼(Anna Maria Accerboni),《意大利精神分析先驱爱德华多·魏斯记忆中的西格蒙德·弗洛伊德》(Sigmund Freud dans les souvenirs d'Edoardo Weiss, pionnier de la psychanalyse italienne),见《国际精神分析史杂志》(Revue internationale d'histoire de la psychanaliyse),5,1992年,第619—633页。
② 伊塔洛·斯韦沃(1861—1928),意大利作家、商人。——译注
③ 乔治·沃盖拉,《精神分析的年代》(Gli anni della psiconalisi),波代诺内,论文工坊出版社,1980。
④ 翁贝尔托·萨巴(1883—1957),意大利小说家、诗人。——译注

斯韦沃和弗洛伊德一样烟瘾极大,曾出版过两本小说,但未获成功。1911年,他在巴德依舍①(BadIschld)的乡间与伊西多·塞吉相遇,并向后者承认对尼古丁上瘾。②

斯韦沃表面非常正常,他是个商人,管理岳父母的企业,③但事实上,他的内心有强烈的性幻想和自杀倾向。他幻想从脚底开始将妻子撕成碎片,他有强烈的嫉妒心,性格古怪,不断地想要噬咬妻子的脸。斯韦沃与小说中的人物如此相像,使乔伊斯从他身上获得了灵感,在小说《尤利西斯》中,以他为原形塑造了主角利奥波德·布卢姆(Léopold Bloom)。在创作《芬尼根的守灵夜》(*Finnegans Wake*)时,乔伊斯还想起利维亚和她那头金色长发。

利维亚和布鲁诺的母亲奥尔加(Olga),好像直接来自弗洛伊德的病例描述。非常富有,内心疯狂,憎恨女婿,强忍丈夫的荒唐和欺骗,她曾说,"要用锅炉覆盖全世界"。④ 奥尔加深爱独生子布鲁诺,希望将他培养成天才、辉煌的音乐家兼伟大的商人。而布鲁诺从小患有严重的痉挛,曾求医于当时实证主义医学最著名的医生奥古斯托·穆里⑤(Augusto Murri),然而毫无效果。⑥ 面对母亲的过度控制,布鲁诺深感恐惧,选择过一种喧闹的生活,且毫不掩饰自己的同性恋倾向。

在魏斯和母亲的建议下,布鲁诺咨询过许多精神分析师,包括威廉·斯泰克尔、伊西多·塞吉、鲁道夫·莱特勒、卡尔·亚伯拉罕。接着1912年至1914年期间,他断断续续接受弗洛伊德的分析治疗。经过很长一段时间,弗洛伊德才意识到病人的病理欲望如此强烈,任何治疗都难以产生疗效。1914年10月31日,弗洛伊德恼火地表示,对于这样"糟糕的主体",他也无能为力。亚伯拉罕指出,面对病人的自恋癖,任何形式的解释都显得苍白无力。⑦ 斯韦沃对这次治疗的巨大费用和彻底失败感到十分

---

① 巴德依舍,奥地利的一座温泉小镇——译注
② 参见毛里齐奥·塞拉(Maurizio Serra),《伊塔洛·斯韦沃或反生命》(*Italo Svevo ou l'Antivie*),巴黎,格拉塞出版社,2013年,第258—259页。伊塔洛·斯韦沃,《小说集》(*Romans*),马里奥·福斯科校订,巴黎,伽利玛出版社,2010年。
③ 经营船身涂料的公司。
④ 这是斯韦沃所用的话语。
⑤ 奥古斯托·穆里(1841—1932),意大利医生。——译注
⑥ 毛里齐奥·塞拉,《伊塔洛·斯韦沃或反生命》,前揭,第261页。
⑦ 西格蒙德·弗洛伊德和卡尔·亚伯拉罕,《通信集》,前揭,第352—354页。

震惊,对痛苦感同身受,深信精神分析治疗极度危险:他说,想要解释一个人究竟是什么,这种想法毫无意义。他认为,如同自我分析,唯有情节真实的小说不需要"治疗生命",因为它本身就是致命的。

布鲁诺重新回到里亚斯特。斯韦沃则在大战期间一边翻译弗洛伊德的大量著作,一边构思一部新小说,小说的缘起是一段错误的精神治疗史,主角受困于自己吸终极之烟——最后一支烟。然而,如果从来没有下定决心要戒烟,如何能够结束烟瘾呢?这是典型的弗洛伊德式命题。

1919年,布鲁诺始终难以克服吗啡瘾,在母亲的要求下,重新开始这段没有尽头的长途治疗之旅。此时斯韦沃开始以布鲁诺的经历为原型创作主角泽诺·科西尼(Zeno Cosini),这个人物也借鉴了作者本人和魏斯的经历。魏斯建议布鲁诺再次咨询弗洛伊德,参加国际精神分析大会。但是弗洛伊德反对。他说:"我认为这不是一个好病例。他身上缺少两点:第一,在自我和冲动性要求之间存在冲突,这令他对自我非常满意,对外部环境十分抗拒;其二,他缺少正常的、能和分析师合作的自我。因此,他总是不断欺骗自己,伪装自己。在他身上存在一个极度自恋的自我,逃避各种影响的自我,而且很不幸地,个人的才能和天赋却为这样的自我服务。"①

弗洛伊德强调母亲奥尔加不愿对儿子放手,建议将病人送往巴登-巴登疗养院。布鲁诺在格罗德克的陪同下立即动身,在那里连续接受三次治疗,还认识了位新情人,但他始终没能戒去毒瘾。后来,他前往宾斯万格的美景疗养院,在那里,终于能够正视忧郁症,这也是大部分欧洲知识精英面临的困扰。最后,他感到比过去更加痛苦,于是回到里亚斯特,不时地进入精神病医院接受治疗。这完全就是姐夫斯韦沃在1923年创作的小说《泽诺的意识》中的那个主角,不能适应社会、颓废,与主人公何其相似。这段不幸遭遇的深层次原因在于见证了欧洲那几场大灾难,并且始终追寻不可得的相异性。

1936年奥尔加去世,将家族大部分遗产留给儿子。布鲁诺定居罗

---

① 安娜·玛利亚·阿切尔博尼·帕瓦内洛(Anna Maria Accerboni Pavanello),《精神分析中斯维沃的挑战》(La sfida di Svevo alla psicoanalisi),见《从治疗到治愈:伊塔洛·斯维沃和医生们》(*Guarire dalla cura：Italo Svevo e i medici*),斯维瓦诺博物馆,的里雅斯特 2008,第 110—112 页。参见毛里齐奥·塞拉,《伊塔洛·斯韦沃或反生命》,前揭,第 264 页。

马,选择巴洛克音乐演奏者般的虚幻生涯。两年后,魏斯在移民前将他送到一位荣格心理学的同事那里,后者治疗他,建议他翻译荣格的著作。最后,布鲁诺在情人的帮助下,逃过法西斯的迫害,最终得到了平静。他出让家族一半的股票购得一架羽管键琴,1952 年,在"信仰被痛苦和毒品侵蚀下"离开了人世。

目睹了布鲁诺的漂泊经历,斯韦沃没有接受任何分析,尽管他曾经希望得到弗洛伊德的分析治疗。斯韦沃创造了 20 世纪文学中最具吸引力的人物:一个现代的反英雄人物泽诺,深受无定见、忧郁、吸烟以及失败且荒唐人生的折磨。总而言之,在 20 世纪前二十五年的作家中,斯韦沃是第一个在作品中设计弗洛伊德式病人的作家,这位病人长期患有疾病,遇见了一位无能且报复性强的精神分析师——S 医生,父亲的过世和身边的女性强势使他苦不堪言,还要不断与有自杀企图的另我斗争,最后,他希望发生一场大灾难,使整个地球爆炸。他写道:"然后有一个人,就像其他人一样,但是比其他人病得更严重些,他将这个爆炸物偷出,然后躲入地球中心,将爆炸物放置其中,在那里爆炸效应更加强烈。爆炸时,所有人都听到剧烈的声响,接着地球重新回到混沌状态,继续在空中转动,这时,所有的寄生虫和疾病都消失了。"①

弗洛伊德特意与现代文学保持距离,尽管这部文学作品从他的著作中汲取灵感,但他从未对此书提起过兴致。至于魏斯,尽管斯韦沃殷切恳求,他仍然拒绝为这部作品撰写书评。更糟的是,在作者过世后三十年,魏斯仍然认为这部小说完全没有体现精神分析的方法,而且他与 S 医生也毫不相似。② 魏斯和大部分其他精神分析师一样,他们试图在文学作品中寻找弗洛伊德的理论,却毫不在意弗洛伊德理论对创新文学方式产生的影响。

魏斯过世后,也受到世人的批评。一些评论家,以弗洛伊德学说为武器,认为他的拒绝对斯韦沃产生负向的反移情,他本该为不尊敬"父系权威"而赎罪。③

---

① 伊塔洛·斯韦沃,《小说集》,前揭,第 908 页。
② 马里奥·拉瓦杰托(Mario Lavagetto),《施密茨及其他有关瑞士的论文》(*L'impiegato Schmitz e altri Saggi su Svevo*),都灵,艾奥迪出版社(Einaudi),1975。毛里齐奥·塞拉进行了重述。
③ 安娜·玛利亚·阿切尔博尼·帕瓦内洛,《精神分析中斯维沃的挑战》,前揭。

其实,布鲁诺·韦内齐亚尼的最终命运与奥托·格罗斯、冯·迪斯泰男爵、维克托·陶斯克、贺拉斯·弗林克(Horace Frink)以及其他人,如卡尔·利布曼(Carl Liebman)一样,①他们在某种意义上都是弗洛伊德传奇中的反面人物。他们被官方的历史文献遗忘、抛弃或者错误地对待,后来又被弗洛伊德的反对者们大力推崇。他们形成某种被诅咒的群体,任何历史学家都不能忽略,否则根本无法明白弗洛伊德经历的复杂性。

1920年后,精神分析在全世界获得巨大成功,弗洛伊德本应该对此感到非常幸福。当时,他的事业稳步发展,然而他却没能从中获得任何满足。似乎他怀疑人们接受他的观念后,目的只是想曲解他的理论。"当我去世后,这些'败类'会做什么呢?"一想到当时人们对他的理论作出各种偏差的解释,他就会这么自问。正如许多理论的创立者,弗洛伊德过度保护自己的概念和发明,同时他也为他的崇拜者甚至某些愚蠢的崇拜者辩解。

在这种思想状态下,弗洛伊德在贝尔加泽街接待所有来自战胜国的病人,尤其是来自美国的病人。这些人希望经过培训从事精神分析,同时认识自我,他们为弗洛伊德带来外汇收入。"教授先生"的各种抱怨都徒劳无功,他不得不承认,在这些弟子的帮助和合作下,以英语开展的这些治疗,为精神分析的未来带来无限的可能以及他本人都未曾想过的未来。因此他不得不克制反美情绪,并且承认他的理论也对其他国家开放:如法国、英国、美国、拉美国家、日本,等等。

艾布拉姆·卡迪纳②(Abram Kardiner)出生于纽约一个犹太裁缝家庭,父母从乌克兰移民美国。1921年10月,这位三十岁的年轻医生前往维也纳,希望得到弗洛伊德的分析治疗,这也是当时许多其他美国人的做法,如阿道夫·斯特恩(Adolf Stein)、门罗·梅耶(Monroe Meyer)、克拉伦斯·奥本多夫(Clarence Oberndorf)、艾尔伯特·波隆(Albert Polon)、莱奥纳多·布卢姆加特(Leonard Blumgmart)。③ 卡迪纳热衷人类学,拒绝

---

① 弗洛伊德和奥斯卡·普菲斯特的关系参见下文。
② 艾布拉姆·卡迪纳(1891—1981),美国精神病医生、精神分析师、人类学家。——译注
③ 在弗洛伊德的病人中,大约有二十多位美国人,几乎全部来自纽约。撒迪厄斯·阿姆斯(1885—1963)在1911至1912年间来到维也纳结识弗洛伊德。门罗·梅耶(1892—1939),患忧郁症的精神病医生,四十七岁时用冰镐自尽。弗洛伊德的反对者据此谴责弗洛伊德应为梅耶的自杀负责,此时距梅耶来到维也纳已经过去了十八年。莱奥纳多·布卢姆加特(1881—1959),始终忠诚于正统的弗洛伊德学说。

教条主义,在弗林克处接受第一次分析,但他对治疗不甚满意。

在六个月的分析交流中,卡迪纳向弗洛伊德叙述父母的经历,这是一对为了逃避迫害而移民的贫穷夫妻:两人抵达爱丽丝岛(Ellis Islande)后开始寻找新工作。三岁时,卡迪纳的母亲患结核病过世。听不懂牧师说的话,他整日为失业提心吊胆,还要忍饥挨饿。后来他有了一位来自罗马尼亚的新母亲,这令他产生了强烈的性欲望。卡迪纳还提到他对音乐的热爱,对自己犹太身份和意第绪语能力、排犹主义情绪的发现,对成为伟大"医生"的渴望,以及对少数群体,如印度人、爱尔兰人、意大利人的兴趣。美国这个著名的大熔炉(melting pot)和中欧的多民族并非完全不相似。

卡迪纳回忆起青少年时期,继母患有子宫畸形,无法生育,这让他非常高兴。至于父亲,他记得他以前经常伤害、打骂母亲,他与母亲结婚,却根本不爱她。卡迪纳保留了对亲生母亲的记忆,这位不幸的女子,赋予他生命,却没能来得及抚养他长大。父亲深爱第二任妻子,在她的影响下,成为能为家庭付出的真正的丈夫。卡迪纳曾与一名年轻女子建立恋爱关系,结束这段艰难的恋情后,他陷入抑郁状态。之后,他投身医学研究,从移民美国的犹太穷裁缝之子一跃成为受精神分析和文化主义吸引的杰出知识分子。然而他患有严重的焦虑症,在各种生活行为中显得非常脆弱。

他曾向弗洛伊德叙述了两个梦。在第一个梦中,他见到三个意大利人,竖起阴茎向他撒尿。在第二个梦中,他和继母睡在一起。显然,卡迪纳是理想的"弗洛伊德式"病人,聪明、怀有梦想、患恐惧症、依恋继母、将她视作母亲的替代、生母是父亲为躲避迫害在移民前完成的包办婚姻的受害者。然而,卡迪纳仅仅只希望与弗洛伊德分享这段经历。尽管他很尊重"教授先生",但完全不崇拜弗洛伊德,他会对一些解释提出异议。

克拉伦斯·奥本多夫与卡迪纳同时接受弗洛伊德的分析治疗,他的情况却截然不同。奥本多夫和布里尔共同创立纽约精神分析协会。弗洛伊德看不起他,认为他既愚蠢又傲慢。[①] 然而,比起卡迪纳,奥本多夫对弗洛伊德忠诚得多,尽管他对精神分析师总喜欢寻找"原初情景"的倾向持

---

① 弗洛伊德如是告诉琼斯。参见彼得·盖伊,《弗洛伊德的一生》,前揭,第651页。

相当谨慎态度。这是非常正确的。他还认为过去的治疗已经不能适应当今的社会。①

接受分析的第一天,奥本多夫向弗洛伊德叙述了一个梦,梦中他坐在一辆由一匹白马和一匹黑马拉着的四轮敞篷马车上,前往一个未知的目的地。弗洛伊德很清楚他出生于亚特兰大一个拥护南部联盟的家庭,小时候曾有一个黑人乳母,他非常依恋她。因此,弗洛伊德一开始就给出令人震惊的解释,他向奥本多夫宣布,他不可能结婚成家,因为他无法决定想要白人妻子还是黑人妻子。奥本多夫和弗洛伊德及卡迪纳围绕这个梦讨论了数月。② 经过费德恩一段时间的培训以及随着对精神分析的逐渐了解,奥本多夫认为受到了侮辱,于是中断了对这个梦的解释和探索。卡迪纳认为,奥本多夫将继续保持单身,而弗洛伊德会继续看不起他。

比起奥本多夫,弗洛伊德对待卡迪纳就和蔼亲切得多。这位多瑙河的先知解释道,他被母亲的不幸同化,这是一种"无意识的同性恋"。梦中的三位意大利人代表父亲,面对父亲他深感屈辱。他与未婚妻解除婚约,是不断重复原始的抛弃。既然他已经重新振作,这种抛弃不会再现。至于另一个梦,"教授先生"的解释是,卡迪纳希望服从父亲,以避免"唤醒沉睡的巨龙"。弗洛伊德混淆了潜意识的同性恋和对父亲的服从,而病人卡迪纳却意识到了这一点。

六个月后,弗洛伊德认为卡迪纳经过了良好的分析,预言他会有一个杰出的职业生涯,经济上将取得无与伦比的成功,爱情生活也将幸福甜蜜——预言非常正确。1976 年,尽管卡迪纳逐渐远离精神分析的教条主义,同时否认俄狄浦斯情结的普遍化以及对压抑同性恋或者父权律法的教条主义解释,他仍然记得在贝尔加泽街逗留期间的那段愉快时光:"今天我会说,弗洛伊德大致上出色地完成了对我的分析。如果说弗洛伊德是个伟大的分析家,这是因为他从不使用理论化的表达——至少对于那个年代而言的理论化表达——他用日常的语言解释。他对俄狄浦斯情结和无意识同性恋概念的解释却是例外,处理材料时没有将它们与日常生

---

① 克拉伦斯·奥本多夫的采访,1952 年 12 月 12 日,美国国会图书馆。
② 克拉伦斯·奥本多夫(1882—1954),正统的弗洛伊德主义学者,反对外行人从事精神分析。他编纂了美国第一本正式的精神分析历史著作。

活分离。他对梦的解析尤其具有穿透力,充满直觉性。"谈到弗洛伊德错误地解释"沉睡的巨龙"时,他说:"这位先生发明了移情概念,然而当这个概念出现时,他却没有辨认出来。这是他唯一忽略的一点。小时候,我确实害怕父亲,但是到了1921年,我真正害怕的人,是弗洛伊德。他能够赋予我生活,或者将我的生活撕碎,令我感到恐惧的已不再是我的父亲。"①

卡迪纳的评论耐人寻味,当时他认为弗林克的分析不到位,于是来到维也纳。然而,他始终忽略了弗洛伊德治疗弗林克的困难程度。诚然,卡迪纳感受到弗林克的进攻性,但他没有觉察到精神问题的征兆。弗林克比弗洛伊德本人更加坚持弗洛伊德的理论,他将卡迪纳与父亲的关系解释为俄狄浦斯式的死亡期待:"你嫉妒他,嫉妒他拥有你的继母。"他这么对卡迪纳说。这个错误的解释导致卡迪纳焦虑症复发,希望结束治疗。一开始,弗洛伊德拒绝分析卡迪纳,他不希望伤害弗林克。然而分析结束后,弗洛伊德向卡迪纳坦承了自己的恐惧。治疗已不再令他感兴趣,他说,"现在我感到很不耐烦,我患了某种无能,令我无法成为伟大的分析家。对于其他人,我太像一位父亲,我对理论关注得太多了"②。

1922年4月,当卡迪纳对弗洛伊德说精神分析不会对任何人产生伤害时,后者向他展示了两张弗林克的照片,一张拍摄于分析前(1920年10月),另一张摄于分析后。③ 在第一张照片中,弗林克正是卡迪纳认识的那位,而另一张上,他神情惊慌,瘦骨嶙峋。是否真是精神分析的经历令他产生如斯变化?比起弗洛伊德,卡迪纳更加怀疑,④弗洛伊德从未能够从这场噩梦般的治疗悲剧中走出来。这是一段掺杂着夫妻关系、情人关系、精神分析内婚制和错误治疗的经历。

贺拉斯·韦斯特莱克·弗林克出生于1883年,他既不是犹太人,父母也不是欧洲移民,他不富有也未患神经症。弗林克非常聪明,很早就投身精神分析的学习,希望成为精神分析师。他自年轻时就患有抑郁症,曾经过布里尔的分析,几年后又出版了一本畅销书,极大地提

---

① 艾布拉姆·卡迪纳,《我和弗洛伊德的分析(1977)》(*Mon analyse avec Freud* [1977]),巴黎,贝尔丰出版社,1978年,第141和89页。
② 同上,第103—104页。
③ 1921年10月在开始对卡迪纳分析时,弗洛伊德收到这两张照片。
④ 艾布拉姆·卡迪纳,《我和弗洛伊德的分析》,前揭,第101页。

升了弗洛伊德在大西洋彼岸的名望,从而被纽约精神分析协会接纳为会员。① 1918年,他成为美国东海岸最负盛名的精神分析师之一,但是他仍患有躁狂症和抑郁症,且有自杀倾向。至于感情生活,他与妻子多丽丝·贝斯特(Doris Best)育有两个孩子,还有一名情人安杰丽卡·比尤尔(Angelika Bijur)。后者曾是他的病人,继承了家族巨额财产,非常富有,丈夫是美国著名的法学家亚伯拉罕·比尤尔(Abraham Bijur),也曾由弗林克分析,后来由撒迪厄斯·阿姆斯(Thaddeus Ames)治疗。

安杰丽卡不断施压,迫使弗林克离婚,于是他来到维也纳,希望经过弗洛伊德的分析找到答案,决定谁才是自己的终身伴侣。当安杰丽卡向弗洛伊德咨询时,"教授先生"建议她离婚,嫁给弗林克,否则弗林克可能成为隐藏性同性恋。同样,他对后者的诊断是压抑性同性恋。事实上,他为这位聪明的年轻人所吸引,称赞他是个"非常和蔼的年轻人,尽管经历了生活的变故,状态仍然十分稳定。""教授先生"甚至鼓励弗林克取代布里尔。②

弗林克当然无法接受这样的诊断。但是,他盲目地崇拜弗洛伊德,于是决定与多丽丝离婚,与安杰丽卡结婚。亚伯拉罕·比尤尔非常愤慨,认为这种做法违背所有的伦理道德。他撰写公开信,打算寄给《纽约时报》,信中指控弗洛伊德是"打着医生幌子的大骗子"。他将信件副本交给阿姆斯,后者通知弗洛伊德,强调如果这件事被媒体曝光会对纽约精神分析协会带来巨大的冲击。琼斯尝试平息这个事件,弗洛伊德解释说安杰丽卡误解了他的话。然而他仍然强调,比起两个家庭生活不幸的人各自离婚后再结婚,这个社会反而更能够容忍婚外情。③ 这其实是他内心深处的真

---

① 贺拉斯·W. 弗林克,《病态恐惧和强迫》(*Morbid Fears and Compulsions*),波士顿,莫法特出版公司,1918年。
② 弗林克的第一次治疗于1921年3月至7月进行,历时五个月。1922年4月至7月间,弗林克进行第二次分析,当年11月至12月期间开展了第三阶段。参见保罗·罗森,《弗洛伊德学派的故事》,前揭。L. 埃德蒙斯(L. Edmunds),《弗洛伊德的美国悲剧》(*Freud's American Tragedy*),《约翰·霍普金斯杂志》(*Johns Hopkins Magazine*),30,1988,第40—49页。参见《和帕特里克·马奥尼一起想象弗洛伊德》,前揭,第40—45页。米凯尔·博尔奇-雅各布森,《弗洛伊德的病人》,前揭,第198—202页。整个精神分析界以及许多弗洛伊德的传记都对弗林克的分析保持沉默,除了彼得·盖伊,他在《弗洛伊德传》一书中作了公正的描述,并强调弗洛伊德的反美主义。此外,整件事情在弗洛伊德和琼斯的《通信全集》中也有提及,前揭。参见《精神分析词典》,前揭。
③ 《弗洛伊德致琼斯的信》,1921年11月6日。1922年5月,亚伯拉罕·比尤尔去世,未能发表公开信。

实想法。他承认确实推动两人各自离婚，因为他认为他们与各自的伴侣已经无法继续相处。

在另一些情形下，弗洛伊德却会作出不同的决定，他深信婚外情只不过是相互爱慕的恋人，在遇见不可调和的问题时表现出的症状。简单地说，一方面弗洛伊德谴责婚外情，另一方面他却支持"良好的分离"，即会产生一段新婚姻的分手。就弗林克事件而言，他犯了严重的错误。然而，他仍然坚持己见，还给弗林克写了一封荒谬无比的信："我建议安杰丽卡和你结婚，是因为你可能患有神经代偿失调症，但我要求安杰丽卡不能将我的建议透露给第三个人……难道我能够告诉你，你的内心想法是尽管她失去了部分美貌，但她的财富可以弥补这一点，从而你可以变得富有？你抱怨不能理解自己是同性恋，这意味着你没有意识到想要成为富人的幻想。如果这一切能够变得更好，那就让我们将这份想象的礼物转变为对精神分析基金真正的贡献的。"①

弗洛伊德与所有的弟子一样，在经济上支持精神分析运动。因此，他认为弗林克能够捐助资金，支持精神分析运动的运作，从而治疗幻想，这一点毫不奇怪。至于他的解释：如果一名女子在情人眼中已经失去美貌，可以因为财富而继续受到欢迎，这种想法是传统的资产阶级家庭观念。因此弗洛伊德的做法，就如同某些古代媒人，混淆了分析治疗和婚姻建议。显然，他完全没有弄明白弗林克的精神错乱，把他误认为是患有神经症的知识分子，压抑对父亲的同性恋爱。弗林克和妻子分手，然后与情妇结婚，但他立刻对前妻产生了巨大的负罪感，于是1922年11月他再次来到维也纳。这段时间他已完全陷入疯狂，想象自己躺在坟墓中，而且在分析治疗期间，他好几次发狂地绕圈。弗洛伊德不得不将他送去医院，聘请乔·阿什(Joe Asch)医生看护他。弗林克与安杰丽卡结婚后不久，多丽丝因肺炎后遗症去世，弗林克的精神状态每况愈下。他意识到深爱前妻，开始强暴安杰丽卡。

1924年5月，弗洛伊德不得不放弃病人，他宣布弗林克患精神疾病，不适合继续领导纽约精神分析协会，"我对他投入了所有的希望，尽管他在分析期

---

① 《弗洛伊德致弗林克的信》，1921年11月17日，美国国会图书馆。《和帕特里克·马奥尼一起理解弗洛伊德》一书中曾部分引用，前揭，第43页。

间的反应确实表现出精神疾病的症状……他想要自由地满足婴儿性欲,意识到不被允许时,他崩溃了。他与第二任妻子的关系也是如此。金钱问题上的难以协调只是托词,他不停地要求获得全部的情感,但没能如意"①。弗林克请求在巴尔的摩(Baltimore)的约翰·霍普金斯医院精神分析诊所就医,阿道夫·梅耶②(Adolf Meyer)担任主治医生,随后安杰丽卡提出分手。弗林克的一生在狂热和忧郁中不断交替轮迭,1936年默默地离开人世。

四十年后,弗林克的女儿海伦·克拉夫特(Helen Kraft)在梅耶医生的文件中发现父亲和弗洛伊德的通信以及其他许多资料,她将上述资料公布于众,指控弗洛伊德是江湖骗子。③ 弗洛伊德的反对者们更是利用这些内容指控他操纵病人。口诛笔伐下,这些病人成了弗洛伊德背信弃义的理论的受害者。而精神分析师们则继续保持沉默,对崇拜的老师所犯的诊疗错误视若无睹。

此后,弗洛伊德更加讨厌美国和美国人,用琼斯既尖锐又清晰的说法就是:"我还记得皮特(Pitt)说过,我们不能指控一个国家,人与人之间的潜力相同……四十年后,他们将成为世界的裁判,想要忽略他们绝无可能,无论如何,我会继续努力,巩固在那里刚刚建立、举步维艰的精神分析。"④

那段时期,在伦敦布鲁姆斯伯里(Bloomsburies)街区聚集了一群不遵循惯例的文学、科学、经济和艺术界精英,主要核心人物是弗吉尼亚·伍尔芙⑤(Virginia Woolf)和伦纳德·伍尔芙⑥(Leonard Woolf),利顿·斯特雷奇⑦(Lytton Strachey)和詹姆斯·斯特雷奇⑧(James Strachey),多拉·

---

① 西格蒙德·弗洛伊德和埃内斯特·琼斯,《1908—1939年通信全集》,前揭,弗洛伊德写于1924年9月25日的信,第639页。
② 阿道夫·梅耶(1866—1950),美国精神科医生。——译注
③ 约翰·霍普金斯医学研究所档案,弗林克家族。迈克·斯佩克特(Michael Specter),《西格蒙德·弗洛伊德敦促弟子离婚:希望他和另一位女士结婚——女儿找到的证据》(Sigmund Freud Urged His Disciple to Divorce: Wanted Him to Marry Another Woman, Daughter Finds),见《洛杉矶时报》(*Los Angeles Times*),1987年11月12日。
④ 西格蒙德·弗洛伊德和埃内斯特·琼斯,《1908—1939年通信全集》,前揭,《琼斯致弗洛伊德的信》,1924年9月20日,第641页。
⑤ 弗吉尼亚·伍尔芙(1882—1941),英国女作家、文学批评家和文学理论家、意识流文学代表人物。——译注
⑥ 伦纳德·伍尔芙(1880—1969),英国政治理论家、作家、出版人。——译注
⑦ 利顿·斯特雷奇(1880—1932),英国作家、评论家。——译注
⑧ 詹姆斯·斯特雷奇(1887—1967),英国精神分析师。——译注

卡林顿①(Dora Carrington)、约翰·梅纳德·凯恩斯(John Maynard Keynes)②和③罗杰·弗莱(Roger Fry)。他们强烈地想在当下维多利亚时代的思想中打开一个缺口,批评帝国的战争,拒服兵役,拒绝参与战争的屠杀,希望改变英国社会的风气,建立男女平等的思想,竭力与帝国主义斗争,缓和资本主义的逐利狂热。

他们试图通过性行为以及著作捍卫一种新的爱情理念,在这种理念下,爱情使所有人类称为"自然"的趋势得到充分的发展,不被压抑,尤其是同性恋和双性恋。布鲁姆斯伯里派的成员大都出身于英国资产阶级知识分子家庭,毕业于英国最好的大学,如剑桥大学三一学院,他们欣赏弗洛伊德的作品,将清教徒的教义视作文明的威胁,企图以自由主义和社会主义为基础的伦理和审美理想反对清教徒的教义。精神分析英国流派正是在琼斯的支持下诞生于这个美丽的现代批评界核心,与后印象主义诞生于同一时期。

1917年,弗吉尼亚·伍尔芙和伦纳德·伍尔芙创立著名的霍加斯出版社(Hogarth),宣传他们推崇的著作。一年后,利顿·斯特雷奇通过霍加斯出版社出版名作《维多利亚名人传》,书中四位杰出人物,弗洛伦斯·南丁格尔(Florence Nightingale)、托马斯·阿诺德(Thomas Arnold)、查尔斯·戈登(Charles Gordon)和爱德华·曼宁(Edward Manning),每个人都被视为所在领域的风云人物。为了更好地评判这几位,斯特雷奇从意想不到角度切入,通过他们的行为描绘了维多利亚时代政治的阴暗面,如狭隘的福音主义、殖民主义、压抑的教育体制、自私的人道主义等。斯特雷奇要求作者拥有表达事实的自由,有权将事实披露在作品中。他创造了一种新的传记艺术——注重描写内心微妙情感变化,这一点已与精神分析的视角相距不远了。

此外,利顿·斯特雷奇和弗洛伊德一样,对英国君主制下饱受折磨的英雄生活兴趣浓厚。因此,在完成讽刺作品《名人传》后,他又创作了两部传记,讲述帝国两位伟大女王的爱情故事。两位女王的共同之处在于,生

---

① 多拉·卡灵顿(1893—1932),英国画家。——译注
② 约翰·梅纳德·凯恩斯(1883—1946),英国经济学家,现代经济学最有影响的经济学家之一。——译注
③ 罗杰·弗莱(1866—1934),英国画家、评论家。——译注

命的最后阶段,她们都被情人主宰,而这些情人的存在甚至与她们的统治理念相悖。

我们知道,在1587年至1601年的十多年间里,伊丽莎白女王深深地爱上年轻的表亲,埃塞克斯伯爵罗伯特·德弗罗①(Robert Devereux)。伯爵不停地向女王灌输交予他国家最高职权的想法,为了更好地控制和影响年迈体衰的女王,伯爵怂恿她、威胁她,突然搬离她的城堡,接着坦诚自己的恨意和苦闷以求获得原谅,然后再重提最初的请求。为了结束疯狂的一切,避免王国陷入混乱,女王强忍心痛,下令处死伯爵,在这之前女王不曾和他发生肉体关系。利顿·斯特雷奇在书中描绘了一张巴洛克时代的神奇绘卷,女王伊丽莎白有着无可替代的强烈意愿,相比做一名普通女子,女王伊丽莎白更渴望铸就传奇,成为完美形象的化身。

斯特雷奇接着又专注于撰写维多利亚女王的传记:丈夫阿尔贝特亲王过世后,女王爱上亲王的侍从詹姆斯·布朗(James Brown)。她甚至违背自己定下的法令,将这个残暴粗野的宠臣作为她报复君主统治的工具,但又同时希望维持完美统治的表象。②

至于凯恩斯,他是20世纪最伟大的经济学家之一,如果说斯特雷奇和弗洛伊德的相同之处在于热衷追忆强盛王朝的话,那么凯恩斯和弗洛伊德一样都厌恶凡尔赛条约。凯恩斯曾是巴黎和会期间英国代表团成员,当时他反对法国制定侮辱德国的政策。1919年,他曾撰文抨击并揭露了"迦太基式的和平"的"谎言",大胆预言其后果对于整个欧洲都是灾难性的,将在日耳曼人和分裂瓦解的奥匈帝国人民中引发普遍且难以控

---

① 罗伯特·德弗罗,(1565—1601),埃塞克斯伯爵二世,因叛国罪被处死。——译注
② 让妮娜·哈耶特(Jeanine Hayat),《利顿·斯特雷奇:两位女王亲密的历史学家》(Lytton Strachey:l'historien intime de deux reines),见 LISA 电子报纸杂志,2007年1月。利顿·斯特雷奇,《维多利亚名人传》(Victoriens éminnents),1918年,伽利玛出版社,1933年;《维多利亚女王传》(La Reine Victoria)(1921),巴黎,帕约出版社,1923。《伊丽莎白女王与埃塞克斯伯爵——一部悲剧性的历史》(Elisabeth et le comte d'Essex. Une histoire tragique),1928年,巴黎,伽利玛出版社,1929年。参见弗洛里安娜·勒维龙(Loriane Reviron),《从利顿·斯特雷奇到弗吉尼亚·伍尔芙》(De Lytton Strachey à Virginia Woolf),见《17至19世纪英国文学传记,艺术自我的配置与重新配置》(La Biographie littérarie en Anglettre, XVII—XIXe. Configuration, reconfiguration du soi artistique),圣艾蒂安大学出版社(Publication de l'Université de Saint-Etiennen),1999年,第117—139页。

制的仇恨情绪。① 凯恩斯确实富有远见。

利顿·斯特雷奇的弟弟詹姆斯·斯特雷奇很早以前就希望能够前往维也纳,接受弗洛伊德的培训,成为精神分析师。然而他没有钱,无法像美国精神分析师那样负担昂贵的诊费。于是,他向琼斯求助,恳求对方替他说情,后者立刻照做。琼斯对精神分析在大西洋彼岸的征服性发展政策非常担忧,一方面,他很清楚弗洛伊德根本无法和美国弟子和睦相处;另一方面,他认为精神分析运动在英国的发展将来能够成为与美国强势地位相抗衡的中坚力量。

因此,在他眼里,斯特雷奇就是这样一位应运而生的人物。他头脑灵活,受过教育,高雅精致,尖锐辛辣又具包容心,不贪财重利,摒弃实用主义,并且积极投身知识分子运动,这其中当然也包括了精神分析。这位三十岁的年轻人既不想替代有竞争关系的父亲,也不存在控制欲极强的兄弟,没有像姐妹般的母亲,也没有意愿寻找乳母的替代,更没有苦苦压抑同性恋的困扰。他不是犹太人,也不是移民,没有报复社会的精神意愿。总而言之,詹姆斯唯一的追求就是希望将文学才能服务于精神分析,在他眼里,对精神世界的探索是无与伦比的。他是双性恋者,喜欢长相阴柔的男子或者举止阳刚的女子,但他没有因此患上任何奇怪的疾病。他接受过极好的教育,非典型的家庭培养了他对书本和自由的热爱。他的症状最多只是长期忧柔寡断,口语表述有些困难。

1920 年,他娶了终身伴侣阿历克斯·萨金特-弗洛伦斯②(Alix Sargant-Florence)。阿历克斯同样来自一个不因循守旧的家庭。母亲是积极的女权主义者,女儿出生后不久就失去了丈夫,她始终鼓励女儿努力学习。阿历克斯在剑桥大学纽纳姆学院接触到弗洛伊德的作品。她自小就拒绝穿女性的衣服。二十岁时有一阵子患上了厌食症,之后就发作了第一次忧郁症。

---

① 约翰·梅纳德·凯恩斯,《和约的经济后果》(*Les Conséquences économique de la paix*),1919 年,雅克·班维尔(Jacques Bainville),凯恩斯最激烈的批评者,根据这部著作,创作了《合约的政治后果》(*Les Conséquences politiques de la paix*),巴黎,伽利玛出版社,"如斯"丛书(*Tel*),2002 年。参见希勒·多斯塔尔(Gilles Dostaler)和伯纳德·毛里什(Bernard Maris),《资本主义和死亡驱力》(*Capitalisme et plusion de mort*),巴黎,阿尔班·米歇尔出版社,2009 年。这两位作者比较了凯恩斯对资本主义容量的评论以及弗洛伊德的死亡本能理论。
② 阿历克斯·萨金特·弗洛伦斯(1892—1973),英国精神分析师。——译注

阿历克斯对詹姆斯一见钟情,立刻疯狂地爱上他,而詹姆斯也认为她非常可人,他写道,"这是个真正的男孩"。阿历克斯非常聪慧,一直试图用笑容掩盖真实状态,这一点没能瞒过弗吉尼亚·伍尔芙,后者将她比作"阴沉的绝望"。与詹姆斯相同,阿历克斯也患有选择困难症,难以抉择喜欢的活动,还有抑郁症以及心悸问题。① 她也想投身精神分析事业。

1920年8月,詹姆斯和阿历克斯来到维也纳,10月詹姆斯开始接受弗洛伊德的分析治疗。"除星期天外的每一天,我坐在教授的沙发上一个小时。……他是个非常和蔼的人,是位惊人的艺术家。实际上,每次治疗就像建造一个有机的美学整体。有时效果显著得令人不知所措,甚至到了惊人的地步……你会感受到体内有种可怕的东西在流淌,却无法弄清楚究竟是什么。然后,教授会给出简短的指示,有什么变得明朗了,于是你又领会了一小点什么,最后,一系列的现象豁然开朗。他会提出新问题,你做出最终的回答。既然所有的事实真相都已呈现出来,他便会起身,陪你一同穿过房间,走到门口。……还有些时候,在整个治疗中你都平躺着,胃部放置一个重物。"②

显然,弗洛伊德对詹姆斯的分析方式与对待美国病人完全不同。卡迪纳与斯特雷奇及约翰·里克曼③(Jonh Rickmann)谈论治疗,对比自己与弗洛伊德的分析之后深刻地意识到了这一点。弗洛伊德和美国人交谈很多,但几乎不和英国病人说话。卡迪纳还幽默地推断正是这种态度诞生了精神分析的英国流派。"英国精神分析师只会开口说'早上好'和'再见'。④ 这样的情形能够持续四五年,甚至六年。"里克曼认为弗洛伊德的沉默和不说话是出于疾病的缘故。此外,他在考古上耗费巨资,却发现买回的是赝品,他确实不知道如何辨识希腊古董和埃及文物。⑤

---

① 参见佩里·麦泽尔(Perry Meisel)和沃尔特·肯德里克(Walter Kendrick)的杰作,《布鲁姆斯伯里派/弗洛伊德,詹姆斯·斯特雷奇和阿历克斯·斯特雷奇,1924—1925年通信集》(*Bloomsbury/Freud. James and Alix Strachey. Correspondance, 1924 -1925[1985]*),巴黎,法国大学出版社,1990年。
② 同上,第43页。
③ 约翰·里克曼,(1891—1951),英国精神分析师。——译注
④ 艾布拉姆·卡迪纳,《我的分析》,前揭,第117页。
⑤ 里昂内尔·S.彭维斯(Lionel S. Penrose)的证词,1953年7月28日,美国国会图书馆,117号箱。约翰·里克曼后来接受桑多尔·费伦齐和梅兰妮·克莱因的分析,参见《精神分析词典》,前揭。

卡迪纳指出这种无休止的沉默治疗在 20 世纪 50 年代非常典型,这种分析方式与 20 世纪 20 年代的维也纳流派分析完全不同。如果说弗洛伊德面对斯特雷奇时的沉默是因为不需要将某种解释强加于他,那么对于里克曼,他的沉默纯粹只是讨厌而已。

弗洛伊德对弗吉尼亚·伍尔芙的著作意兴阑珊,却十分推崇利顿·斯特雷奇的作品,因而对詹姆斯印象深刻。至于阿历克斯,她不太愿意接受分析,后来某次精神"危机"爆发,她请求詹姆斯组织一次三人治疗,这完全与当时精神分析的伦理相悖。弗洛伊德对治疗引发的反应兴趣盎然,决定同时分析阿历克斯和詹姆斯。1922 年冬天,他向两人宣布准备就绪,但他仍然极力建议阿历克斯去咨询亚伯拉罕。这是非常明智的决定,亚伯拉罕是当时治疗抑郁症最好的临床医生之一。

这次治疗持续了 1922 年一整个冬季,其间中断数次。几周后,弗洛伊德建议斯特雷奇将他的几部著作翻译成英语。麦泽尔曾写道,"斯特雷奇夫妇身上完美体现出弗洛伊德最喜爱的国家——英国对他的意义。他在他们身上感受到,这是除德语以外唯一能够和谐表达著作的语言。这是他最喜爱的诗人弥尔顿(Milton)的语言,这是一种经过当代唯美主义城市性美化过的语言"①。

在阿历克斯的帮助下,詹姆斯终于找到方向,成就了一生最伟大作品:将弗洛伊德的全部著作翻译成英语,即后来的"标准版"。这个分析的成功之处在于传播了弗洛伊德的语言,而非推广了弗洛伊德本人。此外,詹姆斯·斯特雷奇的追求,他的文化,他的教育以及他的布鲁姆斯伯里精神,都非常符合弗洛伊德的理想,毕竟他一直想成为作家兼科学家。

弗洛伊德的著作第一次由比尔翻译,这个译本平淡无奇。在遇到斯特雷奇之前,他只关心将理念传播到国外,至于一个译者对著作风格的提升,对概念的转换或者利用注释、目录、参考文献以及附注等建立的真正的批评工具,他毫不关心。詹姆斯首先通过霍加斯出版社出版三卷本《论文集》(Collected Papers),之后,琼斯提议将弗洛伊德的全部著作译成英文,并请美国精神分析协会资助这项工作在英国开展。

---

① 佩里·麦泽尔和沃尔特·肯德里克,《布鲁姆斯伯里派/弗洛伊德,詹姆斯·斯特雷奇和阿历克斯·斯特雷奇》,前揭,第 8 页。

琼斯意识到美国精神分析运动日渐壮大,对英国流派的发展忧心忡忡。1919 年,他建立英国精神分析协会,取代了创建于 1913 年的伦敦精神分析协会。接着,在他身边聚集了众多的追随者,包括[①]芭芭拉·洛(Barbara Low),约翰·里克曼,西尔维娅·佩尼[②](Sylvia Payne),琼·里维耶,埃拉·夏普[③](Ella Sharpe),苏珊·艾萨克斯[④](Susan Issacs)。在他的努力下,国际精神分析期刊(*International Journal of Psychoanalysis* (*IJP*))创刊号在 1920 年发行,这是第一份英语版的精神分析期刊,后来成为英国协会的官方期刊,最终成为国际精神分析协会的官方刊物。

斯特雷奇试图通过翻译向弗洛伊德的作品致敬,同时他也有独立的思考,在译作中反映自己的定位。他的翻译原则是忽略弗洛伊德文本中与德国浪漫主义与自然哲学(Naturphilosophie)相关的内容,突显作品的医学性、科学性和技术性。为了体现这些特点,一方面他选择使用拉丁和希腊语词汇,另一方面他将单词英语化。例如,他使用拉丁语的代词 *id*,*ego*,*superego* 翻译本我(*Es*)、自我(*Ich*)和超我(*Überich*)。在翻译投注(*Besetzung*)和失误动作(*Fehlleistung*)时,他选择希腊语 *cathexis* 和 *parapraxis*。但是他将内驱力(*Trieb*)误译作本能(*instinct*),因为他认为后来采用的驱力(*drive*)一词不合适。

斯特雷奇的翻译加速了弗洛伊德理论英语化这一不可逆转的趋势。故而对他译作的批评始终不曾间断,而且有些批评非常不公正。其中最尖锐的批判来自布鲁诺·贝特尔海姆[⑤](Bruno Bettelheim)。1982 年,在一本反响极大的著作《弗洛伊德与人的灵魂》一书中,他谴责斯特雷奇在翻译中剥夺了弗洛伊德文本中的"德意志灵魂"和"维也纳精神"。[⑥] 然而,

---

① 芭芭拉·洛(1874—1955),英国最早的精神分析师之一。——译注
② 西尔维娅·佩尼(1880—1976),英国精神分析师先驱之一。——译注
③ 埃拉·夏普(1875—1947),英国早期精神分析师。——译注
④ 苏姗·艾萨克斯(1885—1948),英国教育学家、心理学家、精神分析师。——译注
⑤ 布鲁诺·贝特尔海姆(1903—1990),出生于奥地利,自学成才的精神分析师——译注
⑥ 詹姆斯·斯特雷奇,《参考文献:弗洛伊德著作的英语翻译列表》(Bibilography. List of English Translation of Freud's Works),见《国际精神分析期刊》(*International Journal of Psychoanalysis*),26,1—2,1945,第 67—76 页。《编者笔记》(Editor's Note),见《标准版西格蒙德·弗洛伊德心理学著作全集》(*The Standard Edition of the Complete Psychological Works of Sigmund Freud*),24 卷,伦敦,霍加斯出版社,1953—1974。第三卷,1962,第 71—73 页。《前言》(General Preface),第 I 卷,同上,卷,1966,P. XIII—XXII. A. 泰森(Tyson),《弗洛伊德著作名单,时间顺序》(A Choronological Hand-list of Freud's Works),见《国际精神分析期刊》, (转下页注)

布鲁诺自己后来也移居美国,成了说英语的人。

不久以后詹姆斯回到伦敦,在詹姆斯·戈韦尔(James Gover)处接受另一项治疗,同时开始从事精神分析工作。此时阿历克斯定居柏林,她之前在维也纳感染肺炎,现在病体初愈。在这一年中,阿历克斯悠闲地生活,惊讶地发现了另一种从事精神分析的方法。由亚伯拉罕建立的柏林精神分析协会当时正处于"没落前的辉煌巅峰",①德意志帝国的首都在1933年大灾难之前也仍然耀眼夺目。在这里,她遇到了德国精神分析运动的精英们,这些人后来很快都移民美国或者其他地方——他们是汉斯·萨克斯、桑德尔·拉多、弗朗兹·亚历山大、奥托·芬尼切尔、费利克斯和海伦娜·朵伊契、汉斯·兰普尔、卡伦·霍妮、恩斯特·弗洛伊德。她逐渐认识到这座城市矛盾的双重属性,这里的思想既新颖前卫又野蛮排外——整座城市被轻浮浪荡、草菅人命和困顿无望包围着。在咖啡馆里,小酒馆中,人们经常会与贝托尔特·布莱希特②(Bertolt Brecht)、格奥尔格·格罗斯以及其他寻找各种新的生存和思考方式的先锋艺术家们不期而遇。

阿历克斯很快熟练掌握了德语,发现精神分析领域有如此多的犹太人,并愉快地体验了当地的节日和戏剧。一天,她遇见著名的弗利斯医生,尽管打扮有些跟不上潮流,身材矮小,挺着大肚腩,但魅力依旧。他几乎没怎么变。他询问阿历克斯家庭成员中是否有人在这段时期离世,认为这是唯一能解释她为什么会发烧并伴有扁桃体红肿的理由。

然而,阿历克斯在遇到梅兰妮·克莱因后才认识到精神分析治疗的深层含义。克莱因从1921年起定居柏林,先在亚伯拉罕处接受分析治疗,后来转去费伦奇的诊所。尽管阿历克斯不想要孩子,她仍然迅速地意识到克莱因关于低龄儿童的分析,与母亲的早期关系或者早期俄狄浦斯情结的演讲报告实质上推翻了弗洛伊德的经典观点,使人们能够更早发现神经症和精神疾病的根源。弗洛伊德认为三岁的男孩不会

(接上页注)37,1,1956,第19—33页。布鲁诺·贝特尔海姆,《弗洛伊德和人的灵魂》(*Freud et l'âme humaine*)(1982),巴黎,拉丰出版社,1984年。

① 佩里·麦泽尔,《布鲁姆斯伯里派/弗洛伊德,詹姆斯·斯特雷奇和阿历克斯·斯特雷奇》,前揭,第13页。

② 贝托尔特·布莱希特(1898—1956),德国诗人、剧作家、剧院经理。——译注

意识到阴道的存在,然而克莱因的观点却是,根据她的观察,任何男性儿童都渴望将阴茎插入母亲的阴道。也就是说,弗洛伊德认为,孩子是自恋的野蛮人,儿童的性欲会经历几个阶段,应该进行教育。克莱因坚持儿童更接近嗜杀的食人族,想要和母亲交配,内心交织着幻想、疯狂和焦虑。

1924年4月克莱因在萨尔茨堡国际精神分析协会第八次大会上递交了幼儿分析报告,指出幼儿在第二年就会开始对父母中与自己性别相反的那位产生偏爱,从那时起,在儿子的眼中,母亲十分可怕,可能引起阉割情结。克莱因的分析源于对自己孩子的观察①。与丈夫分手后不久,她将女儿梅丽塔②(Melitta)与对精神分析事业的热爱联系起来。梅丽塔后来也学习医学,并成为精神分析师。在柏林,她经常与德国精神分析运动的重要人物来往,如汉斯·萨克斯、马克斯·艾廷贡、卡伦·霍妮。这一切都引起了她母亲的仇恨,母亲已经将她视为竞争对手了。也是在那里,梅丽塔遇到了后来的丈夫沃尔特·施密德伯格(Walter Schmideberg)。沃尔特来自维也纳,彬彬有礼,是个沉迷酒精的同性恋,经过国际精神分析协会的培训成为精神分析师。梅兰妮·克莱因和女儿日后的关系是精神分析历史上最惨痛的一段经历。

当时,阿历克斯非常欣赏克莱因的刚强、性感、雄辩,并被她深深吸引。然而这种决断掩盖了她的忧郁痛苦。尽管不了解克莱因的过往经历,阿历克斯仍与她来往密切,发现建立精神分析理论的过程中,女性能够获得与男性同等的地位。自柏林起,阿历克斯开始与维也纳保持距离,她希望帮助克莱因成为英国人,这一点与丈夫的想法不谋而合——詹姆斯执着地想使弗洛伊德成为伟大的英国思想家。将克莱因引入英国精神分析协会后,阿历克斯成了她的翻译。③

在柏林时,阿历克斯教授克莱因英语。1925年1月31日,克莱因装

---

① 梅兰妮·克莱因,《儿童精神分析》(La Psychanalyse des enfants),1932年,巴黎,法国大学出版社,1969。梅兰妮·克莱因有三个孩子:汉斯·克莱因(Hans Klein)、埃里克·克莱因(Erich Klein)(后改名埃里克·克莱因[Eric Clyne])和梅利塔(Melitta),后者成为母亲最大的敌人。
② 梅丽塔·施密德伯格(1904—1983),精神分析师、作家。——译注
③ 梅兰妮·克莱因的经历详见下一章节。参见菲丽丝·格罗斯库特,《梅兰妮·克莱因,她的世界和作品》(Melaine Klein, son monde et son oeuvre [1986]),巴黎,法国大学出版社,2000年。

扮成埃及艳后，带着阿历克斯去参加由社会党人组织的化装舞会。两人跳了一整晚的舞。十五天后是"教学诊疗所"成立五周年，在艾廷贡的建议下，周年纪念要隆重庆祝，当时每个人都感到这些年来精神分析运动已经深深地扎根柏林城。然而，12月25日，亚伯拉罕由于疑似癌症引发脓肿感染导致败血症而过世，年仅48岁。弗洛伊德因亚伯拉罕的过世几乎崩溃，他失去了最虔诚的弟子。① 当时克莱因已经跟随阿历克斯前往英国。约翰·里克曼则已经在伦敦根据柏林模式建立了精神分析研究所。英国的精神分析运动开始壮大，而当时的柏林派仍然自认为与维也纳派相比，是欧洲弗洛伊德学说的先锋。

弗洛伊德根本不理解从他的发现中获得灵感文字的现代性，甚至对当时的新艺术——电影视而不见这一艺术和精神分析诞生于同一个时代。这两种无意识流派模式相互之间呈现出极大的相似性。然而，弗洛伊德却深信他的理论在任何情况下都不可能通过这种方式传播，他认为无意识只能通过口语产生。这就是新的矛盾：弗洛伊德本人不是认为梦是理性之外的一次旅行，一场由文字和话语编织而成的视觉旅行吗？事实上，弗洛伊德既不了解电影艺术，也不熟悉盛大的表现主义运动。后者通过强烈的颜色、破碎的线条，矫饰的、冲动的、激烈的、混乱的主观性以及穿插虚构想象的视角，凸现表达的意愿。

因此我们能够理解弗洛伊德拒绝斥资十万美元资助萨缪尔·戈尔德温②(Samuel Goldwyn)拍摄著名爱情故事的电影。20世纪20年代，汉斯·纽曼③(Hans Neumann)请求汉斯·萨克斯加入剧本《一个灵魂的秘密》的编写，导演是奥地利裔电影艺术家威廉·帕布斯特④(Wilhelm Pabst)，当时弗洛伊德的态度如出一辙，尽管这是另一个项目。弗洛伊德宣布自己思想中的抽象概念一律不能以造型艺术的方式展现。他完全无视明暗对比的无声电影以叠印的方式已经完全入侵梦的领域；其渐变技术、字幕和移动摄影技术消除了过去与将来的界限，从一个场景过渡到另一个场景，从一张脸庞转到另一张脸庞，甚至可以表现出原初的场景、模

---

① 1926年9月，梅兰妮·克莱因定居伦敦。
② 萨缪尔·戈尔德温(1879—1974)，波兰裔美国电影制作人。——译注
③ 汉斯·纽曼(1888—1960)，奥地利电影制作人，导演，编剧。——译注
④ 威廉·帕布斯特(1885—1967)，奥地利电影制作人，导演，编剧。——译注

糊的记忆、奇特的物品,同时将幻觉与重建的现实联系起来。

表现主义电影的杰作《一个灵魂的秘密》的拍摄没有获得弗洛伊德的认同,甚至没有引起他的兴趣。知名戏剧演员维尔纳·克劳斯①(Werner Krauss)扮演马蒂亚斯教授(Pr. Matthias),一名内心充斥着杀戮欲望——用军刀或餐刀——的男子,最后被精神分析治愈。这是第一部从弗洛伊德作品中汲取灵感的电影。② 汉斯·萨克斯之前创作过一部小作品《无意识之谜》,似乎是这部电影的指南。他的名字和亚伯拉罕一同出现在电影的片头字幕,两人也因这部影片与弗洛伊德产生分歧。无奈之下,"教授先生"只能向费伦齐倾诉对现代社会的不满:他既不喜欢电影,也不喜欢梳着男孩发型的女子。

1925年3月25日,电影在柏林荣耀宫(Gloria Palast)的大厅首映,媒体对这部电影报以热烈欢迎。"在图像之间,我们发现弗洛伊德的思想。每一个动作的转承都来自日后那些著名的对梦境的分析……弗洛伊德的弟子们可以欢欣鼓舞,世界上没有任何推广方法比得上这部电影,而且德国电影人也能够将之引以为豪。"③

琼斯出席了柏林的首映会,他立刻发现这部电影实质上不利于精神分析运动,他甚至未对电影的美学品质作出判断。他非常遗憾,纽约的人们误以为弗洛伊德赞同这项事业,这也是维也纳派和柏林派争论的起源。④ 撰写弗洛伊德传记时,琼斯甚至不曾提起帕布斯特的名字。此后,弗洛伊德的继承者和电影人的关系一直非常恶劣。⑤

如果说弗洛伊德对现代艺术兴致阑珊,但他始终偏爱某些作者,对他们身上萦绕的难解之谜兴趣浓厚。20世纪20年代起,弗洛伊德支持莎士比亚身份阴谋论,经常与弟子探讨。"教授先生"的所有早期弟子都非常崇拜这位英国最伟大的剧作家,沉迷于对莎士比亚戏剧人物无穷无尽的

---

① 维尔纳·克劳斯(1884—1959),德国舞台和电影演员。——译注
② 参见罗纳德·沃·克拉克,《弗洛伊德传记:其人及其事业》,前揭。
③ 帕特里克·拉科斯特(Patrick Lacoste),《M教授的奇怪病例》,(*L'Etrange Cas du professeur M*),巴黎,伽利玛出版社,1990年,第93—94页。
④ 埃内斯特·琼斯,《西格蒙德·弗洛伊德的生活与工作》,第III卷,前揭,第132页。
⑤ 尤其在约翰·休斯敦(John Huston)想要根据萨特的剧本拍摄关于弗洛伊德生平的电影。参见伊丽莎白·卢迪内斯库,《风暴中的哲学家》(*Pilosophes dans la tourmente*),巴黎,法亚尔出版社,2005年。

探讨和思辨，就像弗洛伊德研究达·芬奇，他们尤其热衷于分析哈姆雷特，现代第一位患神经官能症的原型。

19世纪中期，随着历史学及相关传奇故事艺术的发展，出现一种新观点：莎士比亚不是这些作品的作者，真正的作者另有其人。支持者们反对所谓的"官方"历史，认为莎士比亚并非出生于斯特拉特福小镇（Stratford），这个名字只不过是经验主义哲学家弗朗西斯·培根爵士的化名。这些反"斯特拉特福"者们想象着16世纪末存在一种秘密的协议，旨在保护作品的真正作者。在他们眼里，一个出生于乡间的手套制作商之子，无论如何都不可能用羊皮书写，以拉丁语交流。那么为什么选择培根爵士呢？因为美国著名剧作家迪利亚·索尔特·培根①（Delia Salter Bacon）1857年出版的一本畅销书佐证了此观点。她曾前往莎士比亚的墓地，声称从中发现一些秘密。随后，一群解密者认为培根爵士，埃塞克斯伯爵的旧友，必然不能冒被当作街头卖艺人的风险。彼得·盖伊写道，这些反斯特拉特福者表现出"一种对阴谋论理论的绝对狂热，甚至可以说是偏执……19世纪80年代末，杰出的民粹主义政治家者伊格内修斯·多纳利②（Ignatius Donnelly）见证了这项奇特事业的热情，开创了以一种巨大的象形符号阅读莎士比亚作品的方式"③。

这场争论由托马斯·卢尼（Thomas Looney）在1920年掀起。他信奉孔德的实证主义哲学，认为莎士比亚不是真正的作者，但剧本的真正作者不是培根爵士，而是牛津伯爵爱德华·德维尔（Edward de Vere）。④ 卢尼声称与其他反斯特拉特福者不同，他的研究经过科学的论证，找到了丰富的论据，与那些偏狂妄想截然不同。好像他是一位伟大而孤独的智者，他的发现震惊全世界。因此许多作者和评论家承认卢尼对官方历史作出的

---

① 迪利亚·索尔特·培根(1811—1859)，美国剧作家、短篇小说家、莎士比亚研究作者。——译注
② 伊格内修斯·多纳利(1831—1901)，美国国会议员、民粹主义作家。——译注
③ 彼得·盖伊，《弗洛伊德和斯特拉特福人》(Freud et l'homme de Stratford)，见《阅读弗洛伊德，研究与消遣》(*En lisant Freud. Explorations et divertissements*)，巴黎，法国大学出版社(PUF)，1995年，第17页。
④ 托马斯·卢尼，《莎士比亚鉴定》("*Shakespeare" Identified in Edward de Vere, the Seventeenth Earl of Oxford*)，伦敦，帕尔玛出版社(cecil palmer)，1920年。罗兰·艾默里奇(Roland Emmerich)2012年执导的电影《匿名者》(*Anonymous*)正是反映了卢尼的这篇论文。

巨大修正，其中包括马克·吐温。①

当时弗洛伊德对神秘现象、侦探小说、虚幻小说兴趣盎然，这种吸引力没有任何其他东西可媲美。他像一位难解之谜的破译者，孤单而伟大，创造了一种为正统科学所摒弃的理论。他曾经不也崇拜弗利斯医生的观点吗？他不是认为名画中有只秃鹫，是破译达·芬奇神秘生活的关键吗？尽管斯特雷奇和琼斯都对此提出警告，弗洛伊德却不曾动摇对"牛津派"新理论的重视，他开始相信卢尼的推论了。

卢尼仔细"检视"了某些事实，深信莎士比亚作品的真正作者只可能是位爱好戏剧的文学家、伟大的旅行者，拥有极高的社会地位。他寻找了多年符合这一社会和心理形象的人物，最后发现德·维尔伯爵具有所有符合自己观点的特征。这位牛津伯爵的命运十分贴合假设，卢尼还肯定哈姆雷特描写的就是作者本人，德·维尔对父亲非常崇拜，对母亲则十分厌恶。换而言之，他在不知不觉中将德·维尔的替代者哈姆雷特塑造成患有俄狄浦斯情结的弗洛伊德式人物。

弗洛伊德从未放弃这种修正主义，然而他很快因这股热爱成为了受害者。1928年12月，他给利顿·斯特雷奇写了一封长信，回复后者寄来的《伊丽莎白女王和埃塞克斯伯爵》一书。他询问斯特雷奇对其中一个假设的看法：弗洛伊德认为，麦克白夫人身上隐藏着伊丽莎白女王的形象。两名女子先后遭遇谋杀，而且麦克白和妻子事实上是同一个人，一分为二而已，两人都体现了伊丽莎白女王的命运，杀人、抑郁且歇斯底里。尤其他承认相信卢尼的观点，他谨慎地说对此"不太了解"，没有完全相信牛津派的假设。然而，他却补充道，德·维尔伯爵非常像埃塞克斯伯爵，接着开始下述似是而非的迂回解释："德·维尔伯爵与埃塞克斯伯爵一样出身贵族，有着强烈的身份自豪感，同样表现为典型的专制贵族。显然，在《哈姆雷特》中他表现出现代第一例神经官能症者的症状。同样，女王年轻时

---

① 所谓的莎士比亚作品真正作者共有八十二位，其中包括克里斯托弗·马洛(Christopher Marlowe)、塞万提斯、约翰·邓恩(John Donne)、罗伯特·德弗罗(埃塞克斯伯爵)、丹尼尔·笛福(Daniel De Foe)。卢尼的两个弟子还想象伊丽莎白女王与德维尔有过一个孩子。克里斯托弗·马洛,(1564—1593)，英国诗人，伊丽莎白时期最伟大的剧作家。约翰·邓恩(1572—1631)，17世纪英国玄学派诗人、教士。丹尼尔·笛福(1660—1731)，英国作家。英国启蒙时期现实主义小说的奠基人，被誉为欧洲的"小说之父"、"英国小说之父"和"英国报纸之父"，代表作《鲁滨孙漂流记》。

曾与他调情,如果不是岳母寸步不离地紧迫盯人,①他的命运可能会和埃塞克斯伯爵相同。作为南安普敦伯爵的亲密好友,埃塞克斯伯爵的命运不可能对他毫无触动,但这就足够了。无论如何,我认为我必须为信函的后半部分潦草字迹向您道歉。"②

利顿·斯特雷奇未曾回信。当时他本可以建议弗洛伊德谨慎对待牛津派的假设。然而一年后,弗洛伊德却对此深信不疑。他将卢尼的著作推荐给斯迈利·布兰顿(Smiley Blanton)。后者是研究莎士比亚问题的大专家,对此十分惊愕,一想到弗洛伊德教授,科学理性人士,竟然会沉迷这种可笑的无稽之谈,他几乎想要中断分析治疗。

为了解释这种偏离,琼斯认为弗洛伊德将自己的身份感与卢尼的论点同化,他将自己下意识地投射进家族传奇。在这部小说中,他的异母哥哥伊曼纽尔,比父亲雅各布更擅长经商,可能是真正的父亲,因此他的牛津派幻想只不过体现想要部分改变家庭现实的欲望。

与其说弗洛伊德为莎士比亚的众多身份和人物添加俄狄浦斯式的阐释,产生一种弗洛伊德式的偏离,不如说是我们推测他从始至终都部分地继承了19世纪末出现的一种思想模式。这种模式的观点是人类社会既有理性的追求,也受到神秘主义的吸引,既有逻辑的精神又有偏执的狂热。从这个观点看,他既像乔凡尼·莫雷利③(Giovanni Moreilli),发明区分艺术真迹和仿制品的方法,又像著名的侦探福尔摩斯,通过简单观察某些痕迹,如烟灰、指甲、织物的细线、皮肤的碎片等解决过往谜题。当然,所有揭秘的方法,可能都会走向反面,制造出虚假的谜题,尽管这些方法本应该成为证明研究及阐述方式的有效证据。精神分析亦是如此。因

---

① 爱德华·德维尔(1550—1604)是第十七代牛津伯爵,伊丽莎白女王时期的朝臣、内侍、诗人,妻子安妮·塞西尔(Anne Cecil,1566—1588)是牛津伯爵夫人,为伊丽莎白女王国务大臣威廉·塞西尔(William Cecil,1520—1598)和米尔德里德·库克(1526—1589)之女。后来因为勾引伊丽莎白女王(1558—1603)的女傧相安妮·瓦瓦苏尔(Anne Vavasour,1560—1650)而失宠,被投入伦敦塔。亨利·里奥谢思利(Henry Wriothesley,1573—1624),第三代南安普顿伯爵、二代埃塞克斯伯爵(1565—1601)的好友,据说是莎士比亚的情人,莎翁的十四行诗都是写给他的。许多作者试图证明莎士比亚应该是同性恋。关于莎士比亚作品的真正作者应该是德维尔的荒谬说法,参见阿兰·尼尔森(Alan H. Nelson),《巨大的对手》(*Monstrous Adversary*),利物浦,利物浦大学出版社(Liverpool University Press),2003 年。
② 1928 年 12 月 25 日,弗洛伊德写信给利顿·斯特雷奇,见《布鲁姆斯伯里派/弗洛伊德》,前揭,第 373—375 页。
③ 乔瓦尼·莫雷利(1816—1891),意大利艺术评论家、政治家。——译注

此,对一个事件或者一个人物的历史性产生怀疑,用传说代替事实,再以一种无可争议的严密的方式展现,就像解开诸多谜题,目的是证明这些谜题掩盖了一些阴谋:拿破仑并非死于圣赫勒拿岛(Sainte Hélène),耶稣曾经结婚生子,某个国王实际上是他的孪生兄弟,等等。

弗洛伊德确实始终坚持怀疑精神,然而当他可能令某些虚假谜题真相大白时,总是十分激动。这是因为他从儿童时期脑海里就一直萦绕着这样的观点,周围的人、他的父亲、母亲、阿姨、姐妹、兄弟、家族内众多的亲戚,这些人在他眼中从来不以本来的模样出现,而是永恒的相异替代:父亲由一位祖先生出,母亲被乳母替代,反之亦然,兄长可能是父亲,圣母和圣安妮混为一谈,等等。在假设或否认的父亲之后,在替代的母亲之外,呈现一部"家族传奇",其中主体始终异于他的认识:国王或者英雄的儿子、弑父者、暴君、平民、和母亲睡在一起的孩子、伪君子,等等。从这个论题中可以发现,精神分析诊疗必须在无意识中破译一些微不足道的元素,而这些元素本身可能指向某种神秘主义的痕迹。①

我们可以说弗洛伊德,这位启蒙的思想者、人类灵魂谜题的真正破译者,在崇拜和依恋科学的同时,从未停止向人类自身的模糊之力发起挑战,试图弄清楚潜藏的力量,而这种探索很可能令他迷失其中。

这就是为什么他兴致勃勃地破译各种戏剧产生的谜题,好像戏剧谜题是真正的谜题。后者似乎符合他的无止境替代理论,因此,弗洛伊德直至生命最后的岁月,都在思考这个问题:在一个"伟人"的名字后面究竟隐藏着谁?

---

① 历史学家卡洛·金斯伯格以符号的理性方法将这种现象解释为出现了科学以外的混乱纷扰事件。

第四章 女性之间

20世纪20年代后,越来越多的女性投身精神分析运动。她们的存在和分析实践,即使在精神分析运动内部都存在不小的争议,如女性的特征、母亲的身份、对儿童的分析、女性性欲,等等。就女性分析师而言,她们开始要求存在的权利,如同女性公民对社会地位的诉求。她们争取在精神分析师行列中的地位,不再仅仅是某人妻子的头衔。她们为分析治疗带来全新的思考角度。此外,女性分析师最先开始分析儿童。这种称为"教育"的功能,不要求女性必须进入当时只对男性开放的医学专业学习。从这方面看,我们可以说,对儿童的分析促进了妇女的解放。如果说女性分析师经常接受伴侣或者伴侣同事的分析,她们则经常分析自己的孩子,或者将孩子交给同事分析。

1924年,兰克和费伦齐提出创新精神分析治疗行为的技术,试图转变弗洛伊德分析中的家庭视野以更好地适应战后的现代世界。1924年初,兰克出版了具有颠覆性意义的著作《出生创伤》(*Le Traumatisme de la naissance*),遭到琼斯和亚伯拉罕的强烈反对。兰克批评俄狄浦斯式心理现象架构以父亲权威地位为基础,设计过于刻板,他提出所有人出生时都患有真正创伤的观点。兰克认为,根据人的主观性,与母体的第一次分离即出生创伤,是一切焦虑的根源,比俄狄浦斯情结三角更具决定性作用。这一观点再次引燃了关于精神症创伤起源由来已久的讨论。

弗洛伊德不赞同这篇论文,却没有立即反驳,反而要求兰克提供"证据"。他似乎忘了,他的对手曾经也批评他过度依靠经验的模式。他对费伦齐说:"首先,在所有拓展应用之前,必须有统计数据证明新生儿或者处于窒息状态的难产儿一般会在儿童时期更易显现患神经症的倾向,至少会产生焦虑。"①他指出还必须同时观察剖腹出生的儿童病例。兰克无法提供这样的"证据",琼斯和亚伯拉罕指责他既非医生也没有经过精神分析,而当时国际精神分析协会在巴特洪堡②(Bad-Homburg)大会上通过了新规定③,要求精神分析师必须经过分析培训。于是他们将兰克的行为解释为未解决与父亲之间的冲突。因此必须再度接受尊敬的老师的分析。徒劳无功!

事实上,兰克不愿继续依附弗洛伊德。他受到新技术进步的吸引,希望和妻子④离开维也纳,于是他前往美国。这在弗洛伊德眼中是彻底的背叛。兰克在美国的讲座和研讨会受到极大的欢迎。他认为,在不背叛弗洛伊德理论的基础上,应该加入母亲的作用,应该提倡简短分析的原则。当他回到维也纳时,弗洛伊德希望两人和解,"教授先生"非常喜欢这位弟子,希望无论如何也不要与之决裂。但是兰克陶醉于在美国取得的胜利,一心只想再次离开。1925年12月,他再度离开维也纳,重回美国。后来在一次性受虐狂症发作时,他开始自我批评,变得谦卑,承认自己有种反叛父亲的情结。

至于费伦齐,他在《塔拉萨》(*Thalassa*)中提出所有人都怀念母亲的乳房,一旦离开,会不断尝试重新回到处于羊水中的胎儿状态。⑤ 这种借助隐喻母亲子宫的精神分析研究方法离不开技术创新。费伦齐说,如果一次精神分析重现了个体的某段经历,并且个体发生回顾了种系发生的过程,那么应该提出以下疑问,在这次分析中,个体发生中重复的象征性创伤状态究竟是什么?

最初费伦齐不赞同兰克的出生创伤理论,但仍支持后者的立场,因为两人观点相同,认为在弗洛伊德的俄狄浦斯情结理论以外,还应该探索母亲与孩子关系。1926年4月,兰克最终疏远弗洛伊德,他想要成就自己的人生。作为离别礼物,他送给弗洛伊德全套尼采著作,白色皮革的二十三

---

① 西格蒙德·弗洛伊德和桑多尔·费伦齐,《通信集第三卷:1920—1933年》,前揭,《弗洛伊德致费伦齐的信》,1924年3月26日,第155页。
② 巴特洪堡,德国毗邻法兰克福最受欢迎的一个高雅疗养小城。——译注
③ 1925年9月2日至5日,国际精神分析协会第九次大会。
④ 贝娅塔·兰克(Beata Rank,1896—1967),被称作"托拉"(Tola),后亦成为精神分析师。
⑤ 奥托·兰克,《出生创伤》,巴黎,帕约出版社,1983年。桑多尔·费伦齐,《塔拉萨,生殖理论文集》,《全集》,第三卷,前揭。

册全集。弗洛伊德始终不愿阅读尼采的作品,尽管他曾多次向弟子提起自己或多或少欠了尼采的"情"。要放弃最好的朋友,弗洛伊德总是既悲痛又强硬,在信中他向费伦齐写道:"我们给了他很多帮助,他也为我们做了许多贡献。现在我们分手了。上一次来访时,我没有机会告诉他我非常喜欢他。我很诚实也非常严厉。就让我们之间的情谊一笔勾销吧。亚伯拉罕的话非常在理。"① 弗洛伊德还继续批评了兰克对狼人潘克耶夫梦境的阐释。

弗洛伊德在一本仓促完成的著作《抑制、症状和焦虑》②(*Inhibition, symptôme et angoise*)中作出回答。考虑到兰克的观点,弗洛伊德没有将创伤事实归咎于分娩。因此他承认范式的价值,甚至承认幻觉的价值与母体的分离有关。但他回避了挫折问题,这一点可能导致——尤其在美国——认为所有的分娩,无论是正常分娩,还是剖腹分娩,都是引发存在性焦虑或者精神症的根源。

尽管费伦齐没有因此与弗洛伊德决裂,但两人仍是渐行渐远。主要原因在于费伦齐坚持探索改进治疗技术的各种新途径以及研究创伤问题,认为过度压抑性欲如同一种精神"印记"行为,可能伤害自我③,形成难以愈合的伤口。琼斯利用分歧不停攻讦费伦齐,批评后者既不支持心电感应,也没有将弗洛伊德视作永远的朋友。在这场传统与现代的争论中,弗洛伊德和兰克两人都非完全正确。如果说出生创伤的观点从经验主义的角度看是错误的,但这一观点却为分离焦虑开辟了新的理解角度。弗洛伊德承认这一点,接着诚恳地修改了自己的观点,并且承认亲爱的兰克的功绩。④ 然而,为时已晚。

---

① 西格蒙德·弗洛伊德和桑多尔·费伦齐,《通信集第三卷:1920—1933 年》,前揭,《弗洛伊德致费伦齐的信》,1926 年 4 月 23 日,第 285 页,以及詹姆斯·利伯曼(James Liberman)和罗伯特·克拉默(Robert Kramer),《弗洛伊德和兰克的通信》(*The Letters of Sigmund Freud and Otto Rank*),巴尔的摩,约翰霍普金斯大学出版社(Johns Hopkins University Press),2012 年,该信写于 1922 年 8 月 4 日。法语版由昔日田园出版社出版。
② 西格蒙德·弗洛伊德,《抑制、症状和焦虑》(1926),见《弗洛伊德全集/精神分析》.第十七部,前揭,第 203—287 页。
③ 桑多尔·费伦齐,《儿童与成人之间的语言混乱》(Confusion des langues entre les adultes et l'enfant)(1932),见《精神分析》,第四卷,前揭。
④ 关于兰克在巴黎逗留及他与阿娜伊斯·宁(Anaïs Nin)的关系参见 HPF-JL,前揭,第 451 页及其后,詹姆斯·利布曼(James Liberman),《行动的意愿》,前揭。之后,兰克永久定居美国。

同时，琼斯逐渐占得上风，在精神分析领域，英语世界取代了欧洲大陆的霸权地位：诚然，琼斯不完全忠诚于弗洛伊德，但他忠诚于一切有利于精神分析的发展和未来。很快，他意识到，最初的维也纳理论以父亲至上地位法则为核心，若要对此提出质疑，唯一严谨的方法是革新儿童和女性性欲两大精神分析问题。在这一点上，他与阿历克斯·斯特雷奇的想法不谋而合。

弗洛伊德始终通过核心家庭模式——父亲、母亲和孩子——思考俄狄浦斯情结，他赋予每个人相应的地位，阐述儿童时代产生的精神疾病及冲突。他发展资产阶级家庭的批评观，以著名的俄狄浦斯式结构为基础进行探索，却没有发现将精神生活心理化带来的危险，在真正的创新之后，最终在嘲笑中黯然失色。

弗洛伊德认为儿童总是且必然是体现父亲权威的男性（或者替代者）与性欲发展为母性的女性（或替代者）的孩子。根据弗洛伊德的观点，儿童在无意识中重复父母的经历，即祖先的历史。从这个观点看，在儿童分析中，无论如何都不能够将孩子视为与父母分离的完整个体。他认为，孩子确实应该被视作一个独立的主体，但如果要治疗某些疾病，必须采取家庭式的方法，并且在孩子四岁或者五岁前不应采取分析治疗。此外，弗洛伊德还通过与赫伯特·格拉夫的父亲交流，请母亲到办公室坐在沙发上谈话，对孩子进行分析。他明白女儿安娜想要成为母亲，但不想生育孩子，他接受女儿的想法，认为她可以和另一名女子在与丈夫分手后组建家庭，只要两人经过精神分析，能够抚养孩子，承担教育孩子的责任。弗洛伊德认为，生存的幸福基于三点：理想的教育，幸福的母子关系以及完整的父子关系。整个维也纳学派都沉浸在这个模式中。这一模式首先得到费伦齐的支持，1913 年，他曾经描述了一个五岁儿童的病例，一个叫阿帕德的孩子痴迷家禽，还会发出公鸡的叫声。[①]

安娜·弗洛伊德与奥古斯特·艾克霍恩以及西格弗里德·贝恩菲尔德一起投身于精神分析和儿童教育事业[②]，他们照顾犯轻罪、残疾、受

---

① 桑多尔·费伦齐，《鸡孩》（Un petit homme coq），见《精神分析》，第二卷，前揭，第 72—79 页。
② 安娜·弗洛伊德，《儿童精神分析治疗》（Le Traitement psychanalytique des enfants），1927 年，巴黎，法国大学出版社（PUF），1951 年。

创以及贫穷的儿童。弗洛伊德以及早期的维也纳派认为儿童的精神治疗必须以父母作为中介,安娜的事业符合这一原则,因而得到父亲的支持。1927年10月弗洛伊德在给琼·里维耶的信中写道,"我们确定儿童是冲动的个体,自我非常脆弱,超我正在形成。这是前提条件。对于成人,自我已经比较稳定,我们可以在稳定的自我的帮助下实施治疗。因此,我们的技术应该考虑儿童的特殊性,在分析中支持自我,反对无处不在的冲动本我,这并非不忠于分析。费伦齐曾风趣地指出,如果克莱因女士的观点正确,那么这个世界上根本不存在真正的儿童。当然,事实和经验最终会证明孰是孰非。直至目前,我唯一观察到的是,不以教育为目的的分析,只会加剧儿童的症状,尤其对被遗弃、不适应社会的儿童产生恶劣的影响"。①

弗洛伊德的论据也不无道理。当时,儿童疾病一般由精神科医生或者儿童科医生治疗,父母亲能够接受将孩子交给精神分析师治疗吗?在精神分析界,没有来自圈外的病人,治疗对象一般都是分析师的孩子或者亲戚,这一点并顺理成章,甚至可能导致弄虚作假。

1919年,国际精神分析协会会员赫米内·冯·胡格-赫尔穆特,经过弗洛伊德弟子中最憎恶女性的萨杰的分析,根据童年回忆及各种材料整理出版了作品,展现了一位名叫格雷特·莱纳(Grete Lainer)的少女生活的真实日记。弗洛伊德为这本书撰写序言,评价这部作品是"当今文明状态下真诚体现儿童灵魂的瑰宝"。每个人都十分钦佩这位儿童精神分析的先驱,认为她拥有无与伦比的文学才能和天赋,然而没人意识到,她不仅弄虚作假,而且其野蛮的阐释也未经当事人允许。许多年中,她将自己年轻的侄子罗尔夫·胡格(Rolf Hug)接到家中居住,迫使他与自己一般信仰精神分析。可怜的孩子,他的一举一动都逃不过胡格·赫尔穆特的阐释:婴儿的施虐性,压抑对母亲的欲望,性冲动,对父母物品及替代的固着。1924年9月,在极端愤怒下,胡格亲手掐住了姨妈的脖子。

胡格被判处十二年有期徒刑,他认为自己是精神分析的受害者,整个维也纳精神分析界都受到这桩丑闻的牵连。1930年,他向时任国际精神

---

① 《弗洛伊德致琼·里维埃的信(1921—1939)》,见《国际精神分析史杂志》(*Revue internationale d'histoire de la psychanalyse*),6,1993年,第470页。

分析协会主席的费德恩提出补偿要求。当然,此前大获成功的《日记》一书遭到下架。这桩丑闻直接源于弗洛伊德的理论,他也因此受到嘲笑。①

梅兰妮·克莱因的家庭观与弗洛伊德的想法完全不同。由于家庭原因,她不同意将教育和精神分析混为一谈。其父是加利西亚人,母亲为斯洛伐克裔,两人都信仰传统的犹太教,克莱因的童年生活十分不幸。② 母亲是个受过教育的绝色美人,看不起丈夫,父亲更喜欢其貌不扬也不聪明的长女。她只能向兄弟寻求庇护。父母抚养孩子时,既没有原则,也没有任何伦理,长年争吵不断。梅兰妮嫁给亚瑟·克莱因,是母亲那边的一位表兄,她对丈夫没有感情,却有了三个孩子,但她并不想要孩子。③ 在一股神秘的、信仰般的虔诚驱使下,她投入精神分析运动,也许是对自己不幸的报复,也许是为了驱除某种忧郁。

克莱因极具天赋,却对儿童或儿童教育毫不在意,唯一令她如痴如醉的是在低龄儿童身上发现无意识的过程。家庭在克莱因看来,充满各种憎恨和卑鄙无耻,对照弗洛伊德的观点,就像古典主义画作遇上毕加索的作品。还是一样的鼻子、嘴巴和脸庞,但是位置变了,出现在意想不到的地方。我们可以说克莱因的儿童观,就像马克斯·恩斯特④(Max Ernst)的画作:噩梦,矿化的自然,重新构建的夜晚,混合了动物、人类和液体元素。

克莱因支持俄狄浦斯心理学,但她强调在所谓的儿童"前俄狄浦斯阶段"环境中出现的特征:母亲的子宫、儿童对母亲身体内部的占有、贪婪的

---

① 赫米内·冯·胡格-赫尔穆特,《一个小女孩的精神分析日记》(*Journal psychanlytique d'une petite fille*),巴黎,德诺埃尔出版社,1998 年。法文版按照原著重新修订,包括弗洛伊德撰写的序言。《精神分析论文集:一名儿童精神分析先驱的命运及作品》(*Essais psychanalytiques. Destin et écrits d'une pionnière de la psychanalyse des enfants*),由多米尼克·苏布雷尼(Dominique Soubrenie)翻译整理发表,雅克·勒里德尔作序,伊薇特·托尔内(Yvette Tourne)作跋,巴黎,帕约出版社,1991 年。笔者于 1991 年为解放报(*Libération*)撰写这本带着欺骗性的著作的书评时,一些精神分析师写信控诉笔者是杜撰,阴谋诋毁弗洛伊德。他们仍然认为所谓的谋杀和造假只不过是弗洛伊德反对者的诽谤。

② 这一代大部分的女性精神分析师都有一段不幸的童年生活,卡伦·霍妮除外。参见伊丽莎白·卢迪内斯库,《最早的女性精神分析师》,见《一九〇〇年,思想史杂志》(*Mille neuf cent. Revue d'histoire intellectuelle*),16,1998 年及《话题》(*Topique*),71,2000 年。

③ 菲丽丝·格罗斯库特查阅了梅兰妮·克莱因未出版的《自传》以及存放于梅兰妮·克莱因基金会的档案,详细地描写了梅兰妮·克莱因的童年以及她与父母、丈夫及孩子们的关系。在菲丽丝·格罗斯库特巴黎出差期间,笔者曾有幸采访这位作者。

④ 马克斯·恩斯特(1891—1976),德国画家和雕刻家,超现实主义的创始人之一。——译注

渴求、吵闹、对惩罚的恐惧、焦虑和精神病。在这方面，相比弗洛伊德的传统观点，她的观点更加现代，相比19世纪，又更接近20世纪的文学类型。正是如此，她深深地吸引阿历克斯·斯特雷奇。很快，克莱因就征服了大部分英国精神分析师，尤其是琼斯。他甚至请她分析自己的孩子。

克莱因认为应该取消所有阻止治疗师达到儿童潜意识的壁垒。与弗洛伊德的"保护性"理论不同，她提出"infans"理论，即2至3岁的儿童，尽管不会说话，但是他们已经不能算作婴儿，因为他们已经显现出对无自主性的压抑。

如果说弗洛伊德是第一个在成人中发现压抑的婴儿性欲，那么梅兰妮·克莱因则是第一个在儿童身上发现究竟被压抑的是什么，即婴儿时期的无自主性。她不仅提出一种理论，同时还发明了儿童治疗训练的基本框架：合适的场景，精心改编的内容，简单但牢固的家具，一张小桌子加一把小椅子，一只小沙发。每个儿童都应有一个用于治疗的游戏盒，里面有小房子、小人、农场动物、野生动物、立方体、小球以及一些小工具：剪刀、绳子、铅笔、纸、橡皮泥。

对克莱因和支持者们而言，这种儿童诊疗方法的观念与女性性欲理论的改写密不可分。弗洛伊德借鉴达尔文生物学的模型，他支持一元性欲论以及从"男性"角度出发的人类性欲理论。力比多理论是弗洛伊德从婴儿性欲理论的诊疗观察中发展而来，目的既不在于从分析中得出男女之间的性别差异，也不在于判断现代社会中的女性境遇问题。

根据单一力比多观点，弗洛伊德认为在儿童阶段，女孩忽视阴道的存在，将阴蒂的作用等同于阴茎。因此，她们会因阉割的器官感到怪异。根据这种不对称，阉割情结围绕表征的单一顶端发展，在两性之间的形成方式不同。每个人的命运各不相同，不仅仅是因为身体结构，更是因为这个器官而产生不同表征的结果。在青春期，女性特有的阴道开始为两性所认识：对于男孩而言，这是他们性器官穿透时的目标，而对于女孩，她们压抑阴蒂的性征。但在这之前，男孩意识到与女孩的不同，将女孩没有阴茎看作阉割威胁。在俄狄浦斯情结阶段，他开始与母亲分离，然后选择同性别的父亲作为客体。

弗洛伊德认为女孩的性征通过男性生殖器崇拜构建，即女孩想要成为男孩。在俄狄浦斯阶段，她希望怀上父亲的孩子，这种客体的转换通过阳具价值而发展。女孩与男孩不同,必须先与同性别的客体即母亲分离,然后才选择异性作为客体。无论男孩还是女孩,对母亲的依恋都是首要因素。

所谓"阴茎羡慕"(l'envie du pénis)的分析是弗洛伊德以某个特定时期的经验观察为基础,在此基础上建立婴儿性欲的理论。根据这个观点,事实上这个观点也符合婴儿的表达,弗洛伊德注意到女孩将自己的身份与男孩同化,在卡尔·亚伯拉罕的理论中也能找到相同的观点,可谓精神分析的信条:女性在无意识中希望成为男性,因为在儿童时期,她们对阴茎产生渴望,希望拥有父亲的孩子。这个观点从经验主义角度而言就算确切,也不意味着它能够广泛运用。即使这个观点与婴儿的主体性相关,它也可能随着社会的变化而改变。

弗洛伊德支持性欲一元论,他认为所有关于性欲本能性质的论证都是错误的。除男性及女性构建的幻想或者神话以外,根本不存在"母性本能",也不存在女性"种族"。弗洛伊德从希腊神话中获得灵感,认为性征的区别在于分离的逻各斯(logos)(男性象征原则)与古老的繁殖时期(即理性之前的母系的混乱状态)的对立。由此产生这句名言,"解剖决定命运"。[1] 与一般的说法不同,弗洛伊德从不认为解剖是人类唯一可能的命运。他从拿破仑处借用了这个说法,而皇帝陛下[2]本希望用政治而非古老的神话来书写人类将来的境遇。[3]

也就是说,通过这句名言,弗洛伊德不仅推崇古代悲剧,也思考两性在几乎政治化的现代戏剧特征下的主要区别。因此弗洛伊德同样从现代世界的舞台以及拿破仑皇帝设想的民族战争中获得了灵感并描绘场景。

简而言之,我们可以说,对于弗洛伊德而言,解剖是人类命运的一部分,在任何情况下都不是难以逾越的边际。这就是精神分析的自由主义

---

[1] 参见西格蒙德·弗洛伊德,《论情欲退化现象》(Sur le plus général des rabaissements de la vie amoureuse),1912年,见《性生活》,巴黎,法国大学出版社,1970年,第65页。《女性性欲》,见《精神分析引论新讲座》,1933年,巴黎,伽利玛出版社,1984年。
[2] 指拿破仑。——译注
[3] 1808年10月2日,歌德和拿破仑在埃尔富特(Erfurt)会面,皇帝说他不赞同命运的悲剧,他认为命运的悲剧属于比现在更加黑暗的时代。他说:"无论今天的命运是否与我们有关,政治即命运。"关于笔者对这句话的评论分析,参见《混乱的家庭》,前揭,《女性只有一种性别》一章。

理论,也是弗洛伊德的观念:认识命运的存在,然后更好地从命运中解放出来。此外,弗洛伊德还认为解剖从来都无法决定是男性或是女性。[1]

在诊疗方面,性欲一元论并不与双性恋矛盾。相反,前者解释了后者的存在:根据弗洛伊德的观点,任何主体都不具备单纯的男性或者女性特征。换而言之,性欲一元论的假设意味着在主体的无意识表现中,无论男性或女性,性别区别在生物意义上不存在。双性恋是这种一元结构的必然结果,男性或是女性皆如此。异性之间的吸引不是一种互补,甚至双性恋会慢慢消除这种组织架构的观念。由此,同性恋有两种孑然相对的模式:女孩继续依恋母亲,选择同性作为同伴,成为女性同性恋;男孩作出相似的选择,拒绝接受母亲的阉割,发展成为男性同性恋。

弗洛伊德的立场,也就是所谓的维也纳派,得到许多女性的支持,包括玛丽·波拿巴,海伦娜·朵伊契,让娜·兰普尔-德·格鲁特[2](Jeanne Lampl-De Groot)。然而,这个观点从 20 世纪 20 年代后日渐受到许多来自所谓的"英国"学派女性的反对,她们是:梅兰妮·克莱因,若斯林·穆勒(Josine Muller)以及许多其他女性。她们质疑父亲法则的至上地位,弗洛伊德的阳具中心主义以及儿童精神分析方法中的教育理想,批评弗洛伊德认为女孩未觉察阴道的观点是荒诞的假设,认为性欲一元论与双性恋理论对立。此外,她们在儿童的治疗中,没有观察到所谓的"未觉察阴道",也没有发现女孩将阴蒂当作阴茎的替代。英国学派在这些条件下重新提出"女性本质"的观点,即建立在人体结构的不同上。[3] 在这一点上,弗洛伊德认为不同是相对的,在无意识中两性之间没有区别,只存在一个男性的原则和俄狄浦斯结构。换而言之,相对弗洛伊德,英国学派更加"自然主义":他们认为女性从出生起就是女性,而弗洛伊德认为女性通过

---

[1] 西格蒙德·弗洛伊德,《女性性欲》,前揭,第 153 页。
[2] 让娜·兰普尔·德·格鲁特(1895—1987),荷兰精神分析师。——译注
[3] 关于维也纳派和伦敦派的历史争论的法语著作有《假面之下的女性特质》(*Féminité mascarade*),巴黎,瑟伊出版社,1994 年,西格蒙德·弗洛伊德,《性学与爱情心理学》,前揭,尤其是《两性解剖学差异的一些精神后果》(*Quelques conséquences psychologiques de la différence anatomique entre les sexes*)(1925),第 123—132 页。海伦娜·朵伊契,《女性性功能的精神分析》(*Psychanalyse des fonctions sexuelles de la femme*),巴黎,法国大学出版社(PUF),1994 年。瑟伊出版社出版的这部作品的名字其实来自琼·里维埃一篇著名的论文《像假面一般的女性特质》(*La féminité en tant que mascarade*),文中指出那些完美地融入社会以及婚姻生活的女性知识分子其实是戴上了面具,掩盖了自己真正的焦虑。

表象逐渐构建,也就是说女性其实是一个"不完整的男人"。

1927年9月,在马克斯·艾廷贡主持的因斯布鲁克(Innsbruck)大会上,安娜·弗洛伊德和梅兰妮·克莱因之间爆发了针锋相对的争辩。梅兰妮抵达会场,容光焕发,气场十足,第一次身边有如此多的拥护者。对于安娜提出"俄狄浦斯冲突早期阶段"的观点,她感到十分惊讶。她认为已经不能称作"阶段",而应该是"时期"或者"内部心理学的位置"。弗洛伊德当时罹患癌症,饱受疾病折磨,于是这一天,他决定退出精神分析运动。琼斯支持英国学派的观点,支持儿童分析和女性性欲问题。他没有试图平息这场争论,反而成功地孤立费伦奇,令弗洛伊德和这位匈牙利弟子之间的关系剑拔弩张,费伦齐被认定"偏执",自然产生遭到迫害的感觉。琼斯想解散委员会,他已经开始计划在英国举行精神分析协会大会。琼斯的策略总是完美的前后衔接。

这场关于女性和儿童的争论日益扩大。这场旧派和新派之间新的争论,引发了西方社会的范式转变。建立在自由主义、经验主义、个人主义以及文化主义之上的英国社会,比起欧洲大陆更能够接受克莱因的观点。弗洛伊德的理论基于父权模式,与之相比,克莱因的理论更加"女权主义",更加平等。此外,这场争论的爆发恰逢全世界范围内女权运动的蓬勃发展,女性能够参政,取得政治界和司法界的解放。我们可以在弗吉妮娅·伍尔芙的散文《三个基尼金币》(*Trois Guinées*)一文中找到痕迹,书中作者鼓励女性承认不同。她将男性对女性的性别歧视比作德国和意大利法西斯的胜利,在她看来,那个时代中战争的本能似乎是人类固有的特性。然而,她也没有排除这个现象可能不在于性欲层面,而在于文化层面。①

弗洛伊德向琼斯抱怨克莱因的支持者组织反对活动安娜。令他尤其困扰的是,美丽的琼·里维耶,出身英国贵族,与布鲁姆斯伯里派联系密切,竟也受到克莱因理论的吸引。里维耶患忧郁症和失眠症,曾经过弗洛伊德的分析,"教授先生"对她非常推崇,深深爱恋,安娜却十分讨厌她。事实上,里维耶很清楚如何保持距离,她从未过度崇拜克莱因。

---

① 弗吉妮娅·伍尔芙,《三个基尼金币》,1938年,在薇薇安·福里斯特(Viviane Forrester)的《另一个身体》(*L'Autre corps*)之后,巴黎,女性出版社,1978年。

9月，琼斯写信给弗洛伊德，阐明不同意安娜的观点，他将安娜的阻抗归咎于接受父亲的分析不足：这是一个通过纯粹心理学角度思考科学争论的全新机会，其关键毫无疑问不仅是历史性的，也是政治的。弗洛伊德反对荣格，荣格反对弗洛伊德，琼斯反对兰克，等等。再一次，这场大规模的争辩围绕同一个事实的两种不同研究方法展开，两个流派的领袖都将之阐述为俄狄浦斯式的问题，而非一种范式变化。

琼斯一直强调永远忠诚于弗洛伊德以及安娜。"教授先生"不愿意介入这场争辩，但始终认为克莱因的道路是错误的，他承认应该让经验和事实说话。但是，对于英国学派在这场争论中，在安娜正式登台前就选择支持克莱因的立场，他仍然感到十分不快。他强调道，"就英国人对待安娜的行为而言，有两点无可推诿：第一，克莱因女士认为安娜逃避了俄狄浦斯原则。只要这位女士有些许意愿试图了解，这个误解本可以轻而易举地避开。而你们竟然还据此公开指责批评安娜没有经过足够的分析，这一点违背我们所有的良好传统。尤其在这场争辩中，结论如此显而易见，里维耶的理论声明令我更加难受，因为我一直认为她非常聪明。在这一点上，我必须要责备你太过宽容。当团队中有成员的观点明显错误，受到欺骗，那么领导人应该单独引导，这是一个极好的教学机会。在这个事件中，若无批评性的见解，就没有推广"。①

然而，经验和事实最后证明，比起弗洛伊德的观点，克莱因的理论更加正确。随着伦敦在全球精神分析领导地位的确立，克莱因的理论在全世界得到推广，在儿科医生对低龄儿童的治疗中广泛实施。然而，在世界各地，克莱因的理论也不断对"弗洛伊德"理论作出修正和修改，也就是说，在治疗儿童的过程中融入了教育模式。②

在俄狄浦斯心理学中，弗洛伊德认为阴蒂是阴茎的替代物，深信女孩在面对阴蒂时会产生自卑感，他对于女性、女性特征以及爱情生活的观点都来自德国浪漫主义和自然哲学。性欲一元论与自然主义背道而驰，而

---

① 西格蒙德·弗洛伊德和埃内斯特·琼斯，《通信全集，1908—1939年》，前揭，《弗洛伊德致琼斯的信》，1927年10月9日，第727页。
② 1945年后出现大量关于儿童精神分析历史的著作，尤其是 D. W. 温尼科特（D. W. Winicott）和约翰·布莱（John Bowlby）为代表的英国学派。参见《精神分析词典》，前揭。关于法国的情况，参见 HPF-JL，前揭。

他在女性以及女性特征的"本质"的观点中却不断地提到自然主义。这再一次表明,弗洛伊德的观点极其复杂,他经常陷入自相矛盾,陷入与自我的斗争中。

他认为女性比男性被动,更倾向双性恋,女同性恋和男同性恋不同,不仅有被爱的需求,而且需求比男性大得多。因此,从病理的角度讲,女性更多是受虐者而不是施虐者,因为这种需求在女性中很容易转化为一种被虐的快感。同时,他承认女性只有在男性的引导下才会产生性倒错。在儿童阶段,女孩生活"简短",见弃于人,憎恨母亲将她们生成女子而非男性:她们产生了"阴茎羡慕"。他认为男女之间是一种互补关系,但此观点又与单一性欲理论矛盾。弗洛伊德说,女人应该温柔地陪伴男人,不需要工作赚钱,也不需要上学,因为她们的本质是与男人维持三种"不可避免的"关系:生殖、陪伴和毁灭。对弗洛伊德而言,这三种形式体现了一生中母亲的形象:母亲本人,根据母亲的形象选择的情人,以及最后重新回到大地之母的怀抱。

弗洛伊德是优秀的达尔文主义者、进化"阶段"理论的信徒,他是伟大的破译者,如同站在斯芬克斯前的俄狄浦斯,破解了人类命运之谜的三阶段。他始终认为对男性而言,女性呈现三种形式的特征:性感年轻的女孩,挚爱的妻子和母亲(相比青少年,新生婴儿的这种爱更加强烈)。也就是说,事实上弗洛伊德观点中的女性不仅展现大地之母、出生和死亡的三种女性类型,还体现命运的三种模式,如同希腊神话中的命运三女神(罗马神话中的帕耳开[Parques])。他认为,在每个女性的身上,男性都能找到来自奥林匹亚的三位女神:纺织生命之线的克罗索,拿着沙漏计时的拉克西丝,以及切断生命之弦寓意"不可改变"的阿特洛波斯。因此,对于弗洛伊德而言,女性对文化最大的贡献在于发明编织与纺织。①

弗洛伊德借助最钟爱的悲剧人物李尔王,构建这种女性表现原则。在莎士比亚的剧作中,这位疯狂的君主灵光乍现,突然想知道三个女儿中谁最爱自己,于是驱逐了最诚实的女儿考狄利娅(Cordélia),招致王国和家族的衰败。最后李尔王认识到错误,却为时已晚。他抱着考狄利娅的尸体说:"一个年迈的老人想要重新抓住女性的爱是白费力气,他最先得

---

① 西格蒙德·弗洛伊德,《论女性特质》,前揭,第177页。

到的是母亲的爱,但只有命运中的第三个女子——安静的死亡女神,才会将他抱在怀中。"①

弗洛伊德有三个女儿,住在贝尔加泽街时身边也有三位女性:玛尔塔、明娜和安娜。他从希腊神话和莎士比亚悲剧中找到共鸣,对于男性,女性在一生中展现的三大功能:女性—母亲,情人—妻子和大地女神。尤其在帕里斯的评判,在佩罗的童话《灰姑娘》,在阿普列尤斯的故事《普赛克》,以及莎士比亚著名的戏剧《威尼斯商人》等作品的主题中,他都能找到这个观点。莎翁的《威尼斯商人》是喜剧版的《李尔王》。在这部戏剧中,年轻的鲍西亚(Portia)迫于父亲的意愿,不得不在求婚者中选择一名丈夫,求婚者们必须从三个用金、银和铅铸成的盒子中择优而选,其中一个放有年轻女孩的照片。前两名竞争者选择了金盒和银盒,退出争夺,第三位求婚者巴萨尼奥(Bassanio)选择铅盒,赢得未婚妻。事实上,在测试之前,鲍西娅早已对巴萨尼奥产生好感。

弗洛伊德认为每个盒子代表一种女性类型,鲍西娅更接近铅("沉默的"金属),是三种女性中最简单最安静的:她默默地喜欢,她与忠诚的考狄利娅相似,代表"死亡"。

弗洛伊德喜欢忠诚聪慧的女子,不用太漂亮,擅长处理生活中的琐事,愿意孕育后代。他支持女性获得公民权利。他恐惧出轨,不喜欢交际花,也不喜欢封闭的房子。他会痛斥一些维也纳弟子以及生活圈子中的那些憎恶女性的医生,这些人经常认为女子在生理上低男人一等。他说,这种不公平是幻想,在无意识中不存在。此外,他还认为对女性的憎恨以及她们的屈从是反犹主义无意识的根源之一。

同样,弗洛伊德观察儿童的表现,描述婴儿性欲。在构建性欲理论时,他认为女性性征中的男性表现和男性性征中的女性表现数量相当。因此他的女性理论属于当时社会的一部分。这也是随着时间的推移,弗洛伊德不断陷入矛盾的原因之一。

弗洛伊德认为,如果说女性感到被剥夺阴茎,那么男性则需要战胜母亲加诸的崇拜才能够选择另一名女性。他认为,男性还必须克服与母亲

---

① 西格蒙德·弗洛伊德,《关于三个匣子的主题》,见《令人不安的异样感及其他文章》,前揭,第81页。

或者姐妹乱伦的想法。弗洛伊德解释这种从母亲过渡到另一名女子的过程往往表现为男性趋向于与社会地位较低的女子保持性关系。"我们经常看到,男性所处的社会地位越高,越倾向于选择家境条件较差的女子作情妇,甚至是妻子。"①

比起一段糟糕的婚姻,弗洛伊德更支持正确的离婚。他相信安全套令女性难以达到性高潮,就像性交被中断。然而,自 20 世纪 20 年代起,他认为在各种控制生育的方法中,女性节育最不受欢迎。作为一名能言善道的清教徒,他非常擅长用言语吸引女性。他的写信技巧无与伦比、词藻华丽,而他对肉体的欲望却十分有限,他对爱情的想象极其充沛,但他的性行为却十分贫瘠。在内心的深处,他始终询问自己爱情生活中最明显且最著名的对立:男性如何维持爱情和欲望的统一?他说,"当他们爱上一个人,却对她没有欲望,或者他们想要这个人却无法爱上她"。② 非常奇怪的是,他认为女性不具备男性的这种对立,她们也许能够接受条件较差的男子成为情人或者丈夫。

这些关于女性的论述不仅令一批批女权主义者感到震撼,同时也震惊了那个时代精神分析运动中的女性。此外,这些论述不仅再一次与弗洛伊德关于女性性征的理论矛盾,甚至与教授对待女性的态度也格格不入。弗洛伊德支持女性参与职业活动,获得独立的社会地位,不仅只是鼓励她们做些编织纺织的零活。他十分清楚私人生活中的家庭组织结构将无法延续,而且将来的男性和女性会不同于目前的认识:他从孩子们的生活方式中看到这种演化的蛛丝马迹,即使他仍捍卫这种家庭结构,希望保持这种家庭结构。他认为自己的理论尽管与女权运动有一定距离,但极大地参与了女性的解放。他自认像一个生活在过去的人,为西方社会带来性的改革,自己却没有从中受益。在某种意义上,20 世纪比起弗洛伊德本人更加弗洛伊德。

弗洛伊德确信,只有通过母子关系母亲才能获得无限满足,在这一点上,他没有提及母亲阿玛丽娅。他还说:"母亲很可能一直把心中被迫压

---

① 西格蒙德·弗洛伊德,《论情欲退化现象》(Sur le plus général des rabaissements de la vie amoureuse),1912 年,见《性生活》,前揭,第 61 页。
② 同上,第 59 页。

抑的抱负寄托于儿子,期望在他身上实现过去男化情结遗留的愿望。如果妻子不能成功地使丈夫处于儿子的地位,成功地以母亲的身份对待丈夫,她的婚姻就会不牢靠。"① 也就是说,弗洛伊德认为所有的女性在男性眼里,首先是潜在的母亲,男性需要降低其地位才能将之视作性对象。因此,他说,所有性生活的起点都是口语性的:吮吸乳房或者乳房的替代。每个人在生命中都在重复这个原初的选择:找到各种形式下的母亲,从喜爱到憎恨,从幸福到失望。

即使弗洛伊德建立了一套关于性征的理性理论,与恐惧女性的意识形态和观点相对立,他仍然不可避免地重提前人的观点,女性对于男性而言是文明史上最大的谜题。他说,男性总是怀疑女性拥有令人恐惧的神秘力量,他们还没有准备好释放它。我们还记得希腊神话中的底比斯盲人先知忒瑞西阿斯(Tiresias)。半男半女的忒瑞西阿斯泄露了神和凡人探求的秘密:男人或女人中究竟哪一个才是性行为中的最大受益者? 宙斯和赫拉询问时,他敢于承认女性在性交中获得的欢愉比男性多十倍。隐蔽的秘密大白于天下,赫拉弄瞎了他的双眼,宙斯赋予他预言的本领作为补偿,并且使他能够活七代。②

弗洛伊德运用黑色浪漫主义的术语"女性想要什么"以及殖民文学的语言,重新构建这个神话。1926年,他说"成年女性的性生活对于心理学而言是一块黑暗大陆"。③ 在这句话中,弗洛伊德借用英国记者斯坦利的畅销书书名④,后者在19世纪末前往刚果探险。他以一种非洲父权中心和天真的视角转述这段探险经历,认为非洲昏暗但迷人,阴柔又野蛮,这片大陆未经过文明的开发。弗洛伊德将女性的性生活比作"黑暗大陆",是西方传播文明的目的地。这个生动的对比,意图表达男性在面对女性

---

① 西格蒙德·弗洛伊德,《女性性欲》,同上,第179页。
② 尼可·洛罗(Nicole Loraux),《忒瑞西阿斯的经历:希腊女性与男子》(Les Expériences de Tirésias. Le féminin et l'homme grec),巴黎,伽利玛出版社,1989年。
③ 西格蒙德·弗洛伊德,《非专业者的分析问题》(La Question de l'analyse profane),1926年,巴黎,伽利玛出版社,1985年,第75页。
④ 亨利·莫尔顿·斯坦利,《穿过黑暗大陆》(Through the Dark Continent)第二卷,1878年,纽约,多佛出版社(Dover Publications),1988年。米歇尔·卢尔道斯(Michel Lurdos),《黑暗大陆的中心:亨利·莫顿·斯坦利》(Au Coeur du continent noir: Henry Morton Stanley),见让·瑟立主编,《殖民文学》(Regards sur les littératures coloniales),巴黎,哈麦丹风出版社,第三卷,1999年。

性征时的不安,如同白人面对非洲大陆时的恐惧,以殖民的语言重新描绘了一片大陆,如未开化的自然昏暗不明,充满科学无法阐述的谜题。弗洛伊德或许在年轻时有过同样的恐惧?黑毛松狮不是也令他害怕吗?因为它的黑毛是天生的。

然而,弗洛伊德理论在很大程度上继承了19世纪末通过男性象征呈现女性和女性性征的成果。[1] 他坚持这个观点,认为只有经过精神分析培训的现代女子,才能在将来明白"前俄狄浦斯时期"的女性性征。这两个流派,克莱因派和弗洛伊德派,以及许多其他流派的观点[2]都得到后人的认同和支持。

从20世纪20年代起,弗洛伊德的主要女弟子或者女病人都与"教授先生"家庭中的女性完全不同。无论来自英国、美国、德国或奥地利,她们几乎都具有较高的社会地位,极其独立。她们的生活方式,不仅与国际精神分析协会第一代的先驱形成鲜明对比,也与生活在贝尔加泽街的弗洛伊德家庭中的女性截然不同,比如弗洛伊德的姐妹、母亲和女儿。

在此之前,精神分析运动的女性分析师几乎都生活在男性的阴影下,只有个别例外。从此,她们丢弃女性的紧身衣和大衬裙,耀眼万分,成为精神分析运动中独立完整的演员,再次登上历史的舞台。如果说她们中大部分人由于家庭原因或者纷扰的婚姻而感到痛苦不堪,患有忧郁症及各种精神症,但她们又都从精神分析中找到了一份职业,成就了一份事业,改变了生存状态,或者她们只是简单地参与了一次知识分子的冒险经历。这其中包括海伦娜·朵伊契,希尔达·杜丽特尔,伊迪丝·雅各布森[3](Edith Jacobson),露丝·麦克-布伦丝维克,多罗西·伯林厄姆,琼·

---

[1] 参见乔治·杜比(Georges Duby)和米歇尔·佩罗特(Michelle Perrot),《女性史,卷四:19世纪》(Histoires des femmes, t. IV: Le XIXe siècle),巴黎,普隆出版社,1991年。

[2] 关于女性性欲日后的争论,尤其是西蒙娜·德·波伏娃、雅克·拉康及后继者的观点,参见 HPF-JL,前揭,以及《精神分析词典》,前揭。伊丽莎白·卢迪内斯库,《突然,第二性……》(Soudain, Le Deuxième Sexe),见《现代》(Les Temps modernes),2008年1—3月,647—648,第192—213页。关于这个主题,无论是在精神分析运动内部还是外部都有大量的文学作品,尤其是关于性别和语言阴阳性区别的。参见丽莎·阿皮尼亚内西(Lisa Appignanesi)和约翰·福里斯特,《弗洛伊德的女性》(Freud's Women),纽约,基本书籍出版社,1992年。

[3] 伊迪丝·雅各布森(1897—1978),德国精神分析师。——译注

里维耶,玛丽安娜·克里斯(Marianne Kris),玛格丽特·斯东博拉夫-维特根斯坦(Margaret Stonborough-Wittgenstein)。①

然而,其中两位女性与众不同,她们便是莎乐美和玛丽·波拿巴。两人都不是犹太人,莎乐美是德国人,波拿巴是法国人;两人都成为弗洛伊德的弟子,和弗洛伊德家关系密切,在弗洛伊德生命的后半段起着重要作用。两人都获得了评议会的金戒指。

莎乐美出生于圣彼得堡,比弗洛伊德小五岁,来自一个德国贵族家庭。年轻时她就选择了知识分子的生活,不愿接受资产阶级婚姻规则的束缚。莎乐美是自恋女性的代表,将这种自恋展现到了极致,认为女性比男性自由。她说,男性在自身文化的影响和支配下,产生负罪感。相反,女性在性行为中能够全身心投入,既不会感到羞耻,也不会尴尬。从这个角度,她认为性爱如同肉体的激情,一旦欲望饱和就会干涸。因此,只有建立在绝对忠诚之上的精神之爱能够随着时间的推移永不消逝。莎乐美在1910年出版了一本性学小册子,评论著名的文学主题——"从爱玛·包法利到安娜·卡列尼娜"。她认为爱情的疯狂和婚姻的不安通常难以克服,但这样的经历是必需的。莎乐美坚持婚姻应该允许夫妻双方性爱自由,她很清楚自己的观点非常疯狂,不仅因为这与当时宗教道德的戒律相悖,更与扎根于人类本能的强大占有欲背道而驰。

然而,莎乐美的一生都无视那些谩骂、谣言和丑闻,不断实践这种自由。继尼采之后,弗洛伊德也为她倾倒,甚至打乱原有的生活:两人同样罕逢对手,同样离经叛道,同样精力充沛,同样勇往直前,炙烈的热爱和拥有对象的方式也相同。② 在同一种力量和意愿的驱动下,弗洛伊德选择禁欲,而莎乐美倾向满足欲望。作为朋友,两人的理论观点不无分歧,谁也不能说服谁,谁也不愿放弃自己的立场,但他们彼此尊重。

---

① 参见赛利亚·贝尔塔(Celia Bertin),《弗洛伊德时代的维也纳女性》(*La Femme à Vienne au temps de Freud*),巴黎,洛朗斯·佩尔努出版社(Stock Laurence Pernoud),1989年。厄休拉·普罗科普(Ursula Prokop),《玛格丽特·斯东博拉夫·维特根斯坦》(*Margaret Stonborough-Wittgenstein*),2005年,洛桑,白纸黑字出版社(Noir Sur Blanc),2010年。尽管弗洛伊德和玛格丽特是亲戚,但他与莫里茨·施利克(Moritz Schlick)建立的维也纳社交圈没有接触,与玛格丽特的兄弟路德维希·维特根斯坦(Ludwig Wittgenstein)也没有联系,后者的好友卡尔·克劳斯曾批评弗洛伊德的释梦理论。参见玛格丽特,《关于弗洛伊德的谈话》(*Entretiens sur Freud*),1943—1946年,见弗洛伊德,《弗洛伊德:判断和证明》,前揭,第251—266页。

② 参见《精神分析词典》,前揭。

1887年6月,莎乐美嫁给德国研究东方语言学的教授弗里德里希·卡尔·安德列亚斯①(Friedrich-Carl Andreas),后者在哥廷根大学任教。这是一段没有夫妻生活的婚姻。婚姻期间,莎乐美的第一个情人是德国社会民主党的创始人之一格尔克·莱地伯格(Georg Ledebourg),接着是维也纳医生弗里德里希·皮内莱斯(Friedrich Pineles)。第二段关系中莎乐美怀孕但不慎流产,从此无法成为母亲。之后,莎乐美定居慕尼黑,认识了年轻的诗人勒内·里尔克②(Rainer Maria Rilke)。莎乐美在回忆录中写道:"如果说我是你多年的女人,那是因为,是你首先向我展现:肉体和人性那不可分割的现实,生活本身那不可怀疑的真实……我们是兄弟姐妹,如同在遥远的过去,在姐弟间的结合还没有变得亵渎神圣之前。"③

莎乐美赞同尼采关于自恋的观点,更广泛地说,这是19世纪末生命哲学(*Lebens philosophie*)的特点:对自我的崇拜。事实上,正如雅克·勒里德尔所强调的,在所有作品中,莎乐美试图重新找到一种宇宙起源的性爱,填补神的崇拜无可挽回地逝去后留下的情感空白。④ 1911年在魏玛,莎乐美第一次见到弗洛伊德。当时她是保罗·比耶尔⑤(Poul Bjerre)的女伴,后者是一位年轻的瑞典精神分析师,比她小十五岁。莎乐美的最佳传记作者海因茨·弗里德里克·彼得斯(Heinz Frederick Peters)这样描写道:"时间柔化了她的特征,她非常女性化,穿着柔和的裘皮,肩上围着长毛围巾和领圈……她优美绝伦,才思敏捷,热情洋溢,充满活力。"⑥

面对这位美丽杰出的女性,弗洛伊德最初十分抗拒,试图不被吸引。然而,很快他爱上了莎乐美灵魂中的智慧,对生活的热情,以及不可动摇的乐观主义。她的女性特征体现在各方面,令他感到既亲近又陌生。事

---

① 弗里德里希·卡尔·安德列亚斯(1846—1930),德国东方语言学家。——译注
② 勒内·里尔克(1875—1926),奥地利诗人,小说家。——译注
③ 莎乐美,《生命的回顾》(*Une vie*),巴黎,法国大学出版社,2009年。
④ 雅克·勒里德尔,《维也纳现代性和身份危机》,前揭。莎乐美,《自恋的爱情》(*L'Amour du narcissisme*)(1977),巴黎,伽利玛出版社,1980年。
⑤ 保罗·比耶尔(1876—1964),瑞典精神科医生。——译注
⑥ 海因茨·弗里德里克·彼得斯,《我的姐姐,我的妻子》(*Ma soeur, mon épouse*),巴黎,伽利玛出版社,"如斯"系列,1967年,第257页。关于莎乐美生平和作品的著作非常多,最杰出的是安杰拉·利文斯通(Angela Livingstone),《露·安德烈亚斯-莎乐美,生平和作品》(*Lou Andreas-Salomé, sa vie et ses écrits*)(1984),巴黎,大学出版社(PUF),1990年。伊莎贝尔·蒙斯(Isabelle Mons),《完全自由的露·安德烈亚斯-莎乐美》(*Lou Andreas-Salomé en toute liberté*),巴黎,佩兰出版社(Le Editions Perrin),2012年。

实上,莎乐美似乎与弗洛伊德的女性生命三种状态理论相矛盾,因为她始终是一个令人渴望的年轻女孩,不曾成为母亲——一位成熟的女性,拒绝担任家庭妇女的角色,并且从未放弃肉体欲望。弗洛伊德没有将她视作难解之谜,反而赋予她最高形式的爱:一段优雅殷勤、有魅力的友谊,一段知识分子的经历,一段与其他弟子或对话者从未有过的交往。第一次,他没有将一位不可或缺的朋友变成一名不可或缺的敌人。

自从第一次相遇,弗洛伊德就意识到莎乐美希望受到赞赏,甚至摆脱强势的性格,也意识到她无法成为母亲的悲惨经历。那时他就明白莎乐美想要投身精神分析事业,没有什么能够阻止她。这就是为什么他立刻接受她成为国际精神分析协会会员。在众人眼中,莎乐美默默地见证了尼采和弗洛伊德之间的联系,见证了维也纳和德国文化的继承、文学和精神分析的联系。显然,弗洛伊德爱上了她,这就是为什么他慎重地强调,好像是为了捍卫自己的感受,这种爱恋中没有一丝肉体的吸引。

1912年,莎乐美定居维也纳,她既参加弗洛伊德的会议,也参加阿尔弗雷德·阿德勒组织的讨论。弗洛伊德非常嫉妒,他讨厌阿德勒,却没有阻止莎乐美。一天晚上,莎乐美再次缺席。他写了一封信:"昨天晚上你缺席聚会,我非常想念你。得知你并非去参加男性钦羡阵营,我又非常高兴。我养成了个坏习惯,总是习惯将我的报告向参加活动的某个特定听众,某个特定的人陈述,昨天我就像着了魔一般不停地盯着你的空位看。"[①]

莎乐美很快全身心投入弗洛伊德的事业,后来她和维克托·陶斯克坠入爱河。这是弗洛伊德最英俊最忧郁的弟子,比莎乐美年轻二十岁。这段感情后,她投身分析实践,前往医院,兴致盎然地观察病例,与维也纳的知识分子见面。每次星期三协会活动后,弗洛伊德都送她回酒店,每次晚饭后,都赠花给她。和那个年代的许多女子相同,莎乐美会织毛衣。有一天,一名狂热的弟子和莎乐美一起参加精神分析师最喜欢的运动——形象化的比喻和阐述。莎乐美织着毛衣,这名弟子指着莎乐美调侃道,她通过织毛衣的动作表现出女性潜意识中对不间断性交的渴望。莎乐美没有作任何回答。

--

① 莎乐美,《与弗洛伊德的通信集》,前揭,第17页。

莎乐美与弗洛伊德属于同一个阶层,有相同的价值观,是20世纪上半叶欧洲知识分子精英的代表。莎乐美同样没有留意到那个时代背后深藏的悲剧。因此,第一次世界大战爆发时,她非常震惊。如果说弗洛伊德认为这场冲突是隐藏在各民族无意识中的冲动大爆发,莎乐美则认为这场战争如魔鬼一般嗜血如狂,想要平息人类自我毁灭的需求,"我们是杀戮自己的凶手,也许这不可避免,但因为如此,我们的罪责是全人类的,而我们唯一的赎罪方式就是接受现状……。当我明白这一点时,我惊讶地意识到正因如此,如果我是一名男子,我也会上战场,如果我有儿子,我也会送他去前线"。①

弗洛伊德显然站在战胜国的阵营,而在莎乐美眼里,战争是一场更大的崩溃。那么她为哪个阵营而战呢？是立于俄国阵营还是德国一方呢？不同于她的日耳曼语同胞,她没有这样的民族主义情感,但也无法像她的沙俄兄弟那样对德作战。因此,她将这场仇恨的爆发看作兄弟间内部主观性的厮杀。十月革命中,她坚决反对布尔什维克主义。在此之前,她原本非常钦佩俄国改革者和他们的乌托邦理想,但现在,正如皮埃尔·别祖柯夫伯爵②(Pierre Bézoukhov)面临拿破仑军队向莫斯科推进的那刻,她看见的是一场悲剧扑向祖国。弗洛伊德的回答亦相同:"我认为在革命尚未完成之际,不能对革命抱有同情心。这就是为什么它们非常短暂。愚笨的人类仍然需要被征服。简而言之,我们要像席勒那般,面对法国大革命时,持反对的态度。"③无论弗洛伊德还是莎乐美都不明白人民真正的悲惨境遇。

战后,莎乐美在哥尼斯堡④(Konigsberg)劳改营中度过六个月,照顾患神经创伤的病人。当时弗洛伊德对人类的宿命愈发悲观,莎乐美却重新找到了生活的乐趣,她回到哥廷根⑤(Götingen),从事精神分析实践工作。多年来,莎乐美和弗洛伊德一起参与精神分析运动,共同进退,始终和弗洛伊德一家保持着亲密联系,"教授先生"一家也非常欢迎她,尽管已

---

① 海因茨·弗里德里克·彼得斯,《我的姐姐,我的妻子》,前揭,第283页。
② 托尔斯泰小说《战争与和平》的主要人物。
③ 莎乐美,《与弗洛伊德的通信集》,前揭,第98页。
④ 即加里宁格勒,德国时期旧称哥尼斯堡。现为位于波罗的海海岸的俄罗斯海港城市,原为东普鲁士(普鲁士王国的省份之一)的首府,康德的家乡。——译注
⑤ 哥廷根,德国下萨克森州城市。——译注

经有更多年轻的英语国家分析师来到这里,如同昨日世界的回忆开始逐渐模糊。

认识莎乐美后,弗洛伊德终于遇见一位能平等对话,既像陌生人又像家庭成员的女性。他恳请莎乐美成为女儿安娜的保护者,因为他与女儿相处困难。安娜向莎乐美倾诉分析、性征以及各种困难和秘密,她成为安娜的第二位治疗师:莎乐美监督弗洛伊德和女儿的分析治疗,对这种联系兴致盎然。莎乐美经常聊起披巾、皮衣、裘毛和长衣,这令她回想起年轻的岁月,生活在托尔斯泰小说中的那段俄国经历。两人相互倾吐秘密,安娜时常谈论奶油小蛋糕的香味,谈及自己对小狗以及对采摘蘑菇的热爱。

岁月如梭,尼采和歌德的继承者弗洛伊德和莎乐美在相互见证下慢慢衰老,共同目睹哥德和尼采的德国分化瓦解。1931年,为了庆祝亲爱的老师七十五岁生日,莎乐美撰写著作,向弗洛伊德致谢,并陈述两人的分歧,尤其是弗洛伊德关于艺术性的创造以及将信仰贬低为异化所犯的错误:这是对以往理论的辩护。弗洛伊德回复说莎乐美在自己混乱的双重性思想中注入了女性的秩序。① 我们无法描述得更详细。

莎乐美从未有机会与玛丽·波拿巴见面,后者比莎乐美年轻二十岁。两人其实截然不同:无论所处的国家还是文化、生活习惯以及追随弗洛伊德理论的方式都相去甚远,然而,她们对"教授先生"从始至终炽热的爱别无二致。莎乐美出生于没落的世界,而玛丽·波拿巴来自征服者的家庭,她的曾伯父充满力量的军旗曾经高高地挥舞在欧洲大陆的上空。比起皇室的奢华,她更重视波拿巴的姓氏。"如果有人书写我的人生,可以取名为最后的波拿巴,因为我就是。我堂兄弟们那一支只有拿破仑。"② 如果说对于弗洛伊德而言,莎乐美体现的是智慧、美丽、自由,如同"女性",玛丽·波拿巴则像女儿、学生、病人、弟子、杰出的翻译官、一心一意的外交官。她也喜爱松狮,组织法国精神分析运动,尽管她对法国精神分析运动

---

① 莎乐美,《致弗洛伊德的公开信》(*Lettre ouverte à Freud*),1931年,巴黎,瑟伊出版社,"焦点"丛书,1994年。

② 玛丽·波拿巴,《八本笔记编年传记》(*Chronologie biographique en huit cahiers*),1951年10月,未发表。塞利亚·贝尔塔,《玛丽·波拿巴》(*Marie Bonaparte*),巴黎,普隆出版社,1999年。该书第一版书名为《最后的波拿巴》(*La Dernière Bonaparte*)。关于玛丽·波拿巴的生平经历及她在法国精神分析历史上的作用参见 HPF-JL,前揭,以及《精神分析词典》,前揭。

长达数十年的管理有时甚至是灾难。

玛丽·波拿巴使弗洛伊德与喜爱的国度法国重归于好,这个产生了伏尔泰、法朗士、巴尔扎克、莎拉·伯恩哈特、菲利普·皮内尔、沙可和左拉的国度。然而,玛丽对现代文学的兴趣并不比弗洛伊德浓厚,尤其是超现实主义。事实上,超现实主义在精神分析引入法国的过程中起了重要作用。弗洛伊德称玛丽为"我的公主",当她想要和莎乐美比较时,他惊呼道:"露·安德烈亚斯·莎乐美就像一面镜子,她没有你的男子气魄,没有你的真诚,和你的风格完全不同。"①

玛丽的父亲是罗兰·波拿巴(Roland Bonaparte),祖父吕西安·波拿巴(Lucien Bonaparte)。她出生后不久母亲去世,由父亲和祖母抚养长大。然而父亲只热衷人类学工作,祖母是家族真正的统治者,汲汲营营,一心期盼成功和荣耀。玛丽有自杀焦虑,这种情形在20世纪初欧洲皇室的继承人中普遍存在,注定在王室早已荡然无存的辉煌空壳中漂泊不定。玛丽从母亲那里继承了巨额财富,内心茫然。她就像弗洛伊德式戏剧中的开幕人物:受贵族神经症折磨的真正公主,始终追寻集父亲、母亲、国王和祖先于一身的导师。

然而,切记玛丽·波拿巴身上的科西嘉血统以及流淌着的波拿巴家族之血液,使她成为理性的共和主义者,紧跟当时最先进的科学理念。她对过去的世界毫不怀念,甚至包括与希腊王室乔治王子的婚姻。王子是同性恋,情人是他的叔叔丹麦王子瓦尔德玛(Valdemar)。这段婚姻使玛丽获得了王妃的称号,成为君主制中的大贵族,拥有无上荣耀。事实上,一方面她与地位准则及规矩牢牢地捆绑在一起,另一方面她又讽刺所有

---

① 玛丽·波拿巴,《我的精神分析概述,我和弗洛伊德的通信以及笔记(黑色笔记本)》(*Sommaire de mon analyse et de ma correspondance avec Freud, avec Agenda (Cahiers noirs)*),1925年12月14日。玛丽·波拿巴的档案存放于美国国会图书馆,2020年后才会对公众开放。在塞利亚·贝尔塔帮助下,笔者得到了复印件。除了上述著作外,还有二十六封信件(1926—1938),其中15封由埃内斯特·琼斯和马克斯·舒尔出版,还有一篇关于各种主题的讨论。参见《一个七岁半至十岁的小女孩五本记事本及评论》四卷本(*Cinq cahiers écrits par une petite fille entre sept ans et demi et dix ans avec leurs commentaires*,4 vol.),1939—1951年,作者获得打印版。《第一本摘录》(Extraits du Cahier 1),见《无限》(*L'Infini*),2,1983年春,第67—89页。参见同伊丽莎白·卢迪内斯库和菲利普·索莱尔斯(Philippe Sollers)的对话,第62—75页。玛丽·波拿巴和安妮·贝尔曼(Anne Berman)的通信集存放于法国国家图书馆,可供查阅。她在法国精神分析中的地位卓然。

的墨守成规。她有多个情人,却患有难以治愈的性冷淡,因此热衷于时下的各种性学理论。这样一位公主殿下,受衰退的女性性征的影响,她的姓氏,她的亲族联系都指向哈姆雷特的王国和俄狄浦斯的悲剧或者阿尔柯拉桥(Arcole),她能够逃脱弗洛伊德式的命运吗?

1925年9月30日,在勒内·拉弗格①(Rene Laforge)的建议下,正处于自杀边缘的玛丽·波拿巴认识了弗洛伊德。当时,她和侍女下榻在布里斯托酒店的套房,她希腊丹麦王妃的头衔吸引了高官显爵前来拜访,往来人员络绎不绝。然而对她而言,那里却是死亡之地。

玛丽以"A. E. 纳亚尼"(A. E. Narjani)为笔名,在比利时发表论文,盛赞当时流行的收缩阴蒂外科手术的各种优点。② 这种手术能将阴蒂在性高潮中的快感传递给阴道。她认为这种手术能够治愈女性的性冷淡,并且在维也纳接受了手术,却毫无成效。③

刚开始弗洛伊德对这位上流社会的著名女性心怀芥蒂,她将大量的财富挥霍于购买服饰以及维持现有的生活方式。拉弗格极力称赞公主的聪明才智,声称她希望从事分析治疗和教学,弗洛伊德回复要求玛丽必须会说德语或英语,显然他忽略了玛丽和他一样都是欧洲人,和他的大部分弟子一样说多种语言。基本上,他不太愿意治疗认定的轻浮之人。然而,从1925年至1928年,弗洛伊德对玛丽连续几个阶段的治疗却是他职业生涯中最成功的经历之一:经过分析,玛丽克服了自杀以及各种自我毁灭的倾向。她曾在《摘要》(*Sommaire*)中记录分析,同时还加入了关于弗洛伊德的各种笔记、反思和隐情,这对于历史学家而言意义非凡。

治疗刚开始,玛丽就得到一个难以接受的解释。她先叙述了一个梦,看见自己在摇篮中,目睹了性交的场面。弗洛伊德非常肯定,认为她与大部分睡在父母房间中的儿童不同,她不仅仅听见这些场景,她是在大白天

---

① 勒内·拉弗格(René Laforgue,1894—1962),精神科医生兼精神分析师,与爱德华·皮雄(Edouard Pichon)、欧也妮·索利尔尼卡(Eugénie Soloinick)、玛丽·波拿巴、鲁道夫·洛温施坦因(Rudolf Lowezenstein)、雷蒙德·德·索绪尔一同创立了法国精神分析运动和巴黎精神分析协会(SPPL,1926)。参见 HPF-JL,前揭,尤其是《十二人的历史》(Histoire des douze)一章。
② A. E. 纳亚尼,《从解剖学角度看女性性冷淡的成因论述》(Considérations sur les causes anatomiques de la frigidité chez la femme),见《布鲁塞尔医学》(*Bruxelles médical*),1924年。
③ 由哈尔比教授(Halbin)主刀,这种"哈尔比-纳亚尼手术"(opération Halban-Narjani)实际上就是一种割阴手术。

亲眼目睹。玛丽非常吃惊，始终要求实质证据。她不同意这个判断，反驳称母亲当时已经去世。弗洛伊德坚持己见，提出可能是乳母。最后，玛丽询问父亲的继兄，他在公主幼年时负责照料家里的马匹。在叔叔面前多次提及精神分析的科学性后，老人终于承认曾与乳母发生关系。他有些羞愧地叙述当年光天化日下，在玛丽的摇篮前与乳母做爱。事实上，玛丽确实目睹了性交、口交和舔阴的场面。

应该将这个解释与谢尔格伊·潘克耶夫的梦境阐释相比较。在第一个病例中，弗洛伊德发明了一个从未发生过的原始场景，这个场景能够向病人解释狼的梦境。在第二个病例中，病人拒绝相信这个场景，然而最后得到证实。在这两起病例中，"原始场景"具有神话般的价值，指向无意识的家族谱系。

玛丽经常送礼物给弗洛伊德，而"教授先生"证明了她在精神分析治疗领域的天赋。通过分析，弗洛伊德帮助玛丽避免与儿子发生乱伦关系，向她解释为什么在分析过程中，病人不应该赤裸。另外，当玛丽冒昧地问起他的性生活问题时，他拒绝回答，要求玛丽不得在他面前炫耀自己。最后，他对外科手术作出一些限制，但未能阻止玛丽继续这些行为。弗洛伊德本人经历了痛苦的外科手术，在移情作用下，他无法解释玛丽选择手术获得的快感。

加入精神分析运动的同时，玛丽·波拿巴以非常个人的方式支持女性性征的辩论。事实上，她将弗洛伊德的理论转变成生物本能的心理学类型，这一点与维也纳学派或者伦敦学派均不同。她将女性分成三类：试图占有男性阴茎的请求者，适应女性的生物功能及社会角色现实的接受者以及远离性的放弃者。①

显然，弗洛伊德对这类切割阴蒂的故事兴趣浓厚，在玛丽偏执于外科手术的行为上找到生物性论点的"回应"。因此，他向玛丽推荐《黑人性欲》(*Neger-Eros*)一书。这是著名的维也纳人类学家菲利克斯·布雷克②(Felix Bryk)的著作，描写南迪人的割阴礼。作者在书中展现该部落的男

---

① 玛丽·波拿巴，《女性性欲》(*Sexualité de la femme*)，巴黎，大学出版社(PUF)，1957。
② 菲利克斯·布雷克(1882—1957)，生于维也纳，逝于斯德哥尔摩，人类学家、昆虫学家和作家。——译注

性试图通过这种方法,将伴侣的身体极度女性化,消除女性身体中阴茎的遗留器官。弗洛伊德提醒玛丽这种手术并不会消除女性的快感,否则这个部落的男性也不会接受。

弗洛伊德再一次展现出他态度的双重性,一方面他告诉玛丽,任何外科手术都无法解决性冷淡,另一方面又鼓励她对此进行研究,而她的要求也不过于此。因此,玛丽热衷于对崇拜主题的现场调查。她的一生都执着于这一研究。

这就是弗洛伊德在这场治疗中遇到的阐释瓶颈:他始终无法阻止亲爱的公主疯狂追寻难以获得的女性特质,也许这个失败预示弗洛伊德无法避开"切割阴蒂"这一恶性循环,这块弗洛伊德思想中女性理论的真正的"黑暗大陆"?

第四部

弗洛伊德的最后岁月

第一章　在医学崇拜与宗教之间

随着医学的进步和科学化,各国政府认为有必要规范治疗行为。精神病学是医学的分支,却与医学学科的临床标准不同,甚至自认分类更加合理。然而,在将一个疯子转变为一例"病例",或者说转变为一名"病人"的过程中,它渐渐不再将主体看作可以进行疾病分类的客体。在这方面,弗洛伊德精通神经学和心理学两大学科,传承弗朗兹·安东·麦斯麦的动力学传统、磁气、催眠、暗示、宣泄和移情,[①]建立精神分析,成为心理学的一个分支。精神分析重新将话语权交给主体,再次提出古老的观念:病人比医生拥有更大的力量,病人能够战胜心理的痛苦。

然而,当弗洛伊德和弟子们在全欧洲以及大西洋彼岸建立机构,培养精神分析师之际,他和弟子们都无法避免各国政府在第一次世界大战后逐步推行的规章制度。这些规则旨在保护病人免受弄虚作假者、招摇撞骗者和医药商贩们的欺骗以及其他野蛮治疗行径的伤害,也就是人们统称的"庸医"。

每个社会都会给庸医般的人物指定一个位置,这样的人物,只有根据它制定的标准,清晰定义哪些人属于、哪些人不属于这一范畴,才会再次出现。因此,无论我们为庸医冠以何种名字,都是异质的。这样的人物会受到诅咒[②],他没有理性,没有逻各斯:他是魔鬼、是被驱逐的、是可恶的、

[①] 参见亨利·艾伦伯格,《无意识探索史》,前揭。其中有几页详细描述了从麦斯麦到弗洛伊德的动力精神病学。
[②] 乔治·巴塔耶,《受诅咒的部分》(La part maudite),见《全集》(Oeuvres complètes),第七卷,巴黎,伽利玛出版社,1976年。笔者曾在《病人、治疗师和国家》(Le Patient, le thérapeute et l'État)一书中讨论过该问题,巴黎,法亚尔出版社,2004年。

是污垢、是冲动、是不被承认的。然而,出于同样的原因,他也是药(*pharmakon*),是药师(*pharmakos*),是服药者,是城邦获得重生必须牺牲的替罪羊或殉道者。因而庸医具有双重性。一方面他背负惩罚,另一方面他是所有惩罚的条件。下药者或是救人者,暴君或是被压迫者,庸医是科学和理性的他者,是自我的他者。① 关于这个主题,弗洛伊德,黑暗时代中的启蒙人物,曾经的可卡因治疗支持者,在怀旧和实践之间,以一种辛辣的幽默立于这片熟悉的土地之上。每天,他必须承受两个外来生命的入侵和折磨,令他难以说话:他称为"嘴套"的赝复体以及那不可避免继续扩散的癌细胞。

在医学权威人士眼里,精神分析是种奇特的事物:是闯入者,是庸医。毕竟,弗洛伊德的理论宣扬俄狄浦斯,这位智者中的智者,同时也是个怪物,是污垢,他的精神分析运动由资产阶级的精英组成:医生、文学家、司法家,全都具有大学文凭。关于江湖骗术的指控部分可以解释为弗洛伊德认为精神分析是独立完整的学科,只有那些参加精神分析运动、经过正规分析、受过训练的人才能够从业。因此他反对在大学中开设精神分析的教学,即使他本人在大学授课。也就是说,弗洛伊德预先将那些未经过分析就从事精神分析教学的人定义为"庸医"。

然而,弗洛伊德此举不正与琼斯别无二致,急切地将那些被认定是"危险的",患精神病,心理偏常,有自杀倾向、进攻性的,或者"野分析师"等从业者驱逐出精神分析运动吗?兰克和费伦齐最后都是受害者。弗洛伊德确实在培训中受到精神病者和作假者的蒙蔽,如贺拉斯·弗林克或者赫米内·冯·胡格-赫尔穆特,此外,他还对各种神秘现象兴趣浓厚。既然理性科学的医学当局想要驱赶庸医,那么精神分析就是最好的对象。

困境始于1924年的奥地利,美国医生牛顿·墨菲(Newton Murphy)希望接受精神分析治疗,弗洛伊德将他介绍给西奥多·赖克。这位病人显然患有神经症,但赖克却没有意识到他表现出的精神病症状。后者对

---

① 在索福克勒斯的悲剧《俄狄浦斯王》中,当真相大白后,俄狄浦斯的地位从智者和国王变成了污垢和替罪羊。

治疗非常不满,进而起诉赖克非法行医。事件前夕,维也纳市健康高等委员会委员,生理学家阿诺德·德里格(Arnold Drig)曾要求弗洛伊德对非医生从事精神分析的问题,即"非专业者精神分析"①的问题作出鉴定。他的建议未被采纳,事件继续发酵,1925年2月赖克被禁止从事精神分析工作:他没有其他收入来源,处境困难。在一年多的时间里,何为江湖骗术的争论席卷了整个日耳曼语世界以及北美各大媒体,有识之士争相发表看法。这种禁止首先不利于女性分析师,她们中大部分人都不像男性分析师获得一定的学历,同时也不利于弗洛伊德的支持者,他们认为这门学科极大地超越了灵魂的医学框架。精神分析运动的丰富性正在于各式各样人物的参与。弗洛伊德派的学者来自欧洲各地,说着各种语言,曾学习科学、文学、社会学或者哲学专业,很少有人自学成材。将他们纳入统一的模板将真正降低这些人在社会和意识形态方面的介入力量。

独立医生分析师委员会主席威廉·斯泰克尔(Wilhem Stekel)一直反对国际精神分析协会,他立刻加入这场反对非专业者从事精神分析的斗争,批评胡格-赫尔穆特丑闻事件,谴责弗洛伊德的弟子滥用精神分析。他似乎忘了自己也处于一种不明的病理状态,他重申立场,长时间的分析必然导致自杀。② 但是斯泰克尔没有说明在哪些方面专业医生能够比非专业的分析师提供更好的临床诊断。至于卡尔·克劳斯,他再一次在《火炬》(Die Fackel)中大发雷霆,认为弗洛伊德思想的流行扰乱了维也纳的旅游业。他说,全世界都迫不及待地来到前哈布斯堡王朝的首都,涌向皇宫,然后满怀敬意频繁地光顾贝尔加泽街的弗洛伊德诊所。而朱利叶斯·瓦格纳-尧雷格③(Julius Wagner-Jauregg),作为一次错误的分析治疗的受害者,他迅速起草报告,规定只有医生才可以从事弗洛伊德

---

① Laienanalyse 的法语译文为"analyse profane"。在德语中,"laien"可以指非宗教的、业余的以及不敬神的,与神圣的一词相对。在法语中,"laic"指共和主义的理想,非宗教和世俗性,这个词不适合用来描述当时支持非专业医生从事精神分析的斗争。
② 然而威廉·斯泰克尔于1940年在伦敦自杀身亡。译者补注:威廉·斯泰克尔(1868—1940),奥地利精神科医生,精神分析师。
③ 尤利乌斯·瓦格纳-尧雷格(1857—1940),奥地利医学家,获1927年诺贝尔生理学或医学奖。——译注

的精神分析。①

非专业的精神分析师被指控"暗中破坏"治疗,他们因此成了替罪羊。毫无疑问,这是一波针对精神分析的新攻击。攻击者们心照不宣,在精神病学的治疗中,再优秀的医生也难以避免诊疗错误的发生,也无法帮助病人免予疯癫或者忧郁的折磨,甚至医生本人也饱受这种煎熬。长期以来,精神科医生早已不断地被同行指控为庸医,或者被批评与病人一样疯癫:要知道有时这确实是真相。事实上,正如前文所述,在这场1920至1930年间的争论中,比起担忧医生或非医生实施的临床治疗,安全问题才是真正的核心。

然而,这又引出另一个问题:非专业的精神分析师如何区别病人的表征是癔病症状或器质病变呢?人们会说,经过医学培训的分析师可能比重视诊疗证据,半路出家的分析师更容易犯错,然而这样的辩解徒劳无功,人们最后得出的结论总是从业医生应该具备医学学位而不是哲学或者心理学学位。只有在儿童精神分析领域,人们把它与教育学联系在一起。

赖克出身于一个中等资产阶级的犹太家庭,1911年认识弗洛伊德后,立刻将他视作父亲。弗洛伊德同样偏爱赖克,建议他放弃原本的医学学业,更好地投入历史和人类学的研究。琼斯和许多其他弟子非常嫉妒,经常嘲笑赖克的傲慢以及跟随"教授先生"的方式。每当弗洛伊德对他提出批评,他总能找出理由。②

在维也纳,人们将他称作精神分析的捣蛋鬼、"疯子之王",或者"仿弗洛伊德"。赖克热衷于模仿弗洛伊德,这种爱好只能解释为移情和反移情

---

① 彼得·盖伊详细地描述了这个事件。参见哈罗德·利奥波德·洛文泰尔(Harald Leupold-Löwenthal),《特奥多尔·赖克的诉讼》(Le procès de Theodor Reik),苏姗·希南-沃尔夫(Susann Heenen-Wolff),《关于1927年在〈国际精神分析期刊〉上的"非专业者的分析"的讨论》(La discussion sur l'"analyse profane" dans l'internationale Zeitschrift für Psychoanalyse de l'année 1927),见《国际精神分析史杂志》(Revue internationale d'histoire de la psychanalyse),3,1990年,第56—88页。参见《国际心理分析报》(International Journal of Psychoanalysis),1927年。关于争论的法语版,参见 HPF-JL,前揭。
② 参见理查德·斯泰尔巴(Richard Sterba),《一位维也纳精神分析师的回忆》(Réminiscences d'un psychanalyse viennois),1982年,图卢兹,普利瓦出版社(Privat),1986年,第66—67页。特奥多尔·赖克,《惊奇心理学家》(Le Psychologue surpris),1935年,巴黎,德诺埃尔出版社。本书再版时笔者的序言中亦谈及了部分内容。

的冲动,其实他也是这方面杰出的理论专家。他与"教授先生"非常相像,蓄同样的胡须,吸相同品牌的雪茄,他模仿弗洛伊德说话,但从来不敢自称为朋友。他说,"不,我不是他的朋友,因为我们不能成为天才的朋友"。赖克有着"伟人"人物身份的强烈认同感,还是一名别出心裁的作者,弗洛伊德对赖克同样忠诚,承认在他的朋友中有一个真正的天才。弗洛伊德经常资助他,将病人介绍给他,将知识性、挑战性的任务交给他,也时常对他提出批评。

至于赖克,首先是对歌德的爱,其次才是对弗洛伊德的爱。尽管没能成为伟大的作家,他仍然要求自己阅读诗人的全部作品。接着,他在弗洛伊德身上发现了经过精神分析升华后的歌德形象。因此在他眼里,歌德的作品是各种形式的自传叙述取之不尽的素材,这是一种不借助日记仪式而自我叙述的方式。与弗洛伊德一样,赖克也认为作家和诗人已经抵达无意识,他们对自我无意识的触及比灵魂的专家更加深入。因此,文学作品应该成为范例,不仅应用于诊疗病例的书写,更要应用于精神分析探索科学主观性的精神分析法。

因此,歌德作品的地位独一无二。通过对弗洛伊德内省模式的改编,赖克将自身经历投射在《诗与真》(*poésie et vérité*)的作者身上,也就是说根据弗洛伊德的精神分析及相关著作重新阐述,投射在自传中。众所周知,歌德对隐藏的自我非常感兴趣,曾说过任何人都无法认识自我。但这一点却不能阻止作者自我坦白,大量地谈论自我。因此,在那个年代,歌德是日耳曼语精神分析界研究最多的作者之一。① 对《浮士德》的阐释堪比《哈姆雷特》和《俄狄浦斯》。

赖克被指控为庸医时,已经获得心理学和哲学博士学位,维也纳同僚却没有伸出任何援手,他的精神状态非常不稳定。弗洛伊德无法对弟子的境遇袖手旁观,1925 年 3 月 8 日,他写信给尤利乌斯·坦德勒。两人因战争期间神经症事件结识,坦德勒时任维也纳社会救济和健康事务顾问,

---

① 参见帕斯卡·阿谢(Pascal Hachet),《精神分析师和歌德》(*Les Psychanalystes et Goethe*),巴黎,哈麦丹风出版社。库尔特·艾斯勒在一本 2000 页的著作中详细描述了标志着诗人全新创作阶段开始的十年,堪称是关于歌德最权威的作品,《歌德:从精神分析角度阐述他生命中的十年 1776—1786》,两卷本(*Goethe: A Psychoanalytic Interpretation of a Decade in His life* [1776-1786]),底特律,韦恩州立大学出版社(Wayne University Press),1963 年。

一年前在他的帮助下，弗洛伊德被授予为"维也纳市荣誉市民"。坦德勒是社会民主党人、"红色维也纳"的著名代表人物，以保守主义立场著称。他反对女性进入大学学习，反对自由堕胎，然而他却维护精神分析的利益。与他同一阵营的还有卡尔·弗里德永(Karl Friedjung)，社会民主党员、儿科医生、犹太复国主义者、国际精神分析协会会员，是世纪末怀旧主义的维也纳文化的代表。①

在信中，弗洛伊德强调精神分析既不是一门科学，也不信奉医学技术，它无法如目前般在医学院教授："从市政府的法令中，我看到一种不公正的侵犯。它支持医疗团体的利益，损害病人和科学研究的利益。病人是否要接受分析治疗，只有医生才有权作出决定，唯有如此才能真正捍卫治疗的利益。在赖克博士治疗的所有病例中，我也会作出同样的决定。也许这样说有些冒昧，我想告诉矫形外科医生，如果一位病人双足疼痛，无法长距离行走，我能诊断出他患有平足，那么病人就不必服用止痛剂，接受电疗治疗。诚然，正规的精神分析很少对政府当局感到满意，如果当局意图将精神分析当作积极的、甚至在某些情况下是非常危险治疗措施，那么应该要求所有从业人员，无论专业医生还是非专业者，在开始分析治疗前提供相应的保证，以避免轻率的开始"。② 弗洛伊德还建议将国际精神分析协会接受某个委员会的监管。

此外，赖克还拜访坦德勒，然而成效不如预期。于是，1926年9月弗洛伊德撰写一部名叫《非专业者的分析问题》(La Question de l'analyse profane)，副标题为"与无偏见的人的谈话"③(Propos échangés avec un interlocuteur impartial)的十分可笑的作品。书中弗洛伊德设计了一位公正人士，似是坦德勒又像德里格。主角回答了他提出的所有问题。弗洛伊德还创造了一位非专业的分析师的人物，赋予他真正的解释力和敏锐的倾听力。形式上，这部作品的灵感来自教授了若指掌的塞万提斯流浪冒险文学体裁的作品。实质上，他继承了柏拉图的观点：两位主角既相互对立又相互尊重，展开激烈的对话。通过这部著作，他清晰地将自己的双重

---

① 1938年移民巴勒斯坦与马克斯·艾廷贡一起共事。
② 西格蒙德·弗洛伊德，《致坦德勒的信》，1925年3月8日，《通信集》，前揭，第389—390页。
③ 西格蒙德·弗洛伊德，《非专业者的分析问题》，前揭，序言非常精彩，作者是尚-贝特朗·彭大历斯，附录由米歇尔·施耐德(Michel Schneider)撰写，叙述了各种争辩。

性在舞台展现出来,令人再度想起"教授先生"身上永远呈现出天使和雅各,浮士德和梅菲斯特,哈姆雷特和鬼魂,莱昂纳多和秃鹫,相互之间是无止境的奇特斗争,彼此始终互为替代。

非专业精神分析问题引起的分歧,远大于女性性征及儿童精神分析的争论,这种分歧导致世界范围内精神分析运动的持续大震荡,出现三种对立的观点:反对非专业者从事任何形式的精神分析;反对各种形式的限制,支持非专业者从事精神分析;支持非专业者在严格的规则框架下从事精神分析,并倾向于从业者受过医学学习,尤其是精神病学方面的培训。

第一种观点几乎得到整个北美社会的支持,他们组织运动,反对无正式资格的行医者、邪教、萨满教、宗教异端派,这些在美国非常普遍。第二种观点的支持者主要来自欧洲日耳曼语世界,以弗洛伊德和费伦齐为主,还包括兰克、恩斯特·克里斯①(Ernst Kris)、安娜·弗洛伊德、萨克斯、贝恩菲尔德等等。第三种观点更加自由,更加实用,获得琼斯和英国学派的支持。他们的阵营中有许多一流的非专业分析师,如琼·里维耶、梅兰妮·克莱因、詹姆斯·斯特雷奇和阿历克斯·斯特雷奇。

这场争论涉及各种论据,尤其是关于精神病症的治疗以及精神分析师应该与未来化学和生物的进步保持何种联系。当时,布里尔在美国着手制订规定,要求精神分析的从业者必须毕业于被认可的医学院,获得医疗执业资格。弗洛伊德非常愤怒,认为精神分析在美国已经沦落为精神病学为所欲为的仆人。事实上,精神分析的运用在这个国度得到了扩展。它不仅在医学方面获得欧洲传统上属于精神病学的地位,还在非专业方面成为一种类似"自愈"的幸福:贝恩菲尔德在 1937 年写道:"'精神分析'一词在这里与东部内陆一样著名。弗洛伊德的名字没那么流行,经常发音为'Frud'……即使那些未接受过教育的人也知道精神分析能够治愈忧郁症,解决婚姻问题,排除不成功或者其他的烦恼,他们寻求一种比酒精更加安全的疗法。"②

弗洛伊德忘记了昔日与荣格的共同梦想:获得精神病学知识的应许

---

① 恩斯特·克里斯(1900—1957),奥地利精神分析师,艺术历史学家。——译注
② 贝恩菲尔德,《致安娜·弗洛伊德的信》,1937 年 11 月 23 日,见《国际精神分析史》,3,1990 年,第 335 页。

之地,他认为从此以后医学培训可能会损害非专业者从事精神分析。

终于,1927年5月,原告由于精神状态被取消出庭资格,赖克被免予起诉。美国媒体刊登了"反对弗洛伊德,美国人认输"的消息。严格意义上说,非专业者从事精神分析看上去得救了,但是对于赖克而言,伤害已经造成。同僚的落井下石,斯泰克尔和克劳斯的嘲笑,令他无法在维也纳得到安宁。他决定移居柏林。此后,他加入柏林精神分析协会,在五年中培养学生,参与到德国精神分析运动的飞速发展中。1933年,纳粹登上政治舞台,德国精神分析运动的飞跃戛然而止。

因此,弗洛伊德其实在这场非专业者从事精神分析的战役中落败,深层原因在于他认为精神分析不能还原为任何一种已建立的知识。这门学科从未被世人接受,在这种情况下,就大学范围而言,即使那些支持非医生从事精神分析的人,也逐渐且不得不取得大学学位,不得不支持国家制定的规章制度。20世纪的后半叶,他们大部分都成了心理学家。[1]

继这场支持非专业者从事精神分析,反对专业医生的斗争后,弗洛伊德又将炮火对准宗教。这一次的对手是天主教神父或新教牧师,自称忏悔者的领路人或者灵魂引路者。他希望保护精神分析,他害怕这些人和医生一样试图吞噬他的理论,并将其挪作宗教行为的附属。再一次,弗洛伊德希望赋予精神分析一个尚不存在的地位,而且这个地位从未存在过。他自认为无宗教信仰,始终自称是宗教最大的敌人,认为宗教是一种幻觉,但这一点并不削弱他采用各种方法研究宗教的浓厚兴趣。[2]

如同沙可以及那个时代的许多智者,作为灵魂疾病的专家,弗洛伊德对恶魔附身现象有浓厚的兴趣,他试图解放含义,使其脱离教会和驱邪者的描述。1897年,他热衷于阅读《女巫之槌》(*Malleus Maleficarum*),这是一本15世纪末用拉丁语出版的教材,指导宗教法庭将所谓的女巫送上火刑。[3] 十年后,弗洛伊德发表关于迷狂行为和宗教实践的报告,将强迫

---

[1] 关于这些重大争辩的法语版本,参见 HPF-JL,前揭。
[2] 在弗洛伊德的著作中几乎没有谈及世界第三大一神教伊斯兰教,除了偶尔进行引用。参见费特希·本苏拉曼(Fethi Benslama),《从伊斯兰教的角度检验精神分析》(*La Psychanalyse à l'épreuve de l'islam*),巴黎,奥比耶出版社,2002年。
[3] 亨利·因什蒂托里斯(Henry Institoris)和雅克·斯普伦格(Jacques Sprenger),《女巫之锤》(*Le Marteau des sorcières*),巴黎,杰罗姆·米伦出版社(Jérome Millon),2005年。弗洛伊德阅读的是拉丁语版,但他也有此书的德语译本。

性神经症比作"私人宗教"。① 最后在 1923 年,应德国枢密院院使派尔·图恩(Payer Thun)的请求,他开始研究克里斯托夫·海茨曼②(Christoph Haitzmann)的病例。这位巴伐利亚的画家 1677 年患上痉挛,八年后与魔鬼签订契约,通过一种驱魔仪式治愈疾病。弗洛伊德认为魔鬼是父亲的替代,他指出后来成为赫利佐斯托姆(Chrysostome)修士的画家,其实没有康复。在玛丽亚采尔(Mariazell)修道院时,每次醉酒,魔鬼就会再次来访。最后,弗洛伊德认为科学的精神分析与失败的驱魔仪式相对,批评旧时的宗教行为与启蒙运动不相符。

患癔症的女性类似女巫,魔鬼是贪欲父亲的替代者,宗教如同儿童或者来自远古的神经症:这就是弗洛伊德处理宗教问题的三个主题。再一次地,这个推论显示出很大的缺陷:只有精神分析才能科学地阐明诸多病例,只有精神分析才能科学地解释恶魔附身现象。弗洛伊德热衷于此类解释,他的弟子亦如是,由此招致各种批评,非常不利于精神分析理论的发展。然而,通过构建这种想象,他为历史学家的工作带来一种为实验科学所排除、主观却易于理解的模式:他赋予这种古老的狂热新的含义,似乎在现代主题下获得了新生。③ 透过对魔鬼的热爱,弗洛伊德再一次从全新的角度进行观察并做出叙述。海茨曼的悲剧故事与纳撒尼尔·霍桑④(Nathaniel Hawthorne)的《红字》(*La Lettre écarlate*)相似,尤其是关于魔鬼的不同形象,伪装成阴茎,拉长成蛇的样子,置于两个乳房上,这是母性性象征真正在勃起器官(父亲的替代)上的投射。又或者,弗洛伊德谈到这位悲惨的画家"后来患了神经症",女性的视野令他恐惧,面对耶稣的声音,他无法区分圣灵神圣的力量与邪恶的力量。在最后一段描述中,尽管许多材料证明画家已痊愈,弗洛伊德仍然认为魔鬼无处不在。梅菲斯特,这位永恒的朋友,这位不可缺少的敌人,在一位充满双重性的作者笔下再

---

① 西格蒙德·弗洛伊德,《强迫行为和宗教实践》(Actes obsedants et exercices religieux),1907 年,见《宗教》(*Religion*),巴黎,伽利玛出版社,2012 年,第 91—118 页。《17 世纪的鬼神学神经症一例》(Une névrose diabolique au XVIIe siècle),1923 年,见《令人不安的异样感及其他文章》,前揭,第 265—320 页。
② 克里斯托夫·海茨曼(1651—1700),出生于巴伐利亚的奥地利画家,以其自传闻名。——译注
③ 对这一研究方式米歇尔·德·塞尔托(Michel de Certeau)的评论值得一读,《历史的书写》(*L'Écriture de l'histoire*),巴黎,伽利玛出版社,1975 年,第 291—312 页。
④ 纳撒尼尔·霍桑(1804—1864),美国短篇小说家。——译注

度归来,而作者本人也饱受折磨:是弗洛伊德或是海茨曼?

随着《一种幻觉的未来》(*L'avenir d'une illusion*)一书的出版,[①]弗洛伊德指责机构和宗教是一种控制系统。在致罗曼·罗兰的回信中,他如此叙述,当时后者寄给他一个戏剧剧本《李柳丽》(*Liluli*)并题词"致幻觉的毁灭者"。在这部阿里斯托芬式玩笑的剧本中,作家讽刺幻觉,将幻觉拟人成一名天真的少女,在对话者中播下不睦。弗洛伊德重申观点,文明建立在约束人们放弃冲动的城墙之上,宗教的观点将人性束缚在限制之中,然而,随着科学和理性的发展,宗教的谎言被揭穿,宗教的观点开始分化瓦解。尽管如此,宗教作为必须的幻觉,不需要遵从真实的标准,不需要面对事实的检验。弗洛伊德说,宗教是婴儿的神经症,在这个崇尚哥白尼和达尔文的世界,神的力量已经跌落神坛,宗教注定被战胜。然而,这位频繁拜访意大利,深深地浸淫在西方文化中,继承了中世纪和文艺复兴遗产的大师,提出的论据却似乎有些薄弱。尤其他承认精神分析技术与忏悔之间有显而易见的联系。

然而,在深层次上,尽管弗洛伊德将宗教贬为幻觉,他仍然预感到宗教将像文化一般不可或缺。在那个时代,天主教会猛烈抨击弗洛伊德主义,就如同弗洛伊德尖锐批评宗教一般。不过,教会却试图通过理性的方式进行抨击:比如通过赞扬反蒙昧主义的知识研究,又比如意大利方济各会修士阿戈斯蒂诺·杰梅利[②](Agostino Gemelli)神父,他也是名医生,曾师从克雷珀林,试图将实验心理学的工作纳入新学术中。他在米兰圣心天主教大学内建立心理学学校,以詹妮特的理论为基础,驳斥弗洛伊德学派理论过于强调性欲。

毫无疑问,弗洛伊德认为精神分析能够治愈现代主体的宗教幻觉丧失,然而,面对无法根除的社会主义现象,可能丧失自己的地位,可能失败。

弗洛伊德厌恶社会主义革命,在他眼里,这是一种新宗教。他指的不仅是1917年的俄国十月革命,更指永恒的敌人阿尔弗雷德·阿德勒,他曾经讽刺过阿德勒的阐述癖好。在致费伦齐的信中,弗洛伊德写道:"我

---

① 参见《宗教》,前揭,第134—235页。
② 阿戈斯蒂诺·杰梅利(1878—1959),意大利医生、心理学家。——译注

面前是一段他唾弃墨索里尼的谈话。也许您还没有读过,还不知道他对法西斯的解释。让我来告诉您,他认为是墨索里尼的婴儿自卑情感在作祟。无论是将意大利引入同性恋的社会秩序,在那里正常的性爱将面临惩罚,遭受牢狱之灾;抑或是建立一种特拉普式的体制,舆论成为不爱国的表现,遭到禁言,他都会作出同样的解释。他唯一没有应用理论解释的现象就是社会主义,因为他就是其中一员。"①

在《一种幻觉的未来》一书的最后一段,弗洛伊德责备了弟子兼好友、苏黎世牧师奥斯卡·普菲斯特。普菲斯特曾在1909年来到维也纳拜访教授先生,当弗洛伊德和荣格产生分歧时,他始终站在教授一边。弗洛伊德赞赏他的宽宏乐观,他很清楚这位"亲爱的神职人员"——正如称呼这般——自认是灵魂治疗(Seelsorge)的继承者,从未放弃宗教信仰。奥斯卡之所以加入弗洛伊德的事业,是因为他从年轻时就为工业化导致的大规模道德沦丧以及过往抽象理论无法解释现代人焦虑的情况所触动。②他自认是教育家。③ 1919年,普菲斯特建立了瑞士精神分析协会(SSP),他也遭到反对非专业者从事精神分析的攻击,尤其是雷蒙·德·索绪尔,④后者批评他的治疗效果极其短暂。

普菲斯特既不因循守旧,也不崇拜偶像,他曾毫不犹豫地批评弗洛伊德。他认为比起天主教的忏悔,精神分析更多地继承了"灵魂遗嘱的牧师"的传统,他相信两种形式的治疗目的都在于抵达灵魂的真相,通过爱的复原,释放主体。因此,为反驳《一种幻觉的未来》,他撰写了一篇出色的文章《一种未来的幻觉》(L'Illusion d'un avenir),发表于《意象》杂志(*Imago*)。⑤ 文中他严正地指出真正的信仰能够保护人们免受神经症困扰。弗洛伊德的观点本身就是一种幻觉。他说,这种幻觉不承认神秘经历

---

① 西格蒙德·弗洛伊德和桑多尔·费伦齐,《1920—1933年通信集,第三卷》,前揭,《弗洛伊德致费伦齐的信》,1927年1月26日,第330页。
② 弗洛伊德和普菲斯特的通信法译本于1966年由伽利玛出版社出版,内容并不完整,可信度不高,且没有索引。新版正在筹备中。
③ 丹妮尔·米约-卡普(Danielle Mihaud-Cappe),《弗洛伊德以及精神分析的教育学运动,1908—1937:A. 艾克霍恩,H. 祖利格,O. 普菲斯特》(*Freud et le mouvement de pédagogie psychanalytique, 1908—1937:A. Aichorn, H. Zulliger, O. Pfsiter*),巴黎,弗汉哲学书店,2007年。
④ 参见《精神分析词典》,前揭。
⑤ 奥斯卡·普菲斯特,《一种未来的幻觉》(L'illusion d'un avenir),1928年,见《法国精神分析杂志》(*Revue française de psychanalyse*),40,3,1977年,第503—546页。

的意义,它与宗教无关。而且弗洛伊德忽略了一点:这种认识神的秘密和信仰的方式在灿烂的文学叙述中呈现时,始终受到教会的非议。他对罗曼·罗兰说,"你们生活的世界对我而言是多么奇特。在我看来,音乐和神学一样,都是封闭的"。① 但是,关于死亡,他也承认每个智慧的人都要经历"一个极限。超越极限,他就能够成为神秘的、最个人化的存在"②。普菲斯特老友意识到在大师作品的字里行间呈现出的一个"未经思考的弗洛伊德"。《一种幻觉的未来》是部糟糕的作品,弗洛伊德本人也十分清楚。

除了与普菲斯特的交流,另一场对话悄悄地在弗洛伊德和卡尔·利布曼(Carl Liebman)之间展开。利布曼是个患有恋物癖的美国年轻人,这段对话的经历,在弗洛伊德的书信中多次被提及,尽管未曾清楚地写明病人的名字,但几乎不用任何暗示就可以从中推测出来。在这段对话中,一个是著名的智者,他的成就光彩夺目,另一个是匿名的病人,默默无闻地生活在痛苦中。两人间的联系始于1925年,这个联系对精神分析概念的演变至关重要。再一次,弗洛伊德在与普菲斯特的交锋中展现出两种现实秩序的对立:一边是医生的批评意识,另一边是病人的悲剧意识,交织在理性与荒唐之间,相汇于临床治疗思想和疯狂之中。

年轻的卡尔·利布曼出生于1900年,来自一个德裔犹太商人家庭,曾祖父是塞缪尔·利布曼(Samuel Liebman),著名的莱茵黄金啤酒厂(Rhein gold)创始人,父亲尤里乌斯·利布曼(Julius Liebman)于19世纪中期移民美国。卡尔这个名字是为了纪念祖父所起的,他的童年是在父亲建在布鲁克林(Brooklyn)的豪宅中度过的。他就像20世纪前二十五年浪漫主义文学中的人物,也像弗洛伊德的许多病人,患有多种疾病,难以根治。他总感到与他人不同。五岁时,保姆将他和妹妹放在一起洗澡,他非常害怕。妹妹对他形成威胁,如果继续抱怨毛巾擦得太过用力,妹妹就会"切掉他的阴茎",就像"她对另一位姐妹所做的那样"。一方面,他日益逃避体育运动,拒绝爬树;另一方面,看见穿着运动员短裤或者护档③的年

---

① 《致罗曼·罗兰的信》,1929年7月20日,关于海洋般的感觉,参见 HPF-JL,前揭。但是弗洛伊德很喜欢扎特。
② 参见米歇尔·德·塞尔托(Michel de Certeau),《神话寓言》(*La Fable mystique*),巴黎,伽利玛出版社,第二卷,第36页。
③ 运动比赛中带有坚硬材料的开放或封闭式游泳裤,用以保护或支撑男性的生殖器官。此物可以用作泳衣,是男性自豪的象征。在美国校园的用语中将这种衣服称作"护档"(jockstrap)。

轻男子时,他经常产生性冲动。卡尔是位高大瘦削又博学的年轻人,掌握多种语言,却逃避与女孩的各种接触。他对精子的存活感到迷惑不解,将它们称作"spermanimalcule";射精时,他认为自己如同谋杀者,甚至有一天认为自己杀死了一个婴儿。他曾在耶鲁大学求学,希望继承美国最富有的商业帝国,同学评价他是个"娘娘腔的同性恋。"[1]很快,他便养成强迫性手淫的习惯,在衣服下始终穿着护裆——一种恋物的表现。

获得学位后,这位年轻人向美国精神分析师寻求帮助,但收效甚微。于是,他只身前往欧洲,想要成为"艺术家"。1924年,他在苏黎世咨询普菲斯特,后者意识到情况甚为严重,于是将他送往布鲁勒处。经过四十五分钟的谈话,布鲁勒将他诊断为介于强迫症和精神分裂症之间的情况并最终确诊为"轻度精神分裂"。他指出卡尔曾提到强迫性洗手,觉得在街上被人窥察。然而在谈话中,卡尔摆弄桌上的各种物品,包括烟灰缸,却丝毫不觉得脏。布鲁勒建议他接受分析治疗,选择从事能够释放症状的工作。

1924年12月21日,弗洛伊德答应了普菲斯特的请求,1925年1月22日,他同意治疗这位年轻人,收费是二十美元。在见到年轻人前的1924年5月,弗洛伊德已经见过利布曼夫妇,两人非常焦急,愿意为孩子作任何"牺牲"。几经犹豫,他提醒普菲斯特,也许最好让卡尔在孤僻中"走向自我毁灭",然而到了9月,他最终接受了这个病例。很快,弗洛伊德意识到卡尔的病情极为严重,他写信告知病人父母,治疗可能无效。然而,几次见面后,他喜欢上了这位年轻人,也深信他确实患有精神病,是偏

---

[1] 笔者对卡尔·利布曼的经历描述以病人向其治疗医生坦露的信息为基础。病人在1935年后,在哈佛大学麦克莱恩精神病所(McLean de Harvard)住院治疗。这些内容包含在医疗档案中。此外还有尤里乌斯·利布曼及玛丽亚·利布曼(Julius et Maria Liebman)与弗洛伊德的信件,以及家庭医生利奥波德·施蒂格尼茨(Leopold Stieglitz)的医嘱。笔者查阅了弗洛伊德与普菲斯特及费伦齐的通信,信中弗洛伊德从自己的角度描述了这起病例。参见戴维·琳恩,《弗洛伊德对一名精神病人的分析,1925—1930》(*L'analyse par Freud d'un homme psychotique, 1925-1930*),1933年,法语版由普拉托·德·奥利韦拉(Prado de Oliveira)翻译,《字里行间:倾听心理疗法》(*Filigrane : écoutes psychothérapeutiques*),16,1,2007,第109—122页。亚历克斯·比姆(Alex Beam),《优雅的精神病人:美国首家精神病医院的兴起与衰落》(*Gracefully Insane: The Rise and Fall of America's Premier Mental Hospital*),纽约,公共事务出版社(Public Affairs),2003年,第六章,第93—117页。亦可参见尤里乌斯·利布曼与库尔特·艾斯勒的谈话,1954年2月6日,美国国会图书馆,114号箱,16号文件夹。卡尔·利布曼(或Karl Liebman)经常被称作"年轻的精神病人A.B."。米凯尔·博尔奇-雅各布森在著作中描述了这起病例和这段悲剧,但极度弱化了弗洛伊德在整个治疗中表现出的清醒和睿智。

执型精神错乱,难以改变。若有机会他会毫不犹豫地自杀。因此,弗洛伊德再一次分析治疗这位事实上任何治疗似乎均不奏效的病人。如果说,像他这样的灵魂疾病的大专家都放弃接待这种类型的病人,那么还有谁会接手呢?因此,弗洛伊德愿意为他而努力。

当时,弗洛伊德试图在女性性征大辩论的框架下重塑理论和诊疗,思考从结构上辨识和区别神经症、精神症和性变态的最佳方法,并已经发现了主要的反面表现、突出区别,从而刻画出三种防御机制的特征。

1923年,弗洛伊德在描述防御机制时将"否认"(*Verleugnung*)[①]定义为主体拒绝承认不愉快的现实,比如,女性缺少阴茎。伯恩海姆曾提出负面幻想:承认某些不存在的事实是为了更好地否认。这个观点长久以来被精神病学接受,在文学作品中也司空见惯。两年后在一次通信中,弗洛伊德和拉弗格讨论无视的问题,他再次强调术语"否认",[②]为了说明这个防御机制,他还提出另一个术语"否定"(*Verneinung*),以描述第二种防御机制的特征。在后一种机制中,主体以负面的方式表述压抑的欲望或者思想。比如,某个病人谈论梦时说,"这不是我母亲",被压抑的内容以负面的方式不被接受。弗洛伊德将否认与精神病的形成过程相联系,否认外部事实,重建幻觉事实;他认为否定是神经症形成过程的特性。但是,在这种框架下,如何定义性变态的防御机制呢?为了回答这个问题,弗洛伊德使用区分概念来阐述意识的分裂现象、导致心理异化或严重身份混乱的现象:比如说精神分裂。这种划分也出现在精神病学的文学中,尤其在布鲁勒的笔下。

在弗洛伊德的诊疗中,如果说否认指拒绝事实,是精神疾病的特征,否定为神经症特有,那么属于性变态的否认就介于两者之间:它表现为区分,而区分中又有共存,体现自我内部两种矛盾的态度,一种否认事实,另一种接受事实。从这个观点看,弗洛伊德再次构建了自我内部的不一致,

---

[①] 西格蒙德·弗洛伊德,《幼儿性器组织》(L'organisation génitale de la vie sexuelle infantile),1923年,见《性生活》,前揭,第113—116页。弗洛伊德1914年在《论自恋:导论》(*Pour introduire le narcissisme*)中首次使用这个术语。

[②] 西格蒙德·弗洛伊德,《论否定》(La négation),1925年,见《弗洛伊德全集/精神分析》第七卷,前揭,第165—171页。笔者选择使用让·伊波利特(Jean Hyppolite)1956年的译词"否定"(dénégation),这个译法同样得到·奥利维耶·曼诺尼的支持。基于这个长期的争辩,拉康最后提出了"排除"概念,参见HPF-JL,前揭。

动力精神病学将这种不一致置于两个层次之间,定义为一种不连贯的状态而非一种结构现象。从此以后,弗洛伊德使性变态成为神经症和精神疾病之间的连续状态。在神经症中存在压抑本我的要求,在精神疾病中是对现实的否认,在性变态中表现为知识与信仰的区分,如"我知道这样的事情存在,但我什么都不愿知道"。"我知道某件事情不存在,但关于这种不存在,我什么都不想知道。"弗洛伊德总是迫切地试图把各种冲突归咎于性的原因,否认不存在意味着主体不愿意知道女性没有阴茎,因此他以一件符合信仰的事物作了替代。

弗洛伊德从未像性学专家般试图建立性变态目录的巨作,然而,他无法回避这个问题,他难以界定病人究竟属于神经症还是性变态。尤其是恋物癖患者,对于所有灵魂疾病的专家而言,这些病例是如此激动人心。这位《图腾与禁忌》的作者,非常喜欢动物和神性,将未开化状态看作儿童,将童年视作成人前的阶段,而恋物①首先是一种宗教形式。

宗教的特征在于将神性赋予动物或者无生命的物体,从而获得魔力。然而,对于性变态,主体只喜欢和依恋有生命的物体,比如崇拜女性身体的某些部分,这种个人化的宗教成为一种疾病。因此,弗洛伊德认为恋物——鞋子、衣服或者身体的某部分、脚、鼻子上的亮光等等,都是阴茎的替代物。他总结道,女性恋物癖不存在,因为对于女性而言,相比某个物品或者身体的某部分,整个身体均偶像化。因此,他认为所谓的女性恋物癖,只不过表现了对身体的自恋。显然,弗洛伊德似乎低估了真正的恋物癖女性患者的存在,尽管这种病例确实十分罕见。②

这就是他在治疗卡尔·利布曼时产生的反思。他意识到这是一起非常难治疗的病例,这位不幸的年轻人,父母竭尽全力,寄予厚望,对孩子有着极高的社会期许。年轻人通过各种方式尝试对焦虑、狂热、强迫性手淫行为以及恋物癖作出解释。治疗期间,弗洛伊德没有站在沙发后,他前后左右地走动,爱犬始终围着他跑动,或者他摇晃手上的雪茄,对疾病束手

---

① 第一位对恋物癖做出描述的是法国法官夏尔·德·布罗斯(Charles de Brosses,1709—1777),这个概念首度由阿尔弗雷德·比内(Alfred Binet,1857—1911)提出。
② 比如著名的匈牙利血腥女伯爵伊丽莎白·巴托里(Elisabeth Bathory,1560—1614),深信用女子的血沐浴能够永葆青春。参见伊丽莎白·卢迪内斯库,《我们自身的阴暗部分》,前揭。一些女性会对孩子的身体或者自己的身体部分产生恋物。

无策时,感到忧心忡忡。病人一直认为弗洛伊德拒绝将他看作真正的男性,因为他从不提供雪茄。

治疗的某个时刻,根据女性否认没有阴茎的生理反常假设,弗洛伊德解释道,在这个病例中,恋物是母亲阴茎的替代。① 这就是为什么他始终穿护挡。这件衣服完全遮住生殖器,隐藏了性别的差异。恋物指涉的是被阉割的女性与未被阉割的女性;而男性是被阉割的。换而言之,弗洛伊德认为,卡尔的恋物源于掩藏各种可能形式的没有阴茎,否认性别差异的存在。弗洛伊德还说,在利布曼小时候,当他觉察到母亲没有阴茎时,一定非常震惊。也许他还想起了阉割阴茎的威胁。

弗洛伊德推断卡尔在童年时一定见过一尊古代的雕像,雕像的性器官被一片葡萄叶遮住,对他而言,这个场景构建了成年后恋物的最初原型。弗洛伊德将这个解释作为"原始情景"的假设,他命令卡尔停止手淫,认为这是唯一能够理解病人症状的方法。他对普菲斯特说,"为了证实我的猜测,我极力要求他停止恋物的手淫,但恋物对他而言却是非常个人的东西。可是,他不愿相信这种禁欲能帮助我们有所发现,也不相信禁欲在治疗过程中必不可少。另一方面,我非常同情他,这种同理心将我们连结在一起,我不能推卸责任,将他送走,况且这么做可能是致命的。我将继续奋斗,也许只有在我终止事业之时,我才会放弃他"。②

根据利布曼的经历,弗洛伊德迫不及待地以恋物癖为主题撰写论文,文中他拓展了对达·芬奇的研究和解析,提出恋物的意义与目的在各种情形下均相同。"恋物是阴茎的替代物。我迫不及待地补充说这不是随便哪种阴茎的替代物,而是一种在童年早期有着重要意义但随后却消失了,独特的某种阴茎的替代物。[……]明确地说:恋物是小男孩相信并且出于某些我们知道的某种理由不愿放弃的女性(母亲)阴茎的替代物。"③

在致荣格的信中,弗洛伊德曾讨论过"俄狄浦斯的肿胀",提出相似的

---

① 弗洛伊德在使用"阴茎"(pénis)和"阳具"(phallus)两词时不作区别。
② 弗洛伊德致普菲斯特的信,1927年4月11日,《西格蒙德·弗洛伊德与普菲斯特牧师的通信集,1909—1939年》,前揭,第160页。
③ 西格蒙德·弗洛伊德,《自恋癖》(Le fétichisme)(1927),见《性生活》,前揭,第134页和137页,《弗洛伊德全集/精神分析》,第八卷,前揭。见《三种防御机制》(Trois mécanismes de défense),奥利维耶·曼诺尼译,巴黎,"帕约"小丛书,2012年,第69—81页。

假设,强调这也许与母亲勃起的阴茎有关。① 在1927年的一篇文章中,他将卡尔的恋物称作"能够用作泳裤的吊带"(Schamgürtel)。

弗洛伊德向来擅长此类解释,他试图减轻病人的痛苦。然而卡尔却没有遵照要求,继续强迫性手淫。某段时期,他将自己关在酒店的房中,与外界隔绝。显然,弗洛伊德认为护裆是生殖器官的替代,这个观点言之有理,然而,他坚持使用德语的旧词 Schamgürtel,其字面意思为"遮羞布"。这个词的词源是拉丁语 sublicaculum,指遮盖男性生殖器和屁股的折叠或缠绕的褴褛。我们知道,弗洛伊德对卡尔的分析治疗部分使用英语,那么为什么不简单地将运动短裤翻译成"吊带"(suspensorium)呢? 要知道,遮羞带用于遮盖两性差异,然而,卡尔非常钦佩男性象征,他迷恋的是大学年轻运动员的阳具自豪感。事实上在他衣服下隐藏的,正是他所希冀的:盖着套子,通过一个"蛋壳"②举起。这是否指的是母亲缺少的阴茎? 弗洛伊德坚持这样认为,却没有证据可以证明。

无论如何,我们可以想象,当弗洛伊德告诉年轻人他的恋物指向的原初场景是发现母亲没有阴茎的过程时,年轻人是多么震惊。显然,这个解释也说明年轻人对阴茎阉割的原始恐慌。但是这个解释对"流行于大学的护挡于他而言究竟是什么",没有任何影响。利布曼一边接受弗洛伊德的解释,一边否认。弗洛伊德将这种拒绝解释为阻抗。他坚持记录着病人的些许改善。

试想,如果弗洛伊德给出一个完全不同的解释,如果教授没有将恋物解释为遮羞带,如果没有将之认定为母亲缺少阴茎的替代,而是从中构建阴茎自豪的象征,利布曼会作何反应呢? 在这种情况下,年轻人是否还会如此强烈地否认这个解释? 没有人能够回答这个问题。似乎没有一个建议,没有一种帮助,没有一项治疗,没有一条解释能够影响年轻人的状态。他是如此排斥自我,如此自省,如此神秘地注视着自己走向毁灭。

---

① 西格蒙德·弗洛伊德和卡尔·古斯塔夫·荣格,《1906—1909年通信集,第一卷》,前揭,《弗洛伊德致荣格的信》,1909年10月15日,第346页。
② Schamgürtel 这个词译作法语为"束臀衣"或者"三角裤",只有奥利维耶·曼诺尼指出这个单词指古罗马人穿的 sublicaculum,而如今,这个词指情趣内衣,只有一根带子,其他的性器官都暴露在外。在《标准版》中,詹姆斯·斯特雷奇和琼·里维耶选择译作"支撑带"(support-belt)或"吊带"(suspensory),相当于法语中的 suspensoir,这个单词与遮羞布或者束臀衣没有任何关系。

弗洛伊德不愿说谎,他写信给玛丽·利布曼,坦承其子患有偏执性精神分裂,对将来既恐惧又希冀。分析持续了三年,尽管对治疗悲观失望,对卡尔的自杀倾向忧心忡忡,弗洛伊德仍然坚持着。治疗确实取得一些效果,然而后者的精神疾病却更加严重。利布曼在疯狂和强迫中越陷越深,越来越依赖弗洛伊德。"教授先生"最后明白,尽管他对这位病人非常在意,全身心投入治疗,仍然无法减轻症状。于是,他将卡尔·利布曼送往麦克-布伦丝维克处,认为女性也许能够更好地劝服他。然而,后者的治疗也没有取得更好的效果。

1931年,卡尔最后一次拜访了弗洛伊德,然后启程返回美国,回程中在巴黎短暂停留,接受了兰克的几次治疗,后者诊断出他患有出生创伤。很快,他发现父母建造了一家棉纺厂。历经了四处漂泊、饱受物质和精神的痛苦之后,在经济危机扩大之际,他回归家庭,被父亲雇佣,成为司机。

不久之后,卡尔将猎刀插入胸膛试图自杀。布里尔决定将他送入豪华的哈佛麦克莱恩医院(Mclean de Havard)治疗。这里和美景疗养院一样,收治富有的病人。可是卡尔希望在弗洛伊德的美国弟子处继续接受精神分析治疗,他仍然非常尊敬"教授先生",但母亲反对这一做法。于是他告诉旁人,弗洛伊德使自己发现了患病的根源:目睹了母亲没有阴茎。他受够了愚蠢的监狱般生活,经常抱怨虚无的存在,像橡皮泥般被揉捏,被逼着打牌或者做瓷器。面对这种痛苦,他更喜欢在维也纳那几年的动荡生活。在那些年间,他听到各种关于没有阴茎、羞耻的;或者被阉割的叙述。

几年间,他试图逃离医院,成了著名的精神病病例,经历了各种"进步的"治疗方法:电休克疗法、痉挛疗法、大脑皮层疗法,结果,他还是从未忘记钟爱的恋物。人们前去拜访他,希望他讲述弗洛伊德在松狮和雪茄之间那段传奇的治疗历史,他却每天重复地对医生及护士说:"我是我父亲的阴茎。"

这是一位令人难以忘却的弗洛伊德病人的命运,滞留在疯狂中,注定无法痊愈;两位主角——弗洛伊德或利布曼都未曾真正对治疗作出叙述。各种著作、信函和档案的字里行间从未出现过这场治疗,这是死亡在弗洛伊德和利布曼两个平行的生命中推进时留下的痕迹,其中两位主角,一位声名远播,另一位浑浑噩噩。

从1929年起,弗洛伊德在诊疗实践中日渐感到疲惫。癌症病情不断加重,他不得不接受各种治疗,日益消瘦,对困难的分析治疗渐渐力不从心——即使这些工作改善了物质生活,他也确实需要用诊费来维持家庭支出,资助亲朋好友以及精神分析运动。他在艾米·默比乌斯(Emy Moebius)和朋友格蒂·克维纪克(Gerty Kvergic)经营的外文书店办了订阅卡作为消遣。这家书店出借各色外语书籍,吸引众多外交官频繁光顾。明娜负责前去书店为弗洛伊德借阅多萝西·塞耶斯①(Dorothy Sayers)和阿加莎·克里斯蒂(Agatha Christie)的作品,他对侦探推理小说如痴如醉。于是默比乌斯和弗洛伊德家一成为好友,这段友情一直维持到她移民美国。②

整个局势前途未卜:美国爆发了经济危机,意大利建立了法西斯政权,日耳曼语世界则为纳粹掌控。欧洲似乎再一次面临弗洛伊德曾详细描述的毁灭冲动。他不屑地指出所谓的"社会败类":蠢货、愤怒的群众、时下的荒唐。1930年7月,法兰克福市授予弗洛伊德哥德奖,不仅表彰"他的心理学丰富了医学",更赞誉了他的作品对文学和艺术的贡献。弗洛伊德还梦想能够获得诺贝尔奖。他感到非常荣幸,声称歌德也会沉醉于精神分析的发现。

母亲阿玛丽娅因腿部严重坏疽后遗症过世,享年九十五岁。弗洛伊德也日益为死亡所困扰。他曾经恐惧会早于母亲去世,现在似乎又得到了解脱。他向来反对宗教仪式,也因为饱受疾病的折磨而精疲力尽,因此没有参加葬礼——没有哀悼,就没有痛苦。在无意识深处,他相信这次死亡将颠覆他的生活。事实也许并非如此。

在弗洛伊德成就事业前,父亲已经过世,而在母亲去世九年后,他也离开了人世:母亲有足够的时间目睹亲爱的"西吉"获得巨大的荣耀。根据犹太教仪式,母亲安葬在父亲雅各旁。几天后,阿道菲娜来到贝尔加泽街。她一直照顾母亲,也是她的出气筒。不过从此以后,弗洛伊德家族只剩下一个弟弟,几个妹妹以及侄子。弗洛伊德热情地接待她,之前每周日

---

① 多萝西·塞耶斯(1893—1957),著名的英国侦探小说家、诗人、剧作家、散文家、翻译家。——译注
② 艾米·默比乌斯(Emy Moebius)致库尔特·艾斯勒的信,1952年9月11日,美国国会图书馆,21号箱,8号文件夹。

四个妹妹来拜访玛尔塔和明娜时,他都毫不在意。

当时,弗洛伊德开始写《私人纪事》,①一种非正式的私人日记。他每天简单地记录重要的事情:他家的狗,他的收藏,坏天气,家庭事务,死亡,访客,日常生活,详细的菜单,时事政治。他因此开创了一种新的叙述风格,介于简短新闻书写与包含名字、事务和名单的目录册之间的文字。这是一种最简单的文学,描述事实,不作任何解释。

疾病没有影响弗洛伊德的知识和才能。每天他都更爱孩子、孙儿以及身边的女性:莎乐美、女儿安娜、明娜、玛尔塔、多罗西、玛丽公主以及家里的两个女佣安娜和玛莉亚,还有多罗西孩子们的家庭女教师,二十七岁的宝拉·费希特尔(Paula Fichtl)。玛尔塔也很喜欢她。宝拉的父亲是萨尔茨堡一名酗酒的磨坊主,她从童年时就开始做佣人,从未想成家。每当有男性追求时,她都如对待鼠疫般避之不及。在日渐衰老的弗洛伊德的家中,她找到家庭的真正替代。② 于是,"教授先生"住在贝尔加泽街时身边有六位女性,每一位都完美地承担着指定的任务。

此外,弗洛伊德非常关注家庭成员的恋爱和婚姻,尤其是侄子侄女。他还会慷慨地给孙辈零用钱花。弗洛伊德有了两位新的通信者,两人都是犹太人,在书信往来中占据着重要地位:一位是斯蒂芬·茨威格,维也纳作家,信奉自由主义和保守主义,从内心深处热爱欧洲,当时已经名闻遐迩。③ 另一位是阿诺德·茨威格,柏林作家,犹太复国主义者,社会党人,共产党人,1933年起定居巴勒斯坦。两人都不是弗洛伊德的弟子,也没有从朋友变成敌人。

斯蒂芬·茨威格将所有著作题词后寄给弗洛伊德,令他不断想起当时的作家,普鲁斯特、乔伊斯以及其他人都"欠"了他。弗洛伊德从不回信,原因不言自明。他始终看不起文学作品,尤其是茨威格创作散文《精神疗法》(*La Guérison par l'esprit*)。弗洛伊德对茨威格非常严厉将

---

① 《私人纪事,1929—1939年》,前揭。
② 德特勒夫·贝尔特森(Detlef Berthelsen),《弗洛伊德一家的每一天:宝拉·费希特尔回忆录》(*La Famille Freud au jour le jour. Souvenirs de Paula Fichtl*),1987年,巴黎,法国大学出版社,1991年。在第一次世界大战前,弗洛伊德家几个小孩都和他住在一起,他雇了四个佣人。
③ 两人于1908年第一次见面。斯蒂芬·茨威格,《欧洲遗产》(*Appels aux Européens 1932—1934*),雅克·勒里德尔翻译并作序,巴黎,巴提亚出版社(Bartillat),"一切口袋书"丛书,2014年。

他与麦斯麦和玛丽·贝克·艾迪(Mary Baker Eddy)作对比。后一位是美国人,建立了宗教团体基督教科学会,声称能够通过灵修和信仰治愈疾病。

如果说弗洛伊德接受麦斯麦是催眠和暗示方法的创始人,但他否认自己是继承人。他非常注重历史科学的神话和谱系概念,难以接受长期的概念,但这对历史学家而言已经弥足珍贵了。然而,在弗洛伊德看来最糟糕的是,在非专业者从事精神分析的斗争中,玛丽·贝克·艾迪的拥护者都是精神分析运动想要保持距离的那些人,有些甚至是他的反对者。在回信中,他这么对茨威格说,玛丽·贝克·艾迪首先是个精神病人,"我们知道盛怒中的疯子遇到危机时具有在正常状态上不具备的力量。她表现出各种不理智和犯罪性,然而你的作品中却未曾体现。同样在美国大背景下,难以言喻的破坏性也未得到呈现。"①

至于茨威格对自己的描述,弗洛伊德完全没有辨识出。他认为作者将他视作小资产阶级,批评作者忘记说明,比起心理学,他更喜欢考古学。事实上,这种"特征"描绘是一种介于小说和现实之间的文学建构。茨威格笔下的弗洛伊德是一位有见识、有勇气、身体健康、不知疲倦且孤独的工作者,他敢于反抗神、反抗人类、充满活力、英勇无畏。茨威格始终以一种特别而熟悉的方式,描绘弗洛伊德身体和脸庞的变化,将青年时期与垂暮之年作对比,如同将对未来的拒绝投射在他自己身上一样。他这样描述弗洛伊德:"他脸上的骨骼向前突出,柔软的脸庞透露出某种坚毅,不可侵犯的东西:这是一种严厉的、穿透一切的意志。他的目光更加深邃,更加昏暗,从前只是凝视,现在变得敏捷而锐利。"②

茨威格经常运用弗洛伊德的方法解释梦境,尤其擅长采用叙述法,将主叙述融入到另一个叙述中。他曾创作著名的短篇小说《一个女人一生中的二十四小时》(*Vingt-quatre heures de le vie d'une femme*),灵感来源于19世纪沙龙组织者康斯坦斯·德·萨尔姆公主(Constance de Salm)的书信小说,而公主的创作又脱胎于小说《克莱芙王妃》(*La Princesse de*

---

① 西格蒙德·弗洛伊德和斯蒂芬·茨威格,《通信集》,前揭。弗洛伊德致茨威格的信,1931年2月17日,第74页。斯蒂芬·茨威格,《精神疗法》(*La Guérison par l'esprit*),1931年,巴黎,口袋书系列,"随笔"丛书,2012年。
② 《精神疗法》,前揭,第152页。

Clèves）。小说完成后,茨威格将它寄给了弗洛伊德。[①]

小说的主题是一位英国老妇人(C太太)的爱情,她向作者倾诉了一段年轻时的回忆,而作者试图理解另一名住在里维拉(Riviera)某酒店的女子的逃跑事件。弗洛伊德很喜欢这部小说,这令他想起一个病例叙述,其中叙述者取代了治疗师的位置,使一位匿名病人从过去的遭遇中获得解脱。英国妇人叙述道,二十五年前,她曾经尝试挽救一位嗜赌如命的年轻钢琴师却徒劳无功。钢琴师拒绝了她的爱并逃走了。此后数年,她一直对两人的关系感到羞愧内疚,这极大地影响了生活。十年过后,她得知钢琴师自杀了。

弗洛伊德认为这部小说的主题是母亲在性关系上引导儿子,从危险的手淫中拯救儿子。但她忽视了对儿子性固着同样影响了她,命运愚弄了她。弗洛伊德还补充道:"我所说的是分析,我不试图对文学性做出判定。"[②]当他接受不将自己的理论套用于作品的做法时,弗洛伊德其实是有能力给出最好的解释的。令他感兴趣的是小说的意义而非形式,而意义又源于小说的写作本身。

此外,弗洛伊德开始与托马斯·曼(Thomas Mann)频繁热烈地来往,这是他深深尊重的一位作家,心目中伟大的小说家,尽管他从未真正了解曼氏的作品。1929年,托马斯·曼撰写《弗洛伊德在现代思想史上的地位》,极尽对"教授先生"及其著作前所未有的溢美之词。[③] 弗洛伊德在耀眼的描述中几乎认不出自己了。托马斯·曼盛赞他是幻觉的破除者、尼采和叔本华的继承人,能够探索各种形式的无理性,将浪漫主义转化为科学。因此,弗洛伊德更倾向于认为曼氏谈论的是作者本人而非精神分析及精神分析的创立者。"托马斯·曼的文章充满了恭维。读起来让我感到他想撰写一篇关于我的论文而此时他手上正握着一篇浪漫主义的散文……无论如何,托马斯·曼对事件的叙述完全站得住脚。"[④]

[①] 斯蒂芬·茨威格的作品集两卷本由伽利玛出版社在2013年出版,属于由让-皮埃尔·莱费博尔(Jean Pierre Lefebvre)主编的"七星文库"。

[②] 西格蒙德·弗洛伊德和斯蒂芬·茨威格,《通信集》,前揭,《弗洛伊德致茨威格的信》,1926年9月4日。弗洛伊德还对茨威格的许多小说作了评论。

[③] 托马斯·曼,《弗洛伊德在现代思想史上的地位》(*Freud dans l'histoire de la pensée moderne*),1929年,巴黎,奥比耶-弗拉玛里翁出版社(Aubier-Flammarion),1970年,双语版,第107—149页。

[④] 莎乐美,《与弗洛伊德的通信集》,前揭,《弗洛伊德致莎乐美的信》,1929年7月28日,第225页。

弗洛伊德从未放弃使精神分析成为一门可以和"微积分"相媲美的"纯"科学。因此，他误解了德国浪漫主义，他拒绝继承浪漫主义。1932年3月，托马斯·曼第一次前来贝尔加泽街拜访"教授先生"，得到玛尔塔和明娜的热情欢迎，两人都是他忠实的读者，视他为同乡，因为他们都出生于德国北部。

当时，在弗洛伊德及维也纳学派中突然闯入一位新"敌人"——威廉·赖希。此人出生于加利西亚的犹太家庭，是弗洛伊德派的马克思主义者，比起精神分析更偏向性学。十年中，他逐渐取代了以往属于弗利斯或者奥托·格罗斯之类的疯狂医生的地位，他的存在也似乎与精神分析运动的诞生密不可分。在那些医生中，赖希却远不是最津津乐道、最多产的一位。1927年弗洛伊德曾在致莎乐美的信中写道："我们这里有位赖希医生，像一匹勇敢但暴躁的战马，崇尚性欲高潮是治愈神经症的解毒良方。"[①]

大解剖学家尤利乌斯·坦德勒支持公共医学、安乐死以及消灭"不值得存在的人"，曾对20世纪30年代后垂暮的弗洛伊德有过残酷的、不甚著名却极其荒诞的描述。众所周知，坦德勒出生于摩拉维亚，他参与了维也纳精神分析的发展，认为好友弗洛伊德体现了自己的阴暗一面，是他谜一般的复制品，和他如出一辙的维也纳人。在一本记录秘密的私人笔记中，他将弗洛伊德描绘成一名野蛮的老人，摧毁人类所有的幻觉，一位"有价值的屠杀者"，一个完美掌握德语的杰出专制君主。他是领袖，真正的铁腕人物，如果不是犹太人，便会成为俾斯麦般的伟人。无论如何，这是一位杰出的人物，像侦探般以无与伦比的推理能力向对话者设下陷阱，自得其乐；一位拥有强烈驱动生命力，但不断压抑的思想者，力图培养"性的猎人"（sexus），固执己见，吹毛求疵，冷酷地解剖人性中的残忍，然后孤独地观察着，好像躲在小孔后窥视着一个可恨的世界。

坦德勒描绘的弗洛伊德似乎完全是托马斯·曼或者托尔斯泰笔下的人物，饱受折磨的灵魂，充满活力的个性，浸润在无边无际、充斥着灵性的生命能量中："强大的种族，坚韧的内心，旺盛的生命力，令这位老者永葆

[①] 莎乐美，《与弗洛伊德的通信集》，前揭，《弗洛伊德致莎乐美的信》，1928年5月9日，第216页。

青春。尽管他上了年纪,却始终有着激情和冲动,甚至还压抑自己的渴望……。他建立了一个体系,使我们从中找到自然的逻辑。每当他进行构建时,我们感到某个与生命相关的谜题被破解。这种建构始终来源于一种无可比拟的、敏锐的智力。"①

弗洛伊德从不知晓好友的描述。1929 年 11 月 7 日,在《私人纪事》中,他记下"反犹事件"。这天上午,许多纳粹大学生高喊着"让犹太人去死"的口号,在解剖学院门口攻击坦德勒。1931 年 10 月,弗洛伊德组织"冬季援助",帮助经济危机中的受难者,他也给坦德勒送去了经济资助。

1936 年坦德勒在莫斯科实施人道主义援助时过世。与弗洛伊德相反,他的各种行为及贡献最终得到了承认。如今维也纳当局以他的名字命名了帝国古老首都中最著名的广场。今天的游客谁还能回想起这位典型的维也纳男子在弗洛伊德的生活中划过的印记?

---

① 上述记录由卡尔·萨布利克(Karl Sablik)在 1985 年公开,《弗洛伊德与尤利乌斯·坦德勒:神秘的关系》(Freud et Julius Tandler: une mystérieuse relation),见《国际精神分析杂志》,3,1990 年,第 96 页。

第二章 直面希特勒

2007年,美国大学教授马克·埃德蒙森(Mark Edmunson)在著作中追溯了弗洛伊德的晚年岁月。书中重提的一个观点与托马斯·曼的想法不谋而合,对历史学家的研究而言也弥足珍贵:20世纪之初,两名男子同时生活在奥地利维也纳。一位是臭名昭著的阿道夫·希特勒,1909年,年轻的希特勒只有二十岁;另一位是声名远扬的西格蒙德·弗洛伊德,正处于事业巅峰。前者后来成为人类历史上最大的杀人犯,德意志帝国的毁灭者,犹太民族及人类种族的屠杀者。后者是20世纪最著名也是最具争议的思想家。马克·埃德蒙森认为"这两人几乎在各个方面都像诗人威廉·布莱克①(William Black)所说的'精神敌人'"②。

希特勒出生于普通的农民家庭,父亲愚蠢暴躁,母亲非常年轻,是父亲的外甥女,家庭生活十分不幸。小时候,希特勒常遭到父亲的虐待,于是到了青年时期,就已经对全世界怀有恨意,且尤其憎恨奥匈帝国。他梦想着将来使奥地利臣服于魏玛德国的统治。希特勒的仇恨情绪可以追溯到中学时期,他曾在林茨③(Linz)求学,但未能毕业,同学之中有后来成为著名哲学家的犹太人路德维希·维特根斯坦。那时候希特勒就已深受泛日耳曼民族主义的吸引,这日后成为他屠杀犹太人的矛头。希特勒的民

---

① 威廉·布莱克(1757—1824),英国画家兼诗人。——译注
② 马克·埃德蒙森,《弗洛伊德的最后岁月:他晚年的思绪》,2007年,巴黎,帕约出版社,2009年,第9页。研究希特勒的生平的最佳资料当属伊恩·克肖(Ian Kershaw)上下两卷本的《希特勒》,巴黎,弗拉马里翁出版社(Flammarion),2009年。相似的历史比较还可参考温森特·布卢姆,《弗洛伊德最早的信徒》,前揭;卡尔·埃米尔·休斯克,《世纪末的维也纳》,前揭。另外,许多精神分析家研究希特勒的心理传记文学,在伊恩·克肖看来都是无效的。
③ 林茨,奥地利北部城市,多瑙河上游最大河港。——译注

族主义不同于其父,后者拥护的是哈布斯堡王朝统治的帝国。

父母双亡后,希特勒来到维也纳,希望能够当建筑师或艺术家发财。然而他两次申请美术学院遭拒,由此对文化界、艺术界和思想界产生了更大的恨意。一方面,希特勒对自己的才华深信不疑,经常打扮成贵公子去歌剧院欣赏歌剧,他钟情瓦格纳的音乐。另一方面,在维也纳的窘迫生活也使希特勒鄙视这座"停滞不前"的城市,竭力过着一种道德的生活,避开所谓的"堕落颓废",如妓女、放纵性欲、歇斯底里、不道德的文学、同性恋、颓废的绘画和建筑。

总而言之,希特勒排斥这座城市的所有创新,最后离开了维也纳。游手好闲,才疏学浅,理智让位于情感,希特勒极度仇恨人类,却十分喜欢小动物。他从不吃肉,也不饮酒,且深信抽烟有害健康。他自认在落魄的生活下隐藏着的是一名杰出的人道主义者、优异的诗人,他梦想推倒重建维也纳,将这个城市打造成配得上新人类的天堂。希特勒支持优生医学,也就是后来的种族政策。总而言之,希特勒具有典型的维也纳病人的所有病理,这是克拉夫特-埃宾定义的一种病例,弗洛伊德在《超越快乐原则》一书中曾研究并探讨。"在1909年深秋一个寒冷的下午,如果希特勒与弗洛伊德在街上擦肩而过,两人会注意到什么呢?在希特勒身上,弗洛伊德会看到一个微不足道的人,一只下水道的老鼠(弗洛伊德并不是一位民粹主义者)。或许弗洛伊德还会为这位不幸的男人感到难过。在弗洛伊德身上,希特勒会看到一位维也纳中产阶级市民(希特勒憎恨中上层阶级),或许还可能认出弗洛伊德是个犹太人。希特勒会为自己穿着破旧的上衣和鞋子而羞愧得往后退缩。如果他的处境非常糟糕的话,或许还会伸出手来向弗洛伊德乞讨。弗洛伊德究竟是否会施舍并不重要(弗洛伊德很有可能会给钱,因为他通常是一个心肠善良的人),两人邂逅这件事情本身就会让年轻的阿道夫·希特勒怒火中烧。"[1]

1925年,《我的奋斗》(*Mein Kampf*)一书出版,希特勒在自传中表达了对犹太人、马克思主义、凡尔赛条约以及所谓的低等民族的极端仇恨;阐述了明确的目标:建立一个新的帝国,净化败坏的道德和堕落的风气,登上帝国的权力宝座,向第一次世界大战打败德国、侮辱德国的战胜国报

---

[1] 马克·埃德蒙森,《弗洛伊德的最后岁月:他晚年的思绪》,前揭,第13—14页。

仇。此时的希特勒具备了弗洛伊德在《群体心理学和自我分析》一书中描述的领袖人格特质：铁石心肠，对自己的远见深信不疑，不肯反省，这也是自恋癖的最终形式。只要欧洲的政治、社会和经济状况如此动荡飘摇——尤其对于日耳曼人——就会产生这样一位人物。弗洛伊德对领袖特质的研究基于抽象的思考，不曾预料到具备这些特质的领导人真实存在，并在十二年后独掌德意志的大权。

1939年，在马克·埃德蒙森提出这个观点的六十八年前，流亡美国西海岸的托马斯·曼已经开始思考这个命题：一个怪物和一位智者在维也纳的交汇。他发表了一篇弗洛伊德灵感式的奇特散文《希特勒老兄》（*Bruder Hitler*），[1]引起极大争议。当时的弗洛伊德已经移居伦敦，病入膏肓，在家人的陪伴下，度过生命最后的岁月。

不同于贝尔托·布莱希特以及其他流亡的德国知识分子，托马斯·曼不认为希特勒的野蛮时代与德国启蒙运动时期是截然相对的两个阶段。他不是不清楚德意志民族的浪漫主义与德国法西斯主义完全不同，但他对从临床医学角度探索希特勒兴趣盎然，反复思索在欧洲最文明的国家之一的德国是如何产生这般的价值颠覆的。这些与知识、技能、科学、哲学、进步等德国传统文化价值相悖的东西如何能够在魏玛共和国以及俾斯麦帝国时期的各个阶层中达到权力顶峰的？托马斯·曼认为希特勒是一个彻头彻尾的失败者、收容所的流浪汉、堕落的家伙（*Verhungzung*）、一个自以为是天鹅的丑小鸭、江湖骗子、厨房里的罗恩格林（Lohengrin）。总而言之，希特勒站在德意志新教几十年来形成的伦理的对立面和启蒙运动创造的文明的相反面，但他却成功地征服了德意志民族。社会民主不复存在。1933年，托马斯·曼写道："赶走希特勒，这个可悲的、歇斯底里的骗子，他没有德国血统、汲汲营营。他的本事不过是以令人反感的平庸才能，拙劣的演讲技巧，试图拨动人们敏感的神经令大众恐慌而已。"[2]托马斯·曼认为希特勒根本不能与拿破仑相比。"怎么能够将

---

[1] 文章写于1938年德国吞并奥地利后。托马斯·曼，《希特勒老兄》，1939年，柏林，海涅出版社（Heyne），1991年。英文译本于1938年4月首次出版，当时名为《这个人是我兄弟》（*Cet homme est mon frère*）。法语译本《希特勒老兄》，见《今日愿望》（*Les Exigences du jour*），巴黎，格拉塞出版社，1976年。还可参考让·芬克（Jean Finck），《托马斯·曼与精神分析》（*Thomas Mann et la psychanalyse*），美文出版社，1982年。

[2] 托马斯·曼，《德意志，我的苦难》，见《今日愿望》，前揭，第186页。

绑架和平的懦夫与伟大的战士相提并论？简直荒唐透顶。当真正的战争爆发初始，前者的使命就已经完成。而后者被黑格尔称为"马背上的世界精神"：他具有无所不知的伟大头脑，超凡脱俗的工作能力，是革命的化身，带来自由的专制君主，作为地中海国家的经典人物形象在人类历史中永不褪色；他岂能与卑微可怜的懒汉，名副其实的废人，列为第五等的"幻想家"，憎恨社会革命、懦弱愚蠢的虐待狂，声名狼藉的复仇狂混为一谈……"①

为了弄清楚这个一无所长的怪物如何能够成为德意志帝国的独裁者，托马斯·曼将希特勒看作"兄弟"。也就是说，德意志文化中不为人知的部分，阴暗的一面，不理智的一面，如同弗洛伊德所称的"冲动"——无意识在现实中的投射。托马斯·曼没有对希特勒的倒行逆施避而不谈，反而呼唤同胞正视民族文化中与理性相对的恶的一面。② 他还写道："这位老兄是多么憎恶精神分析！我暗自惴测，他之所以怒气冲冲地指挥军队攻入某个首都，根本就是冲着那里的老分析家去的。这才是他真正的死敌——这位揭露神经症面目的哲学家，伟大的幻觉破除者，坚持不懈、破译'天才'的智者。"③

托马斯·曼用弗洛伊德的术语描述希特勒，他就是弗洛伊德的死敌，也是精神分析的摇篮维也纳的大敌。

弗洛伊德与托马斯·曼不同，前者在很久以后才明白这场新的战争不同于以往的国家间的战争，它的原则和目的在于消灭某个所谓的"种族"（如犹太人），毁灭人类，用另一个"种族"取而代之（如雅利安人），只有雅利安人才被允许生活在地球上。1915年，民族主义的兴起和大规模杀伤性武器技术的进步导致了第一次世界大战的爆发。弗洛伊德不是认为这场战争的精髓是植根于人类种族对死亡的期盼吗？这一次，面对兴起的德国纳粹主义，他仍然没有意识到国家社会主义带来死亡机器的本质。就教授先生而言，这也不是唯一的一次。

---

① 《希特勒老兄》，前揭，第309页。
② 托马斯·曼在《浮士德博士》(Le docteur faustus)中重新提及双重德国的主题。同样伊恩·克肖在希特勒传记的结尾写道："孕育出阿道夫·希特勒的德国，承认希特勒认定的未来并如此乐意为之服务的德国，简而言之，支持他的傲慢的德国，也应该共同承担他的复仇。"译者补注：《浮士德博士》，托马斯·曼在1947年出版的长篇小说。
③ 托马斯·曼，见《今日愿望》，前揭，第308页。

1929年7月,弗洛伊德完成《一种幻觉的未来》后,撰写了新著《文明及其缺憾》(*Malaise dans la civilisation*)。他深信这部刚完成的作品将是他所有著作中被阅读最多、翻译最多的,可能是最黑暗的,也是最耀眼、最抒情、最政治的。他在这部作品中全力以赴,投入了全部的精力。当时他住在德国巴伐利亚东南部阿尔卑斯山脚下的贝希特斯加登(Berchtesgaden)的乡间,这里是萨克森-迈宁根公国(Saxe-Meiningen)的玛丽-伊丽莎白(Marie－Elisabeth)公主在德意志王朝覆灭前最喜欢的度假地。离那里不远的上萨尔茨堡山上便坐落着希特勒的度假住所,1927年起,他就在这里接待国家社会主义党(NSDAP)的主要负责人。①

弗洛伊德起初想将这本著作命名为《幸福和文化》(*Le Bonheur et la culture*, *Das Glück und die Kultur*),后来改变主意,取名为《文化中的不幸》(*Malheur dans la culture*, *Das Unglück in der Kultur*),最后又想用《不满与缺憾》(*Mécontentement*, *malaise*, *Unglück*, *Unbehagen*)。② 但无论是哪个名字,都无法令他心安。在这部作品中,弗洛伊德发表了支持人类幸福的宣言:歌颂爱情、进步、科学和柏拉图式的共和国。

弗洛伊德重申宗教已经无法治愈挫折,现代主体不幸的主要根源在于理想的缺失。他指出痛苦的三个根源——肉体的软弱无力,自然的优势力量,以及调节家庭、国家和社会中人际关系规则的缺乏。面对这些变

---

① "贝格霍夫"度假官邸,希特勒用《我的奋斗》一书的版税收入在1933年购入,1945年被毁。
② 此书的法语译本众多。在德语中,弗洛伊德用 *Kultur* 一词同时指 *Zivilisation*(文明)和 *Aufklärung*(启蒙运动)。事实上,"文化"一词涵盖了各种传统、思想模式、表现和信仰,而"文明"的词义更加广泛,意味着属于人类的广泛理性,文明的与野生的、野蛮的或者未开化的相对立。然而在弗洛伊德的作品中,这两个词没有区别。因此根据弗洛伊德的表达,这个词既可以译作"文化"也可以译作"文明"。故而在法国关于这个单词的译法争论非常激烈,既有支持译作"文明"的,也有支持翻成"文化"的。笔者在 HPF-JL 中回顾了这段翻译史,前揭。爱德华·皮雄(Edouard Pichon)尤其支持使用文明一词,反对使用德语 *Kultur* 一词。参见雅克·勒里德尔、米歇尔·普隆、杰拉德·罗莱(Gérard Raulet)和亨利·雷伊-弗洛,《关于弗洛伊德的"文明及其缺憾"的问题》(*Autour du «Malaise dans la culture» de Freud*),巴黎,法国大学出版社,1998年。皮埃尔·佩莱格兰(Pierre Pellegrin),见西格蒙德·弗洛伊德,《文明及其缺憾》,巴黎,加尼埃-弗拉玛里翁出版社(Garnier-Flammarion),2010年,第7—88页和第177—214页。以下是两个最出色的法语译本:伯纳德·洛托拉里(Bernard Lortholary),巴黎,瑟伊出版社,2010年;马克·克雷蓬和马克·德·洛奈,见西格蒙德·弗洛伊德,《战争人类学》,前揭,双语版。这三位作者都选择使用译名 *Malaise dans la civilisation*(文明及其缺憾)。参见《弗洛伊德全集/精神分析》,第八卷,前揭,《文明及其缺憾》,第245—333页。

成"装上义肢的神"的限制,人们为了躲避痛苦,别无他法,只能通过三种无意识选择创造新的幻觉:神经症(焦虑,冲突)、毒物癖(嗑药,酗酒)和精神疾病(疯狂,自恋,言行出格)。

弗洛伊德解释人类其实可以选择另一种途径,在升华①作用下,只有文明(或者文化)的发展才能控制破坏冲动。这种自然的状态,野蛮的未开化状态,源自古老"野蛮游牧部落"的人类心理机制的组成状态。他强调放弃宗教幻觉的人,决不会期待回到某种所谓的"自然"状态。他认为唯一能够达到智慧的途径,也就是最高程度的自由,在于将力比多转化为最高形式的创造,如爱(性爱)、艺术、科学、知识,为了人类的理想、众人的福利而生活并投身社会。这是对科技进步中的幸福或者"美好生活"的赞扬,这种进步是连圣茹斯特也无法否认的。弗洛伊德还极力捍卫20世纪技术和科学的进步,如电话、海运空运、显微镜、眼镜、照相机、留声机、家庭卫生、清洁,等等。

他补充道,"人对人是狼",人无法切断与原初自我毁灭冲动的联系,只能接受与之共生共存。因此,人们一边以家庭为单位,一边以语言为基础,建立社会联系(社会的生殖细胞)。他说,"谁第一个辱骂敌人的首领而不是直接抛出长矛,谁就是文明真正的缔造者。"他还说,谁第一个放弃排尿灭火的欲望并且把火留下来,谁就是征服文明的英雄。他制服自然之火,他还指派妇女(不可或缺的他者)看守家里的炉中之火。显然弗洛伊德的这句话是在默默地模仿卢梭在《论人类不平等的起源》(*Discours sur l'origine et les fondements de l'inégalité*)中的名句:"谁第一个把一块土地圈起来,硬要说'这块土地是我的',他找到一些头脑简单的人相信的话,这个人就是文明社会真正的缔造者。但是,如果有人拔掉他插的界桩或是填平这条界沟,大声地告诉大家:'不要相信那个骗子的话',多少罪行、战争和杀戮,以及苦难和恐怖啊会被免去!"②

然而,与卢梭不同,也不同于所有法国启蒙运动哲学的继承者,弗洛伊德认为消除不平等是不可能的。他深信本能的力量总比理性的利益强

---

① 冲动向理性目的的转移。
② 让-雅克·卢梭,《论人类不平等的起源》,1755年,巴黎,伽利玛出版社,"思想"丛书(Idées),1965年,第87页。

得多,没有一个社会能够建立在放弃进攻、放弃冲突和放弃承认自我之上。而语言、话语和法律是仅有的三种从自然状态过渡到文明状态的方式。弗洛伊德在《图腾与禁忌》一书中已经提出了这个观点。现在,他将这个论点转变成了一份真正的政治纲领,一种通过精神分析式哲学表达的意识形态及宇宙观(Weltanschuung)。①

简而言之,弗洛伊德认为文明是人类不幸的根源,因为它迫使人类放弃本能;它也是人类理性的必然,只要其中不存在过度压抑及各种形式的进攻性。于是,缺憾由此产生。他解释道,只有当文明本身也产生不幸(如幻觉破灭,限制),才能够治愈不幸。不仅存在生存驱力(厄洛斯[Eros]),还存在死亡驱力,生命的现象就处于这两种本能的共存与对立中(阿南刻[Ananké])。

在这份声明中,弗洛伊德拒绝《美国的生活方式》(American way of life),也否定天主教。他认为前者过度鼓励个人主义,导致经济灾难;后者宣扬来世,否认人类自我毁灭的本能。他驳斥共产主义革命,深信人人平等是幻觉,认为废除私有财产,剥夺了人类最具活力的天性——拥有财富的欲望。也就是说,弗洛伊德摈弃所有的现代信仰,也不相信存在摆脱过去一切的"新人类"。他批评"新犹太人"的乌托邦思想、放弃过去的美国梦想以及废除阶级的共产主义设想。显然,他也不接受独裁主义。在这本著作的末尾,弗洛伊德借助浮士德和梅菲斯特的对话——天使和雅各的搏斗——再一次强调了多少科学进步的诞生最后都会走向反面:"人类已经在很大程度上取得了对自然力量的控制,这使他们可以借助自然的力量,轻易地自相残杀直至剩下最后一个同类。他们明白这一点,目前的不安、痛苦和焦虑大部分由此产生。现在我们期待着两个'天神'之一的永恒的爱神厄洛斯,与同样永恒的对手死神不懈斗争,赢得胜利。"②

事实上,这个宣言将精神分析视角下的人类表现与社会的三种主流观念相对立,分别是宗教、个人主义和共产主义。弗洛伊德怀疑民主,认为民主将赋予未受教育的大众过多的权利。他质疑独裁,认为独裁只是

---

① 这个术语的解释参见下文。
② 伯纳德·洛托拉里的译本,瑟伊出版社,前揭,第173页。

政府当局伪装成贵族的形象。因此,他更倾向柏拉图传统和君主立宪制相结合的共和国、忧国忧民的君主以及深明大义的民众。显然,他的观点与托马斯·曼、爱因斯坦和奥特加·伊·加塞特①(Ortega y Gasset)相同,支持奥地利人尼古劳斯·冯·康登霍维-凯勒奇(Nikolaus von Coudenhove-Kalergi)的设想,借鉴希腊、罗马和天主教文化,建立国际泛欧联盟。②

再一次,罗马城成了弗洛伊德文明理论中最重要的比喻。他知道自己再也不会前往意大利,也明白这座帝国首都,承载所有欲望之城,从此以后③便是禁地。那里回荡着长靴的响声,罗马竞技场和万神殿之间则是象征灾难的黑衫党服。弗洛伊德不相信各种创造新人类的设想,强调文明融合了过去与现在,将无意识的过去投射在了将来的意识上。他说,"由于我们纠正了错误,我们不再认为熟悉的遗忘破坏了记忆痕迹,即记忆痕迹的消亡;我们倾向于相反的假设,即在精神生活中,一旦形成了的东西就不再消失;在某种方法下,一切都保存下来,并在适当的时候,例如当退到足够远时,它会出现。"他还说,"让我们插上想象的翅膀,罗马不是人的居住地,而是具有同样长时间的、同样丰富经历的心理实体;就是说,在这一实体中,一经产生的事物就不会消失,所有早先的发展阶段都继续与新近的发展阶段并存一处。"④

也就是说,弗洛伊德认为,文化正是他在《梦书》中描述的结构,结合人类发展的各个时期,从"我是他者"到现代主体的"应许之地"。冲动的本我,埋藏在祖先谱系的瓦砾之下;规范的超我,是可触及的幸福的象征;此外,还有记忆和历史之间的自我。在"宽恕的20世纪30年代",⑤弗洛伊德告诉众人,这就是美好生活的希望所在。在这个体系中,罗马

---

① 奥特加·伊·加塞特(1883—1955),西班牙哲学家、散文家。——译注
② 冯·康登霍维-凯勒奇(1894—1972),奥地利外交家,第一个提出用贝多芬的《欢乐颂》作为欧洲的洲际歌的人。德奥合并后,他流亡法国,然后前往瑞士,最后定居美国。加入法国国籍后,他拥戴高乐主义。他还创作了一部关于反犹太主义的著作《反犹主义的本质》(Das Wesen des Antisemitismus),柏林,加略山出版社(Calvary),1901年。弗洛伊德对这本书非常熟悉。
③ 从他和女儿安娜1923年最后一次去意大利旅游后。
④ 《文明及其缺憾》,前揭,洛托拉里译本。
⑤ 这是弗洛伊德的原话。

和维也纳混淆在一起,维也纳和贝尔加泽街合二为一。这里装饰着各种过去的文明,这里是一个没落的中欧罗巴最后的避难所,全世界的访问者都慕名前来。当时,希特勒的名字还不曾出现在大师的任何一部作品中。

《文明及其缺憾》一书大获成功,1931年再版时,弗洛伊德在末尾添加了一行字:"但是谁能预见何者会成功,并且结果又是怎样的呢?"显然,他联想到了1930年9月14日纳粹在德国选举中大获全胜。当时国家社会主义党一跃成为仅次于社会民主党(SPD)的德国第二大政党,席位数在德国共产党(KPD)之上,赫尔曼·戈林①(Hermann Göring)、约瑟夫·戈培尔②(Joseph Goebbels)、海因里希·希姆莱③(Heinrich Himmler)入选国会,德国深陷金融危机,全国失业人口高达四百万。

1932年,爱因斯坦受邀参加国际联盟的知识界联盟委员会,知识分子聚集一堂,见证了和平和裁军。爱因斯坦之前已结识了弗洛伊德,他写信说:"在人们内心深处,藏着仇恨和毁灭的欲望。通常情况下,它处于潜伏状态,只有在非常条件下,才会迸发出来。但调动这种激情,使之成为一种集体癫狂的力量,相对而言并不太困难。"爱因斯坦要求"深谙人类本能的专家"弗洛伊德来解开这一谜题。④

弗洛伊德迅速对此作出回答,他的回信《为什么有战争》(*Pourquoi la guerre*)是延续《文明及其缺憾》的政治声明。弗洛伊德反对独裁,也反对革命,他推崇重新回到柏拉图的会饮,建议国际联盟成立智者管理的国际共和国,选举产生"本能受理性的统治"智库。他们的治理能够赋予民众一个真正放弃杀戮的法治国家。他说,一旦文明发展了,进步了,战争的本能就会被削弱。⑤ 他再一次向全球大人物们建议采纳符合精神分析理论的国际治理艺术。

---

① 赫尔曼·戈林(1893—1946),纳粹德国政军领袖、空军总司令、"盖世太保"首长。——译注
② 约瑟夫·戈培尔(1897—1945),德国政治家、演说家、纳粹德国时期的国民教育与宣传部部长。——译注
③ 海因里希·希姆莱(1900—1945),法西斯战犯、纳粹党卫队队长、盖世太保首脑。——译注
④ 《爱因斯坦致弗洛伊德的信》,1932年7月30日,见《弗洛伊德全集/精神分析》,前揭,第67页。
⑤ 西格蒙德·弗洛伊德,《为什么有战争》(*Pourquoi la guerre*),1932年,见《弗洛伊德全集/精神分析》,第十九卷,前揭,第69—81页。

弗洛伊德的理论体现出一种放弃杀戮,建立法制国家的世界观、意识形态、政治设想和人类学的思想。但他始终自相矛盾,认为精神分析不适宜构造自己的宇宙观。① 他指出这个术语是"专属于德语的概念,将它翻译成外语非常困难"。在哲学中,它指形而上学的世界观及人类境遇的整体观念。然而,弗洛伊德一心力图使精神分析成为一门自然科学——事实上精神分析从来不是,这个表达确实不合适——在他眼里,精神分析与哲学话语、宗教和政治部分相关,也就是说,与各种科学理性以外的幻觉和其他精神结构有关——因此精神分析应该探究和考察。1932年,弗洛伊德再一次公开嘲弄哲学,他认为哲学是一种用途有限的小宗教,他说,"哲学与科学相对立,它似乎要效仿科学,在一定程度上采用同样的方法进行研究。但是,它坚持某种幻想,即坚持描绘一幅连贯统一、毫无缺陷的图景,而随着我们知识的每一次新的进步,这种幻想都一定会破灭,故而哲学与科学相去甚远。它过高地估计了我们的逻辑活动,认为它具有认识论的价值,并承认诸如直觉等其他知识源泉……哲学对于大多数人都没有直接影响,即使在知识分子的上层,也只有少数人对它感兴趣。对于其他人,哲学几乎不可理解。相反,宗教拥有巨大的力量,它支配人类最强烈的情感。"弗洛伊德还引用最喜欢的诗人海涅的诗讽刺哲学家:"他用睡帽和晨衣的破布条,把宇宙构造中的缝隙缝补起来。"②

与《文明及其缺憾》相同,弗洛伊德在这篇文章中再度赞扬科学的进步,抨击布尔什维克主义、马克思主义和黑格尔的模糊辩证法。同时他也承认不理解辩证法,他将社会阶级的形成归咎于远古时期彼此区别甚小的游牧部落或种族之间的斗争。

弗洛伊德根据《图腾与禁忌》中的模型解释寻求解放的民族斗争。他认为俄国专制政府的失败在第一次世界大战前已经注定,"欧洲统治阶级

---

① 法语译者有时保留这个德语单词作异化处理,有时将这个单词翻译为"世界观"。在《标准版》中,这个单词没有翻译。笔者借鉴了伽利玛出版社的译本,《宇宙观问题》(Sur une Weltanschauung),见《精神分析引论新讲座》,前揭,第 211—243 页及《弗洛伊德全集/精神分析》,第十九卷,前揭,第 242—269 页。从构词法的角度看,这个单词由 *Welt*(世界)和 *Anschauung*(思考,观点,经历)合成。这个单词含有意识形态、世界政治观、世界观甚至哲学话语等多种含义。

② 《宇宙观问题》,前揭,第 215 页。

家族之间的近亲通婚(Inzucht)已不可能生育出那种能经受住甘油炸药爆炸力的沙皇(Geschlecht)"。① 也就是说,弗洛伊德将沙俄帝国的覆灭归咎于科学技术的进步。此外,由于血缘婚配的原因,皇室难以自我更新。正如拉布达科斯家族(Labdacides),注定自我毁灭。弗洛伊德似乎忘了,这些并不足以解释古老帝国的覆灭。

弗洛伊德试图揭示精神分析与哲学和历史理论的区别,坚持君主制的神话分析和民选智者的共和国理念,使精神分析成为一门科学。然而,他犯了错误。他认为既然精神分析是一门科学,面对社会变化时就应该保持中性,即"去政治化",②因此他不承认宇宙观。也就是说,尽管弗洛伊德批评科学主义和实证主义,尽管他对神秘学兴趣浓厚,意图挑战科学的理性,尽管他给人类"古老的"历史带来新颖的观点,他依然拒绝承认自己的理论体现了政治、哲学、意识形态、人类学及解放运动。

一方面试图将精神分析打造为所谓的实验科学,另一方面又使它与政治保持距离,没有比这种精神更加矛盾的了。继弗洛伊德猛烈地批评宗教后,所谓的"中立"精神可能使他的理论也成为了一种教义。两次世界大战期间,欧洲遭遇最野蛮的行径之际,这种态度对精神分析运动的打击是毁灭性的。琼斯彻底地执行了弗洛伊德要求的精神分析"中立"立场。

优秀的实用主义者埃内斯特·琼斯积极支持将分析治疗实践应用于医学,他是欧洲大陆以外精神分析运动最主要的组织者。可以说琼斯既是早期弗洛伊德主义、中欧浪漫主义的毁灭者,也是这个团体在纳粹上台后,不得不流亡英语世界的拯救者。

在中立和非政治化的名义下,琼斯没有为左派弗洛伊德主义者,尤其是弗洛伊德-马克思主义者提供任何帮助,后者在德国和俄罗斯试图将两项世纪性的改革联系起来:在德国,他们试图探索无意识来改变主体,在俄国,他们尝试通过集体战斗改变社会。

1921 年,在俄国精神分析运动的帮助下,薇拉·施密特③(Vera

---

① 同前,第 237 页。笔者对伽利玛出版社的译本略作改动。
② 关于这个主题,可以参见贝恩德·尼奇科(Bernard Nitzschke)的文章,《被视作"非政治"科学的精神分析》(La psychanalyse considérée comme une science "a"-politique),见《国际精神分析史》,5,1992 年,第 170—182 页。
③ 薇拉·施密特(1889—1937),俄国教育学家,精神分析运动领导人之一。——译注

Schmidt)在莫斯科创立了一所教育机构：儿童实验之家（Home Expérimental d'enfants）。她接纳了三十多位共产党公务员和领导人的孩子，希望结合马克思主义和精神分析的方法教育儿童。于是，建立在刁难和体罚上的传统教育体制被废除。然而，这项实验实际上是教育方法的乌托邦，试图废除家长式的家庭，突出集体和平等交换。这个项目还规定教师必须经过分析，不能压抑儿童的性欲游戏。也就是说，薇拉·施密特的教育观点见证了20世纪20年代出现的新思想，反映出十月革命初期将个人主义和社会平等相融合的梦想。

在此背景下，薇拉在数学家丈夫奥托·施密特（Otto Schimidt）的陪同下前往柏林和维也纳，希望得到弗洛伊德和亚伯拉罕对儿童之家的支持。此行讨论的重点是如何在集体教育的框架下处理俄狄浦斯情结。显然，这样的经历并不贴合俄狄浦斯心理学的原则。出于同样的原因，薇拉也受到苏联卫生部门官员的严厉指责。

弗洛伊德原本打算支持施密特夫妇，但是琼斯更倾向于支持喀山（Kazan）的精神分析小组，后者的政策与莫斯科模式相反，更加支持医生，比马克思主义中立得多。尽管得到列宁夫人娜杰日达·克鲁普斯卡娅（Nadejda Kroupskaïa）的短暂支持，一场长期诉讼过后，试验终于还是中止了。施密特不仅遭到弗洛伊德主义者的批评，也受到斯大林思想日渐占据上风的苏联政府的指责，她的好友威廉·赖希在1929年拜访后也提出了批评。当时赖希在德国已经声名远扬，他认为实验的革命性尚且不足。①

事实上，在这场19世纪末的性征讨论中，赖希与荣格立场一致。如果说荣格是剔除性的特征，支持生命冲动，那么赖希就是去除力比多的特征，支持生物生殖性，驱逐死亡驱力，充分开发性高潮的幸福感。赖希先

---

① 目前尚没有关于俄国精神分析历史的系统性著作。这个领域，有亚历山大·埃特金德（Alexandre Etkind）所著的《精神分析在俄罗斯的历史》（*Histoire de la psychanalyse en Russie*），巴黎，法国大学出版社，1993年。参见让·马尔蒂（Jean Marti），《俄罗斯精神分析（1909—1939）》（*La psychanalyse en Russie*[1909—1939]），见《批评》（*Critique*），346，1976年3月，第199—237页。阿尔贝托·安杰利尼（Alberto Angelini），《俄罗斯精神分析》（*La psicoanalisi in Russia*），那不勒斯，利古力出版社（*Liguori*），1988年。笔者亦在HPF-JL中探讨过1930—1950年间的部分历史。俄罗斯精神分析运动被视作"资产阶级的科学"，在1930年前被逐步取缔，直至1949年在斯大林开展反对特罗菲姆·李森科（Trofim Lyssenko）和安德烈·日丹诺夫（Andreï Jdanov）领导的科学和艺术运动中才得以恢复。

是奥地利社会民主党成员,后加入德共,①他积极参加运动,提出工运中心主义的神话,认为无产阶级的生殖中应剔除资产阶级的"微生物"。因此,他认为比起社会上层阶级,神经症在工人阶级中比较少见。这是反对死亡驱力的新论据。

不久赖希建立性学信息和研究协会,并在维也纳为工人们开办了好几家性卫生指导诊所(Sexpol)。赖希极度崇拜弗洛伊德,但"教授先生"却对他很不客气。他害怕赖希的疯狂、名声及政治立场。至于"教授先生"的弟子们,他们极力想要摆脱这位同僚,他打乱他们的惯例,扰乱他们的信仰,将弗洛伊德理论再次与弗利斯起源联系起来。他们试图削弱赖希的影响力,出于这种态度,他们在1934年犯了许多政治错误。

弗洛伊德从未停止对自己犹太身份的认同,但他从不遵守犹太教的习俗。同样,他反对犹太复国主义要求获得应许之地的主张,而只有此时,他才感到自己是犹太人。总而言之,弗洛伊德是散居的犹太人,认为反犹主义无法使犹太人重新回到某片土地。诚然,他支持在巴勒斯坦建立犹太人聚居区,但面对建立"犹太国"的设想,他慎之又慎。这一点可从弗洛伊德对维也纳人哈伊姆·科夫勒(Chaim Koffler)的答复中得到证实。后者是以色列联合呼吁组织(Keren Hayesod)②成员,曾请求弗洛伊德以及其他散居的犹太知识分子支持在巴勒斯坦的犹太复国事业,支持犹太人回到哭墙的原则。此外,哈伊姆·魏茨曼希望在以色列建立精神分析官方教学。在他的努力下,从1925年起,弗洛伊德和英国弟子戴维·埃德(David Eder)成为耶路撒冷大学行政委员会委员。③

尽管如此,弗洛伊德还是拒绝了科夫勒的提议:"很抱歉令您失望了,以我的人格唤起民众的兴趣,我认为在目前的舆论形势下并不适合。那些试图影响大众的人,应该向大众传达热情和轰动效果,这一点,我认为犹太复国主义并不具备。我对迄今为止的所有努力抱有最大的同理心,对耶路撒冷大学非常自豪,我很高兴我们的聚居区拥有这些机构。但是,

---

① Kommunistische Partei Deutschlands,德国共产党。
② Keren Hayesod,以色列联合呼吁组织,1920年建立,是旨在在巴勒斯坦建立移民区的组织。
③ 这个主题参见吉多·利伯曼(Guido Liebermann),《精神分析在巴勒斯坦,1918—1948年》,前揭。戴维·蒙塔古·埃德(1866—1936),精神科医生及精神分析师,与埃内斯特·琼斯一起发动了英国精神分析运动,是活跃的犹太复国主义者和社会家伊斯雷尔·赞格威尔(Israel Zangwill)的表弟。

另一方面,我不认为巴勒斯坦有一天会成为犹太国家,无论基督教世界,还是伊斯兰教世界,永远不会将他们的圣地交给犹太人。对我而言,在一块历史上无人居住的土地上建立犹太人的祖国更加合理。当然,我知道,如此理性的计划无法让大众兴奋,难以得到富人的支持。我也很遗憾地承认,我们同胞的幻想,几乎没有现实的基础,而且他们应该为唤醒阿拉伯人的警惕承担部分责任。若虔诚没能得到正确的阐释,将一部分希律墙变成国家圣物,并且因此激发该国人民的情感,对此,我没有丝毫同情。请您评价一下,持这种批评观点的我是否能够在我们的民族被不恰当的希望震撼时,起安抚作用。"①

同一天,1930 年 2 月 26 日,弗洛伊德写信致爱因斯坦,逐一重提上述观点:对宗教的厌恶、对在巴勒斯坦建立犹太国家的犹豫、对团结犹太复国主义"兄弟"们的怀疑——他有时将他们称作"种族兄弟",以及对犹太复国主义的情感同化——尽管他不赞成他们"怪诞又神圣的"理念。弗洛伊德再次声称对"我们"的大学和"我们"的集体聚居区感到自豪,他也重申不相信能够建立犹太人的国家,因为穆斯林和基督教徒不会接受将圣地交给犹太人。因此,他认为"他的犹太兄弟们不切实际的幻想唤醒了阿拉伯人的警惕"。②

显然弗洛伊德预感到有一天圣地的主权问题将成为三大宗教之间,以及居住在巴勒斯坦的两个兄弟民族之间难以调和的矛盾核心。③ 他质疑过度的移居最终只会导致反对犹太人的阿拉伯人及犹太种族主义者因为一堵圣墙而彼此对立。深有远见!

弗洛伊德对犹太身份以及犹太人在巴勒斯坦的前途十分清醒,然而

---

① 这封信弗洛伊德写于 1930 年 2 月 26 日,起初为手写稿,由一位不知名人士将此信打成文稿,目前收录于耶路撒冷希伯来大学亚伯拉罕·施瓦德隆文集中。笔者在《关于弗洛伊德对犹太复国主义及圣地问题的一封未发表的信》(A propos d'une lettre inédite de Freud sur le sionisme et la question des lieux saints)一文中评论了该信,见《地中海临床教学》,70,2004 年。参见《回顾犹太问题》,前揭。雅克·勒里德尔译。
② 《弗洛伊德致爱因斯坦的信》,1930 年 2 月 26 日,彼得·盖伊引用,《弗洛伊德传》,前揭,第 688 页。
③ 关于圣地问题无解决之道的说法,参见夏尔·恩德林(Charles Enderlin),《破碎的梦》(Le Rêve brisé),巴黎,法亚尔出版社,2003 年;《以庙堂的名义:以色列和不可避免的犹太弥赛亚主义的兴起(1967—2013)》(Au nom du Temple. Israël et l'irrésistible ascension du messianisme juif [1967-2013]),巴黎,瑟伊出版社,2013 年。

面对纳粹主义的反犹本质以及德国、奥地利和意大利的精神分析在这段黑暗时期的存活问题时,他的政治反应却十分盲目。再一次地,所谓的"宇宙观"只不过成了一种危险的中立主义的托辞而已。

希特勒掌握政权后,开始推行国家社会主义,核心观点是消灭欧洲的犹太人,因为他们是"劣等民族"。这个政策同样运用于所有被认为"有瑕疵"或者妨碍社会的人。所以同性恋和精神疾病患者等同于犹太人。在这个背景下,帝国新医学的从业者们认为必须毁灭精神分析,消灭它的语言、概念和作品,取缔它的运动、机构和从业人员。在所有动力精神病学和心理治疗流派中,只有精神分析被认定是"犹太人的科学",对此弗洛伊德非常担心。清洗计划由帝国戈林元帅的堂弟马赛厄斯·海因里希·戈林[①](Matthias Heinrich Goring)领导执行。

马赛厄斯·戈林是虔诚的路德主义信教者,曾是埃米尔·克雷珀林的助手,后来对催眠产生兴趣,拥护阿德勒的个人心理学。最后,他认为荣格心理学才是典范,希望建立全新的希特勒心理治疗法原型,核心是突出德意志思想的优越性。戈林信奉实用主义和独断主义,是狭隘的保守主义者。蓄着大胡子,和蔼的祖父形象下藏着的是可怕的纳粹分子。在他眼里,弗洛伊德强大的理论是"犹太"普遍主义的成果,与德国启蒙运动密不可分,是这个世界上最令人憎恨的东西,应该彻底灭绝。他完全称得上是心理治疗领域的元首(Führer)。[②]

1933年3月,和大多数奥地利人一样,弗洛伊德并没有意识到纳粹主义的肆虐。他自认为受到了共和国法律的保护。尽管许多外国朋友建议离开维也纳,他全都拒绝了:"希特勒的政权会不会笼罩奥地利尚未可知。

---

① 马赛厄斯·海里因希·戈林(1879—1945),德国精神科医生、纳粹党人。——译注
② 关于精神分析师与纳粹主义的合作,最好资料有《棕色年代:第三帝国统治下的精神分析》(*Les Années brunes. La psychanalyse sous le IIIe Reich*.),让-吕克·埃瓦尔(Jean-Luc Évrard)译,巴黎,交锋出版社(Ed. Confrontation),1984年。汉斯-马丁·洛曼(Hans-Martin Lohmann)主编,《精神分析与国家社会主义:对未解决之心理创伤的处理》(*Psychoanalyse und Nationalsowialismus. Beiträge zur Bearbeitung eines unbewältigten Traumas*),法兰克福,菲舍尔出版社,1984。杰弗里·科克斯(Geoffrey Cocks),《第三帝国统治下的心理疗法》(*La Psychothérapie sous le IIIe Reich*),1985年,巴黎,美文出版社,1987年。雷吉娜·洛科特(Regine Lockot),《回忆与透工》(*Erinnern und Durcharbeiten*),法兰克福,菲舍尔出版社,1985年。詹妮弗·库里奥(Jennyfer Curio),《德国精神分析发生了什么》(*Ce qui est arrivé à la psychanalyse en Allemagne*),心理病理学和精神分析学硕士论文,指导老师艾米尔·雅莱(E-mile Jalley),巴黎北方大学,1997年。埃内斯特·琼斯和彼得·盖伊都未描述过这段时期。

这种可能性当然存在。但大家都相信不至于演变为德国那般野蛮。就我个人而言,没有任何危险,如果您假设我们在压迫下的生活将会非常不舒适,犹太人,别忘了,在这方面,逃往国外,无论是瑞士还是英国,都无法确保舒适。我认为只有在生死存亡之际,逃走才是合理的。毕竟,如果他们把我杀了,这不过是和其他人一样。"①

弗洛伊德选择对纳粹将席卷整个欧洲视而不见。他认为保守主义和国家主义的总理恩格尔伯特·多尔夫斯(Engelbert Dollfuss)是墨索里尼的盟友,是这个位置上抵御奥地利纳粹党的最好选择,而后者却试图尽快将奥地利并入德国(Anschluss)。当然,他对这位法西斯的独裁者、信奉天主教的反对派没有丝毫好感,但他认为建立一个专制体制对犹太人没有任何损失。因此他接受多尔夫斯废除基本自由的各种措施②:取缔罢工权利,新闻审查,迫害社会主义和马克思主义者。1934年2月12日,多尔夫斯血腥镇压社会党人发动的大罢工,弗洛伊德仍然保持"中立":"我们经历了一周的内战……毫无疑问,反叛分子属于我们国人中最优秀的一群。但他们就算成功,也不会维持长久,还会招来德国的军事干预。况且这些人是布尔什维克党人,我可不敢期待共产主义的致敬。因此,我无法同情任何一方"。③

事实上,弗洛伊德十分清楚共产主义和纳粹主义的区别。他承认布尔什维克革命是革命理想,而希特勒的野蛮行径是体现人类杀戮本能的巨大倒退。但是当真正面对法西斯主义和纳粹主义之际,他花了很长时间才明白任何协商均不可行。他无视希特勒,从不提起这个名字,也不看《我的奋斗》。这一切都与托马斯·曼截然相反。④

在此背景下,1933年4月25日,爱德华多·魏斯在定居罗马两年后,再次来到维也纳拜访弗洛伊德。魏斯曾多次想逃离法西斯主义的魔爪,但弗洛伊德强烈建议他留在自己的国家,认为他没有其他前途可选,尽管当时天主教教会不断对他进行攻击,尤其是拉特朗人种学教宗博物馆馆长威廉·

---

① 西格蒙德·弗洛伊德 和桑多尔·费伦齐,《1920—1933年通信集,第三卷》,前揭,《弗洛伊德致费伦齐的信》,1933年4月2日,第512—513页。
② 历史学家将奥地利历史上的这一阶段称作奥地利法西斯主义,即从1933年3月至1934年7月多尔夫斯被奥地利纳粹党分子暗杀。
③ 弗洛伊德致杜特丽儿的信,1934年3月5日,见希尔达·杜丽特尔,《对弗洛伊德的爱》,前揭,第256页。
④ 他用 Hitlerei 一词指希特勒的政治。后缀"ei"习惯上指某种职业的工作地点。

施密特神父(Wilhelm Schmidt)。此人猛烈谴责弗洛伊德学说是有害的理论,与马克思主义一起摧毁了基督教家庭。弗洛伊德却顽固拒绝任何移民美洲大陆的可能性,认为维护和拯救精神分析的斗争必须在欧洲进行。

魏斯此行偕同焦瓦基诺·福尔扎诺①(Giovacchino Forzano)与女儿孔切塔(Concetta),孔切塔患有广场恐惧症和严重的歇斯底里症,正在接受分析。魏斯发现此次治疗极为困难,无法正确实施,于是请求弗洛伊德在分析过程中以督导身份介入治疗。这个实验非常成功,魏斯回到意大利后以书信的方式咨询弗洛伊德,继续孔切塔的治疗。②

福尔扎诺是意大利剧作家,以改编邓南遮③(D'annunzio)的作品著称,与墨索里尼私交甚笃,两人曾一起创作了三幕戏剧《百日王朝》(Les Cent Jours)。④ 两位作者以滑稽怪诞的方式,以拿破仑皇帝的形象作为墨索里尼的前车之鉴。女儿的命运寄托于弗洛伊德,福尔扎诺自然要对他百般讨好,于是将这个剧本的德语版送给了"教授先生"。在卷首,他以两位作者的名义写上:"致西格蒙德·弗洛伊德,赞赏且感谢他使这个世界更加美好"。⑤ 他还请求弗洛伊德给他一张照片、一本书并亲笔写上题词,赠予墨索里尼。弗洛伊德希望保护魏斯,他是意大利精神分析运动的组织者,不久前才出版了《意大利精神分析杂志》的第一本分册。于是弗洛伊德在书架上找了一册《为什么有战争》,并且写下这行字:"一位谦卑的老人向领袖、文化英雄致意,致贝尼托·墨索里尼"。⑥ 这行题词后来引发

---

① 焦瓦基诺·福尔扎诺(1884—1970),普契尼之友、歌词作家、剧作家。——译注
② 毛里奇奥·塞拉(Maurizio Serra)致伊丽莎白·卢迪内斯库的信,2014年3月5日,参见罗伯托·扎佩里(Roberto Zapperi),《弗洛伊德和墨索里尼》(Freud e Mussolini),米兰,弗朗科·安杰里出版社(Franco Angeli),2013年。
③ 加布里埃尔·邓南遮(1863—1938),意大利诗人、记者、小说家戏剧家和冒险家。——译注
④ 1934年他以法西斯主义的美学标准拍摄了电影,参见《百日王朝》,三幕剧,十三场,贝尼托·墨索里尼编剧,焦瓦基诺·福尔扎诺改编,法语版由安德烈·莫普雷(André Mauprey)改编,《宣传的手册》(Les Cahiers de Bravo),1932年。
⑤ 福尔扎诺所赠的德语版剧本出现在弗洛伊德图书馆目录册中(2583),两位作者用意大利语亲笔题了词。
⑥ 德语版手写题词书写于1933年4月26日,见安娜·玛利亚·阿切尔博尼,《意大利精神分析先驱爱德华多·魏斯记忆中的西格蒙德·弗洛伊德》,《国际精神分析史杂志》,1,1988年,第225—240页。保罗·罗森,《精神分析的伦理问题:爱德华多·魏斯,弗洛伊德和墨索里尼》,同上,第150—160页。格劳科·卡洛尼,《弗洛伊德和墨索里尼:两幕短剧,一个幕间和五个人物》,见"精神分析中的意大利"展览手册,罗马,1989年,第51—60页。魏斯将评论寄给库尔特·艾斯勒,存放于美国国会图书馆,121号箱。

了激烈的争论。

如果说弗洛伊德欣赏征服者,那么他更恐惧独裁者。这一点不仅体现在他的作品中,将此书作为回礼更是明证。无论如何,他都难以回绝福尔扎诺的建议。因此他以幽默的方式,向一位自认为融合了拿破仑和恺撒大帝形象的所谓"领袖"致敬。这位独裁者还资助奥地利的考古挖掘,这也是谦悲的维也纳智者所迷恋的。①

弗洛伊德误以为魏斯与墨索里尼关系颇佳,在他后来致阿诺德·茨威格的信中也曾提及。然而,事实远比他想象的复杂得多。诚然,福尔扎诺是意大利精神分析的保护人,但他完全没有得到墨索里尼的支持,后者根本不愿意为此对抗教廷。甚至在1933年6月30日,墨索里尼谴责精神分析是"庞氏骗局"。至于魏斯,即使由墨索里尼的女婿齐亚诺②出面(Galeano Ciano)干涉,仍无法阻止宣传部门禁止杂志的出版。③ 更糟糕的是,意大利法西斯外交操纵了一项针对国际精神分析协会的荒谬调查,声称弗洛伊德与无政府主义思想家卡米洛·贝尔耐里④(Camillo Berneri)之间存在可疑关系,他的弟子得到社会主义者和共产党人的支持,他们的治疗贪财重利。因此,所有意大利精神分析师都不得在国际精神分析协会注册。⑤

希特勒掌权三个月后,纳粹摧毁了性学研究所大楼,档案、文件、书籍

---

① 那些认为弗洛伊德是"法西斯主义者"的观点绝对是无视历史。比如米歇尔·翁福雷在著作中反复强调了这一点。《偶像的黄昏:关于弗洛伊德的虚词诡说》,巴黎,格拉塞出版社,2010年,第524—533页和第590—591页。翁福雷既不曾接触美国国会图书馆的档案,也没有查阅过弗洛伊德和魏斯关于这个话题的通信。他的作品没有可靠的资料,直接引用科克斯(Cocks)的作品并随意指责保罗-洛朗·阿苏恩(Paul-Laurent Assoun,《精神分析著作词典》[Dictionnaire des oeuvres psychanalytiques]的作者,巴黎,法国大学出版社,2009年)。他认为整个精神分析界都对这个题词只字不提,但是他忘了大部分弗洛伊德学派和弗洛伊德传记的历史学家对此已经评论了许多次。
② 加莱阿佐·齐亚诺(1903—1944),意大利贵族,意大利法西斯领袖墨索里尼的女婿,曾于1936年—1943年期间担任意大利外交大臣等要职。——译注
③ 爱德华多·魏斯始终否认这次会面,包括在接受保罗·罗森的采访时。阿切尔博尼却坚持这个会面真实发生过。可能魏斯和齐亚诺之间有着间接的联系。
④ 1935年,卡米洛·贝尔耐里将自己的作品《仇视犹太人的犹太人》(Le Juif antisémite)及题词"致以崇高的敬意"寄给弗洛伊德。他还为达·芬奇的作品撰写文章。弗洛伊德图书馆第217号。伦敦弗洛伊德博物馆。
⑤ 《意大利法西斯外交1935年进行的关于西格蒙德·弗洛伊德和国际精神分析协会的调查》(Enquête sur Sigmund Freud et sur la WPV effectuée par la diplomatie fasciste italienne en 1935),见《国际精神分析史杂志》,5,1992年,第143—150页。

和物品被随意丢弃;马格努斯·赫希菲尔德①(Magnus Hirschfeld)收集的各种少数民族肖像散落一地;赫希菲尔德几十年的工作和研究付之东流;而大名鼎鼎的同性恋者,冲锋队参谋长恩斯特·罗姆②(Ernst Rohm),一年前刚进入政府,便在希特勒的指示下被杀害。

那一天,赫希菲尔德不在柏林,而是在瑞士治疗,他立刻决定流亡巴黎,接着前往尼斯(Nice),最后在法国他看着毕生作品毁于一旦,在绝望中离开人世。20世纪20年代的柏林是东欧最繁荣的城市,对同性恋最开放的都市,然而很快那些咖啡馆、小酒馆、聚会地及各类场所都化为乌有:被占领,被关闭,被侵占,被摧毁。③

1933年5月11日,戈培尔下令烧毁两万册"犹太"书籍。一整晚,教授、学生、党卫军和冲锋队聚集在歌剧院广场,所有人高举火炬兴奋地游行,大声控诉:"反对阶级斗争,抗议唯物主义,我要把马克思和考茨基④的书籍燃烧殆尽,反对美化本能,歌唱人类灵魂的高尚,我要把弗洛伊德的书籍付之一炬。"洛伊德在维也纳听到这一消息时评论道:"我们的进步多么大。要是在中世纪,他们会把我一起烧掉,而如今,他们只是把我的书烧掉就心满意足了。"⑤

这是什么话! 他应该更加警醒,应该这么说:"焚毁犹太书籍,想毁灭的不只是书的作者,更是全体犹太人以及其他所谓的'低等种族'的代表。"教授当时认为纳粹主义只不过是反犹主义的再次爆发。他如何能够想象他在1930年对人类自我毁灭能力的描述会如此迅速地实现? 当时他指的是"美国的生活方式",却未曾想到这一幕竟然会发生在欧洲。

1933年9月,一名纳粹记者刊登文章并配以卑劣的讽刺画,声称"犹太人西格蒙德·弗洛伊德"发明了一种"亚洲式"的方法,强迫人类服从毁

---

① 马格努斯·赫希菲尔德(1868—1935),德国犹太裔人,内科医生和性学家。——译注
② 恩斯特·罗姆(1887—1934),是德国纳粹运动早期高层人士,冲锋队的组织者,在1934年长刀之夜被希特勒谋害。——译注
③ 埃琳娜·曼奇尼(Elena Mancini),《马格努斯·赫希菲尔德和对性自由的追求:第一次国际性自由运动的历史》(*Magnus Hirschfled and the Quest for Sexual Freedom. A History of the First International Sexual Freedom Mouvement*),纽约,帕尔格雷夫·麦克米伦出版社(Palgrave Macmillan),2010年。
④ 卡尔·考茨基(1854—1938),社会民主主义活动家,德国和国际工人运动理论家、第二国际领导人之一。——译注
⑤ 埃内斯特·琼斯,《西格蒙德·弗洛伊德的生平和著作,第三卷》,前揭,第209页。

灭的冲动,"在恐惧下享受死亡",其目的在于毁灭德意志民族。他指控这位维也纳大师试图向年青人灌输各种邪恶的性行为:手淫、变态、通奸。①因此他呼吁取缔这个祸害。这也是戈林的计划,毁灭"犹太理论"。

戈林以《我的奋斗》一书为指导,实施精神健康的相关政策,他尤其注意赢得意图与纳粹体制合作的弗洛伊德派学者的支持。菲利克斯·贝姆(Felix Boehm)和卡尔·穆勒-布伦瑞克②(Carl Muller-Braunschweig)率先响应,哈罗德·舒尔茨-亨克③(Harald Schultz-Hencke)和维尔纳·肯柏④(Werner Kemper)紧随其后。四人都是德国精神分析协会(DPG)和柏林精神分析学院(BPI)成员,资质平庸,尤其嫉妒犹太同事。对他们而言,国家社会党的登台是一次奇迹,他们终于能够成就一番事业了。他们卑躬屈膝,趋炎附势,心甘情愿成为刽子手的仆役。

1930年,德国精神分析协会有九十名会员,其中大部分是犹太人。可是从1933年起,他们却逐一流亡国外。当时,对艾廷贡和弗洛伊德书信来往的审查日益严格,两人不得不用密码写信。艾廷贡在柏林精神分析学院内被孤立,不久后被迫辞职。至于琼斯,他向来敌视德国左派弗洛伊德主义者,如奥托·芬尼切尔、恩斯特·西梅尔等,只关心加强英语国家在精神分析界的力量,于是他建议依托贝姆,奉行精神分析与新体制合作的政策。这个政策就是在纳粹的统治下,维持所谓"中立"的精神分析实践,避免精神分析受到其他心理治疗流派的污染,而这些流派已经被引入"雅利安化"的新柏林精神分析学院。

艾廷贡反对这项政策,在作出决定前,他写信请教弗洛伊德的立场。1933年3月21日,弗洛伊德在回信中强调目前有三个解决方法可供选择:方法一,停止柏林精神分析学院的一切活动;方法二,和贝姆合作,在他的领导下维持现状,"以便在困难的时期中幸存下来";方法三,弃船逃

---

① 《这里的生活以一种令人惊奇的方式持续着:对德国精神分析历史的贡献》(Ici la vie continue de manière surprenante. Contribution à l'histoire de la psychanalyse en Allemagne),1985年,阿兰·德·米乔拉和薇拉·伦兹(Vera Renz)译,巴黎,国际精神分析历史协会(AIHP),1987年,第237—238页。这篇文章在《从血与土中出来的德国人民健康》(Deutsche Volksgesundheit aus Blut und Boden)中发表。
② 卡尔·穆勒·布伦瑞克(1881—1958),德国哲学家、精神分析师。——译注
③ 哈罗德·舒尔茨·亨克(1892—1953),德国精神科医生、心理治疗师。——译注
④ 维尔纳·肯柏(1899—1976),德国医生、精神分析师。——译注

亡,将阵地拱手让予荣格主义者以及阿德勒主义者,而且国际精神协会将不得不取消德国精神分析协会的资格。① 在当时的情况下弗洛伊德倾向于第二种解决方法,即琼斯提倡的"中立"政策。两年后,在这个方法下,柏林精神分析学院彻底纳粹化,完全掌握在戈林的手中。但是弗洛伊德并不愿强迫艾廷贡做出这个选择。况且,他在某些人劝说下误以为奥地利不会遭到希特勒的威胁。他相信奥地利法西斯主义会保护这个国家。

4月17日,贝姆帮助弗洛伊德摆脱了赖希和舒尔茨-亨克,"教授先生"高兴不已。他憎恨赖希,后者被国际精神分析协会开除会籍后移民挪威,后来前往美国。舒尔茨-亨克则立刻被柏林精神分析学院重新接收为会员。艾廷贡盲目相信面对纳粹主义,精神分析能够幸存下来,于是他决定继续忠诚于弗洛伊德主义和犹太复国事业。他对教授毫无怨言,1934年4月离开德国定居耶路撒冷。他和阿诺德·茨威格汇合后,以柏林的模式建立精神分析协会和研究所,为以色列日后的精神分析运动奠定了基础。

1933年5月22日,费伦齐因恶性贫血后遗症过世,精神分析的古老王国已经化为灰烬。弗洛伊德一如既往地认为应该立即作出反应。对于精神分析事业的"叛徒"、敌人以及他眼中的无用之人,弗洛伊德素来擅长用笔触概括地描绘这些人一生中值得载入精神分析年鉴的时刻。当然他凭借的是记忆中的感觉,而不是历史的真相。至于费伦齐,他是永远的伙伴,弗洛伊德始终不愿与之绝交,于是他将悲伤隐藏在回顾和总结费伦齐的治疗实践中。他尽可能避免谈及后期的冲突,并向琼斯作出一番精神分析式的阐释,弗洛伊德说:"心智的退化伴随怪异的逻辑共同发展,最后形成偏执。在这种逻辑下,他认为我不够爱他,不欣赏他的作品,贬低他的分析。他所有的技术创新……都是向儿童时期的情结退化,其中最大的创伤是在十一个或十三个兄弟姐妹中,他是唯一不受母亲喜欢的孩子。因此他自己变成一位'好母亲',并找到需要他的孩子,这其中有一个美国女孩。当她离去回到美国后,还能以越洋无线电波的方式对他产生影响。他深信创伤理论,在我们面前极力捍卫这套理论。

---

① 西格蒙德·弗洛伊德和马克斯·艾廷贡,《通信集》,前揭,第785页。翁福雷在他的著作中误以为艾廷贡同意琼斯的精神分析"拯救"政策,参见《偶像的黄昏》,前揭,第549页。

他那曾经如此伟大的心智在这些谬误中渐渐黯淡,但是我希望他可悲的结局只有我们知晓。"①

没有证据可以证明费伦齐变得偏执。诚然,他确实在《诊疗日记》②中责备弗洛伊德毫不在意精神分析治疗技术的进步,对精神疾病患者充满敌意,在治疗中缺乏情感交流,以及怀有强烈的反美主义。我们知道这些指责有些确有其事。但是,弗洛伊德和费伦齐两人也都有正确之处,弗洛伊德批评弟子将创伤作为精神疾病的唯一解释,这个观点一语中的;而费伦齐责备教授局限于挫折和寻求单一解释的治疗技术,也言之有理。费伦齐确实遭到琼斯的迫害,始终受到正统弗洛伊德主义者不公正的指责。他忠于弗洛伊德,"教授先生"却从未告知他对于他精神状态的私下看法。在最后的信件中,费伦齐清醒地认识自己,认识欧洲多灾多难的未来。1933年4月9日,在致弗洛伊德的信中,他写道:"这里,在布达佩斯,一切都风平浪静。谁又曾记得十到十四年前,我的祖国当时也是欧洲大陆上一方较为平静的土地呢?"③

卡尔·亚伯拉罕过世时,弗洛伊德为他撰写挽辞,这次弗洛伊德也为费伦齐拟定了悼词。他回顾了两人一起前往伍斯特,共同建立国际精神分析协会的愉快时光,还说也许有一天,这位布达佩斯神奇的治疗师一直梦寐以求的"生物分析"会实现。他提到两人之间的分歧,也承认费伦齐在分析科学史上做出的卓越贡献。向这位永远的朋友告别后,他感到深深的空虚和不安。④

如果说弗洛伊德失去了最优秀的弟子,那么琼斯失去的则是他的分析师和重要对手。从此以后他便是"教授先生"身边最重要的弟子。很快,琼斯成为精神分析运动的核心人物,后来出版了弗洛伊德的第一本人

---

① 西格蒙德·弗洛伊德和埃内斯特·琼斯,《1908—1939年通信全集》,前揭,《弗洛伊德致琼斯的信》,1933年5月29日,第824页。美国人伊丽莎白·泽韦伦(Elisabeth Severn)参与了相互分析实验。费伦齐在《诊疗日记》中称之为R.N.。
② 桑多尔·费伦齐,《诊疗日记,1932年1月至10月》(*Journal clinique*, *janvier-octobre 1932*),巴黎,帕约出版社,1985年。这份日记在费伦齐过世后很久才出版,弗洛伊德并不知道这本著作。
③ 西格蒙德·弗洛伊德和桑多尔·费伦齐,《1920—1933年通信集,第三卷》,前揭,《费伦齐致弗洛伊德的信》,1933年4月9日,第514页。
④ 西格蒙德·弗洛伊德,《费伦齐》,见《弗洛伊德全集/精神分析》,第十九卷,前揭,第309—315页。《私人纪事》,前揭,第153页。

物传记。处境危急之际,他便在伦敦担负起重任,执行了所谓的精神分析"拯救"计划。

1934年8月,国际精神分析协会第十三次大会在卢塞恩①(Lucerne)举行,纳粹执掌德国政权,大批犹太裔精神分析师纷纷外逃。赖希坚持"布尔什维克主义"的立场,被认定过于危险,遭精神分析协会开除。然而,他反对琼斯向纳粹的各种妥协和合作,这一点上,他显得非常睿智。他还呼吁解散德国精神分析协会。赖希的极左主义主张不被德共接纳,当时他刚刚出版杰作《法西斯主义的群众心理学》,②这部著作是对弗洛伊德群众心理学的直接回应。他认为法西斯主义并非政治或经济情况的单一产物,它表现出一种无意识的结构。这种认识拓宽了对法西斯主义集体性的定义,强调其成因之一是大众的性不满。

弗洛伊德非常厌恶赖希,艾廷贡曾反对这种错误的态度。这一点可以从贝姆的报告中得到证实。1934年8月拜访弗洛伊德后,贝姆写道:"当我告辞时,弗洛伊德提出两个希望:第一,舒尔茨-亨克不得当选委员会成员。我向他保证只要我继续领导协会,就一定不会让他占得一席之位。第二,'请让我摆脱威廉·赖希'。"③

赖希不得不流亡挪威,被弗洛伊德的支持者当作精神病人,他觉得受到迫害,偏执的病症就更加严重了。1936年后,他最终决定退出精神分析,在奥斯陆(Oslo)建立性经济学生物研究所(Institut de recherches biologiques et d'économies sexuelles),那里聚集了大批医生、心理学家、教育者、社会学家和幼儿园教师。他还发明了一种新的治疗方法——植物疗法,也就是日后的生命力能疗法。这种方法利用话语将治疗和身体介入相联系。在这种背景下,他将神经症解释为一种人体的僵化或者收缩,治疗应该通过肌肉放松练习更好地释放"性高潮的反应"。后来,受生物控

---

① 卢塞恩,瑞士中部琉森州首府。——译注
② 威廉·赖希,《法西斯主义的群众心理学》(*La Psychologie de la masse du fascisme*),1933年,巴黎,帕约出版社,1978年。《赖希论弗洛伊德》(*Reich parle de Freud*),1967年,与库尔特·艾斯勒的谈话,巴黎,帕约出版社,1970年。关于左派弗洛伊德学者的命运,参见罗素·雅各比(Russell Jacoby),《奥托·芬尼切尔:左派弗洛伊德主义学者的命运》(*Otto Fenichel: destins de la gauche freudienne*),1983年,巴黎,法国大学出版社,1986年。
③ 《这里的生活以一种令人惊奇的方式持续着:对德国精神分析历史的贡献》,前揭,第247页。贝姆的叙述与弗洛伊德的观点完全一致,这一点可以从后者致艾廷冈的信中得到确认。1933年4月17日,见《通信集》,前揭,第789页。

制理论(生命能量微粒)的吸引,赖希沉迷于物理生物理论,试图将浪漫主义推崇的宇宙起源理论与性理论的定量技术结合起来。①

琼斯积极与弗洛伊德学派中的马克思主义者斗争,但他完全弄错了敌人。他一边与纳粹合作,一边帮助犹太裔德国人出逃,移民英语国家。1935年,他正式主持德国精神分析协会会议,九名犹太会员被迫辞职。伯恩哈德·卡姆(Bernhard Kamm)是唯一反对这种欺骗把戏的非犹太裔分析师,他退出德国精神分析协会,支持被驱逐者,很快又流亡美国,定居堪萨斯州的托皮卡(Topeka),并在著名的卡尔·门宁格②(Karl Menninger)诊所工作。这是所有逃离欧洲的心理治疗师的中转站。弗洛伊德将整个事件称作"可悲的争论"。从此以后,所有选择和戈林合作的弗洛伊德主义者在信件的结尾都署上了"希特勒万岁"(Heil Hilter)。

当纳粹在德国毁灭精神分析之际,弗洛伊德继续在维也纳接待病人,其中包括情人是埃兹拉·庞德(Ezra Pound)和安妮·厄尔曼③(Annie Winifred Ellerman)(自称"布莱"[Bryher])的美国女诗人希尔达·杜丽特尔。她长期患抑郁症,曾在伦敦经过克莱因派的分析治疗。希尔达两次叙述这段治疗经历,中间相隔十一年(1945年和1956年):她的叙述固然逐字逐句,但形式上却是再度阐释。在两篇文章中,她详细清晰地叙述了弗洛伊德以梦为核心的介入式治疗。她还见证了弗洛伊德在贝尔加泽街的日常生活:他与病人的见面,其中大部分人是精神分析师。此后,她继续和其他分析师一起工作。在英语世界,杜特丽儿的作品、生活及分析日记是许多女同行恋和性别研究作品的起源。④

另一名病人是约瑟夫·沃蒂斯,美国精神科医生,出生于一个信奉社会主义的犹太知识分子家庭。在阿道夫·迈耶尔的鼓励下,他带着哈维洛克·艾利斯的推荐信,于1934年到维也纳拜访当时正在研究同性恋的弗洛伊德。沃蒂斯反对任何形式的移情性服从,不愿意接受治疗,但弗洛伊德要求必须至少经过四个月的分析。他认为在开展此类研究前,最好

---

① 赖希被指控在生命力能储存器商业行为中存在欺诈,并于1957年病逝于美国宾夕法尼亚州刘易斯堡监狱中。他的部分档案,尤其是与弗洛伊德的关系存放于美国国会图书馆。
② 卡尔·门宁格(1893—1990),美国最重要的精神科医生。——译注
③ 安妮·厄尔曼(1894—1983),诗人、小说家、杂志编辑。——译注
④ 参见希尔达·杜丽特尔,《对弗洛伊德的爱》,前揭。笔者为这本书的法文版再版撰写了序言。

能够拥有精神分析的治疗经历。当时,沃蒂斯与艾利斯通信频繁,为了取悦后者,他最终接受了分析,然后是如侦探般的观察。

分析最终并没有真正实施,但是两位男士在思想层面爆发了直接且激烈的战斗,最后沃蒂斯成为极端的反弗洛伊德主义者,一生都为那位维也纳大师所困扰。然而,他的贡献在于成功地收集了各种关于弗洛伊德的私生活、弟子、朋友以及世界观的秘密,撰写成文,这些资料成为后世的历史学家是无价之宝。尽管那时弗洛伊德因颌面疾病说话困难,但他面对敌人仍然那么冷酷无情,好像预感到最后的日子已为期不远;面对对手,他则毫不犹豫地发表评价和观点,而以往他更倾向于隐忍不发。①

与弗洛伊德派一致,荣格在苏黎世开展与戈林的合作,他接替恩斯特·克雷奇默②(Ernst Kretschmer)担任德国心理治疗医学学会(Allgemeine Arztliche Gesellschaft für Psychotherapie)主席(AAGP)③。该协会成立于1926年,宗旨是在医学知识的支持下,团结欧洲不同的心理治疗流派。1930年,协会创立会刊《心理治疗杂志》(*Zentralblatt fur Psychotherapie*),作为学会的对外宣传工具。

恩斯特·克雷奇默是享誉国际的精神科医生,马尔堡大学神经精神病学教授,始终坚持德国心理治疗医学学会应涵盖所有精神病学和心理治疗的流派,其中包括精神分析,但所有从业人员必须是医生。1932年,在德累斯顿(Dresden)召开的大会上,他向弗洛伊德致以敬意。④ 然而,希特勒上台后,他的抱负无法实现。于是克雷奇默辞去了协会主席的职务。学会德国分部以及位于莱比锡的会刊编辑部门(*Zentralblatt*)最终全部纳粹化。德国心理治疗师们既想要迎合体制,又企图维持国内和欧洲的活动,于是请求荣格领导学会,后者当时正担任学会副主席。由于克雷奇默在德国威望很高,因此战争期间并没有受到纳粹的迫害。

---

① 约瑟夫·沃蒂斯,《维也纳精神分析,1934:我和弗洛伊德的分析笔记》,前揭。约瑟夫·沃蒂斯(1906—1995),在美国引入胰岛素疗法治疗精神分裂。西班牙战争期间,他支持共和军,接着加入由共产党主导的反对弗洛伊德的阵营,后者谴责精神分析是"资产阶级的科学"。他后来在1950年撰写了第一本严肃的关于所谓的"苏维埃"精神病学的研究著作。
② 恩斯特·克雷奇默(1888—1964),精神病学家和心理学家。——译注
③ 心理治疗医学学会。
④ 恩斯特·克雷奇默,《精神分析档案》(*Archiv für Psychiatrie*),第九十六卷,1932年,第219页。

荣格的抱负是使分析心理学凌驾于其他心理治疗流派之上,所以他接受了与戈林合作,出任学会主席。一方面,他试图保护被克雷奇默边缘化的非医生治疗师;另一方面,他使他的犹太同事们从此无法在德国执业。事实上,德国分析师们之所以选择荣格,是因为这些心理治疗"雅利安化"的推动者们信任荣格,他们都强烈地反对弗洛伊德思想。

在沃尔特·钦巴尔①(Walter Cimbal)和居斯塔夫·理查德·海耶②(Gustav Richard Heyer)的推动下,荣格加入了这场其实他原本可以避开的冒险。1933年11月23日,荣格写信给弟子鲁道夫·阿勒斯③(Rudolf Allers),后者此时已经移民美国。荣格表示接受戈林对会刊制订的所有条件,他写道:"一个'规范'的总编绝对是必需的,他比其他人都优秀,能够准确无误地预判什么能够说,什么不能够说。他比我做得更好。不管怎样,我们都必须谨慎小心……无论心理治疗面临何种困难,都应该继续在德意志帝国内部活动,而非选择离开帝国。"荣格还补充道:"戈林是个非常可爱,非常有理智的人,我们的合作受到了最好的保护。"④

于是荣格开始撰文支持纳粹德国。1933年,他发表《导论》,阐述种族和思想差异的传统观点。他认为种族和思想都被赋予了有一种特定的"心理学":"我们会刊最崇高的任务在于公正地尊重迄今为止所有的贡献,从整体上构建概念,使人类灵魂的基本事实更加公平。这一点时至今日仍未实现。事实上,日耳曼心理学和犹太心理学不同,即使科学也无法消除这种差异,这是长久以来有识之士所公认的,不应该再被忽略。比起其他科学,心理学存在一种'个人方程式',忽略这一点将导致实践和理论结果的错误。显然,当我们说某种心理学是东方人的心理学时,这并不意味着低估犹太心理学,更不是低估中国心理学,我希望这一点能够得到肯定。"⑤

1933年6月26日,荣格取道柏林出席研讨会,与是神经精神科医生、

---

① 沃尔特·钦巴尔(1877—1964),德国精神分析师,神经学家。——译注
② 居斯塔夫·理查德·海耶(1890—1967),德国哲学家,精神科医生。——译注
③ 鲁道夫·阿勒斯(1883—1963),奥地利精神科医生,精神分析运动最早的成员之一。——译注
④ 卡尔·古斯塔夫·荣格,《1906—1940年通信集》(*Correspondance, 1906 - 1940*),1972年,巴黎,阿尔班·米歇尔出版社,1992年,第181—182页。
⑤ 卡尔·古斯塔夫·荣格,《导论》(Geleitwort),见《心理治疗杂志》,6,1,1933,第10—11页。卡尔·古斯塔夫·荣格,《全集》(*Gesammelte Werke*),奥尔滕-弗莱堡,沃尔特出版社(Walter),1974年,10,第581—583页。法语版标题为《社论》,见《荣格精神分析手册》(*Cahiers jungiens de psychanalyse*),82,1995年春,第9—10页。

国家社会党党员的弟子阿道夫·冯·魏茨塞克(Adolf von Weizsacker)进行了电话交流。在电话中魏茨塞克称赞荣格这位苏黎世大师是来自巴塞尔的杰出新教徒,是"现代心理学最伟大的研究者"。他巧妙地宣称荣格关于心理现象的理论比弗洛伊德和阿德勒更富有创造性,更接近"德意志思想"。接着,他请求荣格颂扬希特勒,称赞美丽年轻的德国,谴责欧洲民主"落入了议会制的窠臼"。荣格最后建议实施基于领袖崇拜的灵魂革新计划,建设一个富裕的国家,他宣布:"正如元首近期所述,领袖应该忍受孤独,有勇气追随理想,有魄力独自前行……领袖是国家灵魂的形象和代言人,是行进间的整个民族方阵的先锋。无论何种国家形式,大众的需求总是呼唤着领袖。"①

荣格不愿相信纳粹的目的在于将犹太人赶出心理治疗行业,然后消灭他们;他也不承认②在《学报》部门中,大量的德国荣格主义学者支持国家社会主义的观点。从这个角度而言,他的行为并不比持无为态度的坚持弗洛伊德学说的柏林派更加高尚。而后者也妄想在面临偏差时,保护精神分析的完整性。他们都认为这位胡子元首(papy-Führer)是位和蔼理性的人。然而,如果说荣格能够坦然自若地接受合作,是因为在无意识中,他的观点在很大程度上与"雅利安化"的心理治疗师们宣扬的理念相一致。继种族差异论后,荣格认为个人心理现象体现民族的集体灵魂。也就是说,荣格不同于人种学家瓦谢·德·拉普热③(Vacher de Lapouge)和戈宾诺④(Gobineau),他不支持种族不平等理论,反而更像一位研究心理差异性本体论的神智论学者。荣格试图建立一种能够同时意识到个人命运和集体灵魂的"国家心理学"。他将原型意象分为三个层次:男性心

---

① 卡尔·古斯塔夫·荣格,《柏林广播电台的采访》(Une interview à Radio-Berlin),1933 年 6 月 26 日,见《卡尔·古斯塔夫·荣格,会面和采访》(C. G. Jung parle. Rencontres et interviews),巴黎,布歇/查斯特尔出版社(Buchet/chastel),1985 年,第 55—61 页。这篇文章的第一版于 1987 年问世,M. 冯·德·坦恩对它进行了分析,见《荣格看柏林心理疗法研究所:哀悼基础》(A Jungian Perspective on the Berlin Institute for Psychotherapy: A Basis for mourning),《圣弗朗西斯科荣格研究所图书馆报》(The San Francisco Jung Institute Library Journal),8,4,1989 年。
② 他在 1934 年 1 月 22 日的两封信中解释了这项政策,一封信致保罗·比耶尔,另一封致阿尔方斯·梅德,见《通信集》,前揭,第 184—188 页。
③ 乔治·瓦谢·德·拉普热(1854—1936),法国人类学家、法官、支持优生学理论。——译注
④ 约瑟夫·亚瑟·德·戈宾诺(1816—1882),法国外交官、作家、人种学者和社会思想家,提倡种族决定论之说。——译注

中的女性意象(阿尼姆斯[animus]),女性心中的男性意象(阿尼玛[anima])和人格真正的核心自我(Selbst)。他认为原型意象是心理机制的基础,属于人类神秘的遗产,核心在于范式差异。荣格根据原型意象心理学,认为犹太人是应连根拔除的民族,因为他们命中注定四处流浪,为了逃避在心理上丧失国籍,他们会毫不犹豫地入侵非犹太人的精神、社会和文化领域,因此他们非常危险。

在此背景下,荣格发展出一套不平等的原型意象心理现象观点。如果说当时他的研究仍只是强调差异性,那么 1934 年 4 月,他在学报上发表的长篇文章《今日的心理治疗》(*Zur gegenwärtigen Lage der Psychotherapie*)则高度赞扬国家社会主义,肯定雅利安人的无意识优于犹太人。这篇文章声名远播,对日后荣格本人和荣格主义运动产生了极大的影响。

将弗洛伊德的理论贬低为与犹太"思想状态"紧密相连的淫秽泛性论,如今已是万事俱备。荣格似乎忘了二十五年前,当精神分析被比作诞生在颓废皇城维也纳的传染病时,他也曾极力抗争,拼命捍卫这个理论。这里是文章的部分节选:

> 犹太人与女性有同样的特点:他们身体羸弱,只得从对手的甲胄上寻找缺陷,经过数个世纪的发展,他们拥有了这项技能,能更好地保护自己,而其他人更易受伤……犹太人,如同中国文人,此一种族及文化已经绵延三千多年,在心理上,他们的自我意识比我们更强。这就是为什么犹太人一般不会低估自己的无意识。雅利安人的无意识拥有爆炸性的力量,肩负即将出现的未来。因此绝不能低估它,或者指责它的浪漫主义过于幼稚,否则可能伤害它的灵魂。日耳曼民族还十分年轻,能创造出新形式的文化,这种将来目前还沉睡在每个人模糊的无意识中,这是充满力量的种子,准备破土而出。犹太人在某种形式上就是游牧民族,他们从未产生,可能也永远无法产生独特的文化,因为他们的本能和天赋的发展依靠另一个开化的民族。这就是为什么,根据我的经验,犹太民族的无意识只有在某些条件下方能与雅利安民族的无意识相比。除了某些极具创造性的个人,普通犹太人过于清醒,过于分化,无法承担未来的重任。雅利安民族的无意识比犹太人具有更大的潜力,这就是一个年轻的心理意识的优势

及劣势,它还未完全摆脱野蛮性。医学心理学最大的错误在于不加以辨识地就将犹太人的范畴运用于斯拉夫民族和基督教德国,这种范畴甚至不一定对所有犹太人均有效。在这种错误认识下,日耳曼民族最隐秘的财富、创造性和直觉性的灵魂被忽略,只剩下幼稚和平庸。当我们试图指出这一点时,立刻被打上反犹者的标记。这种怀疑来自弗洛伊德,他不明白日耳曼人的心理,也不理解他的德意志弟子。国家社会主义的崇高和伟大,令全世界震惊,令所有人关注,他们是否有所顿悟呢?①

1934 年,荣格在信中多次抱怨,从此以后每当谈及犹太人,总会被贴上反犹主义的标签。他将愈发猛烈的攻击归咎于反基督教的争论,在致詹姆斯·科茨(James Kirsch)的信中,荣格写道:"我只是谈论一个简单的事实,犹太心理学和基督教心理学的区别,但所有人都因此产生偏见,认为我反对犹太人……这是一种病态的怀疑,几乎所有的讨论都不可行。你们也知道,弗洛伊德已经指控了我,因为我无法赞同他那没有灵魂的唯物主义。犹太人这种到处怀疑反犹主义的倾向,最终只会引发真正的反犹主义。"

---

① 卡尔·古斯塔夫·荣格,《论心理治疗当前的状况》(Zur gegenwärtigen Lage der Psychotherapie),见《心理治疗杂志》,7,1934 年,第 1—16 页。卡尔·古斯塔夫·荣格在《全集》中再次提及,未作任何改动,前揭,第十卷,第 181—201 页。英文版卡尔·古斯塔夫·荣格,《全集》,普林斯顿,普林斯顿大学出版社,1970 年,第十卷,标题"今日的心理治疗"。法文版的标题为"心理治疗的当下情形",见《荣格精神分析手册》(*Cahiers jungiens de psychanalyse*),97,1999 年秋,第 43—63 页。参见优素福·哈伊姆·耶路沙米对这篇文章的翻译,《弗洛伊德的摩西,可终止的犹太教和不可终止的犹太教》,前揭,第 103—104 页。伊丽莎白·卢迪内斯库《回顾犹太问题》,前揭,第 153 页,笔者选用了雅克·勒里奇尔的译本。笔者不同意迪尔德丽·贝尔的观点,她完全忽略了荣格身上的反犹主义,认为他与戈林的合作是受到钦巴尔(Cimbal)的影响(《全集》参见《荣格》,前揭,第 665 页),笔者也不同意理查德·诺尔(Richard Noll)的见解(《荣格,雅利安民族的耶稣》[*Jung,le Christ aryen*],1997 年,巴黎,普隆出版社,1999 年),后者认为荣格的所有作品都是纳粹主义学说。关于荣格的反犹主义,参见安德鲁·萨缪尔斯(Andrew Samuels),《国家心理学、国家社会主义和分析心理学:对荣格和反犹主义的反思》(Psychologienationale, national-socialisme et psychologie analytique: réflexions sur Jung et l'antisémitisme),见《国际精神分析史》,5,1992 年,第 183—222 页。笔者于 2001 年 11 月 24 日组织了国际精神病学和精神分析历史协会的第十六次研讨会,围绕《卡尔·古斯塔夫·荣格,作品、诊疗和政治》这一主题进行探讨,与会者包括迪尔德丽·贝尔,米雷耶·奇法利(Mireille Cifali),克里斯蒂安·让贝(Christian Jambet),米歇尔·普隆和安德鲁·萨缪尔斯(Andrew Samuels)。

荣格一面批评犹太人创造被迫害的条件,另一面却试图帮助他们成为更好的犹太人。1934 年 6 月 9 日,在致学生格哈德·阿德勒①(Gerhard Adler)的信中,他表示赞同后者的观点。阿德勒认为弗洛伊德在某种意义上脱离了犹太原型意象,脱离自己的犹太"根",应该受到谴责。换而言之,荣格否认去宗教化的犹太弗洛伊德模式以及犹太人的启蒙运动。他指责现代犹太人去犹太化,否认犹太"本质":"当我批评弗洛伊德的犹太一面时,我批评的不是**犹太人**,而是在弗洛伊德身上体现了犹太人否认自己的本质,这个本质应该受到谴责。"荣格希望帮助犹太人抵达差异性心理学的土壤,他慎重地跟踪着流亡巴勒斯坦的犹太弟子的发展。他们最后在这片新的应许之地上扎根,成为真正的荣格主义者。1935 年 12 月 22 日,他写信给定居特拉维夫的埃里克·纽曼②(Erich Neumann),抨击欧洲犹太知识分子"一直寻求去犹太化"。然而,他极力赞扬巴勒斯坦的犹太人,认为他们最终找到了"原型意象"的土壤。他写道:"你们相信巴勒斯坦与犹太特性不可分离,这种正面积极的信念对我来说也贵不可言。但事实是犹太人已经离开巴勒斯坦,在其他国家生活如此之久,如何才能将信念和事实相融合呢?……犹太人是否已经习惯成为非犹太人,以至于他们需要巴勒斯坦这片土地来唤醒犹太身份?"③

　　换而言之,弗洛伊德否定犹太复国主义,他认为回到应许之地并非解决反犹主义的出路。至于荣格,与其说他是反犹主义者,不如说他更像个犹太复国主义者。直至生命终结,弗洛伊德都是散居的犹太人,而他的前弟子荣格却坚信犹太人必须扎根于一片真正的国土才能幸存:这是主观性内部无意识的应许之地与原型意象的国土之间的对立。

　　进一步分析,我们发现荣格有时在作品中使用第三帝国的语言(*Lingua Tertii Imperii*)。语言学家维克多·克莱普勒(Victor Klemperer)曾经详细解释过,这是一种希特勒倡导的行话,主张使用极简的德语术语,促进宣传活动。这个做法给德意志语言的丰富性带来灭顶之灾,所有与这个体制合作的话语和作品最后都被污染。用这种"新语言"书写的作品

---

① 格哈德·阿德勒(1904—1988),分析心理学的重要人物。——译注
② 埃里克·纽曼(1905—1960),心理学家、心理治疗师,荣格的学生。——译注
③ 卡尔·古斯塔夫·荣格,《通信集》,前揭,第 219 页和第 268—269 页。

经常大量引用所谓的犹太人特性来指代懒惰的、流浪的、卑劣的、虚无的、非人性的事情,从而突出伟大的、崇高的雅利安人以及优等种族的精华。①

在这方面,我们可以将卡尔·荣格与精神分析的劲敌马丁·海德格尔的立场作比较。这位哲学家认为犹太人"没有家国",精神分析只不过是虚无主义,他在1940至1941年的《黑皮书第十四章》(Cahier XIV)中写到,种族生物主义者对犹太人弗洛伊德的精神分析极端愤慨,这完全没有必要。这是一种不能容忍存在,将一切归咎于各种本能以及本能衰退的思想模式。海德格尔同样也使用了第三帝国的语言。②

荣格认为散居的犹太人没有"犹太特性",而海德格尔则将犹太人排除在有思想的人类之外,他认为犹太人深陷本能的泥塘。这种反犹主义,试图将犹太精神逐出世界舞台,尤其这种精神已经产生一种专门的犹太理论。在荣格眼里,精神分析缺少"原型意象的土壤",而对于海德格尔,精神分析是带着犹太人弗洛伊德名字的虚无主义。荣格和海德格尔的共同之处在于两人都支持反犹太基督教的理论,支持多神论。③

1936年,戈林最终实现梦想,建立德国心理学和心理治疗研究所(Deutsches Institut für Psychologische Forschung und Psychotherapie),很快又被称作"戈林研究所"(Göring Institut ou Institut Göring)。该研究所建于著名的柏林精神分析协会原址上,以彰显纳粹对精神分析取得的胜利。在这里戈林聚集了彼此对立的"弗洛伊德派"、"荣格派"、"独立派"和"阿德勒派"。

战争期间,二十多位弗洛伊德主义者在戈林研究所中,在纳粹的铁蹄

---

① 维克多·克莱普勒,《第三帝国的语言》(Lingua Tertii Imperii, la langue du Trosième Reich), 1971年,巴黎,阿尔班·米歇尔出版社,1996年。
② "Man sollte sich nicht allzulaut über die Psychoanalyse des Juden 'Freud' empören, wenn man und solange man überhaupt nicht anders über Alles und Jedes 'denken' kann als so, daß Alles als 'Ausdruck' 'des Lebens' einmal und auf 'Instinkte' und 'instinktschwund zurückführt'. Diese 'Denk'-weise, die überhaupt im voraus kein 'Sein' zuläßt, ist der reine Nihilismus"节选自《黑皮书第十四章》,1940—1941年,见海德格尔,《全集》(Gesamtausgabe),第九十六卷,法兰克福,克劳斯特曼出版社(Klostermann),2014年。彼得·特拉夫尼(Peter Trawny)整理出版,参见彼得·特拉夫尼,《海德格尔和排犹主义:关于〈黑皮书〉》(Heidegger et l'antisémitisme. Sur les "cahiers noirs"),巴黎,瑟伊出版社,2014年。
③ 关于海德格尔和瑞士德语区精神科医生门达尔·波斯(Medard Boss)两人的关系(后者毕业于伯尔格兹尼研究所),参见马丁·海德格尔,《苏黎世的研讨会》(Séminaires de Zurich),1987年,巴黎,伽利玛出版社,2010年。关于拉康和海德格尔的关系,参见 HPF-JL,前揭,第1773—1791页。

下继续治疗活动以及学派之争,努力捍卫"精神分析"。在所谓"拯救"的名义下,这些人卑躬屈膝,与毁灭合作。然而这种毁灭无论如何都会发生,不管他们是否合作都会降临。无论日后他们如何辩解,都无法抹去这些人当时支持第三帝国的语言,接受系统剔除弗洛伊德的语言,拒绝治疗犹太病人的事实,这些犹太人后来被送往集中营,未获得任何治疗。

1936年5月,众人张罗为弗洛伊德举办盛大的生日会。这位盛名远播的智者淹没在荣誉之中,在维也纳收到来自世界各地的生日礼物和祝福信,其中包括H. G. 威尔斯①(H. G. Wells)、罗曼·罗兰、阿尔贝特·施韦泽②(Albert Schweitzer),所有人都向弗洛伊德表达了敬意和祝贺,他们似乎也觉察到弗洛伊德当时的处境。爱因斯坦在信中说,"直到不久之前,我才理解您思想过程中的思辨力量,您的思想对我们这个时代的世界观产生了巨大影响。目前我还无法作出最终判断。此前,我还听说了些病例,我认为除了压抑理论,③其他理论均难以解释。"这一天,弗洛伊德的外甥女莉莉·弗洛伊德·马尔雷(Lilly Freud Maré)将为他撰写的三篇散文作为生日礼物寄给了他。这三篇文章动人心扉,这让他意识到家人客居他乡,家族支离破碎已是不可避免。④

第二天,宾斯万格和托马斯·曼前来拜访弗洛伊德,一周后,曼氏再次来到弗洛伊德常住的格瑞金⑤(Grinzing)别墅,朗读庆贺弗洛伊德八十华诞的讲话,向医疗心理研究协会致敬。弗洛伊德被这篇文章深深打动,托马斯·曼称赞他的作品是哲学遗产,他本人是当之无愧的尼采和叔本华的继承者,是"未来的人道主义先锋"。托马斯·曼说:"科学的发现需要哲学的允许和引导。"⑥他称赞弗洛伊德与浮士德非常像,最后他大声呼

---

① 赫伯特·乔治·威尔斯(1866—1946),英国作家,以科幻小说闻名。——译注
② 阿尔贝特·施韦泽(1875—1965),20世纪著名学者及人道主义者。——译注
③ 《私人纪事》,前揭,第200页。
④ 莉莉·弗洛伊德·马尔莱(Lilly Freud-Marlé),《我叔叔弗洛伊德:关于一个伟大家庭的回忆》(*Mein Onkel Sigmund Freud*:*Erinnerungen an eine grosse Familie*),克里斯特弗里德·特格尔收集了各种信件,柏林,奥夫堡出版社,2006年。
⑤ 著名的乡村度假胜地,位于维也纳的西南边,有不少饭店和度假屋。从1934年起,弗洛伊德在格瑞金租了一间带有花园的漂亮房子,他和家人在春天或者夏天住在这里。
⑥ 托马斯·曼,《弗洛伊德与未来》(Freud et l'avenir),见《弗洛伊德:判断和见证(罗兰·杰卡德提供的文本)》(*Freud*:*jugments et témoignages. Textes présentés par Roland Jaccard*),巴黎,法国大学出版社,1976年,第15—43页。

吁各民族的自由。托马斯·曼还和弗洛伊德围绕约瑟这个名字侃侃而谈。在《圣经》故事中,约瑟是雅各的儿子、以撒的孙子,同时这也是拿破仑长兄的名字,经常出现在弗洛伊德的著作中。1月时,弗洛伊德曾以此为主题撰写文章,收录在一本向罗曼·罗兰致敬的著作中。①

托马斯·曼与弗洛伊德都醉心于埃及学,而且曼氏已经开始创作一部"圣经般"的小说巨作献给约瑟,最后的大族长。在《创世记》中,约瑟是父亲雅各最宠爱的儿子,这让同父异母的兄弟们极为嫉妒,他自己却乐在其中。约瑟曾将两个预言梦告知兄弟:在第一个梦中,兄弟的十一株庄稼向他摧眉折腰;在第二个梦中,十一颗星星俯伏拜倒。于是在监督兄弟们工作时,他先是被扔入蓄水池,后来又被兄弟们以二十个钱币卖给以实玛利(Ismaélites)人,后者将他带到埃及,卖给法老护卫队长官波提乏(Putiphar)。约瑟成为波提乏的管家,他拒绝了主人妻子的引诱。而耶和华一直关注着约瑟的命运。约瑟最终凭借聪明才智及解梦的能力,获得了法老的信任,成为埃及王国仅次于法老的高官,娶了波提乏的女儿亚西纳(Asnah),并生下孩子。在流亡生活中,约瑟越来越强大,他宽恕了兄长,赢得了父亲对孩子们的祝福。雅各指定他和亚伯拉罕的子孙同为耶和华契约关系的继承人。去世时,约瑟预言犹太人将离开埃及。后来,摩西小心翼翼地捧着约瑟的骸骨,带领希伯来人离开埃及,前往应许之地。

当时,弗洛伊德对摩西兴趣盎然,他的一生都受雅各和天使搏斗的影响。托马斯·曼在这部四部曲小说中,将约瑟塑造为一个现代意义上的英雄,一种纳西瑟斯式的人物,父亲赋予他各种特权,而他的一生都处于永恒的斗争中。约瑟自认容貌和才智高人一等,为他带来力量和荣誉,于是他穿上母亲拉结(Rachel)的婚纱,引得兄弟们嫉妒不已。接着,命运使他突然成了奴隶。后来,约瑟在法老阿蒙霍特普四世面前展现出所有的组织才能。他赞成将古老的神话转变为一神教,他是进步的人道主义者的化身。

托马斯·曼笔下的约瑟是犹太人也是埃及人,是实用主义管理者,更是位精神英雄。这种实现只有在流亡中才能达成,只有在面对旧时遗老的父亲时,才能认识到全新的主体性。以这个冒险故事为契机,面对纳粹主义,作者以人道主义的灵感和角度修正了以色列族长们的宿命,重新呈

---

① 西格蒙德·弗洛伊德,《雅典卫城的记忆混乱》,前揭。

现了这个命题。

弗洛伊德在 1933 年至 1936 年间[①]读了四部曲中的前三部,从中获得灵感,认为兄长约瑟在拿破仑的命运中占据重要地位。这是他向托马斯·曼做出的惊人解释。约瑟是皇帝陛下的原型,时而崇高,时而卑劣。拿破仑在儿时曾对兄长怀有强烈的敌意,为了取代兄长的位置,他将原初憎恨转化成爱,但仍然保留原始的进攻性。接着,这种进攻性被固着在其他物品上。在母亲的过度赞扬下,拿破仑成为兄弟眼中父亲的替代。后来他深深地爱上了约瑟芬(Josephine)——约瑟的女性化身。拿破仑深爱这位年轻的寡妇,尽管她对他不好也不忠贞。弗洛伊德认为这种深爱只不过是因为将约瑟芬的身份与约瑟同化了。为了完全替代兄长的角色,拿破仑选中埃及,他与雅各之子约瑟的联系重新建立起来。因此,远征埃及是拿破仑一生中崇高卓越的时刻,是一次壮举。整个欧洲以及弗洛伊德本人因此发现了令人惊叹的文明遗产,开辟了考古学研究的新土壤。后来拿破仑休弃约瑟芬,这意味着他背叛了自己的神话,他成了魔鬼般的暴君,亲自导演了帝国的衰败。拿破仑是一位无可救药的梦想者,他在埃及与约瑟的作用别无二致,然后他亲手毁了自己和欧洲。

如同 19 世纪大部分的小说家一样,从巴尔扎克、雨果到托尔斯泰,弗洛伊德也一直对这位现代的征服者,这位崇尚科学、反对宗教蒙昧主义、改变欧洲世界、支持同化犹太人并赋予犹太人公民权利的皇帝兴趣盎然。他还记得玛尔塔的祖父艾萨克·贝尔奈斯(Issac Bernays)正是因为法国的占领使《民法典》得以推进,才进入大学,后来成为汉堡鼎鼎有名的犹太教士,因此,弗洛伊德甚至向拿破仑致以了敬意。而拿破仑二世赖希施塔得公爵[②](Reichstadt)延续了母亲的血缘,是哈布斯堡王室一员。所有这些家族谱系都印刻在弗洛伊德的记忆中。但是,与托马斯·曼不同,他同时也认为皇帝陛下是个无赖,"出色的流氓",他在"唤醒沉睡的世界后,在

---

① 前三部曲藏于弗洛伊德书房(2345 号),《雅各的故事》(Les Histoires de Jacob),《年轻的约瑟》(Le Jeune Joseph)和《约瑟在埃及》(Joseph en Egypte)。最后一部《赡养者约瑟》(Joseph le nourricier)于 1943 年出版。四部曲《约瑟夫和他的兄弟们》的法语版由伽利玛出版社出版,巴黎,"想象力"丛书,1980 年。西格蒙德·弗洛伊德,《通信集》,前揭,弗洛伊德致托马斯·曼的信,1936 年 11 月 29 日,第 471—473 页。

② 拿破仑·弗朗索瓦·夏尔·约瑟夫·波拿巴(Napoléon François Charles Joseph Bonaparte),被称为"雏鹰",罗马王和赖希施塔得公爵,是拿破仑和奥地利的玛丽·路易莎之子。

疯狂的伟大中沉没"。① 弗洛伊德似乎完全忘却了小时候他曾非常崇拜拿破仑的元帅、共济会成员马塞纳②(Massena),后者和他的生日同是5月6日,被认为是犹太人。

弗洛伊德素来亲近英国,他认为拿破仑是法国雅各宾主义的产物,但他也声称精神分析理论对拿破仑的家族历史兴趣浓厚,拿破仑本人极具天赋,非常出色。而且,拿破仑传奇般的命运,他与歌德的会面,体现了那个时代希望与起源神话切断联系,促进新的历史意识,这令弗洛伊德主义者沉迷其中。最先是琼斯和弗洛伊德讨论约瑟的历史和拿破仑的东方情结,接着是路德维希·耶克尔和埃德蒙·贝格勒③(Edmund Bergler),两人分别撰写了论文叙述拿破仑的生平以及他的父亲或兄弟情结。④

与托马斯·曼交流中,弗洛伊德想起雅典卫城之行,想起意识到自己的命运和父亲如此不同时的慌乱与不安。

这场交流的奇妙有趣之处在于两种方法的相似性。与托马斯·曼一样,弗洛伊德研究埃及文物,将犹太教《圣经》故事中的人物阐释为具有现代犹太身份的主角。在这种犹太身份下,被迫流亡的英雄将获得两种身份:一为犹太身份,二为埃及身份。托马斯·曼选择约瑟,而弗洛伊德选择摩西,就好像两人都试图用自己的方法,阐述命中注定遭到杀戮的散居犹太人的伟大性。最后,托马斯·曼在布莱希特、阿多诺⑤(Adorno)和弗里兹·朗⑥(Fritz Lang)的见证下,于美国西海岸完成了长篇小说,而弗洛伊德最后在伦敦完成作品,陪伴在身边的是家人。因此,两人在流亡海外之际,都努力保存德意志语言的美感,这是希特勒唯一无法剥夺的财富。

---

① 西格蒙德·弗洛伊德和阿诺德·茨威格,《1927—1939年通信集》,前揭,《弗洛伊德致阿诺德的信》,1934年7月15日,第123—124页。茨威格刚创作了一部关于拿破仑1799年3月7日占领雅法古城、探望鼠疫患者的戏剧。
② 安德烈·马塞纳(1758—1817),法兰西帝国十八位元帅之一。——译注
③ 埃德蒙·贝格勒(1899—1962),出生于奥地利的美国精神分析师。——译注
④ 弗洛伊德通过贝格勒和阿尔贝特·旺达尔的著作《波拿巴的降临》(L'Avènement de Bonaparte)了解拿破仑的一生,弗洛伊德的藏书中包括这本书1910年的法语译本(3497号)。埃内斯特·琼斯,《西格蒙德·弗洛伊德的生平和著作第三卷》,前揭,第218—219页。他还通读了阿道夫·梯也尔撰写的《法国大革命史》中关于执政府和帝国的那几卷。
⑤ 特奥多尔·阿多诺(1903—1969),德国哲学家、社会学家、音乐理论家,法兰克福学派第一代的主要代表人物。——译注
⑥ 弗里兹·朗(1890—1976),出生于维也纳的德国人,知名编剧、导演。——译注

1936年8月,琼斯主持在玛利亚温泉城①(Marienbad)召开的国际精神分析协会第十四次大会,他建议取消国际精神分析协会的德语缩写IPV,改用英语缩写IPA。既然从此以后英语成为国际交流的主要语言,这个选择是有理有据的,更何况来自原中欧帝国的流亡者们都已经完美地掌握了这门语言。在这次大会上,梅兰妮·克莱因的支持者和安娜·弗洛伊德的拥护者再次爆发激烈的争辩。此时梅丽塔·施米特伯格(Melitta Schmideberg)在爱德华·格洛弗②(Edward Glover)的支持下,向母亲克莱因开战。在国内声名赫赫的法国精神病专家雅克·拉康加入国际精神分析运动,并在会上朗读了论文《镜像阶段》(stade du miroir),然而演讲仅持续了十分钟就被琼斯打断。于是拉康前往柏林参加第十一次奥林匹克运动会,这简直是灾难般的记忆。拉康也希望能够直面希特勒。他之前非常恐惧这场盛会,然而在遭到琼斯侮辱并目睹这场赛事后,他感到第二次"弗洛伊德革命"的时机已经来临。拉康发表了宣言《超越现实原则》(Au-delà du principe de réalité),③与弗洛伊德的《超越快乐原则》相映成趣。当时,国际精神分析协会中无人预测到有一天拉康会对弗洛伊德作品的重铸产生如此巨大的影响。

11月,在维也纳精神分析协会的一次会议上,贝姆和安娜·弗洛伊德同时注意到许多大学生在戈林研究所中学习精神分析课程。弗洛伊德开始意识到精神分析运动的"拯救"计划也许不是最好的选择。他请求贝姆告知具体的形势,接着再次抨击阿德勒,他建议弟子们面对"男性抗议心理学"的支持者时应寸步不让。

贝姆被当作弗洛伊德主义的捍卫者,然而对于德国正在发生的一切,他一再让步。要知道,这些事情若是发生在一年前,精神分析运动决不会容忍。所谓的不接受不过是一纸空言。他屡次提议邀请一位维也纳协会会员前往柏林。弗洛伊德问道:"你们打算邀请谁?"贝姆说出了理查德·斯泰尔巴④(Richard Sterba)的名字。他是维也纳精神分析协会中唯一一位非犹太人会员,反感各种形式的纳粹合作,他答复道:"我很乐意接受您

---

① 玛利亚温泉城,捷克卡罗维发利州的一个镇,以温泉著名。——译注
② 爱德华·格洛弗(1888—1972),英国精神分析师。——译注
③ 雅克·拉康,《文集》,前揭。
④ 理查德·斯泰尔巴(1898—1989),奥地利精神分析师、医生、弗洛伊德的弟子。——译注

的邀请,只要你们同时再邀请我的一位维也纳犹太同事一同前去柏林学院演讲。"斯泰尔巴以为弗洛伊德不赞成琼斯的政策。然而事实并非如此。这是一种灾难般的团结。①

在戈林研究所内,每个人都致力于自己的研究,钻研自己的经历。在已经不复存在的柏林精神分析协会中,约翰·里夫梅斯特②(John Rittmeister)、奥古斯特·瓦特曼③(August Watermann)、卡尔·兰道尔④(Karl Landauer)和萨洛美·肯普纳⑤(Salomea Kempner)是这项政策最大的受害者,他们和许多未能逃离的匈牙利或奥地利的治疗师们或被消灭,或被暗杀。

一些德国的阿德勒派分析师也参与了合作计划。然而阿德勒主义的观点从未被纳粹视作"犹太人的科学",尽管个体心理学创始人阿德勒和弗洛伊德一样都是犹太人。与精神分析不同的是,阿德勒的心理学是一种与弗洛伊德的普遍主义相对的人本主义。简单地说,只有精神分析才被视作"犹太科学",因为精神分析要求人们关注主观性。在这种情况下,精神分析不得不面对更加极端的定罪。不仅它的信徒要消灭,它的语言,它的观念都必须彻底摧毁。

在戈林研究所内,弗洛伊德派、阿德勒派、荣格派各自为营,相互批评,参与毁灭。阿德勒直至过世都始终认为弗洛伊德是大骗子、阴谋家,⑥而弗洛伊德一直将这位前对手评价为"偏执狂、小弗利斯"。1937 年 5 月,阿德勒在苏格兰巡回演讲时过世,弗洛伊德还报复般地说:"年轻的犹太小伙子出生于维也纳郊区,最后死于阿伯丁(Aberdeen),真是出人意料的结局,这就是他走完的路。那些曾经反对精神分析的人得到了真正的报应。"⑦

---

① 理查德·斯泰尔巴,《一名维也纳精神分析师的回忆》,1982 年,图卢兹,普利瓦出版社(Privat),1986 年,第 112 页。
② 约翰·里夫梅斯特(1898—1943),医生,弗洛伊德派精神分析师。——译注
③ 奥古斯特·瓦特曼(1890—1944),犹太裔精神分析师,1933 年逃离纳粹德国。
④ 卡尔·兰道尔(1887—1945),精神分析师,继柏林精神分析学院之后建立法兰克福精神分析学院。——译注
⑤ 萨洛美·肯普纳(1880—1940),波兰精神分析学家。——译注
⑥ 亚伯拉罕·马斯洛(Abraham H. Maslow),《阿德勒是弗洛伊德的学生吗? 一份笔记》(Was Adler a Disciple of Freud? A Note),见《个人心理学字报》(*Journal of Individual Psychology*),18,1962 年,第 125 页。
⑦ 《弗洛伊德致阿诺德·茨威格的信》,1937 年 6 月 22 日,埃内斯特·琼斯首次引用了这封信中的内容,而保罗·斯腾潘斯基(Paul E. Stepanski)在阿德勒的传记中没有提及这封信。

1934年夏天起,弗洛伊德从托马斯·曼的著作中获得灵感,开始创作以摩西为主题的巨著,这是两人面对犹太人遭受迫害时的共同反应。弗洛伊德与阿诺德·茨威格交流过这个设想,接着又和莎乐美探讨。他说,"摩西不是犹太人,他是一个杰出的埃及人……,他积极支持法老阿蒙霍特普四世在公元前1350年推行一神教,将之定为国教的政策。"①

　　莎乐美非常高兴。然而一年后,她的身体状况迅速恶化。此时,哥廷根的人们狂热地崇拜纳粹,几近疯魔。伊丽莎白·福斯特·尼采②(Elisabeth Förester)直至1935年过世都一直致力于将尼采的作品纳粹化。她非常憎恨莎乐美,后者不得不加入第三帝国作家协会,填写表格证明自己属于"雅利安种族"。每天,她都觉察到邻居们被希特勒主义鼓舞,在窗前悬挂纳粹十字旗:他们把她叫作"女巫"。在这种困境中,莎乐美撰写了《拥护今天的德国》(Adhésion à l'allemagne d'aujourd'hui)。原本她打算将这篇文章交给编辑发表,后来意识到人们可能断章取义,认为她拥护这种体制,于是撕碎了作品。幸运的是,莎乐美忠实的伙伴恩斯特·普法伊夫③(Ernst Pfeiffer),将破碎的文章重新粘贴,保存在了档案中。在这充满歧义的标题下,莎乐美拥护的是德意志的灵魂,而不是现在的德国。这篇文章体现了她惯有的风格:对自然的崇拜,对活力的歌颂,对精神性的向往。④

　　当弗洛伊德获悉莎乐美去世的消息,立即撰写了悼词,深情缅怀如此讨人喜爱、如此杰出的女性。他说:"无论谁,只要曾经接触过莎乐美,都对她本身的真实及和谐印象深刻。最令人惊讶的是,无论是谁都能够感

---

① 莎乐美,《与弗洛伊德的通信集》,前揭,《弗洛伊德致莎乐美的信》,1935年1月6日,第252页。
② 泰蕾兹·伊丽莎白·亚历山德拉·福斯特·尼采(1846—1935),哲学家弗里德里希·威廉·尼采的妹妹和尼采档案馆的创建者。——译注
③ 恩斯特·普法伊夫(1893—1955),德国符号学家、出版人、书商。——译注
④ 《拥护今天的德国》,1934年,未发表。哥廷根莎乐美档案馆,不对研究员开放。2008年,多里安·阿斯托尔(Doriann Astor)指出这篇文章受到纳粹主义的启发,部分段落含有反犹太人的内容。参见多里安·阿斯托尔,《露·安德烈亚斯-莎乐美》,巴黎,伽利玛出版社,2008年,第348—353页。伊莎贝尔·蒙斯用大量可靠的论据对此观点进行反驳。参见伊莎贝尔·蒙斯,《露·安德烈亚斯-莎乐美》,前揭,第300—308页。笔者不曾查阅过档案,但伊莎贝尔·蒙斯将她当时的查阅笔记借给了笔者。

觉到莎乐美身上没有任何女性缺点。而且大部分人类的弱点,也与她毫无关系,或者说,这些不足在她的一生中微不足道。"①

几天后,盖世太保闯入莎乐美的房子,抄没藏书,随意地扔在市政府的地窖中。他们声称这次行动是因为莎乐美曾是精神分析师,她曾经从事"犹太人的科学",她是弗洛伊德的朋友,而且她的书架上摆放着犹太作者的书籍。

弗洛伊德越发怀念逝去的过往和曾经的友谊,在这黑暗的一年中,他试图再次回顾最钟爱的两位弟子费伦齐和兰克的分歧与争辩。1937年,他发表了两篇关于精神分析技术的重要论文:《终止的分析和不终止的分析》(L'analyse finie et l'analyse infinie)以及《分析中的建构》(Construction dans l'analyse)。②

在第一篇论文中,他着重指出兰克试图以出生创伤假设取代神经症的心理成因。他批评缩短分析时间的尝试,强调这种尝试与历史背景有关。他说:"当时,欧洲战后的悲惨和美国的繁荣(prosperity)形成强烈对比,在这种压力下,兰克希望使分析治疗的节奏适应快速的美国生活。"

至于费伦齐,弗洛伊德批评这位"分析大师"始终追求将催眠手段当作移情分析的替代极度危险。弗洛伊德还声称精神分析活动是一种"不可能任务"③的实践,人们从来不能事先确定分析的结果。他说治疗需要在自我分析的一端和本我分析的另一端间摆动:在某个病例中,我们试图将本我带入意识;而在另一个病例中,我们却需要更正自我。没有这种摇摆,就无法获得治疗的成功。弗洛伊德还认为分析师不比病人正常。分析师就像是"主动的"合作者,他比病人更容易陷入分析的危险。因此,精神分析的从业人员应该定期再分析,比如以五年为期,千万不能对这种措施感到羞耻。这意味着"个人分析不只是分析治疗病人,个人分析不再是有结局的任务,这是一项没有终结的

---

① 西格蒙德·弗洛伊德,《弗洛伊德全集/精神分析》,第二十卷,前揭,第 11 页。
② 第一篇文章有多个法语译本,名字各异。《终止的分析和不可终止的分析》(Analyse terminée et analyse interminable)和《有终点的分析和没有终点的分析》(L'analyse avec fin et l'analyse sans fin),这两篇文章收录在《结果、观念、问题,第二部:1921—1938 年》,前揭,《弗洛伊德全集/精神分析》,第二十卷,前揭,第 13—75 页。参见《精神分析新论》,前揭。
③ 这里,弗洛伊德认为分析和治疗及教育都属于不可能的任务。

任务"。①

从这篇文章可以看出,直至 1937 年,弗洛伊德仍然反对费伦齐提出的反移情和主动支持病人的技术。如果说治疗师的培训是一项没有尽头的任务,那么他实际想表达的是,分析师们的分析从未终止,同样分析师也从未真正治愈。因此,无尽的分析正符合谚语"失之东隅,收之桑榆"。与费伦齐相同,弗洛伊德同样承认制度化的治疗不可还原,他将未来的精神分析教学者放在与病人相同的位置。再一次,弗洛伊德怀疑治疗的有效性,但是他也承认失败的原因多种多样:病情的类型,病人的阻抗,分析师的态度等。总之,在文中,弗洛伊德除了再次批评兰克和费伦齐之外,也描述了他本人在治疗中遇到的诸多困难。

这篇文章引发新的阐述,尤其提出一个全新的观点,分析师与病人一样,有一天可能需要再次面对新的"分析阶段"从而无止境地探索疾病的成因。

更有趣的是,在第二篇文章中,弗洛伊德重新回顾了狼人潘克耶夫的病例,区分了阐释(interprétation)和建构(construction)两个概念。他认为,在治疗中采用建构能够完美地发现病人幻想的本质。

在这两篇文章中,弗洛伊德试图阐述自己的立场,这是他最后一次谈论精神分析的技术问题。"教授先生"过世后的很长一段时间内,这一问题仍然在精神分析运动史中占据重要地位。

这个时候,兰克在美国继续辉煌的事业。被国际精神分析协会开除后,他开展面对面的短程治疗,坚持分析口误、失误动作和梦。一天,一位病人请求得到他的接待——该病人已经咨询过四位治疗师:两位弗洛伊德主义者、一位荣格主义者和一位阿德勒主义者——这位男士承认自己没有任何性问题,但是他需要帮助。兰克马上意识到病人试图寻求方法击败治疗本身。他立刻决定帮助他,但唯一的条件是探讨性问题。通过这个病例,兰克意识到没有任何人能够控制分析的变化,病人不能,治疗师也不能。

兰克经常回想起年轻时在维也纳与弗洛伊德一起的生活。至于弗

---

① 西格蒙德·弗洛伊德,《有终点的分析和没有终点的分析》,见《结果、观念、问题,第二部:1921—1938 年》,前揭,第 265 页。

洛伊德,他始终对兰克颇为不满,认为这位前弟子在很久以前就患上了躁郁症,而且在决定离开欧洲前往美国大陆后,精神病症愈发严重。①

在柏林,希特勒和墨索里尼结成联盟。他支持西班牙国民军,对奥地利虎视眈眈。在这个形势下,魏斯已经放弃寄希望于福尔扎诺,弗洛伊德开始明白维也纳和精神分析都受到了威胁。1937年3月,他写信给琼斯说:"纳粹的入侵大概是无法阻止了,我们无法预料灾难性的后果,尤其是精神分析的命运……如果我们的城市沦陷了,这群普鲁士野蛮人将席卷整个欧洲。不幸的是,直至目前一直保护我们的墨索里尼似乎已经打算放手。我想要像恩斯特那样住在英国,或者像你们一样前往罗马。"②

尽管弗洛伊德觉察到了一切,他仍然寄希望于出身于帝国旧贵族、接替多尔夫斯出任奥地利总理的库尔特·冯·许士尼格③(Kurt von Schuschnigg)。他相信许士尼格能够保住奥地利的独立。然而他还是错了。即使他已经觉察到,但他拒绝承认现实,这与教授先生参观雅典卫城时的态度如出一辙。1937年11月,斯蒂芬·茨威格拜访了弗洛伊德,提出他应该撰写一本关于犹太人悲剧的著作:"每当我想到维也纳,每当我变得忧郁时,我就想到了您。年复一年,您的庄重和严厉就如同我的榜样。我一直非常感激您。"④

由琼斯主导、弗洛伊德支持的所谓精神分析"拯救计划"完全是一场失败的运动。在德国以及欧洲其他地方,这个政策就是与纳粹主义纯粹简单的合作,尤其它解散了弗洛伊德学说的所有机构,致使几乎全部的代表人物都移民英语国家。如果这个政策未实行,弗洛伊德主义在德国的命运不会改变,而国际精神分析协会的荣誉将得以保存。尤其这个灾难般的中立、不介入、非政治的立场,日后也将不会在巴西、阿根廷等其他国家发生独裁统治时,一而再、再而三地发生。

---

① 詹姆斯·利布曼,《行动的意愿》,前揭,第441页。约瑟夫·沃提斯,《维也纳精神分析》,前揭,第35页,关于兰克以及费伦齐的"精神错乱",琼斯都进行了重新论述。
② 西格蒙德·弗洛伊德和埃内斯特·琼斯,《1908—1939年通信全集》,前揭,《弗洛伊德致琼斯的信》,1937年3月2日,第863页。
③ 库尔特·冯·许士尼格(1897—1977),奥地利政治家。——译注
④ 西格蒙德·弗洛伊德和斯蒂芬·茨威格,《通信集》,前揭,《茨威格致弗洛伊德的信》,1937年11月15日,第113页。

弗洛伊德生命的最后两年,一边饱受癌症的折磨,一边目睹建立的一切分崩离析,走向灭亡：他的出版社被毁,他的书籍被烧,他的弟子们被迫害、被暗杀、被迫流亡海外,他的机构被解散,收藏品被抢掠,人们的生活化为一片虚无。

第三章　事业之殇

在生命最后的岁月里,弗洛伊德结识了威廉·蒲立德①(William Bullitt),引为至交好友。蒲立德是外交官,记者,花花公子,出生于费城一个富裕显赫的律师家庭,曾担任威尔逊总统的顾问。他极钦佩俄国十月革命,先是被派往苏联与列宁会面,商谈美苏两国建交,然而协商以失败告终,随即他前往巴黎参加和谈,强烈谴责凡尔赛条约,认为即使是战胜国也无法接受,因此与威尔逊总统分道扬镳。1924年,他与路易丝·布赖恩特(Louise Bryant)结婚,两人育有一女。美丽的路易丝是积极活跃的无政府主义者,创作了《震撼世界的十天》(*Dix jours qui ébranlèrent le monde*)的著名记者约翰·里德②(John Reed)的遗孀,曾是尤金·奥尼尔③(Eugene O'Neil)的情人。1928年,路易丝患了可怕的德尔肯氏病,④饱受折磨,容貌尽毁,她因此沉迷酒精,陷于疯狂。在丈夫的建议下,她向弗洛伊德咨询。蒲立德是个自我中心的人,冲动易怒,他无法承受这个变故,不断责怪妻子。当发现路易丝和女雕塑家格温多琳·列·高丽安(Gwen Le Gallienne)有染时,他立即与妻子分手,借此获得女儿的抚养权,坚决不允许前妻接近自己的生活。

1930年5月,蒲立德与路易丝离婚后,在柏林泰戈尔疗养院遇见弗洛

---

① 威廉·蒲立德(1891—1967),美国外交家、记者、小说家。——译注
② 约翰·里德(1887—1920),美国记者、诗人、社会主义活动家。——译注
③ 尤金·奥尼尔(1888—1953),美国剧作家,诺贝尔文学奖得主。——译注
④ 参见玛丽·迪尔伯恩(Mary V. Dearborn),《波西米亚的女王,露易丝·布赖恩特的一生》(*Queen of Bohemia, the life of Louise Bryant*),波士顿,霍顿·米夫林出版社(Hughton M),1996年。德尔肯氏病,是一种脂肪堆积导致剧烈疼痛的疾病,常伴有精神混乱。露易丝·布赖恩特,1936年在法国去世。

伊德。当时"教授先生"感染了肺炎,正心情沮丧,死亡的念头萦绕于心,挥之不去。蒲立德掌握了威尔逊总统的大量档案资料,打算创作人物传记,这个设想得到弗洛伊德的青睐。"教授先生"曾经读过黑尔的著作《一种风格的故事》,从中了解了美国第二十八任总统。这次他愿意为蒲立德提供帮助。弗洛伊德一直梦想创作一本真正的心理学风格人物传记,与创作达·芬奇的文学随笔风格截然不同。这一次,通过这位外交官,他也许能够获得所有资料。然而,当时记者雷·贝克①(Ray Stannard Baker)正在创作一本宏大的威尔逊总统官方传记,蒲立德很清楚面对这样一位竞争者,他唯有另辟蹊径方能引起轰动。这就是为什么他努力将维也纳大师拖入他的创作。他请求得到弗洛伊德的分析,还将计划告知好友爱德华·豪斯上校(Edward Mandell House),②强调在任何情况下都不要对外声张。

　　10月,弗洛伊德高兴地接待了蒲立德并对他进行分析,两人一起工作。当时他刚刚做完手术,他们一起查阅了一千多页的文字稿,逐一讨论威尔逊总统生命中的每个重要时刻,每次重要活动。接着,弗洛伊德起草部分章节,蒲立德完成剩余的内容。然后他们决定由蒲立德联系在美国出版著作。1932年1月,蒲立德将美国出版社的预付版税二千五百美元交给弗洛伊德。但是在这一年的春天,两人之间爆发了争吵,没有人知道争论的结果。弗洛伊德似乎未受影响,第二年,他宣布蒲立德是唯一明白欧洲现状、唯一想为欧洲的未来效劳的美国人。后来罗斯福总统任命蒲立德出任苏联大使,常驻莫斯科,两人最终达成一致,仔细推敲这本著作,并在他们已经定稿的章节上分别署上两人的名字。

　　1967年,这部著作在威尔逊总统的第二任妻子伊蒂丝·高尔特③(Edith Bolling Galt)去世后出版,蒲立德终于在临终前见到作品的问世。④

---

① 雷·贝克(1870—1946),美国记者,历史学家,传记作者。——译注
② 爱德华·曼德尔·豪斯(1858—1938),外交家、政治家、威尔逊总统的智囊,起草了"十四点原则"。1919年后与威尔逊总统意见相左,分道扬镳。
③ 伊蒂丝·高尔特(1872—1961),威尔逊总统第二任妻子,美国第一夫人(1915—1921)。——译注
④ 西格蒙德·弗洛伊德和威廉·蒲立德,《托马斯·伍德罗·威尔逊总统》(Le Président Thomas Woodrow Wilson),1967年,巴黎,帕约出版社,1990年。导论部分由德文译自《弗洛伊德全集/精神分析》第八卷,前揭,第363—372页。此外还有蒲立德撰写的出版情况的说明。关于文本的解读,参见《精神分析词典》,前揭。蒲立德所支付的费用用于维持出版社的运作。彼得·盖伊对这本书也进行了论证,《弗洛伊德传》,前揭,第869—870页。

两位作者的名字都出现在了封面上。当时,这本著作既没有获得历史学家的青睐,也没有引起政治家或精神分析师的关注。

此外,弗洛伊德的继承者只在前言中认出他的笔迹。显然,这本著作的风格与弗洛伊德其他著作迥然不同。这是一本真正的心理学式人物传记,研究方法完全符合弗洛伊德的替代理论。也就是说,蒲立德成功地创作出一部完全忠于弗洛伊德理论的作品,但似乎盲从于弗洛伊德学说,看上去不像弗洛伊德的风格。书中没有体现怀疑,没有双重性,也没有大胆的假设,总之,这部著作中没有任何教授先生标志性的推理方法。①

这部作品分析了一位国家元首的疯狂,充斥着强烈的反美主义。这位总统表面正常,还在继续履行职责。蒲立德认为威尔逊自幼与父亲的形象同化,后者是长老会的牧师,喜欢训诫人,后来的总统自认是上帝之子,最后将自己放在上帝的位置上,深信自创的宗教,选择从政正是为了实现他救世主的梦想。威尔逊当选总统后,他的视野仍然没有超越美洲的界限,他眼中的美国就像格莱斯顿②(Gladstone)的英国,是世界上最美的国家。此外,他对欧洲的地理毫无概念,甚至对这里有多种语言茫无头绪。因此,在《凡尔赛条约》协商时,他似乎"忘了"布伦罗纳(Brenner)山口,将奥地利的蒂罗尔划给了意大利,完全没有意识到这里的民众说德语。同样,他听从亲信的观点,认为犹太群体有一千万人散居世界各地。他极度仇恨德国,认为德国民众的生活如同蛮横的野兽。

除此以外,蒲立德还认为威尔逊的外交策略是疯狂的三段论逻辑,即上帝是好的,疾病是不好的,于是威尔逊得出结论:如果上帝存在,那么疾病就不存在。在这种逻辑思维下,威尔逊否认现实,深信话语万能,在两位作者的笔下,这就是灾难般的外交政策的根源所在。因此,和平的条件还未讨论,他就匆匆建立国际联盟。那些战胜国,认为得到了美国的保护,平静地瓜分欧洲,德国则没有受到惩罚。

---

① 埃里克·埃里克森(Erik Erikson)严肃地指出文本看上去像由一位没有天赋、不懂弗洛伊德的语言,也不理解大师思想的大学生所写。译者补注:埃里克·埃里克森(1902—1994),美国神经病学家、著名的发展心理学家和精神分析学家。
② 威廉·尤尔特·格莱斯顿(1809—1898),英国政治家,曾作为自由党四次出任英国首相。——译注

蒲立德指出威尔逊总统认定"十四点原则"是一把通往全世界人民皆兄弟的钥匙。① 但是他完全没有与合作伙伴商谈经济，讨论金融问题，只是发表一通"山上宝训"。然后他就离开了欧洲，深信永恒的和平已经建立。

蒲立德认为威尔逊的力比多非常微弱。第一次婚姻中他娶了堂姐的好友埃伦·亚克森②(Ellen Axson)，妻子去世几个月后，他立即和伊蒂丝·高尔特结婚。他还说，这两位女子都是威尔逊母亲的替身，足以满足他微弱的欲望。从中可以得出结论，根据经验，在家庭生活中幸福的男士倾向于很快再婚。这里，我们可以认出弗洛伊德的替代论：一位女子代替母亲，接着第二位女子代替第一位。

无论弗洛伊德和蒲立德争论的核心为何，历史学家对这部作品都不屑一顾：弗洛伊德的支持者疑之为伪作，反对者又对其冷嘲热讽。事实上，它在很多地方都忠实于教授的历史观。书中描述的是在无意识决定的介入下，个体的命运与某个特定历史情形的相遇，而无意识的决定作用于这个历史情形。它也令人想起壮志未酬的英雄。无论如何，在前言中，弗洛伊德旗帜鲜明地支持蒲立德的方法，表现出他坚持反对美国，厌恶平等的民主主义并深信曾经的欧洲已经被一位蒙昧主义的堂吉诃德摧毁。

弗洛伊德认为威尔逊的个性与分析相符，他对这位狂热的理想主义者的厌恶公正合理。威尔逊声称为欧洲各民族带来自治的权力，好像这些民族之前对法律和民主一无所知。然而这幅心理学肖像描绘的先天不足在于弗洛伊德和蒲立德认为威尔逊患有神经症，他政治失败的唯一原因在于压抑了对父亲的憎恨，将自己幻想成宗教先知。但他们完全忽略了克列孟梭③(Clemenceau)也起了举足轻重的作用。此外，"微弱的力比多"之说未能得到证实。要知道，威尔逊在第一段婚姻期间，曾与一名女子有地下情。④ 在深层次上，真正遭到批评的是将这种解释方法运用于历史研究的原则。我们知道在这方面，试图根据所谓的俄狄浦斯情结来解

---

① 威尔逊未经欧洲盟国协商就起草了"十四点原则"，试图重新划定原奥匈帝国的疆域，企图通过建立国际联盟任意支配国际关系。
② 埃伦·亚克森(1860—1914)，威尔逊总统第一任妻子，两人育有三个女儿。——译注
③ 乔治·克列孟梭(1841—1929)，法国政治家、新闻记者、法兰西第三共和国总理。——译注
④ 关于这个话题参见卡特琳娜·克莱蒙(Catherine Clément)，《致西格蒙德·弗洛伊德》(*Pour Sigmund Freud*)，巴黎，门杰斯出版社(Mengès)，2005年，第127—143页。

释命运的危害有多大。

对于弗洛伊德而言,在最后岁月中的大事是创作了一部关于犹太身份问题的"历史小说"——《摩西和一神教》。这是在同类型作品中独一无二的巨著,也是全世界评价最多的作品之一。这部作品的创作值得详细叙述,它与欧洲纳粹势力的抬头密不可分。

很久以前,早在与莎乐美、茨威格和托马斯·曼讨论之前,弗洛伊德就对摩西这个人物有着浓厚的兴趣。摩西是犹太教的第一位先知,先于基督教徒的耶稣,也早于穆斯林的默罕默德。弗洛伊德极其钦佩米开朗基罗完美的雕像作品,一个克制自我冲动的摩西,一个意大利文艺复兴的摩西,一个启蒙运动的摩西,比所有《圣经》故事中的摩西更加光辉耀眼,他带领族人走出麻木,制订法律,指明应许之地,创造出全新的智慧(Geistigkeit)[①]。面对再度兴起的反犹浪潮,尽管弗洛伊德未觉察到竟会走向种族屠杀,但他再一次思考了究竟为何犹太人会招致如此多的仇恨。[②] 尤其是,他对犹太身份提出问题:我们究竟怎样成为犹太人?

[①] 德语词 Geistigkeit 指精神性、理智性或者精神生活。"心灵主义"这个词并不符合弗洛伊德的假设。这本著作的译本众多,笔者选取的是科尼利厄斯·海姆(Cornélius Heim)的译本,《摩西和一神教》,1939年,巴黎,伽利玛出版社,1986年。亦可参见让-皮埃尔·勒菲弗的译本,巴黎,瑟伊出版社,2012年,"观点随笔"丛书(Points Essais),书中的介绍非常清晰。参见《弗洛伊德全集/精神分析》,第二十卷,前揭,第132—219页。对这本著作的重要评价有一本格外值得注意:优素福·哈伊姆·耶路沙米,《弗洛伊德的"摩西",可终止的犹太教和不可终止的犹太教》,前揭。雅克·勒里德尔,《弗洛伊德,从雅典卫城到圣山西奈》(*Freud, de l'Acropole au Sinaï*),巴黎,法国大学出版社,2002年。爱德华·赛义德(Edward Said),《弗洛伊德和欧洲以外的世界》(*Freud et le monde extra-européen*),2003年,巴黎,羽蛇出版社(Le Serpent à plumes),2004年。亨利·雷伊-弗洛,《"而摩西创造了犹太人……":弗洛伊德的圣经》(*« Et Moïse créa les Juifs... ». Le testament de Freud*),巴黎,奥比耶出版社,2006年。笔者对大部分上述著作和弗洛伊德的这部作品作出过评论,见《回顾犹太问题》,前揭。亦可参见伊尔莎·格鲁布吕奇-西米蒂斯,《唤醒的梦想:弗洛伊德的摩西》(*Un rêveé veillé. Le Moïse de Freud*),见《法国精神分析杂志》(*Revue française de psychanalyse*),56,4,1992年。此外,1994年,笔者和勒内·马热尔(René Major)组织了国际精神病学和精神分析史学会(SIHPP)伦敦研讨会,其间雅克·德里达回答了耶路沙米的问题,《档案之殇》(*Mal d'archive*),巴黎,加利雷出版社,1995年。2011年4月11日,由西尔维-安妮·戈尔德伯格(Sylvie-Anne Goldberg)组织的在犹太艺术与历史博物馆举办的一个向耶路沙米致敬的研讨会上的评论则充满了各种错误与恶意。参见《历史与历史的记忆:向优素福·哈伊姆·耶路沙米致以敬意》(*L'Histoire et la mémoire de l'histoire. Hommage à Y. H. Yerushalmi*),巴黎,阿尔班·米歇尔出版社,2012年。关于这个主题笔者曾经撰文答复了西尔维-安妮·戈尔德伯格和迈克·莫尔纳(Michaeil Molnar),见《国际精神病学和精神分析史学会简报》,2012年8月30日。

[②] 斯宾诺莎及其著作并没有出现在弗洛伊德书房的目录册中。关于犹太人的遭遇,弗洛伊德也从未引用过《神学政治论》第三章中的著名段落,巴黎,法国大学出版社,1999年。

这部著作是《图腾与禁忌》的延续,弗洛伊德试图正视起源问题。此外,两部作品之间的相似是惊人的:由并列的多部文学作品组成;质疑当时人类科学发展中出现的反向趋势;突出神话的起源,创作探索无意识心理机制所需的神话;深受注释学和考古学影响;试图将精神分析与自然科学挂钩,与神话的创始力量建立联系。

1934 年,弗洛伊德开始撰写第一章《摩西,一个埃及人?》(Moïse, un Egyptien)。这篇文章的灵感不仅来源于托马斯·曼、歌德和席勒,还包含了大量热衷古埃及研究的历史学家的工作,他们尝试为《圣经》故事作出"理性"解释。在这一章中,弗洛伊德重新论述了自 18 世纪末开始流行的论题:摩西应该是一位埃及的达官贵人,一神教的支持者,最后死于族人之手。① 为了解释这种"埃及身份",弗洛伊德使用"家族传奇"概念,奥托·兰克说,它对许多叙述、传奇和神话都适用,包括俄狄浦斯神话。② 一个注定背负着悲剧命运的弃儿,被另一个家庭捡到并抚养成人。长大后,他发现与原始设想不符,接着完成自己的使命。在这类神话的典型模式中,主人公降生的家庭高贵显赫,第二个家庭,即他成长的家庭低下卑微。只有在俄狄浦斯的故事中两个家庭都是高贵的皇室之家。然而,在摩西神话中,第一个家庭比较卑微(希伯来人),而第二个家庭却是埃及的皇室(法老)。

弗洛伊德建议将这个故事反过来,证明摩西是埃及人。他说,摩西真正的原生家庭是高贵的皇室,他们遗弃孩子,将他放在篮子中顺流而下;另一个卑微的希伯来家庭是杜撰的。因此摩西的英雄生涯一开始就是屈尊降格,走向以色列人民并拯救他们。③

在第二章《如果摩西是埃及人》(Si Moïse fut un Egyptien)中,弗洛伊德追述了公元前 14 世纪阿蒙霍特普四世(阿肯纳吞[Akhénaton])统治下

---

① 从 17 世纪末以来,关于摩西的埃及神话故事最优秀的著作无疑是扬·阿斯曼(Jan Assmann),《埃及人摩西:一篇回忆历史的论文》(Moïse l'Égyptien. Un essai d'histoire de la mémoire),巴黎,奥比耶出版社,2001 年,2010 年收录于"弗拉马利翁田园"丛书(Champs-Flammarion)。亦可参见雅克·勒里德尔,《埃及人摩西》(Moïse Egyptien),见《国际日耳曼语杂志》(Revue germanique internationale),14,2000 年,第 127—150 页。弗洛伊德书房藏有数量惊人的埃及学著作和《圣经》注疏本。在这个领域,弗洛伊德的学识非常渊博。
② 奥托·兰克,《英雄诞生的神话》,前揭。
③ 在《圣经》故事中,法老的女儿捡到躺在篮子里的摩西,于是收养了他并请母亲用乳汁喂养孩子。

诞生的一神教的历史。他愉快地追忆了这段古代历史,古代埃及著名人物的名字接连出现,从中他得出结论:摩西,这位传奇般的人物,身居高位的官员,向以色列人民传播一神教。① 他为以色列民族定下埃及宗教的割礼仪式,作为履行与上帝的契约、成为上帝选民的标记。

接着弗洛伊德引用柏林人恩斯特·塞林(Ernst Sellin)的《圣经》注解叙述这段历史。1922年,塞林根据《何西阿书》(Osée)提出,摩西可能是被他的人民合谋杀害的,这些人仍然沉湎于崇拜多神教。塞林认为,②摩西的教义在支持者中秘密地口耳相传。在这片土地上后来诞生了对耶稣的信仰,基督教的创立者同样是一位被杀害的先知。根据塞林对基督教《圣经》故事的注解,弗洛伊德认为希伯来人获得自由后不愿接受新的一神教,于是他们杀害了自称先知的摩西,然后消除了这次谋杀的所有记忆。③

根据东方语言学家兼埃及考古学家爱德华·梅耶(Eduard Meyer)的说法,④弗洛伊德将这个故事与另一个《圣经》故事联系起来。在另一个故事中,以色列人和生活在米底亚⑤(Madian)之国的贝都因人(bédouines)建立联盟,他们的神祇雅威(Yahvé)是个粗暴冲动的神。在这些部落中,另一个摩西,一个利未(Lévite)人,成功逃过法老的迫害,来到米底亚,受到叶忒罗(Jethro)的欢迎,迎娶了他的女儿,成为部落的祭司。在《圣经》中,

---

① 1912年,卡尔·亚伯拉罕发表了关于这个主题的论文《阿蒙霍特普四世:精神分析对研究他的性格以及对一神教阿吞教之崇拜的贡献》(Amenhotep IV. Contribution psychanalytique à l'étude de sa personalité et du culte monothéiste d'Aton),见《全集》,前揭,第一部,第232—257页。

② 恩斯特·塞林(Ernst Sellin),《摩西与他对以色列-犹太宗教史的意义》(Mose une seine Bedeutung für die Israelitisch-jüdische Religionsgeschichte),莱比锡和埃尔朗根,戴歇尔奇出版社(A. Deichertsche Verlagsbuchhandlung),1922年。塞林关于摩西被谋杀的观点在当时已被亚伯拉罕·沙洛姆·雅胡达(Abraham Shalom Yahuda,1877—1951)否认。弗洛伊德从阿诺德·茨威格处获得这篇论文。译者补注:恩斯特·塞林(1867—1946),德国新教理论家。

③ 在《圣经》故事中,摩西看到希伯来人对金牛膜拜后愤怒地摔碎了诫碑。然后他重上西奈山向耶和华恳求新的诫碑,摩西后来在一百二十岁时去世,始终没能进入应许之地。约书亚是摩西的继任者。希伯来人在沙漠中流浪了四十年。

④ 爱德华·梅耶(Eduard Meyer),《以色列人和他们的邻人部族:〈旧约〉研究》(Die Israeliten und ihre Nachbarstämme: Alttestamentliche Untersuchungen),哈雷和马克斯·尼米尔出版社,1906年。译者补注:爱德华·梅耶(1855—1930),德国历史学家。

⑤ 亚伯拉罕之子的后代称为"米底亚人"。弗洛伊德提及的其他历史学家和注释,他们的作品以及梅耶的著作都能在弗洛伊德书房目录册中找到,而塞林的作品(1922年)并不在目录册中。

这两个故事合二为一,产生了一个摩西,他糅合了原先对耶和华的崇拜以及埃及的一神教,创立了新的宗教。① 弗洛伊德补充道,摩西的一神教更加理性,遭到古老的耶和华宗教的排挤和压制。然而在许多个世纪后,摩西的宗教重新出现。耶和华被赋予一神教的理智特性,而从摩西身上分裂出的形象重新整合成一位先知。他代表独一真神,颁布神圣的律法。上帝选择希伯来人交托圣言,传递至高神圣的精神信息。

在这个再改编的故事中,弗洛伊德又一次运用替代理论,充分调动破解谜题的天赋:一个摩西掩盖另一个,前者有后者的属性,后者有前者的特性,而谋杀的记忆被压抑。在这篇文章中再一次出现了一个对弗洛伊德至关重要的形象:一个蒙昧的、原初的毁灭者摩西与一个理性的立法者摩西之间的对比。②

1937年1月和8月,弗洛伊德分别发表了两篇论文,开始创作第三章。完成前,他撰写了两篇《引言性说明》(Notes préliminaires),前一篇写于1938年3月的维也纳,后一篇写于同年6月的伦敦。在第一篇引言中,弗洛伊德总结了欧洲的政治局势,指责苏联在新的共产主义社会中未能根除"人民的鸦片"(宗教),尽管它允许合理正当的性自由。接着,他提到意大利人民将从此生活在专制体制的枷锁下,而德国在向最黑暗的野蛮状态退化。他总结说保守的民主党人已经成为文化进步的保护者,天主教会也顽强地抵抗破坏文化的行径。因此,弗洛伊德承认不愿意发表摩西论文的最后一部分,是因为它将令奥地利同胞震惊,它将宗教转变为一部历史小说,一个充满神话和患有神经症的主角,使犹太基督教这个一神宗教再度丧失了神圣性。他宣称精神分析"没有比它诞生和成长的这个城市更加珍贵的家"。③ 当时,弗洛伊德仍然相信精神分析运动受到天主教教会和奥地利政府的保护,这两者能够抵抗纳粹主义。然而,自1937年3月后,他意识到任何努力都无法阻止希特勒。总之,在德奥合并前

---

① 在《圣经》中,这两个故事原本就是相连的。成年后,摩西失手杀了一个埃及人,于是他逃到了米底亚,在这里发现了自己的使命:耶和华在灌木丛中呼唤他,要求他回到埃及解放成为奴隶的希伯来人。

② 拉康在《讲座》中全面地分析了弗洛伊德的这种二重性,见《讲座》第七卷《精神分析伦理(1959—1960)》(*Le Séminaire*, livre VII: *l'Ethique de la psychanalyse*[1959-1960]),雅克-阿兰·米勒修订,巴黎,瑟伊出版社,1986年,第203页。

③ 西格蒙德·弗洛伊德,《摩西和一神教》,前揭,第133页。

夕,弗洛伊德已经知道了这一情况,但他不想知道,也不希望如此。

第二篇说明创作于1938年6月,当时弗洛伊德已经流亡伦敦,他的态度完全转变了:"其后,德国突然入侵我们,而天主教组织就像是'软弱得不能依靠的东西'。我确信将会受到迫害,不仅因为我的思考方式,而且因为我的'种族',我和许多朋友一起离开了从孩提时代起生活了78年的城市。我在美丽、自由、慷慨的英国受到最亲切的欢迎。从此以后,我作为一个受欢迎的客人居住在这里,一想到压迫已经远离,我总算松了一口气,我又能够或者应该按自己的意愿说话、写作,甚至我想说的是'思想'。因此,我敢于将这篇论文的最后部分公诸于世了。"①

从1933年纳粹上台到德奥合并,整整五年的时间才使弗洛伊德彻底明白。当然,他不是唯一一个没能正视希特勒的人。无论如何,不明白奥地利的局势,不了解纳粹主义的本质都证明弗洛伊德,一个在通常情况下如此睿智的人,比他认为的更加珍视维也纳和维也纳犹太人的身份;也证明他的作品,同样比他认为的更是一段未掌握历史的成果。这也使得作品更加有趣。他对神话起源探索得越多,对《圣经》文本解释得越多——以便将这些内容与自己的理论相融合,对时局谈论得也越多,即对反犹主义的演变和反犹主义对重新定义犹太身份的影响谈论得也越多。

在第三篇论文《摩西,他的人民和一神教》(Moïse, son peuple et la religion monothéiste)中,弗洛伊德重述了两个摩西的论题,米底亚人的摩西和埃及人的摩西将犹太教的命运和基督教的命运相连。他提出,先知摩西选中犹太人,然而他们谋害了领袖和奠基人,然后压抑这段记忆,后来随着基督教的产生而重新回归。弗洛伊德从基督教的反犹太主义中获得灵感,与传统的方法相反,他将犹太人解释为弑神的民族。因此,弗洛伊德建立犹太教与基督教的联系:摩西的宗教是一种父神宗教,基督教成为一种儿神宗教,犹太人压抑了谋杀,基督教徒成为受馈赠人。"那位古老的上帝,那位父亲,屈居第二。基督,他的儿子,代替了他的位置,正好像在那个过去的时代中每个儿子都渴望成就的那样。"②

弗洛伊德认为来自塔瑟斯的使徒保罗(Paul de Tarse)既是犹太教的

---

① 西格蒙德·弗洛伊德,《摩西和一神教》,前揭,第135—136页。
② 同上,第180页。

继承者,也是毁灭者:他通过救世的思想洗涤负罪感的幽灵,放弃犹太人是上帝选民这一思想,放弃割礼这一可见的标志。这就是新宗教成为包容万物、普及世界的宗教的原因。

然而,弗洛伊德也承认,仇视犹太人的根源在于犹太人自认是上帝的选民,产生优越感,将割礼作为标记而导致的阉割焦虑。他认为,这种仪式使犹太人高贵化,他们因此蔑视其他未割礼的民族。换而言之,对犹太人最大的恨意,在于犹太人拒绝承认杀害上帝。他说,犹太民族坚持否认杀害父亲,他们于是遭到基督教徒不断的谴责,因为摩西的替代者耶稣献出了生命,补赎了罪孽,涤除基督教徒的原罪。换而言之,如果说作为儿神宗教的基督教承认杀害并得到救赎,那么作为父神宗教的犹太教却拒绝承认谋杀上帝。犹太人并没有因为儿子实施谋杀而少受迫害,尽管他们是无辜的。从中弗洛伊德得出结论,这种否认令犹太人遭到其他民族的憎恨。

弗洛伊德承认犹太人的历史离不开基督教反犹主义的历史。他解释道:现代反犹主义只不过是过去基督教对犹太人憎恨的转移,"现在醉心于反犹主义的那些民族都在较晚的时代皈依基督教,有的经过血腥强制才被迫接受。我们可以说,他们都是勉强受洗,在基督教薄薄的外表之下,他们仍然保持祖先的野蛮多神教的狂热。他们还难以克制对新宗教的仇恨,并且他们把矛头指向了基督教的源头。对犹太教的仇恨在根本上是对基督教的仇恨,在德国国家社会主义革命中,这两个一神教之间的亲密联系遭到如此明显的敌视,两者皆是,这毫不奇怪。"①也就是说,如果说犹太教是"古老的"宗教,它的智慧力量优于基督教,但它的普世性却不足。应该将犹太教和基督教的历史相联,包括两者的区别,产生一种能够与现代反犹主义相抗衡的犹太-基督教文化。

这种方法从深层次和犹太教的本身揭示了反犹主义的无意识根源,不再将之视作外部现象。《摩西和一神教》延续了《图腾与禁忌》中探讨的问题。如果说社会的产生来自儿子反抗父亲、犯下罪行,结束野蛮游牧部落的独裁统治,然后制订律法,重新评估父亲的象征形象,那么犹太教也遵循这个剧本。事实上,杀害摩西,承认罪行,诞生了基督教;这个一神教的建立属于父亲律法的历史,弗洛伊德的整个理论正是建立在此基础上的。

---

① 西格蒙德·弗洛伊德,《摩西和一神教》,前揭,第185页。

弗洛伊德据此追溯《圣经》的最高权威,回到父亲们的宗教。但是,他并不认为信教是面对反犹主义的良方妙药,也不是犹太复国主义的万灵药,他再一次将自己定义为一个不信上帝的犹太人,[①]一个思考和博学的犹太人,一个拒绝自我憎恨的犹太人。完全可以这样说,他试图分离犹太宗教与不信教的犹太人对犹太身份的感情,不谈及上帝的契约和选民,这些被认为是某种狂热。然而,当弗洛伊德一边剥离摩西的犹太身份使他成为埃及人,一边将一种永恒的地位赋予犹太身份,本质和表面的犹太身份。这种感情使得犹太人在主观上得以继续成为犹太人。当他采取一种犹太教以外的立场时,弗洛伊德自己也能感受到,于是毫不犹豫地将它与种系发生的遗产同化。在某些方面,弗洛伊德通过对犹太身份的永恒追求,忠诚于摩西的犹太教,他认为精神分析的任务是继承那个犹太教的遗产,一个散居的犹太人[②]的犹太教。

《摩西》的问世意味着弗洛伊德完美地创作出一部"圣约书",见证了他拒绝离开维也纳——这座城市前所未有地实现了将散居的犹太人与一种全新的、无意识的、普遍性的思考方式的融合——也见证了弗洛伊德希望流亡国外,最终生活在一个可能实现理论复兴的地方。这就是他希望生活在英国——这个结合了君主制与自由民主的卓越国度——的梦想。对他而言,也许那里是已经崩溃的启蒙运动的欧洲的一种恢复,建立在斯宾诺莎异端派的精神之上,融合了弗洛伊德在理论建立过程中始终呈现的西方文化三大神话形象——古希腊暴君俄狄浦斯、基督教王子哈姆雷特和经过意大利人米开朗基罗的再创作、后被19世纪的德国研究者埃及化的犹太先知摩西。1938年,这位闪耀着英国愿望之焰的摩西,在弗洛伊德眼中,与威尔逊的美国悲剧形象截然相反。

弗洛伊德恐惧美国式民主,它赋予大众统治的权利,却抛弃选举智者治理共和国的观点。他也咒骂纳粹主义,它的野蛮和冲动打开了人类毁灭的大门。这两种治理模式都质疑了他的权威概念。弗洛伊德深信,尤

[①] 彼得·盖伊在著作中反复强调。《一个不信神的犹太人》(Un Juif sans Dieu),1987年,巴黎,法国大学出版社,1989年。笔者在《犹太问题回顾》中对这个论题进行了探讨,前揭。
[②] 耶路沙米认为弗洛伊德将精神分析作为无神的犹太教的延续:不可终止的犹太教。笔者认为更确切的应该是不可终止的犹太身份。笔者在《犹太问题回顾》中对这个论题进行了探讨,前揭。

其自从1929年经济危机和他的著作《文明及其缺憾》出版后,对财富的无节制追求与屈从于暴君同等危险。因此,他认为美国终有一天将被三个恶魔所吞噬:清教徒的疯狂,个人对性能力的追求以及无限的投机。这就是为什么只有哈布斯堡王朝往昔的皇城能如此长久地博得他的好感,因为它保护少数群体,鼓励控制冲动。但它终被第一次世界大战吞没,于是英国的愿望才得以被接受。

在1938年,只有英国对弗洛伊德而言够得上乐土:它拥有一个帝国,继承了辉煌的过去,孕育了个人的自由和对历代皇室的尊敬。而且,它始终能够与独裁的诱惑斗争——处死英王查理一世,重建君主制的威严。弗洛伊德喜欢克伦威尔(Cromwell),犹太人最大的保护者,①但他也希望英国皇室不要因为某种雅各宾式的共和主义而远离权力,尽管这只是一种象征。马克·埃德蒙森曾写道:"弗洛伊德是一个以无与伦比的天赋致力于解构家长制的家长。他身上体现出这种权力,他探索这种权力,他写作和生活的目的就是终结这种权力。"②

《摩西》一书,可谓是流亡时期的弗洛伊德犹太身份的"圣约书",引发了许多不同的,甚至矛盾的阐释,可以划分成三种评价流派:第一种观点由戴维·巴坎(David Bakan)提出,主张将弗洛伊德的作品纳入犹太传统神话。③第二种观点与第一种相反,从卡尔·休斯克、伊尔米亚胡·约维尔到彼得·盖伊,提出一个无神论者弗洛伊德,偏离犹太身份的弗洛伊德,受到斯宾诺莎异端派和融入德国文化双重问题折磨的弗洛伊德。最后一种是优素福·耶路沙米提出的观点,他试图证明弗洛伊德直视犹太身份,证明犹太双重性。在这里,笔者赞成第二种观点。

那些精通犹太历史的以色列学者,向来不欣赏弗洛伊德的作品,甚至提出不公正的批评。马丁·布伯曾指责弗洛伊德几乎没有科学严谨性。④

---

① 1655年,在拉比梅纳什·本·以色列(Menasseh ben Israël)的请求下,克伦威尔下令允许犹太人回到英国,并且允许犹太人信仰自由。
② 马克·埃德蒙森,《弗洛伊德最后的岁月》,前揭,第116页。
③ 戴维·巴坎,《弗洛伊德和犹太神话传统》(*Freud et la tradidtion de la mystique juive*),1958年,巴黎,帕约出版社,1977年。
④ 马丁·布伯,《摩西》,巴黎,法国大学出版社,1986年。卡尔·埃米尔·休斯克,《世纪末的维也纳》,前揭。伊尔米亚胡·约维尔,《斯宾诺莎和其他异端派》,前揭,彼得·盖伊,《一个不信神的犹太人》,前揭。

比起弗洛伊德,格肖姆·舍勒姆更偏爱荣格,至少是在某段时间内是如此,因为荣格一直是最热忱的犹太复国主义者,但他也支持反犹主义,支持德国纳粹。

1938年初,癌细胞扩散到弗洛伊德的眼眶周围。每个星期口腔的病变都在扩大,坏死的组织剧痛无比,不得不每天清除,只能依靠外科手术以及电凝固法才能延缓病情的发展。弗洛伊德仍想继续工作,他的警惕性未受影响,以肉眼可见的速度日益消瘦,但他拒绝服用止痛药。尽管疾病在脸部肆虐,术后感染导致持续性耳聋,他仍然希望维持体面的外表。因此他请皮希勒切除颌部粥样硬化的部分,鼓起的组织令他无法打理胡子。"也许你意识到我变漂亮了。您很有分寸从未提起,我之前不是由于皮脂腺囊肿和粥样硬化导致脸部变形了吗?有人帮我切除了这个装饰品。"①

与弗洛伊德相反,希特勒非常恐惧哈布斯堡王朝的君主统治。自从奥地利沦为一个小共和国,维也纳就遭到了灭顶之灾,而维也纳人却始终将帝国的过去引以为豪。希特勒则一心想要将它削弱至虚无。在《我的奋斗》一书中他说道:"奥地利——这日耳曼民族的一支,早应该归到祖国大日耳曼的版图上。这并非是经济关系。不,不,纵使合并于经济上无足轻重,甚至会使国家蒙受不利,但这个合并仍然是必需的,因为在一个帝国内只能流淌一种血液。"②

1938年初,希特勒焦急地等待时机成熟,以征服奥地利,实现合并大计,这是他年轻时的梦想和长久以来的计划。他感到被赋予征服维也纳的"伟大"任务。光明正大的合并,这就是这场春天里的风暴的幽灵。他在贝格霍夫会见奥地利总理许士尼格,迫使他接受两名纳粹党人进入政府内阁,任命阿图尔·赛斯-英夸特③(Arthur Seyss-Inquart)担任内政部长,并且以军事入侵作为要挟。许士尼格妥协了,接着试图最后一搏,组织全民公投以拯救奥地利的独立,可惜徒劳无功,更引起希特勒"歇斯底里"的怒火。他相信意大利、法国和英国不会有所行动,预计完全正确。

---

① 《弗洛伊德致玛丽·波拿巴的信》,1938年1月27日,未公开档案,马克斯·舒尔曾引用。
② 伊恩·克肖,《希特勒传》,前揭,第二卷,第129页。
③ 阿图尔·赛斯·英夸特(1892—1946),奥地利纳粹党代表人物,奥地利第一共和国末代总理,在仅为五天的任期内完成德奥合并。——译注

戈培尔写道:"骰子已经掷出,我们笔直地向维也纳进发,元首会亲自前往奥地利。"①

绝望之下许士尼格向英国求助,然而哈里法克斯勋爵②(Lord Halifax)的回电称得上厚颜无耻,"英王陛下的政府无法为此事承担责任"。3月11日,许士尼格宣布辞职。当晚,他在广播中发表了有力的讲话。此时,在奥地利的各大城市中,人们已经开始暴动。他们攻击犹太人,高喊着"犹太人去死"和"希特勒万岁",并占领了政府机关。

弗洛伊德在贝尔加泽街公寓中收听许士尼格的讲话,结尾是"愿上帝拯救奥地利"。3月12日,他在记事本上写下"奥地利的终结"(Finis Austriae)这样的文字。弗洛伊德再次决定要坚决维护精神分析族长的地位,见证世界的末日以及自己的终结。他很清楚眼前的威胁,美国驻维也纳总领事约翰·威利③(John Wiley)拜访了弗洛伊德,他是威廉·蒲立德的好友,从此,他的任务就是安排弗洛伊德和家人离开维也纳。威利立刻通知罗斯福总统的国务卿考代尔·霍尔④(Cordell Hull),称弗洛伊德年事已高,身患重病,处境危险。⑤ 在巴黎,蒲立德亲自拜谒德国大使冯·维尔泽克伯爵(von wilczek)并提出警告,弗洛伊德不得受到不体面的待遇。最后,多罗西·柏林厄姆负责联络,若有任何风吹草动,立刻电话通知美国大使馆。

3月13日,德奥正式合并(Anschluss),⑥在安娜的主持下,维也纳精神分析协会在贝尔加泽街召开会议,弗洛伊德出席。琼斯声称希望在维也纳实行与柏林相同的政策,即所谓的"拯救"计划。但委员会中唯一的非犹太人理查德·斯泰尔巴拒绝担任菲利克斯·贝姆的角色,他宣布将携全家尽快离开奥地利,经瑞士中转前往美国。会议最终决定解散维也纳精神分析协会,等弗洛伊德在他处安顿后,再重新整编协会。因此,这

---

① 同前,第144页。
② 爱德华·弗雷德里克·林德利·伍德(1881—1959),第一代哈利法克斯伯爵、英国政治家,曾任外交大臣和印度总督,被喻为绥靖航船的"大副"。——译注
③ 约翰·威利(1893—1967),美国外交官、驻外大使。——译注
④ 考代尔·霍尔(1871—1955),美国政治家,1945年诺贝尔和平奖获得者,1933年—1944年任美国国务卿。——译注
⑤ 3月15日,威利向美国国务卿发送电报,大致意思如文中所述。《私人纪事》中收录的电报的影印版,前揭,第229页。
⑥ 德国与奥地利合并。

是第一个去中心化的政治事件,它将精神分析等同于散居的犹太身份。维也纳失去了精神分析的核心地位,事实上这一地位早已受到冲击,这意味着弗洛伊德能够离开维也纳,在流亡后、去世前重新建立另一种秩序:这是记忆的重建。面对有组织的毁灭,应该不惜一切代价,留下弗洛伊德的生活经历,他的理论,他的教学以及早期弟子们的痕迹,将它们传递给后人,包括书籍、档案、手稿、信件、收藏、工作笔记、字词、集体记忆等等。从此以后,这一切都属于将来,而非过去。拯救痕迹,拯救历史,拯救记忆,拯救维也纳的回忆,这些任务应与拯救生命同时进行,应尽可能远离各种与纳粹合作的精神。

弗洛伊德很清楚委员会最后达成的决定,这一次,他拒绝任何所谓的"拯救"企图。他说道:"罗马皇帝提图斯(Titus)毁掉耶路撒冷神殿之后,犹太教士约哈南(Jochanaan ben Sakkaï)申请在亚夫内(Jahné)开办一所学校,研究妥拉。我们现在也要这么做。毕竟我们的历史、我们的传统、我们一些人的亲身经历告诉我们,我们早已习惯被人迫害,只有一个人是例外。"[1]

希特勒的到来令奥地利人愈发激动,他们更加激烈地反对犹太人、共产党和社会民主人士。弗洛伊德曾认为奥地利不至于像德国那般残暴。显然他错了,他们更加残酷,更加凶猛,甚至连纳粹党人都会倍感震惊。他们将犹太人用力从办公室中拖出,没收所有财产,殴打他们,侮辱他们,监视他们擦拭街上的标语,让这些人高喊"希特勒万岁!"剧作家卡尔·楚克迈尔[2](Carl Zuckmayer)目睹一切后写道:"哈得斯打开了地狱之门,最卑劣、最无耻、最肮脏的灵魂来到了人间,维也纳犹如博斯[3](Jérôme Bosch)笔下的梦魇图一般。"[4]

希特勒为进入奥地利做足了准备。他首先在出生地因河畔布劳瑙[5](Braunau-am-Inn)短暂停留,人们尖叫着欢迎他的到来。接着他来到林

---

[1] 理查德·斯泰尔巴,《回忆》,前揭,第145—146页。弗洛伊德指的是斯泰尔巴。
[2] 卡尔·楚克迈尔(1896—1977),德国作家、编剧。——译注
[3] 耶罗尼米斯·博斯(1450—1516),真名为 Jeroen van Aken,文艺复兴时期荷兰画家,其多数画作是在描绘罪恶与人类道德的沉沦。——译注
[4] 伊恩·克肖,《希特勒传》,前揭,第149页。彼得·盖伊详细描述了1938年3月在奥地利发生的这场暴动。
[5] 因河畔布劳瑙,奥地利上奥地利州的城市,位于奥德边境因河畔,距离林茨约九十公里,距离萨尔茨堡约六十公里。——译注

茨,当地居民的热情深深地触动了他,希特勒流着泪发表了演讲。讲话中,他将自己塑造为由上帝指派的英雄,肩负着神圣的任务——结束奥地利的任务。最后,3月15日,他在维也纳向狂热的人群发表讲话。随后,希特勒志得意满地接受了天主教教会授予的荣誉勋章,罗马教廷毫不犹豫地支持德奥合并,支持国家社会主义,支持反对犹太人的法律,支持各种形式的征讨布尔什维克主义。① 奥地利枢机主教、红衣大主教因尼策尔②(Innitzer)在合并宣言上签字,并亲手写上"希特勒万岁"。

短短数日,犹太人被剥夺产业,纳粹任命财产专员(Nazi-Kommissar)全权负责没收清算犹太人的财产,逮捕起诉犹太人。再到后来,犹太人很快被送进集中营,当时这还不是种族屠杀的场所。弗洛伊德起初还不相信,他从流亡法国的德国记者利奥波德·史瓦西③(Leopold Schwarzschild)在法国出版的《新日记》(*Das neue Tagebuch*)中获悉了一切。史瓦西后来在美国出版了托马斯·曼的《希特勒老兄》第一版。

弗洛伊德曾经认为奥地利的天主教会会保护犹太人。然而他又错了。至于魏斯的朋友福尔扎诺,他写信给墨索里尼说:"我向阁下推荐一位伟大的八十四岁老人,他非常钦佩阁下,一位犹太人,他是弗洛伊德。"④ 然而这封信终究还是石沉大海。

这一次,安排弗洛伊德尽快离开维也纳前往英国已是迫在眉睫。1938年3月16日,琼斯飞抵维也纳,第二天玛丽·波拿巴赶来。弗洛伊德表示,就像泰坦尼克号的船长拒绝离开自己的船,他决不会放弃自己的岗位。但是琼斯却向他讲述了另一个故事:船上的二副由于锅炉爆炸被抛至海面上。事后调查时,二副被问到何时离船,他答道:"我从来没有离开过船,是船抛弃了我。"弗洛伊德承认如今的情形恰如当年,既然维也纳抛弃了他,那么他同意离开奥地利,移民英国。

---

① 1938年4月2日,法国、英国和美国都承认了德奥合并的合法性。
② 特奥多尔·因尼策尔(1875—1955),奥地利枢机主教。——译注
③ 利奥波德·史瓦西(1891—1950),德国作家。——译注
④ 焦瓦基诺·福尔扎诺致墨索里尼的信,1938年3月4日。保罗·罗森引用,见《精神分析伦理问题》,前揭,第162页。尽管孔切塔·福尔扎诺证实了这封信件,但墨索里尼并没有做出回应。笔者恳请毛里齐奥·塞拉对此进行研究,但他在档案中没有找到任何蛛丝马迹。根据美国国会图书馆的档案,爱德华多·魏斯声称从未支持过墨索里尼,但弗洛伊德却相信福尔扎诺。

根据维也纳精神分析委员会的决定,弗洛伊德希望带着弟子一同离开。但琼斯非常清楚克莱因派决不会允许维也纳派大举进入英国分析协会。此外,英国政府也只接受数量极为有限的犹太难民。总之,这次离开需要四方周旋,调动现有的各种力量:富有阔绰且交际极广的玛丽·波拿巴,在美国地位显赫的蒲立德、威利和考代尔·霍尔。[①] 琼斯更是动用了伦敦的所有关系,包括他姐夫英国皇家协会秘书威尔弗雷德·特洛特[②](Wilfred Trotter),杰出的物理学家、诺贝尔奖获得者威廉·布拉格[③]爵士(William Bragg)以及内政大臣、保守党党员塞缪尔·霍尔[④](Samuel Hoare)。

这一刻终于来临。前一天,3月15日,纳粹冲锋队闯入位于贝尔加泽街7号的出版社搜查。一个高大的年轻人威胁出版社经理马丁,将枪口抵着他的脑袋。马丁没来得及销毁弗洛伊德存在国外银行的资产证明文件。同一天,另一伙纳粹士兵搜查了弗洛伊德的家。玛尔塔非常镇静,她将这群掠夺者当作普通的客人,请他们将枪放在入口处的伞架上。这些士兵没收了多本护照,并拿走了6000奥地利先令,留下一张官方收据。

当时在美国谣传弗洛伊德已经被纳粹秘密处决。于是一名记者受报社委托,在艾米·莫比乌斯的陪同下前往维也纳,抵达贝尔加泽街。玛尔塔接待了他们,告知此时弗洛伊德正在休息。[⑤]

---

① 关于弗洛伊德的移民,除了美国国会图书馆和玛丽·波拿巴的档案以外,还可查阅以下诸位的作品,包括埃内斯特·琼斯、马克斯·舒尔、马丁·弗洛伊德、爱娃·魏斯魏勒(Eva Weissweiler)、理查德·斯泰尔巴、马克·埃德蒙森、德特勒夫·贝尔特森(关于宝拉·费希特尔)、伊丽莎白·杨·布鲁斯。此外还可以翻阅弗洛伊德与埃内斯特·琼斯、马克斯·艾廷贡、阿诺德·茨威格、明娜·贝尔奈斯、安娜·弗洛伊德以及其他孩子的通信。参见《私人纪事》,前揭。《这里的生活以令人惊奇的方式延续着》,前揭,苏菲·弗洛伊德,《生活在弗洛伊德家族的阴影下》,前揭。通过这些资料可以了解促成弗洛伊德带着他的家庭成员以及众多档案和收藏品移民英国所进行的金钱、司法、行政方面的各种商谈细节。芭芭拉·汉纳希(Barbara Hannah)声称荣格派小弗兰茨·立克林(Franz Riklin)带着一笔巨款前往维也纳资助弗洛伊德逃亡。弗洛伊德却称不愿意欠敌人的债而拒绝了。这完全是谣言,迪尔德丽·贝尔在《荣格》中已经予以了否认,前揭,第692页。亦可参见库尔特·艾斯勒收集的罗伯特·麦卡利(Robert McCully)的证词,美国国会图书馆,121号箱,17号文件夹。
② 弗雷德·特洛特(1872—1939),英国外科医生、神经外科先驱。——译注
③ 威廉·布拉格(1862—1942),英国著名物理学家、化学家、皇家学会会长、诺贝尔奖得主。——译注
④ 塞缪尔·霍尔(1880—1959),英国保守党政治家,1935年任外交大臣。——译注
⑤ 艾米·莫比乌斯的证词,她后来移民佛罗里达,美国国会图书馆。

3月17日起,波拿巴公主在安娜、玛尔塔和宝拉的帮助下开始整理和打包弗洛伊德生平的收藏和财富。她一直努力挽救这些"痕迹",整理弗洛伊德的重要文件,阻止"教授先生"丢弃或者烧毁文稿。她每天都和弗洛伊德一家生活在一起,藏匿物品,通过下榻的希腊公使馆偷偷将它们运往国外。她收集了许多弗洛伊德积存的金币。一天,她将一尊青铜像藏在裙子下,这是一尊雅典娜女神的铜像,右手捧着祭祀酒杯,左手握着长矛,头戴科林斯头盔,胸前的铠甲上装饰着美杜莎的脸。玛丽知道弗洛伊德非常欣赏战争女神的形象,因为它完美地融合战斗的武力与智力的美德,于是她试图救下这尊雕像,替"教授先生"保管,准备等弗洛伊德抵达她巴黎的寓所时再送还。弗洛伊德有权带走藏品和部分书籍。但是,他仍然不得不留下大约八百册价值不可估量的书籍,并邀请大书商海因里希·欣滕贝格尔(Heinrich Hinterberger)前来维也纳带走大量的艺术书。①

琼斯始终抱着与纳粹合作的想法,在他的推动下,3月20日,维也纳精神分析协会管理委员会在和解协议上签字,同意维也纳精神分析协会接受德国精神分析协会的保护。马赛厄斯·戈林任命穆勒-布伦瑞克参加会议,建立另一种德奥合并,在拒绝各种形式的"拯救"后,由柏林"雅利安化"的精神分析师合并了维也纳分析师。出版社经理马丁·弗洛伊德在协议上签名,他的名字旁是姨妈安娜、玛丽·波拿巴、爱德华·希奇曼②(Eduard Hitschmann)、海因茨·哈特曼③(Heinz Hartmann)、恩斯特·克里斯和罗伯特·瓦尔德(Robert Walder)。④ 这些犹太委员的签字也意味着离开,因为这种保护实际上剥夺了他们在协会内的各种职务。斯泰尔巴没有出席,琼斯火冒三丈,他意识到这位唯一的非犹太人(Shabbes Goy)⑤逃避了责任。

一个月后,穆勒-布伦瑞克惬意地坐在贝尔加泽街7号,从此,"肃清犹太人"(Judenfrei)了。他通知斯泰尔巴将出版社改为"雅利安化"

---

① 一年后,纽约精神病研究所图书馆长雅各布·沙特斯基(Jacob Schatsky)购入这些书籍。
② 爱德华·希奇曼(1871—1957),奥地利医生、精神分析师,是维也纳最早的精神分析师。——译注
③ 海因茨·哈特曼(1894—1970),奥地利精神科医生、精神分析师。——译注
④ 这份文件刊登于《国际精神分析历史杂志》,5,1992年,第35页。
⑤ 人们这样称呼那些帮助犹太人在安息日做事情的非犹太人。

的机构,以保证所谓的精神分析能在奥地利"继续存在"。他要求斯泰尔巴,作为维也纳精神分析协会中唯一的雅利安人,做好准备,接受这项凶险的工作。斯泰尔巴拒绝了。流亡海外前,[①]他看到弗洛伊德公寓的入口处挂上了巨大的纳粹十字标志。后来在伦敦遇见琼斯时,他意识到自己对这项政策的不赞同,最终导致政策的失败。然而斯泰尔巴没有获得定居英国的签证,于是他试图效仿伍尔夫·萨克斯[②](Wulf Sachs)移民南非,然后前往美国。弗洛伊德和安娜拒绝接受琼斯的"拯救"计划后,于 3 月 13 日同意维也纳精神分析协会接受德国精神分析协会管理。

安东·索尔沃尔德(Anton Sauerwald)出席了 3 月 20 日的会议,他曾是弗洛伊德好友、维也纳大学著名的化学教授约瑟夫·赫尔齐教授[③](Josef Herzig)的弟子。作为纳粹财产专员,他的职责是清算犹太人的财富,"将奥地利经济去犹太化"。因此他负责监管弗洛伊德一家以及国际精神分析协会出版社的各种运营。索尔沃尔德对犹太人深恶痛绝,刚开始,他辱骂所有非犹太工作人员,质问他们竟敢和"犹太猪"(*Jüdische Schweinereien*)厮混。然而这一次,当他面对一位声名显赫、庄严高贵令他折服的智者,他开始阅读大量精神分析的作品,这一点尤其有别于其他纳粹官员。当他意识到弗洛伊德非常富有,将财产存放海外时,他决定不向上级"告发",反而帮助弗洛伊德获得了逃亡必需的许可证。他谋划将来能够将查封的钱财占为己有。出于这个目的,他和律师阿尔弗雷德·因德拉(Alfred Indra)合作,这位律师亦十分可疑,在动荡的年代中,他建议维也纳富有的犹太家庭接受天价的赎金,从中发家致富。因德拉是维特根斯坦家族的近亲,与波拿巴公主也有关系,曾是奥匈帝国的军官,喜欢收藏艺术品,钟情阅读卡尔·克劳斯的作品,酷爱围猎和诙谐。他装作出色的法学人士,总是告诉客户,纳粹当局非常愚蠢,轻易信人。就是这么一位人物成了弗洛伊德的律师,与

---

① 1938 年 5 月 5 日的信,信件末尾署上了"希特勒万岁!",见理查德·斯泰尔巴,《回忆》,前揭,第 151 页。
② 伍尔夫·萨克斯(1893—1949),精神分析师,出生于俄罗斯,参加英国精神分析协会,1922 年移民南非。——译注
③ 约瑟夫·赫尔齐(1853—1924),奥地利化学家——译注

"教授先生"身边的所有人共事。①

3月22日,安娜·弗洛伊德被带到梅托普勒酒店(Métropole),②盖世太保的总部所在地,就"破坏性的活动"接受例行审讯。玛丽·波拿巴要求一同前往,但是纳粹党人不愿逮捕皇室成员,拒绝了她的请求。安娜灵活地辩解,使这些狱卒相信她对政治不感兴趣。回到家后,她发现弗洛伊德极度烦躁不安,一想到女儿身处险境,弗洛伊德无论如何也接受不了。然而,他不曾知道安娜当时随身带着巴比妥,准备遭到折磨时以防万一。

担心日后纳粹再度突然闯入带走"教授先生",波拿巴公主每天都蹲在弗洛伊德家门外的楼梯口,小心翼翼地监视。她"围着蓝黑色水貂围巾,戴着浅色的手套和一顶不怎么结实巨大的帽子,身边放着栗色的鳄鱼皮包。在黑鳗藤属的阴影下,在最钟爱的香水芬芳中,她一直蹲在楼梯口"。③ 宝拉趁"教授先生"不注意时,给他端来茶或带来巧克力。

当时,七千五百名犹太人被逮捕被折磨,数千名犹太人被关押,不知将被送往何处。4月初,第一列装载着所谓的"政治犯"的列车开往达豪(Dachau)集中营。有些精神分析师得到琼斯的帮助,有些人没有,还有些人在海外朋友的帮助下,放弃财富、居所、家具、客户以及过往,甚至许多人抛下了没有签证或没有"良民证"(*Unbedenklichkeitserklärung*)无法随行的亲人。他们必须全部付清著名的离开税(*Reichsfluchtsteuer*),获得许可文件,方能离开。

恩斯特·弗洛伊德和露西及三个孩子,斯特凡、卢西安和克莱门斯已经离开德国,定居伦敦。奥利弗、埃尼和女儿埃娃④住在法国南部。马克

---

① 关于阿尔弗雷德·因德拉的作用,参见亚历山大·沃(Alexander Waugh),《维特根斯坦家族:战争期间的一家人》(*Les Wittgenstein: une famille en guerre*),巴黎,佩兰出版社(Perrin),2011年。关于对弗洛伊德一家及他的妹妹实施的迫害犹太人的法律,参见哈罗德·利奥波德·洛文泰尔(Harald Leupold-Löwenthal),《1938年弗洛伊德一家的逃亡》(L'émigration de la famille Freud en 1938),见《国际精神分析史》,2,1989年,第442—463页。阿尔弗雷德·戈特沃尔德(Alfred Gottwaldt),《西格蒙德·弗洛伊德的妹妹和死亡:对她们被流放和被屠杀的命运的几点意见》(Les soeurs de Sigmund Freud et la mort. Remarques concernant leur destin de déportation et de meutre de masse),见《法国精神分析杂志》,68,4,2004年,第1308—1316页。
② 这家奢华酒店1945年被拆毁,西蒙·维森塔尔(Simon Wiesenthal)在原址上建立了奥地利抵抗运动档案中心。1985年,那里树立起了纪念遇害犹太同胞的纪念碑。
③ 德特勒夫·贝尔特森,《弗洛伊德一家的每一天》,前揭,第81页。
④ 埃娃·弗洛伊德(1924—1944),由于流产引发的败血症后遗症在马赛去世。参见《精神分析词典》,前揭。

斯·哈尔贝施塔特和第二任妻子贝尔塔及女儿埃娃移居南非。至于年轻的恩斯特·哈尔贝施塔特,他从伦敦出发,和艾廷贡一同前往巴勒斯坦,回到维也纳后计划再前往约翰内斯堡,与父亲重聚。德奥合并后,他顺利跳上一列火车,成功逃往巴黎。"我得到一次不寻常的机会,人们没有赶我下车,没有任何令人气愤的事情发生。而且我很幸运地能够在英国等候家人。"①

阿尔伯特·赫斯特(Albert Hirst)成为著名的律师、坚定的反死刑斗士,当时他正好回到维也纳,帮助家人移民美国。多年来,他曾一直怨恨弗洛伊德,最后意识到自己终于战胜了神经症和性问题。1972年的时候,他说,多亏了上帝、美国和弗洛伊德,②他有了"美好的生活"。

4月19日,弟弟亚历山大出发前往瑞士前,弗洛伊德将收藏多年的香烟作为生日礼物赠予后者。"教授先生"始终没有戒烟,但那个时候他已经尝不出烟草的味道了。亚历山大努力克服对英国的厌恶,在妻子索菲·施赖伯的陪伴下,计划先抵达伦敦,然后移民加拿大。他们的儿子哈里在达沃斯(Davos)接受治疗,后来回到维也纳,在战后加入了美国军队。

各方商谈仍在暗中进行,弗洛伊德一家还需要解决四位姨母的问题。这四位老妇人行动不便,平时由西格蒙德和亚历山大两兄弟以及幼妹安娜·贝尔奈斯-弗洛伊德照料。她们的生活都非常不幸,母亲阿玛丽娅过世后,阿道菲娜·弗洛伊德(多尔菲)独自生活,雷吉内·德博尔(罗莎)·格拉夫、玛丽亚(米琪)·弗洛伊德和波利娜·雷吉内(保拉)·温特尼茨三姐妹孀居,女儿都已移居海外。玛丽亚的女儿玛格丽特·弗洛伊德-玛格努斯(Margarethe Freud-Magnus)住在丹麦,她的妹妹莉莉·弗洛伊德·马尔雷③和丈夫阿诺德·马尔雷(Arnold Marlé)在伦敦从事喜剧演员的工作,经常接受叔叔慷慨的经济资助。至于保拉的女儿罗丝·温特尼茨(Rose Witernitz),患有精神疾病,嫁给了诗人恩斯特·瓦尔丁格,不久

---

① 恩斯特·弗洛伊德,《关于德奥合并的个人回忆》,见《国际精神分史杂志》,3,1990年,第409—414页。
② 戴维·林恩,《弗洛伊德对阿尔伯特·赫斯特的心理分析》,前揭,以及《悼词》,见《保险律师》(Insurance Advocate),85,1974年,第89页。希斯特的证词存放于美国国会图书馆。
③ 她收养了成为孤儿的侄女安杰拉(Angela),汤姆·赛德曼·弗洛伊德的女儿,她在丈夫自杀后不久于1930年自杀。1930年12月28日,弗洛伊德写信给妹妹米琪,解释无法在维也纳照顾安杰拉,美国国会图书馆,3号箱,11号文件夹。

前刚离开奥地利前往美国,寻求保罗·费德恩的治疗。①

当然,弗洛伊德并非未觉察到妹妹们面临的威胁,但是他未能想到纳粹竟会杀害这些没有经济来源、行动迟缓的老人。与所有的亲戚想法一致,他认为对犹太人的迫害首先会瞄准掌握一定财富或者从事一定职业的人。简单地说,他相信妹妹们能够迟些时候离开,晚于他的弟子和家庭成员移民。此外,离开奥地利要支付的税费如此高,他没有足够的钱,更何况英国政府还要求流亡者定居后能够自给自足。

弗洛伊德定下危在旦夕的十五人的离开名单,他们是玛尔塔、明娜、安娜、宝拉、马丁和妻子埃斯蒂以及两个孩子安东·沃尔特和索菲、恩斯特·哈尔贝施塔特、玛蒂尔德和罗伯特·霍利切尔、马克斯·舒尔和妻子海伦以及两个孩子彼得和埃娃。蒲立德认为即使得到波拿巴公主的帮助,弗洛伊德仍无法筹措到足够的资金,支付离开所需的税费。于是,他送来一万美元帮助这支"队伍"逃离。②

弗洛伊德和亚历山大决定留给四位妹妹十六万奥地利先令,他们请求因德拉和索尔沃尔德共同管理这笔资金,静待时机。亚历山大的积蓄在支付完所有的税费、离开维也纳后已经所剩无几,因此流亡过程中,他不得不依靠亲朋好友资助。他的财产最终被查封,他的纳粹律师埃里克·菲雷尔(Erich Führer)借机敛得了巨额财富。

经过几个星期的协商,琼斯终于得到英国入境签证以及弗洛伊德和随行人员的工作许可证。然而离开奥地利还需要出境许可。维也纳文化历史博物馆馆长汉斯·冯·德梅尔③(Hans von Demel)估算了弗洛伊德收藏品的价值,提出 30000 马克的数额,这个数字远低于实际价值。此外,弗洛伊德的可征税财富评估为 125 318 马克,必须支付税费 31 329 马克。由于出版社的资产和银行账户均被冻结,他无力承担这笔强制"债务"。最后是玛丽·波拿巴付清了所有赎金。

5月5日,明娜在多罗西·柏林厄姆的陪同下动身,十天后玛蒂尔德

---

① 她出生于美国,其母移民美国后回到维也纳。参见恩斯特·瓦尔丁格,《我的叔叔西格蒙德·弗洛伊德》,见《海外图书》(Books Abroad),15,1941年1月。瓦尔丁格的长篇证词存放于美国国会图书馆。
② 弗洛伊德曾坚持在这支队伍中加上马克西米利安·斯坦纳(Maximilien Steiner),此人1908年加入国际精神分析协会,但未成功。
③ 汉斯·冯·德梅尔(1886—1951),奥地利埃及古物学者。——译注。

及丈夫罗伯特离开维也纳。埃斯蒂和马丁分居多年，后者有许多女伴，她与两个孩子索菲和安东·沃尔特一同搭乘火车前往巴黎。她一直很讨厌弗洛伊德，因为后者不喜欢她，始终认为她"根据临床症候看是疯的"，并且试图给她最好的建议，但她从来不听。埃斯蒂的一些家人留在了维也纳。其中包括母亲艾达·德鲁克（Ida Drucker），她最后死于奥斯威辛集中营。

5月14日，马丁离开维也纳前往巴黎，计划与埃斯蒂及两个孩子团聚。然而第二天，他独自带着儿子前往伦敦。索菲和母亲留在巴黎，安东·沃尔特和父亲定居伦敦。1940年6月，埃斯蒂和索菲前往法国南部，接着抵达卡萨布兰卡，最后移民美国。在那里，她们得到贝尔奈斯家族的帮助。他们的许多维也纳朋友最后都在毒气室中惨遭杀害。

多年后，索菲成为美国公民，认为应对祖父的理论提出批评，但她仍然记得弗洛伊德救了她的命。"因此，我要感谢祖父，在犹太人遭受致命的迫害前，我能够成为那些少数离开维也纳的幸运儿。当哥哥听到我批评祖父的理论时，他说，'要是没有祖父，纳粹早就剥下你的皮做成灯罩了'。"[①]

奥古斯特·艾克霍恩[②]也试图保存伟大开端的痕迹，他求助埃德蒙·恩格尔曼（Edmund Engleman），一位出身于加利西亚犹太家庭的维也纳摄影师，请求他为保留完整的地方拍摄系列照片，为弗洛伊德拍摄多张肖像照。为了避开纳粹的监视，恩格尔曼不得不关闭闪光灯和聚光效果灯。他带着一部禄来福来和一部莱卡相机、两个镜头及两卷胶卷，放在小箱子中。连续数日，他仔细地从不同的角度拍了一系列黑白照片，物品、家具和房间。在半明半暗中，在明暗对比中，在穿越梦境的形象中，比起文艺复兴的画作这些更接近马克斯·恩斯特的雕塑。恩格尔曼受到盖世太保的威胁，不得不迅速离开维也纳，他小心翼翼地将底片留给了艾克霍恩。但在弗洛伊德离开后，他再次回到这里："工人们开始整理这些地方，他们

---

① 苏菲·弗洛伊德，《生活在弗洛伊德家族的阴影下》，前揭，第206页。苏菲·弗洛伊德，1924年出生，在美国与保罗·洛温施坦因结婚，后者来自德国，从法国的一个战俘营逃跑后移民美国。苏菲是心理社会学家，专注于儿童保护。

② 奥古斯特·艾克霍恩（1878—1949）留在维也纳，其子被纳粹逮捕后作为政治犯被送往达豪集中营。战争结束后，其子被释放，他继续参与重建国际精神协会。恩斯特·费德恩（Ernst Federn，1914—2007），保罗·费德恩之子，被送往布痕瓦尔德（Buchenwald）集中营，他和布鲁诺·贝特海姆（Bruno Bettelheim）（1903—1990）逃了出来。恩斯特·弗洛伊德游历美国后，于1972年回到奥地利定居维也纳。贝特海姆则定居芝加哥。

打磨抛光地板:长沙发的艺术已经消失。"①

6月4日,弗洛伊德和安娜、玛尔塔、宝拉以及爱犬论语登上了东方快车。儿科医生约瑟芬·斯特罗斯(Josephine Stross)顶替了舒尔,后者患了蜂窝组织炎性阑尾炎,病情危急,必须马上手术。6月10日,舒尔被迫缠着绑带、腹部插着引流管、躲在轮椅中从医院逃出,与家人一起躲过盖世太保的追捕。多亏弗洛伊德和琼斯替他办好签证,舒尔安全抵达了巴黎,然后前往伦敦,最后抵达纽约,他竭尽了全力终于定居美国。

弗洛伊德离开时,被迫签署由因德拉起草的强制性声明,承认得到了良好对待。文件上写着:"声明。本人特此证明,直至今日,1938年6月4日,本人与身边所有人从未受任何打扰。本人与家人始终得到德国当局和国家社会党员的尊敬和照顾。维也纳,1938年6月4日,西格蒙德·弗洛伊德教授。"②几十年来,历史学家、目击者以及评论家都相信,弗洛伊德在这份声明的结尾处亲手写上了这句话,"我向各位郑重推荐盖世太保"。传奇总是比现实更加真实,这绝对是荒谬的谣言。事实上,在官方文件上不可能出现这样嘲讽的句子。尽管马丁承认父亲在声明末尾写上了这句话。③

弗洛伊德和四位女士一起出发,穿过几座德国城市后抵达法国边境。途中他数次心脏病发,斯特罗斯医生给他服用了士的宁④及其他刺激药物。6月5日,接近3点30分,列车通过了莱茵河上的克尔桥(Kehl)⑤。弗洛伊德欢呼:"现在我们自由了!"⑥

---

① 《弗洛伊德的家,贝尔加泽街19号,维也纳》,埃德蒙·恩格尔曼的照片,前揭,第27页。这些照片后来在全世界出售。它们为众人展示了弗洛伊德四十七年来将自己奉献给科学、艺术和文化的生活。

② "Erklärung. Ich bestätige gerne, dass bis heute den 4. Juni 1938, keinerlei Behelligung meiner Person oder meiner Hausgenossen vorgekommen ist. Behörden und Funktionäre der Partei sind mir und meinen Hausgenossen ständig korrekt und rücksichtsvoll entgegen getreten. Wien, den 4. Juni 1938. Prof. Dr. Sigm. Freud."这份由弗洛伊德亲笔签名的文件,收录在1989年5月11日的内贝姆(Nebehay)目录册中。最后由奥地利国家图书馆购入,目前可供查阅。

③ 埃内斯特·琼斯、彼得·盖伊、马克·埃德蒙森以及许多其他学者对这句话进行过评论。阿兰·德·米若拉(Alain de Mijolla)是法国第一位对这封声明书的真实性提出质疑的学者。参见《国际精神分析词典》(Dictionnaire international de la psychanalyse),巴黎,卡拉曼-莱维出版社,2002年,卷一,第683页。

④ 士的宁,临床用作中枢兴奋剂。——译注

⑤ 位于德国边境。——译注

⑥ 对弗洛伊德这次旅途最好的见证者当属宝拉·费希特尔,德特勒夫·贝尔特森收集了她的说法。她详细地描述了各人的反应、他们的衣着和进食的方式。

列车最后抵达巴黎东站,宝拉清楚地记得当时人们对弗洛伊德的热烈欢迎,但她注意到弗洛伊德在摄影师和记者中感到深深的失落。他身边是蒲立德,头戴卷边毡帽,蕾丝手绢端正地插在上衣口袋中,风度翩翩;还有玛丽·波拿巴,身穿高级定制的裙子,披着黑貂围巾,而弗洛伊德看上去像来自另一个世界的人。玛尔塔跟着他,耸肩缩颈,穿着一件皱巴巴的风衣,双手按着女士皮包;安娜面带微笑,戴着一顶简陋的羊毛帽,遮住了额头和半张脸。两辆豪华的汽车将他们送到玛丽的圣克鲁①(Saint-Cloud)寓所。弗洛伊德休整一天后出发前往加莱②(Calais),准备度过拉芒什(La manche)海峡③。从照片上我们看到,弗洛伊德头发齐整,戴着大檐帽,帽檐搭在眼镜上,躺在编织扶手椅中,双腿盖着毯子,眼神没有活力,右颊青黑凹陷,胡须全白,聪明的论语正躺在他的左手旁。

第二天,弗洛伊德一行人抵达维多利亚火车站(Victoria Station),琼斯携妻子与恩斯特前来迎接。他们将论语交给兽医接受六个月的强制检疫隔离,然后前往艾斯华绥路(Elsworthy)的临时居所。

抵达伦敦后,弗洛伊德再次见到侄子萨姆(Sam),这是后者定居曼彻斯特后两人的首次见面。他注意到许多新闻媒体报道了他的到来,还收到雪花般的电报、信件、鲜花和礼物。安娜送给他一只北京狮子狗,他将"北京"二字反转发音,取名"金博"(Jumbo)。7月17日,他写信给弟弟亚历山大,讲述了此次逃亡,强调琼斯为了帮助他们来到英国承受了当局诸多的刁难,因为他们可能找不到工作:"琼斯为精神分析师做了许多事。"他在信中说自己写推荐信帮助哈里,还说马丁不知道将从事什么,罗伯特找到了工作,明娜病倒了。④ 9月27日,弗洛伊德和家人搬进一栋漂亮的房子,位于汉普斯特德(Hampstead)的迈尔斯菲尔德花园(Maresfield Gardens)20号。恩斯特·弗洛伊德根据贝尔加泽街的风格布置了这栋房子,这是弗洛伊德最后的寓所。

---

① 圣克鲁,位于巴黎西郊。——译注
② 加莱,位于法国北部加莱海峡大区,与英国隔海相望。——译注
③ 又称"英吉利海峡",是隔离英国与欧洲大陆之间的海峡。
④ 弗洛伊德致亚历山大的信,1938年7月17日,美国国会图书馆,家庭文件。

10月11日,弗洛伊德接待了安东·索尔沃尔德的拜访,他很可能是来要钱的。亚历山大询问他此行目的,索尔沃尔德解释说维也纳警察之前雇佣他做爆炸物专家,但是事实上,他也为纳粹的秘密组织生产炸药。奇怪的故事!舒尔医生说,索尔沃尔德表示元首当然认识到祖国正处于包围中。由于犹太人在行为上具有个人主义倾向,无法在国家人口中构成稳定可靠的部分因此必须加以消灭。然而,这并不表明在某些案例中,不允许人们(无论是否是纳粹),以个人名义帮助他人,正如他对弗洛伊德一家提供的帮助。①

　　在生命最后的十八个月中,弗洛伊德非常幸福,被授予各种荣誉称号,被访问,被承认,被致以敬意,获得前所未有的赞美。他感受到自由,终于能够完成《摩西》一书,他还撰写了《精神分析纲要》(*Abrégé de psychanlyse*),综述自己的作品,预测将来会发现强大的化学物质,直接作用于心理现象。他又再次确认真正的莎士比亚是爱德华·德维尔,颂扬他的俄狄浦斯情结。②

　　随着癌症肿瘤细胞逐渐扩散至颌面骨髓,弗洛伊德同时还目睹了欧洲大陆的覆灭。他意识到自己的理论在英语世界的力量。6月25日,英国皇家学会代表团上门拜会,请他在协会纪念册上签名,那上面还签有达尔文的名字。他接待了许多作家和知识分子的来访。斯蒂芬·茨威格陪同西班牙画家萨尔瓦多·达利(Salvador Dali)拜访了弗洛伊德。后者按照超现实主义的"蜗牛壳的螺旋形"原则为弗洛伊德画了多幅素描图,刻画了他青肿的脸。弗洛伊德看上去非常冷漠,这一天,他向画家解释自己只对古典主义绘画感兴趣,在古典绘画作品中他寻找的是无意识,而在超现实主义作品中,他寻找的则是有意识。

　　亚瑟·库斯勒(Arthur Koestler)在秋天时来看望他,惊讶地听到弗洛伊德低声谈论纳粹:"您知道,他们只不过是启动了被文明压抑

---

① 马克斯·舒尔,《弗洛伊德生命中的死亡》,前揭,第588页。西格蒙德·弗洛伊德,《私人纪事》,前揭,第449页。关于索尔沃尔德的态度也存在许多版本。亦可参见恩斯特·瓦尔丁格的说法,引用档案。
② 西格蒙德·弗洛伊德,《精神分析纲要》(*Abrégé de psychanalyse*),1940年,巴黎,法国大学出版社,1967年,以及《弗洛伊德全集/精神分析》,第二十卷,前揭。

的侵略力量。这种现象早晚都会产生。我不知道从我的角度是否能够指责它。"①再一次,弗洛伊德承认现实生活的世界正是他在作品中描述的那个画面。库斯勒是出生于布达佩斯的匈牙利犹太人,右翼犹太复国主义者弗拉基米尔·亚博廷斯基(Vladimir Jabothinsky)的亲戚,非常了解精神分析,但更偏爱心理玄学。库斯勒记得1890年时,母亲阿黛尔·雅伊特勒斯(Adele Jeitheles)曾经向弗洛伊德咨询,令"教授先生"非常难堪。②她长期患有抑郁症,厌恶儿子(认为儿子是邪恶的),而从自传中可以知道库斯勒也十分讨厌母亲。③ 当时,两人都没有提起在维也纳度过的青年时光。

当维也纳的老朋友沃尔特·施密德伯格拜访他时,弗洛伊德做得更"过火",打招呼时直接说出"希特勒万岁"的口号,就好像最后教授同意用悲伤的诙谐,说出这个令他蒙受耻辱、毁灭他作品的名字。④

在英国精神分析协会成员眼里,弗洛伊德一家的到来像是真正的入侵。多年来,克莱因主义者占据了协会的统治地位。他们发展自己的论题,与传统弗洛伊德理论有很大的出入。此外,他们孤立弗洛伊德主义者,视他为来自另一个时代的大家长——他就像直接从19世纪而来。他们认为弗洛伊德身边的女性玛尔塔、明娜、安娜和宝拉的习惯过于刻板,说话和穿衣的方式十分可笑,也根本不理解弗洛伊德一家的礼仪、拘谨的礼貌、冰冷的幽默以及饮食的习惯。总而言之,在他们眼里,弗洛伊德派就如同追求古代神话的外来者,几乎不接受以位置、客体关系、精神病核心以及在低龄儿童身上观察破坏驱力为中心的无意识研究的新方法。克莱因主义者和弗洛伊德主义者话不投机。在这种背景下,曾经支持梅兰

---

① 亚瑟·库斯勒,《象形文字》(Hiéroglyphes),巴黎,卡拉曼-莱维出版社,1955年,第493页。埃内斯特·琼斯强调库斯勒两个不同版本关于对弗洛伊德的拜访的阐述都有错误。《西格蒙德·弗洛伊德的生平和著作第三卷》,第269页。译者补注:亚瑟·库斯勒(1905—1983),匈牙利裔英籍作家,关注政治和哲学问题。
② 阿黛尔·雅伊特勒斯(1871—1970),出生于奥匈帝国一个庞大的犹太家庭,叔叔患有精神忧郁症,曾在1900年向弗洛伊德咨询,最后自杀。
③ 库斯特·艾斯勒在1953年曾采访亚瑟·库斯勒及其母亲,用于创作传记,对后者有非常糟糕的描述。迈克·斯卡梅尔(Michael Scammell),《库斯勒,20世纪怀疑论的文学与政治的奥德赛》(Koestler, The Literary and Political Odyssey of a Twentieth-Century Skeptic),纽约,兰登书屋,2009年。亚瑟·库斯勒,《自传集》,巴黎,拉丰出版社,"旧籍"文丛,1993年。
④ 梅利塔·施米德伯格(Melitta Schmideberg),《对英国精神分析运动历史的贡献》(Contribution à l'histoire du mouvement psychanalytique en Angleterre),1971年,《交锋》(Confrontation,精神分析师勒内·马约尔主编的阐释学杂志),3,1980年春,第11—22页。

妮·克莱因的琼斯在将安娜·弗洛伊德引入英国精神分析协会中发挥了重要作用。

1938年7月29日,安娜·弗洛伊德在巴黎参加琼斯主持的国际精神分析协会第十五次大会。她在会上朗读摩西的相关章节,献给人类的进步精神和伟大的大不列颠帝国。弗洛伊德告诉支持者自己强烈反对美国,劝告他们警惕各种企图,避免将精神分析变为精神病学"无事不做的仆人"。琼斯致大会闭幕词,称赞在柏林实施的精神分析"拯救"计划,却只字未提犹太人的逃亡以及弗洛伊德主义的知识分子精英大批出走。他还庆祝维也纳精神分析协会得到托管。① 在这番灾难般的致词结束后,与会者来到了波拿巴公主圣克鲁寓所的奢华花园,弗洛伊德曾在这里逗留过数小时。

马克斯·艾廷贡来到巴黎参加会议,接着转往伦敦拜访弗洛伊德。当时他被指控为苏联内务部内卫部队(NKVD)特工,卷入叶夫根尼·米勒②(levgueni Miller)将军的绑架案。整个事件由德苏双料间谍尼古拉·斯特布里内③(Nicola Skobline)策划,他是艾廷贡熟识的女歌手娜杰日达·普莱维特斯卡娅④(Nadezhda Plevitskaia)的丈夫。没有任何证据可以证明艾廷贡与普莱维特斯卡娅有关联,但是谣言持续扩散。他不也是苏联间谍列昂尼德·艾廷贡(Leonid Eitingon)的兄弟吗?后者于1940年策划了雷蒙·梅卡德尔⑤(Ramon Mercader)暗杀托洛茨基案。尽管列昂尼德和马克斯之间不存在任何血缘关系,然而一个弗洛伊德主义者的艾廷贡和一个斯大林主义者的艾廷贡、双料或三料间谍与策划犯罪的裘皮商人,两人的联系一再被重提,从未停止,直至今日仍在一些作者的笔下沿续。这些人执着地想要证明在一个国际闻名的共产党人和一位享誉全

---

① 埃内斯特·琼斯,《国际精神分析协会简报》,见《国际精神分析史杂志》,1939年,第116—127页,以及 HPF-JL,前揭,第1606—1607页。
② 叶夫根尼·米勒(1867—1939),1937年接替古杰波夫将军出任俄罗斯军人联盟主席。——译注
③ 尼古拉·斯特布里内(1893—1938),俄国军人,苏俄内战时期白军将领,后成为苏联内务部内卫部队双料间谍。——译注
④ 娜杰日达·普莱维特斯卡娅(1879—1940),俄罗斯歌手,定居法国后受雇于苏联情报部门,参与绑架米勒将军。——译注
⑤ 雷蒙·梅卡德尔(1913—1978),西班牙共产党人,后加入苏联内务部内卫部队,以1940年暗杀利昂·托洛茨基闻名。——译注

球的精神分析家之间所谓的命运相同。①

前往美国途中,这些维也纳流亡者齐聚巴黎,在世界末日前,最后一次回想梦中的欧洲,却看不见闪耀的光芒。弗洛伊德钟爱的著名歌手伊韦特·吉伯特受邀演唱了《告诉我我很漂亮》(Dites-moi que je suis belle),他们被有力的嗓音和八十岁的高龄所征服。在意大利,墨索里尼颁布了第一批迫害犹太人的法律,将他们送往集中营。1939年1月,爱德华多·魏斯被迫离开,他也选择美国作为目的地,而他的姐姐、姐夫和妻子都惨遭纳粹杀害。他再也不愿想起曾经因为福尔扎诺的友谊而对墨索里尼抱有希望。

弗洛伊德在伦敦诊所再次接受手术。一如既往的可怕。搬入迈尔斯菲尔德花园的同一天,他获知法国和英国签订了《慕尼黑协定》②,将捷克拱手让给希特勒。当时,张伯伦作为和平的拯救者回到伦敦,受到热烈欢迎。他发表演说声称,为支持英国不在意的遥远国度而发动战争是无用的。弗洛伊德感到难以置信,但他仍然赞成了这项政策。德国纳粹立刻吞并了苏台德区。"我们也感谢这个岌岌可危的和平,尽管我们无法感到快乐。"③

三周后,他为库斯勒的报纸《未来》(Die Zukunft)撰写短篇评论,综合了马克·吐温、尼古拉斯·冯·康登霍维-凯勒奇的观点,强调与反犹主义的斗争应该首先由非犹太人发起。在此期间,纳粹继续各种倒行逆施,将德国和奥地利的一些妇女剪发示众,指责她们与犹太人发生关系。在漫长的水晶之夜④中,他们砸毁建筑、店铺、犹太教堂,将三万犹太人押送至达豪和布痕瓦尔德的集中营。在维也纳,当一名纳粹军官逮捕了亚瑟·弗洛伊德(Arthur Freud)教授——一位出生于摩拉维亚活跃的犹太

---

① 亚历山大·埃特金在其著作《俄罗斯精神分析历史》中支持这个论题。此外,还有许多人都相信这个观点。但是吉多·利伯曼仔细查阅档案后否认了这个联系,《巴勒斯坦精神分析》,前揭。
② 全称《关于捷克斯洛伐克割让苏台德领土给德国的协定》,是1938年9月29日至30日英国、法国、德国、意大利四国首脑在慕尼黑会议上签订的条约。英、法两国为避免战争爆发,牺牲了捷克斯洛伐克的利益,将苏台德区割让给纳粹德国。——译注
③ 弗洛伊德致玛丽·波拿巴的信,1938年10月4日,见《通信集》,前揭,第493页。温斯顿·丘吉尔在1938年11月7日对《时代周刊》说:"他们在战争和耻辱之间作出选择。他们选择了耻辱,而他们将来还得进行战争。"
④ 水晶之夜是指1938年11月9日至10日凌晨,希特勒青年团、盖世太保和党卫军袭击德国和奥地利犹太人的事件。该事件标志着纳粹对犹太人有组织屠杀的开始。

复国主义者时,这名军官发出一声胜利的欢呼,他以为抓到了西格蒙德·弗洛伊德。[1]

许多年中,弗洛伊德的灵魂始终萦绕着希特勒支持者的意识。[2] 然而"教授先生"非常担心四位妹妹:"最近在德国发生的可怕事件加剧了这个问题,我们该如何安置这四位七十五至八十岁的老妇人。将她们接到伦敦赡养已经超出我们的能力。我们在离开时留下的约六万奥地利先令可能已经被没收。我想让她们移居到法国蓝色海岸[3]的尼斯或附近。但这样是否可行?"[4]

波拿巴公主试图解决这件令弗洛伊德忧心忡忡的事,从法国当局或希腊公使馆获得签证。然而为时已晚。公主非常清楚犹太人面临的迫害,尽全力施以援手。在12月12日的信中,她甚至向罗斯福总统建议在加利福尼亚南部建立犹太国,尽快接纳成千上万的犹太难民。[5] 不过她拒绝在法国实施任何"拯救"计划,1941年2月后她本人也不得不流亡海外。[6]

12月7日,弗洛伊德在家中接待英国广播电台的技术师,起草一段讲话并录音。[7] 弗洛伊德用英语演讲,由于口腔中的赝复体,他的嗓音有些低闷,演讲结尾,他说了一句德语:"在德国入侵后,八十二岁高龄的我离开了维也纳的家,我来到英国,希望我的生命在自由中结束。"这是至今为止弗洛伊德唯一的声音档案。

弗洛伊德生命的最后一年中,他在迈尔斯菲尔德花园拍摄了许多部无声的电影,有些甚至是彩色影片。[8] 每个画面中,我们都能看到弗洛伊

---

[1] 西格蒙德·弗洛伊德,《关于反犹主义的一则评论》,1938年,见《弗洛伊德全集/精神分析》,第二十卷,前揭,第326—329页。亚瑟·弗洛伊德最后被释放,马丁·吉伯特曾引用了他的见证,《水晶之夜:毁灭的序曲》(*Kristallnacht : Prelude to Destruction*),纽约,哈珀·柯林斯出版社(Harper Collins),2006年,第54—55页。
[2] 马克·埃德蒙森,《弗洛伊德的最后岁月》,前揭,第163页。
[3] 蓝色海岸地区,是法国滨海阿尔卑斯省和摩纳哥公国的总称,位于法国东南部的边境地带,毗邻意大利。
[4] 弗洛伊德致玛丽·波拿巴的信,1938年11月12日,见《通信集》,前揭,第497页。事实上弗洛伊德弄错了,应该是十六万先令。
[5] 塞利亚·贝尔塔,《玛丽·波拿巴》,前揭,第327页。
[6] 参见 HPF-JL,前揭。
[7] 这份文稿的影印版参见鲁斯·谢泼德(Ruth Sheppard),《弗洛伊德:发现无意识》(*Sigmund Freud. A la découverte de l'inconscient*),巴黎,拉鲁斯出版社(Larousse),2012年。
[8] 参见西格蒙德·弗洛伊德,《精神分析的发明》(*L'invention de la psychanalyse*),由伊丽莎白·卡普尼斯特(Elisabeth Kapnist)和伊丽莎白·卢迪内斯库进行文献整理,弗朗索瓦丝·卡斯特洛(Françoise Castro)出版,1997年。

德在花园中散步,他拱着身子,由安娜搀扶着,脚边围着论语和金博,颌面总是受到"口套"的阻碍,嗫嚅着好像在咀嚼食物,脸上浮现出极大的痛苦。

弗洛伊德的许多伦敦朋友都来看望他,所有人在出发去往另一个大陆前都来拜访他,向他道别。他饱受疾病的折磨,经常盖着蚊帐,躺在花园的吊床上或者长沙发上。他只喜欢在他人看不见时才吃东西,没有任何胃口。尽管口中开始散发出恶臭,但是他晶莹的眸子中始终闪耀着爱神的火焰。弗洛伊德一直说,临终之际,他宁愿意识清醒地看到他的康拉德毁灭,也不愿意年老退化或者脑部遭受重击而失去意识:他希望像麦克白一样死在马鞍之下。他知道舒尔医生会照顾他直至生命终结。后来舒尔移民美国。

根据汉斯·皮希勒医生的指示,脸部外科专家乔治·埃克斯纳(George Exner)和琼斯的姐夫、英国皇家学会会员、抗癌专家威尔弗雷德·特洛特一起参与了弗洛伊德最后岁月的治疗。2月,玛丽·波拿巴邀请巴黎居里研究院的指导医师安东尼·拉卡萨尼①(Antoine Lacassagne)教授来到伦敦,后者也不得不承认任何手术都已经无济于事。为了不使仍抱有希望的安娜和明娜失望,他建议放弃镭放射治疗,改用伦琴射线密集治疗。弗洛伊德评价道:"现在,毫无疑问,与我相伴十六年的癌症老友又来了。那时,我俩究竟是谁更强一些,在此之前谁都无法回答。"②他希望结束这一切,他将这个希望托付给他亲爱的公主殿下。

3月初,德语版《摩西》在阿姆斯特丹出版。几天前,正值英国精神分析学会建立二十五周年之际,琼斯在萨沃伊饭店组织了一场盛大的晚宴,安娜、马丁、恩斯特、弗吉尼亚·伍尔芙,H. G. 威尔斯以及许多其他人隆重出席。弗洛伊德身体虚弱,无法赴宴,于是发去简短的祝贺辞:"这些年

---

① 安东尼·拉卡萨尼(1884—1971),法国医生、生物学家。——译注
② 西格蒙德·弗洛伊德和阿诺德·茨威格,《1927—1939年通信集》,前揭,《弗洛伊德致茨威格的信》,1939年3月5日。还可以参见玛丽·波拿巴未公开的档案。丹尼斯·图特努(Denis Toutenu),《弗洛伊德,一张未公开的照片:拉卡萨尼教授在伦敦的问诊,1939年2月26日》(Freud, une photo inédite: la consultation du Pr Lacassagne à Londres, le 26 février 1939),见《国际精神分析杂志》,4,66,2002年,第1325—1334页。医疗报告存于美国国会图书馆,120号箱,53号文件夹。

间发生的事件,使伦敦成为精神分析运动的首要之地和中心。希望英国协会能够出色地担负起身上的重任"。① 整个夏天,威尔斯都尝试为这位行将就木的老人争取英国国籍,但未能成功。这是为了满足弗洛伊德最后的愿望,这个珍贵的愿望源自幼年时目睹兄长动身移居曼彻斯特:"只需要一位议员提出一个简单的议案即可……我很难过未能如此。"② 8月初,弗洛伊德停止接待最后四位病人。多罗西·柏林厄姆和斯迈利·布兰顿的教学治疗一直持续至月末。

1939年9月3日,英国和法国对纳粹德国宣战,琼斯前来向年迈的老师告别。在这关键的时刻,他说他们终于能够在同一个阵营,联合起来向同一种野蛮宣战。"二十五年前,大英帝国上一次与奥匈帝国作战时,尽管当时我们处于敌对的两个阵营,我们仍然找到了沟通友谊的方法,我们通信不辍。现在,我们的军事立场一致,我们肩并肩团结在一起。没有人能断定是否会看到战争的结束,但是能够确定的是,生活充满乐趣,我俩都为人类的生存作出了贡献,虽然贡献程度不同。"③

在巴尔扎克的小说《驴皮记》(*La peau de chagrin*)中,出生于奥弗涅地区贵族家庭的主人公拉斐尔·德·瓦朗坦(Raphaël de Valentin),一心希冀荣誉加身。在拉斯蒂涅克(Rastignac)的鼓动下,他放弃艺术创作到上流社会碰运气。未料最后破产,绝望之下,意图自杀之时,在一家古董店发现一件神奇的法宝,一张可以实现任何欲望的魔法驴皮。就如同浮士德,他不想放弃任何东西,于是和魔鬼签订协议。每一次当他沉醉于欢愉,驴皮就会缩小。想要活得长就必须杀死情感,或者成为激情的烈士,英年早逝。这就是这部小说的主题,它将人类境遇之谜搬上了舞台。

弗洛伊德在过世前选择阅读这篇小说,临终时的他同样因为饥饿,身体虚弱,不复原先的模样。然而,更重要的是,眼下他面对的是一段糟糕的生活经历,如果不能战胜自我,这可能就是他的结局。弗洛伊德希

---

① 西格蒙德·弗洛伊德和埃内斯特·琼斯,《1908—1939年通信全集》,前揭,《弗洛伊德致琼斯的信》,1939年3月7日,第877页。
② 《私人纪事》,前揭,第306页。
③ 西格蒙德·弗洛伊德和埃内斯特·琼斯,《1908—1939年通信全集》,前揭,第878页。1939年9月2日,纳粹入侵波兰。

望告诉人们,人类体内蕴藏着如此强烈的破坏欲,只有文明才能够克制这股驱力。他认为人类遭遇的一切在真正发生前都已经铭刻在无意识中,他深信俄狄浦斯情结是这种铭刻的名称。然而,当时他面对的不仅仅是情结,还有驴皮——俄狄浦斯或者麦克白——也就是有限的自由。①在全世界都被卷入战争之际,在本我战胜自我之际,在疾病侵蚀口腔显现在脸颊之际,在寓所上空回响起防空警报宣告第一次空袭来临之际,他与死亡的痛苦作最后的战斗,与自己和平相处。8月25日,他在记事本上画上了最终的句号,这也是他生命中的最后几个字:"战争的恐慌"(*Kriegspanki*)。

9月21日,他提醒舒尔医生曾经的承诺,当那个时刻来临时,帮助他结束这一切。他说:"把我们之间的谈话内容告诉安娜。如果她同意,就让我们结束吧。"在他眼里,这种延续已经毫无意义。②舒尔医生8月8日回到伦敦,他按住弗洛伊德的手,承诺会给予足够的止痛剂。第一次他注射了300毫克的吗啡,间隔几小时后重复两次相同的剂量。他当然清楚所谓的"止痛剂"绝对不能超过200毫克,因此选择用这种深层次的持续的镇静让教授走向生命的尽头死亡。

1939年9月23日星期六凌晨3点,③弗洛伊德离开了人世。这一天恰逢犹太人一年中最神圣的节日赎罪日(Yom Kippour)。许多生活在伦敦的犹太教徒前往会堂,恳求上帝的宽恕,而弗洛伊德曾经是那么猛烈地抨击宗教。伦敦到处堆放着沙袋,准备迎接即将来临的空袭。一些雕像或被拆除,战壕再次被加深。

---

① 萨特的话,在本书的说明中引用。
② 马克斯·舒尔的笔记存放于国会图书馆。其中内容有别于他的著作《弗洛伊德生命中的死亡》,前揭。彼得·盖伊在《弗洛伊德传》中对此进行了充分考虑,前揭,第830—832页。他强调肯定注射了三次"止痛剂"而非两次。可参阅马克·埃德蒙森,《弗洛伊德的最后岁月:他晚年的思绪》,前揭,第195—197页。宝拉·费希特尔在回忆录中确定弗洛伊德过世时舒尔并不在场,是约瑟芬·斯特罗斯开出了致命的剂量。如果说舒尔当时确实短时间离开前往美国,然而没有任何证据可以证明他不在弗洛伊德的床头。宝拉还弄错了剂量、弗洛伊德过世的日子和注射的次数。罗伊·拉科塞尔曾引用宝拉的版本,《弗洛伊德的死亡:历史真相和生物小说》,见《美国意象》,65,2008年。文中拉科塞尔证明斯特罗斯应留下相关档案,然而他并有说明档案的内容,甚至作者本人未查询过档案。弗洛伊德阅读的巴尔扎克的《驴皮记》,1920年出版,原属于安娜。参阅 LDFRD 5680。更多信息,需等待弗洛伊德博物馆开放约瑟芬·斯特罗斯的通信集。
③ 并不是玛丽·波拿巴在日记中所记载的23点45分。

同一天,在欧洲的另一端,在弗洛伊德理论早已经逃离的地方,一位曾经的化学工程师亚当·捷尼亚科夫①(Adam Czerniakow)被华沙市长任命为犹太委员会主席。附近的波德拉谢省索科武夫②地区(Sokolow Podlaski),纳粹纵火烧毁了犹太会堂。捷尼亚科夫在抽屉中藏了一小瓶二十四粒氰化物胶囊。③ 他准备在适当的时机自尽。

弗洛伊德的遗体在戈尔德斯格林(Golders Green)火葬场火化,没有任何仪式,骨灰存放在装饰有古希腊祭物的双耳爵内。琼斯向一百多名前来告别的人们发表英语演讲,颂扬老师,委员会所有成员的名字都被一一提及,包括已逝的和散居世界各地的。"如果说有那么一位,我们可以说他征服了死亡,对抗黑暗帝王而幸存下来,且无所畏惧,这个人的名字就是弗洛伊德。"④

之后,斯蒂芬·茨威格用德语发表葬礼演说:"感谢您为我们开辟了新世界,如今我们失去了向导,只能独自前行,带着前所未有的忠诚,带着对您崇敬的回忆,西格蒙德·弗洛伊德,最珍贵的朋友,最挚爱的老师。"⑤

1942年2月,茨威格在巴西彼得罗波利斯⑥(Petropolis)自杀身亡。

---

① 亚当·捷尼亚科夫(1880—1942),工程师、波兰犹太裔参议员、华沙犹太人区主席,与纳粹合作,试图减少犹太人被送往集中营。——译注
② 波德拉谢省,是波兰的一个省,位于该国东北部,东邻立陶宛和白俄罗斯。——译注
③ 劳尔·希尔伯格(Raul Hilberg),《欧洲犹太人的毁灭》(*La Destruction des Juifs d'Europe*),巴黎,法亚尔出版社,1988年,第190页。
④ 埃内斯特·琼斯,《西格蒙德·弗洛伊德的生平和著作第三卷》,前揭,第282页。笔者将整段话进行了翻译。
⑤ 斯蒂芬·茨威格,《在弗洛伊德墓前的话》(Sur le cercueil de Sigmund Freud),1939年,见《弗洛伊德,精神疗法》,巴黎,口袋书出版社,2013年,第149页。
⑥ 彼得罗波利斯是巴西东南部里约热内卢州的城市,始建于1845年。——译注

后　　记

亚历山大之子哈里·弗洛伊德后来移民美国。抵达纽约后，他将弗洛伊德的死讯通知了不得不留在维也纳的四位姑母。"他去了另一个世界，我们希望是一个更好的世界。……他最后的时光在书房里度过，我们把床挪去了书房。从那里，他能够看到花园，身体好转时，能够看看自然。我衷心希望你能够平静地接受这个消息，希望家族的其他成员一切安好。"①

说到平静，很快她们就像其他遭受迫害的女性一样难逃厄运。她们一起住在亚历山大原先的公寓中，生活非常窘迫。由于所谓的惩罚性税收（JUVA），她们被没收了所有财产。亚历山大的财产管理人，纳粹分子埃里克·费雷尔②（Erich Führer）借机将财产侵吞，据为己有。哈里立刻通知阿尔弗雷德·因德拉，后者尝试联系安东·索尔沃尔德，但是他已被调往苏联前线。1940年6月20日，因德拉向哈里紧急求助，然而任何手段都已经无济于事。1941年1月15日，四位妇人在绝望之下共同向律师写了这封信："我们被关在一个房间中，没有卧室，没有起居室。如您所知，我们已经上了年纪，经常生病，卧床不起，我们需要正常的通风和生活。"③

当时，纳粹决定将第一批犹太人送往劳工营，她们中最年轻的也超过了六十五岁，因此得以赦免。然而1942年1月万湖会议④（Wannsee）后，

---

① 《哈里·弗洛伊德致多尔菲、保拉、罗莎和米琪的信》，1939年9月25日，美国国会图书馆，3号箱，7号文件夹。
② 埃里克·费雷尔（1901—1972），德国政治家（社民党）。——译注
③ 罗德·利奥波德·洛文泰尔，《1938年弗洛伊德家族的逃亡》，前揭，第459页。
④ 万湖会议是一个纳粹德国官员讨论"犹太人问题的最后解决办法"的会议。会议在1942年1月20日举行，地点是柏林西南部万湖的一个别墅。这个会议落实了系统地对犹太人进行大屠杀的决议。——译注

她们被送往特莱西恩施塔特①(Theresienstadt[Terezin])犹太人区,1942年9月29日阿道菲娜因营养不良过世。②其余三姐妹被送往集中营,再也没有回来。1942年9月23日,玛丽亚和保拉被送往玛丽·特罗斯特内兹集中营(Maly Trostinec),1942年9月29日或者1943年3月1日,罗莎·格拉夫被送往特雷布林卡集中营。

1946年7月27日,在欧洲国际军事法庭纽伦堡审判③中,来自华沙的塞缪尔·劳伊茨曼(Samuel Rajzman)出庭指证集中营总指挥库尔特·弗兰茨④中校(Kurt Franz)。他说:"列车来自维也纳。人们走下车厢,我正站在月台上。一位上了年纪的老妇人走近库尔特·弗兰茨,拿出一份证明,声称是西格蒙德·弗洛伊德的妹妹,请求指派她做些简单的办公室工作。弗兰茨仔细地检查文件,说这也许是个错误。他领着她走到火车信息表前,告诉她两小时后有一班火车开往维也纳。她可以将财物和文件留在这里,去浴室冲洗一下。之后她就将拿到返回维也纳的文件和车票。自然,老妇人去洗澡了,然后再也没有回来。"⑤

---

① 捷克斯洛伐克境内的隔都。纳粹之所以建造特莱西恩施塔特,是为了集中波希米亚和摩拉维亚保护国的犹太人口。——译注

② 47000名维也纳的犹太人被送往集中营或者被暗杀。当时阿道菲娜的名字没有出现在特莱西恩施塔特集中营的遇难者名单上。她的名字被搞错,死亡日期通常被认为是1943年2月5日。马其顿作家戈采·斯米莱夫斯基(Goce Smilevski)在著作中胡乱指控弗洛伊德必须为妹妹被送入集中营负责,因为他拒绝在申请移民的名单上加上她们的名字。按此逻辑,所有在1938年成功逃离维也纳的犹太人都应该为他们遇难的亲友负责。戈采·斯米莱夫斯基,《弗洛伊德的名单》(*La liste de Freud*),巴黎,贝尔丰出版社,2013年。参见米歇尔·罗特弗尤斯(Michel Rotfus),《媒体参与》(*Médiapart*),2013年10月。

③ 欧洲国际军事法庭指1945年11月21日至1946年10月1日间,由第二次世界大战战胜国对欧洲轴心国的军事、政治和经济领袖进行数十次军事审判。由于审判主要在德国纽伦堡进行,故总称为"纽伦堡审判"。——译注

④ 库尔特·休伯特·弗兰茨(1914—1998),特雷布林卡集中营总指挥。——译注

⑤ 《纽伦堡法庭战犯诉讼》,卷三,原始记录,1946年2月20日至3月7日,1947年出版,第359—360页。罗德·利奥波德·洛文泰尔和阿尔弗雷德·戈特瓦尔特均引用过其中的内容。我们可以推定塞缪尔·劳伊茨曼的描述指的是罗莎·格拉夫。克里斯特弗里德·特尔格认为罗莎在1943年3月1日被送往集中营。参见《特雷布林卡火车站:弗洛伊德的妹妹罗莎·格拉夫的命运》(Bahnstation Treblinka. Zum Schicksal von Sigmund Freuds Schwester Rosa Graf),见《心理:精神分析及其运用杂志》(*Psche. Zeitschrift für Psychoanalyse und ihre Anwendungen*),44,1990年,第1019—1024页。阿尔弗雷德·戈特瓦尔特则强调另两个妹妹也是在特雷布林卡集中营遇害的,而罗莎是1942年9月29日由Bs 800送至集中营的。关于弗洛伊德妹妹的遭遇存在许多谣言。米歇尔·翁福雷甚至认为罗莎、米琪和保拉在奥斯维辛集中营遇到鲁道夫·霍斯(Rudolf Höss),他还想象出后者将姐妹三人视作弗洛伊德的替代,因为弗洛伊德也是刽子手,是支持墨索里尼的法西斯主义者,他无法区别刽子手和受害者。参见《偶像的黄昏》,前揭,第566页。译者补注:鲁道夫·霍斯(1900—1947),纳粹党卫军军官,欧洲屠杀犹太人的刽子手。

弗洛伊德过世后,他的儿孙及弟子都必须适应一个与以往经历截然不同的世界。他们还没来得及享受战后的和平,就不得不面对曾经的战争岁月。这一次在流亡后,他们来到胜利者的阵营,却被视作一无所有的闯入者。① 他们不曾忘记犹太人的身份,但渐渐发现从前那个毁灭如此巨大,摧毁了他们的世界,杀害了没能逃离的同胞,他们想要切断与恐怖过去的联系。如同许多幸存的犹太人一样,他们必须直面种族屠杀的问题。很多人在战后加入追捕纳粹分子的行动。

玛蒂尔德对裁制衣服极具天赋,她和其他奥地利流亡者在伦敦开了一间女士时装店。马丁继续过去的生活,独自居住,拈花惹草,不名一文,自认是个"年老多病的犹太人"。最后,他在大英博物馆附近开了一家书报杂货亭。奥利弗定居美国费城,试图收养一名逃过大屠杀的孩子,可惜未能成功。接着他在一家运输公司担任研究员,人们都称他为"弗洛伊德教授"。最优雅的恩斯特,受财富青睐的孩子,继续在英国从事建筑师的工作。他的三个孩子中两人成就极高:卢西安·弗洛伊德是 20 世纪后半叶最具创造力的形象艺术派画家之一,克莱门斯是政治家、记者、讽刺作家、餐馆老板,拥有一家夜总会,后来受封爵士。他曾作为观察员监督纽伦堡审判的所有诉讼程序,还出版了自传《弗洛伊德自我》(*Freud Ego*)。②

卢西安有多段婚姻,育有四个同父异母的孩子;克莱门斯有五个孩子,其中一个为领养。他们被遗忘的长兄斯特凡是个五金制品商人,生活在社会的边缘,一生都和两个兄弟争吵不断,卢西安和克莱门斯也彼此看不顺眼。卢西安的女儿,艾斯特·弗洛伊德(Esther Freud)曾在多部小说中,从不同的角度叙述过往的艰辛生活,父亲长期缺席,她只在青少年时期与父亲有来往,母亲始终焦虑不安。她经常说父亲从不提 20 世纪 30 年代发生的事件。③ 至于卢西安本人,他是个冷漠、危险且充满魔力的人,外貌英俊不凡,内心隐藏秘密和挑衅,最喜欢的画家是委拉斯凯兹。他热爱祖父,经常回想起祖父,害怕反对犹太人的各种表现形式。

---

① 战争初期,在英国,他们被视作"陌生的敌人",住在拘留营中。
② 克莱门斯·弗洛伊德,《弗洛伊德自我》,伦敦,BBC 世界出版公司(BBC Worldwide Publishing),2001 年。
③ 艾斯特·弗洛伊德,《马拉客什特快》(*Marrakech Express*),巴黎,口袋书出版社,1999 年;《托斯卡纳的仲夏夜》(*Nuits d'été en Toscane*),巴黎,阿尔班·米歇尔出版社,2009 年。译者补注:艾斯特·弗洛伊德(1963—   ),英国小说家,尤其对青少年题材感兴趣。——译注

大约十岁时,卢西安观察周围世界的方式已经十分新颖,他一心想要"看看绝对的敌人希特勒"。在柏林的一次纳粹示威活动期间,他甚至拍了希特勒的照片,①希望永远不要忘记他的特征和表演。母亲露西与他过于亲密,几乎令他窒息,只有通过创造性的天赋才能摆脱这种控制。卢西安外表肖似祖父,却与弗洛伊德截然相反,他对言语毫无兴趣,只喜欢赤裸的身体,他不愿意压抑欲望,却中意冲动暴力中表现出的力比多。作画时,他脱去自己的衣服,要求模特同样裸露身体。给亲人创作肖像画也是如此,尤其模特还经常是他的女儿。这一切就好像卢西安在绘画中使弗洛伊德作品中的隐晦部分现实化,他自称是弗洛伊德疯狂的继承者。他抛弃了俄狄浦斯情结,反而认为"教授先生"是一名传奇的动物学家,为动物世界所吸引,他是第一个确定鳗鱼性别的学者。卢西安想象与祖父的身体有着几乎动物化的联系。

　　他很清楚如今的自由生活很大程度上要归功于祖父,每当回想起当年玛丽·波拿巴通过肯特公爵多次帮助恩斯特和他们家获得英国国籍的场景,他都心潮澎湃。因为欠了皇室的人情,他在四十五年后为伊丽莎白二世创作了一幅肖像画,赠与女王。这幅画和弗洛伊德的理论一样引起了公愤:媒体认为卢西安扭曲了女王陛下的脸,令陛下的颈部像个橄榄球运动员,蓝色的下巴像长了胡须。一名记者甚至提议将侮辱女王的卢西安关入伦敦塔。②

　　马丁之子安东·沃尔特比父亲政治化得多。他参军入伍,1945年2月受命夺取施蒂里亚③(Styrie)的采尔特维格(Zeltweg)机场。他在夜色掩护下空降机场,报出名字后,惊讶地发现自己受到奥地利军官的欢迎,这些人迫切希望结束战争。随后,安东·沃尔特升任上尉,他擅长追踪纳粹罪犯,经过调查,他将布鲁诺·德希④(Bruno Tesch)送上法庭。后者经营的公司发明了齐克隆B毒气,用于奥斯威辛集中营。布鲁诺·德希最终被汉堡军事法庭判处死刑,1946年3月被送上绞刑架。在安东孜孜不

---

① 参见杰奥迪·格雷格(Geordie Greig),《与吕西安·弗洛伊德之约》(*Rendez-vous avec Lucian Freud*),巴黎,克里斯蒂安·布鲁瓦出版社(Christian Bourgois),2014年,第59页。
② 同上,第59页。
③ 施蒂利亚州或史泰尔马克邦是奥地利的一个联邦,位于奥地利的东南部。——译注
④ 布鲁诺·德希(1890—1946),德国企业家和化学家,齐克隆B毒气的发明者之一,该毒气二战时被广泛用于纳粹集中营。——译注

倦的努力下,党卫军医生阿尔弗雷·切比斯基①(Alfred Trzebinski),一个残忍地在儿童身上注射细菌的专家得到应有的审判。安东·沃尔特在退伍后成为化学工程师,退休前为多家英国公司工作。

至于他的堂兄哈里·弗洛伊德,加入美国军队后也回到奥地利,追捕前财产专员安东·索尔沃尔德,指控他窃取弗洛伊德家的财产。索尔沃尔德被捕后由美国当局审判,他辩称自己"无罪"。他的妻子恳请安娜·弗洛伊德作证,后者证明索尔沃尔德为他们一家提供过帮助。②最后他被无罪释放。

父亲过世后,安娜决定留在伦敦,仍然住在汉普斯特德的迈尔斯菲尔德花园20号。玛尔塔和明娜过世后,她和多罗西继续住在这里。多罗西1940年从纽约返回伦敦,她意识到生活中不能没有这位好友,③两人一起创立了汉普斯特德儿童室(Hampstead Nurseries)和汉普斯特德儿童治疗诊所(Hampstead Child Therapy Clinic),继续治疗活动。在这里,她们照顾儿童,运用精神分析理论,与儿童的父母紧密合作。

1946年,安娜·弗洛伊德从安东·冯·弗洛因德的姐姐、好友卡达·列维(Kata Levy)④处得知了四位姑母的厄运。尽管当时尚不清楚她们在哪个集中营遇难,她立刻通知三位堂姐:玛格丽特、莉莉和罗丝。玛尔塔陪她们前往吊唁,安娜自责不够警惕。此后许多年,她看不起意大利人,不愿听人提及贝尔加泽街。她从伦敦开始一直帮助老友艾克霍恩重建维也纳精神分析协会。

安娜也遇到了犹太种族屠杀问题,她从1945年至1947年负责照顾六名德国裔犹太儿童。这些孩子出生于1941年至1942年间,父母都被送进了毒气室。他们被关在特莱西恩施塔特的儿童区,相互紧贴,与父母隔离,没有玩具和食物。他们先是被安置在斗牛犬俱乐部(Bulldogs

---

① 阿尔弗雷·切比斯基(1902—1946),纳粹党卫军医生,供职于奥斯威辛、马伊达内克和诺因加默集中营。——译注
② 《私人纪事》,前揭,第304页。戴维·科恩(David Cohen)描述该事件的著作引发了许多阐述,《弗洛伊德的逃亡》(*The Escape of Sigmund Freud*),伦敦,眺望出版社(Overlook Press),2012年。
③ 多萝西一开始住在迈尔斯菲尔德花园。
④ 卡达·列维(1889—1969),匈牙利精神分析师,受过弗洛伊德的分析。她和丈夫在1956年移居伦敦。她从红十字会得知了弗洛伊德四个妹妹被杀害的消息。

Bank),后来被交给安娜。这次治疗也令她重拾了德语。这些儿童之间说着粗鲁的语言,乱扔礼物,毁坏家具,咬人,打架,手淫,污辱大人。总而言之,他们形成了一个独立的防御体,才得以幸存。经过一年的治疗,他们恢复了正常的生活。经历大屠杀,被彻底放弃的儿童,他们最先参与一种精神分析新方法的实验,这个实验在后人眼中是史无前例的,即使在最极端的情形下,新的生活总可以想象。① 在这方面,安娜·弗洛伊德显示出真正的治疗天赋。

安娜与定居美国的维也纳旧友保持联系。她乐于奉献,正直忠诚,他们非常爱她。他们一起伤感地回忆原弗洛伊德主义伟大的过去。她仍然深刻地记得那段被两次世界大战所吞噬的年代。

安娜和兄长恩斯特是父亲档案和作品的法定继承人,安娜选择琼斯,而非好友贝恩菲尔德来撰写弗洛伊德的第一本传记。这部三卷本传记在1953至1957年间出版:这是一本权威的著作,以档案为基础,材料的真实性不容置疑。通过这本著作,散居各地的弗洛伊德主义者能够回忆起源,而且这种追思是一种官方历史的形式,而非圣徒传记或者虔诚笃信。琼斯在传记中突出弗洛伊德是一个孤独且万能的智者,仅凭天赋力量就从那个年代的"伪科学"中脱身,向世界揭开无意识的存在。他完全不担心弗洛伊德的作品及其他本人会淹没在漫长的历史长河中,他也没有提到所谓的精神分析"拯救"计划,对这一计划毫无悔意。他还隐瞒了各种自杀以及错误的治疗病例,并且对布罗伊尔、弗利斯、荣格、赖希、兰克以及其他许多人避而不谈。

然而,他将弗洛伊德塑造成一个相比维也纳式更英国式的学者,比起浪漫主义更加实证主义的智者。每当他必须作出选择时,遭受的折磨比实际经历少得多。总之,琼斯为同时代的人们塑造了一份回忆,向他效劳的君王和智者致敬。这部不朽的专著引起巨大的史学争论,之后的四十

---

① 安娜·弗洛伊德,《一群孩子的幸存和发展:一次非常独特的经历》(Survie et développement d'un groupe d'enfants: une expérience bien particulière),见《精神分析中的儿童》(L'Enfant dans la psychanalyse),巴黎,伽利玛出版社,1976年。珍妮·奥布里(Jenny Aubry)从这篇文章中获得灵感,开始弃儿主题的实验。参见《分离儿童的精神分析》(Psychanalyse des enfants séparés),巴黎,德诺埃尔出版社,2003年。参见玛丽亚·朗多(Maria Landau)在珍妮·奥布里协会第三天的关于隔离的未发表报告,2013年4月18日。米歇尔·罗特弗尤斯曾作简短叙述,《媒体参与》,2013年4月26日。

年间,精神分析界对此争论不断。

这是由弗洛伊德的同代人创作的第一本传记,任何历史学家都无法绕过。琼斯不仅是弗洛伊德的传记作者,还是他的弟子和精神分析运动的组织者。当然,琼斯的撰写仅凭一种内省的幻觉,刻画了掌握自己命运的英雄。他是第一个接触档案的作者,第一个运用并始终遵循一种严密逻辑性的方法的人。

实际上,琼斯的创作涵盖了西尔格弗雷德·贝恩菲尔德的研究,同时安娜竭力为父亲打造理想的形象,密切关注信件的出版,尤其是弗洛伊德与弗利斯①的通信,其中剔除了她认为可能影响父亲形象的信件,塑造了一个无所恐惧、完美无缺的英雄,一个对于实用守规并很快僵化的精神分析而言"从历史上看是正确的"弗洛伊德。②

1972年,马克斯·舒尔修订琼斯的传记版本赋予了弗洛伊德更加维也纳式的形象:一个双重性的智者,可卡因的门徒,为死亡而苦恼,在错误和真理之间犹豫不决。他首次对外透露埃玛·埃克施泰因的病例,为后人探索弗洛伊德病人的经历开辟了道路。

安娜和多罗西的共同生活幸福而复杂。她从不接受被视作同性恋,然而她们确实过着真正的夫妻生活。安娜在世时从未公开承认受过父亲的分析治疗,也不允许旁人书写这段经历。

多罗西的四个孩子深受两人的喜爱,由她们共同抚养长大,他们心理都很紊乱,会定期前来伦敦。鲍勃接受安娜的分析治疗长达四十五年,他和妹妹玛丽都出现在《儿童精神分析治疗》③第一部分十个病例的叙述中。鲍勃患有哮喘和抑郁症,1969年去世,时年五十四岁。玛丽则一直在伦敦治疗,并断断续续在纽约接受玛丽安·克里斯的分析,五年后,她在迈尔斯菲尔德花园20号吞服巴比妥自杀。她是多罗西最喜欢的孩子,父亲患有精神病,被弗洛伊德一家放弃,母亲却是健康世界的化身和灵魂治愈师,面对如此强烈的冲突,她难以接受。

---

① 删改版在1950年以《精神分析的诞生》为标题出版。
② 关于这本著作的诞生和琼斯遭遇的困难,参见米凯尔·博尔奇、雅各布森和索努·尚达萨尼(Sonu Shamdasani),《弗洛伊德的档案》,前揭,第365—418页。
③ 安娜·弗洛伊德,《儿童精神分析治疗》(*Le Traitement psychanalytique des enfants*),巴黎,法国大学出版社,1951年。

恩斯特·哈尔贝施塔特,精神分析之子,如同安娜和多罗西的孩子们一样,终身都在探索儿童、儿童与母亲的早熟的关系、早产儿以及世界各地,如耶路撒冷、莫斯科、约翰内斯堡的儿童们。为了使人们能够联想起他与祖父的联系,他自称恩斯特·W.弗洛伊德,避免和叔叔的名字混淆。安娜去世后,他离开英国定居德国,从事精神分析,重拾童年的语言。他也是弗洛伊德家族中唯一一位成为精神分析师的男性后裔。

恩斯特经常回忆起刚抵伦敦时的光景以及弗洛伊德家的奇事。堂弟卢西安厌恶母亲,①希望与自我决裂,梦想成为伟大的画家。一天在火车上,十四岁的卢西安突然站起来,抓住一只行李箱,那里面藏着他的秘密:"一匹马的头骨。他久久地的注视着它,然后将它放好。他在达特姆尔(Dartmoor)发现这个头骨,一直非常钟爱。"②

重建"伟人"的生活、在监督下出版各种著作,这些既不足以重聚四散世界各地的精神分析团体,也不足以赋予精神分析运动文明光辉的形象,尽管他们希望为公众舆论提供这个形象。

让所有人永远记得被纳粹毁灭的中欧罗巴的辉煌,这是一项历史学和出版业的壮举,必须重新构建一段真正的回忆。这就是库尔特·艾斯勒的作品。

艾斯勒1908年出生于维也纳,受过艾克霍恩的分析,1938年移民芝加哥,他留在维也纳的一个兄弟最后被送入集中营。他后来进入美国军队医疗部门,被授予上尉军衔,负责训练营的咨询工作,退伍后定居纽约。艾斯勒非常怀念过往,对美国学派有着强烈的敌意,谴责他们抛弃原来的弗洛伊德主义。因此他决定终生奉献给档案资料的收集与创建,使后代了解弗洛伊德的生活与作品的细枝末节:一段维也纳的生活,一种欧洲的生活。在他之前,贝恩菲尔德也有相同的想法,但是艾斯勒没有向他求助,而是寻求安娜的支持,如同琼斯创作弗洛伊德传记时那样。他还联系著名的华盛顿国会图书馆管理员路德·埃文斯③(Luther Evans),后者同

---

① 恩斯特过世后,露西尝试自杀,吕西安从1972年后为她画了十五幅左右的肖像画。
② 艾娃·维斯维勒,《弗洛伊德一家,一个维也纳家庭》,前揭,第374页。柯南·道尔的作品《巴克斯维尔的猎犬》(*Le Chien des Baskerville*)实际上讲述了在达特姆尔(Dartmoor)国家公园发生的事。
③ 路德·埃文斯(1902—1981),美国政治家,1945年至1953年担任美国国会图书馆馆长,1953年至1958年担任联合国教科文组织总干事。——译注

意将来把弗洛伊德的档案存放于国会图书馆。

1951年2月,艾斯勒建立西格蒙德·弗洛伊德档案馆(SFA)并出任馆长,管理委员会全部由国际精神分析协会精神分析师组成,他们是伯特伦·勒温①(Bertram Lewin)、恩斯特·琼斯、威利·霍弗②(Willi Hoffer)、赫尔曼·农贝格、西尔格弗雷德·贝恩菲尔德。名誉委员是阿尔伯特·爱因斯坦、托马斯·曼和安娜·弗洛伊德。

三十年中,艾斯勒收集了惊人的"财富":信件、官方文件、照片、文本,采访所有认识弗洛伊德的人,包括病人、邻居以及无足轻重的访者。所有认识弗洛伊德的精神分析师,以及弗洛伊德家族的大部分成员都将文件及记载交给艾斯勒。在安娜·弗洛伊德的帮助下,艾斯勒建立档案的方法卓有成效,然而对于研究却是场灾难。事实上,他一心将档案分类、整理并掌握、控制一个群体的记忆,但他本人只了解最后的时刻。他不允许专业历史学家接触档案,只咨询经过国际精神分析协会正式培训的精神分析师。然而,20世纪60年代后,这些人逐渐将重心转向临床工作,不愿涉足史学或历史方面的研究。③

20世纪70年代起,英语成为史学研究的主要语言。以琼斯的传记为基础,出现两种不同的趋势,修正主义的历史学观点以及学术性的研究方法。学术性弗洛伊德史学研究由奥拉·安德森(Ola Andersson)在1962年创立,随着亨利·F.艾伦伯格创造性的工作得到充分发展。笔者正是以他的作品《无意识探索史》(*Histoire de la decouverte de l'inconscient*)为开端,着手研究法国精神分析的历史的。④ 事实上,这是第一本系统介绍弗洛伊德经历,并将精神分析纳入蓬勃发展的精神病学的著作。艾伦伯格将弗洛伊德这样一位在怀疑和确信之间摇摆不定的智者刻画得淋漓尽致。

---

① 伯特伦·勒温(1896—1971),美国精神分析师。——译注
② 威利·霍弗(1897—1967),奥地利精神分析师——译注
③ 笔者不同意米凯尔·博尔奇-雅各布森的观点,他认为库尔特·艾斯勒愚弄欺骗美国民众,他侵占档案,将美国国会图书馆作为谋取自己利益的保险箱,并向研究者隐瞒了这些档案。参见《弗洛伊德的档案》,前揭,第424页。
④ 在奥利维·贝特鲁纳(Olivier Betourne)的提议下,根据亨利·F.艾伦伯格的选择,法亚尔出版社进行了重新修订,后者请国际精神病学和精神分析史学会管理他的档案。如今,在其子米歇尔·艾伦伯格的帮准下,笔者负责这些档案的管理工作。

然而,艾伦伯格在不经意间产生了一种史学编纂的修正主义。修正派起初只是提出批评,然而自弗兰克·萨洛韦在著作中叙述弗洛伊德思想的生物起源后,这股趋势演化为极端的反对弗洛伊德主义。在多篇源自《毁灭者弗洛伊德》(Freud bashing)的文章中,它们将一段黑暗传说与一段黄金传奇相对比,弗洛伊德被描绘成骗子、强奸犯、乱伦者①。

同时,美国与英国历史学家开展世纪末的维也纳的研究,如卡尔·休斯克、威廉·约翰斯顿以及法国的雅克·勒里德尔,他们将视线从关注社会政治环境转向弗洛伊德的发现。继琼斯塑造的弗洛伊德后,出现一位出生于19世纪80年代的弗洛伊德,深受动摇奥匈帝国根基的思想运动影响。这个弗洛伊德在某种意义上体现了这一代维也纳知识分子的共同意愿和所有期望:犹太身份、性欲、家长制的没落、社会的女性化,以及希冀探索人类心理机制的深层起源。而修正主义的弗洛伊德史学研究大约成形于1975年,在保罗·罗森出版《弗洛伊德学派的故事》(La Saga freudienne)②一书后。

20世纪70年代中期至80年代,弗洛伊德主义真正的史学研究的条件终于成熟,为世人所承认。在此情形下,面对学术派和修正派的作品及其研究方法,精神分析的合法代表——国际精神分析协会失去了阵地,再也无力阻止历史学家创作不同于官方形象的作品。他们不再是垄断者,于是将这些著名档案的管理交给了国会图书馆。

当时艾斯勒和安娜作出一个灾难性的决定,他们将弗洛伊德与弗利斯的通信交给了杰弗里·穆萨埃夫·马松(Jeffrey Moussaieff Masson)。马松是个出类拔萃的犹太人,精通多门语言,曾经教授梵语,是保罗·布鲁顿③(Paul Brunton)的弟子,信奉神秘主义,他的信仰是印度教精神领袖拉玛那·马哈希④(Ramana Maharshi)所谓的印度教的精神性。马松曾经过国际精神分析协会的正规分析,聪明、富有魅力,表面上展现出从事这项工作所需的各种品质。然而,他的研究核心却是从被选中的幸福者转

---

① "毁灭者或者诽谤者弗洛伊德"。
② 所有这些著作都在脚注中引用。
③ 保罗·布鲁顿是拉斐尔·赫斯特的笔名,英国灵修者。他是西方新兴印度教精神主义的早期普及者之一。——译注
④ 拉玛那·马哈希(1879—1950),印度灵性大师,印度上世纪彻悟本心的究竟觉者。——译注

变为极端的反对者。他梦想成为修正主义的先知,深信美国受到原始弗洛伊德谎言的引诱而堕落。他认为弗洛伊德的信件中隐藏着"一个秘密"。他说,弗洛伊德在怯懦之下放弃"幻觉理论",向全世界隐瞒成年人对无辜的儿童犯下的暴行。他还发明幻像理论,简直就是个骗子。[①]

1984年,马松出版了该主题的随笔,成为美国精神分析文学史上最畅销的著作。书中他强烈质疑弗洛伊德的理论,再次提及弗洛伊德和费伦齐之间关于创伤和性猥亵的古老辩论。从此,这位作者以20世纪80年代流行的观点为基石,提出弗洛伊德在1909年获得成功后,一个巨大的弗洛伊德谎言诱使美国堕落,这个谎言部分地与权利相关,而权利又建立在压迫之上,如男性对女性,成年人对儿童,教条和概念对情感与感情的殖民统治。

艾斯勒亲手开启了这场混乱,但他却无力恢复原状。[②] 他是那么喜欢马松,希望后者接替自己领导和管理弗洛伊德档案馆,现在他不得不解除他的职务。艾斯勒是个不知疲倦的学者,用渊博的知识不断回应对弗洛伊德的各种批评和攻击。显然,他本希望培养接班人延续自己的道路。[③] 他还向安娜·弗洛伊德推荐马松,甚至计划由后者负责将迈尔斯菲尔德20号改造成图书馆。[④] 不过安娜不太信任马松。

此后,美国修正主义的潮流——尤其以彼特·斯韦尔斯(Peter Swales)、阿道夫·格林鲍姆[⑤](Adolf Grunbaum)以及其他许多人为代

---

① 杰弗里·穆萨埃夫·马松(Jeffrey Moussaieff Masson),《真正的遮掩》(*Le Réel escamoté*),巴黎,奥比耶-蒙泰涅出版社,1984年。
② 珍妮特·马尔科姆(Janet Malcolm),《弗洛伊德档案的风暴》(*Tempête aux Archives Freud*),巴黎,法国大学出版社,1988年。
③ 在杰弗里·穆萨埃夫·马松的法语版译著出版之际,笔者有幸遇见了作者。他确实深信儿童是成人滥用性欲的受害者。马松出生于1941年,出版过许多著作,如今他是一位素食主义者、活跃的动物保护主义者,和家人及许多条狗住在奥克兰。在1994年12月至1995年1月,笔者和艾斯勒就亨利·F.艾伦伯格进行了简短的信件交流,当时笔者正在编撰《灵魂的医学》,前揭。
④ 参见伊丽莎白·杨·布鲁尔,《安娜·弗洛伊德》,前揭,第412—413页。
⑤ 阿道夫·格林鲍姆,《精神分析的基础》(*Les Fondements de la psychanalyse*),1984年,巴黎,法国大学出版社,1996年。在这本著作中格林鲍姆愤怒地指责三位哲学家卡尔·波普尔(Karl Popper)、尤尔根·哈贝马斯和保罗·利科,批评他们对精神分析的批评不够。笔者在《为什么是精神分析?》中对这本著作进行了分析,前揭。译者补注:阿道夫·格林鲍姆(1923—)科学哲学家,精神分析的批评家,卡尔·波普尔哲学的批评家。卡尔·波普尔(1902—1994),当代西方最有影响的哲学家之一。原籍奥地利,父母都是犹太人。第二次世界大战(**转下页注**)

表——在之后的十年中撕裂弗洛伊德的理论,打碎教授的形象。弗洛伊德成了一个魔鬼般的智者,沉湎于家庭内部肉体关系的罪魁祸首。从1981年起,作家彼特·斯韦尔斯彻底颠覆传统,研究弗洛伊德的理论并查阅各种档案后,毫无根据地提出弗洛伊德和明娜有染,令明娜怀孕并迫使她堕胎。艾斯勒在一定程度上赞同斯韦尔斯的观点,而安娜被这些事件弄得手足无措,不知如何应对这股疯狂的修正主义之风。

1986年,安娜去世四年后,弗洛伊德博物馆正式对外开放。随着时间的推移,这里成为杰出的研究、展示和会议中心。人们能够在这里领略弗洛伊德的收藏、办公室、书架,查阅二万五千份文件。① 在维也纳,几经波折,第一家弗洛伊德博物馆在1971年成立,这是一家没有物件、没有家具、没有书架的博物馆,这是一家回忆的博物馆。在1938年后一切都消失了,简单地说,这是第二家博物馆的前身。

马松事件后,在各种描述教授及其难觅的性生活的小说、文章、出版物和媒体中出现了一个恶霸、强奸犯、谎言家和下流的弗洛伊德的形象。此时,精神分析的热度在西方社会衰退,尤其是在法国。历史学家重新回归传记的传统,1988年,研究维多利亚时代的历史学专家彼得·盖伊出版了著作。

档案危机爆发于华盛顿国会图书馆组织弗洛伊德展览之际。国会图书馆为这个展览策划良久。四十二位独立研究员,其中大部分是美国人,在请愿书②上签字并寄给图书馆馆长詹姆斯·比林顿(James Billington)、展览专员迈克尔·罗斯(Michael Roth)和手稿部门负责人詹姆斯·赫特森(James Hutson)。这些请愿人中不乏大名鼎鼎的作者,如菲丽丝·格罗斯库特(Phyllis Grosskurth)、埃尔珂·米莱特纳、内森·黑尔(Nathan Hale)、帕特里克·马奥尼,他们批评展览过于政治化,要求呈现他们的个

(接上页注)期间,逃避纳粹迫害移居英国,加入英国籍。尤尔根·哈贝马斯(1929—),德国当代最重要的哲学家之一,历任海德堡大学教授、法兰克福大学教授、法兰克福大学社会研究所所长以及德国马普协会生活世界研究所所长,西方马克思主义法兰克福学派第二代的中坚人物。保罗·利科(1913—2005),法国著名哲学家,当代最重要的解释学家之一。

① 正如笔者此前提及,笔者和勒内·马约尔于1994年在国际精神病学和精神分析历史学会中组织了相关档案的研讨会。

② 1995年7月31日打字稿。关于这个主题,笔者与卡尔·休斯克、彼得·盖伊、优素福·耶路沙米、帕特里克·马奥尼、伊尔莎·格鲁布吕奇-西米蒂斯、约翰·福里斯特以及许多其他人通信交换意见。当时休斯克在回信中提到他在这场攻击中看到了某种麦卡锡主义的回归。

人作品。斯韦尔斯和格林鲍姆却支持集体化的方法，发起激烈的传媒运动反对弗洛伊德，重申那些常见的指控。国会图书馆害怕这场"猎巫"般的运动，决定推迟展览，而许多美国记者和知识分子则公开反对这种极端主义的立场。

此等情形下，在法国精神科医生和精神分析师菲利普·加尼埃[①]（Philippe Garnier）和笔者的倡议下，法国发起了另一项请愿活动，批评因循守旧、丧失威信的反对者和国会图书馆组织者。这让请愿活动得到了不同国家、不同观点、不同国籍的一百八十名知识分子和执业医生的支持，获得了巨大的成功。[②] 格林鲍姆和斯韦尔斯反对和攻击弗洛伊德理论目的在于孤立其他签名者，支持墨守成规的学院派。1998年1月开幕的国会图书馆展览实际上展现了弗洛伊德的理论在科学和真理方面没有任何重要性。迈克尔·罗斯说："弗洛伊德的观点究竟是对是错，这不重要。重要的是，他的观点浸润了我们所有的文化以及我们通过电影、艺术、连环画或电视理解世界的方法。"[③]

由四十多位作者共同完成的论文合集《精神分析的黑皮书》（*Le livre noir de la psychanalyse*）和米歇尔·翁福雷的著作《偶像的黄昏》（*Le Crepuscule d'une idole*）两本畅销书在法国获得巨大的成功。尽管如此，甚至在认识疗法飞跃发展的背景下，《毁灭者弗洛伊德》支持者的观点也未在法国的学术界扎根。这些观点只不过是一些纸质和视听媒体试图利用弗洛伊德引起轰动、博得观众一笑的手段，很快就被彻底遗忘。[④]

然而，这些论题仍然在舆论界模糊了弗洛伊德生活和作品的形象，最

---

① 菲利普·加尼埃，1949年出生于勒阿弗尔，记者、作家、译者。——译注
② 尼古拉斯·威尔（Nicolas Weill）和拉斐尔·雷罗勒（Raphaëlle Rérolle）与伊丽莎白·卢迪内斯库的谈话，尼古拉斯·威尔与米凯尔·博尔奇-雅各布森的交流，见《世界报》，1996年6月14日。
③ 与帕特里克·萨巴提（Patrick Sabatier）的交流，见《解放报》，1998年10月26日。迈克尔·S. 罗斯（Michael S. Roth）主编，《弗洛伊德：冲突与文化：关于他的生活、工作和遗产的论文集》（*Freud：Conflict and Culture. Essays on His Life, Work and Legacy*），纽约，卡诺普夫出版社（Knopf），1998年。
④ 笔者与西尔万·库里奇（Sylvain Courage）、皮埃尔·德利翁（Pierre Delion）、克里斯蒂安·戈丹（Christian Godin）、罗兰·戈里（Roland Gori）、弗兰克·勒列夫尔（Franck Lelièvre）、纪尧姆·马佐（Gauillaume Mazeau）、杰克·哈利特（Jack Ralite）、让-皮埃尔·叙尔（Jean-Pierre Sueur）一同创作了两本书作为对这些畅销书的答复。《为何如此憎恨？"精神分析黑皮书"解剖》（*Pourquoi tant de haine？Anatomie du «livre noir de la psychanalyse»*），巴黎，那瓦兰出版社（Navarin），2005年以及《为何如此憎恨》，前揭。

疯狂的谣言在被当作真相讲述。这就是为什么当弗洛伊德档案馆最终对研究员开放、在互联网的影响下相关的出版物和辩论日益丰富时，笔者决定为这段历史撰写传记。

2014年4月，动身前往华盛顿的前几日，笔者来到伦敦，来到戈尔德斯格林火葬场①。它位于戈尔德斯格林犹太人墓的对面，埋葬着信教者、无宗教信仰者、作家、共产党、演员、自由的思想家。笔者久久地站在陵墓前，站在雕塑和布满石板、铭文、古瓮以及各式各样物件的哥特式风格的地下室前。不久之前，在元旦的夜里，②一群文物破坏者砸碎了玻璃，而玻璃窗前是盛放西格蒙德·弗洛伊德和玛尔塔·贝尔奈斯骨灰的希腊双耳瓮。这群小偷可能试图偷窃一些值钱的物品，将双耳瓮碰倒摔在大理石的地面上，留给参观者一件失去顶部的纪念物，一个悲伤的场面。这群人在惊慌之下逃跑，没有带走任何物品。

看着这个被破坏的现场，摆放着的祭品，塞满的回忆，盛放弗洛伊德家族成员以及几位亲友骨灰的小盒子，火葬场的负责人埃里克·威利斯（Eric Willis）向笔者讲述了这位智者来到伦敦并在这里过世的漫长故事。笔者无法自抑地想到这种亵渎的行径，或者说这次"斩首"是否意味着弗洛伊德在去世七十五年后，他的神话，他的各种王室家族，他的梦境释义，他关于野蛮游牧民族的故事，关于走路的格拉蒂娃，关于达·芬奇画中的秃鹫，关于弑父以及关于失去诫碑的摩西的故事仍然影响着欧洲的意识。

笔者想象着弗洛伊德向反犹分子举起拐杖，想象他穿上最漂亮的衬衫参观雅典卫城，像一位沉浸在幸福中的恋人般游历罗马，痛斥蠢货，面对惊讶的美国人发表即兴演讲，侃侃而谈；想象在他古老的住处，在他的收藏品、红色的松狮、他的弟子、身边的女性和疯狂的病人中像国王般的统治，想象他等待希特勒的铁靴，却连这个人的名字也不愿提起。笔者告诉自己，长久以来，弗洛伊德一直都是他那个时代和我们这个时代伟大的思想家。

---

① 在安东尼·巴列纳托的陪同下。
② 入室盗窃发生于2013年12月31日至2014年1月1日夜间。

致　谢

笔者要感谢安东尼·巴列纳托(Anthony Ballenato)利用网络为本书查阅和研究了许多英语资料,并陪伴笔者前往伦敦和华盛顿国会图书馆。

感谢弗洛伊德著作的译者奥利维耶·曼诺尼(Olivier Mannoni),给予笔者诸多启发。感谢德语语言学家、莎乐美传记作者伊丽莎白·蒙斯的帮助。感谢克里斯蒂安·佐默①(Christian Sommer)帮助笔者分析马丁·海德格尔关于弗洛伊德和精神分析的论述。

笔者还要感谢丽莎·阿皮尼亚内西②(Lisa Appignanesi)、丹尼·诺布斯(Dany Nobus)以及所有伦敦弗洛伊德博物馆的工作人员,感谢你们的热情接待。感谢剑桥大学历史学和哲学教授约翰·福里斯特(John Forrester),他对弗洛伊德的作品了若指掌,与弗洛伊德及明娜·贝尔奈斯私交甚笃。感谢密德萨斯大学精神分析项目主任茱莉亚·博洛萨(Julia Borossa)。感谢埃里克·威利斯在伦敦戈尔德斯格林火葬场的接待。

感谢英格·舒尔茨-施特拉塞尔(Scholz-Strasser)和丹尼尔·芬齐(Daniela Finzi)在维也纳弗洛伊德博物馆的接待。

笔者衷心感谢国会图书馆手稿部保管员玛格丽特·麦卡利尔(Margaret McAleer)在笔者的研究中提供的帮助,弗洛伊德档案馆馆长安东·O.克里斯(Anton O. Kris)向笔者叙述回忆。感谢法国驻美国大使弗朗索瓦·德拉特(François Delattre)的热情接待,感谢法国驻美国大使馆文化

---

① 克里斯蒂安·佐默,巴黎胡塞尔档案研究员。——译注
② 丽莎·阿皮尼亚内西,出生于1946年,英国作家、小说家、皇家文学协会主席、伦敦弗洛伊德博物馆前主席。——译注

专员卡特琳娜·阿尔贝蒂尼(Catherine Albertini)的支持和热情,以及让-路易·德默尔(Jean-Louis Desmeure)提供的帮助,笔者将铭记于心。

笔者要感谢外交官兼伊塔洛·斯韦沃的传记作者毛里奇奥·塞拉,通过信件交流,他帮助笔者厘清了爱德华多·魏斯、焦瓦基诺·福尔扎诺以及布鲁诺·韦内齐亚尼等人的关系。感谢阿尔布雷希特·希尔施米勒(Albrecht Hirschmuller)关于弗洛伊德生平的宝贵指导。

同样,笔者要感谢卡洛·博诺米(Carlo Bonomi),他对弗洛伊德理论与儿童医学的联系了然于胸,为笔者解答了婴儿创伤的问题。感谢巴勒斯坦精神分析历史学家吉多·利伯曼提供马克斯·艾廷贡生平的重要证词。笔者非常感谢帕特里克·马奥尼,我们之间的交流长达二十年。感谢亨利·雷伊-弗洛、卡尔·休斯克和雅克·勒里德尔在本书撰写过程中起到了重要作用。

感谢吉尔·贝古(Gilles Pecout)让笔者在高等师范学校历史系开设精神分析历史研讨课。感谢二十年来忠实参加这个研讨课程的学生。感谢托马斯·皮凯蒂帮忙计算弗洛伊德的财富。感谢吕克·法内基蒂(Luc Fachetiit)和让-克劳德·巴耶(Jean-Claude Baillieul)仔细耐心的修改。笔者永远记得巴黎狄德罗大学历史系教授安德烈·格斯兰(Andre Gueslin)教授多年来提供的帮助。

最后非常感谢奥利弗·贝图纳[①](Olivier Bétourné),以极大的热情和才华编辑和修改这本著作。

---

① 奥利弗·贝图纳,1951年出生于巴黎,瑟伊出版社负责人。——译注

参考文献

本书撰写期间,笔者查阅诸多档案,下文附相关列表。笔者亦翻阅弗洛伊德作品全集的各种德语和英语译本,并查询了诸多著作及工具书,这些工作对了解弗洛伊德的生平和作品不可或缺。笔者还阅读了弗洛伊德的生平年表,大部分都是德语版本。此外,关于弗洛伊德建立精神分析前的著作正在编撰中。

就法国现存的档案,笔者在此列出不同的译本:

1. 由萨缪尔·扬科列维奇、伊夫·勒·莱、伊尼亚斯·迈耶森、布朗什·勒韦雄-茹夫、玛丽·波拿巴、安妮·贝尔曼等著,伽利玛出版社、法国大学出版社及帕约出版社出版的最早的一些译本。

2. 由费尔南·康邦、柯尼利厄斯·海姆、菲利普·克佩尔、帕特里克·拉科斯特、德尼·梅西耶、玛丽莱娜·韦伯、罗斯玛丽·塞特林著,伽利玛出版社出版的译本。

3. 法国大学出版社的《弗洛伊德全集/精神分析》,1988 年开始编撰,目前尚未完稿,编辑团队包括让·拉普朗什(1924—2012)、皮埃尔·科泰、安德烈·布吉尼翁(1920—1996)、弗朗索瓦·罗贝尔。此项壮举颇具争议,参与者们意图重新追溯弗洛伊德的德语原文文本。因此他们自称"弗洛伊德学家",深信弗洛伊德的语言不是德语,而是"弗洛伊德语",即一种"采用德语表述,但非德语,而是由弗洛伊德创造的语言"。因此弗洛伊德的著作在此译本中,产生许多新词,比如,souhait(希望)或者 désirance 代替 désir(Wunsch,欲望),将 âme(Seele,灵魂)或者 psyché 译作 animique,将 fantasme 或 fantaisie(幻想)表述为 fantaisie。

4. 由让-皮埃尔·莱费博尔(Jean Pierre Lefebvre)主编的译本,瑟伊出版社,"观点"丛书。

5. 奥利维·曼诺尼著,帕约出版社的译本,"帕约小图书馆"系列。

6. 其他的译本。

本书参考文献中亦可找到弗洛伊德大量书信文件的法语译本。

1. 手稿

1. 美国国会图书馆,华盛顿特区,手稿部门,西格蒙德·弗洛伊德著作,弗洛伊德的论文:计划、弗洛伊德手写或打字的信件、家庭证件、病人档案、法律和继承档案、兵役及学习档案、证书、日记、族谱资料,库尔特·埃斯勒的各种采访、证词、照片、绘画、新闻剪报以及其他印刷作品。这些资料充实了弗洛伊德生平以及作品研究的方方面面:与家人、朋友以及同事的关系。

2. 伦敦弗洛伊德博物馆和维也纳弗洛伊德博物馆的档案、作品及文件。

3. 玛丽·波拿巴的档案(来源:塞利亚·贝尔丁)。

4. 伊丽莎白·卢迪内斯库的档案(信件、文件、笔记、研讨会)。

5. 亨利·F. 艾伦伯格的档案,国际精神病学与精神分析史协会,亨利·艾图书馆,圣安妮医院。

2. 印刷出版作品

德语版及英语版弗洛伊德全集

Gesammelte Schriften (GS), 12 volumes : Vienne, 1924—1934.

Gesammelte Werke (GW), 18 volumes et 1 volume de complément sans numérotation. Vol. 1—17: Londres, 1940—1952. Vol. 18: Francfort-sur-le-Main, 1968. Volume complémentaire: Francfort-sur-le-Main, 1987. Toute l'édition: depuis 1960, Francfort-sur-le-Main, S. Fischer Verlag.

Studienausgabe, 10 volumes et 1 volume complémentaire non numéroté:

Francfort-sur-le-Main, S. Fischer Verlag, 1969—1975.

The Standard Edition of the Complete Psychological Works of Sigmund Freud(SE),24 volumes: textes édités par James Strachey, en collaboration avec Anna Freud, Alix Strachey et Alan Tyson, Londres, The Hogarth Press and the Institute of Psycho-Analysis, 1953—1974.

法语版弗洛伊德全集

Œuvres complètes de Freud. Psychanalyse(OCF. P),1886—1939, 21 volumes(édition inachevée, manquent les tomes I et XXI), Paris, Presses universitaires de France(PUF), 1988—2014, avec un glossaire, un index, un volume de présentation: *Traduire Freud*, par André Bourguignon, Pierre Cotet, Jean Laplanche, François Robert. Le tome I, à paraître, contient des articles et conférences sur l'hystérie, les phobies, les psychonévroses de défense, J.-M. Charcot, H. Bernheim, l'hypnose, la suggestion et autres problèmes cliniques. La plupart de ces textes ont fait l'objet de traductions dans diverses revues. Le tome XXI, à paraître, contient un index et un glossaire.

主要作品及文章

1884—1887 *De la cocaïne*, cinq articles sur la cocaïne, in Robert Byck (éd.), trad. par E. Sznycer, Bruxelles, Complexe, 1976; retrad. sous le titre *Un peu de cocaïne pour me délier la langue* par M. Roffi, Paris, Max Milo, 2005.

1891 *Contribution à la conception des aphasies. Une étude critique*, trad. par C. Van Reeth, Paris, PUF, 1983; retrad. sous le titre *Pour concevoir les aphasies. Une étude critique*, par F. Cambon, Paris, EPEL, 2010.

1893 «Charcot», trad. par J. Altounian, A. Bourguignon et A. Rauzy, in *Résultats, idées, problèmes*, t. I, Paris, PUF, 1984.

1895 *Études sur l'hystérie*, préface de M. Bonaparte, trad. par A. Berman, Paris, PUF, 1967; retrad. par J. Altounian, P. Cotet, P. Haller, C. Jouanlanne, F. Kahn, R. Lainé, M.-T. Schmidt, A. Rauzy et F. Robert, *OCF. P*, Ⅱ, 2009.

«Deux comptes rendus contemporains à propos de la conférence "De l'hystérie"», trad. par F. Kahn et F. Robert, Paris, PUF, 2006; *OCF. P*, Ⅱ, 2009.

«Obsessions et phobies», publié en français, *OCF. P*, Ⅲ, 1989.

1896 «L'hérédité et l'étiologie des névroses», publié en français, *OCF. P*, Ⅲ, 1989.

«L'étiologie de l'hystérie», in *Névrose, psychose et perversion*, trad. par J. Bissery et J. Laplanche, Paris, PUF, 1973; retrad. sous le titre «Sur l'étiologie de l'hystérie» par J. Altounian et A. Bourguignon, *OCF. P*, Ⅲ, 1989.

1899 «Sur les souvenirs-écrans», trad. par D. Berger, P. Bruno, D. Guérineau et F. Oppenot, in *Névrose, psychose et perversion*, Paris, PUF, 1973; retrad. sous le titre «Des souvenirs-couverture» par J. Doron, *OCF. P*, Ⅲ, 1989; retrad. sous le titre «Sur les souvenirs-écrans» par D. Messier, in *Huit études sur la mémoire et ses troubles*, Paris, Gallimard, 2010.

1900 *L'Interprétation des rêves*, trad. par I. Meyerson, Paris, PUF, 1926; retrad. sous le titre *L'Interprétation du rêve* par J. Altounian, P. Cotet, R. Lainé, A. Rauzy et F. Robert, *OCF. P*, IV, 2003; retrad. par J.-P. Lefebvre, Seuil, 2010.

1901 *Psychopathologie de la vie quotidienne*, trad. par S. Jankélévitch, Paris, Payot, 1969; retrad. par D. Messier sous le titre *La Psychopathologie de la vie quotidienne*, Paris, Gallimard, 1997; retrad. sous le titre *Sur la psychopathologie de la vie quotidienne* par J. Altounian et P. Cotet, *OCF. P*, V, 2012.

Le Rêve et son interprétation, trad. par H. Legros, Paris, Gallimard, 1925; retrad. sous le titre *Sur le rêve* par C. Heim, Paris, Gallimard, 1988; retrad. sous le titre *Sur le rêve* par J.-P. Lefebvre, Paris,

Seuil, 2011; retrad. sous le titre *Du rêve* par P. Cotet et A. Rauzy, *OCF. P*, V, 2012.

1903 «La méthode psychanalytique de Freud», in *La Technique psychanalytique*, trad. par A. Berman, Paris, PUF, 1953; retrad. par J. Altounian, P. Cotet, J. Laplanche et F. Robert, *OCF. P*, VI, 2006.

1904 «De la psychothérapie», in *La Technique analytique*, trad. par A. Berman, Paris, PUF, 1953; retrad. par P. Cotet et F. Lainé, *OCF. P*, VI, 2006.

1905 «Fragment d'une analyse d'hystérie» (Dora), in *Cinq psychanalyses*, trad. par M. Bonaparte et R. M. Loewenstein, Paris, PUF, 1966; retrad. par F. Kahn et F. Robert, *OCF. P*, VI, 2006.

Le Mot d'esprit et ses rapports avec l'inconscient, trad. par M. Bonaparte et Dr M. Nathan, Paris, Gallimard, 1930; retrad. par D. Messier sous le titre *Le Mot d'esprit et sa relation à l'inconscient*, Paris, Gallimard, 1988; retrad. sous le titre *Le Trait d'esprit et sa relation à l'inconscient* par J. Altounian, P. Haller, D. Hartmann, C. Jouanlanne, F. Kahn, R. Lainé, A. Rauzy et F. Robert, *OCF. P*, VII, 2014.

Trois essais sur la théorie de la sexualité, trad. par B. Reverchon-Jouve, Paris, Gallimard, 1923; retrad. sous le titre *Trois essais sur la théorie sexuelle* par P. Koeppel, Paris, Gallimard, 1987; retrad. par P. Cotet et F. Rexand-Galais, *OCF. P*, VI, 2006; retrad. par M. Géraud, Paris, Seuil, 2012; retrad. par C. Cohen-Skalli, O. Mannoni et A. Weill, Paris, Payot, 2014.

1906 «L'établissement des faits par voie diagnostique et la psychanalyse», in *L'Inquiétante Étrangeté et autres essais*, trad. par A. Rauzy, Paris, Gallimard, 1985; retrad. sous le titre «Diagnostic de l'état des faits et psychanalyse» par A. Rauzy, *OCF. P*, VIII, 2007; retrad. par O. Mannoni, in *L'Inquiétant Familier*, Paris, Payot, 2011.

1907 *Délire et rêves dans un ouvrage littéraire: la «Gradiva» de Jensen*, trad. par M. Bonaparte, Paris, Gallimard, 1931; retrad. sous le titre *Le Délire et les rêves dans la «Gradiva» de W. Jensen* par P. Arhex et R.-M. Zeitlin, Paris, Gallimard, 1991; retrad. par J. Altounian, P. Haller, D. Hartmann et C. Jouanlanne, *OCF. P*, VIII, 2007; retrad. par D. Tassel, préface d'Henri Rey-Flaud, Paris, Seuil, 2013.

«Les explications sexuelles données aux enfants: lettre ouverte au Dr M. Fürst», in *La Vie sexuelle*, trad. par D. Berger, Paris, PUF, 1969; retrad. sous le titre «Sur les éclaircissements sexuels apportés aux enfants: lettre ouverte au Dr M. Fürst» par P. Cotet et F. Rexand-Galais, *OCF. P*, VIII, 2007.

«Actes obsédants et exercices religieux», trad. par M. Bonaparte, in *L'Avenir d'une illusion*, Paris, PUF, 1971; retrad. sous le titre «Actions de contrainte et exercices religieux» par F. Kahn et F. Robert, *OCF. P*, VIII, 2007; retrad. sous le titre «Actes compulsionnels et exercices religieux» par D. Messier, in *Religion*, Paris, Gallimard, 2012.

1908 «Le créateur littéraire et la fantaisie», in *L'Inquiétante Étrangeté et autres essais*, trad. par B. Féron, Paris, Gallimard, 1985: retrad. sous le titre «Le poète et l'activité de fantaisie» par P. Cotet, R. Lainé et M.-T. Schmidt, *OCF. P*, VIII, 2007; retrad. par O. Mannoni, *L'Inquiétant Familier*, Paris, Payot, 2011.

«La morale sexuelle "civilisée" et la maladie nerveuse des temps modernes», in *La Vie sexuelle*, trad. par D. Berger, Paris, PUF, 1969; retrad. sous le titre «La morale sexuelle "culturelle"» par P. Cotet et R. Lainé, *OCF. P*, VIII, 2007.

«Les théories sexuelles infantiles», in *La Vie sexuelle*, trad. par J.-B. Pontalis, Paris, PUF, 1969; retrad. par R. Lainé et A. Rauzy, *OCF. P*, VIII, 2007.

«Le roman familial des névrosés», trad. par J. Laplanche, in *Névrose, psychose et perversion*, Paris, PUF, 1973; même version, *OCF. P*, VIII, 2007.

1909 « Analyse d'une phobie chez un petit garçon de cinq ans » (le petit Hans), in *Cinq psychanalyses*, trad. par M. Bonaparte et R. M. Loewenstein, Paris, Gallimard, 1935; retrad. par R. Lainé et J. Stute-Cadiot, *OCF. P*, IX, 1998.

« Remarques sur un cas de névrose obsessionnelle » (l'Homme aux rats), in *Cinq psychanalyses*, trad. par M. Bonaparte et R. M. Loewenstein, Paris, Denoël & Steele; retrad. sous le titre « Remarques sur un cas de névrose de contrainte » par P. Cotet et F. Robert, *OCF. P*, IX, 1998.

1910 *Cinq leçons sur la psychanalyse*, trad. par Y. Lelay, 1921, repris sous le titre *La Psychanalyse*, Paris, Payot, 1923; retrad. sous le titre *Sur la psychanalyse. Cinq conférences*, par C. Heim, Paris, Gallimard, 1991; retrad. sous le titre *De la psychanalyse* par R. Lainé et J. Stute-Cadiot, *OCF. P*, X, 1993; retrad. sous le titre *Cinq conférences sur la psychanalyse* par B. Lortholary, Paris, Seuil, 2012.

« Les perspectives d'avenir de la thérapeutique analytique », in *La Technique psychanalytique*, trad. par A. Berman, Paris, PUF, 1953; retrad. par F. Cambon, Paris, Gallimard, 1985; retrad. sous le titre « Les chances d'avenir de la thérapie psychanalytique » par R. Lainé et J. Stute-Cadiot, *OCF. P*, X, 1993.

« À propos de la psychanalyse dite "sauvage" », in *La Technique psychanalytique*, trad. par A. Berman, Paris, PUF, 1953; retrad. sous le titre « De la psychanalyse "sauvage" » par J. Altounian, A. Balseinte et E. Wolff, *OCF. P*, X, 1993.

« Des sens opposés dans les mots primitifs », in *L'Inquiétante Étrangeté et autres essais*, trad. par M. Bonaparte et E. Marty, Paris, Gallimard, 1933; retrad. par F. Cambon, Paris, Gallimard, 1985; retrad. sous le titre « Du sens opposé des mots originaires » par J. Altounian, A. Bourguignon et P. Cotet, *OCF. P*, X, 1993.

Un souvenir d'enfance de Léonard de Vinci, trad. par M. Bonaparte,

1927; retrad. par J. Altounian, A. Bourguignon, P. Cotet et R. Lainé, Paris, Gallimard, 1987, préface de J.-B. Pontalis; retrad. par les mêmes et A. Rauzy, *OCF.P*, X, 1993; retrad. par D. Tassel, Paris, Seuil, 2011.

1911 «Le maniement de l'interprétation du rêve en psychanalyse», in *La Technique psychanalytique*, trad. par A. Berman, Paris, PUF, 1953; retrad. par P. Cotet, R. Lainé, A. Rauzy, F. Robert et J. Stute-Cadiot, *OCF.P*, XI, 1998.

«Remarques psychanalytiques sur l'autobiographie d'un cas de paranoïa» (le président Schreber), in *Cinq psychanalyses*, trad. par M. Bonaparte et R. M. Loewenstein, Paris, Gallimard, 1935; retrad. sous le titre «Remarques psychanalytiques sur un cas de paranoïa(*Dementia paranoides*) décrit sous forme autobiographique» par P. Cotet et R. Lainé, *OCF.P*, X, 1993; retrad. par O. Mannoni, Paris, Payot, 2011.

«Grande est la Diane des Éphésiens», trad. par J. Altounian, A. Bourguignon, P. Cotet et A. Rauzy, in *Résultats, idées, problémes*, t. I, Paris, PUF, 1984; retrad. par les mêmes, *OCF.P*, XI, 1998; retrad. par D. Messier, in *Religion*, Paris, Gallimard, 2012.

1912 «Conseils au médecin dans le traitement psychanalytique», in *La Technique psychanalytique*, trad. par A. Berman, Paris, PUF, 1953; retrad. par J. Altounian, F. Baillet, A. Bourguignon, E. Carstanjen, P. Cotet, R. Lainé, C. von Petersdorff, A. Rauzy, F. Robert et J. Stute-Cadiot, *OCF.P*, XI, 1998. «La dynamique du transfert», in *La Technique psychanalytique*, trad. par A. Berman, Paris, PUF, 1953; retrad. sous le titre «Sur la dynamique du transfert» par A. Rauzy, *OCF.P*, XI, 1998.

«Contributions à la psychologie de la vie amoureuse», trois textes (1910—1918): 1° «Un type particulier de choix d'objet chez l'homme»; 2°«Sur le plus général des rabaissements de la vie amoureuse»; 3°«Le tabou de la virginité», in *La Vie sexuelle*, trad. par J.

Laplanche, Paris, PUF, 1969; retrad. par J. Altounian, F. Baillet, A. Bourguignon, P. Cotet et A. Rauzy, *OCF. P*, X, XI, XV, 1993, 1998, 1996.

Totem et tabou, trad. par S. Jankélévitch, Paris, Payot, 1923; retrad. par M. Weber, Paris, Gallimard, 1993; retrad. par J. Altounian, F. Baillet, A. Bourguignon, E. Carstanjen, P. Cotet et A. Rauzy, *OCF. P*, XI, 1998; retrad. par M. Crépon et M. de Launay, in *Anthropologie de la guerre*, Paris, Fayard, 2010; retrad. par D. Tassel, Paris, Seuil, 2011.

1913 «Le thème des trois coffrets», trad. par E. Marty et M. Bonaparte, in *Essais de psychanalyse appliquée*, Paris, Gallimard, 1952; retrad. par B. Féron, sous le titre «Le motif du choix des coffrets», in *L'Inquiétante Étrangeté et autres textes*, Paris, Gallimard, 1985; retrad. sous le titre «Le motif du choix des coffrets» par P. Cotet et R. Lainé, *OCF. P*, XII, 2005. «Le début du traitement», in *La Technique psychanalytique*, trad. par A. Berman, Paris, PUF, 1981; retrad. sous le titre «Sur l'engagement du traitement» par J. Altounian, P. Haller et D. Hartmann, *OCF. P*, XII, 2005.

1914 «Le *Moïse* de Michel-Ange», in *L'Inquiétante Étrangeté et autres essais*, trad. par P. Cotet et R. Lainé, Paris, Gallimard, 1985; retrad. par J. Altounian, A. Bourguignon, P. Cotet, P. Haller, D. Hartmann, R. Lainé, J. Laplanche, A. Rauzy et F. Robert, *OCF. P*, XII, 2005; retrad. par O. Mannoni, *L'Inquiétant Familier*, Paris, Payot, 2011.

«Remémoration, répétition et perlaboration», in *De la technique psychanalytique*, trad. par A. Berman, Paris, PUF, 1981; retrad. par J. Altounian, A. Bourguignon, P. Cotet, P. Haller, D. Hartmann, R. Lainé, J. Laplanche, A. Rauzy et F. Robert, *OCF. P*, XII, 2005.

«Observation sur l'amour de transfert», in *La Technique psychanalytique*, trad. par A. Berman, Paris, PUF, 1953; retrad. sous le titre

«Remarques sur l'amour de transfert» par J. Altounian, A. Bourguignon, P. Cotet, P. Haller, D. Hartmann, R. Lainé, J. Laplanche, A. Rauzy et F. Robert, OCF. P, XII, 2005.

«Pour introduire le narcissisme», in *La Vie sexuelle*, trad. par J. Laplanche, Paris, PUF, 1969; retrad. par J. Laplanche, OCF. P, XII, 2005; retrad. par O. Mannoni, Paris, Payot, 2012.

Sur l'histoire du mouvement psychanalytique, trad. par C. Heim, Paris, Gallimard, 1991; retrad. sous le titre *Contribution à l'histoire du mouvement psychanalytique* par P. Cotet et R. Lainé, OCF. P, XII, 2005.

«De la fausse reconnaissance ("déjà raconté") au cours du traitement psychanalytique», in *La Technique psychanalytique*, trad. par A. Berman, Paris, PUF, 1981; retrad. par P. Cotet et R. Lainé, OCF. P, XII, 2005.

«Extrait de l'histoire d'une névrose infantile» (l'Homme aux loups), rédigé en 1914, publié en 1918, trad. par M. Bonaparte et R. M. Loewenstein, in *Cinq psychanalyses*, Paris, PUF, 1954; retrad. sous le titre «À partir d'une névrose infantile» par J. Altounian et P. Cotet, OCF. P, XIII, 1988.

1915 «Considérations actuelles sur la guerre et sur la mort», in *Essais de psychanalyse*, trad. par S. Jankélévitch, 1927; retrad. par A. Bourguignon, A. Cherki et P. Cotet, Paris, Payot, 1981; retrad. sous le titre «Actuelles sur la guerre et la mort» par OCF. P, XIII, 1988; retrad. sous le titre «Considération actuelle sur la vie et la mort» par M. Crépon et M. de Launay, in *Anthropologie de la guerre*, Paris, Fayard, 2012.

«Un cas de paranoïa en contradiction avec la théorie psychanalytique», trad. par D. Guérineau, in *Névrose, psychose et perversion*, Paris, PUF, 1973; retrad. sous le titre «Communication d'un cas de paranoïa contredisant la théorie psychanalytique» par J. Altounian, A. Bourguignon, P. Cotet, J.-G. Delarbre et D. Hartmann, OCF.

P,XIII, 1988.

1915—1917 Ensemble de textes sur la métapsychologie:«Pulsions et destin des pulsions», «Le refoulement», «L'inconscient», «Complément métapsychologique à la doctrine du rêve»,«Deuil et mélancolie», trad. par A. Berman et M. Bonaparte, in *Métapsychologie*, Paris, Gallimard, 1952; retrad. par J. Laplanche, J.-B. Pontalis, J.-P. Briand, J.-P. Grossein et M. Tort, Paris, Gallimard, 1968; retrad. par J. Altounian, A. Balseinte, A. Bourguignon, A. Cherki, P. Cotet, J.-G. Delarbre, D. Hartmann, J.-R. Ladmiral, J. Laplanche, J.-L. Martin, A. Rauzy et P. Soulez, *OCF.P*, XIII, 1988.
«Pulsion et destin des pulsions», retrad. par O. Mannoni, Paris, Payot,2012.
Vue d'ensemble des névroses de transfert. Un essai métapsychologique, trad. par P. Lacoste, Paris, Gallimard, 1986; retrad. par J. Laplanche, *OCF.P*,XIII, 1988.

1916—1917 «Fugitivité», trad. par M. Bonaparte, *Revue française de psychanalyse*, 1956; retrad. sous le titre «Passagèreté» par J. Altounian, A. Bourguignon, P. Cotet et A. Rauzy, *OCF.P*,XIII, 1988; retrad. sous le titre «Éphémère destinée» par D. Messier, in *Huit études sur la mémoire et ses troubles*,Paris, Gallimard, 2010.
Introduction à la psychanalyse, trad. par S. Jankélévitch, Paris, Payot, 1922; retrad. sous le titre *Conférences d'introduction à la psychanalyse* par F. Cambon, Paris, Gallimard, 1999; retrad. sous le titre *Leçons d'introduction à la psychanalyse* par A. Bourguignon, J.-G. Delarbre, D. Hartmann et F. Robert, *OCF.P*,XIV, 2000. Vingt-huit conférences. «Parallèle mythologique à une représentation obsessionnelle plastique», in *L'Inquiétante Étrangeté et autres essais*, trad. par B. Féron, Paris, Gallimard, 1985; retrad. par J. Altounian, A. Bourguignon, P. Cotet, J.-G. Delarbre, J. Doron, R. Doron, J. Dupont, D. Hartmann, R. Lainé, J. Laplanche, C. von Petersdorff, A. Rauzy, F. Robert, J. Stute-Cadiot, C. Vincent et

A. Zäh-Gratiaux, *OCF. P*, XV, 2002.

1917 «Une difficulté de la psychanalyse», trad. par M. Bonaparte et E. Marty, in *Essais de psychanalyse appliquée*, 1933; retrad. par B. Féron, in *L'Inquiétante Étrangeté et autres textes*, Paris, Gallimard, 1985; retrad. par J. Altounian, A. Bourguignon, P. Cotet et A. Rauzy, *OCF. P*, XV, PUF, 1996.

«Sur les transpositions des pulsions, plus particulièrement dans l'érotisme anal», in *La Vie sexuelle*, Paris, PUF, 1969; retrad. par J. Altounian, A. Bourguignon, P. Cotet et J. Stute-Cadiot, *OCF. P*, XV, 1996.

«Un souvenir d'enfance dans *Fiction et vérité* de Goethe», trad. par M. Bonaparte et E. Marty, in *Essais de psychanalyse appliquée*, Paris, Gallimard, 1933; retrad. sous le titre «Un souvenir d'enfance de *Poésie et vérité* de Goethe» par B. Féron, in *L'Inquiétante Étrangeté et autres essais*, Paris, Gallimard, 1985; retrad. sous le même titre par J. Altounian, A. Bourguignon, P. Cotet et R. Lainé, *OCF. P*, XV, 1996.

1919 «Les voies nouvelles de la thérapeutique psychanalytique», in *La Technique psychanalytique*, trad. par A. Berman, Paris, PUF, 1981; retrad. sous le titre «Les voies de la thérapeutique psychanalytique» par J. Altounian et P. Cotet, *OCF. P*, XV, 1996.

«Doit-on enseigner la psychanalyse à l'Université?», trad. par J. Dor, in *Résultats, idées, problèmes*, t. I, Paris, PUF, 1984; retrad. sous le titre «Faut-il enseigner la psychanalyse à l'Université?» par J. Dupont, *OCF. P*, XV, 1996.

«On bat un enfant. Contribution à l'étude de la genèse des perversions sexuelles, trad. par H. Hoesli, *Revue française de psychanalyse*, 6, 1933; retrad. sous le titre «Un enfant est battu. Contribution à la connaissance de la genèse des perversions sexuelles» par D. Guérineau, in *Névrose, psychose et perversion*, Paris, PUF, 1973; retrad. par J. Altounian et P. Cotet, *OCF. P*, XV, 1996.

«L'inquiétante étrangeté», trad. par M. Bonaparte et E. Marty, in *Essais de psychanalyse appliquée*, Paris, Gallimard, 1952; retrad. par Bernard Ferron, in *L'Inquiétante Étrangeté et autres essais*, Paris, Gallimard, 1985; retrad. sous le titre «L'inquiétant» par J. Altounian, A. Bourguignon, P. Cotet et J. Laplanche, *OCF. P*, XV, 1996; retrad. sous le titre *L'Inquiétant Familier* par O. Mannoni, Paris, Payot, 2011.

«Introduction à *La Psychanalyse des névroses de guerre*», in *Résultats, idées, problèmes*, t. I, trad. par J. Altounian, Paris, PUF, 1984; retrad. par A. Bourguignon, C. von Petersdorff, *OCF. P*, XV, 1996; retrad. par O. Mannoni, sous le titre «De la psychanalyse des névroses de guerre», in *Sur les névroses de guerre*, Paris, Payot, 2010.

1920 «Sur la psychogenèse d'un cas d'homosexualité féminine», trad. par D. Guérineau, in *Névrose, psychose et perversion*, Paris, PUF, 1973; retrad. sous le titre «De la psychogenèse d'un cas d'homosexualité féminine» par J. Altounian, P. Cotet, C. Vincent et A. Zäh-Gratiaux, *OCF. P*, XV, 1996. *Au-delà du principe de plaisir*, in *Essais de psychanalyse*, trad. par J. Laplanche et J.-B. Pontalis, Paris, Payot, 1981; retrad. par J. Altounian, A. Bourguignon, P. Cotet et A. Rauzy, *OCF. P*, XV, 1996; retrad. par J.-P. Lefebvre, Seuil, Paris, 2014.

1921 «Psychanalyse et télépathie», trad. par J. Altounian, O. Bourguignon, J. Laplanche et A. Rauzy, in *Résultats, idées, problèmes*, t. II, Paris, PUF, 1995; retrad. par les mêmes avec B. Chabot et J. Stute-Cadiot, *OCF. P*, XVI, 1991.

Psychologie collective et analyse du moi, trad. par S. Jankélévitch, Paris, Payot, 1924; retrad. par J. Laplanche et J.-B. Pontalis, in *Essais de psychanalyse*, Paris, Payot, 1972; retrad. sous le titre *Psychologie des foules et analyse du moi* par J. Altounian, O. Bourguignon et A. Rauzy, Paris, Payot, 1981; retrad. sous le titre *Psy-*

chologie des masses et analyse du moi par J. Altounian, A. Bourguignon, P. Cotet et A. Rauzy, *OCF.P*, XVI, 1991; retrad. par D. Tassel, Paris, Seuil, 2014.

1922 «De quelques mécanismes névrotiques dans la jalousie, la paranoïa et l'homosexualité», trad. par J. Lacan, *Revue française de psychanalyse*, 5, 1932; retrad. par D. Guérineau, in *Névrose, psychose et perversion*, Paris, PUF, 1973; retrad. par J. Altounian et F. M. Gathelier, *OCF.P*, XVI, 1991.

«Psychanalyse et télépathie», trad. par B. Chabot, in *Résultats, idées, problèmes*, t. II, Paris, PUF, 1985; retrad. par J. Altounian, A. Bourguignon, P. Cotet et J. Stute-Cadiot, *OCF.P*, XVI, 1991.

«Rêve et télépathie», trad. par J. Altounian, O. Bourguignon, J. Laplanche, A. Rauzy, in *Résultats, idées, problèmes*, t. II, Paris, PUF, 1995; retrad. par les mêmes avec B. Chabot, F.-M. Gathelier et J. Stute-Cadiot, *OCF.P*, XVI, 1991.

«Une névrose démoniaque au XVIIe siècle», trad. par M. Bonaparte et E. Marty, in *Essais de psychanalyse appliquée*, Paris, Gallimard, 1952; retrad. sous le titre «Une névrose diabolique au XVIIe siècle» par B. Féron, in *L'Inquiétante Étrangeté et autres essais*, Paris, Gallimard, 1985; retrad. par P. Cotet et R. Lainé, *OCF.P*, XVI, 1991; retrad. par O. Mannoni, in *L'Inquiétant Familier*, Paris, Payot, 2011.

1923 *Le Moi et le ça*, in *Essais de psychanalyse*, trad. par J. Laplanche, Paris, Payot, 1981; retrad. par C. Baliteau, A. Bloch, J.-M. Rondeau et J. Stute-Cadiot, *OCF.P*, XVI, 1991.

«L'organisation génitale de la vie sexuelle infantile», in *La Vie sexuelle*, trad. par J. Laplanche, Paris, PUF, 1969; retrad. sous le titre «L'organisation génitale infantile» par J. Doron et R. Doron, *OCF.P*, XVI, 1991.

1924 «Le déclin du complexe d'Œdipe», in *La Vie sexuelle*, trad. par D. Berger, Paris, PUF, 1969; retrad. sous le titre «La disparition du complexe d'Œdipe» par P. Cotet, H. Hildebrand et A. Lindenberg, *OCF.P*, XVII, 1992.

1925 *Ma vie et la psychanalyse*, trad. par M. Bonaparte, Paris, Gallimard, 1925; retrad. par F. Cambon, sous le titre *Sigmund Freud présenté par lui-même*, Paris, Gallimard, 1984; retrad. sous le titre *Autoprésentation* par J. Altounian, C. Avignon, A. Balseinte, A. Bourguignon, M. Candelier, C. Chiland, P. Cotet, J.-G. Delarbre, J. Doron, R. Doron, M. Hanus, D. Hartmann, H. Hildebrand, R. Lainé, J. Laplanche, A. Lindenberg, C. von Petersdorff, M. Pollack-Cornillot, A. Rauzy et M. Strauss, *OCF.P*, XVII, 1992.

«Résistances à la psychanalyse», article écrit en français par Freud, *La Revue juive*, 1, 1925, repris in *Résultats, idées, problèmes*, t. II, Paris, PUF, 1985; trad. depuis la version allemande, sous le titre «Les résistances contre la psychanalyse», par J. Altounian et P. Cotet, *OCF.P*, XVII, 1992. «Note sur le "Bloc-notes magique"», trad. par J. Laplanche et J.-B. Pontalis, in *Résultats, idées, problèmes*, t. II, Paris, PUF, 1985; retrad. sous le titre «Note sur le "Bloc magique"» par J. Altounian et P. Cotet, *OCF.P*, XVII, 1992; retrad. sous le premier titre par D. Messier, in *Huit études sur la mémoire et ses troubles*, Paris, Gallimard, 2010.

«La négation», trad J. Laplanche, in *Résultats, idées, problèmes*, Paris, PUF, 1985; repris sans modification, *OCF.P*, XVII, 1992; retrad. par O. Mannoni sous le titre «La dénégation», in *Trois mécanismes de défense*, Paris, Payot, 2012. Cet article a fait l'objet d'une dizaine de traductions, et c'est Jean Hyppolite, en 1956, qui a proposé le terme «dénégation» plutôt que «négation».

«Quelques conséquences psychologiques de la différence anatomique entre les sexes», in *La Vie sexuelle*, trad. par D. Berger, Paris, PUF, 1969; retrad. sous le titre «Quelques conséquences psychiques de la différence des sexes au niveau anatomique» par M. Candelier, C. Chiland et M. Pollack-Cornillot, *OCF.P*, XVII, 1992.

1926 *Inhibition, symptôme et angoisse*, trad. par M. Tort, Paris, PUF, 1965; retrad. par J. Doron et R. Doron, *OCF. P*, XVII, 1992; retrad. par O. Mannoni, Paris, Payot, 2014.

Psychanalyse et médecine, trad. par M. Bonaparte, Paris, Gallimard, 1928; retrad. sous le titre *La Question de l'analyse profane* par J. Altounian, A. et O. Bourguignon, P. Cotet et A. Rauzy, Paris, Gallimard, 1985; retrad. par les mêmes, *OCF. P*, XVIII, 1994.

1927 «Le fétichisme», in *La Vie sexuelle*, trad. par D. Berger, Paris, PUF, 1969; retrad. par R. Lainé, *OCF. P*, XVIII, 1994; retrad. par O. Mannoni, in *Trois mécanismes de défense*, Paris, Payot, 2012.

L'Avenir d'une illusion, trad. par M. Bonaparte, Paris, PUF, 1971; retrad. par J. Altounian, A. Balseinte, A. Bourguignon, P. Cotet, J.-G. Delarbre et D. Hartmann, *OCF. P*, XVIII, 1994; retrad. par B. Lortholary, Paris, Seuil, 2011; retrad. par D. Messier, in *Religion*, Paris, Gallimard, 2012; retrad. par Claire Gillie, préface de Paul-Laurent Assoun, Paris, Cerf, 2012.

1928 «Un événement de la vie religieuse», in *L'Avenir d'une illusion*, trad, par M. Bonaparte, Paris, PUF, 1971; retrad. sous le titre «Une expérierice vécue religieuse» par A. Balseinte et E. Wolff, *OCF. P*, XVIII, 1994; retrad. sous le titre «Une expérience vécue à caractère religieux» par D. Messier, in *Religion*, Paris, Gallimard, 2012.

«Dostoïevski et le parricide», trad. par J.-B. Pontalis et C. Heim, in *Résultats, idées, problèmes*, t. II, Paris, PUF, 1985; retrad. sous le titre «Dostoïevski et la mise à mort du père» par J. Altounian, A. Bourguignon, E. Carstanjen et P. Cotet, *OCF. P*, XVIII, 1994.

1930 *Malaise dans la civilisation*, trad. par C. Odier (1934), Paris, PUF, 1971; retrad. sous le titre *Le Malaise dans la culture* par P. Cotet, R. Lainé, J. Stute-Cadiot, J. André, Paris, PUF, 1995; retrad. par P. Cotet, R. Lainé et J. Stute-Cadiot, *OCF. P*, XVIII,

1994 ; retrad. par B. Lortholary sous le titre *Malaise dans la civilisation*, Paris, Seuil, 2010 ; retrad. sous le même titre par M. Crépon et M. de Launay, in *Anthropologie de la guerre*, Paris, Fayard, 2010.

1931 « Des types libidinaux », trad. par D. Berger, in *La Vie sexuelle*, Paris, PUF, 1969 ; retrad. par M. Candelier, C. Chiland et M. Pollack-Cornillot, *OCF. P*, XIX, 1995.

« Sur la sexualité féminine », trad. par D. Berger, in *La Vie sexuelle*, Paris, PUF, 1969 ; retrad. par M. Candelier, C. Chiland et M. Pollack-Cornillot, *OCF. P*, XIX, 1995.

1933 *Nouvelles Conférences d'introduction à la psychanalyse*, trad. par A. Berman, Paris, Gallimard, 1936 ; retrad. sous le titre *Nouvelle Suite des leçons d'introduction à la psychanalyse* par M. R. Zeitlin, Paris, Gallimard, 1984 (sept conférences : « Révision de la théorie du rêve », « Le rêve et l'occultisme », « La décomposition de la personnalité psychique », « Angoisse et vie pulsionnelle », « La féminité », « Éclaircissements, applications, orientations », « Sur une *Weltanschauung* ») ; retrad. par J. Altounian, A. Bourguignon, P. Cotet, A. Rauzy et M. R. Zeitlin, *OCF. P*, XIX, 1995.

Pourquoi la guerre ?, Institut international de coopération intellectuelle, Société des Nations, 1933 ; retrad. par J. Altounian, A. Bourguignon, P. Cotet et A. Rauzy, *OCF. P*, XIX, 1995 ; retrad. par M. Crépon et M. de Launay, in *Anthropologie de la guerre*, Paris, Fayard, 2010.

1936 « Un trouble de mémoire sur l'Acropole », trad. par M. Robert, in *Résultats, idées, problèmes*, t. II, Paris, PUF, 1985 ; retrad. sous le titre « Un trouble du souvenir sur l'Acropole. Lettre à Romain Rolland », par P. Cotet et R. Lainé, *OCF. P*, XIX, 1995 ; retrad. par Denis Messier, in *Huit études sur la mémoire et ses troubles*, Paris, Gallimard, 2010.

1937 « Analyse terminée et analyse interminable », trad. par A. Berman, *Revue française de psychanalyse*, 11, 1939 ; retrad. sous le titre

«L'analyse avec fin et l'analyse sans fin» par J. Altounian, A. Bourguignon, P. Cotet, J. Laplanche et F. Robert, in *Résultats, idées, problèmes*, t. II, Paris, PUF, 1985; retrad. par les mêmes , *OCF. P*, XX, 2010.

«Constructions dans l'analyse», trad. par E. R. Hawelka, U. Huber et J. Laplanche, in *Résultats, idées, problèmes*, t. II, Paris, PUF, 1985; retrad. par J. Altounian, P. Cotet, J. Laplanche et F. Robert, *OCF. P*, XX, 2010.

1938 «Un mot sur l'antisémitisme», trad. par P. Cotet et R. Lainé, *OCF. P*, XX, 2010.

1939 *Moïse et le monothéisme*, trad. par A. Berman, Paris, PUF, 1948; retrad. sous le titre *L'Homme Moïse et la religion monothéiste* par C. Heim, Paris, Gallimard, 1986; retrad. par J. Altounian, P. Cotet, P. Haller, C. Jouanlanne, R. Lainé et A. Rauzy, *OCF. P*, XX, 2010; retrad. sous le même titre par J.-P. Lefebvre, Paris, Seuil, 2012; retrad. sous le même titre par O. Mannoni, Paris, Payot, 2014.

1940 *Abrégé de psychanalyse*, trad. par A. Berman, Paris, PUF, 1951; traduction revue par J. Laplanche, Paris, PUF, 1985; retrad. par F. Kahn et F. Robert, *OCF. P*, XX, 2010.

弗洛伊德法文信札

La Naissance de la psychanalyse. Lettres à Wilhelm Fliess, éd. incomplète, établie par M. Bonaparte, A. Freud et E. Kris, trad. par A. Berman, Paris, PUF, 1956. Avec «Esquisse d'une psychologie scientifique»(1895).

Lettres à Wilhelm Fliess, 1887—1904, éd. complète établie par J. M. Masson, revue et augmentée par M. Schröter, transcription de G. Fichtner, trad. par F. Kahn et F. Robert, Paris, PUF, 2006. Avec «Esquisse d'une psychologie scientifique»(1895). La présentation de Masson ne figure pas dans l'édition française.

Correspondance, 1873—1939, trad. par A. Berman et J.-P. Grossein, Paris, Gallimard, 1960.

« *Notre cœur tend vers le sud*». *Correspondance de voyage*, 1895—1923, trad. par J.-C. Capèle, édité et présenté par C. Tögel avec la collaboration de M. Molnar, préface d'É. Roudinesco, Paris, Fayard, 2005.

Lettres à ses enfants, éd. établie par M. Schröter, avec la collaboration d'I. Meyer-Palmedo et E. Falzeder, trad. de l'allemand par F. Cambon, Paris, Aubier, 2012.

弗洛伊德法文书信集

Karl ABRAHAM- *Correspondance complète*, 1907-1926, trad. de l'allemand, présenté et annoté par F. Cambon, Paris, Gallimard, 2006.

Lou ANDREAS-SALOMÉ- *Correspondance*, 1912—1936, suivi du *Journal d'une année*, 1912—1913, trad. de l'allemand par L. Jumel, avant-propos et notes d'E. Pfeiffer, Paris, Gallimard, 1970.

Ludwig BINSWANGER- *Correspondance*, 1908—1938, éd, et introd. par G. Fichtner, trad. de l'allemand par R. Menahem et M. Strauss, préface de J. Gillibert, Paris, Calmann-Lévy, 1995.

Hilda DOOLITTLE- *Visage de Freud*, trad. de l'anglais par F. de Gruson, Paris, Denoël, 1977; retrad. sous le titre *Pour l'amour de Freud*, par N. Casanova et E. Ochs, préface d'É. Roudinesco, Paris, Éditions Des femmes-Antoinette Fouque, 2010.

Max EITINGON- *Correspondance*, 1906—1939, éd. de M. Schröter, trad. de l'allemand par O. Mannoni, Paris, Hachette Littératures, 2009.

Sandor FERENCZI- *Correspondance*, 1908—1933, 3 vol., éd. sous la dir. d'A. Haynal, trad. de l'allemand par le Groupe de traduction du *Coq-Héron*, Paris, Calmann-Lévy, 1992—2000.

Anna FREUD- *Correspondance*, 1904—1938, éd. par I. Meyer-Palmedo, trad. de l'allemand par O. Mannoni, préface d'É. Roudinesco,

Paris, Fayard, 2012.

Famille FREUD- *Lettres de famille de Sigmund Freud et des Freud de Manchester*, *1911—1938*, présenté et trad. de l'anglais par C. Vincent, Paris, PUF, 1996.

Ernest JONES- *Correspondance complète*, *1908—1939*, éd. par R. Andrews Paskauskas, trad. de l'anglais et de l'allemand par P.-E. Dauzat, avec la collaboration de M. Weber et J.-P. Lefebvre, introd. de R. Steiner, Paris, PUF, 1998.

Carl Gustav JUNG- *Correspondance*, *1906—1914*, 2 vol., éd. par W. McGuire, trad. de l'allemand et de l'anglais par R. Fivaz-Silbermann, Paris, Gallimard, 1975.

Oskar PFISTER- *Correspondance*, *1909—1939*, publié par les soins d'E. L. Freud et de H. Meng, trad. de l'allemand par L. Jumel, préface de D. Widlöcher, Paris, Gallimard, 1991. Version incomplète.

Romain ROLLAND- *Correspondance*, *1923—1936*, éd. et trad. par H, Vermorel et M. Vermorel, préface d'A. Bourguignon, Paris, PUF, 1993.

Eduard SILBERSTEIN- *Lettres de jeunesse*, *1882—1939*, trad. de l'allemand par C. Heim, Paris, Gallimard, 1990.

Sabrina SPIELREIN- *Sabina Spielrein entre Freud et Jung*, dossier découvert par A. Carotenuto et C. Trombetta, éd. française de M. Guibal et J. Nobécourt, trad. de l'italien par M. Armand et de l'allemand par M. de Launay et P. Rusch, Paris, Aubier-Montaigne, 1981.

Edoardo WEISS- *Lettres sur la pratique psychanalytique*, précédé de *Souvenirs d'un pionnier de la psychanalyse*, trad. par J. Etoré, introd. de J. Chazaud et M. Grotjahn, Toulouse, Privat, 1975.

Arnold ZWEIG- *Correspondance*, *1927—1939*, publié par les soins d'E. et L. Freud, trad. de l'allemand par L. Weibel avec la collaboration de J.-C. Gehrig, préface de M. Robert, Paris, Gallimard, 1973.

Stefan ZWEIG- *Correspondance*, *1908—1939*, trad. de l'allemand par G. Hauer et D. Plassard, texte et notes de H.-U. Lindken, préface de R. Jaccard, Paris, Payot-Rivages poche, 1995.

法文和英文文本汇编

Les Premiers Psychanalystes. Minutes de la Société psychanalytique de Vienne, 1906—1978, 4 vol., Paris, Gallimard, 1976—1983.

Revue internationale d'histoire de la psychanalyse (*RIHP*), 6 numéros, 1988—1993, sous la direction d'Alain de Mijolla, Paris, PUF.

Freud's Library. A Comprehensive Catalogue, bilingue allemand-anglais, édité par Michael Schröter, en collaboration avec Keith Davies et Gerhard Fichtner, The Freud Museum, Londres, 2006. Avec un CD contenant les titres des volumes de la bibliothèque de Freud.

En préparation, sous la direction de Mark Solms, la publication de deux cents articles, textes et interventions de Freud de 1877 à 1900. Cf. F. Gee-rardyn et G. Van de Vijver (dir.), *Aux sources de la psychanalyse*, Paris, L'Harmattan, 2006.

Résumé des œuvres complètes de Freud, 4 vol., sous la direction de L. Joseph et C. Masson, Paris, Hermann, 2009.

3. 工具书

Jean Laplanche et Jean-Bertrand Pontalis, *Vocabulaire de la psychanalyse*, Paris, PUF, 1967.

Élisabeth Roudinesco et Michel Plon, *Dictionnaire de la psychanalyse* (1997), Paris, Le Livre de poche, coll. «La Pochothèque», 2011.

Alain Delrieu, *Index thématique, raisonné, alphabétique, chronologique, commenté*, Paris, Anthropos, 2001.

Paul-Laurent Assoun, *Dictionnaire des œuvres psychanalytiques*, Paris, PUF, 2009.

4. 弗洛伊德生平及著作的完整编年史

Voir Christfried Tögel, *Freud Diarium*, 470 pages en allemand: http://www.freud-biographik.de

弗洛伊德的病人

Altman,Rosa(阿尔特曼,罗莎):1898 年

Ames,Thaddeus H.(阿姆斯,撒迪厄斯·H.):1921 年

Banfield Jackson,Edith(杰克逊·班菲尔德,伊迪特):1930—1936 年

Bauer,Ida(鲍尔,伊达["朵拉病例"]):1900 年

Beddow,David(贝多,戴维):1933—1934 年

Bernfeld,Suzanne Paret(伯恩菲尔德,苏珊·帕雷[婚前名苏珊·帕雷·卡西雷尔]):1932—1934 年

Bieber(比伯):1919 年(牙医)

Blanton,Simley(布兰顿,斯迈利):1929 和 1930 年,1935 年、1937 年和 1938 年断断续续

Blum,Ernst(布卢姆,恩斯特):1922 年

Blumgart,Leonard(布卢姆加特,莱奥纳多):1921 年

Bonaparte,Eugénie(波拿巴,欧也妮):1925 年后几场治疗

Bonaparte,Marie(波拿巴,玛丽):1925—1938 年

Boss,Medard(博施,梅达尔):1925 年后几场治疗

Brunswick,David(布伦丝维克,戴维):1927—1931 年

Brunswick,Mark(布伦丝维克,马克):1924—1928 年

Brunswick,Ruth Mack(布伦丝维克,露丝·麦克):1922 年

Bryant,Louise(布赖恩特,路易丝):1930 年

Bullitt,William C.(蒲立德,威廉·C.):1930 年

Burlingham,Dorothy(伯林厄姆,多罗西):1927—1939 年

Burrow,Trigant(伯罗,特里戈):1924 年

Cherniakova, Sascha(切尔尼亚科夫,萨沙):1905 年

Choisy, Maryse(舒瓦西,玛丽斯):1924 年,三场

Csonka, Margarethe(琼卡,玛格丽特):1920 年

David, Jakob Julius(戴维,雅各·朱利叶斯):？年

Deutsch, Helene(朵伊契,海伦娜):1918—1919 年

Dirsztay, Viktor von(迪斯泰,维克托·冯):1909 年,1917—1920 年

Doolittle, Hilda(杜丽特尔,希尔达):1933—1934 年

Dorsey, John(多尔塞,约翰):1935—1936 年

Dubovitz, Margit(杜博维茨,玛吉特):1920 年

Eckstein, Emma(埃克施泰因,爱玛):1895—1904 年

Eder, David(埃德,戴维):1913 年

Eim, Gustav(艾姆,居斯塔夫):1893 年

Eitingon, Max(艾廷贡,马克斯):1909 年

Fellner, Oscar(费尔纳,奥斯卡):1895—1900 年

Ferenczi, Sandor(费伦齐,桑多尔):1914—1916 年

Ferstel, baronne Marie von(费斯特尔,玛丽·冯男爵夫人[婚前名玛丽·索尔什]):1899—1903 年

Fischer-Colbrie Arthur(费舍尔-科尔布里,亚瑟):1915—1916 年

Flournoy, Henri(弗卢努瓦,亨利):1922 年

Forsyth, David(福赛思,戴维):1920 年

Forzano, Concetta(福尔扎诺,孔切塔):1933 年,一次咨询

Freud, Anna(弗洛伊德,安娜):1918—1921 年,1924—1929 年

Freund, Anton von(弗洛因德,安东·冯):1918—1919 年

Freund, Rózsi von(弗洛因德,罗日·冯[婚前名罗日·布罗迪]):1915—1916 年

Frink, Horace W.(弗林克,贺拉斯·W.):1920—1920 年

Gattel, Felix(加泰尔,菲利克斯):1897—1898 年

Goetz, Bruno(戈茨,布鲁诺):1905 年

Gomperz, Elise(贡珀茨,埃莉斯[婚前名埃莉斯·冯·希霍斯基]):1886—1892 年

Graf, Herbert(格拉夫,赫伯特,通过马克斯·格拉夫):1908 年

弗洛伊德的病人

Grinker, Roy(格林克,罗伊):1935—1936年

Guggenbühl, Anna(古根包尔,安娜):1921年

Haller, Maggie(哈勒,玛吉):1901—1912年

Hartmann, Dora(哈特曼,朵拉[婚前名朵拉·卡普拉斯]):1920年

Hartmann, Heinz(哈特曼,海因茨):1925年

Hering, Julius(赫林,朱利叶斯):1919年

Hinkle-Moses, Beatrice(欣克-摩西,贝亚特丽丝):1909年

Hirschfeld, Elfriede(赫希菲尔德,艾尔弗里德):1908年

Hirst, Ada(赫斯特,艾达,婚前名[艾达·希尔施]):1908年

Hirst, Albert(赫斯特,阿尔伯特[曾用名阿尔伯特·希尔施]):1909年

Hitschmann, Eduard(希奇曼,爱德华):1909年

Hoesch-Ernst, Lucy(赫而施-恩斯特,露西):1913—1914年

Hönig, Olga(赫尼格尔,奥尔加):1897年

Jekels, Ludwig(耶克尔,路德维希):1905年

Jeteles, Adele(雅伊特勒斯,阿黛尔):1890年

Jokl, Robert Hans(约克尔,罗贝尔·汉斯):1919年

Kann, Loe(卡恩,琳奥):1912—1914年

Kardiner, Abram(卡迪纳,艾布拉姆):1924年

Karpas, Morris J.(卡尔帕什,莫里斯·J.):1909年,几场治疗

Kosawa, Heisaku(神泽平作):1932年

Kremzir, Margit(克雷姆齐尔,玛吉特[婚前名魏斯·德·苏尔达]):1900年,十四次

Kriser, Rudolf(克里泽,鲁道夫):1916年,1917—1919年

Lampl-De Groot, Jeanne(兰普尔-德·格鲁特,让娜[婚前名让娜·德·格鲁特]):1922—1925年,1931年

Landauer, Karl(兰道尔,卡尔):1912年

Lanzer, Ernst(兰策,恩斯特["鼠人"病例]):1907—1908年

Lehrman, Phillip(莱尔曼,菲利普):1928—1929年

Levy, Kata(列维,卡达[婚前名卡达·托塞吉]):1918年

Lieben, baronne Anne von(利本,安妮·冯男爵夫人):1887年

Liebman, Carl(利布曼,卡尔):1925—1930年

Mahler, Gustav(梅勒,居斯塔夫):1908年,四小时

Mayreder, Karl(迈尔德,卡尔):1915年,十周

McCord Clinton(麦科德,克林顿):1929年

Meyer, Monroe(梅耶,门罗):1921年

Money-Kyrle, Roger(莫尼-克尔,罗杰):1922—1924年

Moser, Fanny(莫泽,范妮[婚前名芬妮·祖尔策-瓦特],["埃米·冯·N."病例]):1889—1890年

Nacht, Tamara(纳赫特,塔姆拉):1911年

Nunberg, Margarethe(农贝格,玛格丽特[婚前名玛格丽特·里]):1918—1919年

Oberndorf, Clarence(奥本多夫,克拉伦斯):1921年

Oberhozer, Emil(奥伯霍尔策,埃米尔):1913年

Öhm, Aurelia(厄姆,奥雷利亚[婚前名奥雷利亚·克罗尼施]["哈特琳娜"病例]):1893

Palmstierna, Vera(帕姆斯蒂纳,薇拉[婚前名薇拉·杜克]):1934年

Palos, Elma(帕洛什,埃尔玛):1912年

Pankejeff, Sergius(ou Serguei)Constantinovitch(潘克耶夫,谢尔久斯或谢尔格伊·康斯坦丁诺维奇["狼人"病例]):1910—1914年

Polon, Albert(波隆,阿尔伯特):1921年

Powers, Lillian Delger(鲍尔斯,莉莉安·德尔热):1924—1926年

Putnam, James J.(帕特南,詹姆斯·J.):1911年,六小时

Rank, Otto(兰克,奥托):1924年

Reik, Theodor(赖克,西奥多):1930年

Revesz-Rado, Erszebet(雷韦斯-拉多,埃尔泽别):1918年

Rickman, John(里克曼,约翰):1920—1922年

Riviere, Joan(里维耶,琼):1922—1926年

Rosanes, Flora(罗萨内斯,福洛拉):1896年

Rosenfeld, Eva(罗森菲尔德,埃娃):1929—1932年

Sarasin, Philippe(萨拉赞,菲利普):1923年,两小时

Saussure, Raymond de(索绪尔,雷蒙德·德):1920年

Schmideberg, Walter(施密德伯格,沃尔特):1935—1937年

Schwarcz, Aranka(施瓦茨,阿兰卡):1916 年,1917 年,1918 年

Silberstein, Pauline(西尔伯施泰因,葆琳娜):1891 年,一次咨询

Sokolnicka, Eugenie(欧也妮·索科尔尼卡):1913 年

Spitz, René A(史毕兹,勒内·A.):1910—1911 年

Stern, Adolph(斯特恩,阿道夫):1919 年

Stekel, Wilhelm(斯泰克尔,威廉):1900 年,几周

Strachey, Alix(斯特雷奇,阿历克斯):1920 年

Strachey, James(斯特雷奇,詹姆斯):1920 年

Swoboda, Hermann(斯沃博达,赫尔曼):1900 年

Tansley, Arthur(坦斯利,亚瑟):1922 年,1923 年,1924 年

Thayer, Scofield(泰尔,斯科菲尔德):1921 年

Van der Leeuw, Jan(范·德·莱乌,让):1934 年

Veneziani, Bruno(韦内齐亚尼,布鲁诺):1912—1914 年

Vest, Anna von(韦什特,安娜·冯):1903 年和 1925 年

Vezeg, Kurt Redlich Edler von(韦泽,库尔特·雷德利克·埃德·冯):1905 年

Wallentin-Metternich, comtesse Claire(瓦伦廷-梅特涅,克莱尔伯爵夫人):1911 年,两个月

Walter, Bruno(沃尔特,布鲁诺):1906 年,一次咨询

Walter, Margarethe(沃尔特,玛格丽特):1936 年,一次咨询

Weiss, Amalia(阿玛利亚·魏斯[爱德华多·魏斯的姐妹]):1921—1922 年

Weiss, Ilona(伊洛娜·魏斯["伊丽莎白·冯·R."病例]):1892 年

Wittgenstein, Margaret(维特根斯坦,玛格丽特):一次咨询

Wortis, Joseph(沃蒂斯,约瑟夫):1934—1935 年

Young, George M.(杨,乔治·M.):1920—1921 年

弗洛伊德家族族谱

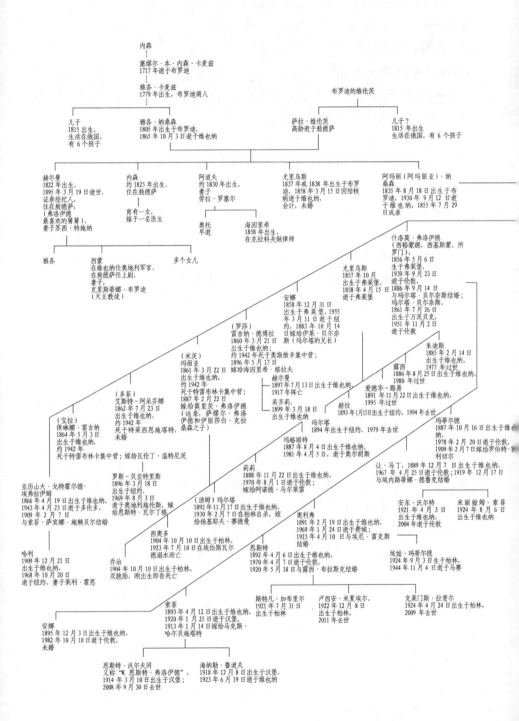

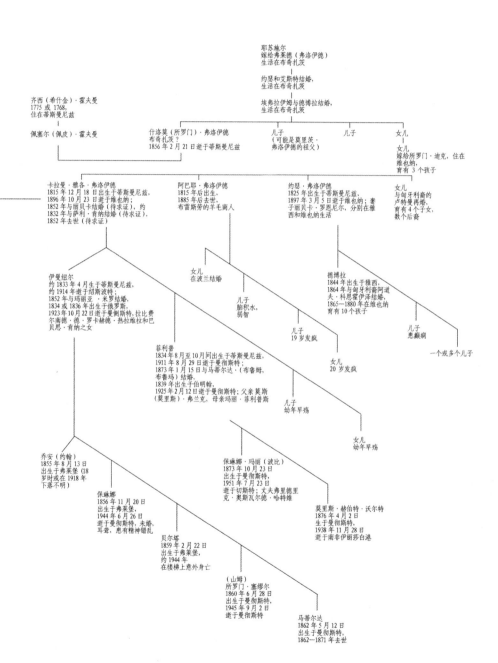

译名对照表

A

Abraham(亚伯拉罕)
Abraham Hilda(亚伯拉罕,希尔达)
Abraham Karl(亚伯拉罕,卡尔)
Abraham Nicolas(亚伯拉罕,尼古拉)
Accerboni Pavanello Anna Maria(阿切尔博尼·帕瓦内洛,安娜·玛利亚)
Achelis Werner(阿基利斯,沃纳)
Achille(阿喀琉斯)
Ackerman Lauren V.(阿克曼,劳伦·V.)
Adler(阿德勒)
Adler Alfred(阿德勒,阿尔弗雷德)
Adler Ernst(阿德勒,恩斯特)
Adler Gerhard(阿德勒,格哈德)
Adler Gisela(阿德勒,吉塞拉)
Adler Viktor(阿德勒,维克托)
Adorno Theodor(阿多诺,特奥多尔)
Aichhorn August(艾克霍恩,奥古斯特)
Alecto(阿列克托)
Alexander Franz(亚历山大,弗朗茨)
Alexander Jerome(亚历山大,杰罗姆)
Al-Harîrî(哈里里)
Allendy René(阿伦迪,勒内)
Allers Rudolf(阿勒斯,鲁道夫)
Allouch Jean(阿卢什,让)
Almaviva (comte) (阿尔马维瓦[伯爵])
Alzheimer Alois(阿兹海默,爱罗斯)
Amenhotep IV(Akhénaton)(阿蒙霍特普四世[阿肯那吞])
Ames Thaddeus(阿姆斯,撒迪厄斯)
Andersson Ola(安德森,奥拉)
Andreas Friedrich-Carl(安德烈亚斯,弗雷德里希-卡尔)
Andreas-Salomé Lou(安德烈亚斯-莎乐美,露)
Angelini Alberto(安杰利尼,阿尔贝托)
«Anna G.», cas, v. Guggenbühl, Anna ("安娜·G."病案,古根比尔,安娜)
«Anna O.», cas, v. Pappenheim, Bertha ("安娜·O."病案,帕彭海姆,贝尔塔)
Antéchrist(反基督)
Anubis(阿努比斯)
Anzieu Didier(安齐厄,迪迪埃)
Apollon(阿波罗)
Appignanesi Lisa(阿琵妮亚内西,丽

莎)
Apulée(阿普列尤斯)
Arimon(阿里蒙)
Aristophane(阿里斯托芬)
Aristote(亚里士多德)
Armstrong Richard H.(阿姆斯特朗,理查德·H.)
Arnold Thomas(阿诺德,托马斯)
Arsète(阿尔塞特)
Artémidore de Daldis(达尔狄斯的阿尔特米多鲁斯)
Artémis(阿尔忒弥斯)
Asch Joe(阿什,乔)
Asnah(阿西纳)
Assmann Jan(阿斯曼,扬)
Assoun Laurent(阿苏恩,洛朗)
Astor Dorian(阿斯托尔,多里安)
Athéna(雅典娜)
Atkinson James Jasper(阿特金森,詹姆斯·贾斯珀)
Aubry Jenny(奥布里,珍妮)
Axson Ellen(艾伦,亚克森)
Azouri Chawki(阿祖里,舒基)

B

Babinski Joseph(巴宾斯基,约瑟夫)
Bachofen Johann Jakob(巴霍芬,约翰·雅各布)
Bacon(培根)
Bacon Delia Salter(培根,迪利亚·索尔特)
Bacon Francis(sir)(培根·弗朗西斯[爵士])
Badiou Alain(巴迪欧,阿兰)
Baginsky Adolf Aron(巴金斯基,阿道夫·阿隆)
Bainville Jacques(班维尔,雅克)
Bair Deirdre(贝尔,迪尔德丽)
Bakan David(巴坎,大卫)
Baker Ray Stannard(贝克,雷·斯坦纳德)
Balfour(lord)Arthur James(鲍尔福[爵士],亚瑟·詹姆斯)
Ballenato Anthony(巴列纳托,安东尼)
Balthazar(伯沙撒)
Balzac Honoré de(巴尔扎克,奥诺雷·德)
Bamberger Heinrich von(班贝格尔,海因里希·冯)
Barany Robert(巴拉尼,罗伯特)
Bass Alfred(巴斯,阿尔弗雷德)
Bassanio(巴萨尼奥)
Bataille Georges(巴塔耶,乔治)
Bathory Élisabeth(巴托里,伊丽莎白)
Bauer Ida(鲍尔,伊达)
Bauer Katharina(鲍尔,卡塔琳娜)
Bauer Otto(鲍尔,奥托)
Bauer Philipp(鲍尔,菲利普)
Beam Alex(比姆,亚历克斯)
Beauharnais Joséphine de(博阿尔内,约瑟芬·德)
Beaune Jean-Claude(博纳,让-克洛德)
Beauvoir Simone de(波伏娃,西蒙娜·德)
Beer-Hofmann Richard(贝尔-霍夫曼,里夏德)
Beethoven Ludwig van(贝多芬,路德维希·范)
Behling Katja(贝林,卡亚)
Bekhterev Vladimir(别赫捷列夫,弗拉基米尔)

Bell Stanford(贝尔,斯坦福)
Benedikt Moriz(贝内迪克特,莫里茨)
Bénesteau Jacques(贝内斯托,雅克)
Benslama Fethi(本苏拉曼,费特希)
Benvenisti(Mme)(本韦尼斯蒂[女士])
Bergler Edmund(贝格勒,艾德蒙)
Bergson Henri(伯格森,亨利)
Berman(贝尔曼)
Berman Anne(贝尔曼,安妮)
Bernard Claude(贝尔纳,克洛德)
Bernays(贝尔奈斯)
Bernays Anna(贝尔奈斯,安娜)
Bernays Berman(贝尔奈斯,贝尔曼)
Bernays Edward(贝尔奈斯,爱德华)
Bernays Eli(贝尔奈斯,埃利)
Bernays Emmeline(贝尔奈斯,埃米琳)
Bernays Hella(贝尔奈斯,黑拉)
Bernays Jacob(贝尔奈斯,雅各布)
Bernays Judith épouse Heller(贝尔奈斯,尤迪特,黑勒的妻子)
Bernays Lucia(贝尔奈斯,露西亚)
Bernays Martha(贝尔奈斯,玛尔塔)
Bernays Minna(贝尔奈斯,明娜)
Berneri Camillo(贝尔耐里,卡米诺)
Bernfeld Siegfried(贝恩菲尔德,西格弗里德)
Bernhardt Sarah(贝恩哈特,莎拉)
Bernheim Hippolyte(伯恩海姆,伊波利特)
Bernstein Eduard(伯恩斯坦,爱德华)
Bertgang Zoé(博特刚,左艾)
Berthelsen Detlef(贝尔特森,德特勒夫)
Bertin Célia(贝尔塔,赛利亚)
Best Doris(贝斯特,多丽丝)

Bétourné Olivier(贝图内,奥利维耶)
Bonomi Carlo(博诺米,卡洛)
Bettelheim Bruno(贝特海姆,布鲁诺)
Bézoukhov Pierre(comte)(别祖霍夫,皮埃尔[伯爵])
Bichat Marie François Xavier(比沙,玛丽·弗朗索瓦·格扎维埃)
Bijur Abraham(比尤尔,亚伯拉罕)
Bijur Angelika(Angie)(比尤尔,安杰丽卡[安吉])
Billington James(比林顿,詹姆斯)
Billinsky John(比林斯基,约翰)
Billroth Theodor(比尔罗特,特奥多尔)
Binet Alfred(比内,阿尔弗雷德)
Binswanger(宾斯万格)
Binswanger Ludwig(宾斯万格,路德维希)
Binswanger Otto(宾斯万格,奥托)
Binswanger Robert(宾斯万格,罗伯特)
Birnbaum Nathan(比恩鲍姆,纳坦)
Bismarck Otto Eduard Leopold von(俾斯麦,奥托·列奥波德·冯)
Bjerre Poul(比耶勒,波尔)
Blake William(布莱克,威廉)
Blanton Smiley(布兰顿,斯迈利)
Bleuler Eugen(布鲁勒,尤金)
Blondel Charles(布隆代尔,夏尔)
Bloom Leopold(布卢姆,列奥波德)
Blum Ernst(布鲁姆,恩斯特)
Blumgart Leonard(布卢姆加特,莱奥纳多)
Boas Franz(博厄斯,弗朗茨)
Boehm Felix(贝姆,菲利克斯)
Bollack Jean(博拉克,让)

Boltraffio Giovanni(贝特拉菲奥,乔瓦尼)
Bolzinger André(博尔赞格尔,安德烈)
Bonaparte(波拿巴)
Bonaparte Lucien(波拿巴,吕西安)
Bonaparte Marie(波拿巴,玛丽)
Bonaparte Napoléon(波拿巴,拿破仑)
Bonaparte Roland(波拿巴,罗兰)
Bondy Ida(邦迪,伊达)
Bonjour Casimir(邦茹,卡齐米尔)
Borch-Jacobsen Mikkel(博尔奇-雅各布森,米凯尔)
Borel Adrien(博尔雷,阿德里安)
Borges Jorge Luis(博尔赫斯,豪尔赫·路易斯)
Börne Ludwig(伯尔内,路德维希)
Bosch Jérôme(博斯,热罗姆)
Boss Medard(博施,梅达尔)
Boswell John(博斯威尔,约翰)
Bourneville Désiré-Magloire(布尔纳维尔,德西雷-马格卢瓦尔)
Bousquet Joë(布斯凯,若埃)
Bovary Emma(包法利,爱玛)
Bowlby John(鲍尔比,约翰)
Bragg William(布拉格,威廉)
Brasch Lucie(布拉斯克,露西)
Brecher Guido(布雷歇尔,吉多)
Brecht Bertolt(布莱希特,贝托尔特)
Brentano(布伦塔诺)
Brentano Clemens(布伦塔诺,克莱门斯)
Brentano Franz(布伦塔诺,弗朗茨)
Breton André(布勒东,安德烈)
Breuer Josef(布罗伊尔,约瑟夫)
Breuer Mathilde(布罗伊尔,马蒂尔德)
Breuer Robert(布罗伊尔,罗伯特)

Brill Abraham Arden(布里尔,亚伯拉罕·阿登)
Brome Vincent(布罗姆,文森特)
Brosses Charles de(布罗斯,夏尔·德)
Brouillet André(布鲁耶,安德烈)
Brown Dan(布朗,丹)
Brown James(布朗,詹姆斯)
Brücke Ernst Wilhelm von(布吕克,恩斯特·威廉·冯)
Brunton Paul(布鲁顿,保罗)
Brutus(布鲁图斯)
Bryant Louise(布莱恩特,路易斯)
Bryk Felix(布雷克,菲利克斯)
Buber Martin(布伯,马丁)
Bullitt William(蒲立德,威廉)
Burlingham Dorothy Tiffany(伯林厄姆,多罗西·蒂芙尼)
Burlingham Katrina(Tinky)(伯林厄姆,卡特琳娜)
Burlingham Mary(Mabbie)(伯林厄姆,玛丽[梅比])
Burlingham Michael(Mickey)(伯林厄姆,迈克[米基])
Burlingham Robert(Bob)(伯林厄姆,罗伯特[鲍勃])
Byck Robert(柏克,罗伯特)

C

«Cäcilie», cas, v. Lieben, Anna von
Canetti Elias("采齐莉"病案,利本,安娜·冯,卡内蒂·埃利亚斯)
Canguilhem Georges(康吉扬,乔治)
Caprotti Gian Giacomo, dit Salai(卡坡蒂,吉安·贾可蒙,雅号"魔鬼")
Carloni Glauco(卡洛尼,格劳科)

Carotenuto Aldo(卡伦特努多,阿尔多)
Carrington Dora(卡林顿,多拉)
Carrington Hereward(卡林顿,赫里沃德)
Carroy Jacqueline(卡鲁瓦,雅克利娜)
Cassirer-Bernfeld Suzanne(卡西雷尔-贝恩菲尔德,苏姗)
Cassius(卡西乌斯)
Cecil Anne(塞西尔,安妮)
Cecil William(塞西尔,威廉)
Certeau Michel de(塞尔托,米歇尔·德)
Cervantès Miguel de(塞万提斯,米格尔·德)
César Jules(恺撒,尤利乌斯)
Chamberlain Neville(张伯伦,内维尔)
Champollion Jean-François(商博良,让-弗朗索瓦)
Chaplin Charlie(卓别林,查理)
Chapman Clare(查普曼,克莱尔)
Charcot(沙可)
Charcot Jean-Martin(沙可,让-马丁)
Charcot Jeanne(沙可,让娜)
Charpack Georges(夏帕克,乔治)
Chemouni Jacquy(舍穆尼,雅基)
Choisy Maryse(舒瓦西,玛丽斯)
Christie Agatha(克里斯蒂,阿加莎)
Chrobak Rudolf(赫罗巴克,鲁道夫)
Ciano Gaetano(加莱阿佐,齐亚诺)
Cifali Mireille(奇法利,米雷耶)
Cimbal Walter(钦巴尔,沃尔特)
Cioffi Frank(乔菲,弗兰克)
Cixous Hélène(西克苏,埃莱娜)
Clair Jean(克莱尔,让)
Clark Ronald W.(克拉克,罗纳德·W.)
Clarkson Paul S.(克拉克森,保罗·S.)

Clemenceau Georges(克列孟梭,乔治)
Clément Catherine(克莱芒,卡特琳娜)
Cléopâtre(克娄巴特拉[埃及艳后])
Clorinde(克洛琳德)
Clyne Eric, v. Klein, Erich(克莱因·埃里克,即克莱因,埃里克)
Clytemnestre(克吕泰涅斯特拉)
Coblence Françoise(科布朗斯,弗朗索瓦丝)
Cocks Geoffrey(科克斯,杰弗里)
Cohen David(科恩,戴维)
Colomb Christophe(哥伦布,克里斯托夫)
Comperz Theodor(贡珀茨,特奥多尔)
Comte Auguste(孔德,奥古斯特)
Cooke Mildred(库克,米尔德里得)
Copernic Nicolas(哥白尼,尼古拉)
Cordélia(科尔代利亚)
Cosini Zeno(科西尼,季诺)
Coudenhove-Kalergi Nikolaus von(康登霍维-凯勒其,尼古劳斯·冯)
Courage Sylvain(库里奇,西尔万)
Crépon Marc(克雷蓬,马克)
Cromwell Oliver(克伦威尔,奥利弗)
Cronenberg David(柯能堡,戴维)
Csonka(琼卡)
Csonka Arpad(琼卡,阿帕德)
Csonka von Trautenegg Margarethe(琼卡,冯·特劳滕内格·玛格丽特)
Cullen William(卡伦,威廉)
Curio Jennyfer(库里奥,詹妮弗)
Czerniakow Adam(捷尼亚科夫,亚当)

D

Dali Salvador(达利,萨尔瓦多)

D'Annunzio Gabriele(邓南遮,加布里埃尔)
Dante(但丁)
Darwin Charles(达尔文,查尔斯)
Daudet Léon(都德,莱昂)
David(戴维)
David Jakob Julius(戴维,雅各布·尤利乌斯)
David(lieutenant)(戴维[中尉])
Davies J. Keith(戴维斯,J. 基斯)
Du Bois-Reymond Emil(迪布瓦-雷蒙,埃米尔)
Dubois Rosalie(迪布瓦,罗莎莉)
Du Bois W. E. B.(杜波依斯)
Duby Georges(杜比,乔治)
Dürer Albrecht(丢勒,阿尔布雷希特)
Da Vinci Catarina(达芬奇,卡塔丽娜)
Dearborn Mary V.(迪尔伯恩,玛丽·V.)
Decker Hannah S.(德尔卡,汉娜·S.)
De Foe Daniel(德费欧,达尼埃尔)
Delage Yves(德拉热,伊夫)
Delbœuf Joseph(德尔伯夫,约瑟夫)
Deleuze Gilles(德勒兹,吉尔)
Delion Pierre(德利翁,皮埃尔)
Demel Hans von(德梅尔,汉斯·冯)
Démétrios(底米丢)
Derrida Jacques(德里达,雅克)
Deutsch(多伊奇)
Deutsch Adolf(多伊奇,阿道夫)
Deutsch Felix(多伊奇,菲利克斯)
Deutsch Helene(多伊奇,海伦娜)
Devereux Georges(德弗罗,乔治)
Devereux Robert(德弗罗,罗伯特)
Diane(狄安娜)
Diderot Denis(狄德罗,德尼)

Didi-Huberman Georges(迪迪-于贝尔曼,乔治)
Didon(蒂朵)
Dirsztay Viktor von(迪斯泰,维克托·冯)
«Dolfi», v. Freud, Esther("多尔菲"即弗洛伊德,艾斯特)
Dollfuss Engelbert(多尔夫斯,恩格尔伯特)
Donna Albiera(唐娜,阿尔比拉)
Donnelly Ignatus(多纳利,伊格内修斯)
Donn Linda(唐,琳达)
Don Quichotte(堂·吉诃德)
Doolittle Hilda(杜丽特尔,希尔达)
Dorer Maria(多雷尔,玛利亚)
Dostaler Gilles(多斯塔尔,吉尔)
Douglass Frederick(道格拉斯,弗雷德里克)
Doyle Arthur Conan(道尔,亚瑟·柯南)
Drosnes Leonid(德罗纳,列昂尼德)
Drucker Ernesnestine(德鲁克,埃内斯蒂娜)
Drucker Ida(德鲁克,艾达)
Drumont Édouard(德吕蒙,爱德华)
Durig Arnold(德里格,阿诺德)

E

Ebner-Eschenbach Marie von(埃布纳-埃申巴赫,玛丽·冯)
Eckstein Emma(埃克施泰因,爱玛)
Eddy Mary Baker(艾迪,玛丽·贝克)
Eder David Montague(艾德,戴维·蒙塔古)

Edinger Dora(埃丁格,多拉)
Edmunds L. (埃德蒙斯,L.)
Edmundson Mark(埃德蒙森,马克)
Égisthe(埃癸斯托斯)
Einstein Albert(爱因斯坦,阿尔伯特)
Eissler Kurt(艾斯勒,库尔特)
Eitingon(艾廷贡)
Eitingon Max(艾廷贡,马克思)
Eitingon Mirra(艾廷贡,米拉)
«Elisabeth», cas, v. Weiss, Ilona Élisabeth(la reine)("伊丽莎白"病案,魏斯,伊洛娜·伊丽莎白[女王])
Ellenberger Henri F. (艾伦伯格,亨利·F.)
Ellerman Annie Winifred(dite Bryher)(厄尔曼,安妮·威妮弗蕾德,又称"布赖尔")
Ellis Havelock(艾利斯,哈维洛克)
Élohim(造物者[埃洛希姆])
Emmerich Roland(艾默里奇,罗兰)
«Emmy von N. », cas, v. Moser, Fanny ("埃米·冯·N."病案,莫泽,范妮)
Enderlin Charles(恩德林,夏尔)
Énée(埃涅阿斯)
Engelman Edmund(恩格尔曼,埃德蒙)
Engels Friedrich(恩格斯,弗里德里希)
Enriquez Eugène(昂里凯,欧仁)
Epstein Raïssa(爱泼斯坦,拉伊萨)
Erikson Erik(埃里克森,埃里克)
Ernst(恩斯特)
Ernst Max(恩斯特,马克思)
«Ernstl», v. Freud, Ernst Wolfgang Essex(comte d')("恩施泰尔",即弗洛伊德,恩斯特·沃尔夫冈,埃塞克斯[伯爵])

«Esti», voir Drucker, Ernestine ("埃斯蒂",见德鲁克,埃内斯蒂娜)
Etchevery Justine(埃切韦里,朱斯蒂娜)
Etkind Alexandre(埃特金德,亚历山大)
Evans Luther(埃文斯,路德)
Évrard Jean-Luc(埃瓦尔,让-吕克)
Exner George(埃克斯纳,乔治)
Exner Sigmund(埃克斯纳,西格蒙德)

F

Falconer Robert Alexander(sir)(福尔克纳,罗伯特·亚历山大[爵士])
Falzeder Enrnst(法尔泽德,恩斯特)
Faust(浮士德)
Fechner Gustav(费希纳,古斯塔夫)
Federn(费德恩)
Federn Ernst(费德恩,恩斯特)
Federn Paul(费德恩,保罗)
Fenichel Otto(费德恩,奥托)
Ferenczi(费伦齐)
Ferenczi Lajos(费伦齐,拉约什)
Ferenczi Magda(费伦齐,玛格达)
Ferenczi Sandor(费伦齐,桑多尔)
Ferris Paul(费瑞斯,保罗)
Ferrone Vincenzo(费罗内,温琴佐)
Feuchtersleben Ernst von(福伊希特斯莱本,恩斯特·冯)
Feuerbach Ludwig(费尔巴哈,路德维希)
Fichte Johann Gottlieb(费希特,约翰·戈特布利)
Fichtl Paula(费希尔特,宝拉)
Fichtner Gerhard(菲希特纳,格哈德)
Fidelio(费德里奥)

Figaro(费加罗)
Finck Jean(芬克,让)
Fischer-Dückelmann Anna(费舍尔-迪凯尔曼,安娜)
Flaubert Gustave(福楼拜,居斯塔夫)
Flechsig Paul(弗莱克西希,保罗)
Fleischl-Marxow Ernst von(弗莱施尔-马克索夫,恩斯特·冯)
Fliess Ida, v. Bondy, Ida(弗斯利,伊达即邦迪,伊达)
Fliess Robert(弗斯利,罗伯特)
Fliess Wilhelm(弗斯利,威廉)
Fliess Wilhem(弗斯利,威廉)
Flournoy Théodore(弗卢努瓦,泰奥多尔)
Fluss Eleonora(弗卢斯,埃莱奥诺拉)
Fluss Emil(弗卢斯,埃米尔)
Fluss Gisela(弗卢斯,吉塞拉)
Fluss Ignaz(弗卢斯,伊格纳茨)
Fontenay Élisabeth de(丰特奈,伊丽莎白·德)
Forel August(福雷尔,奥古斯特)
Forrester John(福里斯特,约翰)
ForresterViviane(福里斯特,薇薇安)
Förster Elisabeth(福斯特-尼采,伊丽莎白)
Forsyth David(福赛思,戴维)
Forzano Concetta(福尔扎诺,孔切塔)
Forzano Giovacchino(福尔扎诺,焦瓦基诺)
Foucault Michel(福柯,米歇尔)
France Anatole(法朗士,阿纳托尔)
François-Ferdinand(l'archiduc)(弗朗茨-费迪南[大公])
François I^{er}(弗朗索瓦一世)
Freud Pauline(弗洛伊德,波利娜)

François-Joseph(l'empereur)(弗朗茨-约瑟夫[皇帝])
Franz Kurt(弗朗茨,库尔特)
Frazer James George(弗雷泽,詹姆斯·乔治)
Freud Abae(弗洛伊德,阿贝)
Freud Adolfine(弗洛伊德,阿道菲娜)
Freud Alexander(弗洛伊德,亚历山大)
Freud Anna(弗洛伊德,安娜)
Freud Anton Walter(弗洛伊德,安东·沃尔特)
Freud Arthur(弗洛伊德,亚瑟)
Freud Cäcilie(弗洛伊德,采齐莉)
Freud Clemens Raphaël(弗洛伊德,克莱门斯·拉斐尔)
Freud Clemens(sir Clement)(弗洛伊德,克莱门斯[克莱门特爵士])
Freud Emanuel(弗洛伊德,伊曼纽尔)
Freud Ernst(弗洛伊德,恩斯特)
Freud Ernst W.(弗洛伊德,恩斯特·W.)
Freud Esther(弗洛伊德,艾斯特)
Freud Eva(弗洛伊德,埃娃)
Freud Georg(弗洛伊德,格尔克)
Freud Harry(弗洛伊德,哈里)
Freud Johann(John)(弗洛伊德,约翰)
Freud Josef(弗洛伊德,约瑟夫)
Freud Julius(弗洛伊德,尤利乌斯)
Freud-Lowenstein Sophie(弗洛伊德-洛温施泰因,苏菲)
Freud Lucian(弗洛伊德,吕西安)
Freud Lucian Michael(弗洛伊德,吕西安·米夏埃尔)
Freud Lucie(弗洛伊德,露西)
Freud-Magnus Margarethe(弗洛伊德-玛格努斯,玛格丽特)

Freud Maria(弗洛伊德,玛丽亚)
Freud-Marlé Lilly(弗洛伊德-马尔雷,莉莉)
Freud Martha(弗洛伊德,玛尔塔)
Freud Martin(弗洛伊德,马丁)
Freud Mathilde(弗洛伊德,玛蒂尔德)
Freud Moritz(弗洛伊德,莫里茨)
Freud Oliver(弗洛伊德,奥利弗)
Freud Philipp(弗洛伊德,菲利普)
Freud Rebekka(弗洛伊德,丽贝卡)
Freud Regine Debora(弗洛伊德,雷吉内·德博拉)
Freud Regine épouse Winternitz(弗洛伊德,雷吉内与温特尼茨成婚)
Freud Schlomo(弗洛伊德,施洛莫)
Freud Sophie(弗洛伊德,苏菲)
Freud Stefan(弗洛伊德,斯特凡)
Freud Stefan Gabriel(弗洛伊德,斯特凡·加布里尔)
Freud Theodor(弗洛伊德,泰奥多尔)
Freund Anton von(弗洛因德,安东·冯)
Friedjung Karl(弗里德永,卡尔)
Friedländer Adolf Albrecht(弗里德伦德尔,阿道夫·阿尔布雷希特)
Friedmann Malvine(弗里德曼,马尔维娜)
Frink Horace Westlake(弗林克,贺拉斯·韦斯特雷克)
Fry Roger(弗莱,罗杰)
Fuchs Henny(富克斯,埃尼)
Führer Erich(菲雷尔,埃里克)
Fuller Solomon Carter(富勒,所罗门·卡特)
Füssli Johann Heinrich(菲斯利,约翰·海因里希)

G

Gallo Ruben(加洛,吕邦)
Galt Edith Bolling(高尔特,伊蒂丝·博林)
Garcia Marquez Gabriel(加西亚,马尔克斯·加布里尔)
Gardiner Muriel(加尔迪内,米莉埃尔)
Garnier Philippe(加尼埃,菲利普)
Gattel Felix(加泰尔,菲利克斯)
Gay Peter(盖伊,彼得)
Gemelli Agostino(杰梅利,阿戈斯蒂诺)
Georges de Grèce(prince)(希腊的乔治[王子])
George Stefan(乔治,斯特凡)
Gicklhorn Renée(吉克洪,勒妮)
Gide André(纪德,安德烈)
Ginzburg Carlo(金斯伯格,卡洛)
Giocondo Mona Lisa del(蒙娜丽莎)
Gladstone William Ewart(格莱斯顿,威廉·尤尔特)
Gleizes Augustine(格莱兹,奥古斯蒂娜)
Glover Edward(格洛弗,爱德华)
Glover James(格洛弗,詹姆斯)
Gobineau Joseph Arthur de(戈宾诺,约瑟夫·亚瑟·德)
Gödde Günther(格德,京特)
Godin Christian(戈丹,克里斯蒂安)
Goebbels Joseph(戈培尔,约瑟夫)
Goethe Johann Wolfgang von(歌德,约翰·沃尔夫冈·冯)
Goetz Bruno(格茨,布鲁诺)
Goldberg Sylvie-Anne(戈尔德伯格,西

尔维-安妮)
Goldman Emma(戈尔德曼,埃玛)
Goldwyn Samuel(戈尔德温,萨缪尔)
Gomperz(贡珀茨)
Gomperz Elise(贡珀茨,埃莉泽)
Gomperz Heinrich(贡珀茨,海因里希)
Gomperz Theodor(贡珀茨,泰奥多尔)
Gordon Charles(戈登,查尔斯)
Gordon Emma Leila(戈登,爱玛·利拉)
Gorgone(戈耳工)
Göring(戈林)
Göring Hermann(戈林,赫尔曼)
Göring Matthias Heinrich(戈林,马赛厄斯·海因里希)
Gori Roland(戈里,罗兰)
Gottwaldt Alfred(戈特沃尔德,阿尔弗雷德)
Gradiva(格拉蒂娃)
Graf(格拉夫)
Graf Cäcilie(格拉夫,采齐莉)
Graf Heinrich(格拉夫,海因里希)
Graf Herbert(格拉夫,赫伯特)
Graf Hermann(格拉夫,赫尔曼)
Graf Max(格拉夫,马克思)
Graf Rosa, v. Freud, Regine(格拉夫,罗莎 即 弗洛伊德,雷吉内)
Granger Gilles-Gaston(格朗吉耶,吉尔-加斯东)
Granoff Wladimir(格拉诺夫,弗拉迪米尔)
Green(格林)
Green Martin(格林,马丁)
Greig Geordie(格雷格,杰奥迪)
Grenier Louise(格雷尼尔,路易斯)
Grinstein Alexander(格林斯坦,亚历山大)

Groddeck(格罗德克)
Groddeck Carl Theodor(格罗德克,卡尔·泰奥多尔)
Groddeck Georg(格罗德克,格尔克)
Gross(格罗斯)
Gross Hans(格罗斯·汉斯)
Grosskurth Phyllis(格罗斯库特,菲丽斯)
Gross Otto(格罗斯,奥托)
Grosz George(格罗斯,格奥尔格)
Grouscha(格鲁莎)
Grubrich-Simitis Ilse(格鲁布吕奇-西米蒂斯,伊尔莎)
Grünbaum Adolf(格林鲍姆,阿道夫)
Grün Karl(格林,卡尔)
Guggenbühl Anna(古根包尔,安娜)
Guilbert Yvette(吉伯特,伊韦特)
Guillaume II(威廉二世)
Gutheil Emil A.(古特海尔,埃米尔·A.)

H

Habermas Jürgen(哈贝马斯,尤尔根)
Hachet Pascal(阿谢,帕斯卡)
Hack W. A.(哈克,W. A.)
Haeckel Ernst(海克尔,恩斯特)
Haitzmann Christoph(海茨曼,克里斯托夫)
Hajek Marcus(海耶克,马库斯)
Halban(profeseur)(哈尔比[教授])
Halberstadt Bertha(哈尔贝施塔特,贝尔塔)
Halberstadt Ernst(哈尔贝施塔特,恩斯特)
Halberstadt Ernstl Wolfgang(哈尔贝

施塔特,恩施泰尔·沃尔夫冈)
Halberstadt Eva(哈尔贝施塔特,埃娃)
Halberstadt Heinz(Heinerle)(哈尔贝施塔特,海因茨[海纳勒])
Halberstadt Max(哈尔贝施塔特,马克思)
Halberstadt Rudolf(哈尔贝施塔特,鲁道夫)
Halberstadt Sophie, v. Freud, Sophie (哈尔贝施塔特,苏菲 即 弗洛伊德,苏菲)
Hale(黑尔)
Hale Nathan(黑尔,内森)
Hamlat(哈姆雷特)
Hammerschlag Anna(哈默施拉格,安娜)
Hammerschlag Samuel(哈默施拉格,萨缪尔)
Handlbauer Bernhard(汉德尔鲍尔,贝尔纳德)
Haneke Michael(哈内克,迈克尔)
Hannah Barbara(汉纳希,芭芭拉)
Hannibal(汉尼拔)
Hanold Norbert(哈诺尔德,诺贝特)
Hanover David(汉诺威,达维德)
Hartmann Eduard von(哈特曼,爱德华·冯)
Hartmann Heinz(哈特曼,海因茨)
Hawthorne Nathaniel(霍桑,纳撒尼尔)
Hayat Jeannine(哈耶特,让妮娜)
Haynal André(豪伊瑙尔,安德烈)
Heenen-Wolff Susann(希南-沃尔夫,苏珊)
Hegel Georg Wilhem Friedrich(黑格尔,格奥尔格·威廉·弗雷德里希)

Heidegger Martin(海德格尔,马丁)
Heidenhain Rudolf(海登海因,鲁道夫)
Heine Heinrich(海涅,海因里希)
Heinrich Hinterberger(海因里希,欣滕贝格尔)
Heller Hugo(黑勒,胡戈)
Heller Peter(黑勒,彼得)
Helmholtz Hermann von(亥姆霍兹,赫尔曼·冯)
Héra(赫拉)
Herbart Johann Friedrich(赫尔巴特,约翰·弗雷德里希)
Hering Ewald(黑林,埃瓦尔德)
Herlinger Rosa(赫林格,罗莎)
Hermann Heinrich(赫尔曼,海因里希)
Hermanns Ludger M.(赫尔曼斯,卢德格尔·M.)
Herminie(艾尔米尼)
Hérode(希律)
Herzig Josef(赫尔奇,约瑟夫)
Herzl Theodor(赫尔茨,特奥多尔)
Heyer Gustav Richard(海耶,居斯塔夫·理查德)
Hirschmann Eduard(希尔施曼,爱德华)
Hirschmüller Albrecht(希尔施米勒,阿尔布雷希特)
Hirst Albert(希尔施特,阿尔贝特)
Hitler Adolf(希特勒,阿道夫)
Hitschmann Eduard(希奇曼,爱德华)
Hoare Samuel(霍尔,塞缪尔)
Hoche Alfred(霍赫,阿尔弗雷德)
Hoffer Willi(霍弗,威利)
Hoffmann Roald(霍夫曼,罗德)
Hofmann Abraham Siskind(霍夫曼,亚伯拉罕·西斯金德)

Hofmann-Freud Peppi(霍夫曼-弗洛伊德,佩琵)
Hofmannsthal Hugo von(霍夫曼斯塔尔,胡戈·冯)
Hollitscher Robert(霍利切尔,罗伯特)
Hollos Istvan(霍洛斯,伊什特万)
Holmes Sherlock(福尔摩斯,夏洛克)
Homère(荷马)
Hönig Olga(赫尼格尔,奥尔加)
Horney Karen(霍妮,卡伦)
Horthy Miklos(霍尔蒂,米克洛什)
Horus(荷鲁斯)
Höss Rudolf(霍斯,鲁道夫)
House Edward Mandell(豪斯,爱德华·曼德尔)
Hug-Hellmuth Hermine von(胡格-赫尔穆特,赫米内·冯)
HugoVictor(雨果,维克多)
Hug Rolf(胡格,罗尔夫)
Hull Cordell(霍尔,考代尔)
Husserl Edmund(胡塞尔,埃德蒙德)
Huston John(休斯敦,约翰)
Hutson James(赫特森,詹姆斯)

I

Indra Alfred(因德拉,阿尔弗雷德)
Ingres Jean-Auguste-Dominique(安格尔,让-奥古斯特-多米尼克)
Innitzer(cardinal)(因尼策尔[主教])
Institoris Henry(因什蒂托里斯,亨利)
Iphigénie(伊菲革涅亚)
Isaac(以撒)
Isaacs Susan(艾萨克斯,苏珊)
Isis(伊西斯)
Israël(以色列)
Israëls Han(伊斯拉埃尔斯,哈恩)

J

Jabotinsky Vladimir(亚博廷斯基,弗拉基米尔)
Jackson John Hughlings(杰克逊,约翰·休林斯)
Jacob(雅各)
Jacobson Edith(雅各布森,伊迪丝)
Jacoby Russell(雅各比,罗素)
Jaffé Aniéla(嘉菲,阿妮艾拉)
Jambet Christian(让贝,克里斯蒂安)
James Strachey(詹姆斯,斯特雷奇)
James William(詹姆斯,威廉)
Janet Pierre(雅内,皮埃尔)
Jdanov Andreï(日丹诺夫,安德烈)
Jeiteles Adele(雅伊特勒斯,阿黛尔)
Jekels Ludwig(耶克尔,路德维希)
Jensen Wilhelm(延森,威廉)
Jensen Wilhem(延森,威廉)
Jethro(思杰罗)
Jocaste(伊娥卡斯忒)
Jochanaan ben Sakkaï(rabbin)(约康兰,本·扎卡伊[拉比])
Johansson Per Magnus(约纳松,佩尔·玛格努斯)
Johnston William(约翰斯顿,威廉)
Jones(琼斯)
Jones Ernest(琼斯,埃内斯特)
Jones Herbert «Davy», dit Jones II(琼斯,赫伯特·"戴维",又称"琼斯第二")
Joseph(约瑟夫)
Joseph II(约瑟夫二世)
Joseph Wortis(约瑟夫,沃蒂斯)

Josué(约书亚)
Joyce James(乔伊斯,詹姆斯)
Jules II(儒略二世)
Jung(荣格)
Jung Carl Gustav(荣格,卡尔·古斯塔夫)
Jung Carl Gustav, dit l'Aîné(荣格,卡尔·古斯塔夫,又称"大卡尔古斯塔夫")
Jung Emma(荣格,艾玛)
Junon(朱诺)

K

Kafka Franz(卡夫卡,弗朗茨)
Kahane Max(卡哈纳,马克斯)
Klein Melitta(克莱因,梅利塔)
Klein Richard G.(克莱因,理查德·G.)
Klemperer Viktor(克莱普勒,维克多)
Kmunke Christl(昆克,克里斯特尔)
Kamieniak Jean-Pierre(卡缅尼亚克,让-皮埃尔)
Kamm Bernhard(卡姆,伯恩哈德)
Kanner Sally(坎纳,萨莉)
Kann Louise Dorothea (dite Loe)(卡恩,路易斯·多罗西娅,又称"洛·卡恩")
Kant Emmanuel(康德,伊曼努尔)
Kapnist Élisabeth(卡普尼斯特,伊丽莎白)
Kardiner Abram(卡迪纳,艾布拉姆)
Karénine Anna(卡列尼娜,安娜)
Karpinska Luise von(卡尔平斯卡,路易丝·冯)
Kassowitz Max(卡索维茨,马克斯)

«Katharina», cas, v. Öhm, Aurelia("哈特琳娜"病案,厄姆,奥雷利亚)
Katzenstein Bertha(卡岑施泰因,贝尔塔)
Kauders Walter(考德斯,沃尔特)
Kautsky Karl(考茨基,卡尔)
Kazanjian Varaztad(卡桑基安,瓦拉齐泰德)
Keller Else(凯勒,埃尔泽)
Keller Gottfried(凯勒,戈特弗里德)
Keller Teresa(凯勒,特蕾莎)
Kemper Werner(肯柏,维尔纳)
Kempner Salomea(肯普纳,萨洛美)
Kendrick Walter(肯德里克,沃尔特)
Kershaw Ian(克肖,伊恩)
Kesseleökeö Henriette Motesiczky(克塞勒奥科奥,亨丽埃特·莫泰希茨基)
Keynes John Maynard(凯恩斯,约翰·梅纳德)
Kiell Norman(基尔,诺曼)
Kimmerle Gerd(基默勒,格尔德)
Kipling Rudyard(吉卜林,鲁德亚德)
Kirsch James(科茨,詹姆斯)
Klages Ludwig(克拉格斯,路德维希)
Klein(克莱因)
Klein Arthur(克莱因,亚瑟)
Klein Erich(克莱因,埃里克)
Klein Hans(克莱因,汉斯)
Klein Melanie(克莱因,梅兰妮)
Koelsch William W.(凯尔奇,威廉·W.)
Koestler Arthur(库斯勒,亚瑟)
Koffler Chaim(科夫勒,哈依姆)
Kokoschka Oskar(柯克西卡,奥斯卡)
Koller Carl(科勒,卡尔)
Königsberger David Paul(柯尼希斯贝

格尔,达维德·保罗)
Königstein Leopold(柯尼希施泰因,利奥波德)
Korsakov Sergueï(科尔萨科夫,谢尔格伊)
Kozlowski Michael(科兹洛夫斯基,米夏埃尔)
Kraepelin Emil(克雷珀林,埃米尔)
Krafft-Ebing Richard von(克拉夫特-埃宾,里夏德·冯)
Kraft Helen(克拉夫特,海伦)
Kraus Karl(克劳斯,卡尔)
Krauss Werner(克劳斯,维尔纳)
Kretschmer Ernst(克雷奇默,恩斯特)
Kris Ernst(克里斯,恩斯特)
Kris Marianne(克里斯,玛丽安娜)
Kroeber Alfred(克鲁伯,阿尔弗雷德)
Kroeber Alfred L. (克鲁伯,阿尔弗雷德·L.)
Krokovski Edhin(克罗科夫斯基,埃丁)
Kroupskaïa Nadejda(克鲁普斯卡娅,娜杰日达)
Kruger(graveur)(克鲁格[雕塑家])
Krüll Marianne(克吕尔,玛丽安娜)
Kubin Alfred(库宾,阿尔弗雷德)
Kun Béla(库恩,贝拉)
Kvergic Gerty(克维纪克,格蒂)

L

La Boétie Étienne de (拉博埃西,艾蒂安·德)
Lacan Jacques (拉康,雅克)
Lacassagne Antoine (拉卡萨尼,安东尼)
Lacoste Patrick(拉科斯特,帕特里克)
Lacoursière Roy B. (拉科塞尔,罗伊·B.)
Lady Macbeth (麦克白夫人)
La Fontaine Jean de(拉·封丹,让·德)
Laforgue René(拉弗格,勒内)
Lainer Grete(莱纳,格雷特)
Laïos(拉伊俄斯)
Lamarck Jean-Baptiste(拉马克,让-巴蒂斯特)
Lampl-De Groot Jeanne(兰普尔-德·格鲁特,让娜)
Lampl Hans(兰普尔,汉斯)
Landauer Karl(兰道尔,卡尔)
Lange Hanns(朗格,汉斯)
Lang Fritz(朗,弗里兹)
Lanzer(兰策)
Lanzer Ernst(兰策,恩斯特)
Lanzer Heinrich (兰策,海因里希)
Laqueur Thomas(拉克尔,托马斯)
Lassalle Ferdinand(拉萨尔,费迪南)
Lasvergnas Isabelle(拉斯韦涅斯,伊莎贝尔)
Launay Marc B. de(洛奈,马克·B.德)
Laurent de Médicis(洛伦佐·德·美第奇)
Lavagetto Mario(拉瓦杰托,马里奥)
Lear(le roi)李尔王
Le Bon Gustave(勒庞,古斯塔夫)
Leclaire Serge(勒克莱尔,塞尔日)
Ledebourg Georg(莱地伯格,乔治)
Le Gallienne Gwen(列·高丽安,格温)
Le Goff Jacques(勒高夫,雅克)
Lelièvre Franck(勒列夫尔,弗兰克)
Le Naour Jean-Yves(勒纳乌尔,让-伊

夫)
Lenay Charles(勒奈,夏尔)
Lénine Vladimir Ilitch(列宁,弗拉基米尔·伊里奇)
«le petit Hans», cas, v. Graf, Herbert Le Rider Jacques ("小汉斯"病案,格拉夫,赫伯特·勒里德尔·雅克)
Leupold-Löwenthal Harald(利奥波德-洛文泰尔,哈罗德)
Lévi-Strauss Claude(列维-斯特劳斯,克劳德)
Lévy-Friesacher Christine (莱维-弗里萨歇,克里斯蒂娜)
Levy Kata(列维,卡达)
Lewin Bertram(勒温,伯特伦)
Lewinter Roger(勒万特,罗歇)
Lichtenberg Georg Christoph (利希滕贝格,乔治·克里斯托弗)
Liébault Auguste(利埃博,奥古斯特)
Lieben Anna von(利本,安妮·冯)
Lieberman Guido(利伯曼,吉多)
Lieberman James(利伯曼,詹姆斯)
Liebman(利布曼)
Liebman Carl(利布曼,卡尔)
Liebman Julius(利布曼,尤里乌斯)
Liebman Marie(利布曼,玛丽)
Liebman Samuel(利布曼,塞缪尔)
Lina(莉娜)
Lincoln Abraham(林肯,亚伯拉罕)
Lippmann Arthur(李普曼,亚瑟)
Lipps Theodor(立普斯,西奥多)
Livingstone Angela (利文斯通,安杰拉)
Lockot Regine(洛科特,雷吉娜)
Loewenstein Rudolph(洛温施坦因,鲁道夫)

Löffler Alexander(勒夫勒,亚历山大)
Löffler Bertold(勒夫勒,贝特霍尔德)
Lohmann Hans-Martin(洛曼,汉斯-马丁)
Looney Thomas(卢尼,托马斯)
Loraux Nicole(洛罗,尼可)
Lortholary Bernard (洛托拉里,伯纳德)
Low Barbara(洛,芭芭拉)
Lowenstein Paul(洛温施坦因,保罗)
Luce Edward(卢斯,爱德华)
Lucy-Bernays(?) Leah (露西-贝尔奈斯,利娅)
Ludwig Carl(路德维希,卡尔)
Lueger Karl(卢埃格尔,卡尔)
Lukacs Georg(卢卡奇,格奥尔格)
Lurdos Michel(卢尔道斯,米歇尔)
Lustgarten Sigmund (卢斯特加尔滕,西格蒙德)
Lynn David J.(林恩,戴维·J.)
Lyssenko Trofim(李森科,特罗菲姆)

M

Macaulay Thomas Babington(麦考利,托马斯·巴宾顿)
Machiavel(马基雅弗利)
Mack-Brunswick Ruth(麦克-布伦丝维克,露丝)
Maeder Alfons(梅德,阿尔方斯)
Maharshi Ramana(马哈希,拉玛那)
Mahler Gustav(梅勒,居斯塔夫)
Mahomet(穆罕默德)
Mahony Patrick(马奥尼,帕特里克)
Major René(马热尔,勒内)
Malcolm Janet(马尔科姆,珍妮特)

Malinowski Bronislaw(马林诺夫斯基,布罗尼斯拉夫)
Mancini Elena(曼奇尼,埃琳娜)
Mannheimer Isaac Noah(曼海默,伊萨克·诺亚)
Manning Edward(曼宁,爱德华)
Mann Thomas(曼,托马斯)
Mantegazza Paolo(曼泰加扎,保罗)
Marie(玛丽)
Maris Bernard(毛里什,伯纳德)
Marlé Arnold(马尔雷,阿诺德)
Marlowe Christopher(马洛,克里斯托弗)
Marr Wilhelm(马尔,威廉)
Marti Jean(马尔蒂,让)
Marx Karl(马克思,卡尔)
Maslow Abraham H.(马斯洛,亚伯拉罕·H.)
Masséna André(马塞纳,安德烈)
Masson Jeffrey Moussaieff(马松,杰弗里·穆萨埃夫)
Maury Alfred(莫里,阿尔弗雷德)
«Mausi», v. Graf, Cäcilie Max Schur ("毛茜",即格拉夫,采齐莉·马克斯·舒尔)
Mayreder Karl(迈尔德,卡尔)
May Ulrike(迈,乌尔丽克)
Mazeau Guillaume(马佐,纪尧姆)
McCully Robert(麦卡利,罗伯特)
McDougall William(麦独孤,威廉)
Méduse(美杜莎)
Meisel Perry(麦泽尔,佩里)
Meisl Alfred(迈斯尔,阿尔弗雷德)
Melzi Francesco(梅尔齐,弗朗切斯科)
Menasseh ben Israël(梅纳什·本·以色列)
Mendelssohn Moses(门德尔松,摩西)
Menninger Karl(门宁格,卡尔)
Méphisto(梅菲斯特)
Mercader Ramon(梅卡德尔,雷蒙)
Merejkowski Dimitri(梅列日科夫斯基,德米特里)
Mesmer Franz Anton(麦斯麦,弗朗兹·安东)
Meumann Ernst(梅伊曼,欧内斯特)
Meyer(梅耶)
Meyer Adolf(梅耶,阿道夫)
Meyer Conrad Ferdinand(迈尔,康拉德·费迪南德)
Meyer Eduard(梅耶,爱德华)
Meyer Monroe(梅耶,门罗)
Meynert Theodor(迈纳特,特奥多尔)
Micale Mark(米卡勒,马克)
Michael Schröter(米夏埃尔,施罗特)
Michel-Ange(米开朗基罗)
Michelet Jules(米什莱,儒勒)
Michel Jacques(米歇尔,雅克)
Mijolla Alain de(米若拉,阿兰·德)
Milhaud-Cappe Danielle(米约-卡普,丹妮尔)
Miller Alice(米勒,艾丽斯)
Miller Ievgueni(米勒,叶夫根尼)
Miller Jacques-Alain(米勒,雅克-阿兰)
Mill John Stuart(密尔,约翰·斯图尔特)
Milton John(弥尔顿,约翰)
Mirbeau Octave(米尔博,奥克塔夫)
Miss Owen(欧文小姐)
Mithra(密特拉)
«Mitzi», v. Freud, Maria("米琪",即弗洛伊德,玛丽亚)

Moebius Emy(默比乌斯,艾米)
Moebius Paul Julius(莫比乌斯,保罗·朱利叶斯)
Moires(les)(命运三女神)
Moïse(摩西)
Moll Albert(默尔,阿尔贝特)
Molnar Michael(莫尔纳,迈克尔)
Mons Isabelle(蒙斯,伊莎贝尔)
Morelli Giovanni(莫雷利,乔凡尼)
Moser Fanny(莫泽,范妮)
Mozart Wolfgang Amadeus(莫扎特,沃尔夫冈·阿玛多伊斯)
Mühlleitner Elke(米莱特纳,埃尔珂)
Müller-Braunschweig Carl(穆勒-布伦瑞克,卡尔)
Müller Josine(穆勒,若斯林)
Multatuli, v. Dekker, Eduard Douwes(穆尔塔图里,即德克尔,爱德华·道维斯)
Müntz Eugène(明茨,欧仁)
Murphy Newton(墨菲,牛顿)
Murri Augusto(穆里,奥古斯托)
Musil Robert(穆齐尔,罗伯特)
Mussolini Benito(墨索里尼,贝尼托)

N

Nania 纳尼娅
Narcisse(纳西斯)
Narjani A. E.(纳亚尼,A. E.)
Nathanson(纳坦森)
Nathanson Amalia(纳坦森,阿玛丽娅)
Nathanson Jacob(纳坦森,雅各布)
Nelson Alan H.(尼尔森,阿兰·H.)
Nemeczek(capitaine)(奈迈采克[船长])

Nephtys(奈芙蒂斯)
Neumann Erich(纽曼,埃里克)
Neumann Hans(纽曼,汉斯)
Nicolas(l'oncle)(尼古拉叔叔)
Nietzsche Friedrich(尼采,弗里德里希)
Nightingale Florence(南丁格尔,弗罗伦斯)
Nin Anaïs(宁,阿娜伊斯)
Nitzschke Bernd(尼奇科,贝恩德)
Noll Richard(诺尔,理查德)
Nothnagel Hermann(诺特纳格尔,赫尔曼)
Nunberg Hermann(农贝格,赫尔曼)

O

Oberndorf Clarence(奥本多夫,克拉伦斯)
Obholzer Karin(欧布霍尔策,卡琳)
Œdipe(俄狄浦斯)
Öhm Aurelia(奥姆,奥雷利娅)
Olender Maurice(欧隆岱尔,莫里斯)
Oliveira Luiz Eduardo Prado de(奥利维耶拉,路易斯·爱德华多·普拉多·德)
O'Neill Eugene(奥尼尔,尤金)
Onfray Michel(翁福雷,米歇尔)
Onuf Bronislaw(奥努夫,布罗尼斯瓦夫)
Oppolzer Johann von(奥波尔策,约翰·冯)
Oreste 俄瑞斯忒斯
Ortega y Gasset José(奥特加·伊·加塞特,何西)
Osée(《何西阿书》)

Osiris(奥西里斯)
Oupis(乌庇斯)

P

Pabst Wilhem(帕布斯特,威廉)
Palmer Cecil(帕尔玛,塞西尔)
Palos Gizella(帕洛什,吉泽拉)
Paneth Josef(帕内特,约瑟夫)
Paneth Marie(帕内特,玛丽)
Paneth Sophie(帕内特,索菲)
Pankejeff 潘克耶夫
Pankejeff Anna(潘克耶夫,安娜)
Pankejeff Konstantin(潘克耶夫,康斯坦丁)
Pankejeff Sergius(ou Sergueï) Constantinovitch(潘克耶夫,谢尔久斯或谢尔格伊·康斯坦丁诺维奇)
Pappenheim Bertha(帕彭海姆,贝尔塔)
Pâris(帕里斯)
Parques(les)(帕尔卡)
Pasteur Louis(巴斯德,路易)
Paul(l'apôtre)使徒保罗
«Paula», v. Freud, Pauline Regine("宝拉",即弗洛伊德,保琳娜-雷吉纳)
Payne Sylvia(佩尼,西尔维娅)
Pellegrin Pierre(佩莱格兰,皮埃尔)
Penrose Lionel S.(彭维斯,里昂内尔·S.)
Perec Georges(佩雷克,乔治)
Perrault Charles(佩罗,夏尔)
Perrot Michelle(佩罗特,米歇尔)
Peters Heinz Frederick(彼得斯,海因茨·弗里德里克)
Pfeiffer Ernst(普法伊夫,恩斯特)
Pfister Oskar(普菲斯特,奥斯卡)
Pfrimmer Theo(普弗里墨,奥)
Philipp Elias(菲利,埃利亚斯)
Philippson Ludwig(菲利普森,路德维希)
Picasso Pablo(毕加索,巴勃罗)
Pichler Hans(皮希勒,汉斯)
Pichon Édouard(皮雄,爱德华)
Piketti Guillaume(皮凯迪,纪尧姆)
Pineles Friedrich(皮内莱斯,弗里德里希)
Pinel Philippe(皮内尔,菲利普)
Pitt William(皮特,威廉)
Platon 柏拉图
Plevitskaïa Nadezhda(普莱维特斯卡娅,娜杰日达)
Plon Michel(普隆,米歇尔)
Podlaski Sokolow(波德拉谢,索科武夫)
Pohlen Manfred(波轮,曼弗雷德)
Polon Albert(波隆,艾尔伯特)
Pommier François(波米耶,弗朗斯瓦)
Pontalis Jean-Bertrand(彭大历斯,尚-贝特朗)
Popper Karl(波普尔,卡尔)
Porge Erik(波尔热,埃里克)
Poséidon(波塞冬)
Pound Ezra(庞德,埃兹拉)
Preiswerk Emilie(普雷斯沃克,艾米莉)
Preiswerk Helene(普雷斯沃克,海伦)
Prince Morton(普林斯,莫顿)
Prokop Ursula(普罗科普,厄休拉)
Proust Marcel(普鲁斯特,马塞尔)
Puner HelenWalker(普纳,海伦·沃克)

Putiphar(波提法尔)
Putnam James Jackson(帕特南,詹姆斯·杰克森)
Puttkamer Leonie von(普特卡默,莱奥妮·冯)
Puységur Armand de(必斯奎,阿尔芒·德)

R

Rabelais François(拉伯雷,弗朗索瓦)
Rabi Isidor Isaac(拉比,伊西多·艾萨克)
Rachel(拉结)
Rado Sandor(拉多,桑德尔)
Rajzman Samuel(劳伊茨曼,塞缪尔)
Ralite Jacques(哈利特,杰克)
Rand Nicholas(兰德,尼古拉斯)
Rank 兰克
Rank Beata(dite Tola)(兰克,贝娅塔雅[号"托拉"])
Rank Otto(兰克,奥托)
Rastignac(拉斯蒂涅克)
Raulet Gérard(罗莱,杰拉德)
Rauschenbach Emma(劳申巴赫,艾玛)
Reed John(里德,约翰)
Regnard Paul(勒尼亚尔,保罗)
Reich Wilhem(赖希,威廉)
Reik Theodor(赖克,泰奥多尔)
Reinach Salomon(赖那克,萨洛蒙)
Reitler Rudolf(莱特勒,鲁道夫)
Renz Vera(伦兹,薇拉)
Requet François(勒凯,弗朗斯瓦)
Rérolle Raphaëlle(雷罗勒,拉斐尔)
Reviron Floriane(勒维龙,弗洛里安娜)
Rey-Flaud Henri(雷伊-弗洛,亨利)
Riaud Xavier(里奥,泽维尔)
Rice Emmanuel(赖斯,伊曼纽尔)
Richer Paul(里歇尔,保罗)
Richthofen von(les sœurs)(里希特霍芬,冯[姐妹])
Rickman John(里克曼,约翰)
Ricœur Paul(利科,保罗)
Rieder Ines(里德,伊内斯)
Rie Oskar(里,奥斯卡)
Riklin Franz junior(立克林,小弗兰茨)
Rilke Rainer Maria(里尔克,勒内·马利亚)
Rimbaud Arthur(兰波,阿蒂尔)
Rittmeister John(里夫梅斯特,约翰)
Ritvo Lucile B.(里特沃,露西尔·B.)
Rivière Jacques(里维埃,雅克)
Riviere Joan(里维耶,琼)
Roazen Paul(罗森,保罗)
Robert Marthe(罗贝尔,玛尔特)
Roche Daniel(罗什,丹尼尔)
Rodrigué Emilio(罗德里格,埃米利奥)
Rogow Arnold(罗戈,阿诺德)
Roheim Geza(罗海姆,盖佐)
Röhm Ernst(罗姆,恩斯特)
Rokach Maria(罗卡奇,玛丽亚)
Rokistansky Carl von(罗基坦斯基,卡尔·冯)
Rolland Romain(罗兰,罗曼)
Romm Sharon(罗姆,莎伦)
Roosevelt Franklin Delano(罗斯福,富兰克林·德拉诺)
Rosanes Ignaz(罗萨内斯,伊格纳茨)
«Rosa», v. Freud, Regine("罗莎",即弗洛伊德,雷吉纳)
Rose Alison(罗斯,艾利森)

Rosenberg Ludwig(罗森贝格,路德维希)
Rosenfeld(罗森菲尔德)
Rosenfeld Eva(罗森菲尔德,伊娃)
Rosenfeld Otto, v. Rank, Otto(罗森菲尔德,奥托,即兰克,奥托)
Rosenthal Emil(罗森塔尔,埃米尔)
Rosenthal Tatiana(罗森塔尔,塔季扬娜)
Rosenzweig Saul(罗森茨维希,绍尔)
Rotfus Michel(罗特弗尤斯,米歇尔)
Roth Michael(罗斯,迈克)
Roth Michael S.(罗斯,迈克·S.)
Roth(professeur)(罗特[教授])
Rouanet Sergio Paolo(鲁阿内,塞尔吉奥·保罗)
Roudier Henri(龙迪耶,亨利)
Roudinesco Élisabeth(卢迪内斯库,伊丽莎白)
Rousseau Jean-Jacques(卢梭,让-雅克)
Rückert Friedrich(吕克特,弗里德里希)
Rutherford Ernest(卢瑟福,欧内斯特)
Rutschky Katharina(鲁奇基,卡塔琳娜)

S

Saba Umberto(萨巴,翁贝尔托)
Sablik Karl(萨布利克,卡尔)
Sachs Bernard(萨克斯,伯纳德)
Sachse Renate(萨克塞,雷娜特)
Sachs Hanns(萨克斯,汉斯)
Sachs Wulf(萨克斯,伍尔夫)
Sade Donatien de(萨德,当拿迪安·德)
Sadger Isidor(萨杰,伊西多尔)
Sadger Isidor Isaak(萨杰,伊西多尔·伊萨克)
Said Edward(赛义德,爱德华)
Saint-Denys Hervey de(德理文)
Saint-Just Louis-Antoine de(圣-茹斯特,路易-安东万·德)
Salm Constance de(萨尔姆,斯坦斯·德)
Saltarelli Jacopo(萨尔塔雷利,雅各布)
Samson(参孙)
Samuels Andrew(萨缪尔斯,安德鲁)
Sardou Victorien(萨尔杜,维克托里安)
Sargant-Florence Alix(萨金特-弗洛伦斯,阿历克斯)
Sartre Jean-Paul(萨特,让-保罗)
Sauerwald Anton(索尔沃尔德,安东)
Saül(扫罗)
Saussure Raymond de(索绪尔,雷蒙德·德)
Saxe-Meiningen Marie-Élisabeth(萨克森-迈宁根,玛丽-伊丽莎白)
Sayers Dorothy(塞耶斯,多萝西)
Scammell Michael(斯卡梅尔,迈克)
Schapiro Meyer(沙皮诺,迈尔)
Schatsky Jacob(沙特斯基,雅各布)
Scheffel Viktor von(舍弗尔,维克托·冯)
Scheftel Pavel Naoumovitch(舍夫特尔,帕维尔·纳乌莫维奇)
Scherner Karl Albert(舍纳,卡尔·阿尔贝特)
Schiff Paul(席夫,保罗)
Schiller Friedrich von(席勒,弗里德里

希·冯)
Schlick Moritz(施利克,莫里茨)
Schloffer Frieda(施洛弗,弗丽达)
Schmideberg Melitta(施密德伯格,梅利塔)
Schmideberg Walter(施密德伯格,沃尔特)
Schmidt Otto(施密特,奥托)
Schmidt Vera(施密特,薇拉)
Schmidt Wilhelm(施密特,威廉)
Schmitz Ettore, v. Svevo Italo(施米茨,埃托雷,即斯韦沃,伊塔洛)
Schneider Monique(施奈德,莫妮克)
Schnitzler Arthur(史尼兹勒,亚瑟)
Scholem Gershom(舍勒姆,肖姆)
Schönberg(舍恩贝格)
Schönberg Arnold(舍恩贝格,阿诺尔德)
Schönberg Ignaz(舍恩贝格,伊格纳茨)
Schopenhauer Arthur(叔本华,亚瑟)
Schorske Carl(休斯克,卡尔)
Schreber(施雷伯)
Schreber Daniel Gottlieb(施雷伯,达尼埃尔·戈特利布)
Schreber Daniel Paul(施雷伯,达尼埃尔·保罗)
Schreber Gottlieb Moritz(施雷伯,戈特利布·莫里茨)
Schreiber Sophie(施赖伯,索菲)
Schröter Michael(施罗特,米夏埃尔)
Schubert Gotthilf Heinrich von(舒伯特,戈特希尔夫·海因里希·冯)
Schultz-Hencke Harald(舒尔茨-亨克,哈罗德)
Schur(舒尔)
Schur Eva(舒尔,埃娃)

Schur Helen(舒尔,海伦)
Schur Max(舒尔,马克斯)
Schur Peter(舒尔,彼得)
Schuschnigg Kurt von(许士尼格,库尔特·冯)
Schwarzschild Leopold(史瓦西,利奥波德)
Schweitzer Albert(施韦泽,阿尔贝特)
Schweninger Ernst(希威宁格,恩斯特)
Schwerdtner Karl Maria(施韦尔特纳,卡尔·玛丽亚)
Schwyzer Emil(施韦泽,埃米尔)
Scognamiglio Smiraglia(斯科尼亚米利奥,斯米拉利亚)
Seidmann-Freud Martha(Tom)(赛德曼-弗洛伊德,玛尔塔,[汤姆])
Sellin Ernst(塞林,恩斯特)
Serra Maurizio(塞拉,毛里齐奥)
Severn Elizabeth(泽韦伦,伊丽莎白)
Seyss-Inquart Arthur(亚赛斯-英夸特,亚瑟)
Sforza Ludovic(斯福尔扎,卢多维科)
Shakespeare William(莎士比亚,威廉)
Shamdasani Sonu(尚达萨尼,索努)
Sharpe Ella(夏普,埃拉)
Shengold Leonard(申戈尔德,伦纳德)
Sheppard Ruth(谢泼德,鲁斯)
Silberstein Anna(西尔伯施泰因,安娜)
Silberstein Eduard(西尔伯施泰因,爱德华)
Silberstein Pauline(西尔伯施泰因,葆琳娜)
Simmel Ernst(西梅尔,恩斯特)
Simon Ernst(西蒙,恩斯特)
Skobline Nicolas(斯特布里内,尼古拉)
Smilevski Goce(斯米莱夫斯基,戈采)

Smith William Robertson(史密斯,威廉·罗伯逊)
Socrate(苏格拉底)
Sokolnicka Eugénie(索科利尼科,欧仁妮)
Sollers Philippe(索莱尔斯,菲利普)
Solmi Edmondo(索尔米,埃德蒙多)
Sophocle(索福克勒斯)
Spangenthal Eva(斯潘根塔尔,埃娃)
Specter Michael(斯佩克特,迈克)
Sperber Manès(施佩贝尔,马内斯)
Sphinx(le)(斯芬克斯)
Spielrein Sabina(施皮尔莱因,萨宾娜)
Spinoza Baruch(斯宾诺莎,巴鲁赫)
Spitz René(史毕兹,勒内)
Sprenger Jacques(斯普伦格,雅克)
Stanley Henry Morton(斯坦利,亨利·莫尔顿)
Steinach Eugen(施泰纳赫,尤金)
Steiner Max(斯坦纳,马克斯)
Steiner Maximilien(斯坦纳,马克西米利安)
Stekel Wilhem(斯泰克尔,威廉)
Stepansky Paul E.(斯捷潘斯基,保罗·E.)
Sterba Richard(斯泰尔巴,理查德)
Stern Adolf(斯特恩,阿道夫)
Stern William(斯特恩,威廉)
Stieglitz Leopold(施蒂格尼茨,利奥波德)
Stingelin Martin(施廷格林,马丁)
Stonborough-Wittgenstein Margaret(斯东博拉夫-维特根斯坦,玛格丽特)
Strachey(斯特雷奇)
Strachey Alix(斯特雷奇,阿历克斯)
Strachey James(斯特雷奇,詹姆斯)
Strachey Lytton(斯特雷奇,利顿)
Stross Josefine(斯特罗斯,约瑟芬)
Strümpell Adolf(施特林佩尔,阿道夫)
Sueur Jean-Pierre(叙瓦尔,让-皮埃尔)
Sulloway Frank J.(萨洛韦,弗兰克·J.)
Swales Peter(斯韦尔斯,彼特)
Swoboda Hermann(斯沃博达,赫尔曼)
Syrski Szymon(瑟尔斯基,希蒙)

T

Tadié Jean-Yves(塔迪耶,让-伊夫)
Taine Hippolyte(丹纳,依波利特)
Tancrède(唐克雷德)
Tandler Julius(坦德勒,尤利乌斯)
Tann M. von der(坦恩,M.冯·德)
Tartini Giuseppe(塔蒂尼,居塞比)
Tasso Torquato, dit le Tasse(塔索,托尔夸托,雅号"勒·塔斯")
Tausk Viktor(陶斯克,维克托)
Tesch Bruno(德希,布鲁诺)
Théodora(狄奥多拉)
Thiers Adolphe(梯也尔,阿道夫)
Thornton E. M.(桑顿,E. M.)
Thun Payer(图恩,派尔)
Thun und Hohenstein Franz von(图恩,弗朗茨·冯)
Thyeste(堤厄斯忒斯)
Timms Edward(蒂姆斯,爱德华)
Tirésias(忒瑞西阿斯)
Titans(les)(泰坦)
Titus(提图斯)
Tögel Christfried(特格尔,克里斯特弗里德)
Tolstoï Léon(托尔斯泰,列夫)
«Toni», v. Freund, Anton von Torok

Maria("托尼",即弗洛因德,安东·冯)
Toutenu Denis(图特努,丹尼斯)
Trautenegg Eduard von(特劳滕内格,爱德华·冯)
Troll Patrick(特罗尔,帕特里克)
Trombetta Carlo(特龙贝塔,卡洛)
Trotski Léon(托洛茨基,列夫)
Trotter Wilfred(特洛特,威尔弗雷德)
Trzebinski Alfred(切比斯基,阿尔弗雷)
Twain Mark(吐温,马克)
Tylor Edward Burnett(泰勒,爱德华·伯内特)
Tyson A.(泰森,A.)

U

Ulysse(尤利西斯)
Urbantschitsch Rudolf von(乌尔班契奇,鲁道夫·冯)

V

Vacher de Lapouge Georges(瓦谢·德·拉普热,乔治)
Vaillant George E.(瓦利恩特,乔治·E.)
Valdemarde Danemark 丹麦王子瓦尔德玛
Valenti Catherine(瓦朗蒂,卡特琳)
Valentin Raphaël de(瓦朗坦,拉斐尔·德)
Vandal Albert(旺达尔,阿尔贝特)
Van De Vijver Gertrudis(费韦,赫特鲁迪斯·范·德)
Vasari Giorgio(瓦萨里,乔尔乔)
Vavasour Anne(瓦瓦苏尔,安妮)
Velasquez Diego(委拉斯凯兹,迪亚哥)
Veneziani 韦内齐亚尼
Veneziani Bruno(韦内齐亚尼,布鲁诺)
Veneziani Livia(韦内齐亚尼,利维亚)
Veneziani Olga(韦内齐亚尼,奥尔加)
Vere Edward de(维尔,爱德华·德)
Verrocchio Andrea del(委罗基奥,安德烈·德尔)
Victoria(la reine)(维多利亚女王)
Vierge Marie 圣母玛利亚
Vinci(达·芬奇)
Vinci Léonard de(芬奇,列奥纳多·达)
Vinci Piero da(芬奇,皮耶罗·达)
Virgile(维吉尔)
Voghera Georgio(沃盖拉,乔治)
Voigt Diana(沃伊特,戴安娜)
Volkelt Johannes(福克尔特,约安内斯)
Voltaire(伏尔泰)

W

Wagner-Jauregg Julius(瓦格纳-尧雷格,朱利叶斯)
Wagner Richard(瓦格纳,理查德)
Wahle Fritz(瓦勒,弗里茨)
Walder Robert(瓦尔德,罗伯特)
Waldinger Ernst(瓦尔丁格,恩斯特)
Waldinger Rose(瓦尔丁格,罗斯)
Walter Bruno(瓦尔特,布努诺)
Washington Booker Talafierro(华盛顿,布克·托里佛)

Watermann August(瓦特曼,奥古斯特)
Waugh Alexander(沃,亚历山大)
Weber Marianne(韦伯,玛丽亚娜)
Weber Max(韦伯,马克斯)
Weill Nicolas(威尔,尼古拉斯)
Weindling Paul(维恩德林,保罗)
Weininger Otto(魏宁格,奥托)
Weismann August(魏斯曼,奥古斯特)
Weiss(魏斯)
Weiss Edoardo(魏斯,爱德华多)
Weiss Ilona(魏斯,伊洛娜)
Weiss Nathan(魏斯,纳坦)
Weissweiler Eva(魏斯魏勒,爱娃)
Weizmann Chaim(魏茨曼,哈伊姆)
Weizsäcker Adolf von(魏茨塞克,阿道夫·冯)
Wells H. G.(威尔斯,H. G.)
Westermarck Edward(韦斯特马克,爱德华)
Wiesenthal Simon(维森塔尔,西蒙)
Wilczek comte von(冯·维尔泽克伯爵)
Wilde Edward(王尔德,奥斯卡)
Wiley John(威利,约翰)
Willis Eric(威利斯,埃里克)
Wilson Thomas Woodrow(威尔逊,托马斯·伍德罗)
Winnicott D. W.(温尼科特,D. W.)
Winternitz Pauline Regine, v. Freud, Pauline Regine(温特尼茨,保琳娜·雷吉纳,即弗洛伊德,保琳娜·雷吉纳)
Winternitz Rose Béatrice(温特尼茨,罗丝)
Winternitz Valentin(温特尼茨,瓦伦丁)
Wittek Resi(ou Monika)(维特克,蕾希[或莫妮卡])
Wittels Fritz(维特尔斯,弗里茨)
Wittenberger Gerhard(维滕贝格,格哈德)
Wittgenstein(维特根斯坦)
Wittgenstein Ludwig(维特根斯坦,路德维希)
Wittgenstein Margaret(维特根斯坦,玛格丽特)
Wittmann Blanche(维特曼,布朗什)
Wolff Antonia Anna(dite Toni)(沃尔夫,安东尼娅·安娜[雅号"托妮"])
Woolf Leonard(伍尔芙,伦纳德)
Woolf Virginia(伍尔芙,弗吉尼亚)
Wortis Joseph(沃提斯,约瑟夫)
Wriothesley Henry(里奥谢思利,亨利)
Wulff Moshe(武尔夫,摩西)

Y

Yabe Yaekichi 矢部八重吉
Yahuda Abraham Shalom(雅胡达,亚伯拉罕·沙洛姆)
Yahvé(耶和华)
Yerushalmi Yosef(耶路沙米,优素福)
Yosef Yerushalmi(约塞福·耶路沙米)
Young-Bruehl Elisabeth(杨-布鲁尔,伊丽莎白)
Yovel Yirmiyahu(约维尔,伊尔米亚胡)

Z

Zajic Monika(扎伊茨,莫妮卡)
Zajic(serrurier)(锁匠扎伊茨)
Zangwill Israel(赞格威尔,伊斯雷尔)
Zapperi Roberto(扎佩里,罗伯托)
Zaretsky Eli(扎列茨基,叶利)
Zeissl Hermann von(冯·蔡斯,赫尔曼)
Zellenka Giuseppina ou Peppina(泽伦卡,朱塞平娜或佩皮娜)
Zellenka Hans(泽伦卡,汉斯)
Zeus(宙斯)
Ziehen Theodor(齐恩,特奥多尔)
Zola Émile(左拉,埃米尔)
Zuckmayer Carl(楚克迈尔,卡尔)
Zulliger H.(祖利格,H.)
Zumstein-Preiswerk Stephanie(楚姆施泰因-普雷斯沃克,斯特凡妮)
Zweig(茨威格)
Zweig Arnold(茨威格,阿诺德)
Zweig Stefan(茨威格,斯蒂芬)

译后说明

《弗洛伊德传》由陈卉、罗琛岑共同翻译完成。其中第1—240页(大致对应第一部第一章至第三部第二章中间)由陈卉翻译,第240—438页(大致对应第三部第二章中间至参考文献)由罗琛岑翻译。弗洛伊德家族族谱、译名对照表等部分由罗琛岑翻译整理,陈卉对全书进行了统稿。

图书在版编目(CIP)数据

弗洛伊德传/(法)卢迪内斯库著;陈卉译.
--上海:华东师范大学出版社,2018
ISBN 978-7-5675-8564-5

Ⅰ.①弗… Ⅱ.①卢…②陈 Ⅲ.①弗洛伊德
(Freud,Sigmmund 1856—1939)—传记
Ⅳ.①K835.215.1

中国版本图书馆 CIP 数据核字(2018)第 284182 号

华东师范大学出版社六点分社
企划人 倪为国

Sigmund Freud
by Elisabeth ROUDINESCO
Copyright © Editions du Seuil, 2014
Published by arrangement with Editions du Seuil
Simplified Chinese Translation Copyright © 2019 by East China Normal University Press Ltd.
ALL RIGHTS RESERVED.
上海市版权局著作权合同登记 图字:09-2015-284 号

弗洛伊德传

著　　者　(法)伊丽莎白·卢迪内斯库
译　　者　陈　卉(CHEN Hui)　罗琛岑(LUO Chencen)
责任编辑　高建红
封面设计　吴元瑛
出版发行　华东师范大学出版社
社　　址　上海市中山北路 3663 号　邮编　200062
网　　址　www.ecnupress.com.cn
电　　话　021-60821666　行政传真　021-62572105
客服电话　021-62865537
门市(邮购)电话　021-62869887
地　　址　上海市中山北路 3663 号华东师范大学校内先锋路口
网　　店　http://hdsdcbs.tmall.com
印 刷 者　上海盛隆印务有限公司
开　　本　700×1000　1/16
印　　张　31.5
字　　数　420 千字
版　　次　2019 年 8 月第 1 版
印　　次　2019 年 8 月第 1 次
书　　号　ISBN 978-7-5675-8564-5/K·522
定　　价　128.00 元

出版人　王　焰

(如发现本版图书有印订质量问题,请寄回本社客服中心调换或电话 021-62865537 联系)